WITHDRAWN

HARVARD LIBRARY

WITHDRAWN

Also in the Variorum Collected Studies Series

YVES-MARIE DUVAL
Histoire et historiographie en Occident aux IVe et Ve siècles

W.H.C. FREND
Archaeology and History in the Study of Early Christianity

VICTOR SAXER
Pères saints et culte chrétien dans l'Église des premiers siècles

HENRY CHADWICK
History and Thought of the Early Church

LUISE ABRAMOWSKI
Formula and Context: Studies in Early Christian Thought

JACQUES FONTAINE
Culture et spiritualité en Espagne du IVe au VIIe siècle

MICHEL van ESBROECK
Aux origines de la Dormition de la Vierge: Études historiques sur les traditions orientales

BRIAN CROKE
Christian Chronicles and Byzantine History, 5th–6th Centuries

T.D. BARNES
Early Christianity and the Roman Empire

CHARLES MUNIER
Autorité épiscopale et sollicitude pastorale (IIe–VIe siècles)

GERALD BONNER
Church and Faith in the Patristic Tradition: Augustine, Pelagianism, and Early Christian Northumbria

R. A. MARKUS
From Augustine to Gregory the Great: History and Christianity in Late Antiquity

GABRIELE WINKLER
Studies in Early Christian Liturgy and Its Context: Byzantium, Syria, Armenia

SEBASTIAN BROCK
Studies in Syriac Christianity: History, Literature, Theology

VARIORUM COLLECTED STUDIES SERIES

L'extirpation de l'Arianisme
en Italie du Nord
et en Occident

Yves-Marie Duval

L'extirpation de l'Arianisme en Italie du Nord et en Occident

Rimini (359/60) et Aquilée (381)
Hilaire de Poitiers (†367/8) et
Ambroise de Milan (†397)

VARIORUM

Aldershot · Brookfield USA · Singapore · Sydney

This edition copyright © 1998 by Yves-Marie Duval.

Published in the Variorum Collected Studies Series by

Ashgate Publishing Limited
Gower House, Croft Road,
Aldershot, Hampshire GU11 3HR
Great Britain

Ashgate Publishing Company
Old Post Road,
Brookfield, Vermont 05036–9704
USA

ISBN 0–86078–764–8

British Library CIP Data
Duval, Yves-Marie
    L'extirpation de l'Arianisme en Italie du Nord et en Occident: Rimini (359/60) et Aquilée (381); Hilaire de Poitiers (d. 367/8) et Ambroise de Milan (d. 397) — (Variorum Collected Studies Series: CS611).
    1. Ambrose, Saint, ca. 340–397. 2. Church and state—Italy. 3. Arianism—Italy—Milan. 4. Heresies, Christian—History—Early Church, ca. 30–600. I. Title.
    273.4

US Library of Congress CIP Data
Duval, Yves-Marie
    L'extirpation de l'Arianisme en Italie du Nord et en Occident: Rimini (359/60) et Aquilée (381); Hilaire de Poitiers (d. 367/8) et Ambroise de Milan (d. 397) / Yves-Marie Duval.
       p. cm. — (Variorum Collected Studies Series: CS611). Includes indexes; hb; alk. paper.
    1. Arianism—Italy, Northern—History. 2. Hilary, Saint, Bishop of Poitiers, d. 367?—Contributions in defeating Arianism. 3. Ambrose, Saint, Bishop of Milan, d. 397—Contributions in defeating Arianism. 4. Italy, Northern—Church history—Early church, ca. 30–600. I. Title. II. Series: Variorum Collected Studies; CS611.
    BT1350.D88   1998   98–3739
    273'.4–dc21   CIP

The paper used in this publication meets the minimum requirements of the American National Standard for Information Sciences – Permanence of Paper for Printed Library Materials, ANSI Z39.48–1984. ∞ ™

Printed by Galliard (Printers) Ltd, Great Yarmouth, Norfolk, Great Britain

VARIORUM COLLECTED STUDIES SERIES CS611

TABLE DES MATIÈRES

Introduction		vii–xi
I	Sur l'arianisme des Ariens d'Occident *Mélanges de Science religieuse 26. Lille, 1969*	145–153
II	La 'manoeuvre frauduleuse' de Rimini: à la recherche du *Liber aduersus Vrsacium et Valentem* *Hilaire et son temps, Actes du Colloque de Poitiers, 29 septembre–3 octobre 1968. Paris: Etudes Augustiniennes, 1969*	51–103
III	Vrais et faux problèmes concernant le retour d'exil d'Hilaire de Poitiers et son action en Italie en 360–363 *Athenaeum, Studi periodici di letteratura e storia dell'Antichità 48. Pavia, 1970*	251–275
IV	Une traduction latine inédite du symbole de Nicée et une condamnation d'Arius à Rimini: nouveau fragment historique d'Hilaire ou pièces des Actes du Concile? *Revue Bénédictine 82. Abbaye de Maredsous, 1972*	7–25
V	Les relations doctrinales entre Milan et Aquilée durant la seconde moitié du IVè siècle: Chromace d'Aquilée et Ambroise de Milan *Aquileia e Milano, Antichità Altoadriatiche 4. Udine, 1973*	171–234
VI	Ambroise, de son élection à sa consécration *Ambrosius Episcopus, Atti del Congresso di studi ambrosiani, Milan 2–7 dicembre 1974 2. Milan: Vita e Pensiero, 1976*	243–283
VII	Les rapports de la Gaule et de la Cisalpine dans l'histoire religieuse du IVè siècle *Aquileia e l'Occidente, Antichità Altoadriatiche 19. Udine, 1981*	259–277

VIII	La présentation arienne du concile d'Aquilée de 381: à propos des 'Scolies ariennes sur le concile d'Aquilée' par R. Gryson *Revue d'Histoire Ecclésiastique 76. Louvain, 1981*	317–331
IX	Le sens des débats d'Aquilée pour les Nicéens: Nicée – Rimini – Aquilée *Atti del colloquio internazionale sul Concilio di Aquileia del 381, Antichità Altoadriatiche 21. Udine, 1982*	69–97
X	Aquilée et Sirmium durant la crise arienne (325–400) *Aquileia, la Dalmazia e l'Illirico, Antichità Altoadriatiche 26. Udine, 1985*	331–379
XI	Sur quelques études récentes concernant Ambroise et l'arianisme occidental *Première publication*	1–39

Index scripturaire   1

Index des auteurs   2–14

Index des noms de personnes et de lieux   15–16

Index des thèmes   17

> Ce volume est composé de xii + 386 pages

INTRODUCTION

La dizaine d'études ici rassemblées – dont certaines ponctuèrent en leur temps une série de centenaires analogues à celui de la mort d'Ambroise en cette année – a pour champ principal l'Italie du Nord – et l'Illyricum latin – au moment où, à la suite d'Hilaire de Poitiers et d'Eusèbe de Verceil, les évêques de la région, qui se réclament du Concile de Nicée et de son affirmation de la consubstantialité du Père et du Fils dans la Trinité, essaient d'éliminer les représentants d'un homéisme latin qui a connu sa pleine extension entre 355 et 375, grâce à la protection de Constance II et à la neutralité de Valentinien Ier. Cet homéisme n'affirme qu'une ressemblance – plus ou moins parfaite – du Père et du Fils. Il se réclame de la foi définie à Rimini (et à Constantinople) en 359/360, dans des conditions discutables par la pression impériale et l'ambiguïté de certains termes, et qui a rapidement été contestée en Orient comme en Occident.

Ces études sont cependant résolument restreintes à l'Occident, même si la région intermédiaire entre Orient et Occident est largement concernée dans sa partie latine, foyer qu'elle a lontemps été de l'homéisme latin. Car il me semble qu'on risque bien des méprises à mêler sans distinctions suffisantes ce qui se passe durant ces décennies en Orient et en Occident. Hilaire de Poitiers a certes passé plusieurs années en exil dans l'Orient lointain et Ambroise de Milan connaît, entre 375 et 385, un certain nombre des écrits d'Athanase et de Didyme à Alexandrie, de Basile de Césarée et Grégoire de Nazianze en Cappadoce. Ces deux Occidentaux, qui, d'une manière ou d'une autre, tiennent la place centrale dans ce recueil, n'ignorent pas les courants de la pensée grecque (et leurs développements), ni les reproches que l'on fait, en Orient ou chez les Homéens, aux Occidentaux partisans de Nicée. Mais leur formation est d'abord latine et surtout, les questions ou difficultés qu'ils ont eu à résoudre chez eux n'étaient pas seulement d'essence intellectuelle, affrontés qu'ils ont été à un schisme à l'intérieur même de l'Occident.

En 362, Lucifer de Cagliari n'avait pas accepté l'indulgence dont on avait largement fait montre à l'égard des évêques trompés ou faillis à Rimini – et par le fait susceptibles d'être déchus de leur rang d'évêques. Son schisme n'apparaît guère pour lui-même dans les études ici réunies. Il ne faut pas pourtant en négliger l'importance. Son influence s'étend au moins jusqu'aux années 380 en Italie, jusqu'en 390, et au delà, en Espagne. Que l'on songe que l'ouvrage qui nous renseigne le plus, sinon le mieux, sur la deuxième session du Concile de Rimini, n'est autre que le débat que Jérôme fait tenir entre un Orthodoxe et un Lucifërien: l'*Altercatio Orthodoxi et Luciferiani*, vers 380. Que l'on songe aussi que le frère d'Ambroise, sauvé d'un naufrage dans les années 375, évite de se faire baptiser par un évêque lucifërien. Le *Libellus precum* adressé à Théodose par Faustin et Marcellin à Constantinople est de 384. Nous savions déjà qu'Hilaire avait eu à se défendre contre les Lucifériens, mais la publication récente de fragments supplémentaires de ses *Apologetica* (*CPL* 435) confirme la réalité des attaques de ces ultra-nicéens.

Ce ne sont pas là, cependant, les seuls écrits qui aient été découverts ou redécouverts depuis un quart de siècle. La thèse M. Meslin consacrée aux 'Ariens d'Occident', à laquelle était consacrée l'étude qui vient ici en tête, a tout d'abord ramené l'attention sur les textes transcrits dans les marges d'un illustre manuscrit du Ve siècle, le *Parisinus* 8907: ceux-ci avaient été attribués au siècle dernier à un adversaire d'Augustin dans les années 425–430. Ils avaient été publiés sous le titre programmatique de *Dissertatio contra Ambrosium*, c'est-à-dire contre le Concile d'Aquilée de 381 qui fut dirigé d'une poigne ferme par Ambroise. Par la même occasion, d'autres textes latins, ariens ou non, ont bénéficié d'un regain d'intérêt. Les discussions qui ont surgi à la parution de cette thèse ont conduit R. Gryson, qui avait déjà consacré d'importants travaux à Ambroise, à reprendre l'examen des divers textes 'ariens' connus en latin (Scolies ariennes du *Parisinus* 8907, Fragments de Bobbio; Ms 51 de la Bibliothèque Capitulaire de Vérone, etc) en une série de publications qui n'étaient pas seulement des éditions magistrales. Elles parvenaient souvent à des conclusions nouvelles – sur les auteurs, la nature des textes, les dates – fort importantes. Deux des études ici rassemblées concernent le point de vue 'arien' et le point de vue 'orthodoxe' sur le Concile d'Aquilée de 381. En revanche, on ne trouvera rien sur les homélies récemment découvertes par R. Etaix, qui nous donnent une idée de la prédication ordinaire dans une communauté arienne latine à la fin du IVe siècle.

Une meilleure connaissance de ces textes 'ariens' et de leurs auteurs a permis de mieux suivre la 'politique' ecclésiastique des décennies 370–380 et de mieux découvrir la personnalité intellectuelle de ces défenseurs de Rimini II qui ont fini par être exclus de l'Eglise occidentale et 'balayés' de l'histoire. La question reste posée de leur rattachement plus ou moins profond, plus ou moins conscient, aux principes d'Arius, d'une éventuelle radicalisation de leur pensée sous l'influence de l'anoméisme – que leurs collègues d'Orient entendent pourtant combattre – ou sous celle de la persécution et du durcissement de la controverse. Peut-être a-t-on été injustes à leur égard et peut-être n'a-t-on pas tenu compte, pour apprécier leur pensée, de l'influence durable des auteurs latins du IIIe siècle et de leur attachement à l'Ecriture. Mais il ne me paraît pas possible de comprendre – je ne dis pas de juger –

l'action d'Hilaire et, à sa suite, celle d'Ambroise et de sa 'bande' comme dira Palladius de Ratiaria, sans se référer, d'abord et avant tout, au Concile de Rimini dont il a fallu effacer le forfait et réaffirmer ce qui s'y était trouvé pour le moins atténué : la pleine divinité du Christ.

La gravité de l'enjeu explique sinon justifie la rudesse du combat. Cependant, les partisans de Nicée n'auraient peut-être pas résisté avec autant de ténacité à leurs adversaires, lorsque ceux-ci bénéficiaient des situations acquises ou de la protection impériale, s'ils n'avaient eu à leur tête – par son élection, par l'importance de la ville dont il était devenu l'évêque – un Ambroise de Milan. Celui-ci avait quelque connaissance, sinon du 'sérail', au moins du droit et de l'administration. Il s'en est servi autant que de ses connaissances de la rhétorique classique. Ambroise, en qui on a découvert successivement un politique, un philosophe, un poète, un auteur spirituel, rarement un théologien, a vu son action contestée ou minorée depuis déjà un siècle, mais surtout depuis ce dernier quart de siècle. On a taxé d'exagération ou d''hagiographie' la présentation très louangeuse de la *Vita Ambrosii*, en attribuant à son biographe une crédulité excessive, voire de franches inventions. Paulin de Milan est certes plein d'admiration pour son évêque, qu'il n'a côtoyé que dans ses dernières années, au sommet de son action; il a tendance à construire le déroulement de sa biographie en fonction de cette image finale. Mais il est pour nous, avec Augustin, l'un des rares témoins oculaires d'une série d'événements qu'il ne peut avoir inventés et il a été au contact de gens qui avaient vécu avec Ambroise. Je distinguerais volontiers chez lui la mention des faits et leur interprétation. De toute façon, s'il ne peut être question d'entériner sans examen le jugement des contemporains, quels qu'ils soient, on ne peut non plus se contenter d'en prendre le contrepied systématique ou d'accepter sans beaucoup plus d'examen les accusations des adversaires d'Ambroise. Sans prétendre dire le dernier mot sur des événements souvent mal établis à cause de l'état de nos sources d'information, la dernière étude, non encore publiée, est une longue note critique à propos de plusieurs ouvrages récents, analogue à celle qui ouvre ce recueil et qui se prononçait sur l'ouvrage de M. Meslin sans deviner que celui-ci allait raviver à ce point les discussions sur la personnalité et l'action d'Ambroise.

En ce XVIe centenaire de la mort de l'évêque de Milan, je voudrais voir en Ambroise un homme qui a, au jour le jour mais avec constance, affronté toute sorte de difficultés et qui les a résolues au mieux qu'il a pu dans un contexte où l'honneur de Dieu et de l'Eglise du Christ lui semblaient devoir dépasser – mais aussi garantir – la pérennité de l'Empire romain. Il n'a pas perçu toutes les implications de son action. Il n'avait pas une vision 'planétaire' de l'Empire, ni peut-être même de l'Eglise qu'il entendait pourtant unifier. Il ne pouvait prévoir l'avenir, même proche, de cet Empire dont les bouleversements et la dislocation ont suivi de peu sa mort. Il a essayé de se situer dans le droit fil d'une tradition religieuse qu'il a voulu la plus large possible, en fondant en un tout, plus original qu'on ne le dit d'ordinaire, la pensée latine et la pensée théologique grecque des IIIe et IVe siècles. Ces études parlent peu de cet aspect de son œuvre, pourtant essentiel et spécifique. Elles ne disent rien non plus de l'écrivain ni du poète, alors qu'il est dangereux de figer Ambroise dans un moment de sa vie ou un aspect de son œuvre ou de son action.

Je dédie ce recueil à la mémoire de Jean Doignon, qui vient de nous quitter après avoir contribué à nous faire mieux connaître et comprendre Hilaire de Poitiers. J'ai, dans l'une des études ici présentes, attiré l'attention sur l'action d'Hilaire en Italie du Nord entre 360 et 363. Ambroise a lu ses traités doctrinaux et ses commentaires exégétiques. Mais il a aussi été fortement influencé, je pense, par la manière dont l'évêque de Poitiers avait fait le procès d'Ursace, Valens, Auxence et autres, en ne craignant pas d'identifier leur théologie à celle d'Arius ... et d'Aèce, le maître d'Eunome. Hilaire nous a conservé une lettre des évêques d'Italie (du Nord) aux évêques d'Illyricum vers 363. Au lendemain de Rimini dont elle casse les décisions, celle-ci contient, me semble-t-il, tout le 'programme' des Nicéens, et par conséquent d'Ambroise, dans le quart de siècle suivant. Elle se termine en tout cas par l'affirmation suivante, qui peut servir aussi d'épigraphe à ces études: 'Quant aux auteurs de l'hérésie arienne *ou aécienne*, Valens, Ursace et leurs autres collègues, il est manifeste que ce n'est pas maintenant ni pour ce (ce par quoi?) qu'ils ont commencé à se faire connaître dans l'Illyricum, mais que c'est depuis longtemps qu'ils ont été condamnés' *'Auctores autem heresis Arrianae uel Aecianae, Valentem et Vrsacium ceterosque consortes, non nunc et quod manifestari apud Illyricum coeperunt, sed olim condemnatos esse manifestum est'* (*Collectanea Antiariana Parisina*, B IV, 2, 1 = Fr. XII, 3 Coustant). Auxence, Palladius, Secundianus, etc devaient logiquement suivre, et pour les mêmes raisons, fussent-elles discutables à en juger en dehors du temps.

*
* *

Je tiens à remercier les différents éditeurs de Revues, directeurs de Collections qui m'ont permis de reproduire les études de ce recueil. Celles-ci sont reproduites en l'état, avec la pagination d'origine. J'attire l'attention sur quelques notes complémentaires en fin de volume, qui corrigent des assertions maintenant dépassées ou complètent des omissions regrettables.

L'*Index des auteurs* tient compte des attributions et des éditions actuelles. Ainsi les *Scolies* du *Parisinus* 8907 sont-elles citées selon la numération et l'édition des *Sources Chrétiennes*, avec l'attribution aux divers auteurs actuellement reconnus. Les *Lettres* d'Ambroise sont numérotées selon l'ordre des Mauristes, mais respectent, dans les études les plus récentes, le texte du *CSEL*. Les fragments de Bobbio restent anonymes et sont donnés dans la double numérotation de la *PL* 13 et du *CC* 87. Les fragments d'Hilaire sont donnés également dans la double numérotation du *CSEL* 65 et de Coustant selon la *PL* 10.

Meudon 4 avril 1997   YVES-MARIE DUVAL

NOTE DE L'EDITEUR

Les articles dans ce volume, comme dans tous les autres de la Série Recueils d'Etudes, n'ont pas reçu une nouvelle pagination suivie. En vue d'éviter une confusion possible et de faciliter la consultation lorsqu'il est fait référence ailleurs à ces mêmes études, on a maintenu la pagination originelle partout où c'était faisable.

Tous les articles ont été pourvus d'un numéro en chiffres romains dans l'ordre de leur parution, conformément au Sommaire. Ce numéro se répète sur chaque page et se retrouve aux titres de l'Index.

Dans chaque étude, les passages concernés par les Corrigenda sont indiqués dans la marge par un astérisque.

I

SUR L'ARIANISME DES ARIENS D'OCCIDENT *

Lorsqu'on pense à l'emprise de l'Arianisme sur l'Occident, on est tenté d'évoquer le temps où les royaumes barbares des Ve-VIe siècles enserraient des îlots orthodoxes. L'esprit se représente ce vaste mouvement de peuples qui, des bords du Danube où ils ont été en contact avec l'arianisme grec, a déferlé sur un Occident nicéen à travers les Balkans, les Alpes ou le Rhin. La grande thèse dont je voudrais donner quelques aperçus en ces quelques pages invite à remonter davantage dans le temps et à partir d'un arianisme *romain, latin*, dès les années 335-360. A vrai dire, cet arianisme était déjà partiellement connu, à travers les réfutations occidentales qu'il avait suscitées, mais, sur le témoignage trop vite accepté de gens comme saint Ambroise, qui, après 378 et le désastre d'Andrinople, avait affirmé la collusion entre Ariens et Goths envahisseurs, on avait lié la pénétration de l'arianisme en Occident à l'avancée des Goths dans la vallée du Danube. L'arianisme occidental recevait ainsi une forte teinture germanique et le mouvement religieux se trouvait intégré à une poussée politique. A la fin du siècle dernier et au début de ce siècle, cette thèse a été tant de fois défendue par divers auteurs allemands qu'elle a fini par s'imposer et ne plus être remise en question pour les années postérieures à 380.

C'est cette thèse que ruine le présent travail. En prenant comme point de départ le Concile de Tyr de 335 où Athanase fut déposé et où se trouvaient deux jeunes évêques d'Illyrie, Ursace de Singidunum et Valens de Mursa, qui vont faire beaucoup parler d'eux durant les trente années qui vont suivre, M. Meslin établit que l'arianisme s'est également développé en milieu latin, a séduit d'authentiques sujets de l'Empire romain [1], a produit une littérature importante qui ne nous est malheureusement parvenue que de manière très partielle et qui reste trop mal connue.

Dans sa première (*Des hommes et des carrières*) et sa seconde partie (*Nouvelles recherches sur la littérature homéenne d'Occident*), M. Meslin se livre donc à une enquête sur les personnes [2] et à un inventaire des textes infiniment précieux [3]. Ils

---

* A propos de : Michel MESLIN, *Les Ariens d'Occident (335-430)*, Collection « Patristica Sorbonensia », 8, Editions du Seuil, Paris, s. d. (1968), 445 pages in-8° et une carte.

[1] D'où, par exemple, l'importance du fait que Maximin, dont on a fait si volontiers un Goth, soit un authentique *Romain* (*op. laud.*, pp. 92 sq).

[2] Soit Potamius de Lisbonne, Saturninus d'Arles, Paternus de Périgueux, Zosime de Naples, Epictète de Centumcellae, Auxence (I) de Milan, Germinius de Sirmium, Ursace de Singidinum, Valens de Mursa, Palladius de Ratiaria, Auxence (II) de Durostorum, Maximin l'Arien.

[3] Certains de ces textes ont été découverts depuis un siècle, d'autres sont connus depuis longtemps — tel le célèbre *Opus imperfectum in Matthaeum* ou la *Vieille Traduction* du Commentaire d'Origène sur Matthieu — mais leur origine, leur attribution restent l'objet de discussions. Par le présent travail, M. Meslin augmente considérablement l'héritage de Palladius de Ratiaria et de Maximin l'Arien : il restitue au premier les *Fragments ariens de Bobbio* et fait du *Sermo arianorum* combattu par Augustin un *digest* de l'œuvre de Palladius; il attribue à Maximin l'*Opus imperfectum in Matthaeum*, la *Vetus interpretatio* du *Commentaire sur Matthieu* d'Origène et le *Commentaire anonyme sur Job*.

attestent la présence d'évêques, de communautés hétérodoxes dans l'ensemble de l'Occident latin (mais surtout dans l'Illyricum); ils montrent le développement de toute une littérature théologique, polémique, pastorale, exégétique, qui témoigne de la vigueur de leur foi, et ce, d'autant plus, dirai-je, que cette littérature devient pour nous plus abondante à partir du moment où fait défaut pour ces Homéens l'appui du bras impérial qui les avait tant aidés jusqu'alors. J'ai partiellement rendu compte ailleurs de ces deux premières parties, en apportant quelques suggestions et quelques rectifications [4]. Je me permets simplement de répéter que je considère ces recherches comme très importantes, même si elles aboutissent parfois à des résultats qui n'emportent pas la pleine adhésion. D'autre part il n'est pas difficile de comprendre qu'ayant à se battre sur plusieurs fronts, M. Meslin a été amené à accuser certains aspects des portraits qu'il nous trace. Même si les recherches futures estompent certains traits qu'il a trop violemment mis en lumière ou en précisent d'autres, il n'est pas douteux qu'elles ne doivent beaucoup à ses propres recherches et ne tiennent désormais davantage compte du fait que, de 335 à 380, l'essentiel de notre documentation concernant les Ariens d'Occident, provient des dossiers de leurs adversaires...

Je voudrais m'attacher davantage à la troisième partie, *La vie religieuse des Ariens* (pp. 251-435) et principalement à la théologie trinitaire qui se trouve étudiée dans les deux premiers chapitres (pp. 253-324). Par la suite, en effet, M. Meslin étudie l'ecclésiologie des Ariens (pp. 325-352), leur polémique anti-païenne et anti-juive (pp. 353-379), leur liturgie (pp. 380-408), leur spiritualité, en insistant sur l'originalité de leurs positions et en essayant de dégager ce qu'il appelle leur « esprit de secte » (pp. 409-435). Compte tenu du tempérament de notre principal informateur en ce propos, l'évêque Maximin, je serais porté à soutenir la thèse inverse et à dire que, hormis leur théologie trinitaire, les Illyriens sont de bons représentants de cet Occident de la fin du IVe siècle où se manifestent à la fois la permanence d'un certain nombre de données du IIIe siècle [5] et l'intrusion de divers courants novateurs en provenance des différentes parties de l'Orient grec, d'Alexandrie comme d'Antioche, de Cappadoce comme de Constantinople. Faire de ces communautés illyriennes des traits d'union entre l'Orient et l'Occident me paraît moins vrai que de dire qu'elles participent à un même mouvement d'ensemble de pénétration orientale, survenant à des moments et en des lieux variés, selon, vraisemblablement, certaines accointances que l'on peut essayer de préciser ou de deviner, mais selon aussi l'état très lacunaire de notre documentation. Un petit exemple : les pages que M. Meslin consacre à la liturgie étaient sans doute déjà écrites lorsque Dom J. Lemarié a publié un certain nombre d'homélies qu'il attribue avec beaucoup de vraisemblance à Chromace d'Aquilée. Or il se trouve que l'une d'elles n'est autre qu'un sermon pour l'Ascension, célébrée au quarantième jour après Pâques... tout comme dans la communauté de Maximin où M. Meslin veut trouver le premier témoignage d'une fête occidentale de l'Ascension [6]. Lequel des deux textes est antérieur ? Il est bien difficile de le dire, mais ce texte de Chromace vient confirmer des données contradictoires de Philastre de Brescia..., un anti-arien notoire, un adversaire de cet Auxence auquel M. Meslin

---

[4] *Latomus*, 28, 1969, pp. 237-242.

[5] V. *Latomus, loc. cit.*, p. 242.

[6] M. MESLIN, *op. laud.*, pp. 403-404. V. J. LEMARIÉ, Homélies inédites de saint Chromace d'Aquilée, in *Revue bénédictine*, 72, 1962, pp. 249 sq.

attribue les importations à saveur orientale [7]. La liturgie de ces églises de l'Italie annonaire paraît en réalité beaucoup trop fluante pour que l'on cherche à trop l'unifier. Ambroise, le successeur d'Auxence, qui défend les coutumes milanaises quand il s'agit du jeûne ou (s'il est l'auteur du *De Sacramentis*) du lavement des pieds, entérinerait-il des traditions aussi récentes, importées par un Arien? D'après les textes que nous possédons, Ambroise ne connaît pas de fête particulière de l'Ascension, qui est connue à Brescia et Aquilée, mais les trois villes connaissent la fête de l'Epiphanie et, qui plus est, pour Milan et Aquilée, une Epiphanie qui concerne le baptême du Christ comme dans l'Illyricum de Maximin [8]. La lecture du livre de *Job* est attestée à Milan par un texte où Ambroise s'en prend expressément à Auxence II [9]. Elle est connue également à Vérone [10]. Peut-on penser que Zénon (qui est, si l'on accepte les dates généralement données pour le début de son épiscopat [11], un évêque de la réaction anti-riminienne, le successeur d'un ami d'Athanase) utilise un cadre liturgique qui aurait été imposé — et comment? — par Auxence de Milan depuis cinq ou six ans? Dans le même *Sermon contre Auxence* invoqué plus haut, Ambroise mentionne, sans la moindre gêne apparente, une lecture scripturaire faite le même jour par les Ariens et par lui-même [12]. Qu'est-ce à dire sinon que les « novateurs » en matière trinitaire, ont partout ailleurs conservé les cadres antérieurs, au grand scandale parfois des orthodoxes qui leur reprochent leur illogisme [13].

Michel Meslin a consacré à cette doctrine trinitaire des pages d'une grande richesse et le second chapitre de cette troisième partie me semble valoir son pesant d'or (*Une théologie rationaliste*, pp. 300-324). Par une analyse pénétrante des écrits de Palladius de Ratiaria qui écrit aux alentours de 379-384, à un moment où les Homéens sont condamnés tant par les conciles que par l'autorité impériale, M. Meslin établit la parenté étonnante qui existe entre la pensée de Palladius et celle d'Eunome, l'anoméen le plus radical. La Trinité est fortement hiérarchisée. L'essence de chacune des personnes est exprimée et constituée par le rapport de dépendance, voire de production qui relie l'une à l'autre. « Tout le système théologique de Palladius et d'Auxence (de Durostorum) s'établit, écrit pertinemment M. Meslin, autour de l'oppo-

---

[7] PHILASTRE DE BRESCIA, *De Haeresibus*, 140, 2 (édit. F. Heylen, CC IX, p. 304, l. 9 sq.) : *Per ordinem quippe pro nostra salute et annui dies festiuitatis maioris isti statuti sunt quattuor : primum in quo natus est (...) in fine uero in quo ascendit in caelum circa pentecosten; Ibidem*, 140, 3 (l. 17-18) : ... *Quarto in quo ascendit in caelum; Ibidem*, 159, 3 (p. 312, l. 11 s.) : *Per annum quattuor ieiunia in ecclesia celebrantur, in natale primum, deinde in pascha, tertio in ascensione, quarto in pentecosten. Nam in natale saluatoris Domini ieiunandum est, deinde in pascha quadragensimae aeque, in ascensione itidem in caelum post pascham die quadragensimo, inde usque ad pentecosten diebus decem aut postea.*

[8] Pour Aquilée, voir le texte édité par J. LEMARIÉ, Un nouveau sermon de saint Chromace d'Aquilée..., in *Revue bénédictine*, 1966, pp. 19-22, et la remarque de Dom Lemarié, p. 21.

[9] AMBROISE, *Ep.* 20, 14-17, *PL* 16 (1845), c. 998-9.

[10] ZÉNON DE VÉRONE, II, 15 (éd. Giuliari, pp. 192-195). M. MESLIN, *op. laud.*, p. 396 et n. 64. A vrai dire, rien ne permet de dire que la lecture de *Job* soit faite à Vérone durant la semaine sainte, mais on remarquera le parallèle entre la « passion de Job » et la passion du Christ.

[11] A. BIGELMAIR, *Zeno von Verona*, Münster i.W., 1904.

[12] AMBROISE, *Sermo contra Auxentium*, 25 (*PL* 16, c. 1015 A-B) : *Legerunt* (Ariani) *et hodie...*

[13] M. MESLIN, *op. laud.*, p. 387.

sition essentielle entre un *Ingenitus* et un *Genitus*, manifestant la différence fondamentale qui sépare le Père du Fils » (p. 308). « Pour Palladius et ses collègues, il ne s'agit plus du tout de fonder un certain subordinatianisme sur les métaphores chronologiques de la génération du Fils, mais de poser le problème de la génération au plan de l'essence même de Dieu, et non plus à celui de la temporalité » (p. 309). « Pour Palladius comme pour Eunome, l'essence divine, c'est d'être inengendré » (*ibid.*). Le Père et le Fils sont donc dissemblables, inégaux, les qualités du Fils ne sont que des qualités acquises par sa génération divine (pp. 310-311). Les textes scripturaires servent à montrer l'infériorité du Fils, son obéissance dans toutes les œuvres que le Père lui confie, qu'il s'agisse de la création ou du jugement (pp. 311-313). Bref, le Fils est d'une *dealitas* inférieure à celle du Père (pp. 318-320).

D'où vient, chez ces Homéens, ce rationalisme radical qui surgit de manière aussi brutale entre 379 et 384? M. Meslin s'est en effet attaché à montrer dans son premier chapitre (*Un certain subordinatianisme*, pp. 253-299) que la première génération des Homéens ne méritait pas les accusations doctrinales dont on l'a chargée. La réponse de M. Meslin est la suivante : « Tout se passe comme si leur expulsion de la grande Eglise et leur acceptation du schisme libéraient toutes les audaces de la recherche théologique, exacerbaient les affrontements doctrinaux » (p. 301). Je me demande, de façon certainement insidieuse — et gratuite peut-être — si la réponse est suffisante. Ne peut-on penser, en effet, que les thèses que nous voyons apparaître dans nos textes dans les années 379-384, aient été diffusées, sinon confessées, bien auparavant et que les Nicéens avaient quelque raison de les subodorer dans les déclarations et *credos* officiels subtilement rédigés pour réunir dans l'unité de l'Empire une population unanime? Il est certes dangereux de découvrir, grâce à ce qui est devenu explicite, ce qui était implicitement contenu dans certaines propositions et découle logiquement de certains présupposés. Il n'est pas du tout certain en effet que les intéressés aient eu claire conscience des implications de leurs thèses et ce serait faire fi de l'histoire que de ne pas admettre un développement de la pensée. M. Meslin a certainement raison, d'autre part, de souligner la vanité des efforts déployés par les Occidentaux pour en revenir et se tenir à ce qui a été défini à Nicée, mais je crois qu'à trop présenter les Illyriens comme de purs héritiers d'Eusèbe de Césarée, on leur ferait vite encourir le même reproche. D'ailleurs, s'il est bien vrai que les Eusébiens sont des anti-sabelliens acharnés — et l'affirmation reste valable pour Palladius, comme M. Meslin le montre très bien (pp. 303-304) — il ne paraît pas moins vrai que l'on peut trouver chez Eusèbe lui-même les affirmations subordinatianistes les plus radicales. M. Meslin le sait mieux que quiconque (pp. 256-257) et il a claire conscience des dangers latents de cette théologie (pp. 259-260). Je trouve cependant qu'il a parfois tendance à accepter pour bon argent les formules vagues à dessein que souscrivent les Ursace et Valens.

Il faut dire que ces formules sont, jusqu'en 357, relativement peu nombreuses ou ne nous sont pas parvenues. Chaque parti profite de sa position de force et des fluctuations de la politique pour « régler ses comptes », sans beaucoup se soucier de comprendre la position doctrinale des autres. M. Meslin insiste à juste titre sur les questions disciplinaires et les arguments juridiques mis en avant par les Orientaux et les Illyriens, du concile de Tyr au concile de Milan de 355 (pp. 270-271; 276-277). Ce qui est en jeu, c'est l'autorité des conciles. De fait. Mais chacun se réfère à la décision conciliaire *qui l'avantage*! Lorsque les Orientaux refusent de se rendre à Rome pour le concile que le pape Jules convoque en 340, ils s'appuient sur les décisions du concile de Tyr qui a jugé Athanase; à quoi Jules rétorque que le concile de Nicée a expressément prévu qu'un concile peut réviser les décisions d'un concile précédent...! Nous sommes entrés dans un mécanisme qui peut ne jamais s'arrêter. A Arles, à Milan, les Illyriens demandent toujours l'exécution de la sentence de Tyr, tandis que les Occidentaux font valoir les décisions disciplinaires de Rome, de Sardique (occidental), en appellent à la définition dogmatique de Nicée. Comment s'arrêter? Par des décisions qu'il faut bien appeler « arbitraires ». Dans sa lettre aux évêques occidentaux de Rimini, Constance *interdit* de discuter des questions de personnes, de fulminer des condamnations. A Constantinople, six mois plus tard, les Homéens triomphants *à la fois* abrogent toutes les formules de foi antérieures *et* interdisent d'en promulguer de nouvelles. Cette manière violente de sortir du cercle ne pouvait se faire qu'avec l'appui du pouvoir politique. La mort de Constance en 361 sera pour les Homéens une catastrophe plus grave encore que ne l'avait été, pour les Nicéens occidentaux, la disparition de Constant dix ans plus tôt [14].

Il faut revenir sur quelques épisodes de ces années 353-360 dans la mesure où Ursace et Valens, de comparses, deviennent protagonistes et inspirent la politique religieuse de l'empereur. Une fois les armées de Constance parvenues aux extrémités de la Gaule, commence « la mise au pas de l'épiscopat occidental » (p. 78, p. 271). A Arles en 353, à Milan surtout, en 355, les rares opposants sont éliminés. M. Meslin trouve « très significatif qu'on n'invoque jamais de raisons doctrinales », que « lorsque par deux fois le souvenir de Nicée est évoqué par le nouvel évêque de Rome, Libère, et par Eusèbe de Verceil, c'est bien moins pour proclamer et défendre l'*homousios* que pour tenter d'éviter de condamner Athanase » (p. 271). M. Meslin se demande bien entendu si le refus des Illyriens d'ouvrir une discussion doctrinale, si « ce silence théologique n'était pas une manœuvre » (*ibidem*), mais c'est pour prendre parti contre les divers historiens qui ont répondu par l'affirmative. Il conteste en effet les témoignages de Sulpice Sévère et de Lucifer de Cagliari concernant le concile de Milan de 355 (pp. 77-78, 271-273). Loin de moi la pensée que tout soit clair en cette affaire, mais il me semble qu'il n'est pas tenu compte de plusieurs textes qui permettent, au moins, de maintenir le point d'interrogation.

Commençons par les données matérielles. Le récit de Lucifer, selon lequel l'empereur Constance aurait écouté la conversation des évêques, placé derrière un rideau, se trouve mis en doute (p. 77 et n. 114). Il s'agit pourtant là d'un fait banal du protocole impérial. A la même époque, par exemple, la propre sœur de Constance assiste de la même façon à un jugement. Ammien Marcellin nous la montre passant la tête à travers cet *aulaeum* pour exciter les juges [15]. Quant à la teneur des faits, elle est attestée de la même manière — je n'ose dire confirmée — par plusieurs textes d'Hilaire.

Le premier paraîtra peut-être insuffisant puisque sa partie essentielle fait défaut. Je n'hésite cependant pas à le trouver très révélateur. Dom Wilmart a en effet

---

[14] Le procédé continuera cependant. Les Homéens en appelleront à Rimini et les Nicéens de leur faire remarquer qu'il y eut deux sessions à Rimini... (Voir : La « manœuvre frauduleuse » de Rimini : A la recherche du *Liber adversus Vrsacium et Valentem*, in *Hilaire et son temps*, Actes du Colloque de Poitiers, 29 septembre-3 octobre 1968, Paris, Etudes augustiniennes, 1969, p. 54).

[15] Ammien Marcellin, *Res gestae*, 14, 9, 3. Athanase (*Apol. à Constance*, 3; éd. J.-M. Szymusiak, SC 56, p. 91) fait de même allusion au *bèlos* lorsqu'il relate son entrevue avec l'empereur Constant.

remarqué que le récit du concile de Milan donné par Sulpice Sévère concordait dans sa première partie avec le texte de l'actuel *Liber primus ad Constantium* de l'évêque de Poitiers. Si le parallèle ne se poursuit pas, c'est que le texte d'Hilaire, tel que nous le possédons aujourd'hui, s'interrompt brusquement au moment où Hilaire allait citer un document. Il suffit de comparer les deux textes pour se convaincre de leur parenté malgré toutes les différences qui semblent les séparer, au premier abord.

SULPICE SÉVÈRE, *Chron.* II, 39, 3-7. (Ed. C. Halm, *CSEL* I, p. 92) :

Interea Mediolanum conuenitur ubi tum aderat imperator. Eadem illa contentio nihil inuicem relaxabat. Tum Eusebius Vercellensium et Lucifer a Carali Sardiniae episcopi relegati.

Ceterum Dionysius Mediolanensium sacerdos in Athanasii damnationem se consentire subscripsit dummodo de fide inter episcopos quaereretur.

HILAIRE, *Ad Constantium liber primus*, 8 (*PL 10*, c. 562 B-564) :

Collecta illic (Mediolani) malignantium synagoga, decem diebus ad ecclesiam est uetitus (Eusebius) accedere (...). Soporatis deinde consiliis omnibus, ubi libitum est aduocatur. Adest una cum Romanis clericis et Lucifero Sardiniae episcopo.

Conuentus ut in Athanasium subscriberet, ait de sacerdotali fide prius oportere constare, compertos sibi quosdam ex his qui adessent heretica labe pollutos. Expositam fidem apud Nicaeam cuius supra meminimus posuit in medio spondens omnia se quae postularent esse facturum si fidei professionem scripsissent. Dionysius Mediolanensis episcopus chartam primus accepit.

Vbi profiteri scribendo coepit, Valens calamum et chartam e manibus eius uiolenter extorsit, clamans non posse fieri ut aliquid inde gereretur. Res post clamorem multum deducta in conscientiam plebis est: grauis omnium dolor ortus est, impugnata est a sacerdotibus fides.

Sed Valens et Vrsatius ceterique, metu plebis quae catholicam fidem egregio studio conseruabat non ausi piacula profiteri, intra palatium congregantur.

Verentes igitur illi populi iudicium e dominico ad palatium transeunt.

Cuiusmodi sententiam in Eusebium longe antequam ecclesiam ingrederentur scripserunt, de se loquitur ipsa sententia (explicit).

> *Illinc epistolam sub imperatoris nomine emittunt, omni prauitate infectam, eo nimirum consilio ut si eam aequis auribus populus recepissent, publica auctoritate cupita proferrent; sin aliter fuisset excepta omnis inuidia esset in rege et ipsa uenialis quia etiam tum catuchemenus sacramentum fidei merito uideretur potuisse nescire.*
>
> *Igitur lecta in ecclesia epistola populus auersatus. Dionysius, quia non esset assensus, urbe pellitur...*

Il ne me semble pas invraisemblable qu'Hilaire ait non seulement connu cette lettre (ou cet édit) dont parlent Sulpice Sévère et Lucifer [16], mais qu'il l'ait aussi insérée dans son ouvrage historique où l'auteur de la *Chronique* a pu en prendre connaissance, quitte à n'en transmettre qu'une idée imparfaite [17]. En tout cas, l'auteur du *De Synodis* paraît bien se référer à ce même épisode (comme l'a bien vu Dom Coustant), lorsqu'il met en garde les *Homéousiens* contre la mauvaise foi d'Ursace et de Valens [18]. A l'époque où il compose ce *De Synodis*, ceux-ci ne viennent-ils pas de signer la formule de 358 qui manifeste la réaction d'une fraction de l'épiscopat oriental devant le « blasphème de Sirmium » de 357. Hilaire accuse les deux évêques palatins d'avoir trompé l'empereur et abusé de son incompétence de catéchumène.

---

[16] Lettre (*epistola*) selon Sulpice dans le texte cité *supra*, p. 151; édit (*decretum, edictum*) selon Lucifer, *Moriendum*, 4, (éd. W. Hartel, *CSEL* 14, p. 291, l. 23) et *De non conueniendo* 9 (*ibid.* p. 19, l. 3-4).

[17] A. WILMART, *L'Ad Constantium liber primus* de saint Hilaire de Poitiers et les Fragments historiques, in *Revue bénédictine*, 24, 1907, pp. 156-157. Je cite les lignes que Dom Wilmart consacre à ce rapprochement : « Le chroniqueur qui cite peut-être de mémoire exténue la scène, fond les rôles, et pour tout résumer brouille tout; de son modèle, il ne retient presque pas un mot, néanmoins les deux textes sont parallèles, et l'un reprend l'autre. Sulpice fait même un peu plus : il continue le récit, là où Hilaire maintenant est réduit au silence. A vrai dire, nous n'avons pas gagné au change, mais encore, sans nous flatter aucunement de récupérer à travers la prose du premier l'exposé original du second, nous savons approximativement, grâce à la *Chronique* — et indépendamment de Lucifer, témoin à jamais irrité de la scène — ce qui se passa *intra palatium* et quelle ruse nouvelle y concertèrent l'empereur et ses suppôts, et comment l'exil s'en suivit pour les évêques fidèles. » Feder a entériné ce parallèle dans ses *Studien zu Hilarius von Poitiers*, Wien, 1910, I, pp. 136-137.

[18] HILAIRE, *De Synodis*, 78 (*PL* 10, c. 531 A-B) : *Homines enim peruersi eo usque proruperant ut cum hoc ipsi praedicare publice non auderent, imperatorem tamen fallerent ad audiendum. Fefellerunt enim ignorantem regem ut* istiusmodi perfidiae fidem bellis occupatus exponeret *et credendi formam Ecclesiis nondum regeneratus imponeret. Contradicentes episcopos ad exsilium coegerunt...* — Ici non plus, je ne suis pas le premier à relever cette rencontre. Dom Coustant l'a déjà signalée (*ibid.*, c. 531 n. *c.*). On remarquera entre autres la mention, chez Sulpice comme chez Hilaire, du fait que Constance n'est que catéchumène. Hilaire reviendra sur ce thème dans son *Ad Constantium*, 4 (*PL* 10, c. 565-566) : *Recognosce fidem quam olim, optime ac religiosissime imperator, ab episcopis optas audire et non audis...*

Pour en terminer avec cette séance du palais [19], je dirai que la discussion y fut plus doctrinale qu'il ne semblerait. Lucifer, faisant allusion à la même scène dans son *Moriendum esse pro Dei filio* [20], évoque les controverses qui se tinrent alors et c'est pour lui l'occasion de citer une partie de ce *Credo* de Nicée [21] dont Eusèbe de Verceil avait voulu faire la pierre de touche de l'orthodoxie [22]. Quant à la question disciplinaire, il ne semble pas que Lucifer et ses amis aient eu tort de faire remarquer que l'on ne condamnait pas un absent [23]. Libère avait demandé dans le même sens un concile général qui tranchât de la foi avant que de se rendre à Alexandrie pour juger les personnes [24]. Hilaire ne semble pas non plus avoir combattu d'abord et avant tout pour la personne d'Athanase. N'était-il pas troublant que les adversaires les plus acharnés d'Athanase aient reconnu en d'autres circonstances que les griefs qu'on lançait contre Athanase étaient de pures calomnies [25] ?

L'Occident complètement « mis au pas », le « blasphème » de 357 ne révèlerait-il pas les véritables pensées d'Ursace et Valens maintenant que leur triomphe est acquis ? On ne peut se défendre en tout cas de lui trouver bien des traits de parenté avec ce que Palladius et Auxence de Durostorum défendront explicitement une vingtaine d'années plus tard. La réaction occidentale [26] est juste suffisante pour consoler Hilaire au fond de son exil [27]. Le danger, pour les évêques palatins, va venir de Basile d'Ancyre avec lequel il va falloir composer, même s'il n'est pas tout-puissant.

Nous entrons dans une nouvelle phase où plusieurs faits importants n'apparaissent pas pour nous dans la lumière la plus claire et où les textes qui les rapportent posent à eux seuls beaucoup de questions. L'histoire ne peut qu'avancer sur la pointe des pieds, en montrant combien le terrain est peu solide. M. Meslin conteste le témoignage d'Epiphane selon lequel l'empereur lui-même aurait forcé d'accepter la « similitude *en tout* » que contenait le *Credo* daté. Trop faible aux yeux de Basile d'Ancyre et de son groupe, la formule paraissait dangereuse à Valens dans la mesure où elle « pouvait amener à professer implicitement [la] similitude d'essence » (p. 284). Sous les instances de Constance [28], Valens déposa enfin sa signature. Et M. Meslin ajoute alors à son récit la remarque suivante : « Ce qui, à vrai dire, n'entraînait pas Valens bien

---

[19] Ce qui est dit (p. 272 et n. 69) de la révélation faite à Constance par un ange provient d'une lecture trop rapide du *De non parcendo*, 1 (pp. 210-211). Sur la nature des écrits incriminés à ce moment, voir § 2 fin (p. 212). Il s'agit de la pompeuse visite de Rome faite par Constance en avril-mai 357.

[20] LUCIFER, *Moriendum*, 4 (pp. 291-292).

[21] *Ibidem* (p. 292).

[22] Voir le texte du *Liber primus* transcrit p. 150.

[23] LUCIFER, *De Sancto Athanasio*, I, 1, (éd. W. Hartel, CSEL 14, p. 66, l. 4-10); 2 (p. 67, l. 24 sq.), *etc*.; HILAIRE, *Frag*. I, 5 (*PL* 10, c. 630) : *Non queror extorqueri de absente sententiam (...), sed haec, non quia contemnenda sunt, uerum quia his grauiora sint subiecta praetereo...*

[24] *Ap.* THÉODORET, *Hist. Eccles.*, 2, 16 (*GCS* 19, éd. L. Parmentier, p. 135). Dès 353 Libère lançait son *Non Athanasii tantum negotium!* (*Ep. Obsecro, ap.* HILAIRE, *Fr.* V, 1; *PL* 10, c. 682 B-C).

[25] ATHANASE, *Hist. Arian*. 76 (*PG* 25, c. 785 A-C). De même Libère, *ap.* THÉODORET, *Hist. eccl.*, 2, 16, 11 (p. 133).

[26] Par le *Contra Arianos* de Phébade d'Agen.

[27] Le début du *De Synodis* d'Hilaire en témoigne.

[28] L'ordre de l'empereur, dans le récit d'Epiphane, vise explicitement Valens (*Panarion*, 73, 22; *PG* 42, c. 444 B).

loin » (p. 284). Mais pourquoi, en ce cas, Valens fit-il disparaître ce *kata panta* du symbole de Nikè — Constantinople quelques mois plus tard ? Pourquoi, surtout, Valens reprochera-t-il à Germinius de Sirmium en 366 de ré-introduire ce *per omnia* (pp. 296-298) ? Valens déclare à cette occasion que le concile de Constantinople (janvier 360) n'a eu lieu qu'à cause de cette *perfida assertio* de Basile [29]. A un groupe d'évêques d'Illyricum, Germinius fera remarquer peu après que les variations sont du côté de Valens : c'est lui qui est revenu sur sa signature du 22 mai 359 [30] et qui essaie, sous le couvert d'affirmations scripturaires, d'introduire des thèses à tendance anoméenne [31].

Ce même témoignage de Germinius m'a permis de montrer ailleurs que l'histoire du désastre de Rimini (pp. 80-83, 285-289) était plus complexe qu'on ne l'a cru, mais surtout qu'elle pose de délicats problèmes de méthode historique [32]. J'en arrive en effet à me demander si toute notre documentation ne provient pas, par des voies plus ou moins détournées, des seuls ouvrages d'Hilaire.

Non qu'on ne puisse se servir de cette œuvre polémique. L'ensemble du travail de M. Meslin montre au contraire combien il est possible de défendre quelqu'un avec le dossier à charge réuni par la partie adverse. C'est une leçon qu'il ne faudra pas oublier. Il n'est pas douteux qu'Hilaire n'ait construit son réquisitoire, n'ait agencé les documents qu'il citait pour les montrer sous un certain éclairage. Comme il a eu l'honnêteté de ne pas les tronquer, il est souvent possible de trouver en eux autre chose que ce qu'Hilaire a voulu y découvrir. Le travail de M. Meslin est très enrichissant par la manière même dont il relit les pièces du dossier du point de vue des Homéens. Critiquement, le travail est très sain et mérite d'être imité. Comme il le dit lui-même des dernières générations ariennes d'Occident, M. Meslin ne s'est pas contenté de « ronronner passivement » les affirmations des historiens antérieurs [33]. Que ce travail prenne plusieurs fois l'apparence d'une « thèse » ou d'un plaidoyer ne peut surprendre un lecteur attentif. Elle forcera à reprendre contact avec les textes, à élargir l'enquête, à moins de se contenter d'affirmations rapides. C'est assez souligner l'importance de ce livre qui, pour bon nombre de questions, impose un travail à nouveaux frais.

---

[29] *Ep. Cum de spe,* ap. HILAIRE, *Fragmenta historica* XIV, 1, fin (*PL* 10, c. 718 B-C).
[30] GERMINIUS, *Ep. Vitalis V. C. militantis,* ap. HILAIRE, *Fragm.* XV, 3 (*PL* 10, c. 721-2).
[31] *Ibidem,* 1-2 (c. 720).
[32] Voir : La « Manœuvre frauduleuse » de Rimini..., pp. 61-81; pour la position de Germinius, voir pp. 94-95.
[33] *Op. laud.,* p. 324.

II

La "manœuvre frauduleuse" de Rimini
A la recherche du
Liber aduersus Vrsacium et Valentem

Hilaire n'était pas à Rimini. Je ne crois pas, cependant, déborder trop le cadre de ce Colloque en vous proposant de vous arrêter quelque peu sur ce Synode. Il permet d'évoquer à la fois ce qui fut la vie d'Hilaire entre 358 et 367-8, ce qui fut son action en 360 à Constantinople, en Occident ensuite, ce qui lui fit prendre la plume aussi bien contre Constance que contre Auxence. Ce concile avait nourri les espoirs de l'exilé en 358. C'est pour préparer la rencontre des deux épiscopats oriental et occidental, puis, lorsque le concile général initialement prévu se divisa en deux, pour préparer la rencontre des deux théologies, que l'Occidental, maintenant initié aux nuances de l'Orient, avait composé le *De synodis* où il saluait la résistance de l'épiscopat gaulois au « blasphème » de 357[1]. Lorsque s'ouvrit le concile de Séleucie, le 27 septembre 359, nous savons qu'Hilaire eut la satisfaction de faire remarquer aux Homéousiens que les Occidentaux n'étaient pas les néosabelliens que l'on croyait[2]. Sans doute avaient dû parvenir jusqu'en Isaurie déjà les échos de la résistance que les Occidentaux avaient opposée au *Credo daté* dans leur session de juin-juillet. Nous

---

1. Dans son *De synodis*, postérieur au tremblement de terre de Nicomédie du 24 août 358 (§ 8 — *P L* 10, c. 485 B), Hilaire connaît déjà l'endroit où doit se réunir le concile des Occidentaux, mais le choix de Séleucie n'est pas encore fait : « Cum comperissem synodos in Ancyra atque Arimino congregandas et a singulis prouinciis Gallicanis binos uel singulos eo esse uenturos, ea quae inter nos atque Orientales episcopos mutuis suspicionibus detinentur, per me qui in Orientis partibus continebar exponenda uobis (...) existimaui ». La suite n'est pas moins éloquente sur les désirs et les espoirs de l'exilé. (*Ibidem*, c. 485 B-C).
2. SULPICE SÉVÈRE, *Chron.*, II, 42, 4 (éd. C. Halm, *CSEL* 1, pp. 95-96) : « Primum quaesitum est ab eo (= Hilario) quae esset Gallorum fides, quia tum, Arrianis praua de nobis uulgantibus, suspecti ab Orientalibus habebamur trionymam solitarii Dei unionem secundum Sabellium credidisse. Sed exposita fide sua iuxta ea quae Nicaena erant a Patribus conscripta Occidentalibus perhibuit testimonium ».

II

connaissons aussi la manière dont il a salué la défection des légats à leur arrivée à Constantinople après la seconde session de Rimini. Renvoyé en Gaule après ses vains appels à Constance[3], il n'eut rien de plus pressé sur le chemin de son retour que de s'entendre avec Libère pour casser les décisions du concile[4], puis de provoquer lui-même la condamnation des vainqueurs de la veille et de leurs procédés. La lettre du concile de Paris aux Homéousiens parle déjà de cette *fraus diaboli* dont je voudrais vous parler quelque peu[5].

On entendra parler de cette *fraus* des Ariens dans la suite des écrits d'Hilaire — entre autres son *Contra Auxentium*[6] — jusqu'à ce qu'il ait peut-être la satisfaction, si l'on peut dire, de voir cette *fraus* reconnue par un Germinius lui-même[7]. Il n'avait cessé, en Gaule, en Italie du Nord, de travailler à l'*emendatio* des évêques tombés ; lorsqu'il n'avait pu agir directement, il avait écrit et nous savons qu'il avait écrit sur Rimini. Jérôme nous signale l'existence d'un *Liber aduersus Vrsacium et Valentem, historiam Ariminensis et Seleuciensis synodi continens*[8] et Rufin a conté les mésaventures de ce livre[9].

---

3. Sur le retour d'Hilaire et son passage par Rome les deux sources les plus anciennes ne s'accordent pas complètement. Dans sa *Chronique*, Sulpice déclare : « Redire ad Gallias iubetur » (II, 45, 4 ; p. 98, l. 23). Le caractère contraignant est moindre dans la *Vita Martini*, 6, 7 où l'évêque de Poitiers reçoit la *permission* de rejoindre la Gaule (éd. J. Fontaine et *Commentaire ad locum, Sources Chrétiennes*, 133-4, Paris, 1967-8, pp. 266 et 605 sq., où préférence est donnée à la *Chronique*). L'opinion de F. Loofs (art. *Hilarius von Poitiers* de la Realencycl. f. prot. Theol. u. Kirche, t. VIII, 1900, c. 63) selon lequel Hilaire aurait fui de Constantinople repose sur un contresens. Le *Fugere mihi sub Nerone licuit* du *Contra Constantium*, 11 (*P L* 10, c. 588 A-B) ne concerne certainement pas les événements de 360. Il faut, d'une part, le replacer dans l'ensemble de son contexte, d'autre part le traduire exactement : « Sous Néron il m'*aurait été* permis de fuir… ». C.F.A. BORCHARDT (*Hilary of Poitiers' Role in the arian Struggle*, La Haye, 1966, pp. 173-4) se jette encore, après bien d'autres, sur la même fausse route.

4. Sur l'attitude de Libère à l'égard de Rimini, outre la lettre *Imperitiae culpam* étudiée plus loin (pp. 55-56), voir DAMASE, *Ep. Confidimus* citée *infra*, n. 33 et SIRICE, *Ep.* 1, 1, 2 *Directa ad decessorem* à Himère de Tarragone (*P L* 13, c. 1132 A-B).

5. Ce concile de Paris étant le seul que nous connaissions de ces *frequentia intra Gallias concilia* dont parle Sulpice Sévère (*Chron.*, II, 45, 5 ; p. 98, l. 29). Sur cette lettre du Concile, voir *infra*, p. 61. Rufin d'Aquilée atteste l'existence d'un autre concile mais n'en indique ni le lieu ni la date (v. *infra*, n. 9). Dom J. Chapman (*The contested letters of Pope Liberius*, in *RBén.* 27 (1910), pp. 332 sq.) a voulu, à tort, y reconnaître la réunion d'évêques dont parle le *Contra Auxentium*, 7 (*P L* 10, c. 613-4).

6. Sur le *Contra Auxentium* et sa référence aux anathématismes de Rimini, voir, *infra*, p. 87 et n. 178.

7. Sur Germinius, voir, *infra*, pp. 94-96.

8. JÉRÔME, *De uiris illustribus*, 100 (*P L* 23 (1845), c. 699-701).

9. RUFIN d'Aquilée, *De adulteratione librorum Origenis*, 11 (éd. M. Simonetti, *CC* 20, p. 14) : « Hic (= Hilarius) cum ad emendationem eorum qui Ariminensi perfidiae subscripserant libellum instructionis plenissime conscripsisset… » La suite de ce texte est le fondement le plus solide de toutes les hypothèses sur les interpolations lucifériennes. Il est cependant bien difficile de savoir où l'on peut s'arrêter dès lors que l'on a « expurgé » tout ce qui, pour un motif ou un autre, gêne dans le texte d'Hilaire (v. *infra*, p. 70, n. 100). D'autre part, le *liber* mentionné par Jérôme, le *libellus* mentionné par Rufin peuvent difficilement contenir tout ce qu'on rattache à cet *Aduersus Vrsacium et Valentem*. L'hypothèse de dom Wilmart

II

LA « MANŒUVRE FRAUDULEUSE » DE RIMINI

Je n'ai pas l'intention de me livrer ici à de nouvelles hypothèses sur l'ampleur, la date de composition de ce ou de ces livres. Certes, cet *Aduersus Vrsacium et Valentem* sera toujours présent à ma pensée tout au long de cet exposé et je reviendrai à lui à la fin, où je proposerai de rattacher à ce *Liber* la page de Jérôme que l'on invoque[10], avec le récit de la *Chronique* de Sulpice Sévère[11], pour établir l'existence et la nature d'une ou de deux « manœuvres frauduleuses ». En m'attachant à Rimini et à la chute des Occidentaux, je ne cours pas le risque de me trouver en dehors d'une œuvre dont on nous dit qu'elle attaquait Ursace et Valens — les artisans de la *fraus* — et qu'elle visait au retour à la vraie foi de nombre d'évêques occidentaux. Si je prends toutefois l'audace d'aborder cette question de la manœuvre « frauduleuse », d'examiner comment est posée et se pose la question, c'est que je crois pouvoir m'appuyer sur un certain nombre de textes que n'utilisent ou que ne rapprochent pas les historiens. D'autre part, si l'on veut, d'un problème littéraire, déboucher sur un problème historique, ce recours à d'autres textes que ceux d'Hilaire, Jérôme et Sulpice Sévère, sur lesquels on se fonde d'ordinaire, apparaît absolument indispensable, sous peine de tomber dans un cercle vicieux[12]. Les textes concernant la deuxième session de Rimini sont beaucoup plus nombreux qu'on ne le croit. En définitive, ils permettent, semble-t-il, d'accorder un large crédit à la fois au récit et au document présentés par Jérôme dans son *Altercatio Luciferiani et Orthodoxi*, et, d'autre part, aux accusations formulées par Hilaire contre les propos ambigus dont s'est servi Valens pour venir à bout des résistances d'un petit nombre, sinon de l'ensemble des Occidentaux[13].

(*L'Ad Constantium liber primus de S. Hilaire de Poitiers et les « Fragments historiques »*, in *R. Bén.* 24, 1907, pp. 149-179 ; 293-317 ; *Les « fragments historiques » et le synode de Béziers de 356*, *Ibid.*, 25, 1908, pp. 225-9 et en particulier p. 229, n. 2), si elle éclaire magnifiquement l'*Ad Constantium liber primus* et les premiers *fragmenta*, est loin cependant de résoudre toutes les difficultés posées par l'*ensemble* du recueil. Je préfère, pour ma part, penser à *des* ouvrages ou *des* lettres (voir J. Chapman, *art. cit.* pp. 328sq.) différents de l'*Aduersus Vrsacium et Valentem* pour lequel je m'en tiens aux strictes indications de Jérôme et de Rufin.

10. JÉRÔME, *Altercatio Luciferiani et Orthodoxi*, 18 (*P L* 23 (1845), c. 171-2) — Texte cité *infra*, n. 114, 115.
11. SULPICE SÉVÈRE, *Chron.*, II, 43-44 (pp. 96-98) — Texte cité *infra*, n. 53, 55, 110.
12. Si l'on établit que les deux auteurs dépendent d'Hilaire, les trois témoignages se réduisent à un seul et l'on ne peut se servir de l'un quelconque pour appuyer l'un ou l'autre. D'autre part, les témoignages de Jérôme et de Sulpice Sévère sont respectivement des années 380 et 400 environ. Il n'est pas inutile de chercher des témoignages antérieurs et de les confronter les uns aux autres. — L'idée d'une dépendance de Jérôme à l'égard d'Hilaire ne semble avoir effleuré que P. Batiffol (*Les sources de l'Altercatio Luciferiani et Orthodoxi*, in *Miscellanea Geronimiana*, Rome, 1920) qui, rappelant la façon dont Jérôme se réfère à des *Actes* du concile de Rimini, ajoute : « Néanmoins, cette affirmation de Jérôme ne saurait exclure l'hypothèse qu'il a pris ses documents dans l'ouvrage de saint Hilaire... » (p. 107, n. 2). Batiffol cependant n'envisage pas pour lui-même le problème de la conciliation de Jérôme et de Sulpice Sévère (Voir *infra*, p. 72 sq.).
13. Les titres et faux-titres ont été multipliés. Ils n'ont pour but que de fournir au lecteur pressé un fil conducteur quelque peu visible.

I. — L'EXISTENCE D'UNE TROMPERIE QUELCONQUE

La chute générale ne fait aucun doute et il n'est pas question d'en majorer les excuses. Il est certain que les légats signèrent à Niké une formule de foi qui était plus radicale encore que le *Credo daté* repoussé en juin-juillet et, qu'avant la fin de l'année, l'ensemble du Concile apposa sa signature à ce formulaire augmenté d'un certain nombre d'anathématismes[14]. Les signatures devaient encore exister au temps où Maximin l'Arien discutait à Hippone avec Augustin. Lorsque l'évêque arien renvoie son adversaire au concile des 330 Pères de Rimini, il ne fait pas de doute qu'il veuille montrer que les 318 Pères de Nicée ne représentaient pas un éventail aussi large de la foi universelle[15]. L'argument n'est pas nouveau. On peut en effet suivre cette bataille durant les années 360-386. Elle oppose chiffres à chiffres, session à session, concile à concile[16].

Cet arrière-plan doit être signalé. Il permet en effet de mieux situer la série de témoignages qui, durant ce même temps, décrivent la déroute ou la défaillance de la seconde session. Si je laisse de côté pour le moment la lettre du Concile de Paris[17], ce sont, la plupart du temps, des affirmations générales, assez vagues sans doute, mais déjà fort instructives dans la mesure où, bien avant Jérôme et Sulpice Sévère, elles affirment l'*existence* d'une *fraude*. Elles appuient par le fait même les textes, plus tardifs, qui, non seulement attesteront l'existence de cette manœuvre frauduleuse, mais en indiqueront la nature.

Des légats de Niké, Hilaire déclare qu'ils étaient fatigués par la longue attente que leur avait imposée l'empereur et qu'ils furent épouvantés par ses menaces[18]. Nous tenons là, à n'en point douter, l'une des raisons

---

14. Le *Credo daté* contenait l'*homoios kata panta* qui, à Niké, disparaîtra au profit de l'*homoios kata tas graphas* cher à Valens. — Sur le début de ce *Credo* de Niké, voir, *infra*, p. 101 ; sur les anathématismes, voir, *infra*, p. 74.

15. *Collatio cum Maximino*, 2 (*P L* 42, c. 710) : « Si fidem meam postulas, ego illam teneo fidem quam Arimini a *trecentis et triginta* episcopis non solum exposita sed etiam *subscriptionibus* firmata est... » Sur les 318 ' Pères de Nicée dont on commence justement alors à se servir, v. M. AUBINEAU, *Les 318 serviteurs d'Abraham et le nombre des Pères au Concile de Nicée*, in *RHE* 61, 1966, pp. 5-43 et H. CHADWICK, *Les 318 Pères de Nicée, ibid.*, pp. 808-811. Pour Rimini les nombres ne semblent pas avoir de valeur symbolique, mais il ne fait pas de doute que les chiffres les plus exagérés veulent montrer l'universalité de ce concile, dans la foi ou... dans la défection. Ce trait est souligné d'une autre manière dans le préambule de la loi du 23 janvier 386 (voir, *infra*, p. 57, n. 35).

16. DAMASE, *Ep. Confidimus* (*P L* 13, c. 349 A-B) ; ATHANASE, *Ep. ad Epictetum* I, 5 (*P G* 26, c. 1036 D), 7 (c. 1040 C-D) 9 (c. 1044-5) ; *Ad Afros*, 1 ; 3 ; 9 ; 10 (c. 1029-32, 1033A, 1043 C-D ; 1048 A).

17. Voir, *infra*, p. 61.

18. Je citerai toujours le *texte* de Feder avec sa référence, en y ajoutant la mention du *fragment* de Dom Coustant ainsi que la référence à Migne qui reprend l'édition des Mauristes : *Collectanea Antiariana Parisina, Series* A V 2, 4 (éd. A.-L. Feder, *CSEL*

majeures de cette débandade. Les écrivains ne se privent pas de rappeler les instances de l'empereur. Certains en tirent excuse[19], d'autres en font un grief supplémentaire contre des évêques qui ont préféré leurs dignités, leurs immunités à la vraie foi... et à l'exil[20]. Ne nous hâtons pas cependant de jeter la pierre. Un homme comme Athanase, peut-être parce qu'il savait d'expérience ce qu'étaient les menaces de Constance, a été le premier à reconnaître quelque valeur à l'excuse de la force majeure qu'invoquèrent les faibles dès lors que cette « force majeure » eut disparu[21]. Il ne fait pas de doute que le concile d'Alexandrie de 362, en avalisant les mesures d'Hilaire et de Libère, n'ait contribué à la restauration de l'orthodoxie en Occident.

C'est en s'appuyant sur les conciles d'Alexandrie et d'Achaïe que Libère écrit aux évêques d'Italie pour les inviter à rejoindre les rangs de l'orthodoxie qu'ils ont pu déserter par ignorance. Il se sépare explicitement de ceux qui, tel Lucifer, refusent de pardonner à ceux qui ont agi par *ignorance* : *qui apud Ariminum ignorantes egerunt*[22]. C'est le mot qui ouvrait la lettre : *IMPERITIAE culpam oblitterat resipiscens.* Inversement il s'en prend à l'*obliqua et maligna subtilitas* qui a permis aux Ariens de tromper les innocents[23].

Les évêques d'Italie écriront à leur tour aux évêques de l'Illyricum.

65, p. 85, ll. 15-18) = *Fragmentum* 8, 4 (*P L* 10, c. 701-2) : « Longa dilatione fatigati et minis imperatoris perterriti damnauerunt integram fidem quam antea defendebant et susceperunt perfidiam quam ante damnauerunt ». C'est le seul endroit où le symbole de Niké reçoive le nom de *perfidia*, d'hérésie. Ailleurs (p. 86, l. 25 = c. 702 C-D), Hilaire parlera simplement de *fides*, symbole, sans qualification. On est loin du « blasphème » de 357. On aimerait d'ailleurs savoir comment il faut concilier cette accusation et l'affirmation de la lettre du Concile de Paris selon laquelle, dès Niké, certains ont été trompés par les mensonges de Valens et des siens (Voir *infra*, p. 61, n. 49). Ajoutons ce texte du *Contra Constantium*, 7 (c. 584) : «...occidentalium fidem ad impietatem compellis, conclusos urbe una minis terres, fame debilitas, hieme conficis, *dissimulatione* deprauas ». Voir aussi *Contra Aux.* 8 (c. 614 B-C) : «...uim scilicet illatam episcopis... »

19. Voir la lettre de Damase, et les textes d'Athanase, Libère, Ambroise, cités *infra*, n. 21, 22, 28, 33, 36.

20. EUSÈBE de Verceil, *Ep.* II, 7, 4 à *Grégoire d'Elvire* (éd. A. Hoste, *CC* 9, p. 108, l. 168 sq.) : «...Dum honorem quidam timent amittere, ipsos fidem perdidisse, dumque facultates terrenas et immunitates nolunt perdere, caelestes thesauros et ueram securitatem nullam iudicasse ». Y-a-t-il là une allusion aux discussions de Rimini sur les immunités ? Voir *infra*, p. 70, n. 99. Le ton de Faustin et Marcellin (*Libellus precum*, VI, 19 etc ; éd. O. Guenther, *CC* 69, p. 366, l. 183 sq) n'est pas moins violent. Il faut d'ailleurs noter que c'est là un thème d'actualité sous Constance et que Phébade d'Agen (*Contra Arianos*, 1 fin, 4 fin...), Hilaire (*Contra Aux.*, 2-3), le reprennent volontiers.

21. ATHANASE, *Ep. ad Rufinianum* (*P G* 26, c. 1180 C), *Ep. ad Afros*, 3 fin (c. 10 33 C-D) etc.

22. LIBÈRE, *Ep. Imperitiae culpam* in *Collect., Ser.* B IV, 1, 1 = *Fr.* 12, 1 (pp. 156-7 = c. 715 A-B).

23. *Ibidem* : «...auctores uero esse damnandos qui obliqua et maligna subtilitate caliginis offenderunt innocentium sensus per quas uelamen obducerent ueritati, tenebras lucem et lucem tenebras uindicantes ».

II

Le mot de *uiolentia* employé par Libère[24] est remplacé par celui de *fraus*[25]. Les décisions de Rimini sont dites avoir été viciées par les « faux-fuyants de certains » : *quorumdam tergiuersatione*[26]. Ursace et Valens étant explicitement nommés à la fin de cette même lettre, il semble tout indiqué de les reconnaître parmi les *quidam* ici visés[27].

Nous retrouvons des affirmations analogues dans la lettre que Libère remit aux délégués des Homéousiens en 365. Le texte n'est conservé qu'en grec. Parlant des évêques de Rimini, le Pape déclare qu'ils furent « persuadés en quelque sorte, ou plutôt, forcés par la puissance impériale d'abroger ce qu'il y avait de plus solidement établi dans la foi ou à le nier *indirectement* obliquement »[28]. Cette « *persuasion* » doit être entendue comme une tromperie si l'on en croit la suite du texte. Libère déclare en effet qu'« après avoir été ainsi *leurrés* ou contraints, les évêques ont, par la suite, rétabli la vraie foi »[29].

Nous sommes en 365 avec ce document. Les délégués des Homéousiens n'ont pu joindre Valentinien qui avait quitté Milan pour la Gaule. Peu auparavant l'empereur avait refusé qu'Hilaire prolongeât son séjour à Milan et, peu après, il a reçu d'Auxence, nous aurons à y revenir[30], un exemplaire des *Actes* de Rimini. L'évêque de Milan vante, bien entendu, les décisions de ce concile[31], tandis que, dans son *Contra Auxentium*, Hilaire déclare que ce concile a été cassé[32]. Dans les années suivantes, Damase croit devoir rappeler, dans sa lettre *Confidimus*, que, malgré le nombre supérieur de ses participants, Rimini n'éclipse pas Nicée, que les évêques y ont été trompés, ne se sont pas rendu compte que la formule de foi qu'ils signaient était en contradiction avec celle de Nicée. De toute façon, même s'ils ont semblé succomber, ils sont revenus à de meilleurs

---

24. *Ibidem* § 2 (p. 157, 1. 10 sq. = c. 715 B - 716 A) : « Igitur si quis *ignorationis* captum resipiscens sermonis nostri aduocatione lenissima illud uirus in se pestiferum Arriani dogmatis *subdolum et latebrosum* fuerat expertus, reparatus exhauriat, condemnet uehementiusque in auctores eius insaeuiat quos in se *uiolentos* expertus est ».
25. *Ep. Diuini muneris gratia*, in *Collect., Ser.* B IV, 2, 1 = *Fr.* 12, 3 (p. 158, l. 8 = c. 716 B-C) : « ...*fraudem* quam passa est (Italia) apud Ariminum ».
26. *Ibidem*, (p. 158, l. 14sq. = c. 716 B-C) : « Ariminensis concilii statuta quorumdam *tergiuersatione* corrupta consensu omnium prouinciarum iure rescindimus. Quorum etiam exemplaria transmittenda censuimus, ut nec in fide retinenda nec in confutando Ariminensi concilio aliqua uideretur esse dissensio ». Sur la deuxième partie de ce texte, voir, *infra*, p. 82, n. 153.
27. *Ibidem* (p. 158, l. 24-25 = c. 717 A-B).
28. Libère, *Ep. ad Macedonior. episcopos*, ap. Socrate, *Histor. Eccles.*, IV, 12 (*P G* 67, c. 492-3) : « ... τούτους ἡ κακοήθεια τῶν Ἀρειανῶν συνεκρότησεν ὅπως ἢ διὰ πειθοῦς τινος, ἤ, ἵνα ἀληθέστερον εἴπω, κοσμικῆς δυναστείας, τοῦθ' ἀσφαλέστατον ἦν ἐν τῇ πίστει κείμενον ἀνέλοιεν ἢ πλαγίως ἀρνήσονται ... »
29. *Ibidem* (c. 493 A-B) : « καὶ γὰρ σχεδὸν πάντες ἐκεῖνοι οἱ ἐν τῇ Ἀριμήνῳ γενόμενοι καὶ δελεασθέντες ἢ ὑπαχθέντες, νῦν ἀναφρονήσαντες... »
30. Voir *infra*, p. 83.
31. Ap. Hilaire, *Contra Auxentium*, 15 (*P L* 10, c. 618 B-C).
32. *Ibidem*, § 8 (c. 614 B-C) : « ...De Ariminensi synodo quae ab omnibus est religiose *dissoluta* nihil dicamus... »

LA « MANŒUVRE FRAUDULEUSE » DE RIMINI

sentiments et ont fait connaître que le symbole de foi de Rimini ne leur agréait pas[33]. On croirait déjà entendre Ambroise !

On sait comment, malgré les condamnations fulminées contre lui, Auxence se maintint sur le siège de Milan. L'emprise des évêques riminiens diminuera, certes, après l'élection d'Ambroise, mais la lutte de celui-ci traversera plusieurs crises qui l'amèneront à parler de Rimini. En 378, un texte du premier livre du *De fide* distingue les deux sessions du concile et signale que les évêques se ressaisirent. Notons que l'évêque de Milan, même si ce texte ne suffit pas à montrer qu'il a lu les *Actes* du Concile, connaît l'existence de la première lettre des évêques à Constance[34]. Je montrerai un peu plus loin qu'un texte du troisième livre, sans nommer explicitement Rimini, vise bel et bien la « manœuvre frauduleuse », telle que nous la présente Jérôme.

C'est en 386 que le concile de Rimini constitua un véritable sujet d'actualité. Le préambule de la loi du 23 janvier rappelle, en effet, qu'en 359, les évêques mêmes qui avaient jusqu'alors des sentiments contraires, se sont ralliés à la foi de Rimini[35]. Le texte de la loi ne dit pas, bien entendu, comment s'opéra ce ralliement, ni le temps qu'il dura. Durant cette même année et, vraisemblablement durant les quelques semaines où l'on urgea de cette loi contre Ambroise, le nom de Rimini revient par trois fois dans la bouche de l'évêque orthodoxe de Milan. Devant son peuple, il flétrit non tant l'ensemble du concile que ses champions, ceux qui ont voulu plaire à l'empereur[36]. Cette attaque contre les meneurs est confirmée par la lettre

---

33. DAMASE, *Ep. Confidimus* (*P L* 13, c. 340 A-B) : Sed et in ipso exordio ab iisdem ipsis qui hoc apud Ariminum retractare cogebantur, emendatum hactenus est ut subreptum sibi alia disputatione faterentur idcirco quod non intellexissent patrum sententiam apud Nicaeam formatam esse contrariam. Neque cuius praeiudicium aliquod nasci potuit ex numero eorum qui apud Ariminum conuenerant cum constet neque Romanum episcopum cuius ante omnes fuit expetenda sententia neque Vincentium qui tot annos sacerdotium illibatum seruauit neque alios huius modi statutis consensum aliquem commodasse cum praesertim, ut diximus, iidem ipsi qui *per impressionem* succubuisse uidebantur, iidem consilio meliore displicere sibi fuerint protestati ». Ce texte contient le seul renseignement concernant la conduite de Vincent de Capoue à l'égard de Rimini. Y représentait-il Libère ? Son attitude ferme, si elle est aussi réelle que Damase l'affirme ici, contrasterait avec celle qu'il avait eue devant Constance à Arles et qui lui avait valu le désaveu de Libère. Quant à la prise de position de Libère à l'égard de Rimini affirmée par ce texte d'une dizaine d'années postérieur aux événements, elle rendrait caducs les développements de L. Duchesne (*Libère et Fortunatien*, in *Mélanges d'archéologie et d'histoire*, 29, 1908, pp. 69-71) qui ont été plusieurs fois repris après lui.
34. AMBROISE, *De fide ad Gratianum*, I, 18, 122 (*P L* 16, c. 556 B) : « ...Hoc et in Ariminensi concilio habuit prima confessio et post Ariminense concilium secunda correctio. Confessionem epistola ad imperatorem Constantium missa testatur, correctionem secuta concilia confitentur ».
35. Pour la loi de 386, v. *Codex Theodos.*, XVI, 1, 4 (éd. Th. Mommsen, Berlin, 1905, p. 834). Sur le texte du *De fide*, III, voir *infra*, pp. 92-93.
36. AMBROISE, *In Lucam*, 5, 71 (*Sources Chrétiennes*, 45, Paris, 1956, p. 208) : « ...Quibus bene dicitur : ' uae cum bene uobis dixerint omnes homines ' ! Nonne tibi uidetur his dicere qui dudum in Ariminensi concilio perfidae praeuaricationis auctores, dum imperatoris gratiam secuntur, dei gratiam perdiderunt ? Qui cum

qu'Ambroise adresse à Valentinien II pour s'excuser de ne pas avoir répondu à sa convocation. Ce texte a de plus l'avantage de nous fournir l'opinion d'Ambroise sur le déroulement de la deuxième session. Selon lui, les évêques avaient tout d'abord émis une formule de foi correcte, mais certains parvinrent, par leurs tromperies (*circumscriptiones*), à faire changer l'avis des évêques. Ceux-ci révoquèrent d'ailleurs aussitôt — entendons : quelque temps après ! — cette décision[37]. Le contexte suffit à éclairer ce qu'une telle déclaration peut conserver d'obscur. De même qu'une autre affirmation du *Sermon* dirigé contre Auxence II, qui évoque elle aussi Rimini, cette lettre d'avancer que la tromperie en question concerne bien l'anathématisme sur la créature[38], que signalent les textes de Sulpice Sévère, de Jérôme et d'Hilaire[39]. Dès 379, d'ailleurs, Ambroise était on ne peut plus clair sur ce point, comme on le verra tout à l'heure[40].

Même s'il n'a montré pour les événements qui se déroulaient alors sous ses yeux qu'un intérêt distrait, Augustin semble avoir été très tôt au courant de certaines subtilités qui s'étaient fait jour à Rimini. Le sermon qu'il prononça devant le concile de 393, son *De fide et symbolo*, contient à n'en point douter une allusion à l'anathématisme incriminé par les orthodoxes[41]. On a donc le droit d'être quelque peu surpris devant la façon dont, trois ans plus tard, dans le *De agone christiano*, il aborde le cas des Lucifériens et, par là-même, celui des évêques de Rimini. Selon lui, ces évêques, une fois la paix rendue à l'Église, « ont, en grand nombre, condamné ou bien ce qu'ils avaient cru, ou bien ce qu'ils avaient fait semblant de croire »[42]. C'est le témoignage le plus accablant que nous ayons

---

placere potentibus aucupantur, maledicto se perpetuo subdidere ». Le mot *auctores* est à prendre en son sens premier. Il s'agit, comme dans la lettre de Libère citée *supra*, n. 23, de ceux qui ont pris l'initiative de la tromperie.

37. AMBROISE, *Ep.* 21, 15 (*P L* 16, c. 1006 A-B) : « ...Episcopi sinceram primo scripserant fidem, sed dum uolunt *quidam* de fide intra palatium iudicare, id egerunt ut *circumscriptionibus* illa episcoporum iudicia mutarentur. Qui tamen *inflexam* statim revocauere sententiam : Et certe maior numerus Arimini Nicaeni concilii fidem probauit, Ariana decreta damnauit ».

38. AMBROISE, *Sermo contra Auxentium*, 25 (*P L* 16, c. 1014 D) : « Hanc ergo legem (= celle du 23 janvier 386) quisquam sequatur, qua firmatur Ariminense concilium, *in quo creatura dictus est Christus...* ».

39. Voir *infra*, pp. 72 sq.

40. Voir *infra*, pp. 92-93.

41. AUGUSTIN, *De fide et symbolo*, IV, 5 (*BA*, 9, pp. 28-30). Voir *De agone Christiano* XVI, 18.

42. AUGUSTIN, *De agone christiano*, XXX, 32 (*BA* 1, p. 430) : « Post persecutionem quae per Arianos haereticos facta erat, posteaquam pax, quam quidem Catholica in Domino tenet, etiam a principibus saeculi reddita est, episcopi qui perfidiae Arianorum in illa persecutione consenserant, multi correcti redire in Catholicam delegerunt, *damnantes siue quod crediderant, siue quod se credidisse simulauerant* ». Il ne s'agit pas à proprement parler du concile de Rimini lui-même, mais de la campagne de signatures qui a suivi. L'accusation reste cependant importante. Les renseignements les plus précis que nous connaissons sur les motifs allégués par les évêques signataires concernent l'Orient : Basile de Césarée (*Ep.* 51, 2 ; éd. Y. Courtonne, Belles Lettres, Paris, 1957, I, pp. 132-3), pour Dianée de Césarée et Athanase, *Ep. ad Rufinianum* (citée, *supra*, n. 21).

contre les évêques de Rimini. Sa confrontation avec ce qu'Augustin dira trente ans plus tard de cette même attitude des évêques laisse entrevoir que l'évêque d'Hippone ne possédait pas d'information particulière sur Rimini et qu'il s'est simplement délié de l'apologie générale qu'il trouvait dans les textes catholiques. Il a, de manière prudente, évité de dégager entièrement la responsabilité de l'épiscopat occidental[43].

Quoi qu'il en soit, cette charge du *De agone* voisine avec deux autres textes dont l'un au moins ne laisse place à aucune excuse. On ne s'en étonnera pas trop lorsqu'on saura que ce texte vengeur émane de Faustin, l'auteur lucifèrien du *Libellus precum*. Le prêtre romain oppose les deux sessions du concile. Mais, si le contenu de la première session est donné avec quelque précision[44], si la défection des légats est vitupérée, le seul détail qui concerne la deuxième session vise la signature même du formulaire de foi[45]. On eût aimé que les circonstances de cette signature fussent précisées si elles accablaient, par la faiblesse ou la duplicité qu'elles révélaient, les dits signataires de Rimini. On conçoit aisément que les Luciferiens aient eu intérêt à faire disparaître certaines pièces du dossier qu'Hilaire avait vraisemblablement rassemblées sur Rimini, comme nous le verrons plus loin[46].

Il existe, il est vrai, un second texte. Il est d'autant plus intéressant de le recueillir qu'il provient de l'auteur qui nous a laissé par ailleurs le document le plus important pour innocenter, au moins partiellement, les évêques de Rimini : il s'agit de Jérôme. Dans sa *Chronique*, en effet, Jérôme, donne pour l'année 359, la notice suivante : « A Rimini et à Séleucie d'Isaurie eut lieu un concile où l'antique foi des Pères fut condamnée par la trahison de(s) dix légats tout d'abord, puis par celle de tous »[47]. La

---

43. Sur les prises de position d'Augustin à l'égard de Rimini, v. G. FOLLIET, *L'épiscopat africain et la crise arienne au IVe siècle*, in *Mélanges Venance Grumel* I = *RÉByz.* 24, 1966, pp. 216-7. Je montrerai ailleurs qu'en 427 saint Augustin fait simplement écho aux accusations de Julien d'Éclane, qui dépend lui-même de Rufin d'Aquilée, *Hist. Eccles.*, I, 20-21 (*P L* 21, c. 593-5).
44. FAUSTIN, *Libellus precum*, V, 14-VI, 18 (p. 365). Je montrerai ailleurs que cette page a beaucoup de chances de dépendre d'Hilaire pour tout ce qui concerne la première session. Ce n'est d'ailleurs pas la seule dépendance de Faustin à l'égard des *Fragmenta*.
45. *Ibidem*, VI, 18 (p. 365, l. 175) : « ...*suscribentes* in illa fide Arrianorum quam integro et libero iudicio damnauerant » ; VIII, 30 (p. 367, ll. 252-3) : « ...multos uitamus propter impias haereses et sacrilegas praeuaricatorum *subscriptiones* ».
46. Le branle a été donné sur ce point par la série d'études (trop hardies dans la conjecture) de L. SALTET, *La formation de la légende des papes Félix et Libère*, in *BLET* 7, 1905, pp. 222-236 ; *Fraudes littéraires des schismatiques lucifériens aux IVe-Ve siècles*, ibidem ; 8, 1906, pp. 300-326. On s'appuie essentiellement sur le texte de Rufin, comme je l'ai rappelé (v. *supra* n. 9).
47. JÉRÔME, *Chronic.*, ad ann. 359. On notera la mention de(s) *dix* légats qui correspond à celle d'Hilaire (p. 85, l. 12 = c. 701 C-D), de Sulpice Sévère (*Chron.*, II, 41, 6 ; p. 95, l. 7),de Faustin (*Lib. prec.*, VI, 18 ; p. 365, l. 172) et à la mesure édictée par Constance dans sa lettre *Continent priora instituta* (p. 94, l. 13 = c. 696 B-C), mais non au protocole de Niké qui porte quatorze noms (p. 86, ll. 1-3 = c. 702 A-B). Une telle différence ne suffit pas à exclure que Jérôme ne se réfère pas

II

Chronique est de 381. Pour l'*Altercatio Luciferiani et Orthodoxi* qui vise à innocenter les évêques occidentaux, la date de composition reste l'objet de discussions[48]. Il serait certes intéressant de déterminer s'il y a eu chez Jérôme un revirement apologétique ou un supplément d'information, mais, tout d'abord, il semble qu'il faille tenir compte du genre littéraire de la *Chronique* et de ses notices bien — trop bien ! — frappées : *Synodus apud Ariminum et Seleuciam Isauriae facta in qua antiqua patrum fides, decem primum legatorum, dehinc omnium proditione damnata est* ». D'autre part, la *Chronique* elle-même semble bien admettre l'existence d'une excuse. La notice de l'année 364 est en effet la suivante : « *Gallia per Hilarium Ariminensis perfidiae DOLOS damnat* ». Le mot important n'est pas celui de *perfidia*, qui désigne simplement l'hérésie et ses tenants, mais celui de *dolus*.

Une fois de plus nous sommes donc renvoyés aux ruses, aux fraudes, aux tromperies des Ariens : *fraus, tergiuersatio, circumscriptio*. Ces menées sont le fait de « certains », *quidam*, d'un petit nombre que l'on oppose à l'ensemble des évêques. D'une telle opposition, d'une telle simplification, on ne peut à coup sûr tirer la preuve que cet ensemble des évêques a toujours fait corps et qu'il a été trompé en une seule fois. On peut cependant en tirer la présomption qu'il a existé une *fraus* et que celle-ci a été dénoncée, condamnée, dès les premières années qui ont suivi Rimini. Quant à la *nature* de cette *fraus*, il faut pour la découvrir, interroger une autre série de textes. Ils sont loin cependant d'être tous limpides et de faire l'accord des historiens.

---

aux *Actes* de Rimini ni au livre d'Hilaire. Les noms supplémentaires sont vraisemblablement ceux des évêques qui, en septembre, portèrent une seconde lettre à Constance (ATHANASE, *De synodis*, 55 ; *P G* 26, c. 792-3).

48. Ni les arguments de Batiffol (*art. cit.*, pp. 97-98) en faveur de 382-3, ni les objections et arguments de F. CAVALLERA (*Saint Jérôme, sa vie et son œuvre*, Paris, 1922, I, 2, pp. 18-19), favorable à 379, ne sont concluants. En faveur du séjour à Rome j'invoquerais volontiers — tout en reconnaissant que ces arguments ne sont pas dirimants — que l'ordre de la notice du *De uiris* 135 sur lequel se fonde Cavallera n'est pas absolument sûr (La *uita Malchi* n'est pas placée à sa date relative de composition ; il peut donc en être de même pour l'*Altercatio*), que l'on voit mal Jérôme écrivant contre les Lucifériens auprès de Paulin d'Antioche, que Jérôme semble déjà connaître les *homélies* d'Origène *sur la Genèse* (v. *Saint Jérôme devant le baptême des hérétiques*, in *REAug*. 14, 1968, p. 170, n. 107, 109). Quant à la précision accompagnant le nom d'Hilaire, elle a pour but de distinguer l'évêque de Poitiers (pris à parti par les Lucifériens) et le diacre (défunt) de l'Église romaine. La *Chronique* est en général très dure pour tous ceux qui, de près ou de loin, ont pactisé avec l'Arianisme sous Valens comme sous Constance. Pour le problème qui nous occupe ici, peut-on penser que le développement de l'*Altercatio*, 19 m (c. 173 A-C) puisse être antérieur au jugement très dur sur Pierre d'Alexandrie qui se trouve soupçonné de vénalité parce qu'il s'est montré très conciliant dans la réadmission des hérétiques après la mort de Valens (*Chron., ad ann.* 373) ? Il faut ajouter qu'en 414, dans une attaque indirecte contre Jean de Jérusalem qu'il a toujours soupçonné d'arianisme larvé, Jérôme sera beaucoup moins tendre pour les évêques qui ont signé l'affirmation que le Fils est une créature et qui auraient dû être réduits à l'état laïc (*In Ezechielem*, 44, 9sq. ; 48, 10sq. ; *P L* 25, c. 435 B-D et 483 C-D. — Je reviendrai ailleurs sur ces textes, ainsi que sur le *Contra Iohannem Hierosolymitanum* qui emprunte à Hilaire certaines de ses formules contre Auxence).

II.— LA NATURE DE CETTE TROMPERIE : PRÉSENTATION HABITUELLE DE LA SECONDE SESSION DU CONCILE DE RIMINI

On peut, si l'on suit les textes plus circonstanciés qui nous sont parvenus, dire qu'elle a été double et même triple. La première et la dernière ne laissent guère de doute. La première a consisté, de la part d'Ursace, de Valens et de leurs affidés, à prétendre, auprès des Occidentaux, à Niké et à Rimini, que les Orientaux — et en particulier les Homéousiens — réclamaient la disparition des mots *homoousios* et *ousia*. La dernière, de manière inverse, a consisté à faire valoir et admettre auprès des Homéousiens que les Occidentaux avaient — librement — signé l'*homoios kata tas graphas* et non l'*homoios kata panta* du *Credo daté* ou de la Formule de 358. La première partie de cette double manœuvre est explicitement rapportée par la lettre du Concile de Paris aux Homéousiens. Les évêques réunis autour d'Hilaire qualifient cette manœuvre de diabolique : *fraus diaboli*[49]. Elle apparaît également dans le récit que nous fait Sulpice Sévère des propos que Valens aurait tenus à Phébade d'Agen pour l'amener à accepter le formulaire de Niké. Il lui aurait fait observer que les deux parties de l'Empire ne pouvaient continuer indéfiniment — et alternativement — à rejeter le symbole de foi que l'une ou l'autre avait élaboré[50]. Il aurait déclaré que le présent symbole était rédigé dans un esprit catholique. Quant à ce qui se passa à Constantinople, nous savons que les Homéousiens défendirent longuement leur « similitude selon la substance » avant de s'incliner devant Constance qui, à tout prix, voulait l'unité de foi dans son empire.

Reste la deuxième manœuvre. Elle se situe, elle, à Rimini. Les historiens cependant sont loin d'être d'accord sur son existence et surtout sur sa nature. Ces divergences engagent en réalité toute la chronologie de la deuxième session. Il est donc nécessaire d'exposer tout d'abord comment les divers auteurs se représentent le déroulement de cette deuxième session et quels sont les documents qu'ils rapportent à chacune des étapes qu'ils croient pouvoir déterminer.

A. — LES CHRONOLOGIES DE LA SECONDE SESSION.

En schématisant quelque peu et en tenant compte des précisions qui

---

49. *Ep. Omni quidem uitae.*, in *Collect. Ser.* A I = *Fr.* 11, (pp. 43-4 = c. 710-1) « Ex litteris uestris (...) *fraudem diaboli* et conspirantia aduersus ecclesiam domini haereticorum ingenia cognouimus ut diuisi in partibus Orientis et Occidentis diuersis inuicem opinionibus falleremur. Nam plures numero qui aut Arimini aut Nicheae adfuerunt, sub auctoritate uestri nominis ad usiae silentium sunt coacti ».
50. SULPICE SÉVÈRE, *Chron.*, II, 44, 4 (p. 97, ll. 15-19 — Texte cité *infra*, n. 110).

II

seront apportées tout à l'heure, on peut dire que tous les auteurs[51] se fondent sur le film continu fourni par Sulpice Sévère[52] pour distinguer deux capitulations et deux séries de signatures du formulaire homéen rapporté de Niké.

D'abord ont capitulé et signé la grande majorité des évêques nicéens, à l'exception d'une vingtaine. La cause de ce plus grand nombre est entendue et le jugement qui les concerne apodictique : ce sont des faillis[53].

Restent les vingt récalcitrants qui ont à leur tête, selon Sulpice Sévère, Phébade d'Agen et Servais de Tongres. Pour ceux-là on admet en général, sur la foi de Sulpice Sévère, qu'il y a eu fraude de la part de Valens, mais l'on ne s'entend pas sur sa nature exacte. Depuis Gwatkin à la fin du siècle dernier jusqu'à M. Meslin exclusivement, on s'est contenté de reprendre la même hypothèse sans se donner beaucoup la peine de regarder les textes. Une fois débarrassé ce qui est un faux problème, comme je le montrerai tout à l'heure avec M. Meslin[54], il demeure, si l'on suit le récit de la *Chronique* de l'Aquitain, que Valens aurait, pour amener Phébade à signer le formulaire de Niké, proposé qu'on y ajoutât un certain nombre de précisions auxquelles il s'engageait à souscrire lui-même. Phébade et Servais auraient composé un certain nombre de propositions anti-ariennes et Valens en aurait avancé une dont le libellé était le suivant : « Si quelqu'un dit que le Fils est une créature comme les autres créatures qu'il soit anathème ! » Le véritable sens de cet anathématisme n'aurait été perçu que par la suite. On aurait alors compris que Valens, tout en séparant le Fils du reste de la création, n'en faisait pas moins une créature. Tel est le récit de Sulpice[55].

---

51. Voici les auteurs que j'ai consultés, avec l'abréviation selon laquelle je les désignerai par la suite : LE NAIN DE TILLEMONT, *Mémoires pour servir à l'histoire ecclésiastique des six premiers siècles*, t. VI, 2ᵉ éd., Paris, 1704 (= Tillemont) ; H.-M. GWATKIN, *Studies of Arianism*, Cambridge, 1882 (= Gwatkin) ; X. LE BACHELET, art. *Arianisme* in *Dictionnaire de Théologie Catholique*, I, Paris, 1903, c. 1827-8 (= Le Bachelet) ; C.-J. HEFELE - H. LECLERCQ, *Histoire des conciles*, I, 2, Paris, 1907 (= Hefele-Leclercq) ; A.-L. FEDER, *Studien zu Hilarius*, I, Vienne, 1910 (= Feder) ; L. DUCHESNE, *Histoire ancienne de l'Église*, t. 2, 4ᵉ éd., Paris, 1910, (= Duchesne) ; J. ZEILLER, *Les origines chrétiennes dans les provinces danubiennes de l'empire romain*, Paris, 1918 (= Zeiller) ; G. BARDY, in *Histoire de l'Église* de Fliche et Martin, t. 3, Paris, 1939 (= BARDY) ; E. GRIFFE, *La Gaule chrétienne à l'époque romaine*, t. I, Paris, 1947 (= Griffe) ; P. GALTIER, *Saint Hilaire de Poitiers*, Paris, s. d. (1960) (= Galtier) ; M. MESLIN, *Les Ariens d'Occident*, Paris, s. d. (1967) (= M. Meslin) ; quant à C.F.A. BORCHARDT, *Hilary of Poitiers' role in the arian struggle*, La Haye, 1966, il passe simplement en revue les documents (pp. 168-170) sans beaucoup s'écarter de Feder.

52. SULPICE SÉVÈRE, *Chron.*, II, 43-44 (pp. 96-97).

53. SULPICE SÉVÈRE, *Chron.*, II, 43, 4 (p. 96, l. 29sq.) : « Dein paulatim plerique nostrorum, partim imbecillitate ingenii, partim taedio peregrinationis euicti, dedere se aduersariis, iam post reditum legatorum superioribus et ecclesiam nostris inde detrusis obtinentibus. Factaque semel inclinatione animorum cateruatim in partem alteram concessum donec ad uiginti usque nostrorum numerus imminutus est ».

54. Voir, *infra*, pp. 68 sq.

55. SULPICE SÉVÈRE, *Chron.*, II, 44 (pp. 97-98) — Textes cités *infra*, n. 110.

LA « MANŒUVRE FRAUDULEUSE » DE RIMINI

On se sert du texte de Jérôme pour établir l'existence d'un *troisième* temps qui réunit cette fois l'ensemble des évêques : majorité ralliée depuis plusieurs jours, minorité qui n'a signé qu'avec les accommodements que lui a consentis Valens. Cet ensemble des évêques se donne bonne conscience en condamnant, avec Valens — qui réitère son anathématisme sur le Fils qui n'est pas une créature à l'instar des autres créatures —, un certain nombre de thèses ariennes[56].

Enfin, certains croient pouvoir établir l'existence d'un *quatrième* temps, où l'ensemble des évêques annonce sa soumission à l'empereur. Ce serait à ce moment qu'aurait été composée l'ignoble lettre *Illustrati pietatis tuae scriptis* rapportée par les *Fragmenta* d'Hilaire, où les évêques se prosternent devant les lumières théologiques de leur empereur... et le supplient de les laisser rentrer chez eux au plus vite[57].

Voilà les temps essentiels, trois ou quatre selon les auteurs, en lesquels se décomposerait la seconde session de Rimini. Beaucoup de ces auteurs oublient d'ailleurs de reconnaître, avec Sulpice Sévère, que le groupe des orthodoxes de juin-juillet commença par refuser de recevoir les légats de Niké malgré toutes les excuses que ceux-ci alléguaient[58]. Si le découpage chronologique varie selon les auteurs, c'est que ceux-ci ne lient pas aux mêmes étapes les différents documents et renseignements dont nous disposons. En gros, je le rappelle, nous possédons, pour cette seconde session, la lettre *Illustrati* contenue dans le manuscrit de l'*Arsenal*, le récit continu de Sulpice Sévère dont la fin concerne la capitulation de Phébade, la page de Jérôme, enfin, qui, à la fois, nous donne le récit d'une assemblée tenue dans l'Église de Rimini et des fragments du procès-verbal de cette assemblée.

B. — LES DOCUMENTS UTILISÉS ET LEUR RÉPARTITION

Si l'on reprend le problème par l'autre bout et si l'on regarde comment les historiens répartissent ces documents, on constate entre eux un certain nombre de constantes, mais aussi quelques différences capitales.

1 — La lettre *Illustrati*, par exemple, est attribuée à trois groupes différents d'évêques et, donc, datée de trois moments différents ![59] Certains,

---

56. JÉRÔME, *Altercatio*, 18 — Textes cités *infra*, n. 114 sq.
57. L. Duchesne, p. 299 et n. 1 ; M. Meslin, p. 289. Sur cette lettre *Illustrati*, v. *infra*, pp. 64-68.
58. SULPICE SÉVÈRE, *Chron.*, II, 43, 4 (p. 96, l. 26 sq.) : « Regressis legatis, licet uim regiam deprecantibus, *negata communio*. Enimuero compertis quae decreta erant, maior rerum et consiliorum perturbatio ». (suite citée *supra*, n. 53). Tout cela laisse entendre que les événements ont trainé au moins sur plusieurs jours. Voir de même pour la résistance de Phébade : « Ita in hoc certamine aliquot dies tracti » (p. 97, l. 13). Sulpice Sévère invite donc lui-même à « détendre » sa chronologie. Il livre la suite des événements mais ne signale pas les intervalles exacts qui les séparent.
59. Voir, *infra*, pp. 64-68.

II

on l'a vu, en font la conclusion du concile, annonçant à Constance l'entière démission de l'épiscopat occidental. C'est peut-être la raison pour laquelle d'autres se demandent si cette lettre n'est pas un faux lucifériens[60].

Tous les autres placent cette lettre au début ou au tout début de la seconde session, mais ils ne l'attribuent pas aux mêmes personnes. Pour les uns, sont les auteurs de cette lettre les orthodoxes qui ont fait défection et qui ont bientôt rallié en masse — *cateruatim* déclare Sulpice Sévère — le camp des Ariens[61]. Selon d'autres, cette lettre émanerait du groupe des quatre-vingts Ariens notoires[62] que Sulpice signale dès la *première* session[63]. Ceux-ci ont dû crier victoire et reconnaissance lorsque leurs propres délégués, Valens et ses compagnons, revinrent de Niké en triomphateurs.

La lettre *Illustrati* se trouve donc épinglée en trois endroits différents de la toile de fond que nous fournit le texte de Sulpice Sévère. Est-il nécessaire de dire que cette lettre prend, selon la place qu'on lui attribue, une coloration et une importance très différentes ?

2 — Pour les deux autres textes, ceux de Sulpice Sévère et de Jérôme, les positions sont moins tranchées, pour ne pas dire moins nettes dans l'esprit même de certains de ceux qui utilisent ces pages. On peut cependant dire, malgré des différences de détail et des obscurités, que divers historiens s'accordent pour découvrir à travers les deux textes *deux* étapes différentes de la seconde session. Dans l'une sont en scène Phébade d'Agen et la vingtaine de ses compagnons de protestation ; dans l'autre paraît l'ensemble des évêques présents à Rimini — y compris donc Phébade et les siens —. Les informations concernant chacune de ces étapes et chacun de ces groupes figurent, selon ces historiens, dans la *fin* du récit de Sulpice Sévère pour la petite troupe de Phébade, dans l'*ensemble* du récit de Jérôme et des documents qu'il présente, pour la *totalité* des évêques[64].

III. — NOUVEL EXAMEN DES DOCUMENTS

A. — LA LETTRE *Illustrati* A CONSTANCE

Voilà, schématisée, la présentation habituelle de cette deuxième session

---

60. P. BATIFFOL, *art. laud.*, p. 109. — Voir, *infra*, p. 67.
61. Hefele-Leclercq, p. 944 ; Zeiller, p. 286 ; Feder, p. 60 et n. 10 ; p. 77-78.
62. Tillemont, p. 455 ; Coustant, *P L* 10, c. 704 D, n.   (e) ; Feder, *CSEL*, 65, p. 87 in margine ; p. 192, table.
63. SULPICE SÉVÈRE, *Chron.*, II, 41, 5 (p. 95, ll. 4-5).
64. Tillemont distingue nettement le cas de la majorité (p. 455), celui de Phébade et de son groupe (pp. 457-8), celui de l'assemblée dont parle Jérôme (pp. 458-9) ; Hefele-Leclercq distinguent eux aussi les deux épisodes (pp. 944-5) ; M. Meslin déclare : « Jérôme (...) rapporte qu'*après* avoir tous signé la formule de foi proposée par Valens et à laquelle ils firent des additions, il vint, en quelque sorte, d'ultimes scrupules à ces évêques... » (p. 288). Bardy (p. 165, n. 2), Griffe (p. 184) sont moins explicites.

LA « MANŒUVRE FRAUDULEUSE » DE RIMINI 65

du concile de Rimini. Le problème posé par la lettre *Illustrati* peut être en partie éclairci mais non complètement élucidé. Son contenu interdit d'y voir le dernier acte du concile et, par le fait même, l'œuvre de l'*ensemble* des évêques. Mais il est difficile d'exclure complètement que cette lettre puisse émaner des Ariens *et* d'un groupe, plus ou moins important, d'anciens Nicéens. Cette double conclusion, l'une certaine, l'autre incertaine n'est pas entraînée, me semble-t-il, par des motifs apologétiques plus ou moins conscients, mais par un examen un peu détaillé du texte même de cette lettre.

Ce qui frappe au premier abord, si l'on veut faire des auteurs de cette lettre d'anciens orthodoxes, c'est l'ampleur du mensonge qu'on leur attribue par là-même. Voilà des gens qui, en juin-juillet, ont proclamé que le mot d'*ousia* est on ne peut plus traditionnel[65], que le peuple chrétien est habitué à ce mot et à sa signification[66], et qui, maintenant, voient en ce mot une nouveauté scandaleuse, source continuelle de mésentente entre les frères. Ils se réjouissent, disent-ils, de voir ramenés à la mesure et vaincus ceux qui ont l'habitude d'utiliser ces noms indignes de Dieu que sont les mots d'*ousia* et d'*homoousios*... c'est-à-dire eux-mêmes, la veille[67]. A entendre les auteurs de cette lettre, ils ont, pour leur part, une foi en parfait accord avec celle des Orientaux[68] ; ils l'ont *toujours* eue[69] et ils l'ont fait savoir à ces Orientaux dans une lettre qui ne nous est malheureusement pas parvenue[70]. Voilà ce dont ils informent l'empereur.

Ce qu'ils lui demandent, c'est d'être enfin renvoyés dans leurs diocèses[71]. Nous avons ici un indice précieux, me semble-t-il. Certes, les Orthodoxes avaient déjà fait la même demande en juillet[72] et ils l'ont renouvelée en septembre[73], mais il ne paraît pas interdit de penser que nombre d'ariani-

---

65. *Collect. Ser.* A IX, 1 = *Fr.* VII, 3 (pp. 95-96 = c. 697 A-C) — Fin de ce texte citée, *infra*, n. 104 début.
66. *Collect. Ser.* A V 1, 1 = *Fr.* 8, 1 (p. 80, l. 1-2 = c. 699) : « Qui tractatus manifestatus est et insinuatus mentibus populorum... ». Ceci s'oppose aux considérations préliminaires du *Credo daté*, déjà présentes dans la formule de 357 et qui seront reprises dans le *Credo* de Niké.
67. *Collect. Ser.* A VI, 1 = *Fr.* 9, 1 (pp. 87, ll. 9-15 = c. 703 B) : « ...ne quis *usiae* uel *omousii* nomina, ecclesiae dei ignota, aliquando nominet, quod scandalum inter fratres facere solet. Plurimum gratulati sumus quia id quod tenebamus recognouimus. O nos beatos quibus occurrit tanta felicitas ut, cognitione tuae pietatis, ceteri qui haec nomina pro deo et dei filio adsumere solent modum acceperint reuicti..! »
68. *Ibidem*, § 2 (p. 87, l. 21sq. = c. 704 A) : « ...nos qui integram cum Orientalibus doctrinam retinemus... ».
69. *Ibidem*, § 3 (p. 88, l. 15 = c. 705) : « in hac re in qua semper tenuimus... » ; « hoc semper tenuisse » (p. 88, l. 17-18 = c. 705 A-B). Voir le *Id quod iam tenebamus recognouimus* du texte cité à la n. 67.
70. *Ibidem*, § 3 (p. 88, l. 16-17 = c. 705 A-B).
71. *Ibidem*, § 2 et 3 (texte cité *infra*, n. 75).
72. *Collect. Ser.* A V 1, 3 = *Fr.* 8, 3 (p. 84, l. 2sq. = c. 701 B-C) : « Oramus etiam ut praecipias tot episcopos qui Ariminio detinentur, inter quos plurimi qui aetate et paupertate defecti sunt, ad suam prouinciam remeare ne destituti sine episcopis laborent populi ecclesiarum ».
73. ATHANASE, *De Syn.*, 55 (*P G* 26, c. 792 D).

II

sants n'étaient pas moins pressés de repasser les Alpes ou de reprendre la mer. Nous savons par ailleurs que Taurus avait reçu l'ordre de ne laisser partir personne avant que tout le monde n'ait signé[74]. Or, que disent ces évêques ? Qu'ils sont toujours retenus à l'endroit où s'est tenu le concile bien qu'ils aient donné leur réponse par leurs légats[75]. Si nous avions affaire à l'*ensemble* des évêques, il faudrait conclure que la dissolution du concile ne s'est pas faite aussitôt réalisé l'accord général. Taurus aurait donc retenu les évêques au-delà de l'acceptation du formulaire de Valens par l'ensemble des évêques. Or Sulpice Sévère[76] et Jérôme[77] déclarent que le concile se sépara dans la joie aussitôt après les signatures. Une telle contradiction suffit à exclure que la lettre se place après les signatures, avant l'arrivée d'une éventuelle lettre où l'empereur aurait donné l'ordre à Taurus de laisser enfin partir les membres du concile. Rien, en effet, ne nous invite à supposer l'existence d'un tel rescrit ni d'un tel retard mis au départ des évêques.

Si nous avons affaire à la *majorité* des orthodoxes faillis, il faut admettre que les légats ont été désignés par cette majorité avant même que tout le monde n'ait signé et, en particulier, avant la capitulation de Phébade et de son groupe. Cela ne paraît pas impossible et j'apporterai moi-même des arguments en ce sens tout à l'heure[78]. Ne peut-on cependant voir dans les signataires de cette lettre le groupe des 80 Ariens de la première session, — augmenté d'un nombre plus ou moins grand de ralliés —. Dès juin-juillet, n'avaient-ils fait connaître à l'Empereur par les légats qu'ils avaient, eux aussi [79], envoyés vers lui, leur désir d'accepter le *Credo daté* apporté de Sirmium par Valens en même temps vraisemblablement que la lettre *Continent priora instituta*[80] ? Ce sont eux, semble-t-il, qui demandent à rentrer chez eux pour qu'en Occident — *ex hac parte* — comme en Orient apparaissent les vrais amants de la vérité[81]. Ils ne veulent plus demeurer

---

74. SULPICE SÉVÈRE, *Chron.*, II, 43, 3 (p. 96, l. 23sq.) : « Praefecto mandatum ut synodum non ante laxaret quam conscriptae fidei consentire se omnes subscriptionibus profiterentur ».

75. *Collect. Ser.* A VI, 2 = *Fr.* 9, 2 (p. 87, l. 19sq. = c. 704 B) : « Vnde oramus pietatem tuam quoniam in eo loco ubi synodus gesta est unde responsum per nostros legatos dedimus *adhuc detinemur* iubeat nos, qui integram cum Orientalibus retinemus, iam ad nostras plebes dimitti ut ex hac parte appareant amatores ueritatis qui deo non mutant nomen, nec qui ex qui peruersa doctrina infecti sunt diutius nos qui ueritatem catholicam tenemus detineamur ».

76. SULPICE SÉVÈRE, *Chron.*, II, 44, 8 (p. 98, l. 5sq) : « Hoc modo (après l'acceptation de Phébade) concilium dimissum. »

77. JÉRÔME, *Alterc.*, 19 (c. 172 B-C) : « His ita gestis (après l'assemblée dont le récit a été fait plus haut) concilium soluitur. Laeti omnes ad prouincias reuertuntur ».

78. Voir *infra*, p. 67, et n. 82.

79. *Collect. Ser.* A V 2 = *Fr.* 8, 4 (p. 85, l. 13 = c. 701 C-D) ; SULPICE SÉVÈRE, *Chron.*, II, 41, 7 (p. 95, l. 9sq.) ; FAUSTIN, *Lib. prec.*, V, 15 (p. 365, l. 156sq.).

80. Cette seconde lettre (la première est perdue) de Constance est datée du 27 mai 359, quelques jours après la rédaction du *Credo daté* (22 mai 359) que Valens et les siens soumettront au concile de Rimini. Le concile s'est scindé en deux et les deux assemblées ont, chacune de leur côté, désigné la délégation chargée de rendre compte à l'empereur... comme celui-ci l'avait demandé dans sa lettre *Continent*.

81. Voir texte cité n. 75.

plus longtemps avec ceux qui sont infectés par une doctrine perverse — entendons : les Nicéens et leur *homoousios* —.

Ces derniers cependant ne seraient-ils pas déjà réduits à la vingtaine dont nous parle Sulpice Sévère ? Les auteurs de la lettre déclarent en effet qu'ils ont, pour leur part, souscrit à la saine doctrine sur l'ordre de l'empereur : *te imperante*. Ils demanderont à Constance de venir au secours de ceux qui ouvrent leurs oreilles à ses jugements : *tuo iudicio*[82]. S'agit-il des ordres de mai ou de ceux d'octobre ? S'agit-il d'ordres qu'ils ont toujours admis ou qu'ils viennent de se voir renouveler ? Il est difficile d'en décider.

Nous serions mieux renseignés si cette lettre était signée. Elle ne porte en réalité qu'une suscription qui ne nous est que d'un demi-secours. Encore ne faut-il pas la négliger. Elle me semble en effet très précieuse à la fois pour établir l'authenticité de cette lettre et pour montrer que ses signataires ne représentent pas *l'ensemble* du concile.

La lettre prétend pourtant émaner du synode et, pourrait-il sembler, du synode tout entier : *Synodus Ariminensis Orientalibus consentiens*. Mais Hilaire a fait suivre cette suscription officielle de la précision suivante : *id est Migdonius, Megasius, Valens, Epictetus et coeteri qui haeresi consenserunt*[83]. Je commence par éliminer le problème d'authenticité. P. Batiffol, sous l'influence de L. Saltet, s'est demandé si cette lettre si servile n'était pas un faux lucifèrien destiné à perdre à tout jamais les faillis de Rimini[84]. Il me semble que, si faux il y avait, les Lucifériens n'auraient pas ajouté les quatre noms qui suivent la suscription. Tous quatre sont en effet ceux d'Ariens notoires[85]. Une telle précision, venant d'Hilaire, *ou bien* est une excuse pour indiquer que la lettre a pour rédacteurs ces personnages peu

---

82. *Collect. Ser.* A VI 2 = *Fr.* 9, 2 (p. 88, l. 1-2 = c. 704 A-B) : « Nos qui subscripsimus sanae doctrinae recedentes ab *usiae* nomine *te imperante* » ; § 3 : « Subueni eis qui *iudicio tuo* deuotas offerunt aures... » (p. 88, l. 10 = c. 704 B-C).

83. *Ibidem* (p. 87, = c. 703 A). On rapprochera cette mention de l'union avec les Orientaux des déclarations de Valens (*collect. Ser.* B V 1 = *Fr.* 14, 1 (p. 159, l. 13-14 = c. 718 B). Une fois ce rapprochement opéré, on est en droit, me semble-t-il, de refuser l'opinion — sans fondement déclaré — de Feder selon lequel la glose commencerait avec le mot *Orientalibus* (*Studien* I, p. 77). Je la fais commencer avec *id est*. Il me semble plus naturel, puisque Valens, à Niké et à Rimini (v. *supra*, n. 49 et 50) a insisté sur cette union avec les Orientaux, que cette lettre l'indique dès sa souscription. Le point sera repris à l'intérieur de la lettre et il y sera question d'une lettre expressément envoyée aux Orientaux pour leur annoncer cette unité de foi (v. *supra*, n. 70). — Le caractère de la glose est bien attesté par le temps même du verbe : *consenserunt*. Mais cette glose ne dit pas si les évêques nommés sont les **seuls** auteurs ou les responsables de cette lettre.

84. P. Batiffol, (*art. laud.*, p. 109) propose cette solution pour réduire la différence entre le témoignage de Jérôme et celui de Sulpice. Il semble donc faire de la lettre *Illustrati* l'œuvre de la *majorité* des évêques.

85. Migdonius et Megasius font partie de la (deuxième) légation à Constantinople, en décembre 359. Le second est excommunié par le concile de Paris. Epictète est l'évêque de Centumcellae, présent lui aussi à Constantinople. Quant à Valens, il n'est pas nécessaire d'y chercher avec Tillemont (p. 455) un autre personnage que l'évêque de Mursa.

recommandables, *ou bien* désigne un groupe qui est bien connu ou qui avait déjà été signalé auparavant dans l'œuvre historique dont les *Fragmenta* sont issus.

De toute façon cette précision exclut, à son tour, que les auteurs de cette lettre soient l'*ensemble* du concile : Ariens, Arianisants plus ou moins convaincus, ralliés de la dernière heure. Une telle précision eût été, en effet, parfaitement inutile ! Voilà la seule certitude à laquelle on peut arriver, par deux routes différentes. Il me paraît difficile en revanche d'affirmer que les Ariens sont les *seuls* signataires de cette lettre mais aussi que la *majorité* des anciens nicéens n'est pas compromise par elle. Il faut en tout cas placer la rédaction de cette lettre, quels qu'en soient les auteurs, *avant* les événements que nous rapportent la fin du récit de Sulpice Sévère d'une part, le récit et les documents présentés par Jérôme, d'autre part.

B. — LES TEXTES DE SULPICE SÉVÈRE ET DE JÉRÔME

1. Un faux problème au sujet de cette seconde session

Il faut en effet commencer par éliminer définitivement le faux problème créé par certains historiens au sujet de cette seconde session. Il a été dénoncé par M. Meslin avec lequel je suis foncièrement d'accord pour le premier point suivant. S'il provient d'une erreur de méthode monstrueuse lorsqu'on le considère à l'intérieur de la seconde session — ce que M. Meslin a bien vu —, ce problème devient néanmoins réel, au moins en ce qui concerne l'œuvre d'Hilaire, si on le considère à l'intérieur de la *première* session — ce que n'a pas vu M. Meslin et moins encore ses devanciers —.

L'erreur remonte, au moins, à Gwatkin dans ses *Studies of Arianism*[86]. Elle a été indéfiniment reprise depuis lors[87]. Selon ces auteurs, Valens aurait bien offert à Phébade de formuler des précisions et il aurait bien proposé lui-même un anathématisme, mais la tromperie aurait consisté dans le fait que Valens aurait frauduleusement *complété* le libellé de son anathématisme *après* avoir obtenu la signature de Phébade et de son groupe. Au lieu du libellé primitif condamnant ceux qui disent que le Fils de Dieu est une créature, le texte complété aurait condamné ceux qui disent que le Fils de Dieu est « une créature *comme les autres créatures* ». Une telle addition changeait tout le sens de la condamnation puisqu'elle ramenait le Fils de Dieu dans la sphère du créé. D'où nos auteurs tirent-ils de quoi étayer pareille accusation ? Du fait, disent-ils, que les anathématismes rapportés par Hilaire ne contiennent pas le membre de phrase qui altère le sens de l'anathématisme primitivement proposé par Valens.

---

86. Gwatkin, p. 182, n. 1.
87. Le Bachelet, c. 1827-8 ; Zeiller, p. 287 et n. 1 ; Bardy, p. 165, n. 2 ; Hefele-Leclercq, p. 945, n. 2 ; Griffe, p. 184 et n. 44 ; Galtier, p. 66, n. 61... etc. Il faut cependant reconnaître que l'un ou l'autre des anathématismes de la première session seront repris en octobre - novembre (V. *infra* n. 119f.).

M. Meslin a fait judicieusement remarquer que la série d'anathématismes que l'on comparait à ceux de Phébade et Valens appartenait en réalité à la *première* session et même, précise-t-il, à la séance du 21 juillet qui condamna Valens et ses partisans[88].

L'on pourrait s'arrêter là, en ce qui concerne la seconde session. Cependant, puisque nous parlons de l'œuvre d'Hilaire, perdue ou parvenue jusqu'à nous à l'état de fragments, dispersés peut-être en des collections différentes, il n'est peut-être pas inutile de regarder les choses de plus près.

L'anathématisme rapporté, dit-on, par Hilaire, appartient en réalité à une pièce qui ne se trouve pas dans le manuscrit de l'Arsenal, pas plus qu'elle ne figurait dans les autres manuscrits qu'ont connus Sirmond et Coustant. On la cherchera donc vainement dans l'édition de Feder. Il ne s'agit pas d'un oubli de sa part. Il déclare explicitement qu'il n'a pas cru bon de reprendre cette pièce, puisqu'elle n'appartenait pas au manuscrit qu'il éditait[89].

Cette pièce n'est cependant pas un mythe. Il suffit de lire la note de Dom Coustant — reproduite par Migne[90] — pour apprendre que cette page a été découverte par Nicolas Le Fèvre, le premier éditeur des *Fragmenta*. Si l'on se reporte à cette *editio princeps*, l'on constate que Le Fèvre avait placé cette pièce tout à la fin de son édition, en appendice, en quelque sorte[91]. C'est Dom Coustant qui l'a insérée dans le dossier de Rimini lorsqu'il a, comme chacun sait, disposé les *fragmenta* selon leur ordre chronologique.

Le *Deruensis*, dans lequel Le Fèvre déclare avoir trouvé cette pièce, existe toujours. C'est, comme son nom l'indique, un manuscrit qui a dû appartenir à l'abbaye de Montier en Der, dans la Haute-Marne. Ce manuscrit, qui se trouve actuellement à la *Bibliothèque Nationale*, comprend, entre autres, une collection antiarienne et, en particulier, une série de formules de foi. La présente pièce se situe entre une traduction du symbole de Nicée et le symbole *Quicumque*[92].

Un tel texte pose de multiples questions[93]. Je ne suis pas sûr que l'on puisse répondre à toutes. Que cette page concerne le concile de Rimini, son contenu ne laisse aucun doute sur ce point[94]. L'étude de ce contenu

---

88. M. Meslin, pp. 287-8.
89. Feder, *Praefatio, CSEL* 65, pp. XX-XXI.
90. *P L* 10, c. 698, n. (1).
91. N. Faber, *B. Hilarii Pictauensis prouinciae aquitaniae episcopi, ex opere historico fragmenta nunquam antea edita*, Parisiis, Apud Ambrosio Drouart, sub scuto solari, uia Iacobaea, 1598, pp. 47-48 (Même pagination dans les deux autres éditions (?) parues la même année chez Adrien Périer et Robert Nivelle, dans la même rue Saint Jacques).
92. C'est le *Parisinus latinus* 2076, f°. 50v., manuscrit du Xe siècle qui a appartenu à Pierre Pithou. La même séquence se trouve dans le *Parisinus latinus* 2341 (IXe siècle) f°. 148v.-149, provenant de la bibliothèque du Chapître du Puy.
93. J'y reviendrai dans une note à paraître : *Un nouveau fragment historique d'Hilaire ou une pièce des Actes de Rimini ?*
94. Le début du texte, tel que l'édite N. Le Fèvre, fait explicitement mention de Rimini.

permet également de dire que ces anathématismes ont été rédigés durant la *première* session, tant les thèses ariennes y sont violemment prises à parti[95] ; je me garderai cependant d'affirmer trop vite qu'ils appartenaient à l'œuvre d'Hilaire et qu'ils ont été fulminés le 21 juillet 359.

C'est en effet mal se représenter les choses que de penser que l'œuvre seule d'Hilaire ait concerné Rimini et l'histoire de ce concile. Je montrerai tout à l'heure que les *Actes* du Concile, auxquels Jérôme prétend emprunter le document qu'il cite, ont bel et bien existé[96]. Hilaire lui-même a dû les utiliser, puisqu'il n'était pas lui-même à Rimini. Les pièces contenues dans les *Fragments* (lettre de Constance, condamnation d'Ursace et Valens et de leurs comparses, lettres à Constance — *Iubente Deo* pour la première session, et *Illustrati* pour la seconde —) proviennent vraisemblablement de ces *Actes*. Il en est de même de la pièce qui nous occupe, ce qui ne veut pas dire qu'elle soit nécessairement entrée dans l'œuvre historique d'Hilaire.

Elle a pu, cependant, y figurer et le problème est de savoir à quelle date il faut la situer, à quel endroit il faut l'insérer dans le récit de la première session de Rimini qui nous est offert dans les *fragmenta*. On dira peut-être, et je suis moi-même tout prêt à en convenir, que cette précision est secondaire, voire inutile. Elle est secondaire, en réalité, parce que nous sommes peu renseignés sur cette première session, malgré les récits d'Hilaire et d'Athanase[97]. Encore conviendrait-il d'utiliser tous les documents dont nous disposons pour écrire cette histoire de la première session ! L'on s'apercevrait alors que cette première session a duré plus longtemps qu'on ne le pense d'ordinaire[98], même si toutes ses discussions n'ont pas été proprement théologiques, ni disciplinaires. Nous possédons une loi datée du 30 juin 359 qui concerne les biens et privilèges ecclésiastiques défendus à Rimini par les évêques[99]. Une phrase d'Hilaire nous laisse entendre d'autre part que le cas de Libère y fut évoqué[100], et ce, durant la première

---

95. Cette *damnatio* est composée d'onze anathématismes. Ils mériteraient une étude que je ne puis faire ici.
96. Voir *infra*, pp. 81 sq.
97. *Collect. Ser.* A VIII = *Fr.* 7, 1-2 ; A IX = *Fr.* 7, 3-4 ; A V = *Fr.* 8 ; ATHANASE, *De syn.*, 1-13.
98. Taurus, fin octobre-début novembre, parle d'un séjour des évêques qui en est au septième mois (SULPICE SÉVÈRE, *Chron.*, II, 44, 1 ; pp. 97, l. 7-8). Valens a trouvé les évêques déjà rassemblés à Rimini lorsqu'il y est lui-même arrivé fin mai-début juin.
99. *Codex Theodos.*, XVI, 2, 15 (éd. Th. Mommsen, pp. 839-840).
100. *Collect. Ser.* B. III, 2 = *Fr.* 4, 2 (p. 155, l. 25sq. = c. 681 A-B) : « ...Sed Potamius et Epictetus, dum damnare urbis Romae episcopum gaudent, *sicut in Ariminensi synodo continetur*, audire haec noluerunt... ». Il est vrai que cette courte incise est diversement traitée par les historiens : Schiktanz (cité par Feder, *CSEL* 65, p. 155, *appar.*), Wilmart (*art. cit.*, p. 296, n. 1), Saltet (*BLET* 1905, p. 230) en font une glose. Duchesne (*art. cit.*, p. 44, 53) hésite. Ni Chapman (*art. cit.*, pp. 201-2), ni Feder (*Praef.* ; p. XXVII), mais pour des raisons différentes, n'acceptent cette facilité. Quoi qu'il en soit, que cette incise soit l'œuvre d'Hilaire, à un moment ou à un autre, ou celle d'un lecteur (ou d'un scribe) qui possédait l'ensemble de l'œuvre d'Hilaire ou les Actes de Rimini, elle atteste que le cas de Libère fut soulevé à Rimini.

LA « MANŒUVRE FRAUDULEUSE » DE RIMINI

session, semble-t-il[101]. Un passage de la lettre très ferme *Iubente Deo*, adressée à Constance par les Orthodoxes, laisse entendre qu'Ursace et Valens ont, devant les résistances qu'ils avaient tout d'abord rencontrées, remanié le texte du *Credo daté* qu'ils avaient proposé d'entériner[102]. Si cet examen ne permet pas d'attribuer aux anathématismes une place indiscutable dans le déroulement des événements[103], il donne l'occasion de remarquer l'influence que Phébade d'Agen a dû exercer dès juin-juillet sur ses collègues et sur la formulation des *Actes* de cette première session[104]. On verra que cette découverte n'est pas sans intérêt pour la suite des événements. Lorsque Valens s'attaqua à Phébade, à son retour de Niké, il avait déjà eu l'occasion d'apprécier sa résistance en juin-juillet. Phébade de son côté ne pouvait pas ne pas connaître à qui il avait affaire et l'on comprend son refus obstiné de signer un formulaire de foi composé par un arien, à la deuxième comme à la première session.

Suffirait d'ailleurs à le suggérer le nombre d'allusions faites à la personne de Démophile de Bérée qui sera condamné en même temps qu'Ursace et Valens. Le reste concerne la nature même de l'*Aduersus Vrsacium et Valentem* (voir, *infra*, n. 256).

101. On reliera en effet à la phrase citée au début de la note précédente la mention de la lettre *Iubente Deo* à Constance où les évêques nicéens déclarent que Valens et ses comparses ont jeté le trouble à Rome : « ...magis enim turbatio cunctis regionibus et ecclesiae Romanae inmissa est » (*Collect. Ser.* A V 1, 2 = *Fr.* 8, 2 ; p. 83, l. 6-7 = c. 701 A-B).

102. *Collect. Ser.* A V I, 2 = *Fr.* 8, 2 (p. 82, l. 3sq. = c. 700 B-C) : « Offerebatur nobis a supradictis turbatoribus ecclesiarum, associato Germinio et Gaio, nouum nescio quid considerandum, quod multa peruersae doctrinae continebat. At uero cum uideretur displicere quod offerebant publice in concilio, *putauerunt aliter esse conscribendum* ».

103. Si le texte d'Hilaire concernant la première session nous est arrivé de façon substantiellement complète, l'on pourrait peut-être situer ces anathématismes au moment où, rapporte Hilaire, on a procédé à la comparaison des formules de symbole : « Sic credimus placere omnibus posse catholicis a symbolo accepto (celui de Nicée) recedere nos non oportere *quod in collatione apud omnes integrum recognouimus*... » (*Collect., Ser.* A IX, 1 = *Fr.* 7, 3 (p. 95, l. 6sq. = c. 697A).

104. La déclaration des évêques de Rimini affirme le caractère scripturaire du mot et de la notion de substance : « substantiae *nomen* et *rem* a multis sanctis scripturis insinuatum mentibus nostris » (*Collect., Ser.* A IX, 1 = *Fr.* 7, 3 ; p. 96 = c. 697 B-C). Cette distinction entre le *nomen* et la *res* ne se trouve antérieurement, pour le même sujet, que chez Phébade d'Agen lorsque, en particulier, il refuse l'interdiction portée par le « blasphème » de 357 d'employer le mot *substantia* : « Utrumne sono *uocabuli* an interpretatione *rei* ipsius... Vsitatum uero et familiare diuinis uoluminibus hoc *nomen*... » (*Contra Arianos*, 7 ; *P L* 20, c. 17 C). P. Hadot, dans son *Commentaire* des *Traités théologiques sur la Trinité* de Marius Victorinus, (*Sources Chrétiennes*, 69, Paris, 1960, pp. 902-3) cite, entre autres, un texte de Georges de Laodicée et un texte de Marius Victorinus. Si l'on replace l'ensemble de ces textes dans leur ordre chronologique, on s'aperçoit que les textes de Phébade sont à placer en tête et qu'un texte comme celui de Grégoire d'Elvire dépend en fait, comme souvent, du *Contra Arianos* de Phébade. Hilaire utilise à son tour la distinction dans son *De synodis*, 83 (*P L* 10, c 535 B) à un moment où il connaît le *Contra Arianos* de Phébade. Ce n'est d'ailleurs pas tant la distinction elle-même que son application au cas de *substantia* / οὐσία qui est ici importante (Voir de même AMBROISE, *De fide*, III, 15, 124 ; AUGUSTIN, *Ep.* 238, 4f-5). On peut penser que Phébade a joué un rôle dans l'affirmation de ce point qu'il savait contesté (v. *Contra Ar.*, 8 ; c. 18 B).

II

2. Les deux textes rapportent-ils des événements différents ?

Nous voici ramenés à cette deuxième session dont les véritables problèmes sont tout d'abord d'ordre chronologique. Nous avons vu que le problème posé par la lettre *Illustrati* ne paraissait pas entièrement soluble. Quoi qu'il en soit cependant, l'on peut disjoindre ce problème de celui qui va nous occuper, dès lors que l'on a admis que cette lettre n'est pas la conclusion du Concile. Or il suffit, on l'a vu, de parcourir cette lettre pour se rendre compte que ceux qui l'écrivent n'entrevoient pas encore la fin du concile. C'est au contraire l'une des raisons qui les poussent à écrire à Constance une lettre aussi pressante.

Pour la suite des événements, toute la question réside dans la manière de situer l'un par rapport à l'autre les textes de Sulpice Sévère et de Jérôme. La page de Jérôme concerne-t-elle des événements postérieurs à ceux que relate la *Chronique* ou doit-elle prendre place, à un endroit ou à un autre, à l'intérieur du cadre tracé par Sulpice Sévère ? La position de certains historiens est nette : il faut dissocier ces deux textes[105]. D'autres sont plus vagues et passent des anathématismes indiqués ou cités par le texte de Sulpice Sévère aux anathématismes contenus dans le document produit par Jérôme, comme s'il s'agissait des mêmes textes[106].

Il existe, de fait, des ressemblances entre les deux séries d'anathématismes et la double attitude de Valens. Le problème qui se pose est donc double sinon triple : Il s'agit tout d'abord de savoir si des événements analogues se sont reproduits deux fois en cette fin du concile qu'on nous dit si pressé de se dissoudre. Malgré l'opinion de certains historiens, en raison des arguments et des textes que j'invoquerai tout à l'heure, je crois cette duplication invraisemblable, *même* si Valens n'avait pas l'intention de commettre une supercherie. Si l'on admet au contraire que la duperie ne s'est produite qu'une seule fois, il s'agit de savoir si l'on doit suivre le récit de Sulpice Sévère *ou* le récit et les documents proposés par Jérôme. Or il importe de bien considérer l'ensemble de cette page de Jérôme. Elle mêle le récit au procès verbal des *Actes* de Rimini ; Jérôme résume, cite, résume, de sorte que la qualité, la sécurité, la précision de l'information qu'il nous livre varie avec la nature même du texte qu'il nous soumet, résumé des débats ou document officiel. J'avoue que je ne suis pas prêt à garantir tous les détails du *récit* de Jérôme et en particulier ses silences. En revanche, je crois son *procès-verbal* authentique, qu'il l'ait puisé directement dans les *Actes* de Rimini comme il l'assure, ou dans l'*Aduersus Vrsacium et Valentem* qui ne pouvait pas ne pas contenir ce procès-verbal, où apparaît, sinon éclate, la *fraus*, le *dolus*, la *tergiversatio* dont nous parlent les documents contemporains.

---

105. Voir les auteurs cités *supra*, n. 64.
106. Hefele-Leclercq, p. 945 et n. 1 ; Griffe, p. 183-4.

II

LA « MANŒUVRE FRAUDULEUSE » DE RIMINI   73

a) *Ce qui invite à distinguer deux événements différents.*

Ceux qui voient dans les textes de Sulpice Sévère et de Jérôme deux événements distincts peuvent à juste titre faire remarquer que nous n'avons pas affaire de part et d'autre aux mêmes acteurs et peut-être pas au même lieu. La *Chronique* rapporte que l'Église de Rimini, occupée en juin-juillet par les Nicéens, est, depuis le retour de la légation défaillante[107], aux mains des Ariens que viennent peu à peu rejoindre un nombre, de plus en plus important, d'anciens Orthodoxes. Taurus, Valens et Ursace prennent à parti Phébade et son groupe, qui, apparemment, refusent de siéger avec les Ariens et leurs ralliés[108]. Les discussions durent plusieurs jours[109] avant que Phébade ne se résolve à accepter de souscrire à un formulaire émanant d'un Arien. Ursace et Valens ne viennent à bout de cette résistance qu'en assurant Phébade que le formulaire de Niké est rédigé dans un sens catholique et en lui proposant d'émettre des additions auxquelles ils promettent de souscrire pour leur part. Divers anathématismes conçus par Phébade sont présentés. Valens en ajoute un dont le sens n'est pas perçu par les auditeurs (*audientes*). Tout le monde peut se croire vainqueur. Le concile se dissout[110].

Voilà, d'après la *Chronique*, les diverses phases[111], y compris la mention de la dernière qui me semble importante, dans la mesure où cette conclusion rapide du concile exclut les événements que Jérôme rapporte, et qui ont duré plusieurs jours... avant que, chez lui aussi, le concile ne se sépare...

---

107. SULPICE SÉVÈRE, *Chron.*, II, 41, 5 (p. 95, l. 3-5) pour mai - juillet ; II, 43, 4 (p. 97, l. 32 — Texte cité plus haut, n. 53) pour novembre.
108. *Ibidem*, II, 44, 1-2 (p. 97, l. 3-13).
109. *Ibidem*, II, 44, 3 (p. 97, l. 13) : « Ita in hoc certamine aliquot dies tracti ».
110. *Ibidem*, II, 44, 3-8 (p. 97, l. 13 - p. 98, l. 7) : « Vbi parum ad pacem proficiebant, paulatim et ipse (Foegadius) infractior, ad extremum proposita conditione euincitur. Namque Valens et Vrsatius affirmantes praesentem fidem catholica ratione conceptam, ab Orientalibus, imperatore auctore, prolatam cum piaculo repudiari : et quis discordiarum finis foret si quae Orientalibus placuisset Occidentalibus displiceret ? Postremo si quid minus plene praesenti fide editum uideretur, ipsi adderent quae addenda putarent ; praebituros se in his quae essent adiecta consensum. Fauorabilis professio pronis omnium animis excepta nec ultra nostri repugnare ausi, iam quoquo modo finem rebus imponere cupientes.
Dein conceptae a Foegadio et Seruatione professiones edi coepere. In quis primum damnatus Arrius totaque eius perfidia, ceterum etiam patri (aequalis) et sine initio sine tempore Dei filius pronuntiabatur. Tum Valens tamquam nostros adiuuans subiecit sententiam cui inerat occultus dolus, *filium Dei non esse creaturam sicut ceteras creaturas*. Fefellitque audientes fraus professionis. Etenim his uerbis quibus similis esse ceteris creaturis filius negabatur, creatura tamen, potior tantum ceteris pronuntiabatur. Ita neutra pars uicisse se penitus aut uictam putare poterat, quia fides ipsa pro arianis, professiones postea adiectae pro nostris erant, praeter illam quam Valens subiunxerat, quae tum non intellecta sero demum animaduersa est. Hoc uero modo concilium dimissum. »
111. On remarquera la succession des épisodes, bien marquée dans le texte lui-même : *dein, primum, tum*...

II

dans la joie. Je reviendrai plus loin sur divers points du récit de Sulpice. Il vaut mieux, pour l'instant, écouter Jérôme.

Son récit nous présente lui aussi plusieurs étapes. Le bruit court que le symbole de foi présenté par Valens contient une tromperie[112]. Valens déclare devant Taurus qu'il n'est pas Arien et qu'il ne partage pas les blasphèmes ariens. Cette protestation a eu lieu en privé de sorte que le bruit ne se calme pas[113]. Aussi, un autre jour (*alia die*), en pleine église, que nous savons occupée par les Ariens et leurs partisans, devant une foule qui réunit à la fois laïcs et évêques, le président du concile, le vieil évêque Muzonius, demande à un rapporteur de donner lecture des propositions suspectes. Tous sont d'accord pour les condamner[114]. Claudius, un évêque du Picenum, commence donc la lecture des blasphèmes attribués à Valens. Celui-ci se récrie et propose lui-même six anathématismes au milieu desquels on reconnaît l'anathématisme dont Sulpice Sévère nous dit qu'il a trompé les auditeurs[115].

Toute la question est de savoir si ces auditeurs (*audientes*) sont le petit groupe des irréductibles ou l'assemblée générale. Notons au passage que la mention d'*auditeurs*, explicite chez Sulpice Sévère, nettement indiquée par le récit de Jérôme, suffit à exclure l'hypothèse d'une fraude d'écriture. Si l'on tient à une double série d'événements analogues sinon en tout point identiques, il faut admettre que Phébade a entendu deux

---

112. JÉRÔME, *Alterc.*, 18 (c. 171 B) : « Denique ipso in tempore cum fraudem fuisse in expositione rumor populi uentilaret, Valens Mursensis episcopus qui eam conscripserat, praesente Tauro praetorii praefecto qui ex iussu regis synodo aderat, professus est se Arianum non esse et penitus ab eorum blasphemiis abhorrere ».

113. *Ibidem* (suite) : « Res secrete gesta opinionem uulgi non exstinxerat ».

114. *Ibidem* (suite) : « Itaque alia die in Ecclesia quae est apud Ariminum et episcoporum simul et laicorum turbis concurrentibus, Muzonius episcopus prouinciae Byzacenae, cui propter aetatem primae ab omnibus deferebantur, ita locutus est :
' Ea quae sunt iactata in publicum et ad nos usque perlata, aliquem e nobis sanctitati uestrae legere praecipimus ut quae sunt mala et ab auribus et a corde nostro abhorrere debent omnium una uoce damnentur '. Responsum est ab uniuersis episcopis : ' Placet ' ».

115. *Ibidem* (suite) : « Itaque cum Claudius episcopus prouinciae Piceni ex praecepto omnium blasphemias quae Valentis ferebantur legere coepisset, Valens suas esse negans exclamauit et dixit :

(1) ' Si quis negat Christum Dominum Dei Filium ante saecula ex Patre genitum, anathema sit ' — Ab omnibus consonatum est : ' Anathema sit '.

(2) ' Si quis negat Filium similem Patri secundum Scripturas, anathema sit ' — Omnes responderunt : ' anathema sit '.

(3) ' Si quis Filium Dei non dixerit aeternum cum Patre, anathema sit '. — Ab uniuersis conclamatum est : ' Anathema sit '.

(4) ' Si quis dixerit creaturam Filium Dei ut sunt ceterae creaturae, anathema sit ' — Similiter dictum est : ' Anathema sit '.

(5) ' Si quis dixerit de nullis extantibus Filium et non de Deo Patre, anathema sit '. — Omnes conclamauerunt : ' Anathema sit '.

(6) ' Si quis dixerit : erat tempus quando non erat Filius, anathema sit ' In hoc uero cuncti episcopi et tota simul Ecclesia plausu quodam et tripudio Valentis uocem exceperunt ». J'ai, pour plus de commodité, numéroté les six anathématismes prononcés par Valens. Je renverrai par la suite à ces anathématismes en indiquant leur numéro.

LA « MANŒUVRE FRAUDULEUSE » DE RIMINI

fois cet anathématisme sans sourciller le moins du monde, ce qui paraît fortement invraisemblable, comme on le verra tout à l'heure.

b) *Ce qui invite à unifier les deux récits.*

Nombre d'auteurs admettent en effet que les anathématismes de Valens — dans le texte de Jérôme — et ceux de Phébade — dans le texte de Sulpice — sont identiques, Valens réitérant pour sa part devant l'assemblée générale l'anathématisme qu'il avait déjà proposé en séance restreinte[116]. Certains disent même que Valens *lut* ces anathématismes[117], ce qui est une conclusion possible, mais non appuyée sur le texte de Jérôme où nous avons affaire à un véritable incident de séance,... avec excuses à la fin[118] !

C'est Claudius qui lit et, malgré les applaudissements de l'assemblée, il va, imperturbable, poursuivre sa *lecture* : « *ne quis scrupulus remaneat*[119], dit-il. Or les *blasphèmes* ariens, dont nous parlait Jérôme dans son récit, les *propositions suspectes* qu'il faut condamner, sont présentés par Claudius dans le procès-verbal sous la forme d'*anathématismes*. On aurait pu le deviner, mais il n'est pas inutile que la chose nous soit confirmée car elle va nous permettre de proposer une hypothèse.

Si ce qu'a lu Claudius et ce qu'il continuera à lire jusqu'à l'entière satisfaction de l'assemblée, se présentait sous les formes d'anathématismes, n'avons-nous pas affaire aux *professiones conceptae a Foegadio et Servatione* dont la *lecture* aurait été confiée à Claudius ? Celui-ci ne serait que le rapporteur du groupe des Vingt. Qui connaît quelque peu Sulpice Sévère ne m'accusera pas de subtilité si je distingue *rédacteurs* et *rapporteur* et si

---

116. Hefele-Leclercq, p. 945 et n. 1 ; Zeiller, p. 287, et n. 2.

117. Hefele-Leclercq, p. 945 : « Valens déclara qu'il n'était nullement arien et en preuve il lut les anathématismes contenus dans les additions des évêques ».

118. JÉRÔME, *Alterc.*, 18 (c. 172 A-B) : « Cum ergo cuncti Valentem ad caelum laudibus tollerent et *suam in eum suspicionem cum paenitentia damnarent...* » (suite du texte citée à la note suivante).

119. *Ibidem* (suite) : « Idem Claudius qui supra legere coeperat ait : « Adhuc sunt aliqua quae subterfugerunt dominum et fratrem meum Valentem, quae si uobis uidetur, ne quis scrupulus remaneat, in communi damnemus : ' *Si quis dixerit Filium Dei esse quidem ante omnia tempora sed non ante omne omnino tempus ut ei aliquid anteferat, anathema sit !* ' — Dixerunt cuncti : « Anathema sit ! ». Multaque alia quae suspiciosa uidebantur ad pronunciationem Claudii Valens condemnauit. Quae si quis plenius discere cupit, in Ariminensis synodi actis reperiet unde et nos ista libauimus ».

Ce dernier anathématisme (cité) reprend l'avant dernier anathématisme contenu dans le texte du *Deruensis* édité par N. Le Fèvre : « Si quis filium Dei esse ante omnia quidem saecula sed (*sic*) non ante omne omnino tempus ut ei tempus adsignet, a. s. » (*P L* 10, c. 698-9). On peut donc penser que Phébade et son groupe avaient repris des propositions de la première session, à défaut de pouvoir conserver aussi le symbole de Nicée. La proposition ci-dessus ne pouvait d'ailleurs gêner Valens. M. Meslin a montré que le problème ne se situait plus pour les Homéens sur le plan temporel, mais au plan des relations à l'intérieur de la Trinité (*op. laud.*, pp. 302-3).

120. Voir textes cités n. 112 et 114.

II

je détends sa chronologie[121]. Les anathématismes ont très bien pu être conçus (*conceptae*) et rédigés à l'intérieur du petit groupe et, en particulier, par son meilleur théologien, Phébade d'Agen, mais il ne paraît pas impossible, d'après le texte, ni invraisemblable, d'après les circonstances, que Phébade ne se soit pas chargé lui-même de la lecture : Devant une assemblée composée en partie d'Ariens déclarés, en partie de ralliés aux vainqueurs, en partie de gens pressés d'en finir par n'importe quel moyen[122], il valait peut-être mieux qu'une personnalité trop marquée ne prît pas la parole...

Il convient cependant d'étayer cette hypothèse et de montrer qu'elle permet de mieux rendre compte des événements et des divers textes qui nous les rapportent.

1 — Il faut tout d'abord examiner les anathématismes dont Valens prend l'initiative dans le document produit par Jérôme et dont on nous dit qu'ils représentent les anathématismes proposés préalablement par Phébade, à l'exception de celui sur la créature qui, de part et d'autre, serait du cru de Valens. Or, si l'on regarde le deuxième de ces six anathématismes, l'on s'aperçoit que Valens proclame la simple *similitude selon les Écritures*, c'est-à-dire le formulaire de Niké, c'est-à-dire, moins même que le *Credo daté* repoussé en juin par Phébade et les Nicéens. Peut-on penser que Phébade soit l'auteur d'un tel anathématisme, destiné en son esprit, et comme Valens le lui a proposé[123], à corriger, à suppléer ce qui lui paraissait manquer dans le formulaire de Niké ? Valens est au contraire tout à fait logique avec lui-même en reprenant les termes mêmes du symbole qu'il a élaboré dans un sens qu'il affirme catholique.

2 — Mais comment expliquer que Jérôme ne parle pas de Phébade tandis que Sulpice Sévère lui donne le premier rôle ? Un argument *a silentio* n'a pas grande valeur. On ne peut cependant lui en dénier aucune lorsqu'on note, comme je l'ai fait remarquer en commençant l'examen de ce texte, que Jérôme ne nous offre que des *fragments*, discontinus, de procès-verbal. Nous sommes même loin, si nous écoutons Jérôme — *multa alia*[124] —, d'avoir l'ensemble des interventions de Valens et de Claudius. Que Sulpice Sévère, d'autre part, donne le premier rôle à Phébade — *Foegadius noster*[125] — et à Servais de Tongres n'a rien qui doive surprendre le lecteur de la *Chronique*. Non point que je mette en doute *a priori* le rôle principal tenu par Phébade et Servais. Il est quand même significatif que, dans ce groupe des Vingt, nous ne connaissions que deux noms et que ces

---

121. SULPICE SÉVÈRE, *Chron.*, II, 44, 6 (p. 97, l. 24-25) : « Dein conceptae a Foegadio et Seruatione professiones edi coepere » (ensemble du texte cité n. 110). Il faut d'ailleurs remarquer que Sulpice Sévère lui-même ne dit pas que ce furent Phébade et Servais qui prononcèrent les anathématismes qu'ils avaient composés. *Concipere* et *edere peuvent* distinguer, non seulement deux moments distincts de l'action, mais aussi deux groupes d'acteurs différents.
122. Voir texte cité n. 110, fin du premier alinéa.
123. Voir texte cité, n. 110.
124. Voir texte cité n. 119, fin.
125. SULPICE SÉVÈRE, *Chron.*, II, 44, 1 (p. 97, l. 4).

deux noms soient ceux de deux gallo-romains, un Aquitain et un Belge. On fera valoir, à juste titre, j'en conviens aisément, que Sulpice était mieux à même d'être renseigné sur la conduite des Gaulois, qu'il a lui-même interrogé un évêque présent à Rimini — Gauidius[126] —, que Phébade vivait encore en 392, au témoignage de Jérôme[127], que sa conduite demeurait un souvenir bien vivant pour ses contemporains. Tout cela est vrai. On ne peut cependant résister à l'impression de chauvinisme ou, si l'on veut, de fierté, qui se dégage des pages que Sulpice consacre à Rimini. L'épiscopat gaulois qui avait donné une leçon de désintéressement en refusant les subsides et les facilités offertes par le fisc au moment de la convocation du concile, a donné une leçon de foi et de courage en la personne de Phébade et de Servais[128]. Lorsqu'on regarde toute la fin de cette *Chronique*, qui, faut-il le rappeler, n'était pas écrite pour nous, on a l'impression, tant pour la question arienne que pour l'affaire de Priscillien, que l'histoire de l'Église se concentre en Gaule[129]. Il n'est pas surprenant dès lors que Sulpice ait mis l'accent sur le rôle de Phébade, comme il nous montrera Hilaire seul à l'œuvre pour le relèvement de l'Église occidentale. Eusèbe de Verceil, pour ne parler que de lui, tint pourtant dans cette œuvre une part non négligeable que les Homéens reconnaissent[130].

3 — J'ajouterai — et ce sera un nouvel étai — qu'en mettant ainsi en vedette la personne et le rôle de Phébade, Sulpice choisissait peut-être mal son héros, s'il est vrai que celui-ci a, à deux reprises, entendu sans broncher l'anathématisme de Valens. A mon sens, Phébade était le dernier homme à pouvoir être trompé par cet anathématisme de Valens. Il ne faut pas être grand clerc en effet pour reconnaître la ressemblance entre cet anathématisme proféré contre celui qui dit que le Fils de Dieu est « une créature comme les autres créatures » et une affirmation de la lettre d'Arius à Alexandre selon laquelle le Fils est une créature parfaite qui n'est pas comme les autres créatures : κτίσμα τοῦ θεοῦ τέλειον, ἀλλ' οὐχ ὡς ἓν τῶν κτισμάτων. A la question de savoir si cette lettre à Alexandre était connue avant 359 l'on serait porté, à première vue, à répondre par la négative. Hilaire incluera cette lettre dans son livre IV du *De Trinitate*, connu en Occident après son retour d'exil. Il semblerait donc que l'on puisse invoquer cette *imperitia*, cette *ignorantia* dont Libère fait état

---

126. SULPICE SÉVÈRE, *Chron.*, II, 41, 4 (p. 94, l. 24). Ce Gauidius est inconnu par ailleurs. Voir L. DUCHESNE, *Fastes épiscopaux de l'ancienne Gaule*, Paris, 1894, t. I, p. 292, n. 4.
127. JÉRÔME, *De uiris*, 108 (*P L* 23, c. 703-5).
128. SULPICE SÉVÈRE, *Chron.*, II, 41, 2-4 (p. 94, l. 17-27). L'auteur de la *Chronique* ne parle guère de ceux qui se rangèrent autour de Saturnin d'Arles et de Paterne de Périgueux. En 400 il vaut mieux oublier tout ce passé.
129. *Ibidem*, II, 46-51 (pp. 99-105), ce qui, par son étendue, déséquilibre cette *Chronique* si rapide sur des siècles entiers.
130. *Ibidem*, II, 45, 5-7 (pp. 98-99). Hilaire et Eusèbe sont associés par Auxence en 364-5 (ap. HILAIRE, *Contra Aux.*, 15 ; c. 618 C-D), par Germinius en 366 (voir, *infra*, p. 94 et n. 216). Il faut cependant reconnaître que Rufin donne également le premier rôle à Hilaire (*Hist. Eccles.*, I, 30-31 ; *PL* 21, c. 501 B-C).

II

dans sa lettre aux évêques d'Italie. Deux auteurs cependant nous montrent la connaissance qu'ils avaient de cette lettre d'Arius dès avant Rimini : Marius Victorinus et Phébade d'Agen dans son *Contra Arianos*[131]... !

Les choses vont plus loin. D'une part Phébade est, dès 357-358, trop bien prévenu contre les ambiguïtés des propositions ariennes pour être désormais surpris par elles. Il met lui-même ses lecteurs en garde contre elles et il en démasque un certain nombre dans le « blasphème » de 357[132]. Si l'on ajoute que le *Credo daté* et le formulaire de Niké reprennent certains éléments de la formule de Sirmium — telle la condamnation de l'*homoousios*, telle l'affirmation que seul le Père connaît la génération de son Fils — on peut comprendre qu'il ait résisté à des formules qu'il avait combattues avec énergie l'année précédente. Quant à l'affirmation que le Fils de Dieu n'est pas une créature comme les autres créatures, on en trouve, aux mots près, la réfutation dans le même *Contra Arianos*. Phébade établit en effet un lien entre la proposition de la formule de 357 selon laquelle « le Fils est soumis au Père avec tout ce que le Père lui a soumis » et la thèse d'Arius sur le Fils créature parfaite du Père. Il invective même à ce propos les rédacteurs de cette formule de Sirmium en leur reprochant de voiler les thèses ariennes sous des mots bien choisis pour tromper les êtres simples et sans défiance : *ambigua sectamini ad decipiendos simplices et incautos*[133] ! Selon lui, en effet, la formule de Sirmium range le Fils parmi les créatures, même si elle lui donne la première place[134]. C'est exactement ce que déclare Sulpice Sévère de l'anathématisme de Valens, dont le libellé trompa, dit-il, les auditeurs[135].

---

131. G. BARDY, *L'Occident latin et les documents de la controverse arienne*, in *Rev. SR.* 20, 1940, pp. 29-30.
132. PHÉBADE d'Agen, *Contra Arianos*, 1 (*P L* 20, c. 13 D) : « ...ut et malum quod sub opinione uerborum simplicum latet deprehendatur et, mendacio detecto, ueritas interclusa respiret » (Je donne le texte du manuscrit de Leyde (avec orthographe normalisée) en respectant, à la différence d'A. Durengues, la capitulation de Migne et sa columnation). — Voir, *ibidem*, 3 (c. 15 B), 4 (15 D), 6 (17 A) etc.
133. *Ibidem*, 15 (c. 23 D) : « *Subiectus*, inquit, *Patri Filius cum omnibus his quae ipse Pater subiecit*. Quid uenenatum uirus exquisitorum uerborum uelamine tegitis ! Nos quae audiuimus a patribus nostris constanter praedicamus. Et uos ergo doctrinam patrum uestrorum deserere nolite. Illi (= *Arius*), inquam, libere Deum gloriae caelestis non Deum uerum esse sed creaturam Dei perfectam esse dixerunt. Vos tamen idem sentientes, abrupta blasphemiae uerba uitantes, ambigua sectamini ad decipiendos simplices et incautos ».
134. *Ibidem* (suite-c. 24 A) : « Subiectum enim Patri filium non Patris uel Filii nomine, ut sancta et catholica dicit ecclesia, sed, ut supra diximus, creaturae conditione profitemini. Dicentes enim : ' *Cum omnibus his quae illi Pater subiecit, Patri Filium esse subiectum* ' nonne ipsum in creaturarum ordine quae ex tempore sunt institutae numeratis ? Nihil enim secundum uos omni creatura habet amplius Deus et Dominus noster nisi quod primus in numero est, nisi quod ei etiam illa seruiunt cum quibus seruit. Seruus enim et ipse si seruit, et, licet nonnullorum Dominus, sed Dominus uoluntate, si uoluntate domini, Dominus effectus, hoc ipso seruiens quod iussus est imperare ». La suite du texte fait à nouveau mention de la lettre d'Arius. Il s'en trouvait déjà une mention au § 8 (c. 18).
135. SULPICE SÉVÈRE, *Chron.*, II, 44, 7 (pp. 97-98 — Texte cité *supra*, n. 110 *ad f.*)

LA « MANŒUVRE FRAUDULEUSE » DE RIMINI

A moins d'attenter sans raison suffisante à la mémoire de Phébade, il me paraît impossible d'admettre que l'évêque d'Agen ait entendu deux fois Valens, qu'il soupçonnait, prononcer la même formule ambiguë. Pour expliquer, sinon justifier, son attitude dans une assemblée telle que la décrit Jérôme, je ne vois que deux raisons. L'une tient compte du contexte doctrinal dans lequel se situe cet anathématisme, l'autre du contexte psychologique dans lequel se déroula cette assemblée. Phébade a pu penser, s'il a remarqué l'ambiguïté de la proposition de Valens et sa parenté avec la thèse d'Arius, que l'éternité de la filiation divine était suffisamment affirmée par les autres propositions condamnées par Valens et les autres anathématismes dont celui-ci avait pris l'initiative[136]. Quelqu'un qui vient d'entendre affirmer l'éternité du Fils avec le Père (anath. 3) et qui sursaute en entendant prononcer une thèse qui ressemble à celle d'Arius, n'a-t-il pas l'esprit, la conscience apaisés, et l'attention émoussée, lorsqu'il entend tout aussitôt condamner les slogans les plus ariens : *Si quis dixerit de nullis exstantibus Filium et non de Deo Patre, a.s. Si quis dixerit : erat tempus quando non erat Filius, a.s.* Allez arrêter la litanie lorsque toute l'assemblée se met à applaudir avec plus de force et à danser de joie ! Elle a reconnu pour sa part la condamnation des thèses ariennes essentielles. Le reste pouvait passer pour ergotage dans une assemblée fatiguée, pressée d'en finir d'une manière ou d'une autre[137]. D'ailleurs Claudius, je l'ai dit, reprendra la lecture de la liste d'anathématismes préparée à l'avance et Valens leur donnera son accord avec la même intrépidité[138].

Lors donc que Sulpice Sévère donne le premier rôle à Phébade, il ne songe certainement pas à l'accuser, même s'il relève qu'à la fin il était plus faible dans sa résistance[139]. Il ne sait sans doute pas que l'œuvre de l'évêque d'Agen contient de quoi le confondre, lui et son héros. Or il ne semble pas que ce dernier ait été inquiété par la suite et en particulier par les Luciferiens qui s'en prendront à Hilaire lui-même et lui reprocheront son manque de rigidité morale[140] et intellectuelle[141]. Les Ariens tenaient en tout cas Phébade pour l'un de leurs adversaires, puisque Palladius[142]

---

136. Anathématismes lus par Claudius contre les *blasphemiae* ariennes et anathématismes improvisés par Valens. On pourrait ajouter que Phébade s'est rallié au *De synodis* d'Hilaire. Celui-ci n'avait pas rejeté de façon absolue ni la deuxième formule des Encaenies, ni la formule de 351. L'une (*De syn.* 30 ; c. 503-4) et l'autre (*De syn.* 24 et 38) contiennent des condamnations analogues à l'anathématisme de Valens. Ce dernier n'avait donc rien ici à renier. Mais Hilaire avait mis en doute la sincérité d'Ursace et de Valens et invité les Orientaux à se méfier des deux évêques. Nous verrons qu'il rappellera leur signature du formulaire de 358 (v. *infra*, n. 178, col. de gauche).
137. Voir texte cité, n. 110, fin du premier paragraphe.
138. Voir texte cité, n. 119.
139. SULPICE SÉVÈRE, *Chron.*, II, 44, 3 (p. 97, l. 14) : « Paulatim et ipse infractior ».
140. FAUSTIN, *Lib. prec.*, VII, 24 (p. 366, l. 211-5).
141. Voir les notes marginales au *De synodis* où l'évêque de Poitiers se défend auprès de Lucifer (*P L* 10, c. 545-8).
142. Dans le XVIIIe des *fragments* dits *de Bobbio* édités par Mai et que M. Meslin a restitués à Palladius de Ratiaria (*P L* 13, c. 626-7). J'ai pour ma part proposé de voir dans certains de ces fragments le *De fide* de Palladius.

II

cite l'un des chapitres de son *Contra Arianos* vers 380. Jérôme, enfin, rangera ce *Contra Arianos* dans son *De uiris*, sans le moindre blâme pour son auteur[143].

4 — On peut encore relever la difficulté à laquelle s'exposent ceux qui veulent que le texte de Jérôme relate des faits postérieurs à la signature du formulaire par Phébade et son groupe. Le bruit a couru durant plusieurs jours de l'existence d'une *fraus*, rapporte Jérôme[144]. Si Phébade avait déjà signé le formulaire, avec les divers anathématismes que Valens, selon le texte de Sulpice Sévère, lui avait consentis et celui qu'il avait lui-même ajouté, peut-on penser que l'évêque d'Agen n'ait pas scruté à nouveau ce formulaire et ses ajouts ? Peut-on penser qu'il n'ait pas été sur ses gardes lors du traquenard tendu à Valens au milieu de l'Assemblée, selon le texte de Jérôme ? Mon hypothèse a, je l'avoue, l'inconvénient, si l'on prend le récit de Jérôme au ras du texte, de transformer en coup monté contre Valens, ce que Sulpice Sévère présente comme une proposition de Valens faite au seul Phébade et à son groupe. Peut-être peut-on faire valoir cependant et la simplification du résumé de Sulpice et les raccourcis du *récit* de Jérôme[145]. Comme je l'ai fait remarquer, il faut bien

---

143. JÉRÔME, *De uiris*, 108 (*P L* 23, c. 703-5). Sur l'attitude de Grégoire d'Elvire, voir, n. 20 et 196.

144. JÉRÔME, *Alterc.*, 18 (c. 171 B-C) : « Ipso in tempore... » (texte cité, n. 112) ; « alia die » (texte cité n. 114).

145. Il faut d'ailleurs remarquer que certaines données du récit de Jérôme *peuvent* très bien s'accorder avec ce que nous dit Sulpice Sévère. La scène devant Taurus dont parle Sulpice (*Chron.*, II, 44, 1-2) peut être celle à laquelle fait allusion Jérôme lorsqu'il rapporte que Valens se défendit devant Taurus d'être arien. C'est l'accusation que porte Phébade contre le symbole de Niké et par là-même, semble-t-il, contre son auteur. La scène s'est bien passée *secrete* comme l'indique Jérôme, puisque, comme on l'a vu plus haut, le texte de Sulpice Sévère semble bien laisser entendre que Phébade et son petit groupe ne siègent plus dans l'Église occupée maintenant par les Homéens et leurs ralliés. Quant à la *fraus* contenue dans le symbole dont parle Jérôme, Sulpice y fait allusion directement ou indirectement à trois reprises : Tout d'abord lorsqu'il mentionne pour la première fois ce symbole de Niké (*Chron.*, II, 43, 1-2 ; p. 96, l. 15-22) : « Eisdem (legatis) conscriptam ab improbis fidem tradit (imperator), *uerbis fallentibus inuolutam* quae catholicam disciplinam *perfidia latente* loqueretur (...) Eadem fides similem patri filium fatebatur, *sed interius aderat fraus parata*, ut esset similis non esset aequalis ». Phébade, on l'a vu ci-dessus, refuse de signer un symbole composé (*concepta*) par des Ariens et lorsqu'il compose à son tour des anathématismes il affirme l'égalité du Fils avec le Père, en réponse donc, semble-t-il, à la *fraus* explicitement mentionnée ci-dessus et dénoncée déjà par Hilaire (*De synodis*, 72-74 ; 79sq.).

Quant à la nature de cette *fraus* et à son caractère, on peut se demander si les évêques n'étaient pas assez ignorants pour être surpris ou n'ont pas été trop aveuglement fidèles à l'esprit de conciliation d'Hilaire lui-même... Dans son *De synodis* l'exilé reconnaît que certains ne voient nulle *égalité* là où ils admettent une *ressemblance* ; ' Qu'ils disent ce qu'ils veulent, ajoute Hilaire, une véritable ressemblance implique égalité ' (*De syn.*, 74 ; c. 528-9). On entendra rappeler cela dans le texte de la lettre du concile de Paris (*Collect.*, Ser. A I 2 = *Fr*. 11, 2 ; p. 44, ll. 12sq. = c. 711 B-C). Hilaire, d'autre part, devra se défendre sur ce point précis auprès de Lucifer en faisant remarquer que s'il a parlé d'une interprétation orthodoxe de la ressemblance selon la substance, c'est qu'il savait qu'il existait une interprétation hérétique (*Apolog.* III, c. 529 n. (e) ou c. 545-6). Mais l'on pourra légitimement faire observer qu'à Niké et à Rimini il ne s'agit même plus d'une *similitude selon la substance*..!

distinguer dans le texte de Jérôme ce qui est *récit* de ce qui est transcription des *Actes* qu'il déclare avoir consultés.

5 — L'on peut, enfin, faire appel à un argument de fait beaucoup plus précis. Il s'agit d'une page d'Hilaire sur laquelle nous aurons à revenir à plusieurs reprises[146]. A elle seule, et de deux manières différentes, cette page établit l'authenticité et la valeur de la citation de Jérôme, par le fait même, semble-t-il, la manière dont il présente les événements[147]. Mais comme alors sera en jeu la valeur, le crédit, à attribuer à l'affirmation d'Hilaire, il faut, pour échapper à la pétition de principe d'une part, au cercle vicieux qui consisterait à prouver Jérôme par Hilaire et Hilaire par Jérôme, que je donne les raisons qui me portent à penser que les *Actes* de Rimini contenaient bien les anathématismes indiqués, tels que les reproduit Jérôme.

IV. — LES *ACTES* DU CONCILE DE RIMINI

On pourrait me reprocher une pétition de principe en faisant remarquer que je me suis servi du texte de Jérôme en l'acceptant de manière aveugle. Cette page de Jérôme figure de fait dans un ouvrage polémique qui défend les évêques de Rimini et dans lequel la rigueur du raisonnement laisse parfois plus à désirer même qu'on ne l'a souligné jusqu'ici. Pour la partie plus proprement historique de cette *Altercatio*, il est permis d'avoir quelques doutes sur l'authenticité non tant du texte que de la *source* avancée par Jérôme. Celui-ci ne se contente pas, en effet, de parler des *Actes* de Rimini, il renvoie son interlocuteur à des *Actes* de Nicée. Or nous savons que ces *Actes* n'ont jamais existé. P. Batiffol a montré d'excellente manière que tous les renseignements que Jérôme donnait sur Nicée provenaient en réalité d'écrits d'Athanase[148]. Une fois de plus, on saisit Jérôme sur le fait. Il présente comme puisé à la source un document qu'il ne connaît que de seconde main.

N'en serait-il pas de même ici ? Cela n'a rien d'impossible, et l'on pense immédiatement à cet *Aduersus Vrsacium et Valentem* qui sera mentionné dans le *De uiris*. Songeons également qu'à Trêves Jérôme copie le *De synodis* d'Hilaire et qu'il caressera longtemps le projet d'écrire l'histoire de son temps. Hilaire mettait nombre de matériaux à sa portée. J'ajouterai que dans cette *Altercatio*, j'ai repéré deux souvenirs manifestes d'Hilaire

---

146. Voir *infra*, pp. 85 sq. ; 99 sq.
147. D'une part, quatre des six anathématismes de Valens sont explicitement cités et, d'autre part, les légats les attribuent aux « saints Pères de Rimini ». Ils se retranchent donc derrière l'assemblée entière qui les a applaudis, comme nous l'indique le procès verbal transcrit par Jérôme.
148. P. BATIFFOL, *art. laud.*, pp. 109-112.

qui s'ajoutent à deux autres que Dom Coustant avait déjà notés[149]. Hilaire n'est donc pas la source unique. Je crois avoir aussi montré que le *De baptismo* de Tertullien et le dossier baptismal de Cyprien étaient sous les yeux de Jérôme au moment où il composait cette *Altercatio*[150]. Sa documentation, si nombreuse déjà, a pu comprendre l'*Aduersus Vrsacium et Valentem*, comme elle a pu comprendre les *Actes* même du concile ; mais ce que je voudrais montrer pour l'instant, c'est le point suivant : Que ces documents rapportés par Jérôme aient été puisés directement dans les *Actes* de Rimini ou, de seconde main, dans l'œuvre d'Hilaire, la sécurité qu'affiche Jérôme en avançant cette pièce importante est bien fondée[151]. Nous avons en effet la preuve de l'existence de ces *Actes*, utilisés par Hilaire ou consultés par Jérôme. Davantage même, nous avons la certitude que ces *Actes* de Rimini contenaient l'un au moins — si l'on en croit un Arien —, quatre, — si l'on en croit Hilaire — des six anathématismes cités par Jérôme pour avoir été émis par cette session plénière de Rimini.

A — L'EXISTENCE DE CES *ACTES*.

En produisant ce document, Jérôme déclare que les *Actes*, dans lesquels il l'a puisé, sont dans toutes les archives des églises[152]. Exagération ? Non pas, pour une fois. En 363, en effet, les évêques d'Italie accompagnent leur lettre aux évêques d'Illyricum d'un envoi de ces *Actes*[153]. Un peu auparavant, dans un texte sur lequel j'aurai à revenir plus loin, Marius Victorinus parle lui aussi des *Actes* de Rimini et il ne fait pas de doute qu'il les ait sous les yeux, dans leur version homéenne[154]. Il faut entrevoir ici un travail de diffusion très large, parallèle à celui qui avait été celui de la

---

149. *Saint Jérôme devant le baptême des hérétiques...*, in REAug. 14, 1968, p. 151, n. 30 ; 152, n. 32 ; 166, n. 90 ; 176, n. 140. On peut ajouter, au nombre des réminiscences, la rencontre suivante : *Contra Const.*, 15 (c. 1250 C) : « nihil prorsus egit (Constantius) quam ut *orbem* pro quo Christus passus est, *diabolo condonaret* » et *Alterc.*, 19 (c. 173 C) : Au sujet de la dureté des conditions imposées par certains aux prétendus faillis : « ...hoc est dicere irrationabili crudelitate *orbem* totum *diabolo condonassent* ».
150. *Ibidem*, pp. 145-180.
151. S'il est nécessaire de justifier cette enquête sur l'existence des *Actes* de Rimini, je citerai l'opinion de dom Chapman (*art. cit.*, p. 202), même si elle ne vise pas Jérôme : « It is unlikely that any « acts » of the Council of Ariminum were ever published or indeed ever existed ».
152. JÉRÔME, *Alterc.*, 18 (c. 172 A-B) ; « Quod si quis a nobis fictum putet, scrinia publica scrutetur. Plenae sunt certe ecclesiarum arcae et recens adhuc memoria est » On rapprochera la phrase suivante d'Hilaire, écrite cependant à un propos différent : « Quamquam impiissimis eorum blasphemiis *plenae* omnes *ecclesiarum chartae*, plenique iam libri sint... » (*Contra Aux.* 7 ; c. 613 et n. (d)).
153. Texte cité *supra* n. 26, *ad finem*.
154. MARIUS VICTORINUS, *De homoousio recipiendo*, 3 (éd. P. Henry - P. Hadot, *Sources Chrétiennes*, 68, Paris, 1960, p. 612 — Texte cité *infra*, p. 89).

formule de Sirmium en 357[155] ou celui du formulaire de Niké en 360 par les soins de Constance[156]. Les Homéens ne sont pas de reste dans cette œuvre de propagande. Leurs *Actes* n'étaient d'ailleurs pas forcément falsifiés, tant s'en faut. Jérôme ne dit-il pas que les Ariens eux-mêmes reconnaissent les faits[157] ? En 364-365 Auxence de Milan joint à la profession de foi qu'il adresse à Valentinien Ier un exemplaire des *Actes* de Rimini[158]. On soupçonne l'intensité de la diffusion à l'ardeur avec laquelle les Nicéens répliquent que le Concile de Rimini a connu deux sessions et que les Ursace, Valens et autres, qui font tant de cas de ce concile, ont été condamnés par l'assemblée courageuse de juillet[159]. Nous avons fait mention de ces textes de Damase, d'Athanase. Ils laissent entrevoir que les *Actes* diffusés par les Homéens devaient se limiter à la seconde session. En ce cas ils contenaient la série d'anathématismes au milieu desquels se trouvait celui, voire ceux qui n'avaient pas la même saveur antiarienne que les autres.

B — TÉMOIGNAGE SUR LE CONTENU DE CES *ACTES*.

Il ne s'agit pas d'une simple déduction. Un auteur nous en procure au moins un commencement de preuve et ce n'est autre qu'un Homéen : le grand Maximin, auquel M. Meslin a rendu sa nationalité romaine[160]. Son témoignage est on ne peut plus précis, même s'il se situe dans un contexte qui exigerait bien des discussions[161]. Maximin atteste à la fois le cas que les communautés homéennes continuaient à faire du grand concile de Rimini, le concile des 330 Pères[162], et l'existence d'un anathématisme de la seconde session que nous retrouvons dans le groupe de ceux que

---

155. Voir PHÉBADE d'Agen, *Contra Arianos*, 5 (c. 16 B-C) ; Sur la propagande du début de l'année 357, lors du séjour de Constance à Rome, v. LUCIFER de Cagliari, *De non parcendo in deum delinquentibus*, 2 f. (éd. W. Hartel, CSEL 14, p. 212, l. 23sq.).
156. LUCIFER de Cagliari, *De non parc.*, 26 (p. 265, l. 16-18). Voir de même, § 27 (p. 268, l. 14).
157. JÉRÔME, *Alterc.*, 18 (c. 172 A-B) : « *Supersunt homines qui illi synodo interfuerunt et, quod ueritatem firmet, ipsi Ariani haec ita ut diximus gesta non denegant* ».
158. Ap. HILAIRE, *Contra Aux.*, 15 (c. 618 C) : « Ut pietas uestra (Valentinien) uerius cognosceret, *ea quae gesta sunt in concilio Ariminensi transmisi et peto ut ea libenter legi praecipiatis*. Sic enim cognoscet Serenitas uestra quia qui iamdudum depositi sunt, hoc est Hilarius et Eusebius, contendunt ubique schismata facere ».
159. Voir les textes d'Athanase et de Damase mentionnés ou cités n. 21, 33.
160. M. Meslin, *op. laud.*, pp. 92 sq.
161. *Collatio cum Maximino*, II, 13 (*P L* 42, c. 730) : « Audi (Augustine !) auctoritatem synodicae lectionis quia in Arimino patres nostri inter caetera et hoc dixerunt : *Si quis ex nihilo Filium dicit et non ex Deo Patre anathema sit* ». Maximin entend par là rejeter ce qu'il comprend comme une accusation d'Augustin selon laquelle les Ariens diraient, justement, que le Fils est une créature *tirée du néant*. Sur tout ceci, voir *infra*, pp. 96-98 et n. 227.
162. *Collatio cum Maximino*, I, 2 (*P L* 42, c. 710). Nous avons vu (*supra*, n. 15) que Maximin, lorsqu'Augustin lui demandait quelle était sa *fides*, le renvoyait au *symbole* de Rimini. Augustin ne conteste aucunement l'existence des écrits auxquels Maximin veut le renvoyer : « Noli me mittere ad ea scripta quae modo aut prae manu non sunt, aut eorum auctoritate non teneor » (*Coll.*, 4 ; c. 711 A-B).

Valens fit applaudir à l'assemblée toute entière. Maximin fait en effet observer à Augustin, à la suite de la dispute qu'il a eue avec lui à Hippone, que les Pères de Rimini ont émis l'anathématisme suivant : *Si quis ex nihilo Filium dicit et non ex Deo Patre, a.s.*[163]. Dans la citation de Jérôme, cet anathématisme, prononcé par Valens — Imagine-t-on Maximin citant Phébade comme une autorité ? — est donné sous la forme suivante : *Si quis dixerit de nullis extantibus Filium et non de Deo Patre, a.s.* Les deux textes sont trop proches — *ex nihilo*/*de nullis exstantibus* (= ἐξ οὐκ ὄντων), *ex Deo Patre*/*de Deo Patre* — pour que l'on puisse penser à des anathématismes différents et, par le fait, prononcés en des circonstances différentes. Il paraît difficile de décider lequel des deux, de Jérôme ou de Maximin, se trompe dans sa citation; car Hilaire, qui, comme on va le voir, fait allusion au même anathématisme, le cite sous une forme qui, pour la première partie, est semblable à la formulation de Jérôme, tandis que la seconde est celle de Maximin : *non de nullis extantibus sed ex Deo*[164]. Ce problème textuel est cependant mineur dans ce cas particulier. Je ne l'invoque que dans la mesure où il permettra tout à l'heure de comparer l'interprétation que donne Maximin de cet anathématisme en 427 et celle qu'Hilaire en donnait quelque soixante ans auparavant au moment même où il accusait Valens et ses compagnons de tendre à réduire le Fils au rang de créature. Il avancera à ce moment non pas un, mais quatre des six anathématismes rapportés par Jérôme, et il dira alors que, selon Valens et les légats arrivés à Constantinople, ces anathématismes représentent l'opinion « des évêques de Rimini », et non du seul petit groupe devant lequel on voudrait qu'ils aient été prononcés.

V. — L'ACCUSATION PORTÉE CONTRE VALENS ET SA VALEUR

Si les *Actes* de Rimini ont existé et s'ils contenaient les anathématismes que Jérôme nous rapporte, si Valens a bien prononcé la phrase que Jérôme, Sulpice — et un autre encore, nous le verrons — lui attribuent, lui donnait-il ou lui a-t-il donné par la suite un sens arianisant sinon proprement anoméen ? Telle est la dernière question importante qui se pose.

Les autorités auxquelles on recourt habituellement pour accuser Valens d'une telle subtilité et d'une telle duplicité sont Sulpice Sévère et Hilaire. Le texte de la *Chronique* déclare, à la fin de la relation du concile de Rimini, que le concile se sépara sans qu'aucune des deux parties — arienne et orthodoxe — pût se dire complètement victorieuse : le Symbole était en faveur des Ariens, mais les anathématismes qui lui avaient été adjoints

---

163. C'est l'anathématisme 5 de Valens (Texte cité *supra*, p. 74, n. 115). On verra, *infra*, n. 227, que le texte de Maximin laisse deviner la présence de l'anathématisme (n° 4) contesté.

164. Voir *infra*, p. 88, n. 178, colonne de gauche.

étaient favorables aux Orthodoxes, sauf celui que Valens avait ajouté. Il ne fut pas compris sur le moment et on ne le remarqua que plus tard ; trop tard..![165]. Le texte d'Hilaire, qui, comme je l'ai annoncé, vient confirmer, dans sa matérialité au moins, le document présenté par Jérôme, figure parmi les *Fragmenta*. Il prétend rapporter les événements survenus à Constantinople à la fin de 359, après l'arrivée des légats de la deuxième session. Nous allons l'examiner avec quelque détail et à plusieurs reprises. Mais je dois dire qu'à ce témoignage d'Hilaire j'ajouterai trois ou quatre autres affirmations que personne, à ma connaissance, n'a rassemblées ni confrontées[166]. Elles vont pourtant dans le même sens. Cette convergence pose évidemment quelques questions au philologue, à l'historien et au théologien.

A — LE RÉQUISITOIRE DE L'*Aduersus Vrsacium et Valentem*.

Hilaire raconte donc les événements survenus à Constantinople après la fin du concile de Séleucie. On sait comment, à l'égal de ce qui s'était passé durant l'été à Rimini, deux délégations vinrent trouver l'empereur. Comme à l'issue de la première session de Rimini, ce fut la délégation des Acaciens condamnés qui arriva la première et obtint l'oreille du prince. Parmi des Acaciens, ou autour d'eux, évoluaient des hommes comme Eudoxe d'Antioche dont les propos avaient révolté tout le concile de Séleucie et gêné les Acaciens eux-mêmes[167]. Or Constance avait explicitement prévu, dans sa lettre du 27 mai, qu'en cas de désaccord entre les deux conciles, les deux délégations, occidentale et orientale, se réuniraient pour résoudre entre elles le litige[168]. La délégation qui, en décembre, arrivait de Rimini à Constantinople n'était plus la délégation orthodoxe de l'été... Elle ne reconnut comme délégation légitime de Séleucie que la délégation des Acaciens. Les Homéousiens, auxquels Hilaire avait certainement vanté la foi des Occidentaux, eurent beau prévenir les nouveaux arrivants de la fraude (*dolus*) qui se tramait et qui, selon eux, consistait à condamner la personne d'Aèce sans condamner sa doctrine[169], les Occi-

---

165. SULPICE SÉVÈRE, *Chron.*, II, 44, 7-8 (pp. 97-98 — Texte cité *supra*, n. 110).
166. Le texte d'AMBROISE, *De fide*, III, 16, 130 (voir *infra*, p. 92, n. 199) est invoqué par Tillemont (p. 458) au sujet de la défection de la majorité des évêques ; les Mauristes (*P L* 16, c. 615 n. (a)) et surtout O. Faller (*CSEL*, 78, pp. 153-4) le mettent en relation avec l'*Altercatio* de Jérôme. Les deux textes d'Hilaire étudiés ci-dessous sont mis en relation par Dom Coustant (*P L* 10, c. 708 n. (i)). P. Hadot enfin a rapproché le texte du *De Homoousio recipiendo* de Marius Victorinus et la deuxième partie du premier texte d'Hilaire (*Commentaire*, p. 1054).
167. Voir le témoignage d'Hilaire, *Contra Constantium.*, 13 (c. 591 B-C) dont la teneur est confirmée par Palladius de Ratiaria (*P L* 13, c. 594-5 : *fr.* 1 — M. Meslin, *op. laud.*, p. 122).
168. *Ep. Continent priora statuta*, 2 (in *Collect. Ser.* A VIII, 2 = Fr. 7, 2 (p. 94, l. 14-16 = c. 696 B-C).
169. *Ep. Vnitati nos et uerae paci studentes* (in *Collect., Ser.* B VIII, 1 = *Fr.* X, 1 (p. 174 = c. 705-6).

dentaux, conduits par Valens, se joignirent d'emblée aux Acaciens, sans s'octroyer même un délai de réflexion. Hilaire s'en prend alors à l'hypocrisie de ceux des légats qui suivirent Valens, quitte à déclarer, par la suite, semble-t-il, qu'ils ne partageaient pas sa foi[170].

Voilà, brièvement esquissé pour l'instant, le contexte dans lequel s'insère le passage d'Hilaire qui contient la condamnation de la duplicité des légats. Pour montrer cette hypocrisie, l'auteur des *Fragmenta* s'appuie sur les discussions qui eurent lieu lors d'une séance des trois délégations. « Alors que l'on vous demandait pourquoi vous n'alliez pas jusqu'à dire que le Fils de Dieu est une créature, vous avez répondu que les saints évêques de Rimini n'avaient pas dit que le Christ n'est pas une créature mais qu'il n'est pas une créature semblable aux autres »[171]. La suite immédiate du texte, qui montre que le Christ est une créature exceptionnelle, est-elle le commentaire de Valens et de son groupe, ou celui d'Hilaire ? On peut en discuter. Toujours est-il qu'Hilaire prend à témoin de la réalité de ces propos, ceux-là mêmes qui assistaient à cette séance de Constantinople *et* le *Livre d'Ursace et de Valens* où la similitude proposée ou reconnue entre le Père et le Fils impliquait hétérogénéité[172].

Avons-nous affaire à l'anathématisme de Rimini ? Cela ne fait aucun doute. Hilaire, en effet, ne s'arrête pas là. Il cite trois autres propositions qui furent prononcées et sans doute défendues dans la même séance. Ces propositions qui appartiennent au formulaire défendu par les légats occidentaux ne sont autres que trois autres anathématismes proclamés par Valens à Rimini et auxquels Hilaire découvre des intentions frauduleuses[173].

M. Meslin, qui, à ma connaissance, est, avec Gwatkin[174], le seul historien moderne à utiliser ce texte, récuse le témoignage d'Hilaire. Il déclare qu'il

---

170. *Collect., Ser.* B VIII, 2, 1 = *Fr.* 10, 2 (pp. 175-6 = c. 706-7) — Voir *infra*, p. 99.
171. *Ibidem*, § 2 (p. 176) = § 3 (c. 708 A) : « Nam in conuentu multorum uos arguentium cur etiam non creaturam dei filium diceretis, respondistis sanctis Ariminensibus non creaturam Christum negatum fuisse, sed dissimilem ceteris creaturis, quia in eo quod dictum sit : « non esse creatum uelut ceteras facturas », non dictum sit quia creatio non sit sed excipiatur a ceteris, ut, licet omnino dissimilis ceteris sit, tamen ut ipse aliud non sit. Quasi uero ulla creatura aliis sit similis, ut angelus homini, homo aui, avis pecudi !
172. *Ibidem* (suite) : « Haec si mentior testes sunt qui audierunt. Quod si et ipsi tacebunt, loquitur mecum defensus a uobis impiissime *liber uester*, in quo ut uitrum hyacintho, ita filius patri et Deo Christus alienus est ». Le *liber* a été dit un peu plus haut *liber Valentis et Vrsacii* (voir texte cité *infra*, n. 240).
173. *Ibidem* (suite) — Texte cité *infra*, p. 87, n. 178, colonne de gauche.
174. Gwatkin, p. 178, n. 1. Voici ce qu'en dit Tillemont (p. 486) : Les légats « témoignerent mesme tres ouvertement leur impieté en diverses occasions, surtout par la maniere dont ils expliquoient les anathemes du Concile de Rimini. Et S. Hilaire ayant soutenu publiquement que Jesus Christ estoit veritablement Dieu, le vray Fils de Dieu, lequel estoit veritablement son Pere, et qui l'avoit engendré avant tous les temps, ces miserables s'eleverent contre luy avec de grands cris et donnerent une explication toute Arienne à l'eternité du Fils de Dieu ». Une telle paraphrase déforme le texte d'Hilaire.

est trop inspiré « par le dépit qu'éprouva toujours Hilaire de n'avoir joué aucun rôle actif dans cette affaire »[175]. Selon lui, il s'agit d'un pur procès de tendance : Valens n'a pu émettre des thèses aussi anoméennes.

Que ces phrases aient été prononcées, je crois que ce qui précède suffit au moins à le rendre vraisemblable. Que ces phrases n'aient qu'une saveur homéenne, cela est une autre question. Il faut en effet soigneusement distinguer les deux points : le fait et son interprétation. Je laisse momentanément de côté le second point, qui est la question fondamentale en ce qui concerne et l'opinion et les intentions de Valens, pour continuer l'examen des autres textes qui concernent cet anathématisme.

B. — AUTRES TÉMOIGNAGES

1. De la part de Nicéens :

a — Le premier, en anticipant un peu sur la chronologie, sera encore emprunté à Hilaire. Il se trouve dans le *Contra Auxentium*. Dom Coustant avait vu sa parenté avec le texte qui concerne les réunions de Constantinople[176]. Il est en effet assez facile de reconnaître la même série des anathématismes de Rimini. Ici encore, Hilaire entend montrer que sous des formules apparemment orthodoxes se cachent des ambiguïtés, des exclusions, des négations. Ces propositions, remarquons-le, sont attribuées aux Ariens et non à Phébade, de même que les légats s'étaient retranchés derrière l'autorité *des saints évêques de Rimini* et non derrière le petit groupe de Phébade et des siens[177]. Selon Hilaire, donc, les Valens, Ursace, Auxence, Germinius, Gaius, affirment, entre autres, que le Christ n'est qu'une créature supérieure aux autres créatures. Il suffit de confronter ce texte du *Contra Auxentium* avec celui des *Fragmenta* mentionné tout à l'heure pour s'apercevoir que nous avons bien affaire à la même série de propositions, dont Hilaire déclare qu'elles sont ambiguës[178]. Le ton est cependant plus

---

175. M. Meslin, p. 290.
176. Voir *P L* 10, c. 708, n. (i). Mais dans son annotation du *Contra Auxentium* (c. 612, n. (i)), il semble se tromper de session.
177. Voir texte cité *supra* n. 171.
178. Que l'on compare les deux textes :

Collect. Ser. B VIII, 2, 2 (p. 176-177) :

Respondistis sanctis Ariminensibus non Christum creaturam negatum fuisse sed dissimilem ceteris creaturis quia in eo quod dictum sit ' non esse creatum uelut ceteras facturas ' non dictum sit quia creatio non sit sed excipiatur a ceteris ut licet omnino dissimilis ceteris sit tamen ut ipse non aliud non sit. Quasi uero ulla creatura aliis sit similis ut angelus homini, homo aui, auis pecudi.

Contra Auxentium, 6 (c. 612 B-D) :

Volunt (Valens, Vrsacius etc) hunc suum Christum non eius diuinitatis esse cuius et Pater est, sed esse potentem et praestantem ceteris aliis creaturis creaturam,

II

ferme dans ce *Contra Auxentium*. Ce qui n'était que soupçon dans les discussions de Constantinople devient ici affirmation sans réserve.

A nouveau, tout dépend du crédit que l'on peut attribuer aux accusations d'Hilaire. On sait que Valentinien ne les estima pas suffisantes et que l'évêque de Poitiers reçut l'ordre de rejoindre son diocèse... Je montrerai cependant tout à l'heure que Germinius, qui est accusé ici de tenir des positions analogues à celles d'Auxence et autres, semble bien les avoir réellement tenues, si l'on en croit ses propres déclarations de janvier 366[179].

b — Nous étions en 365 au plus tard avec le *Contra Auxentium*. Il faut remonter de deux ou trois années en arrière pour entendre Marius Victorinus. C'est en effet de la fin 363 que P. Hadot date le *De homoousio recipiendo* du grand rhéteur de Rome. Ce court traité, le dernier de Marius

---

Haec si mentior testes sunt qui audierunt. Quod si et ipsi tacebunt loquitur mecum defensus a uobis impiissime liber uester in quo ut uitrum hyacintho, ita Filius patri et Deo Christus alienus est.

Deinde, in quo audientes fefellistis, ut ' non de nullis exstantibus ' sit sed ' ex Deo '. Numquid et quia hoc a uobis dictum sit simulatio non patuit, cum ideo ' non de nullis extantibus sed ex Deo ' secundum professionem sit, quia eidem uoluntas ad id quod subsistat exordium fuerit ? Mentior sane si non in conuentionem libelli sui Orientalibus damnastis eos qui non de substantia habere eum id quod natus est sed de uoluntate dixissent.

' Aeternum ' quoque ' cum Patre ' esse profitemini. Vere sane dixeritis si non reclamatum mihi esset cur ante tempora aeterna de uero patre uerum unigenitum deum natum praedicassent ut aeternitas ei cum patre angelorum animarumque humanarum non iam anteriorum sit sed futurorum.

' Similem ' quoque ' secundum scripturas ' esse dixistis, quasi non secundum scripturas similis deo et homo sit et regno caelorum granum sinapi et fermentum et sagena !

eumque per uoluntatem Dei ex nihilo substitisse et eum ante omnia quidem saecula et ante omne omnino tempus natum ' ex Deo ' Deum esse, sed non ex substantia Dei esse neque diuinae in eo natiuitatis, maiestatisque eius quae Dei est intelligendam ueritatem, ne quam uerus sit Deus qui Pater est tam uerus sit Deus qui Filius est (...)

Quae si in Filio non eadem est ipsa illa quae Dei est ut in confessione fidei Deus unus sit, cur Deum Filium, cur ante tempora et saecula confitentur nisi quia Dei nomen sancto cuique per indulgentiam aeternitatis est destinatum ? Aut regenerati omnes non uere Dei filii sunt aut angeli omnes per Christum utique conditi, non ante omnia tempora et ante omnia omnino saecula sunt creati ?

On reconnaît dans le texte concernant la séance de Constantinople (colonne de gauche), les anathématismes 4, 5, 3, 2 prononcés par Valens à Rimini selon le texte de Jérôme (*supra*, n. 115). Le *Contra Auxentium* contient certes des affirmations nouvelles, mais, pour le point qui nous occupe ici, l'on peut retrouver l'équivalent des anathématismes 4, 5, 3, avec des allusions à l'anathématisme 1.

179. Voir *infra*, pp. 94-95.

Victorinus qui nous soit parvenu, est à coup sûr à mettre en relation, comme P. Hadot l'a fait, avec la réaction antiriminienne. Marius Victorinus écrit, semble-t-il, pour des hésitants[180]. Ils se refusent encore à admettre l'*homoousios* à cause de son caractère non scripturaire. Victorinus reprend la défense de la *res* et du *nomen* en résumant le livre II de son *Contre Arius* auquel nous avons déjà eu recours[181]. Il termine son exposé par la déclaration suivante :

> Si vous refusez l'*homoousios*, vous ne pourrez cacher que vous êtes de nouveaux Arius. Mais, comme il ressort de vos Actes conciliaires (*ex uestris actibus*), vous confessez bien sans doute que le Christ est Dieu de Dieu, lumière de lumière, *mais aussi qu'il est fait, et, de cette manière, né, non pas de la substance de Dieu, mais du néant*. Et cela, sans doute, c'est des autres que vous vous efforcez de l'entendre dire, en les y acculant par vos arguments, plutôt que ce soit vous qui le disiez expressément »[182].

J'ai fait tout à l'heure allusion à ce texte pour confirmer l'existence d'*Actes* de Rimini[183]. Je crois, de fait, qu'il faut bien traduire, comme P. Hadot, le *ex vestris actibus* par « d'après vos actes conciliaires ». Il s'agit selon moi de ces *Actes* dont un homme comme Auxence faisait tant de cas qu'il en joint un exemplaire à son symbole de foi, dont Maximin proposait à Augustin de consulter le texte.

Ces *Actes* ne devaient pas contenir la simple relation de la seconde session de Rimini. Victorinus, en effet, reconnaît que les positions anoméennes ne sont pas ouvertement tenues par les Homéens, que ces derniers essaient même d'y acculer leurs adversaires par une série d'arguments dont il cite lui-même un spécimen[184].

Où se trouvaient ces arguments ? Quels étaient ces adversaires ? A la deuxième question je réponds dès maintenant : les Nicéens. Voici en effet, la suite quasi immédiate du texte de Victorinus :

---

180. P. Hadot, *op. laud.*, I, pp. 58-59. Voir également, dans un sens qui m'agréerait davantage si l'on accepte mon hypothèse du contenu du *Liber Ursacii et Valentis* que n'a pas envisagée P. Hadot, ce qui est avancé et rejeté à la page 50. Cela ne changerait d'ailleurs pas beaucoup la date de rédaction de ce *De homoousio recipiendo* qui est, de toute manière, postérieur à 360.
181. Voir *supra*, n. 104.
182. Marius Victorinus, *De homoousio recipiendo*, 3 (pp. 612) : « Haec si uera sunt accipite *homoousion*. Nam si non uultis, novelli Arrii non latetis. Sed ut ex uestris actibus clarum est, dicitis quidem Christum « deum de deo, lumen de lumine » uerum factum atque hoc modo natum non de substantia dei idque ab aliis cogitis per argumenta uestra ut audire possitis magis quam dicatis ipsi ». Phébade attaquait déjà cet emploi des formules traditionnelles en montrant que les Illyriens leur donnaient un sens hétérodoxe (*Contra Ar.*, 19 ; c 27 B-C). De même, *Collect. ser* B II, 11, 2 = *Fr.* 2, 29.
183. Voir *supra*, p. 82.
184. Marius Victorinus, *Ibidem* (suite) : « Et qua re argumenta ! O Deus, o Christe succurre ! Si de deo natus est Christus, aut diuisus aut minutus est deus. Haec atque huius modi indigna saepe profertis quasi corpus sit Deus aut corporeus aut hyle... »

Pourquoi vous efforcer, avec vos arguties, de *nous* faire avouer que le Christ a été engendré du néant ? Votre blasphème sera-t-il moins grand, puisqu'en fait vous pensez ces mêmes choses ? Ou bien, pourquoi ne pas le professer ouvertement, si telle est votre foi ?[185].

Il ne fait pas de doute que l'argumentation des Homéens soit dirigée contre les Nicéens. Mais on a remarqué cet appel à des déclarations franches qui, d'une certaine façon, rappelle les questions posées aux légats lors de la réunion de Constantinople. Toutefois, alors qu'Hilaire montrait que les propositions apparemment orthodoxes des Homéens cachaient un venin hérétique, Victorinus essaye de montrer aux hésitants que s'ils donnaient à leurs propositions un sens plein, ils devraient se ranger parmi les partisans de l'*homoousios*[186]. Le procédé est identique, me semble-t-il, mais il est inversé. On est alors conduit à se demander où apparaissaient les arguties dont Victorinus fait état et qu'il connaît vraisemblablement sous une forme écrite. Je crois qu'elles étaient contenues dans le Livre d'*Ursace et de Valens* qu'Hilaire mentionne à deux reprises dans son récit de Constantinople[187].

Je ne me cache pas la nouveauté et même l'audace — ou la témérité — d'une telle conclusion. Jamais les historiens, jusqu'aux plus modernes, n'ont attribué une activité littéraire au premier groupe des Illyriens en dehors des formules de foi élaborées par eux ou sous leur direction[188]. Je suis moi-même prêt à accepter une meilleure interprétation de la nature de ce *Liber* dont parle Hilaire. Il ne peut cependant, à mon sens, s'agir de la simple formule de foi de Niké, augmentée des divers anathématismes de Rimini. Je crois qu'il a bel et bien existé un *Livre d'Ursace et de Valens*

---

185. *Ibidem* (p. 614, 1. 19sq.) : « Interea *his rationibus uestris* quid cogitis *nos* fateri de nihilo Christum esse natum ? Num minor uestra blasphemia est cum uos eadem sentiatis ? Aut cur non est aperta uestra professio si ita sentitis ».

186. *Ibidem* (**suite**) : « Verum contraria uos loqui non videtis ? Dicitis enim Deum de Deo, lumen de lumine '. Hoc de nihilo est cum dicatis unde? Ergo de Deo Christus, non ergo de nihilo ; de lumine, non de nihilo. De Deo enim, de ipsius substantia intelligitur. Nam aliud est quod a Deo est. Nam omnia a Deo, Christus autem de Deo... ».

187. Textes cités *supra*, n. 172 : « liber uester », et *infra*, n. 240 : « liber Vrsacii et Valentis » ; v. *infra*, n. 245 : « ex bibliotheca uestra ».

188. Seul Tillemont, à ma connaissance, s'y arrête quelque peu lorsqu'il paraphrase le texte d'Hilaire (p. 460) : « ...Ce fut par une suite de la mesme impieté, qu'ils (Ursace et Valens) mirent dans un de leurs livres et qu'ils soutinrent ensuite que le Fils estoit aussi different du Pere et Jesus Christ aussi dissemblable à Dieu que le verre l'est d'une emeraude. Ils expliquoient de mesme en des sens heretiques les paroles les plus catholiques, dont ils s'estoient servis à Rimini pour tromper les autres ». Feder (*Studien*, I, pp. 111-112) rapproche les quatre propositions, d'une part de la lettre de Valens et d'Ursace au Pape Jules (*Collect.*, *Ser.* B II, 6 = *Fr.* 2, 20 ; pp. 143-4 = c. 647-8) où deux propositions foncièrement ariennes sont condamnées, d'autre part des textes de Jérôme et de Sulpice Sévère, sans voir, me semble-t-il, que les quatre anathématismes, s'ils appartiennent bien, comme il le remarque, au *Liber Vrsacii et Valentis*, ont été approuvés par les Pères de Rimini et sont donc à mettre en relation avec la séance rapportée par Jérôme.

LA « MANŒUVRE FRAUDULEUSE » DE RIMINI

qui contenait et expliquait Rimini[189], de même que Potamius, au témoignage de Phébade, avait fait circuler en Orient et en Occident sa *Lettre sur la substance*[190]. Au début de celle-ci Potamius mentionne d'ailleurs un précédent écrit sur la Trinité[191]. Phébade de son côté déclare détenir différents écrits des arianisants[192] et nous savons que le dossier de Basile d'Ancyre se trouvait à Rome dès 358[193]. S'il n'est pas sûr que les lettres de Saturninus d'Arles auxquelles fait allusion la lettre du Concile de Paris soient postérieures à 359[194], il n'en reste pas moins que Lucifer, dans un texte postérieur au concile de janvier 360, parle lui aussi de *livres écrits* (*libros scriptos*) et d'émissaires chargés de porter dans tout l'empire la nouvelle de la condamnation de Nicée[195]. Eusèbe de Verceil, ou son continuateur, affirme lui aussi, dans un texte mutilé mais qui concerne des arguments analogues à ceux que réfute Victorinus, que le Christ a été dit créature à Rimini[196]. Enfin, Jérôme, souvenons-en, déclare que les Ariens

---

189. On peut se demander si le *Liber aduersus Ursacium et Valentem historiam Ariminensis et Seleuciensis synodi continens* dont parle Jérôme, n'est pas tout simplement la réfutation de ce *Liber Vrsacii et Valentis*. Pour juger de l'ampleur de ce dernier il n'est peut-être pas inutile de préciser qu'Hilaire, dans le même contexte (v. n. 178, colonne de gauche), qualifie de *libellus* le dossier de Basile d'Ancyre auquel Valens avait naguère souscrit. Il n'est pas nécessaire de laisser un long laps de temps pour permettre à Ursace et Valens la composition d'un tel *livre*.

190. PHÉBADE d'Agen, *Contra Arianos*, 5 (c. 16 B-C) : « ...epistola Potami quae ad Orientem et Occidentem transmissa est... ».

191. POTAMIUS, *Epist. de substantia Patris et Filii et Spiritus sancti*, 2 (*PLS* I, c. 202 f.).

192. PHÉBADE d'Agen, *Contra Arianos*, 3 (c. 15 B-C) ; 19 (c. 27 B-C). Voir de même l'affirmation de Lucifer de Cagliari mentionnée plus haut, n. 155.

193. C'est l'une des découvertes importantes consécutives à l'étude moderne du *Contra Arium* de Marius Victorinus : Voir P. Hadot, *op. laud.*, pp. 35sq.

194. *Collect. Ser.* A I 4 = *Fr.* 11, 4 (p. 46, l. 5-7 = c. 713 A) : Saturninus « quem et uetera dissimulata iamdiu licet crimina et certa edita *epistolis suis* nouae temeritatis inreligiositas indignum episcopi nomine fecerant ».

195. LUCIFER de Cagliari, *De non parcendo*, 26 (p. 265, l. 16-18) : « ...de quo et libros scriptos dedisti (Constanti) et praedicatores benigni uoti tui omni in loco constituisti ».

196. EUSÈBE de Verceil, *De Trinitate*, V, 7 (éd. A. Hoste, *CC* 9, p. 67, l. 61 sq) : « Quae (natiuitas) quamuis inenarrabilis sit tamen *secundum professionem synodi Ariminensis* (non) (?) ignorabilis creaturae sit... ». On rapprochera du texte de Marius Victorinus cité plus haut, le passage suivant du *De fide* de Grégoire d'Elvire : « Si Arianus non es et uerum filium de uero Patre natum, non factum agnoscis, cur non eum Patre unam substantiam dicis ? (cum Patre unius substantiae confiteris ?) Frustra times homo profiteri quod credis et (aut) frustra credis si ita non credis (profiteris) et merito haereticus denotaris. Et quamquam (nunc) immutaueris *dictum quo putaris prohibuisse dei filium nuncupari facturam, sed cum subiungis : « sicuti (sicut) aliquid horum quod factum est »* ex aperto ostendis non ob hoc facturam dici noluisse quasi non debeat factus intelligi, sed non ita factum uis sicut aliquid horum quod factum est sed tamen factum. Aliter enim dicis factum, utpote perfectam creaturam per quam facta sunt omnia, dummodo et ipsum factum intelligas, licet non ita ut cetera » (III, 36-37, éd. V. Bulhart, *CC* 69, p. 229, l. 301-315). Il ne fait pas de doute que nous soyons ici encore devant l'anathématisme de Rimini. Même si l'on n'accepte pas le *nunc* de la recension qui attribue ce *De fide* à Grégoire de Nazianze, le mot *immutaueris* semble bien laisser entendre que Grégoire a vu la ressemblance entre cet anathématisme et la lettre d'Arius à Alexandre. Grégoire d'Elvire connaît

eux-mêmes reconnaissaient que les choses s'étaient bien passées comme il le rapportait lui-même d'après les *Actes*[197]. D'où tenait-il ce renseignement ? Peut-être du *Liber* d'Ursace et de Valens... Mais je le croirais plutôt ici sous la dépendance d'Hilaire.

c — On n'a pas assez remarqué, me semble-t-il, que Jérôme accusait lui aussi Valens, Ursace et leurs compagnons — *egregii uidelicet Christi sacerdotes*, ironise-t-il comme Hilaire — d'avoir, après la dissolution du concile de Rimini, crié victoire en disant qu'ils n'avaient pas nié que le Fils ne soit pas une créature, mais qu'il soit une créature semblable aux autres. C'est alors que Jérôme prononce la phrase fameuse, que tout le monde cite, discute, mais sans lui attribuer toujours le sens que réclame pour elle le contexte : « Toute la terre gémit et s'étonna d'être arienne ». Elle avait été dupée[198].

d — C'est bien ce qu'affirme Ambroise également dans le troisième livre de son *De fide*. Il accuse ses adversaires de chercher à tromper les esprits simples. L'exemple qu'il donne n'est autre que l'anathématisme sur la créature. Ceux qui l'ont entendu de façon innocente ont été trompés. Ils cherchaient à suivre la vraie foi et ils ont mordu à l'hameçon d'une fraude criminelle : *hamum nefandae fraudis attrectauerunt*[199]. Il suffisait de dire que le Fils n'est pas une créature ! En ajoutant « ...comme les autres créatures », tu ne nies pas que le Christ soit une créature, mais tu

---

si bien le *Contra Arianos* de Phébade qu'on a attribué le *De fide* à ce dernier. Il est remarquable que Grégoire d'Elvire ne dise rien d'une éventuelle chute de Phébade analogue à celle d'Osius... que l'un et l'autre ont combattu.

197. Voir texte cité, n. 157.

198. JÉRÔME, *Alterc.*, 19 (c. 172 B-C) : « ...Diu scelera non latent et cicatrix male obducta, incocto pure, dirumpitur. Coeperunt postea Valens et Vrsacius, ceterique nequitiae eorum socii, egregii uidelicet Christi sacerdotes, palmas suas iactitare dicentes se Filium non creaturam negasse sed similem ceteris creaturis. Tunc *usiae* nomen abolitum est, tunc Nicaenae fidei damnatio conclamata est. Ingemuit totus orbis et Arianum se esse miratus est. » La formule *egregii uidelicet sacerdotes*, se trouve sans ironie aucune, dans la synodale occidentale de Sardique à Constance (*Ep. Benignifica*, 4 = *Liber I ad Constantium*, 4 ; p. 183, l. 18 = c. 559 B-C), mais Hilaire s'adresse aux adversaires d'Athanase en ces termes : « O ueros Christi discipulos, o dignos successores Petri atque Pauli, o pios ecclesiae patres !... » (*Collect. Ser.* B II 5, 3 = *Fr.* II, 18 (p. 142, l. 5sq. = c. 645 A-B). Faustin parle au contraire avec ironie des *egregii episcopi* qui ont failli à Rimini (*Libellus precum*, 52, 74, 75, 92, 96 ; en 79 : « *Damaso egregio archiepiscopo* ». Sur des contacts possibles entre l'*Altercatio* de Jérôme et ce *Libellus precum*, v. *Saint Jérôme devant le baptême des hérétiques*, *l. c.*, p. 153, n. 38 ; p. 176, n. 139). Le ton peut avoir été donné à Jérôme par l'invective qui termine les pages d'Hilaire sur Constantinople (p. 177 = c. 709-710).

199. AMBROISE, *De fide*, III, 16, 130 (*P L* 16, c. 615 B-C) : « ...' Qui dicit ', inquiunt ' Christum creaturam secundum ceteras creaturas, anathema sit ' Audierunt simplices et crediderunt. ' Innocens ' enim, sicut scriptum est, ' credit omni uerbo ' (*Prou.* 14, 15). Audierunt ergo et crediderunt, primo decepti sono ac, uelut aues intenti ad escam fidei, extentum sibi laqueum non cauerunt. Ita, dum fidem sequuntur, hamum nefandae fraudis attrectauerunt... »

dis qu'il n'est pas une créature semblable aux autres. Tu le proclames bien une créature, même si tu dis qu'elle est supérieure aux autres[200]. Qui est visé par ce texte ? *Inquiunt*, dit simplement Ambroise[201] et il s'en prend à un arien fictif qu'il interpelle : *Ariane*[202]. M. Meslin range cette accusation d'Ambroise parmi les thèses que l'évêque de Milan imputerait, à tort, à Palladius de Ratiaria. Selon lui, Ambroise dépend en fait de la *Lettre d'Arius à Alexandre*[203]. C'est lire trop vite ce texte du *De fide*, sans le mettre en relation avec Rimini. Dans la suite immédiate de la citation que j'ai présentée ci-dessus, Ambroise distingue explicitement, en effet, les affirmations d'Arius, qui a dit que le Fils est une créature parfaite, et celles des adversaires qu'il vise dans son *De fide*. « Voyez, conclut-il, comme vous êtes bien les héritiers de votre père ! »[204].

Il ne fait donc pas de doute qu'il s'agit de Valens et de ceux qui le suivent et, peut-être, le répètent. Le rapprochement entre l'anathématisme trompeur de Rimini et la proposition d'Arius était-il devenu courant à l'époque où est composé le *De fide* ? Je l'ignore, de même que je ne saurais me prononcer avec quelque certitude sur l'endroit où Ambroise a pu trouver cet anathématisme[205]. Dans les *Actes* du Concile ? Je rappelle que le premier livre du *De fide* mentionnait les deux sessions de Rimini, la belle attitude des évêques dans leur lettre — celle de juillet — à Constance[206]. Dans le livre de Valens ? Mais celui-ci, de l'aveu même de Victorinus, ne se découvrait pas à ce point. Dans l'œuvre d'Hilaire ? Ce ne serait que l'une des dettes si nombreuses d'Ambroise à l'égard de l'évêque de Poitiers.

2. De la part d'Homéens :

Mais ce serait poser à nouveau le problème de la créance à accorder aux

---

200. *Ibidem*, § 132 (c. 615 D) : « Satis fuerat dicere : ' Qui dicit creaturam Christum, anathema sit '. Cur bono confessionis, Ariane, uenena permisces ut totum corpus contamines. Addendo enim : ' secundum ceteras creaturas ', non creaturam Christum negas, sed creaturam dicis esse dissimilem ; creaturam enim dicis, etsi praestantiorem ceteris asseris creaturis ».
201. V. *supra*, texte cité n. 199.
202. V. *supra*, texte cité n. 200.
203. M. Meslin, p. 318 et n. 113.
204. AMBROISE, *De fide*, III, 16, 132 suite : « Denique Arius huius impietatis magister Dei filium creaturam dixit esse perfectam, sed non sicut ceteras creaturas. Videtis igitur haereditario patris uestri uos usos esse sermone ? Sat est creaturam negare, quid opus fuit addere : ' sed non sicut ceteras creaturas ' ».
205. Il faudrait poser pour lui-même le problème des sources du *De fide* d'Ambroise et, en particulier, pour le point présent, de ses rapports éventuels avec le *De fide* de Grégoire d'Elvire (voir le texte cité plus haut n. 196). Il ne suffit pas de noter les ressemblances de l'argumentation. Il est des arguments que l'on trouve partout à la même époque, ce qui rend le travail délicat, mais il est possible de parvenir sur des points précis à de véritables filiations à partir desquelles on peut, avec prudence, étendre la dépendance, en tenant compte de l'originalité de chaque auteur. Dans le cas présent, Ambroise affirme de façon formelle l'intention de tromper, ce qui n'est pas le fait de Grégoire d'Elvire. O. Faller ne compte pas Grégoire d'Elvire parmi les lectures d'Ambroise (*CSEL*, 78, pp. 11-12).
206. Voir le texte cité n. 34.

II

affirmations d'Hilaire. On a vu que Marius Victorinus ne prêtait pas aux partisans de Rimini des thèses aussi tranchées que celle que leur reproche ici Ambroise[207]. Victorinus n'est pas le seul, ni chez les Homéens[208], ni chez les Nicéens[209] à témoigner de cette prudence que montrent les Ariens. Inversement, cependant, les Illyriens, entre autres, Germinius, ne font pas mystère pour reconnaître dans le Fils non seulement un effet, un *opus* de Dieu, mais une création.

J'ai évoqué tout à l'heure le passage du *Contra Auxentium* où Hilaire associait son nom aux héritiers d'Arius que sont, selon lui, les Valens, Ursace, Auxence et Gaius[210]. Les textes qui nous permettent de décrire l'évolution de Germinius — et dont Hilaire, ou l'un de ses proches, nous a conservé la plus grande part — sont très instructifs sur le point qui nous occupe.

Voici un évêque qui, en janvier 366, ne se récrie aucunement lorsque Heraclianus l'accuse de faire du Fils[211] et de l'Esprit des créatures[212], qui prétend que le Fils est bien « Dieu, lumière de lumière » — les expressions mêmes qu'incriminaient, en des sens divers, Hilaire et Victorinus — « mais non pas tel que le Père »[213], qui défend les thèses du « blasphème » de 357[214], qui laisse son prêtre Théodore affirmer que le Fils ne sait pas tout[215]. Ses prêtres lui demandent même de forcer Heraclianus à condamner Hilaire et Eusèbe de Verceil[216]. Or, avant la fin de la même année 366, il rédige une profession de foi qui, sans être nicéenne, est au moins homéousienne[217]. Les formules de 357 sont retournées ; le Fils est cette fois l'égal en tout du Père : en divinité (*diuinitas*), en bonté, en majesté, en science[218]. Voilà rétabli le *kata panta* de Basile d'Ancyre.

---

207. Voir *supra*, pp. 89-90 et n. 182 sq.
208. Voir *infra*, p. 97, les protestations de Maximin.
209. Voir *supra*, n. 205 et *infra*, p. 96, les précisions d'Augustin.
210. HILAIRE, *Contra Aux.*, 5 (c. 612 A-B). Voir, *supra*, p. 87.
211. *Altercatio Heracliani laici cum Germinio episcopo Sirmiensi* (éd. C. Caspari, *Kirchenhistorische anecdota*, I, 1883, p. 134 f. = *PLS* I, c. 345 f).
212. *Ibidem*, p. 134-5 = c. 346.
213. *Ibidem* (p. 136 = c. 347) : « Filium uero eum dico ante saecula initium (habere) ex Patre, deum ex Deo, lumen ex lumine, sed talem non dico qualem patrem (...) Sicut non similis filius patri per omnia, ita nec spiritus sanctus filio ». — Voir Marius Victorinus, *De homoousio recipiendo*, 3 (texte cité *supra*, n. 182).
214. *Ibidem* (p. 139-c. 348) : « Tu negas filium subiectum patri ? »
215. *Ibidem*, p. 137-8 = c. 347.
216. *Ibidem*, (p. 146 = c. 350) : « Omnes presbyteri et diacones eius (Germinii) dixerunt : ' Non exeat hinc (Heraclianus) nisi fecerit anathema episcopos quos nominauit, quorum se dixit fidem habere '. A relier à ce qui a été dit au début de cette discussion (p. 134 = c. 345).
217. *Collect. Ser.* A III = *Fr.* 13 (p. 47-48 = c. 717 B-C). Rappelons que seul son Symbole nous est parvenu. Il devait, d'après la suscription, accompagner une lettre (adressée à qui ?) dont la connaissance nous serait des plus précieuses. La suscription, quelle que soit son origine, est déjà fort éloquente : « Incipit epistula Germini episcopi aduersus Arrianos, (qui) iam subscripserant in concilio ariminensi *scientes quod male fecerunt* ».
218. *Ibidem* (p. 47, l. 20sq. = c. 717 B-C) : « ...Christum filium eius unicum et dominum deum nostrum, de uero deo patre uerum dei filium, ante omnia genitum,

LA « MANŒUVRE FRAUDULEUSE » DE RIMINI

On comprend que Valens se soit ému. Mais il vaut la peine de noter, en un moment où tout le monde, en définitive, s'accuse de tromperie et d'ambiguïté, la manière dont Valens demande à Germinius de confirmer ou d'infirmer sans ambages (*omni occasione ambagum exclusa*), de manière claire (*apertius*)[219], patente (*euidenter*)[220], les accusations qui courent sur son compte. Germinius a dû saisir la balle au bond, si l'on en juge par la lettre qu'il enverra quelque temps après à divers évêques de l'Illyricum. Le mot *aperte* est en effet repris et Germinius le retourne en quelque sorte contre Valens[221]. C'est Germinius cette fois qui reproche à Valens et à ses partisans de s'appuyer sur l'Écriture pour faire du Christ une créature (*creaturam et facturam*), tandis qu'il proclame, pour sa part, que le Fils a été engendré non pas du néant mais de Dieu le Père et qu'il est pleinement Dieu[222]. Non sans quelque ironie, il s'étonne que Valens ait oublié ou veuille dissimuler (*subdole dissimulare*) que le *similis per omnia*, l'*homoios kata panta* figurait bien dans la formule qu'il avait signée le 22 mai 359[223]. Hilaire, dès lors, avait-il entièrement tort de rappeler que Valens avait signé pareillement le formulaire de Basile d'Ancyre où se trouvaient condamnés ceux qui refusaient la similitude selon la substance[224]. Je ne crois donc pas injuste de penser ni improbable de dire que Valens avait bien prononcé l'anathématisme de Rimini. Quant à l'interprétation qu'il lui donnait, je crois que Germinius n'aurait pas reproché à Hilaire d'y voir, d'y soupçonner, au moins une *tendance* à l'anoméisme dont certains pouvaient user, par malice, ou être les victimes, par ignorance.

---

diuinitate, caritate, maiestate, uirtute, claritate, uita, sapientia, scientia, *patri per omnia similem* utpote perfectum de perfecto genitum... ».

219. *Ep. Cum de spe et salute* in *Collect. Ser.* B V 1 = *Fr.* 14, 1 (p. 159, l. 16sq. = c. 718 B) : « ...Commonefacimus sanctitatem tuam ut *omni occasione ambagum exclusa* digneris rursus rescribere nobis. A fide catholica quae Arimini a sancto concilio exposita confirmataque est, cui etiam uniuersi Orientis episcopi consenserunt, sicuti iam professus es, te non recessurum *apertius* quaeritur significes... ».

220. *Ibidem*, § 2 (p. 160, l. 3sq. = c. 718 C) : « Dignare igitur hoc quod quaeritur *euidenter* litteris tuis declarare non dixisse aut dicere aut dicturum : ' similem ' esse ' per omnia filium patri excepta innatiuitate ' ».

221. *Ep. Vitalis u. c. militantis*, in *Collect. Ser.* B VI = *Fr.* 15, 1 (p. 160-1 = c. 719 B-C) : « ...Comperimus desiderare sanctitatem uestram significari uobis *aperte* quid est quod de fide nostra Valenti, Vrsatio, Gaio et Paulo displiceat... ».

222. *Ibidem*, §§ 1-2 (p. 162-3 = c. 720 C-D) : « Si ergo omnis plenitudo diuinitatis inhabitet in Christo (cf. *Col.* 2, 9), iam non ex parte similes et ex parte dissimiles sicut nunc asserunt qui propter contentionem suae libidinis retrorsum abeuntes semet ipsos a nobis auerterunt. Nam *quod putant se pro magno de scripturis diuinis proferre ut dicant Christum ' facturam ' et ' creaturam '*, e contrario nos secundum scripturas dicimus et ' uiam ' et ' ianuam ' (...) Sed haec omnia sic intelligimus et dicimus ut uirtutes et operationes filii dei intellegamus, non ut diuinam eius ex patre natiuitatem huiuscemodi nominibus conparemus, quia ex nihilo omnia per filium facta sunt, filius autem non ex nihilo sed ex deo patre est genitus ». Sur la catachrèse et son emploi, voir ÉPIPHANE, *Panarion*, 69, 34 (*P G* 42, c. 256 C).

223. *Ibidem*, § 3 (p. 163, l. 10sq. = c. 721 A) : « Miror autem praedictum Valentem aut oblitum esse aut certe *subdole dissimulare* quid in praeteritum gestum definitumque sit. Nam sub bonae memoriae Constantio imperatore... » Et de rappeler les circonstances dans lesquelles a été composée et signée la formule du *Credo daté*.

224. Voir texte cité *supra*, n. 178, colonne de gauche.

C — ESSAI D'EXPLICATION

Car enfin ! l'accusation d'Hilaire dépasse-t-elle de beaucoup ce stade ? Dans le texte au moins qui relate la discussion de Constantinople, Hilaire ne dit pas que Valens et son entourage aient soutenu que le Fils fût une créature. Je rappelle le texte : « Comme on vous demandait pourquoi vous n'alliez pas jusqu'à dire que le Fils est une créature – *cur etiam non creaturam Dei Filium diceritis* –, vous avez répondu que les saints évêques de Rimini n'avaient pas dit que le Christ n'était pas une créature, mais qu'il n'était pas une créature comme les autres »[225]. Ce texte déclare bien que Valens n'a pas expressément affirmé que le Fils fût une créature. Mais ce texte et sa suite[226] contiennent aussi ce que les Orthodoxes reconnaîtront toujours dans la position homéenne, ce que des gens comme Palladius, Maximin défendront toujours eux aussi avec obstination. Le Fils n'est pas véritablement une créature, il n'est pas tiré du néant, s'écrie Maximin, devant saint Augustin[227] ; mais, avec Palladius, il déclare que le Fils est fait, produit, créé, né[228] ; le Fils est semblable au Père, mais il n'est pas son égal[229]. Celui-ci l'a produit, l'a engendré par sa volonté[230]. Hilaire dit de même,

---

225. Voir le texte cité *supra*, n. 171.
226. Voir le texte cité, *supra*, n. 178, colonne de gauche.
227. *Collatio cum Maximino* II, 13 (*P L* 42, c. 730) : Maximin répond à une objection que n'a pas développée saint Augustin et selon laquelle les Homéens, en affirmant comme ils le font et dans les termes qu'ils emploient que seul le Père est « non fait », laissent entendre que le Fils, lui, est « fait ». Maximin rétorque que le Fils n'est pas « fait du néant » et c'est alors qu'il cite l'anathématisme de Rimini dont nous avons parlé, mais le lecteur constatera sans peine qu'il donne, dans sa réponse, la substance de l'anathématisme sur la « créature qui n'est pas comme les autres créatures » : « Non quaerens (Pater) materiam unde faceret, non in auxilio aliquem accipiens sed ut nouit ipse sua uirtute et sapientia genuit Filium. Non, *ut calumniam facientes dicitis*, quoniam *sicuti alia creatura ex nihilo facta est ita et profitemur quod ex nihilo quasi unus de creaturis sit factus*. Quod quidem audi auctoritatem synodicae lectionis quia in Arimino patres nostri inter caetera et hoc dixerunt : ' Si quis ex nihilo Filium dicit et non ex Deo Patre anathema sit... ». L'objection à laquelle répond Maximin a été avancée par Augustin en *Coll.*, I, 13 (c. 723 B-C. Voir, *ibidem*, c. 718 A ; 719 B-C). Augustin répond à nouveau à Maximin en *Contra Maxim.*, II, 13-14 (c. 769sq. et en particulier, c. 771-2 qui, entre autres, contient un développement sur Rimini que j'étudierai ailleurs. Voir *supra*, n. 43 f.). On remarquera que le dossier scripturaire sur lequel on discute est celui-là même sur lequel s'affrontaient Palladius et Ambroise au concile d'Aquilée de 381.
228. PALLADIUS de Ratiaria, *Fr.* 4 (*P L* 13, c. 60A A-B) : « ...Vnigenitus creatus et factus et genitus ab ingenito Deo » ; *Fr.* 15 (c. 620 A-B) : « ...Ipsum Filium sciens, potens, uolens, ante omnia creauit, fundauit, genuit, fecit, secundum quod ipse Deus Pater omnipotens uoluit, definiuit, jussit Filio, ut per ipsum omnia creata, fundata, facta, nata, substiterint et reguntur iussu Patris... » ; *Fr.* 17 (c. 623 C) : « Sciens, potens, uolens, ante omnia saecula et tempora at ante omnia omnino Filium sibi creauit, fundauit, genuit, fecit. Et manet ipse Filius impartibilis, immutabilis, cum Deo Patre in sempiternis saeculis sine fine ».
229. AUGUSTIN, *Contra Maxim.*, I, 20 (c. 758 B-C) : « ...Si aequalis Patri utique talis, si talis utique innatus... » On rapprochera cette affirmation des propos que tient Germinius au début de 366 (Texte cité, *supra*, n. 213).
230. AUXENCE de Durostorum, *Ep. de fide, uita et obitu Vlfilae* (*PLS* I, c. 703) : « ...Virtutis suae sola uoluntate et potestate (...) unigenitum deum creauit et genuit, fecit et fundauit... » ; *Sermo Arianorum*, 2 (*P L* 42, c. 678) : « Voluntate Dei et

dans le passage où il soupçonne Valens et les siens d'anoméisme larvé, que pour eux, c'est la volonté du Père qui donne au Fils son existence[231]. Augustin qui, devant son peuple, dit couramment que le Fils n'est pour les Ariens qu'une créature exceptionnelle[232], reconnaît, lorsqu'il s'attaque de façon plus précise à leurs thèses, que cet état de créature n'est pas expressément affirmé[233] mais que leur conception d'un Dieu inférieur les mène au dithéisme dont ils se défendent[234]. Ainsi le même homme adopte tour à tour, selon les auditoires auxquels il s'adresse, la double position d'Hilaire et d'Ambroise d'une part, de Victorinus et Grégoire d'Elvire de l'autre.

Ces deux positions ne sont contradictoires qu'en apparence. La problématique subordinatianiste des Homéens les exposait forcément à se voir reprocher un anoméisme qu'ils n'évitaient pas complètement en se retranchant derrière la *lettre* de certaines formules scripturaires. Les propres déclarations de Germinius nous en sont un aveu important. Il ne fait pas de doute que si l'arianisme a dû une partie de son extension aux confusions de vocabulaire d'une langue à l'autre, aux erreurs de grammaire, de sémantique, aux immixtions politiques, il a dû également cette extension à l'imprécision philosophique des mots employés par les parties en présence. Lorsque les Homéens, pour le point précis qui nous occupe ici, parlaient de *créature* pour le Fils, le simple fait d'ajouter qu'elle n'était pas semblable aux autres créatures leur paraissait suffire à exclure la création *ex nihilo*[235]. Les Nicéens avaient donc tort, de ce point de vue, de leur reprocher d'affirmer tout uniment une création. Mais, inversement, lorsque les mêmes Homéens refusaient d'attribuer au Fils une *divinitas* égale à celle du

---

Patris sui ante omnia saecula constitutus » ; 34 : « Ante omnia saecula uoluntate Dei natus, ad uoluntatem ipsius omnia operatur » (c. 682) ; *Collat.*, II, 14 (c. 731) : « Genuit ut uoluit, ut potens... ».

231. Texte cité à la n. 178 : « ...eidem uoluntas ad id quod subsistat exordium fuerit ». Les Homéens auraient, à juste titre, mais de manière incomplètement satisfaisante, que, ce faisant, ils défendaient Dieu contre un émanatisme. Lors même que les interlocuteurs sont sincères, ils ne sont pas sur la même longueur d'onde, ne pensent pas aux mêmes problèmes, ne parlent pas des mêmes choses.

232. Voir les textes du *De fide et symbolo*, IV, 5 et du *De agone christiano*, 16, 18 mentionnés *supra*, n. 41.

233. AUGUSTIN, *Contra sermonem Arianorum*, 2, 3 (c. 685) : « Deinde dicunt eum (= Filium) uoluntate et praecepto Patris coelestia et terrestria (...) ex nullis exstantibus ut essent sua uirtute fecisse. Vbi ab eis quaerimus *utrum et ipse* (= *Filius*) *a Patre ex nullis exstantibus factus sit, hoc est ex nihilo. Quod si dicere non audebunt*, ergo Deus est de Deo, non ex nihilo factus a Deo. Quae res indicat unam et eandem Patris Filiique naturam. Neque enim homo, pecus (...) possunt eiusdem naturae gignere filios et Deus non potuit. *Si autem tanto impietatis abrupto audebunt ire praecipites ut dicant et unigenitum filium a Patre ex nihilo constitutum*, quaerant per quem factus sit a Patre ex nihilo Filius ». Voir de même, *Ibidem*, 36, 34 ad f. (c. 707 f.).

234. Voir *Collatio cum Maxim.*, I, 11-12 (*P L* 42, c. 714 C sq.) ; AUGUSTIN, *Contra Maxim.*, I, 1 (*P L* 42, c. 743-4).

235. Voir les critiques d'Ambroise et de Faustin sur la confusion entre *creare* et *gignere, facere* et *generare* (*De fide*, 1, 16 ; *P L* 16, c. 551sq. ; *De Trinitate*, 29 ; éd. M. Simonetti, *CC* 69, p. 328), d'Augustin sur l'emploi indifférencié de *creare* et de *condere* (*De fide et symb.* 4, 5). Voir, antérieurement déjà, les dénonciations d'Épiphane, *Panarion*, 69, 34-39 (*PG* 42, c. 256-261), d'Hilaire, *De Trin.*, XI, 1-4, 8 ; XII. 42, 50, etc.

Père[236], les Nicéens n'avaient pas tout à fait tort de penser et de dire que l'idée d'un *secundus deus* ne pouvait qu'être impie[237]. Un Fils inégal au Père par sa nature ravalait ce Fils au rang de créature, fût-elle parfaite et supérieure à toutes les autres. La majorité des Pères de Rimini était-elle capable d'apercevoir tout cela, une fois privée de son *homoousios* ? Peut-être ne l'aperçut-elle que lorsqu'Hilaire lui eût ouvert les yeux sur le sens, plus ou moins anoméen, que l'on *pouvait* donner aux formules qu'elle avait applaudies. Ce fut l'œuvre, je crois, de son *Liber aduersus Vrsacium et Valentem*.

VI. — CONCLUSION

J'espère ne pas avoir trop donné l'impression par tous ces tours et détours que je m'éloignais d'Hilaire. Comme je l'ai dit en commençant, je n'ai cessé d'avoir en tête l'*Aduersus Vrsacium et Valentem*. Je crois que son contenu apparaît un peu mieux au terme de ces longues pérégrinations. Ce livre devait raconter les conciles de Rimini et de Séleucie — ce que nous apprend Jérôme[238] — en montrant, pièces à l'appui, que l'ensemble des évêques, occidentaux et orientaux, avait été abusé par Ursace et Valens. Les Occidentaux avaient été trompés tout d'abord, parce qu'on leur avait fait croire que les Orientaux ne voulaient pas d'*ousia* et *homoousios*; ensuite parce que Valens avait eu raison des résistances, peut-être des dernières résistances, en proposant des formules qui *pouvaient* être prises en un sens anoméen — disons plus objectivement : formules sous lesquelles chacun ne mettait pas le même contenu —. Les Homéousiens de Constantinople avaient été ensuite les victimes d'Ursace et de Valens dans la mesure où l'on avait fait valoir l'unanimité occidentale pour leur interdire l'*homoiousios*.

Je voudrais en terminant reprendre chacun de ces points en montrant qu'ils sont tous deux contenus dans les *Fragments historiques* tels qu'ils nous sont donnés par le manuscrit de l'*Arsenal*. Il restera à se demander si une telle constatation ne permet pas, ne suggère pas, de rattacher à l'*Aduersus Vrsacium et Valentem* la page de Jérôme qui nous a tant retenus.

---

236. Auxence de Durostorum, *Ep. de fide* (...) *Vlfilae* (*PLS* I, c. 704 B) : « (Vlfila)... ostendit *differentiam esse diuinitatis patris et filii*, dei ingeniti et dei unigeniti, et patrem quidem *creatorem esse creatoris*, filium uero creatorem esse totius creationis... » ; *Sermo Arianorum*, 31 (c. 681) : « Filium natura et ordine, gradu et affectu, *diuina dignitate et potestate*, unigenitus Deus alius est ab ingenito Deo ».
237. Auxence de Durostorum, *Ep. de fide Vlfilae* (*PLS* I, c. 703 C-D) : « Secundum traditionem et auctoritatem diuinarum scripturarum hunc *secundum deum* et auctorem omnium a patre et post patrem et propter patrem et ad gloriam patris esse nunquam celauit (Vlfila) ».
238. Texte cité *supra*, p. 52 et n. 8.

LA « MANŒUVRE FRAUDULEUSE » DE RIMINI

Ce livre était destiné, d'après Rufin, à la correction des évêques qui avaient signé la formule hérétique de Rimini[239]. Nous avons la preuve qu'Hilaire les prenait à parti à travers les légats qu'ils avaient choisis : l'ensemble de ces légats n'avait véritablement failli qu'à Constantinople. J'ai déjà utilisé cette page pour montrer qu'Hilaire lui-même établissait l'authenticité des anathématismes mis dans la bouche de Valens par le texte de Jérôme. Or, Hilaire s'en prend aux légats, qui n'étaient vraisemblablement pas *tous* de chauds partisans d'Ursace et de Valens, pour leur reprocher de ne pas s'être désolidarisés d'Ursace et de Valens, de leurs menées, des propositions contenues dans leur *Liber*, dès le moment où ils ont été informés par les Homéousiens de ce qui se tramait[240]. Ceux-ci ont pu leur apprendre, entre autres, que le prétendu refus de la part des Orientaux d'accepter toute mention de la *substance* était une supercherie d'Ursace et de Valens. Les légats de bonne foi, qui se rendaient ainsi compte de leur méprise, auraient dû, déclare Hilaire, penser que cette méprise était en réalité partagée par tout le concile de Rimini. Il eût fallu en référer aux Occidentaux, comme y invitaient les Homéousiens[241]. Hilaire leur reproche donc leur hypocrisie[242] et cite à l'appui de leur mauvaise foi les quatre anathématismes dont nous avons parlé[243]. Il ajoute d'ailleurs que l'énumération de leurs propositions ambiguës pourrait continuer, mais que leur conduite montre à l'évidence qu'ils se sont rangés du côté de l'hérésie[244]. Il les renvoie à leur profession de foi de Niké qui se terminait par la condamnation de toutes les hérésies et il se plaît à relever la contradiction entre leurs paroles et leurs actes[245].

Je ne pense pas qu'il n'y ait que de l'ironie dans une telle référence à

---

239. Voir *supra*, n. 9. A relier à ce qu'il dit de la *male credula simplicitas* en *Hist. Eccles.* I, 31 (*PL* 21, c. 501 B-C).
240. *Collect. Ser.* B VIII 2 = *Fr.* 10, 2 (p. 175, l. 9-16 = c. 707 A-B) : « Qui conuictae conscientiae dolor est deterreri quemquam agnitione ueritatis ! Si *liber* iste *Valentis et Vrsacii* non est fidei uestrae, quid eius damnationi non adquiescitis ? Anne non publico humani generis assensu inter omnes conuenit uenenum malum esse et caedem innocentis crimen esse et impietatem in dominum esse horrorem. Sed quisque haec delata non damnat, necesse est eorum se studii socium profiteatur... » Ce texte d'Hilaire suit immédiatement la transcription de la lettre des Homéousiens aux délégués de Rimini.
241. *Ep. Vnitati nos et uerae paci* in *Collect., Ser.* B. VIII, 1 = *Fr.* 10, 1 (p. 175, l. 2 = c. 706 B-C) : « Ceterum non ambigit caritas uestra universa ita ut geruntur Occidentalibus esse ecclesiis nuntianda ». Il n'est pas difficile de reconnaître l'influence d'Hilaire derrière un tel conseil.
242. *Ibidem* (p. 176, l. 1sq. = c. 707 B-C) : « ...Nec id saltem consilii sumitis sin pudor aliquos fefellisset, Ariminensem synodum aestimari. *Dolum* enim uestrum in non anathematizandis uestris statim prodidistis ». La suite immédiate de ce texte est citée *supra*, n. 171.
243. Voir *supra*, n. 178.
244. *Collect. Ser.* VIII, 2, 2 fin = *Fr.* 10, 3 fin (p. 177, l.1 sq. = c. 709 A).
245. *Ibidem*, § 3 (p. 177, l. 12sq. = c. 709 B-C) : « Ex biblioteca etiam uestra ad praedicationem impietatis arma sumuntur et bellum aduersus deum praesidiis uestris initur. Vbi igitur uestra professio apud Nicheam Thraciae qua dixistis omnes hereses damnatas esse ? In lumen falsitas uestra protracta est : professionis uestrae noctem sol iustitiae praedicatoribus suis prodidit ! » Sur cette condamnation, voir THÉODORET, *Hist. Eccles.*, II, 16 (*P G* 82, c. 1052 A-B).

Niké. Hilaire semble bien admettre ici que la profession de Niké, aussi vague fût-elle, était susceptible d'une interprétation orthodoxe, chacun ne mettant pas la même chose sous la *ressemblance selon les Écritures* ; mais, en se rangeant du côté des Acaciens protecteurs d'un Eudoxe d'Antioche, Valens et les légats ont montré qu'ils donnaient à cette formule de Niké une orientation hérétique. *Les propositions apparemment orthodoxes de Valens à Rimini n'ont révélé leur aspect mensonger et leur sens hérétique qu'à Constantinople*. On peut donc avancer, me semble-t-il, que pour Hilaire, au moment où il écrit ces pages, tous ceux qui ont signé à Rimini n'ont pas signé une formule de foi et des anathématismes proprement ariens. Et il me semble que l'on rejoint exactement de la sorte les textes non seulement de Sulpice Sévère mais aussi et surtout de Jérôme. Sulpice déclare que l'on ne s'aperçut du sens arien de l'anathématisme de Valens qu'après la dissolution du Concile[246]. Quand donc ? Lorsque les évêques, chacun de leur côté furent rentrés chez eux ? Je ne le pense pas; mais lorsqu'Hilaire eût percé la fourberie de cette formule de Niké, dénoncé la conduite de Valens et des légats à Constantinople[247]. Cette dénonciation ne s'est faite qu'après le retour d'Hilaire en Occident et nous avons le premier document de cette découverte stupéfaite — étonnée, dira Jérôme[248] — dans la lettre du Concile de Paris[249]. Quant à Jérôme, il ne présente pas autrement les événements, comme nous l'avons vu, ni la formule même de Niké, comme il me reste à l'indiquer.

Cette formule de Niké était susceptible, dit-il, d'une interprétation orthodoxe[250]. Elle ne contenait aucune des thèses ariennes sur la création temporelle du Fils. On parlait de naissance, non de création. Les formules avaient donc une saveur orthodoxe : *Sonabant uerba pietatem*. Et, reprenant une image usée mais que les querelles ariennes ont remise à la mode, Jérôme conclut[251] : Parmi tant de miel on n'aperçut pas le poison... !

---

246. Voir texte cité, *supra*, n. 110.
247. On remarquera dans le texte cité *supra*, n. 245, la dernière phrase : « professionis uestrae (celle de Niké) noctem Sol iustitiae praedicatoribus suis prodidit ». Il ne fait pas de doute que les (vrais) *praedicatores* du Christ sont Hilaire et les Homéousiens qui ont jeté la lumière sur les obscurités ambiguës des Homéens.
248. JÉRÔME, *Alterc.*, 19 (c. 172 C-D) : « Ingemuit totus orbis et Arianum se esse miratus est ». Ensemble du texte cité *supra*, n. 198.
249. *Collect. Ser.* A, I = *Fr.* 11 (pp. 43-46 = c. 713). Il n'est pas difficile de retrouver dans cette lettre des échos des discussions de Constantinople sur la nature de la soumission du Fils au Père, sur l'innascibilité du Père, etc. — Sur la nature du symbole de Niké, je reprendrai à mon tour une des phrases souvent citées de L. Duchesne (p. 304) : « Le vague de la formule permettait de l'entendre dans les sens les plus divers, même les plus opposés : Athanase et Aèce, avec un peu de bonne volonté, auraient pu la réciter ensemble... »
250. JÉRÔME, *Alterc.*, 17 (c. 170 C) : « ...Praesertim cum superficies expositionis nihil iam sacrilegum praeferret ». Il cite alors le début du Symbole de Niké. On rapprochera le début du développement de Jérôme : « Sub rege Constantio, Eusebio et Hypatio consulibus, nomine unitatis et fidei infidelitas scripta est ut nunc agnoscitur » de l'*Ad Constantium* II, 6 (*P L* 10, c. 568) : « ...per speciosum pacis nomen in unitatem perfidiae subrepimus ». Il est vrai que Jérôme a pu remarquer en plus d'un endroit ce qui est un véritable slogan de Constance et de son entourage.
251. *Ibidem* (c. 170-1) : Après la citation du début du symbole : « Numquid hic insertum est : ' Erat tempus quando non erat ' ? vel ' de nullis exstantibus creatura

Or, cette formule de Niké, dont il nous donne le seul texte latin que nous possédions[252], figurait assurément dans les *Actes* qu'il déclare avoir consultés ; mais elle se trouvait également dans l'*Aduersus Vrsacium et Valentem*, comme le laissent entendre un texte d'Hilaire et la suscription d'un *fragment*[253]. Des documents qui reçoivent chez Jérôme un éclairage analogue à celui qu'ils reçoivent chez Hilaire ont bien des chances, me semble-t-il, de provenir de l'œuvre d'Hilaire. Il ne serait pas très difficile de montrer qu'il en est à peu près de même pour Sulpice Sévère. Compte tenu des renseignements oraux qu'il a pu recueillir auprès des évêques aquitains, Sulpice se montre, pour son information sur l'Arianisme, trop généralement proche des textes d'Hilaire qui nous sont parvenus pour qu'il y ait grande imprudence à penser qu'il ne puisse pas nous aider à retrouver de l'Hilaire perdu.

Ceci est un autre problème, qui a d'ailleurs été entrevu par dom Coustant et dom Wilmart[254]. Il me suffit aujourd'hui d'avoir, sur un point, fait sortir la recherche d'une ornière sinon d'une impasse ; d'avoir, d'autre part, montré que les documents étaient beaucoup plus nombreux qu'on ne le pense d'ordinaire, mais que certains ont bien des chances de refléter l'*Aduersus Vrsacium et Valentem* ; d'avoir confirmé l'existence des

---

est Filius Dei ' ? Perfecta fides est, ' Deum de Deo ' credere ! Et ' natum ' aiebant ' Vnigenitum solum ex solo Patre '. Quid est ' natum ' ? Certe non ' factum '. Natiuitas suspicionem auferebat creaturae (...) Sonabant uerba pietatem et inter tanti mella praeconii, nemo uenenum insertum putabat ». — On rapprochera de la page souvent citée où Hilaire déclare qu'un esclave, un soldat, un chien défendent leur maître, tandis que les légats, loin de défendre la divinité du Christ, l'ont combattue avec ses adversaires, l'affirmation que Jérôme prête à ceux qui ont été trompés à Rimini : « Non sumus arbitrati sacerdotes Christi contra Christum pugnare » (*Alterc.*, 19 ; c. 173 B). — Sur l'image du miel et du poison, v. PHÉBADE, *Contra Arianos*, 3 (c. 15 B) ; GRÉGOIRE d'Elvire, *De fide*, 44 (p. 231, l. 380 sq.), JÉRÔME, *Contra Iohannem Hierosolymitanum*, 3 (*P L* 23, c. 357 C-D), etc.

252. On l'oublie trop souvent. Pour expliquer ce manque d'intérêt pour cet unique texte latin il faut dire que seul le début est cité de façon correcte. La dernière partie en particulier ne fait pas mention de la descente aux enfers dont on sait qu'elle apparaît pour la première fois dans ce symbole de Niké-Rimini. Il n'est pas nécessaire de chercher à cette omission des raisons profondes. Jérôme dans le contexte présent s'intéresse au seul problème trinitaire. A. Hahn et L. Hahn ne donnent pas ce texte latin dans leur *Bibliothek der Symbole und Glaubensregeln der alten Kirche*, (2 éd., Breslau, 1877, pp. 126-7). Il suffit pourtant de comparer ce texte de Jérôme avec la traduction grecque donnée par Athanase (*De Synodis*, 30) et *Théodoret* (*HE*, II, 16) pour apercevoir la valeur de ce texte *original*.

253. *Collect., Ser.* A V 4 = *Fr.* 8, 7 (p. 86, l. 25sq. = c. 702 C-D) : « Quae sit autem *confessio fidei* cui postea subscripserunt, quam etiam Valens secum in Ariminum pertulit, *ex infra scripto recognosces* ». Malheureusement ce *fragment* s'interrompt par ces mots suivis d'un *Explicit*. Dans la suscription du *fragment* suivant l'on trouve : « Incipit exemplum fidei epistulae missae ad Constantium imperatorem a perfidis episcopis » qui introduit la lettre *Illustrati*. Y-a-t-il eu inattention de la part du copiste qui a sauté un document, ou de celle de l'excerpteur ? On est passé du symbole de Niké-Rimini à la lettre *Illustrati*. (*Collect. Ser.* A VI = *Fr.* 9 ; p. 87 = c. 703 A).

254. Voir l'annotation de dom Coustant, *P L* 10, c. 631, n. (b) ; 649, n. (c) ; 653, n. (b) ; Dom Wilmart, *art. cit.*, p. 156, n. I ; Halm, *CSEL*, 1, p. 89 ; 91 ; Feder, *Studien*, I, p. 132.

II

Actes de Rimini, établi qu'ils contenaient les anathématismes tels qu'ils sont rapportés par Jérôme ; d'avoir précisé que l'interprétation qu'Hilaire en a attribuée à Ursace et Valens n'est pas, au départ, aussi radicale qu'on le dit, mais non pas non plus dénuée de tout fondement. Ai-je par là-même réintégré dans l'œuvre d'Hilaire ce qui se trouve chez deux de ses fervents admirateurs ? Une telle suggestion requiert certes encore nombre d'examens[255]. Elle permettrait, me semble-t-il, de mieux cerner la nature du *Liber aduersus Vrsacium et Valentem*, de ce *Libellus* dont parle Rufin et dont il me semble difficile qu'il ait regroupé tous les *fragmenta* que nous possédons[256]. Elle permettrait de mieux comprendre

---

255. Je ne crois pas manquer de logique ni détruire ce que j'ai essayé de reconstruire en disant que les jugements de Jérôme sont d'ordinaire très proches de ceux des Lucifériens. J'espère avoir l'occasion de le montrer pour d'autres textes. Au point où j'en suis de ma recherche, je suis presque étonné que Jérôme ait pu écrire cette *Altercatio* et y soutenir la thèse qu'il y présente. Ne serions-nous pas devant un ouvrage de commande écrit par le secrétaire de Damase ? Je ne puis que poser la question en rappelant que la datation de cette *Altercatio* reste disputée (V. *supra* n. 48) et que Jérôme reviendra à un rigorisme plus grand. Contrairement, cependant, aux Lucifériens, si les appréciations de Jérôme concernant le *style* d'Hilaire sont parfois... ambiguës, son admiration pour la foi du *confesseur* ne s'est jamais démentie.

256. L'incise sur le concile de Rimini, si diversement traitée par les historiens comme on l'a vu (*supra*, n. 100), paraît bien être l'un des nœuds non seulement du dossier sur Libère mais aussi de tous les *fragmenta* dont on peut être sûr qu'ils n'ont pas appartenu à un dossier édité en 356, (avant le départ d'Hilaire pour l'exil ou peu après ce départ). Il convient donc de bien poser les problèmes et de prendre conscience des présupposés non clairement dégagés ni établis : Si l'on admet que cette incise est une glose, on peut placer la publication de ce dossier sur Libère dès 358. Si cette incise est l'œuvre d'Hilaire, ou bien elle a été insérée lors d'une réédition (mais il faudrait prouver qu'il y eut réédition), ou bien le dossier est postérieur à Rimini. Mais l'on se trouve alors devant une autre difficulté qui est la différence des jugements qu'Hilaire porte sur la *Formule* de 351 dans les *Fragmenta* et dans le *De synodis*. Si les *Fragmenta* sont antérieurs au *De synodis*, la contradiction disparaît : au contact des Homéousiens et par désir de s'allier à eux contre Ursace et Valens, Hilaire a pu devenir moins dur pour cette formule à cause de ses bonnes relations avec certains de ses signataires dont les noms se trouvent, semble-t-il, dans les *Fragmenta*. Un nouveau problème surgit cependant et qui concerne cette liste de signataires. J. Zeiller (*La question du pape Libère*, in *Bulletin d'ancienne littérature et d'archéologie chrétiennes*, 3, 1913, pp. 20-51), qui a bien vu l'importance de l'incise sur Rimini (pp. 44-49), tranche le problème de cette liste de signataires sans même se le poser, semble-t-il. Pour lui, en effet, cette liste est une interpolation luciférienne (*l. c.*, p. 45), analogue selon lui sans doute aux anathématismes lucifériens qui ponctuent ces pages et dont l'un se trouve à la fin de cette liste (*Collect.*, Ser. B 7, 9 = *Fr.* 6, 7). Cependant les éditeurs, Dom Coustant (c. 692), Feder (p. 170, l. 3sq. ; *Studien*, I, p. 169sq.) attribuent au contraire cette liste à Hilaire. J'avoue être réticent devant l'attribution de ce texte à un interpolateur : Le lecteur ou le scribe qui a exhalé son fiel contre Libère dans les pages de ce dossier sur Libère n'écrit pas d'aussi belles phrases que celle qui introduit cette liste et je trouve qu'il lui fallait bonne mémoire et bonne connaissance de l'épiscopat oriental pour citer ces vingt-deux noms dont quelques-uns sont totalement inconnus par ailleurs. L'on est donc ramené, me semble-t-il, au problème de la différence entre les jugements portés par Hilaire dans les *Fragmenta* et dans le *De synodis* sur la formule de 351. Duchesne a essayé de résoudre cette contradiction, mais je partage l'avis de Zeiller (*art. c.*, p. 47, n. 1) sur la valeur de la distinction qu'il instaure. Reste le texte du *Contra Constantium*, 11, sur Libère au sujet duquel Hilaire déclare à Constance : « Nescio utrum maiore impietate

l'ardeur avec laquelle Hilaire a parcouru l'Occident de 360 à 365 en dénonçant équivoques et ambiguïtés. Elle jetterait, enfin, un peu plus de lumière sur ce qui a été la reconquête de l'Italie du Nord et de l'Illyricum sur l'épiscopat homéen de Constance. Ambroise devait reprendre le flambeau qu'Hilaire avait vu lui tomber des mains au moment même où un Germinius reconnaissait le bien fondé de sa méfiance, l'utilité de son œuvre d'explicitation et d'éclaircissement : « *Professionis uestrae noctem Sol iustitiae praedicatoribus suis prodidit* » déclarait déjà Hilaire devant les subtilités homéennes[257].

Corrigenda

p. 58, l. 10, lire: ... elle aussi Rimini, cette lettre permet d'avancer que la tromperie en question ...

p. 91, l. 14, lire: ... créature à Rimini[196]. Enfin, Jérôme, souvenons-nous en, déclare que les Ariens ...

p. 97, n. 231, lire: ... fuerit ». Les Homéens auraient dit, à juste titre, mais de manière incomplètement ...

---

relegaueris quam remiseris ». Qu'on en comprime ou en étende le sens, cette remarque contient à n'en pas douter un blâme à l'égard de Libère, mais, entraîne-t-elle, *au même moment*, un blâme pour ceux qui ont signé la formule de 351 ? Je n'oserais affirmer qu'Hilaire ait écrit à la même époque et le *Contra Constantium* et la phrase des *Fragmenta*, où, faisant allusion à la formule de 351, il la taxe de *perfidia*, c'est-à-dire d'hétérodoxie, et cite parmi ses signataires certains des Homéousiens avec lesquels il est présentement allié contre Ursace et Valens. Dire qu'après 361 et la mort de Constance (Hypothèse selon laquelle le *Contra Constantium* n'aurait été publié qu'après la mort de Constance), il devenait inutile de ménager Libère (Duchesne, *art. c.*, p. 61 ; v. J. Zeiller, *art. cit.*, pp. 46-47), revient à oublier le rôle que va tenir Libère non seulement dans le retour à la foi nicéenne des Italiens du Nord (v. lettre citée, *supra*, n. 22sqq.), mais aussi dans l'alliance avec les Homéousiens que l'on nous peint comme négligeables (v. lettre citée, *supra*, n. 28). Quant à l'attitude d'Hilaire, elle paraîtrait bien légère après la lettre du concile de Paris à ces Homéousiens. A Lucifer, qui ne les goûtait guère, Hilaire parlera des *sanctissimi uiri* dont il essayait de se rapprocher (*Apolog.*, V ; c. 547 A-B).

257. Voir, *supra*, n. 245, 247.

III

VRAIS ET FAUX PROBLÈMES CONCERNANT LE RETOUR D'EXIL D'HILAIRE DE POITIERS ET SON ACTION EN ITALIE EN 360-363

Les ouvrages d'Hilaire à caractère historique nous étant parvenus mutilés, l'un des points qui reste pour nous le plus dans l'ombre n'est autre que la propre action du narrateur. En particulier, nous ne saisissons pas de la manière la plus claire ni les circonstances exactes qui ont précédé son départ en exil, ni celles qui lui ont valu de rentrer en Gaule. Je ne m'occuperai pas ici des premières, dans la mesure où la stature de l'évêque de Poitiers ne dépasse pas encore à l'époque les dimensions de la Gaule, tandis que je voudrais surtout m'attacher à l'Italie du Nord [1].

Quelques années plus tard, au contraire, revient vers la Gaule un « Confesseur », un évêque qui s'est fait le champion et de Nicée et de la fidélité occidentale [2], un homme qui a beaucoup appris

---

[1] On prendra connaissance des problèmes que pose la date du départ en exil chez J. FONTAINE, *Hilaire et Martin*, in *Hilaire de Poitiers, évêque et docteur*, Paris, Études Augustiniennes, 1968, pp. 70 sq. et dans son *Commentaire* de la *Vita Martini*, *Sources chrétiennes*, 134, Paris, 1968, pp. 542-547. On attend sur toute cette période l'*Hilaire avant l'exil* de J. Doignon. J'entends ici m'intéresser beaucoup plus à une région et une époque qu'à l'histoire d'un individu.

[2] SULPICE SÉVÈRE, *Chron.* II, 42, 4 (Éd. C. Halm, *CSEL* I, pp. 95-96):
« Is (Hilarius) ubi Seleuciam uenit, magno cum fauore exceptus omnium in se animos et studia conuerterat. Ac primum quaesitum ab eo quae esset

auprès des Orientaux ([3]), et à qui une certaine douceur de caractère, un grand sens pastoral ont permis et vont permettre de se faire entendre de ses adversaires eux-mêmes, de persuader les hésitants, de ramener à la vraie foi les égarés d'un moment ([4]). Car le drame d'Hilaire sur le chemin de son retour sera de découvrir un Occident devenu homéen par surprise et par lâcheté ([5]). Avant que, grâce à Julien, ne rentrent à leur tour les « Confesseurs » que sont Eusèbe de Verceil ([6]) et Lucifer de Cagliari, Hilaire va représenter presque à lui seul l'orthodoxie la plus pure et travailler au relèvement des ruines.

Étant donné l'importance de ces années 360-363 pour l'Église occidentale, s'attacher à ce retour d'Hilaire, aux questions que soulève son action à Rome, en Italie du Nord, en Gaule, n'apparaît pas inutile. Je ne me flatte pas d'apporter la lumière sur tous ces points. Je voudrais tout au moins cerner davantage quelques questions, en éclairer certains aspects par un recours à des textes qui sont peu utilisés, dissiper aussi le faux problème que certains historiens ont créé en invoquant un texte d'Hilaire lui-même pour décrire la façon dont il aurait quitté Constantinople.

Gallorum fides. (...) Exposita fide sua iuxta et quae Nicaeae erant a patribus conscripta, *Occidentalibus perhibuit testimonium* ».

(3) Le *De synodis*, la deuxième partie du *De Trinitate* sont là pour en témoigner.

(4) Sur cet esprit de conciliation, voir le témoignage d'Hilaire lui-même dans l'*In Constantium*, 2 (*PL* 10, c. 579-580) : « Neque interim criminis loco duxi quemquam aut cum his colloqui aut suspensa licet communionis societate orationis domum adire aut paci optanda sperare dum errois indulgentiam ab antichristo ad Christum recursum per poenitentiam praeparemus ». De même la scène narrée dans le même *In Constantium*, 14 (c. 592-3). Sulpice Sévère le reconnaît dans le début du texte cité à la note précédente et se sera l'avis de Rufin d'Aquilée dans un texte que nous étudierons plus loin (v. p. 271 et n. 80). Sur le titre du pamphlet d'Hilaire v. n. 7.

(5) Voir le début du texte de Sulpice Sévère cité *infra*, n. 65. Sur Rimini et les problèmes que pose l'histoire de ce synode, je me permets de renvoyer à *La « manoeuvre frauduleuse » de Rimini: A la recherche du Liber aduersus Vrsacium et Valentem*, in *Hilaire et son temps, Colloque de Poitiers* (sept.-oct. 1968), Paris, Études Augustiniennes, 1969, pp. 51-105.

(6) Sur ce retour d'Eusèbe de Verceil, v. *infra*, pp. 270-274.

III

— 253 —

I. UN TEXTE MAL COMPRIS ET MAL ÉTABLI:
L'*IN CONSTANTIUM*, 11 (7)

Les textes dont on se sert habituellement pour décrire le retour d'Hilaire proviennent de Jérôme et de Sulpice Sévère. Le premier énonce simplement ce retour sans se prononcer sur ses conditions: *Hilarius cum (apud Constantinopolim) librum pro se Constantio porrexisset ad Gallias redit* (8). Quant au second, il nous offre, en deux oeuvres différentes, deux versions de ce même départ de Constantinople, contradictoires dans leur matérialité. Nous aurons à revenir quelque peu sur cette difficulté (9). Selon la *Vita Martini*, Hilaire aurait dû son retour à l'indulgence de Constance repenti (10). La *Chronique*, quelques années plus tard, trace un tableau beaucoup plus sombre: Hilaire reçoit du même Constance l'ordre de quitter cet Orient qu'il perturbe et de regagner sa cité, sans être relevé, ajoute Sulpice Sévère, de sa peine d'exil (11). Nombre d'auteurs s'appuient sur ce second texte qui

---

(7) J'adopte pour le pamphlet contre Constance le titre prôné par J. Doignon, en accord avec les manuscrits les plus anciens et le témoignage de Jérôme (*De uiris*, 100): J. DOIGNON, *Une compilation de textes d'Hilaire de Poitiers présentée par le Pape Célestin Ier à un concile romain de 430*, in *Oikoumené, Studi paleocristiani pubblicati in onore del Concilio ecumenico Vaticano II*, Catania, 1964, pp. 484-5.

(8) JÉRÔME, *Chronicon*, ad annum 360 (Éd. Helm, GCS 24, 1, Leipzig, 1913, p. 241). L'*Altercatio Luciferiani et Orthodoxi*, 19 (PL 23 (1845), c. 173 A-B) fournit pour ce retour une date manifestement fausse puisqu'il se situerait après la mort de Constance, au même moment que le retour d'Eusèbe de Verceil et serait dû, comme ce dernier, à la mesure générale de Julien. V. *infra*, n. 63 *ad f*.

(9) Voir notre deuxième partie (pp. 261-266).

(10) SULPICE SÉVÈRE, *Vita Martini* 6, 7 (Éd. J. Fontaine, Sources Chrétiennes, 133, Paris, 1967. p. 266: « Cum sancto Hilario comperisset *regis paenitentia potestatem indultam fuisse redeundi*, Romae ei temptauit occurrere... ».

(11) En réalité, il convient de citer le texte dans toute son ampleur et plus largement qu'on ne le fait d'ordinaire: « Aderat ibi (à Constantinople, lorsque Constance contraint les Orientaux à signer le Credo de Niké–Rimini) tum Hilarius, a Seleucia legatos secutus, *nullis certis de se mandatis opperiens imperatoris uoluntatem, si forsitan redire ad exilium iuberetur*. Is ubi extremum fidei periculum animaduertit, Occidentalibus deceptis Orientales per scelus uinci, tribus libellis publice datis audientiam regis poposcit

semble d'ailleurs le seul connu par quelques autres ([12]). Mais l'on a cru aussi pouvoir faire fond sur une petite phrase du pamphlet d'Hilaire contre Constance. L'écrivain y reconnaîtrait qu'il a pu s'*enfuir* de Constantinople, échapper au nouveau Néron que représenterait l'empereur persécuteur : *Fugere mihi sub Nerone licuit* ([13]).

Le premier qui, à ma connaissance, se soit servi de ce texte de l'*In Constantium* pour tirer au clair la question du retour d'Hilaire n'est autre que F. Loofs. Aux textes de Sulpice Sévère, il oppose cette indication d'Hilaire qu'il qualifiera un peu plus loin d'énigmatique et dans laquelle il croit trouver une sorte d'aveu ([14]). Le branle une fois donné, l'indication sera plusieurs fois reprise, avec

---

ut de fide coram aduersariis disceptaret. Id uero Arriani maximo opere obnuere. *Postremo, quasi discordiae seminarium et perturbator Orientis redire ad Gallias iubetur absque exilii indulgentia* » (*Chronic.*, II, 45, 3-4 ; p. 98, l. 16-24). L'enchaînement des affirmations laisse apparaître d'une part que la question de l'*exil* n'est aucunement marginale, d'autre part que les Homéens sont, selon Sulpice Sévère, les véritables responsables de la décision de l'empereur.

([12]) C. JULLIAN, *Histoire de la Gaule romaine*, t. 7, Paris, 1920, p. 215 ; G. BARDY, in A. FLICHE et V. MARTIN, *Histoire de l'Église depuis les origines jusqu'à nos jours*, t. 3, p. 239 et n. 3 ; É. GRIFFE, *La Gaule chrétienne*, Paris, 1967, t. I, p. 190 ; B. ALTANER, *Patrologie* 5, Freiburg in Br., 1958, p. 325 ; P. GALTIER, *Saint Hilaire de Poitiers, Le premier docteur de l'Église latine*, Paris, s.d. (1960), pp. 70-71 ; J. FONTAINE, *Commentaire de la Vita Martini, Sources Chrétiennes*, 134, Paris, 1968, pp. 605-606 (v. *infra*, p. 261).

([13]) HILAIRE, *In Constantium*, 11 (*PL* 10, c. 588 A-B). Cité dans son contexte *infra*, p. 256.

([14]) F. LOOFS, art. *Hilarius* in *Realency. f. protest. Theologie u. Kirche*, 8, 1900, p. 63 m. et f. Après avoir cité les textes de Jérôme et de Sulpice, Loofs ajoute : « Hilarius selbst scheint anzudeuten dasz er (aus Konstantinopel) entflohen sei ». Je cite également la deuxième affirmation dans la mesure où elle permet de constater avec quelle légèreté les textes latins sont traités. Il s'agit de la date de composition de l'*In Constantium* : « Hilarius war, als er diese Schrift schrieb, noch « verbannter » (c. 2, p. 563 A), *wuszte sich* « *verfolgt* » (c. 9, p. 568 A) : das läszt im Verein mit dem *rätselhaften* « fugere mihi sub Nerone licuit » (*C. Const.*, 11, p. 570 C ; vgl oben) darauf schlieszen, dasz die Schrift auf der mehr eigenmächtigen als « befohlenen » Rückreise von Konstantinopel nach Gallien entstanden ist » (C'est moi qui souligne). Si l'on se reporte à l'*In Constantium* 9, on trouve le texte suivant : « Sed me ipse unigenitus Deus quem in me persequeris admonuit ne tibi crederem... ». Je laisse au lecteur le soin de décider si un tel texte parle de *poursuite* ou de *persécution*...

III

ou sans atténuation. Lietzmann renvoie à Loofs ([15]). Wilmart combine les données de Sulpice Sévère et la phrase de l'*In Constantium* dans la formule suivante: « Il est tout à fait vraisemblable que cette lettre (l'*In Constantium*) fut écrite dans le temps même qu'Hilaire, à moitié renvoyé de Constantinople, *à moitié fugitif volontaire*, opérait par mer son retour d'exil, c'est-à-dire au cours même de l'année 360»([16]). Le Bachelet fait état des opinions de Loofs et de Wilmart, mais il se demande si ses deux prédécesseurs n'attribuent pas au verbe « *fugere* » une importance trop grande ([17]). Le problème disparaît, semble-t-il, de la bibliographie ([18]), jusqu'au moment où C. F. A. Borchardt ajoute au bilan qui précède, ses doutes personnels ([19]). Ces derniers semblent en dernier lieu avoir ébranlé Ch. Kannengiesser ([20]). Il n'est donc pas oiseux de ne pas laisser se perpétuer un faux problème.

Il ne semble pas que les divers historiens se soient, avant de faire état de ce texte, suffisamment préoccupés de le relire dans son contexte. Nous entrevoyons ici le danger du travail par fiches. La phrase replacée dans ce contexte, il devient impossible d'y voir une allusion aux affaires de Constantinople. Elle prend en effet place dans un récit qui énumère des faits survenus entre 350 et 358. Il faudrait attribuer à Hilaire une singulière anticipation dans sa

---

([15]) H. Lietzmann, art. *Hilarius*, PW. 8, Berlin, 1913, c. 1602.

([16]) A. Wilmart, *L'Ad Constantium liber primus de Saint Hilaire de Poitiers et les Fragments historiques*, in *R. Bén.* 24, 1907, p. 150.

([17]) X. Le Bachelet, art. *Hilaire de Poitiers* du *Dictionnaire de Théologie Catholique*, Paris, 1920, t. 6, c. 2393: «... Ne serait-ce pas prendre le mot *fugere* dans un sens trop rigoureux? ».

([18]) Rien de tel chez les auteurs cités n. 12.

([19]) C. F. A. Borchardt (*Hilary of Poitiers' role in the arian struggle*, La Haye, 1966) conclut sa revue des opinions antérieures par cette remarque: « The meaning of this phrase however is obscure » (pp. 173-4).

([20]) Ch. Kannengiesser, art. *Hilaire de Poitiers* in *Dictionnaire de spiritualité*, t. 6, Paris, 1968, c. 481: « Selon Jérôme et Sulpice Sévère, l'empereur aurait renvoyé Hilaire en Occident sur le conseil des Acaciens. Mais, *profitant de circonstances qui restent obscures pour nous*, *Hilaire partit peut-être de sa propre initiative*, trop déçu de n'avoir pu obtenir de Constance l'audience qu'il sollicitait pour se justifier enfin contre les accusations de Saturnin d'Arles » (C'est moi qui souligne). Ce long article (c. 466-499) constitue la meilleure synthèse actuelle sur nombre d'aspects de la pensée et de l'oeuvre de l'évêque de Poitiers.

narration pour le faire parler de 360 après avoir parlé des mesures prises par Constance contre Athanase depuis 337 et avant de revenir à un film continu qui commence avec l'exil de Paulin de Trèves et se termine avec le retour de Libère à Rome en 358. En réalité, la composition de cette page est tout autre, comme nous le verrons plus loin. Il faut cependant dire, pour la défense de nos prédécesseurs, que le texte édité par dom Coustant est difficilement compréhensible. Il est certainement fautif en un endroit. Je crois qu'il l'est également en un deuxième. J'ai en tout cas en faveur du texte que je proposerai l'appui d'une série de manuscrits.

Je transcris tout d'abord ci-dessous le texte qu'édite Coustant. Le passage litigieux qui nous occupe ici se trouve aux lignes 12-14. La disposition typographique tend à faire ressortir la succession des épisodes présentés par le polémiste.

HILAIRE, *In Constantium*, 11 (*PL* 10, c. 587-589):

1   At nunc fructus operum tuorum, lupe rapax, audi. Neque ego alia potius quam quae gesta sunt in Ecclesia refero aut tyrannidem aliam praeter quam Dei proferam. Non queror quia causam ignoro sed tamen querela famosa est iussos a te episcopos non esse quos condemnare nullus audebat etiam nunc in ecclesiasticis frontibus scriptos
5   metallicae damnationis titulo recenseri.

     Adest mecum Alexandria tot concussa bellis, tantum commotarum expeditionum pauens tumultum. Breuius enim aduersum Persam quam aduersum eam armis certatum est : mutati praefecti, electi duces, corrupti populi, commotae legiones ne ab Athanasio Christus praedicaretur.

10   Taceo de minoribus populis et ciuitatibus quibus per totum Orientem aut terror aut bellum est.

     Postquam omnia contulisti arma aduersum fidem Occidentis et exercitus tuos conuertisti in oues Christi : fugere mihi sub Nerone licuit.

     Aut tu Paulinum beatae passionis uirum blandimento sollicitatum
15 relegasti et ecclesiam sanctam Treuirorum tali sacerdote spoliasti. Edictis fidem terruisti. Ipsum usque ad mortem demutasti exsiliis et fatigasti, extra Christianum quoque nomen relegasti ne panem de horreo tuo sumeret aut de Montanae Maximillaeque antro profanatum exspectaret.

     Mediolanensem piissimam plebem quam tu furore terroris tui
20 turbasti! Tribuni tui adierunt sancta sanctorum et uiam sibi omni per populum crudelitate pandentes, protraxerunt de altario sacerdotes. Leuius te putas, sceleste, Iudaeorum impietate peccasse? Effuderunt

III

quidem illi Zachariae sanguinem, sed quantum in te est, concorpo-
ratos Christo a Christo discidisti!
Vertisti deinde usque ad Romam bellum tuum. Eripuisti illinc
25 episcopum. Et, o te miserum, qui nescio utrum maiore impietate relegaueris quam remiseris!
Quos tu deinde in ecclesiam Tolosanam exercuisti furores! Clerici
fustibus caesi, diacones plumbo elisi et in ipsum, ut sancti mecum
intelligunt, in ipsum Christum manus missae.
30 Haec, Constanti, si ego mentior, ouis es; si uero tu peragis,
Antichristus es!

Hilaire entreprend donc de rappeler à Constance ses persécutions en Orient et en Occident. L'empereur a été comparé plus haut à Dèce et Néron, il a été qualifié d'Antichrist ou peu s'en faut [21]. Voici qu'il apparaît sous les traits d'un loup ravisseur, désireux de dévorer le troupeau, les églises du Christ [22]. Le tableau se divise en deux parties essentielles, de longueur différente (l. 6 - 11; l. 12 - 29). En réalité, même en 360, il semble qu'Hilaire connaisse bien mieux les affaires d'Occident que celles de l'Orient [23]. Il ne retiendra de celles-ci que la lutte contre Athanase (l. 6-9). Aux yeux d'un Occidental, l'évêque d'Alexandrie incarnait l'Orient fidèle et l'essentiel de la résistance nicéenne.

C'est au moment précis où le polémiste aborde les affaires d'Occident que notre texte présente aussi ses difficultés. Rien n'est dit ni de la mort de Constant, ni de l'usurpation de Magnence [24]. Les armées de Constance franchissent instantanément l'espace qui les sépare de l'Occident le plus reculé puisque le premier évêque

---

[21] HILAIRE, *In Constantium*, 4-5 (c. 580-2); 7 (c. 583 A-B); (c. 584-5); 9 (c. 586 A-B).

[22] *Ibidem*, 10 (c. 586-7) qui s'appuie sur la parole du Christ visant les faux prophètes déguisés en brebis (*Mat.* 7, 15-16).

[23] Il ne faut pas non plus oublier que l'*In Constantium* est destiné à des Occidentaux (§ 2; c. 578 C-D).

[24] Magnence disparaît à Lyon en août 353. Nous savons par Ammien que Constance prit ses quartiers d'hiver à Arles (*Res Gestae*, XIV, 5, 1). Le même historien nous apprend que la ville de Trèves avait fermé ses portes à Decentius (XV, 6, 4), le frère de Magnence. On ne peut donc penser que derrière l'éloignement de Paulin de Trèves se cache une mesure dirigée contre des partisans de Magnence. En réalité, Trèves ou, du moins, son évêque, reste fidèle à la personne d'Athanase qui s'est trouvé exilé en cette ville par Constantin.

nommé est celui de Trèves. Nous sommes donc en 353. Vont se succéder des allusions au conciles d'Arles (353 : exil de Paulin de Trèves), de Milan (355 : exil de Denys de Milan, d'Eusèbe de Verceil, de Lucifer de Cagliari), à la comparution de Libère devant l'empereur (355), au concile de Béziers et aux événements qui l'ont suivi (mesures contre le clergé de Toulouse). Il n'est pas besoin de s'attarder à ces divers tableaux, même si un sondage parmi les manuscrits suggère de ne pas se contenter du texte imprimé par Dom Coustant ([25]). Les faits sont bien connus et n'exigent pas de commentaire particulier en rapport avec notre présent propos ([26]).

Il est en revanche nécessaire d'examiner de plus près le début du texte concernant Paulin de Trèves. Le *Aut tu Paulinum*... (l. 14) est incompréhensible. Migne a pourtant fidèlement reproduit l'édition de Dom Coustant ([27]). Je soupçonnerais fort, cependant, que ce texte de Coustant comporte une simple « coquille ». Des manuscrits qu'a utilisés le savant bénédictin, *aucun* ne comporte la leçon *Aut*. Tous ont *At* ([28]).

Une fois rétabli cet *At*, il devient clair que le sort de Paulin est opposé au contenu de la phrase précédente. Quel que soit ce-

---

([25]) Dom Coustant a déjà donné un certain nombre de variantes dans son édition (v. *PL* 10, c. 588-9, notes). Je relève cependant que tous les manuscrits que j'indiquerai plus bas (n. 28) donnent « *commotaeque legiones* ». Grandes hésitations des manuscrits pour le *O te miserum qui nescio*... La compréhension du texte, sauf pour les deux points dont nous allons traiter, ne se trouve cependant pas compromise.

([26]) Dans cette énumération, il ne manque qu'un personnage important: Osius de Cordoue. On peut penser que cet oubli est volontaire. Hilaire parlera un peu plus loin des *deliramenta Osii* (*In Constantium*, 24; c. 599 B-C) et Sulpice Sévère fait allusion à une lettre du même Hilaire où le grand âge d'Osius se voyait mis en cause (*Chron.* II, 40, 5; p. 94).

([27]) J'ai vérifié à la fois l'édition de Dom Coustant (*S. Hilarii Pictauorum episcopi opera*, Paris 1693, c. 1246) et son exemplaire personnel, déposé à la *Bibliothèque Nationale* de Paris. La seule correction manuscrite concerne la graphie *de mutasti exsiliis* devenue *demutasti exsiliis*. Elle suffit à montrer que le savant Mauriste a relu cette page.

([28]) Soit *Vatican Arch. de St. Pierre*, D. 182, *fol.* 281; *Paris B.N. lat.* 1687, *fol.* 24[v]; *Tours B.M.* 313, *fol.* 98; *Paris B.N. lat.* 1699, *fol.* 140; *Bordeaux B.M.* 112 *fol.* 16; *Vendôme B.M.* 189, *fol.* 43[v]. De même *Reims B.M.* 371, *fol.* 171. Je dois l'identification de quelques-uns de ces manuscrits à Mme Fohlen de l'IRHT de Paris et j'ai pu consulter plusieurs de ces manuscrits sur les microfilms de l'IRHT. *Quibus gratias.*

III

lui-ci, il ne fait pas de doute que les faits rapportés de part et d'autre sont contemporains. Toutefois, si une antériorité doit être établie, elle est à attribuer à la première phrase ; ce qui suffit pour affirmer que le *fugere mihi licuit* ne concerne pas les affaires de Constantinople. N'est-il d'ailleurs pas aberrant de rapporter à des événements survenus dans la *pars orientalis* une phrase qui concerne justement l'Occident!

Le sens exact de la phrase n'est cependant pas éclairci. Dans l'établissement de son texte, Dom Coustant a délibérément choisi la leçon *Postquam omnia* ([29]), puisqu'il mentionne sans la retenir la leçon *Post quae omnia* donnée par le *Colbertinus* et le *Martinianus* ([30]). Comment comprend-il le texte ? La temporelle introduite par *Postquam* reste « en l'air », sans proposition principale, puisque une ponctuation forte marque l'asyndète : *Postquam omnia contulisti arma aduersus fidem Occidentis et exercitus tuos conuertisti in oues Christi: fugere mihi sub Nerone licuit*. On pourrait certes résoudre le problème syntaxique en modifiant la ponctuation de Coustant : *Postquam (...) oues Christi, fugere mihi sub Nerone licuit*. Mais on se heurterait alors à un autre problème : celui du sens de cette phrase. Elle semblerait dire en effet que, lors de la venue en Occident des armées de Constance, avant même que Paulin ait été inquiété — ou, tout au plus, au moment même — Hilaire a pu fuir, à la différence de Paulin de Trèves. Aucun texte ne nous permet en réalité d'avancer pareille affirmation. Nous sommes au contraire invités à penser qu'Hilaire n'a pas été inquiété au moment du concile d'Arles et que son entrée en lice n'eut lieu qu'*après* le concile de Milan ([31]).

Tant et si bien qu'il me semble préférable de conserver la ponctuation de Dom Coustant, sans garder son texte. Au *Postquam*

([29]) Voir *P.L.* 10, c. 588, n.*f*.

([30]) Soit le *Paris B.N. lat.* 1687 *fol.* 24ᵛ, du XI siècle et le *Tours B.M.* 313 *fol.* 98, du Xᵉ.

([31]) On pourrait imaginer — ce que je considère pour ma part comme une erreur — un Hilaire échappant, par absence, au concile d'Arles, puis forcé (*compulsus: In Constantium*, 2) de comparaître au synode de Béziers, mais le début de l'*In Constantium* ne mentionne la rupture d'Hilaire d'avec Saturninus d'Arles et son groupe qu'après le concile de Milan.

omnia il me paraît falloir substituer le *Post quae omnia*. Une partie de la tradition manuscrite n'y est pas défavorable ([32]).

Pour le sens, la seule difficulté me semble résider dans la façon de rattacher *omnia* à *Post quae* ([33]) ou à *arma*. *Post omnia* est une expression cicéronienne ([34]). Le sens n'est cependant plus obscur et il faut traduire soit: «*Après tous ces forfaits*, tu as dirigé tes armes contre la foi de l'Occident et tu as tourné tes armées contre les brebis du Christ. *Sous Néron, il m'eût* ([35]) *été possible de fuir!* Mais toi, ...» soit: «*Après quoi*, tu as dirigé toutes tes armes contre la foi de l'Occident...». La phrase énigmatique devient d'une ironie cinglante. La comparaison entre Néron, Dèce, Maximien d'une part et Constance d'autre part a été commencée dès le début du traité: elle est maintenant à l'avantage des *premiers* ([36]). Il serait donc peu logique d'identifier cette fois Néron et Constance, quitte même à découvrir en ce Néron le parangon du persécuteur. On le voit, le mystère disparaît, mais c'est pour mettre en lumière le talent de l'écrivain. Tout n'est donc pas perdu de l'intérêt de ce texte que l'on a trop considéré en dehors de son contexte.

([32]) Voir les manuscrits cités n. 30. Je n'ai pas à établir le *stemma* de la tradition manuscrite de cette invective. J'ai contre moi le témoignage du plus ancien et du plus vénérable des manuscrits hilariens, le *Vatic. lat.* D 182 des Archives de S. Pierre. Est-ce un argument apodictique? Je ne le pense pas. Tout d'abord, je note que les phrases sont assez nettement séparées dans ce manuscrit, suivies qu'elles sont habituellement d'un blanc plus ou moins large. Celui qui vient après le mot *Christi* est particulièrement net. La phrase suivante commence par un F majuscule, mis en exergue, légèrement dans la marge (Il est à noter d'ailleurs que la plupart des manuscrits voient dans le *Fugere* un début de phrase). D'autre part, je note que le *Paris. lat.* 2630, qui contient le *De Trinitate* et le *De Synodis* donne couramment *adq., quicumq.* etc. pour *adque, quicumque*, etc. L'origine de l'erreur est peut-être dans une mauvaise lecture de cette abréviation. (Voir n. suivante).

([33]) J'avoue avoir été de prime abord, très favorable à *Postque omnia* mais je ne m'explique pas le mécanisme de la faute qui, dès l'onciale, a transformé QVE en QVAM.

([34]) Cicéron, *Orator*, 122.

([35]) Ai-je besoin de rappeler qu'avec les verbes de possibilité le latin emploie couramment l'indicatif là où nous emploierions le conditionnel?

([36]) Voir les textes mentionnés *supra*, n. 21.

II. LES CONTRADICTIONS DE SULPICE SÉVÈRE - CHEMIN ET DATE DU RETOUR D'EXIL

Si l'on ne tient compte, ici encore, du genre littéraire des ouvrages qui les contiennent, il est bien difficile de réduire les contradictions des deux textes de Sulpice Sévère que nous avons mentionnés plus haut [37]. L'appel à la « typologie prophétique », telle que l'a mise en relief M. J. Fontaine pour la *Vita Martini*, semble bien dissiper les difficultés qui s'offrent à celui qui prend les textes au ras de la lettre [38]. La *Vita Martini* nous présente Constance dans l'attitude d'un roi pénitent, à l'image d'un Saül ou d'un Achab. La *Chronique* laisse au contraire entrevoir un accroissement de rigueur. Ne peut-on penser que la lecture des oeuvres d'Hilaire a interdit à Sulpice de reprendre dans sa seconde oeuvre le « cliché » dont il s'était contenté dans la première ? De fait, la *Chronique* utilise ou mentionne divers écrits d'Hilaire [39]. Il ne me paraît pas invraisemblable que l'affirmation selon laquelle Hilaire ne se voit pas libéré de sa peine d'exil *condense*, jusqu'à l'obscurité [40], un renseignement que l'historien tire, comme bien d'autres indications, des propres oeuvres d'Hilaire. Il me paraît en revanche peu vraisemblable qu'un ancien avocat ait avancé une telle précision si elle ne correspondait à aucune situation juridique. Si celle-ci ne nous apparaît pas, c'est que les ordres de Constance ne purent se réaliser pleinement [41]. Lorsqu'Hilaire atteignit la

---

[37] Textes cités *supra*, n. 10 et 11.

[38] J. Fontaine, *Une clé littéraire de la Vita Martini de Sulpice Sévère: la typologie prophétique* (in *Mélanges Christine Mohrmann*, Utrecht, 1963, pp. 84-95) et, pour le présent texte de la *Vita Martini*, v. *Commentaire, ad locum* (*Sources Chrétiennes*, 134, p. 606 et n. 1).

[39] Sulpice l'admet lui-même (*Chron.* II, 40, 5 ; p. 94) et il est facile de le constater pour d'autres passages (*v.g.* II. 35, 2 ; 36, 3-5 ; 39, 3-6).

[40] En comparant les textes mentionnés à la note précédente et leurs sources hilariennes, on peut apercevoir la méthode de travail de Sulpice. Voir, pour le Concile de Milan, A. Wilmart, *art. cit.*, pp. 156-157. J'ai pour ma part essayé de montrer que les pages de Sulpice sur Rimini (II, 41-45) avaient toutes chances de provenir également d'Hilaire (*La « manoeuvre frauduleuse » de Rimini*, pp. 72-81, 101).

[41] Ce qui ne doit pas cacher la gravité de la situation dans laquelle se trouvait Hilaire en offensant un despote aussi sourcilleux que Constance.

Gaule, elle n'appartenait peut-être déjà plus au monarque de Constantinople.

Il faut d'ailleurs se souvenir que ce nouvel « exil » n'est pas tout à fait isolé. Basile d'Ancyre, Éleusius de Cyzique et nombre d'autres sont envoyés en exil ou déposés à l'issue du concile qui siège à Constantinople en janvier-février 360. Ils ont pourtant signé la formule homéenne de Niké. Cela ne les a pas empêché d'être éloignés de l'Orient où leur présence aurait pu ranimer la résistance brisée dans la nuit du 31 décembre 359. L'unité de foi était plus que jamais nécessaire à Constance au moment où la Perse se faisait à nouveau menaçante. Lucifer de Cagliari, qui se trouvait alors en Orient, parle des nombreux envoyés de Constance chargés de recueillir les signatures des évêques non présents à Constantinople ([42]). L'heure n'était pas à l'indulgence !

Même si l'on tient compte des renseignements de Sulpice Sévère sur les instances des Homéens auprès de Constance, analogues, à l'égard de cet évêque occidental, à celles qu'ils exercèrent pour éliminer leurs adversaires et leurs rivaux orientaux, les circonstances exactes et les modalités de ce départ de Constantinople, tout comme sa date précise, nous échappent pour une très large part ([43]). Il serait pourtant du plus grand intérêt de les connaître pour mieux apprécier l'action d'Hilaire. Nous n'avons de maigres renseignements que sur l'étape que fit l'évêque à Rome ([44]). Encore cet

---

Comme l'a souligné M. H-I. Marrou, la position de Constance était, en 360, bien supérieure à celle de Julien (*Hilaire et son temps* in *Hilaire de Poitiers évêque et docteur*, p. 25) et rien ne laissait prévoir la mort brutale de cet homme de quarante-quatre ans.

([42]) LUCIFER de Cagliari, *De non parcendo haereticis*, 26 (Éd. W. Hartel, *CSEL*, 14, p. 265, l. 16-18). Les ordres ne furent que trop bien suivis (SOCRATE, *Hist. eccles.*, 2, 43 ; SOZOMÈNE, *Hist. eccles.* 4, 26 ; GRÉGOIRE de Nazianze, *Or.* 21, 23-24). De tels textes interdisent d'imaginer que, par habileté politique, Constance ait relâché sa politique religieuse à un moment où son compétiteur allait pouvoir s'appuyer sur les sentiments nicéens des Occidentaux pour les rallier à sa cause.

([43]) On peut avancer plus d'une hypothèse, en s'appuyant ou non sur l'un ou l'autre texte. On portera toutefois attention au fait que le texte de Sulpice cité *supra*, n. 11 et qui met en cause les Homéens reflète vraisemblablement l'opinion d'Hilaire lui-même.

([44]) SULPICE SÉVÈRE, *Vita Martini*, 6, 7 (Éd. J. Fontaine, *Sources chrétiennes*, 133, p. 266) où Martin accourt à Rome pour rejoindre Hilaire.

III

événement n'est-il pas sans soulever de nouveaux et nombreux problèmes.

C'est en effet en ce lieu qu'il faut se placer pour prendre conscience de l'importance de ce chemin du retour. Comment et quand Hilaire est-il arrivé à Rome? Si la route s'est faite par mer ([45]), le départ de Constantinople ne peut guère se placer avant l'ouverture de la navigation. Ostie et Rome sont alors une étape obligée et le séjour à Rome purement accidentel. Mais l'on peut se demander si, de Constantinople en Gaule, le chemin le plus direct passe par Rome ([46]). Si la route de terre a été choisie, le crochet par Rome prend une importance bien plus grande. Depuis la route de Cisalpine, Hilaire s'est alors déplacé jusqu'au siège de Pierre, soit pour y morigéner Libère ([47]), soit pour informer Libère des événements de Constantinople et pour mettre en oeuvre avec lui un plan quelconque de résistance. Ne nous en exagérons pas cependant la portée en ces années 360-361 ([48]). Nous savons en effet que Taurus, le Préfet d'Italie, qui, à Rimini, avait imposé

---

[45] C'est l'opinion à laquelle se range J. Fontaine, (*Commentaire*, p. 606, n. 2) en ce qui concerne le trajet de Rome jusqu'en Gaule, en faisant remarquer que le voyage par mer était « la manière la plus discrète et la plus expéditive » de faire rentrer Hilaire en Gaule sans lui permettre de rameuter tout le monde sur son passage.

[46] En 360, les envoyés de Julien traversent la Cisalpine et l'Illyrie pour se rendre en Cappadoce (AMMIEN MARCELLIN, *Res Gestae* XX, 9, 1). Nous verrons qu'Eusèbe de Verceil rentre d'Antioche par l'Illyricum (*infra*, p. 273 et n. 89). La route du *limes* est au moins aussi fréquentée que la voie maritime.

[47] Opinion à laquelle serait favorable J. FONTAINE, *Commentaire*, p. 606 : «... débat orageux avec Libère ». On pourrait étayer cette hypothèse avec l'affirmation de l'*In Constantium*, 11 concernant Libère (*supra*, p. 257, ll. 25-26). Le tout est de savoir si cet *In Constantium* a été écrit avant ou après ce passage par Rome...

[48] Nous ne savons pas grand'chose de sûr sur l'attitude de Libère durant les années 359-363. J'ai attiré l'attention sur un passage de la lettre *Confidimus* de Damase (*La « manoeuvre frauduleuse » de Rimini*, p. 57, n. 33) qui a le malheur d'être tout à fait isolé et qui émane de quelqu'un qui avait intérêt à ne pas laisser infirmer l'autorité du siège apostolique. Sans pouvoir être récusé, ce texte ne peut non plus être accepté pour argent comptant. En 363 au contraire, Libère intervient en faisant valoir son autorité apostolique. Etait-il intervenu auparavant déjà? Voir *infra*, p. 275 et n. 94.

la volonté de Constance et qui avait mérité le consulat pour la manière dont il s'était acquitté de sa mission, ne fuira devant Julien qu'au printemps 361 [49].

Julien se trouvait-il encore à Paris au moment où se tint le concile réuni en cette ville [50]? Nous ne pouvons que souligner les points d'interrogation et relever le nombre de problèmes qui ne sont pas résolus. Il est assez surprenant que la lettre du concile ne fasse la moindre allusion à la situation politique nouvelle [51]. Celle-ci existe-t-elle déjà? Veut-on ne pas inquiéter des sujets de Constance? La situation s'est-elle éclaircie déjà et à l'avantage de Julien? Si ce synode se tient vers la mi-360, Julien a-t-il déjà reçu le questeur Léonas [52] et celui-ci était-il, à ce moment, accompagné de l'évêque Épictète en qui on s'accorde à voir Épictète de *Centumcellae*, malgré les indications de Julien qui en fait un « évêque des Gaules » [53]. Aucun évêque de ce nom n'est connu en Gaule à l'époque, tandis qu'Épictète de Centumcellae a joué un rôle dans l'exil de Libère, son proche voisin [54]. Il se trouvait à Constantinople à la fin 359 [55]. Ne serait-il pas étrange qu'Hilaire et son

---

[49] AMMIEN MARCELLIN, *Res gestae*, XXI, 9, 4. Sur la fidélité de Taurus à Constance, voir JULIEN EMPEREUR, *Aux Athéniens*, 12 (Éd. J. Bidez, CUF, *Discours* I, 1, p. 234, l. 19-20).

[50] Julien a dû quitter Paris pour le Rhin en juillet 360 (AMMIEN, XX, 10, 1). C. Jullian, *op. cit.*, p. 225, n. 5.

[51] *Ep. Omni quidem uitae* (*Collectanea Antiariana...*, Éd. A. Feder, *CSEL* 65, pp. 43-46 = *PL* 10, v. 710-713).

[52] Sur cette arrivée de Léonas à Paris, v. AMMIEN, XX, 9, 6-8. Il faut se rappeler que ce Léonas a présidé le synode de Séleucie. Hilaire n'est donc pas sans le connaître.

[53] JULIEN, *Aux Athéniens*, 12 (Éd. J. Bidez, p. 234, l. 22).

[54] Sur le rôle d'Épictète, voir *Collectanea Antiariana* Ser. B III, 2 (Feder, p 155, l. 25 sq.) = *Frag.* 4, 2 (c. 681 A-B) et *La « manoeuvre frauduleuse » de Rimini*, p. 70, n. 100; p. 102, n. 256. Félix, le successeur de Libère sur le siège de Rome en 355, aurait été ordonné par Épictète, Acace de Césarée et Basile d'Ancyre. Sur la carrière d'Épictète, voir M. MESLIN, *Les Ariens d'Occident*, Paris, s.d. (1968), pp. 37-39.

[55] La chose n'est pas absolument attestée, mais on constate que les noms cités à la suite de la suscription de la lettre *Illustrati pietatis tuae scriptis* adressée à Constance (*Collect. Antiar. Ser.* A, VI, 1; Feder, p. 87 = *Frag.* 9, 1; c. 703 A-B) se retrouvent dans la lettre *Vnitati* des Homéousiens aux délégués occidentaux de la deuxième session de Rimini (*Ibid.*, p. 174 = c. 705 B). Mais Saturninus d'Arles qui n'est nulle part nommé se trouvait pourtant à Constantinople, au témoignage même d'Hilaire.

III

entourage n'aient eu dans leur lettre la moindre attention pour cet Épictète ([56]), si celui-ci venait de se présenter au palais du César investi d'une telle mission?

Nos sources sont cependant beaucoup trop lacunaires pour que nous puissions nous avancer beaucoup. Rien ne nous oblige à unifier la mission de Léonas, dont parle Ammien ([57]), et celle d'Épictète, dont parle Julien. Si le premier fut bien reçu à Paris avant le départ de Julien pour le Rhin ([58]), il n'est nullement assuré qu'Épictète ait été dépêché au même endroit, pour la même mission. En faveur d'une première mission d'Épictète, on pourrait faire valoir que cet évêque de l'Italie suburbicaire n'a probablement pas accompagné Constance jusqu'à Césarée de Cappadoce dont est parti Léonas, aux dires d'Ammien ([59]). Julien, qui est on ne peut plus net sur cette rencontre d'Épictète, remarque toutefois que la lettre confiée à Épictète ne fait que répéter d'autres lettres... ([60]), ce qui laisse supposer qu'Épictète n'était pas le premier ambassadeur à venir de la part de Constance ([61]).

Je m'abstiendrai donc de proposer une date précise pour l'arrivée d'Hilaire en Gaule et la tenue du concile de Paris ([62]). On peut penser que celui-ci eut lieu entre le printemps 360 et la mi-361 ([63]). Je crois en revanche que l'on peut donner plus de

---

([56]) D'autres légats homéens sont au contraire condamnés par ce concile de Paris (*Ep. Omni quidem uitae*, 4; Feder, p. 45, l. 15-16 = c. 712 B-C).

([57]) V. AMMIEN, *Res gestae*, XX, 9, 4-8.

([58]) *Ibidem*, XX, 9, 6.

([59]) *Ibidem*, XX, 9, 4.

([60]) JULIEN, *loc. cit.* (p. 234, l. 24-25), sans que l'on puisse affirmer que toutes ces lettres soient antérieures ou postérieures à la mission d'Épictète.

([61]) JULIEN, *loc. cit.* (v. n. 53). En ce cas, Épictète aurait bel et bien accompagné Constance dans son expédition vers la Perse, beau spécimen d'évêque de Cour. Cela correspondrait assez bien à ce que déclare Lucifer de Cagliari (*Moriendum esse pro Dei filio*, 7; *CSEL* 14, p. 299, l. 9-12).

([62]) Sur l'éventail des dates proposées, généralement sans preuves, pour le retour d'Hilaire et le concile de Paris, voir C. F. A. Borchardt, *op. cit.*, p. 178, n. 1-2 et 5-6-7.

([63]) *A priori*, je l'ai dit, rien n'interdirait vraiment de descendre jusqu'après la mort de Constance, époque à laquelle les relations entre les deux épiscopats ne couraient plus aucun danger, mais il me semble que le contenu de la lettre invite à une datation *très haute*, à un moment même où la situation entre Julien et Constance ne s'est pas encore ouvertement détériorée et ne gêne pas les relations entre les deux parties de l'Empire.

crédit qu'on ne l'a parfois fait à Sulpice Sévère et dire avec lui que les conciles réunis à l'instigation d'Hilaire furent alors *nombreux*. J'ajouterai que certains l'ont ramené en Italie du Nord par laquelle il était peut-être passé dès 360 ([64]).

En dehors des arguments *a silentio* que j'ai développés plus haut, la lettre suppose que les événements de novembre-décembre 359 sont encore très proches (Feder, p. 45, l. 8-15 = c. 712 B); elle fait allusion aux exilés (p. 45, l. 21 = c. 712 C) et mentionne des lettres de Saturninus d'Arles qui attestent sa *noua temeritas* (p. 46, l. 6 = c. 713 A-B). Saturninus se trouve vraisemblablement encore auprès de l'empereur Constance à ce moment et il use de sa faveur. Saturninus a dû être condamné en son absence. On remarquera cependant la mention de *geminae iam litterae* (*ibid.* p. 46, l. 3 = c. 713 A). Sont-elles de 360 ou de 355, date à laquelle Hilaire se sépara avec une partie au moins de l'épiscopat gaulois de la communion de Saturninus? En faveur de la date la plus récente, je ferai remarquer qu'Hilaire avait, à Constantinople, essayé de convaincre Saturninus en faisant appel à l'Empereur. Comme on le sait, la demande d'audience ne fut pas agréée. Est-il improbable que l'évêque d'Arles ait chanté victoire auprès des évêques de Gaule, engendrant la réaction de son adversaire et de ceux que celui-ci avait informés de la «fraude» de Rimini? Cette lettre du concile de Paris a en effet été écrite, sinon de la main d'Hilaire, du moins sous son inspiration car elle reflète sa théologie. On notera qu'Hilaire s'y trouve présenté comme un *fidelis dominici nominis praedicator* (p. 45, l. 12-13 = c. 712 B-C), qualité qu'Hilaire réclame pour lui dans la présentation des événements de Constantinople à la fin 359 (*Collect. Ser.* B VIII, 2, 3; p. 177, l. 16-17 = *Fr.* 10, 3; c. 709 B-C - V. *La «manoeuvre frauduleuse» de Rimini*, pp. 99-100 et p. 103). Hilaire ne fait que poursuivre en Gaule l'oeuvre entreprise à Constantinople. N'aurait-il pas cherché à l'accomplir à Rome également (Voir, *infra*, pp. 274-275 et n. 94). On notera d'autre part que cette *Lettre* du Concile de Paris ôte toute valeur à l'assertion rapide de Jérôme (*Altercatio Luciferiani et Orthodoxi*, 19; *P.L.* 23 (1845), c. 173 A) selon laquelle *tous* les exilés (sont successivement nommés Athanase, Hilaire et Eusèbe de Verceil) auraient été renvoyés chez eux *après* la mort de Constance par la mesure *d'indulgentia* prise, selon l'habitude, par le nouveau prince à son avènement. Il ne faut pas détacher cette affirmation de son contexte polémique, Jérôme ayant bloqué ici des faits qu'il distingue très bien dans sa *Chronique, ad ann.* 360 (Éd. Helm. p. 241 et 242 d.) et 362 (*ib.*, p. 242).

[64] On ne peut, à mon sens, tirer argument contre cette action en Italie du Nord du fait que Sulpice Sévère ne parle que de conciles *intra Gallias*. Nous savons qu'Hilaire est bel et bien venu à Milan en 364-5 (v. *infra*, p. 267 et n. 66) sans que Sulpice en fasse mention, ce qui montre bien le point de vue étroitement gallo-romain auquel il se place (v. *La «manoeuvre frauduleuse»*, p. 77). L'action d'Hilaire hors de Gaule n'apparaît que dans la phrase «Verum ubi permensus est *orbem paene terrarum*...» (Texte

III

III. L'ACTIVITÉ D'HILAIRE EN ITALIE DU NORD DURANT LES ANNÉES 361-363

Les preuves s'en laissent tirer d'une série d'affirmations qui ne semblent pas avoir été rassemblées. Certes, l'une ou l'autre peut ne concerner en réalité qu'une seule et même réunion. Les textes nous laissent cependant penser que l'activité d'Hilaire fut intense et qu'elle se dépensa à travers *tout l'Occident*. Sulpice Sévère le dit explicitement. Il peint la tristesse d'Hilaire devant les ravages accomplis dans tout l'Occident par la fourberie arienne ([65]). On songe immédiatement à la tentative entreprise à Milan contre Auxence sous Valentinien Ier. Bien des faits qui nous occupent sont cependant à placer avant cette date ([66]).

---

cité en son ensemble n. 65). Ces pérégrinations ne sont pas celles du seul retour de Constantinople. S'il en était ainsi d'ailleurs, le texte serait plutôt à invoquer en faveur d'un retour *par terre*! D'autre part, sans que l'on puisse formellement affirmer qu'Hilaire y ait pris part, on remarquera que plusieurs textes nous parlent pour cette époque de conciles *en Espagne*. Je n'en veux pour preuve, en plus du texte — discutable — de Jérôme cité *infra* n. 74, que les lettres d'Athanase à Rufinianus (*PG* 26, c. 1180 B-C: Grèce, *Espagne*, Gaules) et à Épictète (*PG* 26, c. 1052 A-B: Gaule, *Espagnes*, Rome).

([65]) SULPICE SÉVÈRE, *Chron.* II, 45, 5 (p. 98, l. 24-31): « .. uerum ubi permensus est (Hilarius) orbem paene terrarum malo perfidiae infectum, dubius animi et magna curarum mole aestuans cum plerisque uideretur non ineundam cum his communionem qui Ariminensem synodum recepissent, optimum factu arbitratus reuocare cunctos ad emendationem et paenitentiam, frequentibus intra Gallias conciliis apud Ariminum gesta condemnat et in statum pristinum ecclesiarum fidem reformat ». La suite concerne la condamnation de Saturninus d'Arles. Étant donné la visée très « galloromaine » de la *Chronique*, on ne s'étonnera pas que Sulpice passe de ces pérégrinations « dans le monde entier » aux cantons de Gaule. On ne conclura pas trop vite d'un pareil texte à une confusion de chronologie de Sulpice Sévère qui anticiperait sur le schisme lucifèrien. Point n'a été besoin d'attendre le retour de Lucifer à la fin 362 ou au début 363, pour que la communion soit refusée aux « faillis » de Rimini: du fond de son troisième lieu d'exil, Eusèbe de Verceil, en 360-1, manifeste son accord avec Grégoire d'Elvire, futur lucifèrien notoire (*Collect. Antiariana, Ser.* A, 2, 1-2; Feder, pp. 46-47 = *Fr.* 11, 5; c. 713-4).

([66]) Cette tentative avortée nous a valu le *Contra Auxentium* (*PL* 10, c. 609-618). Valentinien se trouve à Milan en octobre 364; il quitte Milan pour la Gaule en sept.-oct. 365. V. O. SEECK, *Regesten der Kaiser und Päpste*,

III

Auxence le laisse entendre lorsqu'il montre en Hilaire et Eusèbe de Verceil des hommes qui cherchent à « susciter partout des schismes » ([67]). Sont ici visées à coup sûr les tentatives pour remplacer des créatures de Constance ou des fidèles de Rimini par des partisans de Nicée. Dans la même circonstance, Hilaire déclare de son côté que le concile de Rimini, auquel se réfère Auxence, a été annulé par tous ([68]). Aucun concile général n'étant attesté, il faut supposer que ce rejet de Rimini se fit dans de petites réunions, à l'image de celle qui réunissait à Milan, en ces années 364-5, une dizaine d'évêques ([69]). Saint Ambroise nous invite à une conclusion de cet ordre. Parlant de Rimini, il déclare que la chute a été réparée par les conciles qui ont suivi : *secuta concilia* ([70]). La lettre des évêques d'Italie du Nord aux évêques d'Illyrie, émane très vraisemblablement d'un concile tenu dans la région ([71]). Lorsque Germinius s'en prend aux menées d'Eusèbe de Verceil et d'Hilaire, il est probable qu'il a en vue l'offensive que les deux évêques ont dirigée jusques et y compris sur son Illyricum ([72]). Pareille asser-

---

Stuttgart, 1919, p. 218 sq. Par les dates indiquées ci-dessus — 361-363 —, j'entends annoncer que je ne reprends pas ici cette question de la venue d'Hilaire à Milan, épisode si connu qu'il éclipse totalement l'action d'Hilaire dans les années qui ont précédé. Celles-ci furent cependant plus fructueuses pour l'orthodoxie nicéenne que ce procès contradictoire qui se solda en définitive par un échec. Je ne parlerai pas non plus des Lucifériens.

[67] *Ap.* HILAIRE, *Contra Auxentium*, 15 (c. 618 C) : « Hilarius et Eusebius contendunt ubique schismata facere ».

[68] *Ibidem*, 8 (c. 614 B-C) : « De Ariminensi synodo *quae ab omnibus est religiose dissoluta* nihil dicamus...».

[69] *Ibidem*, 7 (c. 613-4) : « Quibus rex permotus, audiri nos a Quaestore et Magistro praecepit, *considentibus una nobiscum episcopis fere decem*...».

[70] AMBROISE de Milan, *De fide ad Gratianum*, I, 18, 122 (PL 16 (1845), c. 556 B) : «... Hoc et in Ariminensi concilio habuit prima confessio et post Ariminense concilium secunda correctio. Confessionem epistola ad imperatorem Constantium missa testatur, *correctionem secuta concilia confitentur*». Sur ce texte et les prises de position d'Ambroise à l'égard du concile de Rimini, v. *La « manœuvre frauduleuse » de Rimini*, pp. 57-58 ; 92-93.

[71] *Ep. Diuini muneris gratia* apud HILAIRE, *Collectanea Antiariana*, Ser. B, IV, 1 (pp. 158-9) = *Fr.* XII, 3 (c. 716-7). On comprend beaucoup mieux que cette lettre ait été en possession d'Hilaire s'il se trouvait à ce moment en Italie du Nord, voire s'il en avait été l'inspirateur...

[72] Voir l'*Altercatio Heracliani laici cum Germinio episcopo sirmiensi* (Éd. C. CASPARI, *Kirchenhistorische anecdota*, I, 1883, p. 134 = *PLS* I, c. 345) : « Hoc Eusebius ille exiliaticius te (Heraclianum) docuit et Hilarius

III

tion renforce singulièrement deux témoignages que l'on ne songe guère à consulter. Ils sont pourtant particulièrement précis et importants. Il s'agit des affirmations de Rufin d'Aquilée, auxquelles l'historien Socrate ajoute une indication précieuse.

On a l'habitude d'évoquer le texte du *De adulteratione librorum Origenis* pour étayer le fait des interpolations lucifériennes de l'oeuvre d'Hilaire ([73]). Jérôme ayant contesté l'existence du synode où Hilaire se serait trouvé mis en accusation ([74]), il est de bon ton de ne pas accorder une valeur trop grande aux allégations du prêtre d'Aquilée. On ne s'est peut-être pas assez rendu compte cependant que Rufin allègue d'autant plus facilement cet épisode qu'il songe sans doute déjà à composer sa propre *Histoire ecclésiastique* ([75]). Or, celle-ci consacre à Hilaire une page qui mérite attention.

---

qui nunc ipse de exilio uenit ». Nous n'avons pas de raison majeure de soupçonner la datation de cette *Altercatio* (13 janvier 366). Le style et le vocabulaire de la phrase ci-dessus ne vont pas cependant sans provoquer quelque surprise. Le mot *exiliaticius*, dont c'est la seule attestation (*TLL, ad uerbum*), est-il un qualificatif resté attaché à la personne d'Eusèbe, même après son retour d'exil —, qui, en 366, date de plus de deux ans? D'autre part, l'expression *qui nunc ipse de exilio uenit*, concernant Hilaire, semble se référer à un passé proche, alors que ce retour date de cinq à six ans! Quelle que soit la date à laquelle Heraclianus ait pu être en contact avec Hilaire et Eusèbe, ce texte ne suffit pas à étayer le fait d'un passage d'Hilaire par Sirmium en 360. Y serait il venu en 365?

([73]) RUFIN d'Aquilée, *De adulteratione librorum Origenis*, 11 (Éd. M. Simonetti, *CC*. 20, p. 14): « Hilarius Pictauiensis episcopus confessor fidei catholicae fuit. Hic, cum ad emendationem eorum qui Ariminensi perfidiae subscripserant libellum instructionis plenissime conscripsisset, cumque libellus ipse in manus inimicorum et maliuolorum (...) ipso ignorante uenisset, ita ab his corruptus est, illo sancto uiro nihil penitus sentiente, ut postea cum ad concilium episcoporum secundum ea quae se in libello ipsius nouerant corrupisse haereticum eum inimici arguere coepissent et ipse libelli sui fidem pro sui defensione flagitaret, de domo sua prolatus libellus talis inuentus est quem ipse non agnosceret, faceret tamen eum excommunicatum de concilii conuentione discedere ». Nous avons là la mention d'un « concile », où qu'il se soit tenu...

([74]) JÉRÔME, *Apologia contra Rufini libros* 2, 19 (*PL* 23 (1845), c. 443-4): «... Responde (Rufine), quaeso, synodus a qua excommunicatus est, in qua urbe fuit? Dic episcoporum uocabula (...) Gallianae tantum episcopi fuerint an et Italiae et Hispaniae, certe quam ob causam synodus congregata sit? ».

([75]) Même si Rufin présente explicitement son travail comme répondant aux désirs de Chromace d'Aquilée *après* les incursions d'Alaric en 400-402,

III

La datation est précise et nous situe *avant* 363. En effet, lorsqu'Eusèbe de Verceil rentre d'exil, après être passé par Alexandrie ([76]), puis par Antioche ([77]), il trouve Hilaire qui, « déjà rentré d'exil et *présent en Italie*, s'occupait de relever les églises et de réparer la foi des Pères » ([78]). Pour bien saisir l'importance d'une telle affirmation de la part de Rufin, il faut se souvenir qu'aux dires du même historien, Eusèbe avait, au concile d'Alexandrie, reçu la charge de restaurer les églises d'Occident, tandis que les autres participants se chargeraient de l'Orient ([79]). Hilaire est donc déjà au travail lorsqu'arrive le « chargé de mission ».

---

il n'est pas interdit de penser qu'il songeait à ce travail dès le moment où il est rentré d'Orient avec un certain nombre des « Graecorum opes ». On remarquera qu'il traduira de même les *Reconnaissances clémentines* dont il parle dès cette apologie d'Origène (§ 3 ; p. 9). On ne peut malheureusement tirer parti de la Lettre 28, 5 de Paulin de Nole à Sulpice Sévère où l'ami de Rufin se charge de lui présenter quelques difficultés rencontrées par l'auteur de la *Chronique*. Cette lettre est d'une date discutée. V. P. FABRE, *Essai sur la chronologie de l'oeuvre de saint Paulin de Nole*, Paris, 1948, pp. 32, 41-45. Pour Rufin, en tout cas, il ne paraît pas avoir tenu compte des critiques de Jérôme. *Pertinacia* ou conscience de son bon droit et de la vérité historique ?

([76]) Après avoir changé deux fois de lieu d'exil, Eusèbe se trouve à Scythopolis lorsque les évêques exilés par Constance sont rappelés par Julien. Athanase rentre à Alexandrie en février 362. Le « concile des confesseurs » se tient peu après.

([77]) Eusèbe de Verceil est chargé de porter à Antioche les décisions du concile. Il retrouve en cette ville Lucifer de Cagliari qui vient d'ordonner Paulin (RUFIN, *Hist. Eccles.* I, 30 ; *PL* 21, c. 500-1). Eusèbe reviendra en Occident avec Évagre d'Antioche (BASILE de Césarée, *Ep.* 138, 2, Éd. Y. Courtonne, CUF, t. 2, p. 55). Sur son itinéraire de retour en Occident, voir *infra*, pp. 272-273.

([78]) RUFIN d'Aquilée, *Hist. Eccles.* I, 30 (*PL* 21, c. 501) : « Eusebius uero circumiens Orientem atque Italiam medici pariter et sacerdotis fungebatur officio. Singulas quasque ecclesias abiurata infidelitate ad sanitatem rectae fidei reuocabat, maxime quod Hilarium quem dudum cum ceteris episcopis in exilium trusum esse memorauimus, *regressum iam et in Italia positum haec eadem erga instaurandas ecclesias fidemque patrum reparandam repperit molientem* ».

([79]) *Ibidem*, I, 29 (c. 499 C) : « Cum huiuscemodi sententias (les décisions du concile d'Alexandrie) ex euangelica auctoritate prolatas ordo ille sacerdotalis et apostolicus adprobasset, ex concilii decreto Asterio ceterisque qui cum ipso erant Orientis iniungitur procuratio, *Occidentis uero Eusebio decernitur* ». L'Asterius nommé est l'évêque de Pétra.

III

L'historien ne se contente pas, cependant, de ces indications de temps et de lieu. Il insiste sur le rôle primordial d'Hilaire qui, par son caractère, sa science et son talent, menait cette oeuvre de restauration avec plus de soin et de précision ([80]). Surtout, l'historien ajoute un renseignement fort important qui nous permet de saisir et de préciser la nature de l'action menée par Hilaire. Elle emprunte deux voies: contacts directs, au cours desquels l'évêque de Poitiers peut instruire ses interlocuteurs et les ramener à la vraie foi; oeuvre écrite à l'adresse de ceux « qui étaient éloignés et avec lesquels il ne pouvait parler de vive voix » ([81]).

Or, il n'est pas impossible de découvrir le contenu de cette oeuvre écrite. Il s'agit, selon Rufin, de « livres sur la foi (*de fide*) où Hilaire exposait les artifices des hérétiques, la méprise des nôtres et leur simplicité trop crédule ». Dans une page qui essaie de résumer toute l'oeuvre d'Hilaire, on ne peut exclure que ces *libri* comprennent, entre autres, les douze livres du *De fide* que nous connaissons sous le titre de *De Trinitate* ([82]), encore qu'ils aient été composés avant le retour d'exil ([83]). La précision de la phrase cependant, convient beaucoup mieux à l'oeuvre que Rufin décrit dans le *De adulteratione librorum Origenis* ([84]). Il s'agit d'un *libellus* dont il nous dit qu'il était destiné « à la correction de ceux qui avaient signé la formule hétérodoxe de Rimini ». L'un est dit

---

([80]) *Ibidem*, I, 31 (c. 501): « Nisi quod Hilarius uir natura lenis et placidus simulque eruditus et ad persuadendum commodissimus, rem diligentius et aptius procurabat » (Suite du texte citée *infra*, n. 81).

([81]) Rufin, *Hist. Eccles.*, I, 31 (c. 501): « Qui (Hilarius) etiam libros de fide nobiliter scriptos edidit quibus et haereticorum uersutias et nostrorum deceptiones et male credulam simplicitatem ita diligenter exposuit ut et praesentes et longe positos quibus ipse per se disserere uiua uoce non poterat, perfectissima instructione corrigeret ».

([82]) Le texte de Rufin cité à la note précédente est couramment utilisé pour montrer que le titre original de l'oeuvre d'Hilaire était « *De fide* ». Il existe de fait un certain nombre d'ouvrages de ce titre à l'époque immédiatement postérieure (Grégoire d'Elvire, Ambroise de Milan, etc.), mais il ne faut peut-être faire du texte de Rufin une indication de titre, même s'il a permis à son lecteur de reconnaître l'oeuvre la plus importante de l'évêque de Poitiers. Le parallélisme suivant, en tout cas, mérite quelque réflexion.

([83]) Sur le *De Trinitate* comme oeuvre d'*emendatio*, voir *De Trin.* 6, 1 (*PL* 10, c. 158 B-C).

([84]) Voir, pour tout ce qui suit, le texte du *De adulteratione* cité *in extenso* n. 73. Le texte de l'*Historia ecclesiastica* est cité n. 81.

libellus instructionis plenissimae ([85]). Ceux-ci sont dits *perfectissima instructione*. L'un est destiné à *l'emendatio* de ceux qui ont signé une formule hérétique. On nous dit que les autres lui ont permis de corriger (*corrigere*) ceux qui les lurent. Enfin, les allusions aux « tromperies des hérétiques » (*haereticorum uersutiae*), à la « simplicité » (*male credula simplicitas*) des orthodoxes nous permettent de retrouver le *Liber aduersus Vrsacium et Valentem* dont nous parle Jérôme et dont j'ai essayé de montrer ailleurs que Jérôme nous en avait probablement sauvegardé un très précieux fragment ([86]). Si cette notice ne semblait concentrer un peu trop fortement en une phrase toute l'activité littéraire d'Hilaire, quitte à en faire une oeuvre exclusivement polémique, nous aurions une indication très précieuse sur les circonstances où fut composé cet *Aduersus Vrsacium et Valentem* ([87]). Pour notre présent propos contentons-nous de l'importante notation de l'antériorité du séjour d'Hilaire en Italie du Nord par rapport au retour d'exil d'Eusèbe de Verceil.

Ce fait est confirmé par Socrate le Scholastique. Assurément, l'essentiel de son récit ne fait que reproduire celui de Rufin. On pourrait donc légitimement se demander si les deux textes repré-

---

([85]) J'ai, *supra*, n. 73, transcrit le texte édité par M. Simonetti. Bien que le *plenissime* soit tout à fait compréhensible (et puisse être rapproché du *nobiliter scriptos* de l'*Histoire ecclésiastique*), il me semble que la *perfectissima instructio* du second texte suggère d'adopter *instructionis plenissimae*, même si le *c* des manuscrits n'est pas cédillé.

([86]) V. *La « manoeuvre frauduleuse » de Rimini*, pp. 51-103.

([87]) La suite immédiate du texte de Rufin nous montre en Eusèbe et Hilaire deux luminaires qui ont chassé *du moindre recoin* les ténèbres hérétiques. L'exagération est manifeste. Nous savons qu'Auxence de Milan survécut aux deux « missionnaires » sans quitter le moins du monde son siège épiscopal. D'autre part, Rufin applique à ces deux évêques une image biblique que Maximin l'Arien réserve aux apôtres Pierre et Paul (*Serm.* 11, début; *PLS* I, c. 752) en citant le *Testament de Levi* (v. sur ce point, M. MESLIN, *Les Ariens d'Occident*, p. 240 et n. 39-40)! Le champ d'action des deux « confesseurs » est néanmoins indiqué avec précision et nous allons voir que Socrate le Scholastique vient confirmer ce que nous pouvons entrevoir par les déclarations d'Auxence de Milan (v. n. 67) et Germinius (v. n. 72): « Ita duo isti uiri (Hilarius et Eusebius) uelut magnifica quaedam mundi lumina *Illyricum, Italiam Galliasque* suo splendore radiarunt ut omnes etiam de absconditis angulis et abstrusis haereticorum tenebrae fugarentur » (*Hist. Eccl.*, I, 31 f - c 501).

III

sentent deux autorités différentes. L'historien grec n'a-t-il pas fait confiance au Latin parce qu'il devait mieux connaître que lui les affaires occidentales? La question se pose en réalité pour tous les récits parallèles de Socrate et de Rufin. On sait cependant que l'historien grec a dit sa déconvenue devant la découverte qu'il avait faite des erreurs de chronologie commises par Rufin ([88]). Nous pouvons donc penser qu'il a pris soin par la suite, comme il l'avance, de vérifier les assertions de son prédécesseur, même lorsqu'elles concernaient l'Occident. Dès lors, il n'est pas invraisemblable que les données originales fournies par Socrate représentent le fruit de sa nouvelle enquête.

Or, à confronter les deux récits, on constate qu'une précision a été ajoutée au récit de Rufin. Elle concerne l'itinéraire du retour d'Eusèbe. Celui-ci rejoint l'Italie du Nord *en traversant l'Illyricum* ([89]). Durant ce voyage, Eusèbe se préoccupe de rétablir la vraie foi dans les Églises qu'il visite ([90]). Nous avons là, semble-t-il, la confirmation des propos tenus par Germinius en 366 ([91]).

Dès ce moment cependant, le rayonnement des deux « luminaires » que Rufin reconnaît en Hilaire et Eusèbe a été quelque peu affaibli par les mesures prises par Valentinien. En refusant de s'immiscer dans les affaires religieuses et de prêter son appui à la restau-

---

([88]) On verra en particulier la *Préface* du second livre de Socrate, au sujet surtout d'Athanase (*PG* 67, c. 184-185).

([89]) SOCRATE LE SCHOLASTIQUE, *Hist. eccles.*, 3, 9 (*PG.* 67 c. 405 A-B). Les deux récits sont étroitement parallèles, sauf pour l'indication concernant l'itinéraire d'Eusèbe. Sur Hilaire, *ibidem* 3, 10 (c. 405 B-C).

([90]) La décision prise par les évêques d'Achaïe au sujet de Rimini-Niké ne nous est connue que par la lettre *Imperitiae culpam* de Libère et par les lettres d'Athanase à Rufinianus (v. n. 64) et à Basile de Césarée (ap. BASILE, *Ep.* 204, 6; Éd. Courtonne, t. 2, p. 179 où il est question d'Achaïe et de Macédoine). Il n'est pas impossible qu'Eusèbe de Verceil soit à l'origine de ces décisions comme de ces informations. Il ne pouvait pas en effet, ne pas entrer en contact avec celui dont il avait été le légat à Milan en 355 et, d'autre part, il a dû rendre compte à Athanase de son action dans cet Occident qui lui avait été confié au « concile des Confesseurs » (v. n. 79).

([91]) On résoudrait ainsi le problème posé par son affirmation à Heraclianus: « Ego fidem meam exposui Eusebio et manifestaui, et placuit ei » (*Altercatio*, p. 136 = c. 346 C-D). Il faut cependant reconnaître qu'en janvier 366, Germinius est loin de prôner les thèses nicéennes. V. M. MESLIN, *op. cit.*, p. 295, n. 147.

ration nicéenne, en donnant l'ordre à Hilaire de quitter Milan et de regagner Poitiers, le nouvel empereur a certainement freiné l'entreprise qui s'était déployée depuis 360 et qui avait profité de la protection ou de la liberté octroyées par Julien et Jovien ([92]). Le temps se chargera de faire disparaître un certain nombre des évêques restés favorables au *Credo* de Rimini. L'offensive ne reprendra véritablement qu'après l'élection d'Ambroise et la mort de Valentinien. Elle utilisera à nouveau les méthodes mises en oeuvre par Hilaire et Eusèbe: déplacements, conciliabules et ouvrages d'instruction ou de réfutation.

* * *

Les événements des années 360-3 sont donc de la première importance pour qui veut comprendre l'histoire de l'Italie du Nord et de l'Illyricum durant la fin du IVe siècle. C'est à ce titre que j'ai essayé de débrouiller ou de cerner quelques-uns des problèmes qui se posent à l'historien de ce temps et de cette région. La précision que l'on croit trouver chez Hilaire lui-même concernant la manière dont il a quitté Constantinople me paraît illusoire, ce qui ne veut pas dire que toute clarté soit faite ni sur les circonstances, ni sur la date, ni sur l'itinéraire de ce retour. Nous ne pouvons que poser les problèmes, sans prétendre les résoudre. Du moins leur existence invite-t-elle à ne pas avancer d'affirmation trop rapide ni trop péremptoire.

L'étape romaine est assurée par Sulpice Sévère dans un contexte qui ne peut éveiller de doute. L'on aimerait, cependant, avoir des détails sur la durée de ce séjour et sur le rôle, réel ou nul, qu'a joué dès ce moment le Pape Libère. L'existence du concile de Paris invite à penser que ce premier séjour ne s'est pas beaucoup prolongé. Surtout, nous savons que Martin ne trouva plus Hilaire à Rome lorsqu'il voulut l'y rejoindre. On remarquera cependant qu'un tel rendez-vous, d'où qu'il ait été donné par Hilaire, supposait pour pouvoir avoir lieu, un certain laps de temps. Quoi qu'il en

---

([92]) Sur le neutralisme de Valentinien Ier, malgré sa confession nicéenne, voir AMMIEN MARCELLIN, *Res Gestae*, XXX, 9, 5 et SOZOMÈNE, *Hist. Eccles.*, 6, 7, 1-2 (GCS 50, Éd. Bidez-Hansen, p. 245).

III

soit, nous ne verrons pas Libère intervenir avant l'année 363. On aimerait savoir s'il agit alors à la demande d'Hilaire et d'Eusèbe et pour appuyer l'action des deux « confesseurs » contre les Lucifériens avec lesquels Rufin et Sulpice Sévère nous montrent Hilaire aux prises [93]. Une affirmation de Damase semble bien reconnaître une certaine initiative à l'évêque de Rome, mais la valeur d'une pareille assertion n'est pas des plus patentes [94], pas plus que n'est très claire l'action que Damase entreprendra lui-même à la tête des synodes romains. Ce qui me paraît en revanche sortir quelque peu de l'obscurité, c'est l'action solitaire d'Hilaire en Italie du Nord dès avant le retour d'Eusèbe de Verceil, c'est-à-dire avant 363.

Corrigenda

p. 256, HILAIRE, *In Constantium*, l. 17, lire: ... fatigasti, extra Christianum quoque nomen relegasti ne panem aut de ...

p. 271, n. 82, lire: ... il ne faut peut-être pas faire du texte de Rufin une indication de titre, même s'il ...

---

[93] V. le texte cité *supra*, n. 65 et la fin de la même note.

[94] Voir *supra* n. 48. Nous ne possédons pas davantage la lettre (ou les lettres?) de Libère à laquelle fait allusion Sirice dans sa lettre à Himère de Tarragone et selon laquelle Libère aurait cassé le concile de Rimini et interdit la rebaptisation des Ariens (*Ep. directa ad decessorem*, I, 2; *PL* 13, c. 1033-4). Le deuxième point n'apparaissant pas dans la lettre *Imperitiae culpam* que nous connaissons, force est de supposer l'existence d'une lettre au moins, mais nous en ignorons complètement la date. Est-il cependant impossible qu'Hilaire soit à l'origine de l'action de Libère? La dénonciation de la *fraus* apparaît chez tous deux (V. *La « manoeuvre frauduleuse »*, p. 55 et 100 sq.). Ainsi s'inscriraient sur une même ligne les tentatives, plus ou moins heureuses, entreprises par Hilaire à Constantinople, à Rome et en Gaule (V. *supra*, n. 63). Son action en Italie du Nord, les textes de Rufin sont formels, ne fut pas d'un autre ordre.

IV

UNE TRADUCTION LATINE INÉDITE DU SYMBOLE DE NICÉE ET UNE CONDAMNATION D'ARIUS A RIMINI

NOUVEAU FRAGMENT HISTORIQUE D'HILAIRE OU PIÈCES DES ACTES DU CONCILE ?

L'œuvre historique d'Hilaire de Poitiers a fait l'objet de nombreuses recherches depuis le début de ce siècle. On s'est cependant exclusivement intéressé aux documents et au texte contenus dans le manuscrit 483 de l'Arsenal, sur lequel M. Schicktanz [1] et dom Wilmart [2] avaient attiré l'attention. A. Feder s'est contenté de reproduire l'ordre et le texte du manuscrit [3], revenant à peu près par le fait même au travail de Nicolas Le Fèvre, le premier éditeur de ces *Fragmenta historica* en 1598 [4].

L'apport de Le Fèvre ne se limitait d'ailleurs pas aux *Fragmenta*. Tout en éditant le texte du manuscrit de Pierre Pithou, dont il inversait les deux parties, Le Fèvre avait imprimé — en appendice, en quelque sorte — une série d'anathématismes, qu'il empruntait, à son propre témoignage, à un manuscrit de Montier-en-Der et qui se rapportait au concile de Rimini de 359 [5]. Cette pièce fut reprise par dom Coustant lorsque celui-ci réédita les *Fragmenta historica*. Toutefois, le savant éditeur d'Hilaire plia cette pièce à son dessein d'ensemble et la fit entrer dans le clas-

---

1. M. SCHICKTANZ, *Die Hilariusfragmente. Inaugural-Dissertation*, Breslau, 1905.
2. A. WILMART, L'« *Ad Constantium Liber Primus* » *de S. Hilaire de Poitiers et les Fragments historiques*, dans *Rev. bénéd.* 24 (1907), p. 149-179, 293-317 ; *Les Fragments historiques et le Synode de Béziers*, ibid. 25 (1908), p. 225-229.
3. A. FEDER, Introduction à son édition des *Collectanea Antiariana Parisina*, *CSEL* 65, p. xx sv.
4. N. LE FÈVRE, *B. Hilarii Pictauensis prouinciae Aquitaniae episcopi ex opere historico fragmenta, nunquam antea edita*, Paris, 1598.
5. *Op. cit.*, 2ᵉ partie, p. 47-48.

sement chronologique selon lequel il avait entrepris de publier les *membra disiecta* des manuscrits. Il prenait soin toutefois d'avertir ses lecteurs de l'origine de cette page en même temps que de la valeur, très relative, du titre qu'il lui donnait [1].

Un certain nombre d'historiens modernes ne semblent pas avoir fait attention à ces précisions. Loin même de se poser aucune question sur la nature de ce texte, ils en font un document de la *deuxième* session du concile de Rimini, celle qui vit la chute quasi générale d'un épiscopat fatigué, ignorant, berné et lâche. L'erreur est manifeste. Il suffit de lire le préambule de ces anathématismes, tel que l'édite Le Fèvre, pour se rendre compte que le tout émane d'Occidentaux farouchement fidèles à la doctrine et au vocabulaire de Nicée. On ne peut donc qu'être étonné devant l'erreur que les historiens se sont léguée sans le moindre inventaire [2].

Il est également surprenant que l'excellent connaisseur d'Hilaire qu'était dom Coustant n'ait pas cherché à en savoir davantage sur l'origine du document que lui transmettait N. Le Fèvre. A dire vrai, ce dernier avait dû réellement se borner à éditer le travail de P. Pithou. Le *Deruensis* auquel il se réfère appartenait en effet à P. Pithou, ce que Le Fèvre ne dit pas, mais qu'il est loisible de vérifier. Ce manuscrit existe en effet toujours. Il n'est autre que le *Parisinus latinus* 2076 (Xe siècle), que dom Coustant aurait pu connaître sous le nom de *Colbertinus* 1237, puis de *Regius* 3774 [33]. Mais il se trouve que ce manuscrit, qui avait appartenu à l'abbaye de Montier-en-Der, a un frère ou un cousin dans le *Parisinus latinus* 2341 (IXe siècle), avec lequel, pour les textes qui nous intéressent, il présente suffisamment de différences pour qu'une édition un peu plus critique puisse paraître souhaitable. Elle devrait, en effet, permettre de corriger quelques inattentions de N. Le Fèvre — qui se sont multipliées dans l'édition de dom Coustant et, par le fait même, dans la Patrologie latine de Migne, — d'éliminer quelques conjectures malheureuses, de rendre à la pièce imprimée son véritable titre.

Mais il semble bien que l'on ne puisse pas se contenter de

---

1. L'édition de dom Coustant (*Sancti Hilarii Pictauorum episcopi opera... studio et labore monachorum Ordinis S. Benedicti e Congregatione S. Mauri*, Paris, 1693, p. 1343 et n.a.) a été reprise par Migne (*PL* 10, col. 698 et n.i.). Voir SCHICKTANZ, *op. cit.*, p. 155, note ; FEDER, *op. cit.*, p. XX-XXI.
2. Voir Y.-M. DUVAL, La « manœuvre frauduleuse » de Rimini. A la recherche du « Liber aduersus Vrsacium et Valentem » d'Hilaire, dans *Hilaire et son temps* (Colloque de Poitiers, 1968), Paris, 1969, p. 68.

TRADUCTION LATINE INÉDITE DU SYMBOLE DE NICÉE 9

rééditer la seule série des anathématismes retenue par Le Fèvre, fût-elle munie de son vrai titre et de la totalité de son préambule. Ce dernier, pour tronqué qu'il demeure, semble renvoyer à ce qui le précède ou à ce qui le précédait à un moment ou à un autre. Or, dans les deux manuscrits actuellement connus, la série d'anathématismes de Rimini est précédée, comme Le Fèvre l'indiquait déjà [1], du Symbole de Nicée. Un tel voisinage peut assurément paraître banal, si l'on songe que nous sommes en présence d'une collection de symboles et que nos anathématismes seront suivis du Symbole *Quicumque* [2]. Lorsqu'on sait cependant avec quelle vivacité les évêques réunis à Rimini en juin-juillet 359 se réclamèrent de Nicée, on est porté à se demander si le Symbole de Nicée et la *Damnatio Arrii* ne constituaient pas un seul document, qu'un « excerpteur » a emprunté soit à l'œuvre encore complète d'Hilaire, soit à des Actes du concile de Rimini dont j'ai montré ailleurs qu'ils avaient réellement existé [3]. La vraisemblance de l'une et l'autre hypothèse est renforcée par le fait que la traduction du Symbole de Nicée qui nous est offerte dans ces deux manuscrits est non seulement très ancienne, mais aussi très proche de celle que l'on trouve dans les Fragments historiques [4], où elle figure cependant sans l'ajout dont nous la voyons accompagnée dans nos deux manuscrits. Cet ajout est lui-même très ancien, ce qui ne résout pas toutes les questions qui l'entourent [5]. Enfin, la question se pose de savoir si les deux premières pièces (symbole et

---

1. *Op. cit.*, 2ᵉ partie, p. 47 : « Quod sequitur est ex alio cod. Deruen. post exemplar fidei Nicenae ».
2. C'est dans le Paris lat. 2076 que dom Morin a trouvé le Credo de Valérien, évêque de Calahorra († après 393) : *La « Fides sancti Valeriani » du ms. Paris lat. 2076*, dans *Rev. bénéd.* 15 (1898), p. 102-103. J'ignore pourquoi, alors qu'il signalait trois nouvelles références au Symbole *Quicumque* (*ibid.*, p. 101-102), dom Morin ne fait pas état du texte qui figure dans le ms. 2076. Nos deux mss ne sont utilisés, ni par A.E. Burn, *The Athanasian Creed and its Early Commentaries*, Cambridge, 1896, p. 2-3, ni par J.N.D. Kelly, *The Athanasian Creed « Quicumque vult »*, Londres, s.d. [1964], p. 16. Les matériaux rassemblés dans ce recueil de symboles sont pourtant remarquables par leur antiquité.
3. Y.-M. Duval, *La « manœuvre frauduleuse »...*, p. 81 sv.
4. Ce qui explique qu'un bibliothécaire ait, sur le Paris lat. 2076, renvoyé à Hilaire. De même, Ph. Lauer dans son *Catalogue général des manuscrits latins de la Bibliothèque nationale*, II, Paris, 1940, p. 307 (ms. 2076 : *PL* 10, 654), p. 417 (ms. 2341 : *PL* 10, 684), i.e. *Fragmenta* d'un côté, *De synodis* de l'autre. Nous verrons plus loin cependant que les différences entre le texte des *Fragmenta* et celui de notre inédit sont assez nombreuses pour que les deux textes ne puissent être ramenés à l'unité, pas plus qu'on ne peut identifier cet inédit avec le texte du *De synodis*.
5. On ne peut pas exclure absolument que l'ajout soit à séparer du *Nicaenum*, mais la solution inverse a pour elle bien des probabilités.

ajout) appartiennent au même ensemble que les suivantes (préambule et anathématismes) [1].

J'éditerai et rééditerai ces pièces, en montrant les liens plus ou moins étroits qui les unissent et qui permettent de les dater de la même époque, de par leur contenu. J'essaierai ensuite de situer ces textes dans l'histoire du concile de Rimini, sinon dans l'œuvre même d'Hilaire. Si je puis offrir un texte plus correct et plus complet que Le Fèvre et Coustant, je ne me flatte pas, tant s'en faut, de résoudre toutes les difficultés qui entourent ces pièces.

I. LES TEXTES

X : Paris B.N. lat. 2341, fol. 148ᵛ-149.
Y : Paris B.N. lat. 2076, fol. 50ᵛ-51ᵛ.

DE HOMOUSION. EXEMPLAR FIDEI CATHOLICAE NICENAE

Credimus in unum Deum patrem omnipotentem omnium uisibilium et inuisibilium factorem. Et in unum dominum nostrum Iesum Christum filium Dei de patre natum unigenitum hoc est de substantia patris.
5 Deum ex deo, lumen ex lumine, deum uerum ex deo uero, natum non factum, unius substantiae cum patre, quod graeci dicunt homousion, per quem omnia facta sunt siue quae in caelo siue quae in terra, qui propter nos homines et propter nostram salutem descendit, incarnatus est, homo factus est, passus est et resurrexit tertia die. Ascendit in
10 caelos, uenturus iudicare uiuos et mortuos. Et in spiritum sanctum. Eos autem qui dicunt : Erat quando non erat, et Priusquam nasceretur non erat, et Quia ex nullis extantibus factus est uel de alia substantia siue essentia, dicentes mutabilem et conuertibilem filium dei, hos anathematizat catholica et apostolica ecclesia.
15 Haec est fides quam exposuerunt patres nostri primum quidem aduersus Arrium blasphemantem creaturam esse filium dei et aduersus omnem heresem Sabelli et Fotini et Pauli samosatheni et Manicaei et Valentini et Marcionis et aduersus omnem heresim quaecumque exsur-

---

1 exemplar X, etemplar Y   4 unigenitum X, hunigenitum Y   5 Deum ex deo X, Deum de deo Y   6 homousion X, homousian Y   7 siue quae in caelo X, siue in caelo Y   8-9 descendit incarnatus est X, descendit et incarnatus est Y   12 quia ex nullis X, quia nullis Y   uel de alia substantia X, ual de alia substia Y   13 dicentes *scripsi*, dicent esse XY   14 anathematizat X, anathetizat Y   17 Fotini X, Foniti Y   et Pauli samo[?]satheni X, samosetani et Pauli Y   Manicaei *scripsi*, Nicaei XY   18 Marcionis *scripsi*, Martionis XY   quaecumque X, quicumque Y

---

1. En bref, il s'agit de savoir si nous avons affaire à *un* seul document, à deux (*Nicaenum* + ajout, *Damnatio Arrii*) ou à trois (*Nicaenum*, ajout, *Damnatio Arrii*).

TRADUCTION LATINE INÉDITE DU SYMBOLE DE NICÉE 11

rexit contra catholicam et apostolicam fidem quos etiam damnauerunt
20 in ciuitate nicea congregati episcopi CCCXVIII quorum nomina et
aeparchiae infra scripta sunt. Sed diligentes serui dei magis studuerunt
orientalium nomina tantum transcribere et quod occidens † sanctis
episcopis conscripta in synodo nicena secundum propheticam et
euangelicam et apostolicam Credimus in unum deum.

---

20 nicea Y : om. X
21 aeparchiae *scripsi*, aeparrochiae XY   scripta *scripsi*, scripti XY
diligentes X, diligenter Y   23-24 propheticam et euangelicam et apostolicam X, propheticam et apostolicam Y

DAMNATIO BLASPHEMIAE ARRII ET
EXPOSITIO INTEGRAE ET CATHOLICAE FIDEI

Cum aput Niceam tractatum habitum † quem praedicti catholici in
tractatu Ariminensi firmauerunt et manu sua subscripserunt †.
5 Blasphemiae arrii, licet antehac fuerunt damnatae, latebant tamen
occultae quia eum blasphemasse ignorabatur. Verum fauente Deo
procuratum est ut constitutis nobis apud Ariminum eius pestifera
heresis reperiretur. Et ideo, simul cum eius blasphemiis, omnes quoque
hereses quae antehac exsurrexerunt contra catholicam et apostolicam
10 traditionem, sicut iam dudum damnatae sunt praeteritis conciliis et
diuersis in locis, nos quoque damnamus.
Et anathematizamus eos qui dicunt filium Dei nullis extantibus sed
de alia substantia et non de Deo patre natum Deum uerum de Deo uero.
Et si quis Patrem et Filium duos deos hoc est non nata duo principia
15 dixerit et non patris et filii unam deitatem profiteatur, anathema sit.
Si quis filium Dei creaturam uel facturam dixerit anathema sit.
Si quis Deum patrem ipsum de Maria natum eumdemque patrem et
filium dixerit, anathema sit.
Si quis filium Dei de Maria initium sumpsisse dixerit, uel fuisse
20 tempus quando non erat filius anathema sit.
Si quis filium Dei non uere inenarrabiliter de Deo patre natum sed
adoptiuum filium dixerit anathema sit.
Si quis filium Dei aut temporalem aut hominem solum et non ante
omnia saecula de Deo patre natum profiteatur, anathema sit.
25 Si quis patris et filii et spiritus sancti unam personam aut tres
substantias diuisas dixerit et non perfectae trinitatis unam deitatem
profiteatur, anathema sit.

---

1 et X : om. Y   3 quem Y : quam X
3 habitum X, om. Y   5 antehac *Fab.*, ante hac X, ante ac Y   6
occultae *Fab.*, occulta X, occulto Y   blasphemasse *Fab.*, blasphemasset
X, blasphemansent Y   7 apud *Fab.*, om. XY   8 reperiretur X,
repetiretur Y, repeteretur *Fab.*   10 traditionem Y, tradictionem X   12
filium dei nullis XY, filium dei de nullis *Cou.*   12-13 sed de alia XY, et
de alia *Fab.*, *forte pro* uel de alia   13 substantia *sic* XY, *quidquid legerit
Cou. qui hoc uerbum supplendum conjicit*   de deo patre X, de deo patri Y
14 non nata X, non nota Y *Fab.*   16 Si quis filium XY, si quis et filium *Coust.*
17 de Maria natum X, de Mariae uirgine natum Y   22 adoptiuum *Fab.*,
adobtiuum Y, abobtiuum X   25 unam personam X, unum personam Y

Si quis filium Dei esse ante omnia quidem saecula et non ante omne omnino tempus ut ei tempus adsignet, anathema sit.
30 Si quis creata omnia non per Verbum sed sine eo uel ante eum facta dixerit, anathema sit.
Si quae autem aliae blasphemiae Arrii uel cuiuslibet repertae fuerint, similiter anathematizamus.

---

28 Si quis filium dei Y, si quis dei filium X et non ante XY, sed non ante *Cou*.   31 anathema X, anthema Y 32 Si quae autem Y, si quis autem X 33 anathematizamus X, anathetizamus Y

II. NOTES CRITIQUES

Je ne m'attarderai pas aux erreurs de lecture ni aux fantaisies de l'orthographe, dont j'ai donné quelques exemples dans l'apparat. L'ensemble laisse apparaître que le scribe de Y connaît peu le latin ou qu'il est davantage distrait, comme on peut le découvrir dès le titre du premier document.

1. *Le Symbole de Nicée et ses anathématismes*

Le *deum de deo* (l. 5) semble un souvenir inconscient. Le *a* de *homousian* (l. 6) est indubitable. La comparaison avec X et les *Fragmenta historica* invite à reconnaître, comme on le verra plus loin [1], une omission dans le *siue in caelo* de Y (l. 7), un ajout dans sa liaison *descendit ET incarnatus est* (l. 8). Ce dernier cas est imputable, comme plus haut, à la mémoire inconsciente du scribe.

Dans les anathématismes, le *quia nullis extantibus* (l. 12) est aussi défendable que le *quia EX nullis extantibus*. En revanche, *ual* et *substia* (l. 12) sont des inattentions. Enfin, l'accord des deux manuscrits sur le *dicent esse* (l. 13) montre qu'ils copiaient tous deux un texte déjà corrompu.

2. *L'ajout*

Comme il est naturel, ce sont surtout les noms propres qui ont souffert. L'usure du parchemin en ce folio de Y n'empêche pas de deviner un *foniti* (l. 17), auquel est joint, sans liaison, le mot *samoseteni*, tandis que X donne *Pauli Samo*[?]*satheni*, la lettre grattée pouvant être un *u* ou un *n*. Les deux manuscrits sont également corrompus pour le nom de Mani, qui se trouve amputé

---

1. Voir *infra*, p. 15.

de sa première syllabe. Les deux manuscrits présentent la même lacune finale. Elle n'a pas gêné les copistes. Elle existait donc déjà dans leurs modèles.

3. *La* Damnatio Arrii

Comme on pourra s'en rendre compte en comparant le texte ci-dessus avec celui de son édition et de la réédition de dom Coustant, Le Fèvre, gêné sans doute par la phrase laissée en suspens, n'a pas reproduit exactement le manuscrit pour les premières lignes qu'il éditait. Nous étudierons plus loin le contenu de cette introduction [1].

4. *Les anathématismes*

Une relecture de *Y* permet d'éliminer quelques erreurs ou quelques faux problèmes :

   (1. 12) nullis extantibus : *Cou*. de nullis extantibus
   (1. 12) sed de alia substantia : *Fab*.et de alia (supple : substantia)*Cou*.
   (1. 16) si quis filium : *Cou*. si quis et filium
   (1. 32) si quae autem : *Cou*. si qui (f. quae)

L'apport de *X* permet surtout d'éliminer quelques conjectures, heureuses ou malheureuses :

   (1. 8) *X* repperiretur : *Y* repetiretur, *Fab*. repeteretur
   (1. 14) *X* non nata : *Y Fab*. non nota, *Cou*. non nata

En revanche, *X*, qui s'accorde avec *Y* pour *nullis extantibus, sed de alia substantia, si quis filium*, donne en dernier lieu *si quis autem aliae*, où le scribe a continué sur son élan des anathématismes précédents. Enfin, un nouvel indice permet de deviner que les deux manuscrits dérivent d'un modèle déjà corrompu : *blasphemansent* de *Y*, *blasphemasset* de *X*, là où le sens demande *blasphemasse*.

III. LE CONTENU DE CES DOCUMENTS ET LES PROBLÈMES QU'ILS POSENT

Si la série d'anathématismes et son préambule ne sont actuellement connus que par nos deux manuscrits, on ne peut pas en dire autant du Symbole de Nicée, ni même de son ajout.

---

1. Voir *infra*, p. 20 sv.

IV

1. Le Symbole [1] et ses anathèmes

Lorsqu'il s'agit de textes qui, par leur date, peuvent toucher à saint Hilaire, la question se pose immédiatement de savoir si la traduction du *Nicaenum* a quelque parenté avec l'une ou l'autre des deux versions que nous a transmises l'œuvre de l'évêque de Poitiers. On sait en effet que les deux textes fournis par les Fragments, d'une part, le *De synodis*, d'autre part, ne sont pas en tous points identiques et qu'ils présentent tous deux des différences, mais aussi des affinités avec les textes que nous ont conservés un commentaire anonyme du *Nicaenum*, Lucifer de Cagliari et Grégoire d'Elvire, pour nous en tenir à l'époque même d'Hilaire [2].

Or, quelle n'est pas la surprise du lecteur, lorsqu'il découvre que le texte de nos deux manuscrits, après un début très proche du texte contenu dans le *De synodis*, est très voisin de la version fournie par le manuscrit de l'Arsenal !

Nous transcrivons ci-dessous les trois textes : le texte des *Collectanea* à gauche, celui du *De synodis* à droite, et au centre le texte de nos deux manuscrits :

Collectanea B, II, 10 (CSEL 65, 150)	Paris *B.N.* lat. 2341 et 2076	*De synodis*, 84 (*PL* 10, 536) [3]
Credimus in unum deum	Credimus in unum deum	Credimus in unum deum
patrem omnipotentem,	patrem omnipotentem,	patrem omnipotentem,
uisibilium et inuisibilium factorem.	omnium uisibilium et inuisibilium factorem.	omnium uisibilium et inuisibilium factorem.
Et in unum dominum	Et in unum dominum nostrum	Et in unum dominum nostrum
Iesum Christum filium dei,	Iesum Christum filium dei,	Iesum Christum filium dei,
natum de patre, hoc est de substantia patris,	de patre natum unigenitum, hoc est de substantia patris,	natum ex patre unigenitum, hoc est de substantia patris,
deum de deo, lumen de lumine, deum uerum de deo uero,	deum ex deo, lumen ex lumine, deum uerum ex deo uero,	deum ex deo, lumen ex lumine, deum ¦uerum de deo uero,

---

1. Faut-il rappeler que Marius Victorinus a écrit, entre 360 et 363, un traité *De homousio recipiendo* (éd. P. Hadot, SC 68, p. 606 sv., p. 58 sv.) C'est en effet ce mot qui a servi de bannière en ces années.
2. On trouvera les textes réunis par C.H. Turner, *Ecclesiae Occidentalis Monumenta iuris antiquissima*, I, 2, 1, Oxford, 1913, appendice IX, p. 297 sv.
3. Je transcris ici le texte de Turner, *op. cit.*, p. 299, revu sur les Paris lat. 2630 et 8907, sauf pour le *discendit*.

TRADUCTION LATINE INÉDITE DU SYMBOLE DE NICÉE

natum non factum, unius substantiae cum patre,	natum non factum, unius substantiae cum patre,	natum non factum, unius substantiae cum patre,
quod graeci dicunt homousion,	quod graeci dicunt homousion,	quod graece dicunt homousion,
per quem omnia facta sunt siue quae in caelo siue quae in terra,	per quem omnia facta sunt siue quae in caelo siue quae in terra,	per quem omnia facta sunt quae in caelo et in terra,
qui propter nos homines et propter nostram salutem	qui propter nos homines et propter nostram salutem	qui propter nostram salutem
descendit, incarnatus est, homo factus est, passus est et resurrexit tertia die, ascendit in caelos, uenturus iudicare uiuos et mortuos.	descendit, incarnatus est [1] homo factus est passus est et resurrexit tertia die ascendit in caelos, uenturus iudicare uiuos et mortuos.	descendit, incarnatus est et homo factus est et passus est et resurrexit tertia die et ascendit in caelos, uenturus iudicare uiuos et mortuos.
Et in spiritum sanctum.	Et in spiritum sanctum.	Et in spiritum sanctum.
Eos autem qui dicunt "erat quando non erat" et "priusquam nasceretur non erat" et quia ex nullis extantibus factus est, quod graeci "ex uc onton" dicunt uel alia substantia,	Eos autem qui dicunt "erat quando non erat" et "priusquam nasceretur non erat" et quia ex nullis extantibus factus est uel de alia substantia siue essentia,	Eos autem qui dicunt "erat quando non erat" et "antequam nasceretur non erat" et quod de non extantibus factus est uel de alia substantia aut essentia,
dicentes mutabilem et conuertibilem filium dei,	dicentes mutabilem et conuertibilem filium dei,	dicentes conuertibilem et demutabilem deum,
hos anathematizat catholica et apostolica ecclesia.	hos anathematizat catholica et apostolica ecclesia.	hos anathematizat catholica ecclesia.

Pour le premier article, *Symb.* comporte *omnium (uisibilium)* comme *Syn.*, à la différence de Lucifer, *Collect.*, *Anon.*, Grégoire [2]. — Pour le second article, la présence de *(dominum) nostrum* rapproche *Symb.* de

---

1. Le ms. 2076 (*Y*) donne *descendit ET incarnatus est*.
2. Pour les abréviations, *Symb.* = le texte édité ci-dessus ; *Syn.* = HILAIRE, *De Synodis*, 84 (pour le texte, voir p. 14, note 3) ; *Collect.* = HILAIRE, *Collectanea Ariana Parisina*, (éd. A. FEDER, CSEL 65, p. 150) ; *Anon.* = *Symbolum Nicaenum e commentario anonymo* (éd. TURNER, *op. cit.*, p. 298 et 329-347 ; repris dans *PLS* I, col. 220 sv.) ; Lucifer = LUCIFER, *De non parcendo in Deum delinquentibus* (éd. W. HARTEL, CSEL 14, p. 247, l. 13 sv.) ; Grégoire = GRÉGOIRE D'ELVIRE, *De fide*, 1 (éd. V. BULHART, CCL 69, p. 221). Voir cependant, au sujet de ce dernier, M. SIMONETTI, *Alcune Osservazioni a proposito di una professione di fede attribuita a Gregorio di Elvira*, dans *Rivista di Cultura Classica e Medioevale* 2 (1960), p. 307-325.

Syn., mais aussi d'*Anon.* et de Grégoire. — *Vnigenitum* ne se retrouve à l'époque que dans *Syn.*, tandis que Grégoire donne *unicum*. — Pour les prépositions *ex* et *de*, la comparaison est quasi impossible, chaque symbole présentant une particularité quelconque. Lucifer et *Collect.* ont cinq fois *de* ; *Syn.*, deux *de* mêlés à trois *ex* ; *Symb.*, deux *de*, puis trois *ex*. — En revanche, *Symb.* porte *Graeci* avec tous les témoins, à l'exception de *Syn.*, où il s'agit peut-être d'une simple erreur de graphie. — Dans l'article de la création, *Symb.* s'accorde avec Lucifer, *Collect.*, *Anon.*, Grégoire, pour *siue quae in caelo siue quae in terra*, contre *Syn.* (*quae in caelo et in terra*). — Accord analogue sur la double formulation *qui propter nos homines et propter nostram salutem*, contre *Syn.*, qui ne possède que la seconde. — *Symb.* s'accorde avec le seul *Collect.* pour l'économie du Christ : premiers membres en asyndète, liaison avant *resurrexit*. Lucifer est tout en asyndète, *Syn.* relie tous les membres, *Anon.* et Grégoire les deux premiers. — Accord général, sauf Grégoire, pour la formule du jugement sans *inde* ni *unde*. — Accord avec *Collect.* et *Syn.* pour l'article sur le Saint-Esprit.

Pour les anathématismes de Nicée, *Symb.*, à la différence de *Syn.* (*antequam*), donne *priusquam* avec Lucifer, *Collect.*, *Anon.*, Grégoire ; de même, il a *quia ex nullis extantibus* avec Lucifer, *Collect.*, *Anon.*, contre *Syn.* (*quod de non extantibus*), tandis que Grégoire ne connaît pas cet anathématisme. — *Symb.* n'est cependant pas la pure reproduction de *Collect.*, puisqu'il ne possède pas la formule *quod graeci ex uc onton*, qui est propre à ces *Collect.* — Enfin, *Symb.* s'accorde avec Lucifer et *Collect.* pour *mutabilem et conuertibilem filium dei* contre *mutabilem autem et conuertibilem* d'*Anon.*, *conuertibilem deum* de *Syn.*, et pour *catholica et apostolica ecclesia* contre *catholica ecclesia* de *Syn.*

Une telle comparaison montre que nous avons affaire à une traduction *ancienne*, qui n'est pas un simple avatar du texte des *Collectanea* ni de celui du *De synodis*, mais qui n'appartient pas davantage au type des traductions dites de Cécilien ou de la *Prisca* [1]. Notons encore, par exemple, la présence de la formulation *unius substantiae cum patre quod*, qui ne se trouve que chez Lucifer, *Collect.*, *Syn.*, *Anon.*, Grégoire. Ce symbole nous conduit donc vers le quatrième siècle.

En est-il de même pour l'ajout qui le suit ?

2. L'« *Appendice antiochien* »

Cet ajout, avons-nous dit, n'est pas inconnu. En latin, il se trouve dans un certain nombre de manuscrits qui nous transmettent la version dite de Cécilien et la *Prisca* [2]. Dans leurs parties communes elles-mêmes, les différences entre les divers textes

---

[1]. Voir les textes chez TURNER, *op. cit.*, I, 2, Oxford, 1904, p. 110-111.
[2]. C.H. TURNER, *ibid.*, p. 110, apparat ; p. 111, apparat.

jusqu'ici connus sont importantes. Il est clair cependant que cet ajout n'appartient pas au texte primitif du *Nicaenum*.

Il en existe plusieurs autres versions, plus ou moins complètes. L'une figure, en grec, dans le *Mandatum Orientalium* édité par Ed. Schwartz avec les Actes du concile d'Éphèse [1]. C'est lui qui a donné à cet épilogue le nom « d'appendice antiochien », qu'a repris récemment G. Dossetti [2]. C. H. Turner avait déjà rapproché des versions de Cécilien et de la *Prisca* [3] le texte de Gélase de Cyzique [4] ainsi que les versions arménienne et copte éditées respectivement par H. Gelzer [5] et dom Pitra [6]. Dossetti leur a adjoint une version arabe donnée par Sévère d'Aschmunain [7]. Il remarque qu'Ebedjesu [8], dans la version syriaque qu'a éditée Gelzer, a transformé cet épilogue et l'a adapté à la situation géographique de son Église. Dans notre texte excepté, l'ajout déclare en effet que les Occidentaux ne figurent pas dans la liste des Pères de Nicée parce qu'il n'y avait alors aucune discussion dogmatique en Occident. Pour Ebedjesu, tous les Grecs sont des *Occidentaux*, et il peut déclarer qu'il n'y avait alors aucune discussion... en Orient [9] !

Une telle falsification permet, me semble-t-il, de comprendre dans quel esprit a été rédigée la *fin* au moins de cet ajout. L'absence de noms d'Occidentaux ne pouvait émouvoir que... des Occidentaux [10]. Ni Gélase de Cyzique ni le *Mandatum* ne font allusion à cette absence. Que des versions arménienne, copte, syriaque, contiennent au contraire une telle mention peut s'expliquer par leur utilisation d'une collection dont Gélase comme les Antiochiens de 431 n'ont retenu que ce qui leur était immédiatement utile, sans s'apercevoir de leurs anachronismes [11]. Quant à la présence à Antioche d'un texte qui contenait des données spéci-

---

1. Ed. SCHWARTZ, *Acta Conciliorum Oecumenicorum. Concilium universale Ephesinum*, Berlin, 1927 *(Collectio Vaticana)*, I, 1, 3, p. 39, l. 12 sv.
2. G. DOSSETTI, *Il Simbolo di Nicea e di Costantinopoli. Editio critica*, Rome, 1967, p. 161 sv.
3. C.H. TURNER, *op. cit.*, p. 110.
4. GÉLASE DE CYZIQUE, *Historia ecclesiastica*, II, 27, 7-9 (éd. LOESCHKE-HEINEMANN, *GCS* 28, p. 103-104).
5. GELZER-HILGENFELD-CUNTZ, *Patrum Nicaenorum Nomina*, Leipzig, 1898, p. 184.
6. J.-B. PITRA, *Spicilegium Solesmense*, I, Paris, 1852, p. 514 sv.
7. G. DOSSETTI, *op. cit.*, p. 163 et 208.
8. *Ibid.*, p. 162-163.
9. GELZER, *op. cit.*, p. 118-119.
10. Le nom d'Osius figure pourtant en tête des listes que nous possédons.
11. C'est ainsi que, dans cette histoire de Nicée, Gélase fait allusion à... Photin.

fiquement latines, on peut l'expliquer par les nombreux rapports qu'Antioche a eus, directement ou indirectement, par le canal d'Alexandrie, avec Rome et l'Occident dans la deuxième moitié du IVe siècle.

Mais la fin de l'ajout est manifestement corrompue dans nos deux manuscrits. Il est nécessaire de connaître le texte que présentent tant Gélase que la version arménienne, pour deviner ce qu'a pu être le texte latin tel que nous le trouvons dans la *Prisca* ou dans la version de Cécilien. Les noms des Occidentaux n'ont pas été transcrits, nous dit-on, parce qu'« aucune discussion ne s'était élevée en Occident au sujet des hérésies ».

Il est inutile d'essayer de reconstituer ce texte. Il est plus important de noter que nos manuscrits ne contiennent pas la liste des trois cent dix-huit Pères qui est annoncée, et, d'autre part, que la fin de l'ajout semble accolée à une introduction de symbole, si l'on veut bien lire comme suit les dernières lignes de l'ajout :

⟨Fides a⟩ sanctis episcopis conscripta secundum propheticam et euangelicam et apostolicam ⟨doctrinam⟩ : Credimus in unum deum.

On peut penser à un explicit, on peut songer à un déplacement de texte — ces lignes se situant beaucoup mieux avant le *Nicaenum* qu'elles terminent ici — ou à une lacune plus ou moins étendue. En réalité, aucune solution ne s'impose. Nous pouvons simplement dire que la mention de Photin, comme la référence aux trois cent dix-huit Pères, nous reporte après 350, sans nous fournir de limite inférieure autre que celle du concile d'Éphèse et de Gélase de Cyzique. Faut-il cependant descendre jusqu'au début du Ve siècle ?

La formulation n'a rien, en réalité, qui interdise de dater cet ajout des années 355-365. L'appel à la *prophetica et euangelica et apostolica doctrina* est fréquent en cette décennie [1]. Sa forme la plus complète se trouve précisément dans un texte de la première session de Rimini, dont nous possédons deux recensions pleinement concordantes sur ce point [2]. Les mêmes termes sont

---

1. Voir le commentaire anonyme édité par TURNER (p. 330, l. 1-6 ; *PLS* I, col. 220 AB) : « Fides quae a patribus nostris exposita est cuncta breuiter conprehendit. Sic enim omnia spiritaliter posuerunt ut tota legis et prophetarum, euangeliorum et apostolorum praecepta dum fideliter legitur illic posita esse monstrentur ».
2. *Collectanea, Series* A, IX, 1 (*CSEL* 65, p. 95, l. 8 sv.) = *Fragm. histor.* 7, 3 (*PL* 10, col. 697 AB) : « ... nec a fide recessuros quam per prophetas a Deo Patre per Christum Dominum nostrum docente Spiritu sancto et in euangeliis

repris dans la lettre *Iubente deo* du concile à Constance durant l'été 359 [1]. Quant à l'affirmation que Nicée a barré la route non seulement à l'arianisme mais également à toutes les hérésies, on la trouve à la même époque tant chez Hilaire [2] que chez Lucifer de Cagliari [3] ou chez les évêques d'Italie du Nord [4].

La mention des trois cent dix-huit Pères a été récemment étudiée dans le plus grand détail par M. Aubineau [5]. Le premier texte qui l'atteste n'est autre que le *De synodis* d'Hilaire, écrit l'année même qui a précédé le concile de Rimini [6]. Il n'est donc aucunement impossible que les Occidentaux réunis dans l'église de Rimini, et qui connaissaient ce *De synodis* à eux adressé, aient fait allusion à ce chiffre. Avait-il cependant pour eux une très grande importance ? Je n'en suis pas sûr. H. Chadwick tire argument du silence de la lettre *Iubente deo* à Constance [7]. C'est croire un peu vite que nous possédons sur Rimini une information complète. De toute façon, cette bataille des chiffres, dont j'ai montré ailleurs quelques avatars [8], n'a pris toute son extension que dans les années qui ont suivi la *seconde* session du concile de Rimini. La constitution de listes de Nicée devient dès lors capitale. Il ne paraît pas impossible que l'on ait, à Rimini, évoqué les trois cent dix-huit Pères dont Hilaire venait de parler, mais il n'était peut-être pas encore capital d'insister sur le *nombre* lui-même. Conclusion prudente, dont on pourrait tout aussi bien dire qu'elle

---

et in apostolis omnibus suscipimus... ». Voir de même le texte du *Bodleianus* 101 (éd. FEDER, p. 95, l. 18 sv.).

1. *Collectanea*, Series A, v, 1 (p. 79, l. 2-3) = *Fragm. histor.* 8, 1 (col. 699 BC).
2. *Collectanea*, Series B, II, 11, 1 (p. 151, l. 3 sv.) = *Fragm. histor.* 2, 28 (col. 655 A) ; 5 (p. 153, l. 8 sv.) = 32 (col. 656 C).
3. LUCIFER DE CAGLIARI, *De sancto Athanasio*, I, 27 (éd. W. HARTEL, *CSEL* 14, p. 113, l. 8 sv.) ; *De non parcendo in Deum delinquentibus*, 32 (p. 278, l. 8 sv.) ; *Moriendum esse pro Dei Filio*, 4 (p. 292, l. 15 sv.).
4. *Ep. Diuini muneris gratia* (*Collect.*, Series B, IV, 2, 1 ; p. 158, l. 13 sv. = *Fragm. histor.* 12, 5 ; col. 716 BC).
5. M. AUBINEAU, *Les 318 serviteurs d'Abraham et le nombre des Pères au Concile de Nicée*, dans *Rev. d'hist. ecclés.* 61 (1966), p. 5-43.
6. HILAIRE DE POITIERS, *De synodis*, 86 (*PL* 10, col. 538 BC). Voir AUBINEAU, *art. cit.*, p. 14-15. Le lemme des *Collectanea* (*ibid.*, p. 15, n. 3) pose surtout le problème de la composition de l'œuvre d'Hilaire (*Séries* B, II, 10 ; éd. FEDER, p. 150, l. 5 = *Fragm. histor.* 2, 27 ; *PL* 10, col. 654 AB).
7. H. CHADWICK, *Les 318 Pères de Nicée*, dans *Rev. d'hist. ecclés.* 61 (1966), p. 809. De la remarque de Chadwick il faut retenir le fait que les Pères de Rimini en appellent à la reconnaissance du Symbole de Nicée par Constantin *avant même* qu'Hilaire ne lance ce trait à la figure de Constance, en évoquant les trois cent dix-huit Pères (*In Constantium*, 27 ; *PL* 10, col. 602 B).
8. Voir *La « manœuvre frauduleuse »...*, p. 54. JÉRÔME (*Ep.* 69, 2 ; éd. J. LABOURT, 3, p. 192, l. 19-20) parle du concile de Rimini (seconde session) comme d'un concile très populeux. ATHANASE (*De synodis*, 8 ; *PG* 26, col. 692 AB) avance le chiffre de « plus de quatre cents » pour la première session.

ne conclut rien. Mais est-il nécessaire, en des questions aussi enchevêtrées, d'arriver à une conclusion ferme, qui n'a d'autres garanties que l'assurance de son auteur ? Je préfère, de loin, mettre le lecteur en présence des difficultés.

Rien de déterminant ne nous permet davantage d'affirmer avec sécurité que l'ensemble que nous trouvons dans nos deux manuscrits ait toujours été tel et qu'il ne faille pas disjoindre le *Nicaenum* et son ajout, d'une part, la *Damnatio Arrii*, d'autre part. Dans l'état actuel des choses cependant, il ne paraît pas indiqué de séparer les différentes pièces de cet ensemble, pour deux raisons, qui, sans être décisives, n'en ont pas moins un certain poids. Tout d'abord, le *texte* du *Nicaenum* lui-même, tel que nous l'avons étudié plus haut, paraît bien renvoyer aux années 355-360. D'autre part, la *Damnatio Arrii* se réfère à un « Symbole de Nicée » que les Pères ont signé avant de condamner Arius une nouvelle fois. Cela ne veut pas dire pour autant que les textes se soient toujours matériellement suivis dans l'état corrompu où ils se présentent à nous aujourd'hui. Celui qui a constitué la collection de symboles que présentent nos deux manuscrits ne s'est pas intéressé à la liste de signatures qui suivait la formule de Nicée, et il a maladroitement sauté jusqu'au document suivant de son modèle.

3. *La* Damnatio blasphemiae Arrii

Le début de la *Damnatio Arrii* est, en effet, manifestement corrompu. On comprend la raison pour laquelle N. Le Fèvre n'a pas reproduit fidèlement le texte que lui offrait le manuscrit dont il disposait. La phrase qui introduit cette *Damnatio* — et qui ressemble à ce que Feder appelle le texte narratif des *Collectanea* [1] — est à coup sûr incomplète :

> Cum apud Niceam tractatum habitum quem praedicti catholici in tractatu Ariminensi firmauerunt et manu sua subscripserunt...

Il est difficile de faire de *cum* une préposition, et il faut dès lors admettre qu'il nous manque deux propositions, soit d'une à deux lignes de texte. Il est hasardé d'essayer de les reconstituer. Tel qu'il existe, le texte suffit à établir que les Pères de Rimini ont

---

[1]. L'existence de ce « texte narratif » est attestée ici par le passage du récit *(firmauerunt, subscripserunt)* au document *(constitutis* nobis *apud Ariminum,* nos *quoque damnamus).*

confirmé la valeur du Credo de Nicée et qu'ils l'ont signé de leur main. Cette assertion est prouvée par toute une série d'affirmations et d'allusions, qui permettent non seulement d'authentifier cette page mais aussi de la rattacher à des Actes de la première session de Rimini.

Tous les textes officiels que nous possédons concernant la première session de Rimini mettent en avant cette fidélité à Nicée [1]. Athanase félicite les évêques de ne pas avoir voulu innover [2], et nous verrons plus loin que son attitude permet de mieux comprendre celle qu'adoptèrent les Pères de Rimini [3]. Ceux qui ont critiqué la conduite de ces mêmes Pères à la fin de cette année 359 ont toujours souligné leur fidélité première au symbole de Nicée [4]. Il est précisément un texte qui permet d'aller plus loin en laissant entendre qu'en juin-juillet 359 les Pères ont non seulement confirmé et signé le *Nicaenum*, mais aussi condamné Arius. En 386, en effet, saint Ambroise fait observer à Valentinien II que « le nombre de ceux qui, à Rimini, ont approuvé le symbole du concile de Nicée et condamné les thèses ariennes est plus important » que celui de ceux qui, à la deuxième session, ont été trompés par les *circumscriptiones* d'un petit nombre [5]. La mention de la *Fides Nicaeni concilii*, celle des *Decreta Ariana* ne nous mettent-elles pas en présence du *Nicaenum* et de la *Damnatio blasphemiae Arrii* tels que nous les trouvons dans nos deux manuscrits ?

On trouvera que les anathématismes de cette *Damnatio* manquent de hardiesse ou de précision après la multitude des

---

1. *Collectanea*, Series A, IX, 1 (éd. FEDER, p. 95-96) = *Fragm. histor.* 7, 3 (*PL* 10, col. 697 AC) : ATHANASE, *De synodis*, 10 (*PG* 26, col. 700 AB).
2. ATHANASE, *De synodis*, 13 (*PG* 26, col. 704 BC).
3. Voir *infra*, p. 22, et n. 5 et 7.
4. FAUSTIN, *Libellus precum*, V, 14 (éd. O. GÜNTHER, *CCL* 69, p. 365, l. 141 sv.) : « Illic (Arimini) primum quidem episcopi pro sancta fide uenientes confirmant illam expositionem quae apud Nicaeam conscripta est, ita ut nihil inde minueretur eo quod euangelicam fidem uerbis inexpugnabilibus explicaret et Arrii impiam doctrinam diuina auctoritate damnaret » ; *Collect.*, Series A, v, 2 (éd. FEDER, p. 85, l. 15 sv.) = *Fragm. histor.* 8, 4 (*PL* 10, col. 701-702) : « ita ut... minis imperatoris perterriti damnauerint integram fidem quam antea defendebant et susceperint perfidiam quam ante damnauerunt ». La *perfidia* est la formule de foi qu'Ursace et Valens avaient proposée à l'approbation de leurs collègues fin mai, début juin, et qui deviendra le Symbole de Niké.
5. AMBROISE, *Ep.* 21, 15 (*PL* 16, col. 1006 A) : « ... *Episcopi sinceram primo scripserant fidem*, sed dum uolunt quidam de fide intra palatium iudicare id egerunt ut circumscriptionibus illa episcoporum iudicia mutarentur. Qui tamen inflexam statim reuocauere sententiam. *Et certe maior numerus Arimini Nicaeni concilii fidem probauit, Ariana decreta damnauit...* » Sur le centre de ce texte, voir *La « manœuvre frauduleuse »...*, p. 57-58.

anathématismes qui avaient accompagné les divers symboles depuis Nicée mais surtout depuis les années immédiatement antérieures à 359 [1]. Cette timidité s'explique peut-être par la formation insuffisante de la majorité des Occidentaux, mais elle traduit également le souci réel, encore qu'illusoire, d'en demeurer à Nicée et à sa problématique. C'était la position d'Athanase lui-même. Sans doute celui-ci examine-t-il au fur et à mesure qu'ils se posent les problèmes nouveaux. Il sait défendre, au nom de Nicée, la divinité de l'Esprit [2] ou l'incarnation véritable du Fils [3] ; mais il refuse tout symbole nouveau [4], en faisant valoir, comme les Pères de Rimini, que le Symbole de Nicée ferme la porte à toutes les hérésies [5]. Les questions de vocabulaire sont à résoudre à l'intérieur même de la foi à ce symbole, mais ils ne nécessitent pas de nouvelles formules de foi [6]. On ne s'étonnera donc pas qu'Athanase loue l'attitude des évêques de Rimini, en montrant que leur refus est motivé par le désir de sauvegarder Nicée et de parer à toute discussion qui le remettrait en cause [7]. Les anathématismes condamnent implicitement Photin et Sabellius, mais, pour le reste, ils s'en prennent aux thèses d'Arius [8], telles que l'Occident les a toujours conçues, les précisions les plus importantes se trouvant dans les anathématismes 7 et 9 sur la génération temporelle du Fils [9].

Rien ne nous invite donc à suspecter l'authenticité de ces anathématismes. La seule question qui se pose est de savoir à quel moment de la session il convient de situer la proclamation de cette foi de Nicée et la condamnation des thèses d'Arius.

---

1. En particulier en 351, à Sirmium (HILAIRE, *De synodis*, 38 ; *PL* 10, col. 510-512), et en 358, à Ancyre.
2. ATHANASE, *Tomus ad Antiochenos*, 3 (*PG* 26, col. 800 A).
3. *Ibid.*, 7 (col. 804).
4. *Ibid.*, 5 (col. 800 C) pour celui de Sardique ; *Ad Afros*, 1-4 (*PG* 26, col. 1029-1033) pour celui de Niké-Rimini, sans compter les attaques contre le Credo « daté » (*De synodis*, 3 ; *PG* 26, col. 685 A).
5. ATHANASE, *De synodis*, 6 (*PG* 26, col. 689 AB) ; *Tomus ad Antiochenos*, 5 (col. 800-801).
6. ATHANASE, *Tomus ad Antiochenos*, 5-6, 8-9.
7. ATHANASE, *De synodis*, 13 (*PG* 26, col. 704 B).
8. Rapprocher l'anathématisme 2 de PHÉBADE D'AGEN, *De fide*, 20 (*PL* 20, col. 28 AC), Ps.-EUSÈBE DE VERCEIL, *De Trinitate*, II, 26 (éd. V. BULHART, *CCL* 9, p. 26, l. 254 sv.) ; l'anathématisme 5 de PHÉBADE, *De fide*, 5 (col. 16 C sv.) ; l'anathématisme 6 de Ps.-EUSÈBE, *De Trinitate*, II, 27 (éd. BULHART, l. 260 sv.) Nous avons eu ailleurs l'occasion d'insister sur le rôle de Phébade d'Agen à Rimini. Serait-il le rédacteur de ces anathématismes ? Voir *La « manœuvre frauduleuse »...*, p. 71, n. 104, et la note suivante).
9. Sur l'anathématisme 9 et sa reprise en novembre, voir *La « manœuvre frauduleuse »...*, p. 75, n. 119.

IV. LA NATURE DE NOS DOCUMENTS

Il faut ici distinguer entre le récit des événements tel que le présente ce qui nous est parvenu de l'œuvre d'Hilaire, et le déroulement du concile tel que nous pouvons le reconstituer à l'aide des documents hilariens, mais à l'aide également de ce que nous ont transmis diverses autres sources.

Dans le récit hilarien, on notera une rupture entre la lettre de Constance *Continent priora statuta* (*Series* A, VIII = *Fr.* VII, 1-2) [1] et la décision du concile *Sic credimus* de n'admettre d'autre formule que celle de Nicée (*Series* A, IX, 1 = *Fr.* VII, 3) [2]. Bien que les deux pièces se suivent dans le manuscrit de l'Arsenal, la première se termine par un *Explicit* [3] — qui n'est pas mentionné par Le Fèvre ni par Coustant [4] — et la seconde commence par un *Incipit* exprès, respecté par tous les éditeurs [5]. A l'exception du titre développé, tout texte narratif fait ici défaut, alors que celui-ci apparaîtra à la fin du second document pour introduire la condamnation d'Ursace, Valens et autres (*Series* A, IX, 2 = *Fr.* VII, 3-4), qui suit immédiatement [6]. Or, le second document parle d'une comparaison des symboles qui a été faite au préalable et qui a montré que tous les évêques présents confessaient bien la même foi :

> Sic credimus placere omnibus posse catholicis a symbolo accepto recedere nos non oportere *quod in collatione apud omnes integrum recognouimus* [7].

Il se pourrait donc que nos textes trouvent leur place juste avant ce document. On remarquera que, de part et d'autre, les évêques sont déclarés *catholici*.

Cependant, l'allusion aux *praedicti (catholici)* de la *Damnatio* laisse entendre que ces évêques avaient déjà été mentionnés, et la mention de signatures dans la *Damnatio* comme dans le texte narratif d'Hilaire invite à penser que le texte narratif du début

---

1. A. Feder, p. 93-94 (*PL* 10, col. 695 C).
2. A. Feder, p. 95 (*PL* 10, col. 697 AC).
3. A. Feder, p. 94, l. 25. Cet *explicit* précède curieusement la date d'envoi de la lettre de Constance.
4. N. Le Fèvre, *op. cit.*, 2e partie, p. 45 ; Coustant, *op. cit.*, p. 1341 DE (*PL* 10, col. 696 CD).
5. A. Feder, p. 95, l. 3 (*PL* 10, col. 697 A).
6. A. Feder, p. 96, l. 10-14 (*PL* 10, col. 697 BC).
7. *Collectanea, Series* A, IX, 1 (éd. Feder, p. 95, l. 6 sv.) = *Fragm. histor.* 7, 3 (*PL* 10, col. 697 AB).

de la *Damnatio* et celui de la fin du document 2 *Sic credimus* n'appartiennent pas au même auteur ou plutôt ne visent pas exactement le même événement. Que ce concile de Rimini ait entraîné une nombreuse production littéraire, qu'il ait engendré plusieurs versions, je crois en avoir administré ailleurs la preuve [1]. Il ne faut en aucune façon restreindre nos sources d'information à la seule œuvre d'Hilaire, présente ou disparue. Mais il faut se garder tout autant de confiner l'œuvre du concile dans la seule journée du 22 juillet dont nous possédons la date. J'ai montré ailleurs que nous en connaissions davantage sur l'emploi du temps des évêques [2]. Rien ne nous interdit de penser, bien au contraire, que les évêques ont eu plus d'une fois à apposer leur signature : le texte narratif du document 2 *Sic credimus* (*Series* A, IX, 2, début = *Fr.* VII, 3, fin) qui parle de signatures [3], est suivi d'une proposition par laquelle l'évêque Grecianus demande l'avis de chacun de ses collègues concernant le sort à réserver à Ursace et à ses amis : « ... nunc iterum, quid uobis placet iterum dicite, *ut singulorum suscriptione firmetur* » [4]. Il dut y avoir une autre séance de signatures lors de l'envoi de la lettre *Iubente deo* à Constance. La lettre annonce ces signatures [5], et le texte narratif qui la suit semble bien faire allusion à ces signatures, qui n'ont pourtant pas été transcrites dans l'ouvrage d'Hilaire [6]. Le silence de nos manuscrits sur les noms des trois cent dix-huit Pères de Nicée comme sur les évêques de Rimini n'est donc pas isolé.

Les textes brefs présentent peu de « prises » et nécessitent par le fait même une approche prudente. Cette circonspection s'avère doublement indispensable lorsqu'il s'agit de textes concernant le concile si discuté de Rimini. Son histoire n'est pas des plus claires, et l'œuvre d'Hilaire qui en traitait nous est parvenue si mutilée

---

1. Voir *La « manœuvre frauduleuse »...*, p. 82-83 ; on en trouvera une preuve supplémentaire dans le texte du ms. *Bodleianus* édité par A. Feder, *op. cit.*, p. 95-96.
2. *Ibid.*, p. 70-71.
3. A. Feder, p. 96, l. 10-11 (*PL* 10, col. 697 BC) : « Huic definitioni omnes in unum catholici conspirantes *subscripserunt* ».
4. *Collectanea*, Series A, IX, 3 (éd. Feder, p. 97, l. 10 sv.) = *Fragm. histor.*, 7, 4 (*PL* 10, col. 698 AB).
5. *Ep. Iubente deo* (*Collect.*, Series A, V, 1, 3 ; p. 85, l. 3 sv.) = *Fragm. histor.*, 8, 3 (*PL* 10, col. 701 CD) : « Legati autem nostri et *suscriptiones* et nomina episcoporum uel legatorum perferunt ».
6. *Collectanea*, Series A, V, 2 (éd. Feder, p. 85, l. 11) = *Fragm. histor.*, 8, 4 (*PL* 10, col. 701 CD) : « Cum hac epistula integrae fidei *suscribentes* episcopi catholici miserunt decem legatos ad imperatorem... »

et morcelée qu'il est difficile de juger de l'ensemble comme de ses parties. Les pages dont nous avons donné ici l'édition ou la réédition appartenaient-elles à l'œuvre d'Hilaire ? Rien ne nous interdit de le penser, mais rien ne nous en livre la preuve apodictique [1]. Telles qu'elles sont, cependant, elles nous renseignent sur la mentalité des évêques occidentaux durant l'été 359 ; elles confirment ce que nous savons par Athanase, éclairent une affirmation d'Ambroise. Une nouvelle découverte permettra-t-elle de combler leurs lacunes ? Il est probable que les lignes mutilées contenaient précisément des renseignements nécessaires pour donner à l'« appendice antiochien » son véritable nom et pour suivre le déroulement d'une phase de ce concile. Voudrait-on disjoindre nos documents et en faire deux groupes qu'ils conserveraient encore toute leur valeur, les deux derniers par la fidélité à Nicée dont ils témoignent au nom des évêques de Rimini, les deux premiers en nous offrant de l'« appendice antiochien » sa première attestation latine et du Symbole de Nicée une traduction latine jusqu'ici inaperçue et pourtant contemporaine des premières traductions du IVe siècle.

---

1. J'ai rassemblé ailleurs (*La « manœuvre frauduleuse »...*, p. 82 sv.) un certain nombre de témoignages sur la diffusion de ces Actes, mais il ne faut pas oublier que la littérature autour de Rimini ne se limite pas à ce qui nous en est parvenu (voir *ibid.*, p. 91, le témoignage de Lucifer de Cagliari).

V

LES RELATIONS DOCTRINALES ENTRE MILAN ET AQUILÉE DURANT LA SECONDE MOITIÉ DU IV° SIÈCLE CHROMACE D'AQUILÉE ET AMBROISE DE MILAN

Il peut paraître étrange que, dans une semaine consacrée d'abord et avant tout à l'archéologie, un historien et un philologue vienne vous entretenir des problèmes doctrinaux qui ont pu rapprocher les deux villes de Milan et d'Aquilée. Cependant, l'archéologie religieuse ne peut se concevoir sans un cadre doctrinal et certaines particularités architecturales ou ornementales ne peuvent se comprendre sans une référence à un enseignement précis. D'autre part, même lorsqu'elles n'ont pas entraîné de *modifications* des constructions existantes, il est bien certain que, par les voyages et les rencontres qu'elles ont provoqués, les questions doctrinales ont entraîné des *implantations* nouvelles, sous l'influence — complexe — de tel ou tel centre.

Dans un premier temps, l'historien voudrait donc, à l'aide des documents très parcellaires et très épisodiques dont il dispose, essayer de montrer dans quelles circonstances, au long du IV° siècle, les deux cités de Milan et d'Aquilée ont été amenées à s'intéresser l'une à l'autre, à se surveiller, à s'unir. Il sera surtout alors question de l'Arianisme dont je voudrais montrer qu'il a été un facteur de liaison entre les deux villes.

Dans un second temps, je m'intéresserai surtout à l'oeuvre de Chromace qui est maintenant le meilleur représentant de la littérature latine chrétienne d'Aquilée ([1]). De Fortunatien, en

---

([1]) Ce dont je ne saurais jamais trop remercier Dom Lemarié, j'ai eu le privilège de pouvoir utiliser les premières épreuves de son édition des *Tractatus in Matthaeum* qui complètent singulièrement les renseigne-

V

effet, nous avons trop peu conservé de textes pour pouvoir dire en quoi son *Commentaire sur Matthieu* a influencé l'*Explanatio in Lucam* d'Ambroise ou les *Tractatus in Matthaeum* de Chromace ([2]). Quant à Rufin d'Aquilée — ou de Concordia — s'il a bien connu les affaires milanaises des années 350-395, ressenti pour son évêque prestigieux une admiration qu'il a reproché à Jérôme de ne pas partager, s'il a indéniablement pratiqué lui-même l'oeuvre d'Ambroise, il n'est pas grand'chose dans son oeuvre personnelle qui nous éclaire sur les relations concrètes entre les deux villes ([3]). Il en va tout autrement avec Chromace dont les *Sermons* et les *Tractatus* témoignent de l'influence de l'action et de l'oeuvre d'Ambroise. Il ne peut être question d'être exhaustif dans le cadre de cette leçon et je ne voudrais pas redire ce que Dom Lemarié a déjà souligné par ailleurs. Je m'attacherai donc tout d'abord — en complément ou en illustration de mon premier point — à montrer dans quelle mesure Chromace a assimilé un certain nombre des enseignements d'Ambroise lors des controverses ariennes. Mais je voudrais également montrer que cet accueil aux thèses théologiques d'Ambroise, s'il est manifeste lorsqu'il s'agit de la doctrine trinitaire ou même christologique, ne va pas au contraire sans un certain filtrage lorsqu'il

---

ments fournis par les *Sermons*. Je citerai les *Sermons* selon l'édition et la linéation des *Sources Chrétiennes*, n° 154 et 164, les *Tractatus* selon la numérotation de l'édition de R. Étaix et J. Lemarié en indiquant, le cas échéant, la numérotation de l'édition A. Hoste (*Corpus Christianorum*, 9).

([2]) Des *Commentarii* de Fortunatien mentionnés par Jérôme, il n'a été jusqu'ici retrouvé qu'un fragment de ce qui semble être la *Préface* et deux pages sur *Matthieu* 21, 1-9 et 23, 34-38. Or, de Chromace, nous n'avons pas de *Tractatus* sur la fin de l'*Évangile de Matthieu*. En revanche, le *Prologue* de son Commentaire semble bien exploiter le *Prologue* correspondant de Fortunatien, comme il apparaît dans le symbolisme du vêtement d'Aaron (*Prologus*, 4 et FORTUNATIEN, *Prologus*; CC 9, p. 367, l. 1 sq.) ou des veaux de la mer d'airain (*Prologus*, 4 suite et FORTUNATIEN, *ibidem*, l. 18 sq.).

([3]) Nous ferons allusion plus loin à la venue de Rufin à Milan. Il est certain que Rufin connaît l'oeuvre d'Ambroise, mais on ne peut pas dire qu'il engage ici davantage que sa personne.

s'agit de la vie liturgique ou spirituelle. Cela ne vient pas seulement du fait que Chromace continue à puiser lui-même chez des Occidentaux comme Tertullien, Cyprien et Novatien, mais aussi du fait qu'Aquilée jouit d'une tradition à laquelle Chromace n'entend pas renoncer. A travers donc le brassage opéré par la crise arienne, je voudrais montrer en définitive que ces deux villes n'ont pas perdu leur originalité, comme cela me semble demeurer sensible dans certaines de leurs constructions religieuses.

I - L'ARIANISME COMME FACTEUR DE RAPPROCHEMENT ENTRE LES DEUX VILLES

Les autres « affaires »: le Pélagianisme?

Triste limite de l'histoire, la nature de la documentation dont nous disposons impose de se restreindre à la querelle arienne et à ses effets sur les relations entre les deux villes.

On pourrait certes envisager d'autres questions que celle de l'arianisme; mais, du point de vue des relations *doctrinales,* cela ne nous mènerait pas très loin, nos textes étant souvent trop discrets pour que l'on puisse deviner quelque chose des rapports véritables entre les deux villes lors de ces épisodes. Je prends deux exemples. Nous savons qu'en 418, Julien d'Eclane et dix-sept évêques d'Italie font « appel », en quelque sorte, de la condamnation de la *Tractoria* de Zosime, en écrivant à Augustin d'Aquilée et à Rufus de Thessalonique ([4]). Le nom des deux villes laisse entendre que les Pélagiens s'adressent aux sièges importants, centraux, à des métropolitains, si on veut employer le terme. Faut-il donc interpréter comme l'indice d'une divergence doctrinale entre l'évêque de Milan et l'évêque d'Aquilée le fait qu'il ne soit pas fait appel à l'évêque de Milan? Ce serait aventuré. Je crois que nous ne pouvons rien tirer de

---

([4]) JULIEN d'Éclane, *Libellus fidei* (PL 48, c. 508 sq.).

V

ce silence *en ce qui concerne les relations entre les deux villes,* même si la région d'Aquilée est demeurée très longtemps un foyer de pélagianisme ([5]).

L'origénisme?

J'en dirai autant d'une autre affaire où il me paraît sage de ne pas forcer les textes. En 400, le pape Anastase écrit à Simplicien de Milan ([6]), puis à Venerius ([7]) en leur enjoignant de condamner Origène et ses erreurs. Nous n'avons pas trace d'une lettre semblable à Chromace, bien que Rufin, cité en jugement à Milan par Simplicien, se soit bientôt vu obligé d'écrire son *Apologia ad Anastasium.* Nous savons par Jérôme que Chromace et Venerius ont, comme Théophile d'Alexandrie et Anastase, condamné Origène ([8]). Rufin, cité à Milan, fait allusion à la manière dont Eusèbe de Crémone utilisait les textes ([9]). Nous ne pouvons cependant savoir si Chromace participait à ce « jugement » de 400 présidé par Simplicien, pas plus que nous ne pouvons déterminer si la « condamnation » dont parle Jérôme a été le fruit d'une collaboration quelconque entre Venerius et Chromace. Il n'est, à ma connaissance, qu'une seule affirmation de Chromace que l'on puisse rapprocher de la querelle origéniste ([10]), alors

([5]) Léon le Grand, *Ep.* 1-2 (*PL* 54, c. 593-8); *Ep.* 18 (c. 707 sq.).
([6]) Anastase, *Ep.* 2, *Grandem sollicitudinem* (*PL* 20, c. 74-76); Jérôme, *Ep.* 95, 2 (Éd. J. Labourt, *CUF* 4, p. 161).
([7]) Anastase, *Ep.* 9 « Dat mihi plurimum » (Éd. J. Van den Gheyn, *RHLR* 4, 1899, pp. 7-8 = *PLS* 1, c. 791-792).
([8]) Jérôme, *Apol. c. Rufinum,* 2, 22 (*PL* 23, c. 445 C).
([9]) Rufin, *Apol. c. Hieronymum,* I, 19 (Éd. M. Simonetti, *CC* 20, pp. 54, l. 41 sq.).
([10]) Dans le *Tractatus* 51, 2, Chromace parle du feu éternel qui doit atteindre les corps et non seulement les âmes, en s'appuyant sur la parole du Christ « Là seront les pleurs et les grincements de dents »: « Cum autem illic fletum et stridorem dentium Dominus esse testatur, sine dubio non solum animae *ut quidam haeretici uolunt,* sed et corpori futuram resurrectionem ostendit. Flere enim oculis et dentibus stridere

que nous ne possédons aucun texte provenant de Milan à ce sujet, ni sous l'épiscopat de Simplicien (397-400), ni sous celui de Venerius (400-409). Il est donc difficile de parler des — sinon de — rapports doctrinaux entre Milan et Aquilée à cette époque et il est même hasardé de tirer de ces documents trop minces des éclaircissements sur le ressort respectif des deux cités.

Il n'en est pas de même pour l'époque précédente et pour la controverse arienne où nous possédons au contraire de nombreux textes. Je veux cependant tirer des deux exemples que je viens de donner la considération suivante, qui est valable également pour les premiers temps de la querelle arienne: nous ne connaissons souvent l'histoire religieuse de Milan et d'Aquilée que par rapport à une *autre* ville, en l'occurrence le plus souvent Rome ([11]). Nous ne pouvons donc pas nous faire une idée précise des relations des *deux villes elles-mêmes,* à moins qu'elles n'aient eu à lutter contre un ennemi commun en une période particulièrement dramatique — comme celle qui s'ouvre avec l'arrivée de l'empereur Constance en Occident — ou que l'un

---

proprie poena corporis est. Vnde in quantum huiusmodi haeretici errorem detineantur, qui non credunt futuram corporum resurrectionem ex hoc ipso Domini dicto potest agnosci ». C'est là l'argumentation de Tertullien (*De carnis resurrectione,* 35, 10-12) contre les Valentiniens, telle qu'elle a été reprise par Jérôme (*Contra Iohannem Hierosolymitanum,* 33; PL 23, c. 384 C-D) contre les Origénistes (Voir mon art. *Tertullien contre Origène sur la résurrection de la chair dans le Contra Iohannem Hierosolymitanum,* 23-36 in *REAug.* 17, 1971, pp. 249-250). Il est difficile de dire ici si Chromace a relu Tertullien, qu'il connaît par ailleurs, ou Jérôme, qui a dû lui faire parvenir une partie au moins de sa production. On notera que dans le *Tract.* 41, 8, Chromace cite le dernier article du *Credo* d'Aquilée: « *Huius carnis* resurrectionem in uitam aeternam », mais dans son *Sermon* 26, au sujet de la résurrection du Christ, il ne s'en prend qu'à Marcion et aux Manichéens (S. 26, 4, l. 90-98).

([11]) Mais aussi avec l'Orient. Valérien écrit à Basile de Césarée qui se réjouira plusieurs fois des rapports qu'il a avec Aquilée (V. *infra,* pp. 181-82). A peine évêque, Ambroise écrit lui aussi à Basile. Trente ans plus tard, Chromace et Venerius sont en contact avec Jean Chrysostome.

V

des évêques n'ait pris la tête de la lutte, comme Valérien vers les années 368-370 ou Ambroise dès le début de son épiscopat. On se gardera cependant de limiter à ces querelles les relations entre les deux cités.

Les évêques de Milan et d'Aquilée devant la condamnation d'Athanase

Nos premiers renseignements sont des plus succincts. Ils ne concernent presque exclusivement que des synodes à travers lesquels il est souvent difficile de découvrir la trace d'une action particulière de l'un ou l'autre évêque, moins encore celle d'une action commune entre nos deux cités.

Nous voyons l'évêque de Milan Protais et l'évêque d'Aquilée Fortunatien, siéger l'un comme l'autre à Sardique ([12]), sans qu'il soit possible de leur attribuer un rôle propre quelconque dans le déroulement de la session *occidentale,* ni de découvrir entre eux des liens particuliers.

Puis viennent une série de conciles plus ou moins populeux à Milan en 345 et en 347, auxquels Fortunatien a dû participer. Tout au plus peut-on dire que la tenue de ces conciles à Milan consacre le rôle grandissant de capitale politique que joue à nouveau la ville en ces années. En 347, des légats *romains* sont là ([13]). Je ne pense pas cependant qu'il y ait à interpréter comme une défense de son autonomie le fait que Fortunatien *semble* prendre une initiative dans la défense d'Athanase. Les motifs personnels, ses relations avec l'évêque d'Alexandrie suffisent tout autant que ses responsabilités propres à expliquer son action à l'égard d'Ursace et Valens.

Valens, en effet, avait essayé, dans les années 340, de s'emparer du siège épiscopal d'Aquilée, manifestant par là l'importance de ce siège. Si Fortunatien l'emporta dans cette élection

---

([12]) Ap. HILAIRE, *Fragmenta historica,* II, 14 (*PL* 10, 643 A-B).
([13]) *Ibidem,* VIII, 2 (c. 700 A-B).

qui dégénéra en émeute, on peut penser qu'il ne garda jamais grande sympathie pour ce compétiteur malhonnête ([14]). Or, c'est d'Aquilée que Valens écrit à Alexandrie pour reconnaître ses torts à l'égard d'Athanase. Le fait que la chose se soit justement passée à Aquilée s'explique peut-être par les relations maritimes qui existaient entre la ville du fond de l'Adriatique et la Porte de l'Égypte ([15]), mais on peut penser également qu'au moment où ils regagnaient leur diocèse (« post aliquantum temporis... »; *Fr.* II, 20; *PL* 10, c. 649 A), après avoir signé devant le pape Jules un document par lequel ils reniaient toutes leurs actions précédentes (*Fr.* II, 20; *PL* 10, c. 647-8), comme ils l'avaient fait peu auparavant devant les évêques rassemblés à Milan (347) (*Fr.* VIII, 2, c. 700 A-B; *Fr.* II, 30, c. 648 A-B), Fortunatien ait tenu à obtenir un geste supplémentaire en faveur de celui qui avait été son hôte dans les années antérieures ([16]). C'est à cette occasion, rappelons-le, qu'Athanase, en même temps que l'Empereur Constant, avait participé à une synaxe dans une église non encore terminée ([17]). Cette présence de l'empereur Constant et la faveur qu'il accordait à Athanase avaient peut-être de quoi influencer Fortunatien, mais il ne semble pas que ces éléments politiques aient alors été les plus déterminants. Photin, condamné en 345 à Milan, n'avait pas été remplacé à Sirmium. Fortunatien pouvait se sentir une responsabilité particulière à l'égard des évêques de Singidunum - Ursace - et de

---

([14]) *Ibidem*, II, 12 (c. 641 B). Rappelons que cet événement est justement rappelé dans la lettre du Concile (occidental) de Sardique au Pape Jules. Fortunatien était ici le premier informateur.

([15]) Le porteur de la lettre sera le prêtre Moïse dont on ne connaît ni la patrie ni la raison qui le faisait aller auprès d'Athanase. L'*Histoire acéphale*, 3, nous montre Athanase envoyant à Milan, où il a appris qu'on complotait contre lui, une ambassade de 5 évêques et de 3 prêtres. Voyageant par mer, cette ambassade a dû s'arrêter à Aquilée, mettre Fortunatien au courant de la situation, renforcer également les relations entre Aquilée et Milan et *vice versa*.

([16]) ATHANASE, *Apologie à Constance*, 3 (PG 25, c. 597).

([17]) *Ibidem*, 15 (c. 613 B-C).

V

Mursa - Valens -, à un moment où l'Illyricum venait de passer à nouveau sous l'autorité de Constant. Mais les temps n'allaient pas tarder à changer...

Fortunatien et Denys sous Constance

Nous ne savons rien de l'attitude de l'évêque d'Aquilée — pas plus que de celle de l'évêque de Milan — au moment où Magnence — dout l'épouse Justine défendra un jour avec vigueur l'homéisme — gagna l'Italie du Nord et vint s'installer à Aquilée, avant d'y revenir passer l'hiver de 351-352, après la bataille de Mursa. Quant à l'attitude des évêques à l'arrivée de Constance en Occident, nous pouvons peut-être nous en faire une petite idée grâce à une série de documents qui concernent, *séparément,* Fortunatien d'une part et Denys de Milan d'autre part, mais qu'on peut peut-être juxtaposer pour tenter d'y découvrir l'histoire des deux églises de l'Italie septentrionale, sinon à proprement parler de leurs rapports directs. On sait comment, au fur et à mesure de sa pénétration en Occident, Constance fit — ou laissa — tenir un certain nombre de conciles. Dès la fin 351, Photin et Marcel d'Ancyre avaient été condamnés à Sirmium et cette fois, Photin avait été déposé. En 353, alors que les menaces contre Athanase se faisaient à nouveau plus précises, Libère, qui venait de succéder à Jules II sur le trône pontifical, crut bon de prendre les devants en demandant lui-même à l'Empereur la convocation d'un Concile. Or, il est significatif qu'il ait demandé que ce concile se réunisse, ni à Rome — où il se trouvait, mais où la réunion d'un Concile aurait pu paraître servir ses ambitions supposées (cfr. *Fr.* V, 3; c. 684 A-B) ([18]), — ni à Milan — que Constance venait de quitter pour en terminer avec Magnence, où il ne manquerait cependant

---

([18]) Voir dans le même sens la remarque insidieuse d'Epictète de Centumcellae, lors de l'entrevue de Libère avec Constance (THÉODORET, *Hist. Eccles.,* II, 13; *PG* 82, c. 1036 B-C).

pas de revenir —, mais à Aquilée ([19]). Libère voulait dégager le concile de l'emprise de la Cour ([20]) et il plaçait sa confiance en Fortunatien dont il devait connaître la fidélité à Athanase. On sait ce qu'il en advint. Les envoyés de Libère à Arles se rangèrent à l'avis de Constance. Libère n'en continua pas moins à réclamer un concile général (*Fr.* V, 6; c. 685-686). Mais le concile, réuni à Milan et non plus à Aquilée, ne put être soustrait à l'influence de l'Empereur malgré les espoirs que Libère fondait en Lucifer de Cagliari, Eusèbe de Verceil, et en Fortunatien (*Ep. Sciebam*, 2,2; CC 9, p. 123). Denys de Milan nous est en effet peint par les Lucifériens Faustin et Marcellin comme un ami de Constance (*Liber de fide*, 7, 23). Pourtant, ce fut lui qui tint bon devant Constance et qui prit le chemin de l'exil, tandis que Fortunatien capitulait, non sans avoir résisté, atteste Athanase (*Apol. à C.*, 27, c. 629 B-C). On sait cependant les lourdes accusations que font peser sur Fortunatien tant Hilaire (*Fr.* VI, 9, c. 694 A-B; *Fr.* IV, 2, c. 681 A-B) que Jérôme (*De uiris*, 97): non seulement il conseilla à Libère de céder, lorsque celui-ci passa à Aquilée pour se rendre en exil (*in exilium pergentem*) ([21]),

---

([19]) *Ap.* HILAIRE, *Fragmenta historica*, VI, 3 (*PL* 10, c. 688 B-C) (Liberius ad Ossium): « Multi ex Italia episcopi conuenerunt qui mecum religiosissimum Imperatorem Constantium fuerant deprecati ut iuberet sicut ipsi placuerat dudum concilium ad Aquileiam congregari... ». Comme on le voit, Constance avait eu lui-même l'idée d'un tel concile; mais, en continuant à tenir à la ville d'Aquilée, Libère et son entourage tendaient à séparer ce concile du siège de la cour. Voir la n. suivante.

([20]) Ce sera à nouveau l'exigence de Libère en 355 dans la conversation qu'il eut avec l'Empereur et le chambellan Eusèbe (*Ap.* THÉODORET, *Hist. Eccles.*, II, 13; *PG* 82, c. 1033 C sq) et où il insiste sur la peur de l'Empereur qui a entraîné la condamnation hâtive d'Athanase de la part d'un certain nombre d'évêques. Même exigence de Libère lors de la conversation avec Eusèbe rapportée par Athanase: loin de l'empereur, sans présence de comte ni de juge! (ATHANASE, *Histor. Arianorum*, 37, (*PG* 25, c. 736 A-B).

([21]) On peut, bien entendu, comprendre autrement le *in exsilium pergentem* de Jérôme, mais rien n'empêche de penser que Libère soit passé par Aquilée pour se rendre à Bérée, bien au contraire. Voir L.

mais il se fit son intermédiaire auprès des évêques homéens (*Fr.* IV, 2, c. 681 A-B) comme auprès de l'empereur Constance (*Fr.* VI, 5, c. 690 A; *Fr.* VI, 9, c. 694 A-B). Milan était désormais occupé par un homéen, en qui Libère irait bientôt jusqu'à reconnaître un frère (*Fr.* VI, 9, c. 694 B), mais en vain.

La lutte contre Auxence

Si l'on en croit les documents latins transmis par Hilaire, cet Auxence ne sera même pas condamné lors de la première session du Concile de Rimini (*Fr.* VII, 4, c. 697 C-D), ce qui laisserait entendre que les relations du nouvel évêque de Milan avec ses voisins plus ou moins proches, et en particulier avec Fortunatien, n'étaient pas mauvaises... Il faudra attendre le retour d'exil d'Hilaire de Poitiers pour voir le nom d'Auxence rangé parmi les excommuniés du Concile de Paris (*Fr.* XI, 4, c. 712 B-C). On sait que l'évêque de Poitiers revint à Milan en 364 et j'ai essayé de montrer ailleurs que son action en Italie du Nord n'avait pas attendu cette date [22]. Il ne me semble pas improbable qu'Hilaire soit passé à Aquilée à son retour de Constantinople [23] si ce dernier s'est fait par terre, comme il n'est pas impossible de le penser. Le fait est au contraire certain en ce qui concerne Eusèbe de Verceil [24] qui, en traversant l'Illyricum, devait passer par Aquilée pour parvenir à Verceil. Plusieurs documents nous laissent voir que les

---

Duchesne (*Libère et Fortunatien*, in « Mél. d'Archéol. et d'Histoire » 28, 1908, pp. 65 sq.) qui s'intéresse surtout à Libère.

[22] Voir mon art. *Vrais et faux problèmes concernant le retour d'exil d'Hilaire et son action en Italie en 360-363* in « Athenaeum » 48, 1970, pp. 267 sq.

[23] *Ibidem*, pp. 261-266.

[24] *Ibidem*, pp. 270-273. En 366, nous entendons Germinius se plaindre de l'action d'Hilaire et d'Eusèbe (*Altercatio Heracliani laici cum Germinio episcopo sirmiensi*; PLS 1, c. 345). Sont-ils venus jusqu'en Illyricum et par le fait à Aquilée ? Voir mon art. *Vrais et faux problèmes*, p. 268, et n. 72.

évêques d'Italie du Nord se ressaisirent après la mort de Constance [25], mais nous ne pouvons assurer que Fortunatien se trouvait parmi la dizaine d'évêques présents à Milan lors de l'action d'Hilaire contre Auxence (HILAIRE, *Contra Auxentium*, 7; *PL* 10, c. 614 A) en 364.

Pour voir l'évêque d'Aquilée s'intéresser à l'église de Milan, il faut attendre la lettre *Confidimus quidem* de Damase dont le premier signataire après le Pape n'est autre que Valérien d'Aquilée. Il faut également remarquer que cette lettre fait allusion à un *rapport* des évêques de Gaule et de *Vénétie* [26]. On peut penser que c'était pour faire authentifier leurs propres démarches [27] que les évêques d'Italie du Nord, et à leur tête Valérien, « primat » de la Vénétie, avaient déféré la cause d'Auxence auprès de Damase [28], même si leurs tentatives ne s'étaient

[25] *Ap.* HILAIRE, *Fragmenta historica*, XII, 1 et 2, *Epistula Liberii ad Catholicos episcopos Italiae* et *Epistula episcoporum Italiae ad fratres per Illyricum*. Le libellé du titre de la lettre de Libère exclut Auxence, cette fois.

[26] DAMASE, *Ep. Confidimus quidem* (*PL* 13, c. 348 B): « Gallorum atque Venetensium fratrum relatione comperimus(...) Denique Auxentium Mediolanensem hac praecipue causa damnatum esse praescribunt... ».

[27] Sur cette lettre, voir M. Richard (*Saint Basile et la mission du diacre Sabinus* in « Anal. Bollandiana » 67, 1949, pp. 179 sq.) qui fait remarquer la formule de l'intitulé *ex rescripto imperiali* (p. 179, n. 3) dans la version latine. Ce serait donc pour répondre à la propagande d'Auxence auprès des *simplices* (c. 348 B, 2 sq.) que les orthodoxes seraient intervenus, entraînant les plaintes d'Auxence auprès de Valentinien qui aurait demandé l'intervention de Damase... Cela ne correspond pas à l'image qui nous a été laissée de Valentinien, d'autant plus que Damase n'est pas revenu à un véritable *statu quo* en « enregistrant » la condamnation d'Auxence. Il faut toutefois noter que le même Évagre d'Antioche intervient à la fois au sujet d'Auxence et de Damase (V. *infra*, n. 30).

[28] La date exacte du Concile romain ne pourra être établie que dans le cadre d'une étude générale des conciles sous Damase, qui reste à faire.

V

pas forcément inscrites dans le cadre d'un véritable concile ([29]).
Cette action contre Auxence prit des formes moins canoniques encore. Nous retrouverons peut-être à Aquilée en 381 un prêtre d'Antioche dont nous savons qu'il était venu en Occident avec Eusèbe de Verceil. Or, les relations de Jérôme avec cet Évagre, au moment même où il vit au milieu du « chorus clericorum » d'Aquilée, comme les allusions qu'il fera à lui dans une letre écrite à Chromace (JÉRÔME, *Ep.* 7, 1), du désert de Chalcis, laissent entendre que cet ancien fonctionnaire fréquenta également Aquilée, plus particulièrement peut-être après la mort d'Eusèbe (371) et qu'on eut recours à lui pour intervenir auprès de Valentinien Ier ([30]). On ne sait pourquoi Eusèbe de Verceil, proche voisin d'Auxence, n'avait pas pris part au Concile romain qui se chargea de condamner Auxence ([31]).

([29]) On notera que les destinataires ne sont pas les mêmes selon qu'il s'agit de la version latine (... episcopis catholicis per Orientem constitutis; *PL* 13, c. 347 C, selon le texte du *Codex Veronensis* contenant la *Collection* du diacre Théodose) ou grecque (Οἱ ἐπίσκοποι (...) τοῖς ἀγαπητοῖς ἀδελφοῖς τοῖς ἐν Ἰλλυρικῷ καθεστῶσιν ἐπισκόποις *apud* THÉODORET, *Hist Eccles.*, II, 22, 1-2; Éd. Parmentier, *GCS* 19, pp. 147-150). Il est difficile de dire quelle est la bonne adresse, étant donné les problèmes posés par cette lettre *Confidimus*. Si le texte grec reflétait un état véritable de ce document, voire le premier état, il faudrait peut-être mettre cette lettre en rapport avec d'éventuelles tentatives de Auxence en Illyricum, en liaison avec l'évêque de Sirmium, Germinius. Dans ces conditions, on comprendrait encore mieux l'action de Valérien vis à vis d'Auxence et on pourrait comprendre pourquoi Basile lui répondra comme à l'évêque des Illyriens (Voir *infra*, p. 183).
([30]) JÉRÔME, *Ep.* 1, 15 (Éd. J. Labourt, I, p. 9, l.1 sq.): « Quis enim ualeat digno canere praeconio Auxentium Mediolani incubantem huius excubiis sepultum paene ante quam mortuum, Romanum episcopum, iam paene factionis laqueis inretitum et uicisse aduersarios et non nocuisse superatis? ». Sur le début de ce texte, voir en des sens différents F. CAVALLERA, *Saint Jérôme, sa vie, son oeuvre*, Louvain-Paris, 1922, I, 1, p. 21 n. 1f;2, pp. 12-13; M. RICHARD, *art. cit.*, p. 179, n. 4.
([31]) Faut-il invoquer l'âge d'Eusèbe? Songeons que Denys le considérait comme un père. Mais il est assez surprenant que nous ne voyions

V

AMBROISE DE MILAN ET CHROMACE D'AQUILÉE

Il semble que Valérien ait assumé la charge de l'Italie du Nord et qu'il ait été, à cause même de cette suppléance, appelé à s'intéresser davantage encore à la vie de l'Église de Milan, ne serait-ce que pour soutenir la minorité orthodoxe. Nous n'en possédons malheureusement, en ce qui concerne Milan même, aucune trace véritable. La lettre personnelle de Basile de Césarée que Sabinus, le diacre milanais, rapporte à Valérien est adressée à l'*évêque de l'Illyricum* (BASILE, *Ep.* 91), ce qui ne semblerait pas aller en faveur d'une action de l'évêque d'Aquilée en Italie du Nord occidentale; mais il ne faut pas oublier que cette lettre particulière s'ajoute, comme une réponse personnelle, aux lettres envoyées « aux évêques d'Occident » d'une part (*Ep.* 90), aux « Italiens et aux Gaulois » d'autre part (*Ep.* 92). Dans les destinataires de cette dernière lettre, nous retrouvons les deux groupes des évêques de Gaule et de Vénétie mentionnés par la lettre *Confidimus* de Damase. Toute la vallée du Pô, ainsi que ses confins occidentaux et orientaux, s'unit donc ici contre Milan, sous la conduite de Valérien. On verra de la même façon dans la cinquantaine d'années qui va suivre, l'évêque de Milan intervenir plus d'une fois dans les affaires de la Gaule méridionale, comme dans les régions de l'Adriatique ([33]). La seule question qui se pose reste de savoir si Valé-

---

pas agir ce voisin d'Auxence. Celui-ci était-il si bien protégé par la neutralité de Valentinien? Bien entendu, intervient également la *date* de ce Concile, qui est mal établie. Si le concile romain a eu lieu en 371, c'est l'année de la mort d'Eusèbe...

([32]) Je ne puis entrer ici dans la question de la mission de Sabinus et de son itinéraire. Ce qui me semble certain, à partir de la lettre 89 da Basile à Mélèce, c'est que Basile répond à une lettre *personnelle* de Valérien et qu'il est beaucoup plus vraisemblable d'imaginer que cette lettre a été apportée par Sabinus, plutôt que d'imaginer que Basile répond alors, tardivement, par Sabinus, à une lettre de félicitations pour son élection, comme le voudrait M. Richard (*art. cit.*, p. 193, n. 1).

([33]) On ne peut reconnaître la Gaule *cisalpine* (M. RICHARD, *art. cit.*, p. 179, n. 2) dans cette *Gaule*. Cette appellation n'existe plus à l'époque.

V

rien assume une charge de remplacement, ou s'il ne fait qu'étendre à une région plus large l'action qu'il exerçait ordinairement autour d'Aquilée et en particulier aux abords de l'Illyricum. Tel n'est pas ici mon propos.

Le Concile d'Aquilée

En ce qui concerne les problèmes doctrinaux, notre documentation augmente — mais pas autant que nous l'aimerions — avec l'élection d'Ambroise. Celui-ci passera certainement à Aquilée pour se rendre à Sirmium pour l'élection d'Anémius (PAULIN de Milan, *Vita Ambrosii*, 11), mais c'est surtout après 378 que nous voyons l'évêque de Milan en relation avec Aquilée. Dès 378, Jérôme peut noter dans sa *Chronique* qu'avec l'élection d'Ambroise toute «l'Italie» redevient orthodoxe. Dans une lettre de 375-376, il rappelle que Chromace et son frère Eusèbe ont « naguère » (*quondam*) chassé hors de leur ville le « venin de l'hérésie arienne » (JÉRÔME, *Ep.* 7, 6 - Éd. J. Labourt, I, p. 24, l. 24-25). Toutes les suppositions que l'on peut faire à ce sujet restent vaines. Une telle affirmation explique cependant que Chromace ait pris une part active au concile d'Aquilée de 381, bien qu'il ne fût encore que prêtre.

Aussi bref qu'il ait été — le « procès » proprement dit dit n'a duré qu'une demi-journée, l'ensemble de la réunion quelques semaines —, ce concile de septembre 381 n'en a pas moins été très important pour la vie de toute l'Italie du Nord dans les vingt dernières années du IVe siècle. Il nous permet de nous faire une idée des relations des deux villes sous le règne de Gratien, en même temps qu'il donne une idée de l'importance de la ville, à l'échelle de l'Empire tout entier.

Un concile universel...

En effet, il faut tout d'abord bien se rendre compte que ce concile n'était pas destiné à la seule région de l'Italie du Nord ou de l'Illyricum. On avait sans doute oublié qu'en

352-353 Aquilée avait été pressenti pour être le siège d'un concile universel, mais c'est bien de concile universel qu'il était à nouveau question. Après la vigoureuse installation d'Anemius sur le siège de Sirmium en 376(?), et le concile — vraisemblable ([34]) — de 378 qui avait eu pour but de pousser plus loin l'avantage, après la disparition en août 378 de l'empereur Valens favorable aux Homéens et l'abrogation en août 379 de l'édit de tolérance ([35]), ce concile général devait régler les affaires de foi toujours pendantes et trancher des cas personnels douteux ou en suspens. Il me semble insuffisant de dire qu'Aquilée ait été choisi comme une espèce d'avant-poste contre l'Illyricum arien ou comme un moyen terme entre Sirmium, dont vint Anémius et Milan, dont l'évêque dirigea en réalité les débats. Il est en revanche plus juste d'attribuer à ce choix des raisons de commodités de déplacement à l'échelle de l'Empire tout entier, la ville étant à la charnière des deux *partes imperii,* en même temps qu'au débouché de routes terrestres et surtout maritimes ([36]). De ce caractère universel primitif nous avons de multiples preuves dont il faut dire un mot, dans la mesure où elles permettent donc de souligner l'importance de la *ville,* sinon du *siège* d'Aquilée, à la fin du IVe siècle.

Le témoignage le plus net vient des accusés. Palladius, Secundianus et le prêtre Attalus avaient décidé de se présenter devant le concile parce qu'ils espéraient avoir devant eux des Orientaux aussi bien que des Occidentaux. Palladius avait obtenu des assurances de Gratien lui-même. Il le rappellera à Aquilée, en se plaignant de ne pas voir siéger le Concile *général* qu'on lui avait promis ([37]). D'autres avaient flairé le piège, tel Julianus

---

([34]) La question est embrouillée, mais on ne peut la rayer d'un trait comme on le fait parfois trop facilement.

([35]) *Codex Theodos.* XVI, 5, 5.

([36]) Lorsqu'il demandera à Théodose la réunion d'un nouveau concile, à Rome ou à Alexandrie, Ambroise insistera sur les facilités d'accès par mer: « Sed quia Illyrici suspecta mouetur, ideo maritima ac tutiora quaesita sunt » (*Ep.* 14, 7 - *PL* 16 (1845), c. 955).

([37]) *Gesta concilii Aquileiensis,* 7-8 (*PL* 16, c. 918 A-C).

V

Valens qu'Ambroise nous décrit paradant à Milan (*Ep.* 10, 9-10) en même temps qu'Ursin (*Ep.* 11, 3). La nouvelle, sinon la convocation du concile, était-elle parvenue en Orient? Deux faits invitent à le penser. Paulin d'Antioche, qui s'était rendu au Concile de Constantinople, avait envoyé une lettre au Concile d'Aquilée (*Ep.* 12, 4). Il y avait peut-être dépêché un légat, dans la personne du «prêtre Évagre» mentionné dans les débats. Celui-ci a des chances d'être l'Évagre qui était intervenu naguère auprès de Valentinien Ier. Ne sont-ce pas ces démêlés avec Auxence qui lui valent l'appellation d'*in factionibus ussitatior* (*PLS* I, c. 716 A) que Maximin l'Arien lui attribue généreusement dans une phrase qui est malheureusement tronquée dans le fameux *Parisinus* 8907? D'autre part, quelques jours après la condamnation des homéens, arrive à Aquilée l'audacieux compétiteur de Grégoire de Nazianze à Constantinople, le philosophe Maxime: celui-ci ne serait pas venu à Aquilée s'il n'avait appris l'existence de ce concile dont la session avait dû être connue à Constantinople; mais on peut également songer que Maxime, envoyé de Pierre d'Alexandrie à Constantinople, n'ait pas désespéré, maintenant que Pierre, son protecteur, était mort, de trouver appui dans une ville qui avait des relations particulières avec Alexandrie, comme la chose sera rappelée dans la lettre conciliaire *Quamlibet* (*Apud* Ambroise, *Ep.* 12, 6). Peu s'en était donc fallu qu'Aquilée ne devînt le lieu d'un concile oecuménique. Nous savons ce qui modifia ce projet et nous retrouvons ici l'évêque de Milan. Celui-ci craignait peut-être qu'un concile trop populeux et auquel les Orientaux prendraient part ne connût les malheurs du concile de Rimini et ne se prêtât aux mêmes manoeuvres... ([38]). Nous verrons en effet que la compétence théologique d'un Chromace était limitée. Comment n'en aurait-il pas été de même pour les nombreux

---

([38]) Sur l'attitude d'Ambroise à l'égard du concile de Rimini, voir mon art. *La « manoeuvre frauduleuse » de Rimini* in *Hilaire et son temps*, Actes du colloque de Poitiers, 1968, Paris, 1969, pp. 57; 92-93.

évêques obscurs qui, de l'Arianisme, ne connaissaient que les thèses les plus massives. Il valait mieux en demeurer à ce niveau et c'est ce qu'on fit à Aquilée en donnant lecture de l'une des lettres d'Arius.

...devenu concile provincial

Le rescrit impérial que nous possédons reconnaît un changement dans la convocation du concile, mais celui-ci ne porte absolument pas sur le *lieu* même de ce concile. Dès le début, donc, il a été prévu que le concile se tiendrait à Aquilée. Seule sa composition a changé. Il devait comprendre l'ensemble de l'épiscopat. C'est Ambroise qui a obtenu que le concile fût réduit à un petit nombre de participants, en faisant valoir qu'il suffirait à la tâche avec les évêques de l'Italie du Nord: Ambroise entend régler sur le plan local cette affaire, selon lui, purement locale. De fait, lorsqu'on considère la liste des 35 participants, on constate qu'elle est constituée essentiellement par des évêques de la vallée du Pô et de ses environs immédiats, Ligurie, Vénétie. On ne peut cependant pas ne pas être frappé par la présence de Gallo-romains, qui sont là en tant que *legati,* selon leurs propres propos ([39]), et surtout d'Africains qui insistent sur le fait qu'ils ont pris part à un concile africain avant de se rendre à Aquilée. Ils viennent apporter explicitement l'opinion de leurs collègues (*Gesta,* § 16). Il faut admettre que le premier ordre avait été divulgué et qu'il a dû arriver dans les lointaines contrées d'Occident avant le départ des différents légats. Ceux-ci ne se trouvaient certainement pas tous accidentellement à Aquilée! On pouvait attendre d'autres arrivées encore, puisque Sabinus (*Gesta,* § 10) fait remarquer à Palladius que c'est lui qui a pressé le début de la discussion, sans attendre l'arrivée des « frères qui pouvaient venir ». D'où pouvaient-ils venir?

([39]) *Gesta,* 15. Nous retrouvons ici le groupe des *Galli* et des évêques d'Italie du Nord que nous avons rencontré dans la lettre *Confidimus* de Damase.

V

De Rome? Nous savons que Damase avait envoyé une lettre d'excuse qui le concernait, lui et ses ressortissants de l'Italie centrale (*PLS* 1, c. 723 A). D'Espagne, où venait de se tenir le concile de Saragosse, plus préoccupé de l'ascétisme de Priscillien que de son sabellianisme? Nous ne savons pas si, dès ce moment, dans leur route vers Rome, Priscillien, Instantius et Salvianus étaient passés par Milan, mais il est certain que ce concile de Saragosse — tenu dans le *secretarium* de l'église, comme à Aquilée — pouvait apparaître comme un exemple pour Ambroise: chaque région règle ses propres questions, par la manière forte s'il le faut!

Les évêques d'Aquilée dans la lutte contre l'hérésie

De cette lutte contre l'arianisme, telle qu'Ambroise l'a menée, les gens d'Aquilée n'ont pas été absents. Nous avons vu Valérien veiller sur le siège de Milan au temps où il était encore occupé par un Auxence ([40]). Valérien présidait aujourd'hui le concile d'Aquilée et son rôle lui demandait peut-être de planer au-dessus des discussions. Nous ne l'entendons intervenir que pour confirmer à Palladius que les débats se déroulent régulièrement et que des secrétaires des *deux* partis sont bien en train de prendre note des débats (*Gesta*, § 46). Il quitte ce rôle pour une attaque personnelle contre Palladius qui tourne court, mais qui a l'avantage de nous révéler une autre des hantises de l'épiscopat de l'Italie septentrionale: Valérien accuse l'arien Palladius d'avoir été ordonné évêque par des Photiniens (*Gesta*, § 49)! Une telle assimilation et une telle confusion sont des plus révélatrices et nous aurons à y revenir au sujet de Chromace qui ne fera vraisemblablement que partager la façon de voir de son évêque. Quoi qu'il en soit pour le moment, ces Photiniens sont toujours virulents, puisque le Concile croit bon de demander l'aide impériale contre ceux qui créent des difficultés à Anémius, à Sirmium (*Ap.* AMBROISE, *Ep.* 10, 12).

([40]) Voir *supra*, pp. 181-183.

Ambroise les pourfend un certain nombre de fois ([41]) et nous verrons que Chromace ne se fera pas faute de ranger comme lui Photiniens et Ariens parmi les hérétiques dont l'Église a le plus à se garder ([42]). Le prêtre Chromace est présent à ce concile d'Aquilée. Il ne s'est pas contenté d'apposer sa signature. Il reproche à Palladius de refuser les points essentiels (*Gesta,* § 45) de la foi catholique: la divinité du Fils et son égalité avec le Père. Nous verrons combien il reviendra souvent sur cette affirmation cardinale. En dehors du légat Évagrius, Chromace est le seul prêtre qui prenne part à ce concile. S'il intervient au cours de la discussion c'est que, comme Jérôme nous l'atteste par ailleurs, il avait activement contribué à l'expulsion des Ariens d'Aquilée même. De fait, son oeuvre écrite témoigne de la même attention aux dangers de l'hérésie et respire la même intransigeance à son égard.

On s'est étonné des mesures drastiques prises par le Concile d'Aquilée à l'égard des « hérétiques ». Il faut bien reconnaître que cette façon d'agir n'avait rien d'extraordinaire, ni en Occident, ni en Orient. Avant même de montrer que cette lutte contre les hérésies concerne chez Chromace plusieurs points qui ont dû lui être révélés par l'oeuvre d'Ambroise, je voudrais montrer rapidement que ses attaques contre les hérétiques ne sont pas un simple motif à exercice scolaire. C'est peut-être au contraire la virulence des problèmes posés par certains hérétiques qui explique et la violence de la réaction et le recours aux ouvrages de l'évêque de Milan pour quelques points précis.

Cette importance de l'hérésie se trouve révélée, me semble-t-il, par un certain nombre de développements exégétiques de Chromace. Quelquefois, il reprend des assimilations d'Ambroise (*Tr.* 35, 3; *Tr.* 41, 2; 43, 6); mais il ne s'agit pas de sa part d'une simple imitation servile. Plusieurs fois, en effet, dans les *Tractatus in Matthaeum,* on saisit Chromace en train d'ajouter

---

([41]) AMBROISE, *De fide,* 1, 1, 6; 1, 8, 57; 2, 13, 117; 3, 8, 58, etc.
([42]) Voir *infra,* pp. 202-204.

V

la mention des hérétiques à ses sources qui ne parlaient par exemple que des Juifs (⁴³), des païens (⁴⁴) ou des schismatiques. Ce dernier cas est particulièrement éloquent. Chromace se sert plusieurs fois du *De unitate ecclesiae* de Cyprien qui ne visait que le schisme de Novatien. Or, dans le texte de Chromace, l'hérétique ne s'ajoute pas seulement au schismatique, mais il *passe avant lui* et Chromace lui adapte les dossiers scripturaires qui étaient utilisés jusqu'ici contre le schisme (⁴⁵). On ne s'étonnera donc pas que Chromace soit aussi véhément que Cyprien ou que le Concile d'Aquilée contre le prêtre ou l'évêque hérétiques: il faut le bannir de son église pour lequel il ne peut être qu'un mauvais ferment (*Tr.* 23, 3, 2; 56, 4), qu'un guide de ténèbres (*S.* 6, 2, l. 31 sq.; *Tr.* 23, 3, 1; 31, 1-2; *Tr.* 53, 8 avec allusion au *Credo* de Nicée); il faut le retrancher comme un membre qui scandalise (*Tr.* 53, 3 fin; *Tr.* 56, 2) et peut faire périr l'ensemble du corps de l'Église!

Ces hérétiques ne sont pas tirés de quelque « musée » hérésiologique. Il est remarquable que Marcion n'apparaisse qu'une seule fois dans l'oeuvre de Chromace (⁴⁶). Le seul qui

---

(⁴³) Chromace, *Tract.*, 19, 4, qui dépend d'Hilaire, *In Matthaeum*, 4, 13 (PL 9, c. 935-936).

(⁴⁴) Chromace, *Tract.* 22, 1, qui s'en prend à Hilaire, *In Matthaeum*, 4, 19 (PL 9, c. 938 B-C).

(⁴⁵) Chromace, *Tract.* 59, 2, utilise le *De unitate ecclesiae*, 12 (Éd. W. Hartel, CSEL 3, 1, pp. 220-221) mais aussi *Eccl.* 10, 9 qui fait partie du dossier contre les schismatiques en *Testim. ad Quirinum*, 3, 86 (*Ibid.*, p. 174). Or, l'ensemble de ce dévoloppement est repris contre *hérétiques* et schismatiques en *Tract.* 50, 2. Voir de même le *Sermon* 33, 3, l. 56 sq.: « Non conuenit responsio ista alleluia *haereticis*, non *schismaticis*, non omnibus aduersariis unitati Ecclesiae, etc »; § 4, l. 82 sq. De même, pour les animaux impurs dont il adapte l'interprétation du *De cibis iudaicis* de Novatien, voir le *Tract.* 53,4: « ...tam Iudaeos quam gentiles, *quam etiam haereticos...* ».

(⁴⁶) Sur Marcion, voir le *S.* 26, 4, sur la résurrection du Christ dans la chair. Il se trouve joint aux Manichéens (*Ibid.*, l. 97) qui reparaissent dans le *Tract.* 24, 1, au sujet du mariage. Ce dernier point est

pourrait faire penser à un stéréotype quelconque est « Ébion » dont Chromace, comme beaucoup de gens de son temps, fait un être en chair et en os, alors qu'il n'a jamais existé que des Ébionites, c'est-à-dire des « simples » (*Tr.* 50, 3). Ambroise le nomme également et lui fait le même reproche qu'à Photin de Sirmium, celui d'avoir prétendu que le Christ n'était qu'un simple homme (*De fide,* 5, 8, 105). C'est à cause du danger beaucoup plus pressant du photinianisme qu'« Ébion » se trouve mentionné, avec l'arrière - pensée de montrer que la nouvelle erreur a déjà été condamnée depuis longtemps et que ceux qui l'ont reprise méritent donc entière réprobation. Mais on aurait tort de ne voir dans cet « ébionisme » ou ce « photinianisme » qu'un danger évanoui [47]. Nous verrons au contraire Chromace confondre plusieurs fois dans un même blâme Arius et Photin. Il me semble donc exagéré de dire avec Dom Lemarié que les querelles doctrinales étaient apaisées au moment de l'épiscopat de Chromace et que l'arianisme appartenait au passé [48]. Deux ans avant l'élection de Chromace, Ambroise avait failli connaître à Milan le sort de Palladius et cette affaire restait encore assez vivante dans les mémoires pour que Rufin d'Aquilée lui accorde une grande place dans son *Histoire Ecclésiastique* [49]. La cour de Milan ne s'était-elle pas réfugiée à Aquilée en 387, au moment de l'invasion de Maxime [50]? Cette lutte demeurait d'actualité. On comprend dès lors qu'Ambroise se soit déplacé pour l'élection de Chromace, comme il l'avait fait pour celle d'Anémius, douze ans plus tôt. Dans un *Tractatus,* que nous aimerions pouvoir dater, après avoir parlé de « Photin de Sirmium »,

---

vraisemblablement à mettre en relation avec les lois impériales contre le manichéisme.
    [47] Les photiniens demeurent virulents. L'Ambrosiaster consacre sa *Quaestio* 91 à Photin. Innocent Ier intervient encore à leur sujet auprès de Laurent de Sirmium (*Ep.* 41; *PL* 20, c. 607-608).
    [48] *Op. laud.,* I, p. 55.
    [49] RUFIN, *Historia Eccles.,* II, 15-16 (*PL* 21, c. 523 C - 525 A).
    [50] ZOSIME, *Hist. nova,* IV, 42, 3-7.

V

Chromace évoque les ravages d'Arius en Orient. Et il ajoute: « Aujourd'hui encore (*hodieque*) ses disciples essaient de tromper les brebis de Dieu dans quelques églises, mais depuis longtemps que le maître d'erreur a été dévoilé, ses disciples ne peuvent demeurer cachés » ([51]). A l'égard des schismatiques, Chromace prêche la douceur (*Tr.* 17, 7, 4), mais il reproche à Hilaire de pardonner trop vite à l'hérétique en proposant de s'entendre avec lui « tant qu'on se trouve en chemin avec lui durant cette vie ». Il faut au contraire « lui résister avec une foi invincible » déclare Chromace ([52]). Dom Lemarié lui-même note, à propos du *Sermon* 28, que Chromace suit Ambroise lorsqu'il associe les Juifs, les hérétiques et les philosophes ([53]). On pourrait d'ailleurs montrer que Chromace partage la même défiance qu'Ambroise pour la philosophie ([54]), mais il faut dire que l'impression de Dom Lemarié s'explique par le fait que si Chromace signale le danger des hérétiques, condamne leur conduite fallacieuse, il ne développe pas souvent leurs doctrines.

[51] CHROMACE, *Tract.* 35, 3: « Cuius (Arius) discipuli hodieque oues Dei fallere ac decipere conantur per aliquantas ecclesias, sed, iamdudum magistro perfidiae prodito, discipuli latere non possunt ».

[52] CHROMACE, *Tract.*, 22, 1 (Hoste 8, 1, 2): « ...Si aliquis de fratribus ob causam fidei aduersarius exsistat, numquid perfidiae ipsius consensus commodandus est, ne cum tali religiosa discordia maneat? Habemus aduersarios et gentiles (...). Quorum sacrilegae persuasioni non modo consentiendum non est, uerum etiam inuicta fide resistendum ». Faut-il rapprocher cette critique d'Hilaire de celle que lui firent les Luciférens de pactiser avec les faillis de Rimini? L'*In Matthaeum* visé ici est cependant antérieur à son exil.

[53] *Op. laud.*, II, p. 118, n. 2.

[54] La philosophie ne se caractérise pas seulemenent par sa fausse sagesse, selon 1 *Cor.* 1, 19-20, mais aussi par l'amour des belles phrases. Au contraire, « Vera sapientia Dei Christus est, quae non ornatur *uerbis* nec luculenta *oratione,* sed fide cordis agnoscitur » (*S.* 28, 2; 1. 26-28). A cette éloquence captieuse, Chromace oppose, comme Ambroise, la médiocre formation des *Piscatores* (*Tract.* 16, 1). Voir AMBROISE, *In Lucam,* 2, 42; 2, 53; 5, 44; 5, 70...; *De fide,* I, 13, 84-85.

II - CHROMACE ET AMBROISE DANS LES DÉVELOPPEMENTS CHRISTOLOGIQUES ET TRINITAIRES

A cette absence de développement ou de discussion de la part de Chromace des thèses hérétiques, il est, me semble-t-il, plusieurs raisons. On peut tout d'abord dire que Chromace exégète respecte dans ses *Tractatus in Matthaeum* le genre littéraire qui est le sien et qui ne l'invite pas à des exposés techniques. On en donnera alors pour preuve la manière dont, lors de son interprétation du baptême du Christ, il s'excuse du court développement trinitaire auquel il vient de se livrer: *Haec transitorie de Trinitatis mysterio dicta sunt* (*Tr.* 13, 2 f.) ([55]). D'autre part, le peuple d'Aquilée, auditeur des *Sermons,* auditeur de la forme première d'un certain nombre au moins de *Tractatus,* n'était certainement pas apte à s'engager dans les discussions théologiques, si l'on en juge par les comparaisons très simples, très matérielles, auxquelles le prédicateur se livre assez souvent ([56]). Que celles-ci aient disparu de certains *Tractatus* dont nous possédons la forme prêchée ([57]) ne peut que souligner cet effort d'adaptation à un peuple vraisemblablement peu lettré, auquel il fallait se contenter d'inculquer les grandes affirmations du Christianisme et de lui demander de vivre en accord avec elles. Mais il est une troisième raison, plus profonde, qui relève de la personnalité même de Chromace et qui explique son attitude devant l'oeuvre d'Ambroise. C'est que, dans le domaine philosophique comme dans le domaine théologique, Chromace ne s'estime pas capable — ou n'est pas capable — d'aucune

---

([55]) Sur ce développement, voir *infra*, p. 205. Il faut dire cependant que le « genre » n'est pas à ce point précisé qu'il exclue de telles discussions, bien au contraire.

([56]) Voir J. LEMARIÉ, *op. laud.*, I, pp. 59-60. Métaphores filées: *S.* 4; *S.* 12, 2-3.

([57]) Comparer, par ex., le *S.* 6, 4-5 et le *Tract.* 31, 2 (Hoste, 17, 2, 1-2) où le long développement familier sur la perdrix a disparu.

V

hardiesse. *Sermons* et *Tractatus* nous le laissent découvrir, dès lors qu'on peut les comparer à des développements analogues d'Hilaire de Poitiers ou d'Ambroise. Non que Chromace soit un plagiaire. S'il est facile de montrer que Chromace, en composant ses *Tractatus*, avait sous les yeux l'*In Matthaeum* d'Hilaire et l'*In Lucam* d'Ambroise ([58]), il ne faut pas cacher que les rencontres matérielles portent souvent sur des points de détail et que la pensée bifurque bien des fois en des directions très différentes, comme si Chromace, selon une façon de faire bien connue des Anciens, avait voulu faire quelque chose de neuf avec des matériaux anciens. Il ne peut être question, ici, de comparer ces matériaux. Il est bien plus important de considérer les grands axes de la pensée, dans la mesure même où l'attention à certains problèmes plutôt qu'à d'autres témoigne — ou non — de la connaissance que Chromace a eue de l'évolution de la théologie en cette fin du IVe siècle qui, avec Ambroise, a vu s'effectuer beaucoup de progrès, à mesure que se présentaient des difficultés nouvelles. Or, il est remarquable de constater combien cette attention a été différente, selon qu'il s'agissait de la divinité et de l'humanité du Christ ou de la théologie du Saint-Esprit.

A - *Le Christ, Deus et Homo, Verbum et Caro*

Commentant les *Évangiles*, Chromace songe beaucoup plus à affirmer la divinité du Christ qu'à poser le problème des relations du Fils avec le Père ([59]). Je reviendrai tout à l'heure sur les rares explications quelque peu techniques de Chromace qui se trouvent essentiellement dans les *Tractatus* ([60]). Je voudrais

---

([58]) La référence à Hilaire se fait d'ailleurs quelquefois à travers l'*In Lucam* d'Ambroise. D'autre part, il y a toute chance pour que Chromace se soit également servi de l'oeuvre de Fortunatien.
([59]) On ne rencontre qu'une allusion à Sabellius, dans le *Tract.* 35, 4.
([60]) Voir *infra*, pp. 201 sq.

partir de quelques sermons sur des épisodes de la vie du Christ à dessein de montrer que l'oeuvre d'Ambroise renforce certaines de ses tendances propres, mais ne parvient pas à éveiller son attention à l'égard d'affirmations qui, après 381, sont notoirement insuffisantes.

La naissance du Christ: faiblesse et Divinité

Le *Sermon* 32 est consacré à la *naissance du Christ*. Comme Ambroise (*In Lucam*, II, 36-37), Chromace insiste sur le fait que le Christ naît au moment du recensement d'Auguste, parce que, avec sa naissance, commence le recensement des âmes par l'Auguste qu'est l'Empereur du ciel (*S.* 32, 1; l. 7 sq.). Comme Ambroise (*In Lucam*, II, 36), Chromace insiste sur le fait que le monde *entier* est recensé et doit payer le cens: celui de la foi, celui de son sang aussi, comme l'ont fait les martyrs (*S.* 32, 1, l. 24 sq.). Le Christ, chez Ambroise (*In Lucam*, II, 43) comme chez Chromace (*S.* 32, 3, l. 74 sq.), est déposé dans une crèche parce qu'il doit devenir la nourriture des fidèles. Quant aux bergers qui viennent les premiers lui rendre hommage, il s'agit, chez tous deux, de la figure des évêques, qui doivent faire paître le troupeau de l'Église (*In Lucam*, II, 50 - *S.* 32, 4, l. 94 sq.).

Mais, tout au long de ce sermon, Chromace, à l'école d'Ambroise, ne manque pas une occasion d'insister sur la manière dont le Christ s'est abaissé *pour nous* (l. 57 sq.; l. 63 sq.) ou, inversement, sur la divinité de celui qui, en ce jour, a voulu naître selon la chair (l. 37, 94, 122, 138), en opposant la génération éternelle et la génération charnelle (l. 50 sq.). Nous ne sommes pas loin ici non plus de saint Ambroise qui oppose saint Luc et son récit de la naissance du Christ au prologue de saint Jean sur la génération éternelle du Verbe (*In Lucam*, II, 40). On peut discuter certaines parentés, on peut faire remarquer qu'elles côtoient des différences d'interprétation non moins nombreuses entre les deux exégètes. En ce qui concerne la présentation du Christ cependant, nous nous trouvons devant la

V

même *problématique,* comme le confirme la majeure partie de l'exemple suivant qui me semble montrer que c'est bien chez Ambroise que Chromace a trouvé ces développements, même si ceux-ci n'étaient pas entièrement neufs.

La passion: la royauté du Christ

Prenons, en effet, à l'autre bout de la vie du Christ, le récit de *la Passion* qui nous est présenté dans le *Sermon* 19. Chromace commence son sermon avec la scène de dérision dans le prétoire de Pilate: les soldats recouvrent le Christ d'une tunique de pourpre et d'un manteau d'écarlate avant de le couronner et de fléchir le genou devant lui. Le prédicateur découvre à tous ces gestes une signification spirituelle: ils annoncent la reconnaissance du Christ comme roi et comme Dieu. Le détail du texte est assez proche du texte correspondant de l'*In Lucam* pour que Dom Lemarié ait pu parler d'un « emprunt textuel » à Ambroise ([61]). Il est de fait très probable que Chromace a lu ce passage du *Commentaire* d'Ambroise. Mais il y a *ajouté* un long développement personnel sur le sens caché de chaque objet: tunique, manteau, couronne d'épines, roseau (ll. 33 - 102). Il revient pourtant à Ambroise pour la *présentation* de l'épisode suivant: la marche vers le Calvaire et la crucifixion (l. 103 sq.). Comme Ambroise, Chromace insiste sur le fait que cette marche est celle d'un triomphateur, que la croix est un trophée où les hommes voient signifier, non leur défaite comme dans les triomphes humains, mais leur salut ([62]). C'est que, comme le dit explicitement Chromace, par la croix et son triomphe, le Christ a manifesté qu'il était à la fois Dieu et

---

([61]) *Op. laud.,* II, p. 21, n. 4.
([62]) CHROMACE, *S.* 19, 6, l. 140 sq. - Cf. l. 115 sq. Bien entendu, ce thème du *triomphe* de la croix connaît un grand succès à l'époque, mais on ne le trouve pas, par ex., dans l'*In Matthaeum* d'Hilaire, ce qui semble bien laisser deviner que Chromace le doit ici à la lecture de l'*In Lucam*. La royauté du Christ est un thème cher à Chromace.

homme (*Deus et homo*), Verbe et chair (*Verbum et Caro*), Fils de Dieu et Fils d'homme ([63]).

Ame ou divinité du Christ aux Enfers?

Il est dommage que nous possédions pas de texte de Chromace sur la mort même du Christ. S'il avait continué la lecture de l'*In Lucam* d'Ambroise, il aurait peut-être remarqué la façon dont Ambroise s'arrêtait à la manière dont le Christ remettait son esprit à son Père (*In Lucam*, X, 126). Il ne fait pas de doute pour un esprit prévenu qu'en soulignant que cet *esprit* est *à la fois* aux cieux et dans les Enfers, Ambroise attribue à l'*âme* du Christ la descente aux Enfers. Ne vient-il pas de citer le *Ps.* 15, 10: « Tu n'abandonneras pas mon âme à l'Enfer »? Or, si nous ne possédons pas de commentaire de Chromace sur la mort même du Christ ([64]), nous avons la chance de posséder un long sermon sur la descente aux Enfers que viennent confirmer plusieurs autres affirmations sur la résurrection même du Christ ([65]). Ce *sermon* 16 nous présente le Christ visitant les enfers par sa *divinité,* tandis que sa *chair* dormait du sommeil de la mort ([65bis]). C'est la divinité qui « veille »

([63]) CHROMACE, *S.* 19, 5; 1. 109-113: « Hanc quidem crucem ante Dominus portauit et sic Simon angariatus est ut portaret, ut in cruce sua Dominus distinctam gratiam mysterii caelestis ostenderet, quia Deus et homo erat, Verbum et caro, Filius Dei et filius hominis... ».

([64]) Ce Sermon 19 se termine avec la crucifixion.

([65]) Voir, par ex., *S.* 4, 4; l. 83-85 - *Tract.* 15, 2 au sujet du « Peuple assis dans les ténèbres »: « (Christus) qui post uenerandam illam et salutarem omnibus passionem penetrans regionem sedis infernae, stupentibus inferis subito *maiestatis suae lumen* inuexit... ». Cf. *S.* 16, 1, l. 30-36; *Tract.* 19, 5.

([65bis]) Dom Lemarié m'a appris que mon ami Basil Studer lui avait déjà reproché de ne pas avoir fait suffisamment attention à ce *Sermon* 16 (Voir son compte-rendu dans la « Rivista di storia e letteratura religiosa », 7. 1971, p. 354). Je ne suis aucunement surpris que dom Studer ait relevé ce texte (voir la note suivante) et je lui laisse bien volontiers la priorité.

V

et descend aux enfers; de sorte que la Grande Nuit peut être appelée la *Veillée du Seigneur,* celle où le *Seigneur* a *sauvé* l'humanité tout entière (S. 16, 1, l. 4 sq. 17-35), cette interprétation se trouve dans plusieurs *Tractatus* (*Tr.* 42, 1; 52, 5). Chaque fois, Chromace insiste sur le fait qu'il s'agit de l'oeuvre de la *divinité,* du *Fils de Dieu.* Elle pose la question des théophanies de l'Ancien Testament, que Chromace attribue, sans la moindre hésitation, à la deuxième personne de la Trinité ([66]).

L'humanité du Christ

Quant au Christ, Chromace souligne plusieurs fois ([67]) — mais bien moins souvent qu'Ambroise- — qu'il possédait une *vraie* nature humaine. Le danger ne semble pas, pour lui, venir de ce côté! Ce qui trahirait le mieux une parenté avec Ambroise serait la fréquence avec laquelle Chromace revient sur le fait que c'est *pour nous* que le Fils de Dieu a accepté ses abaissements ([68]). Cependant, il ne s'arrête jamais aux faiblesses psychologiques du Christ. Il commente la résurrection de Lazare sans s'intéresser aux larmes du Christ ([69]). Il refuse de voir un signe d'ignorance dans le fait que Jésus demande à Marthe et Marie où elles ont mis le corps de leur frère. Les objections

---

([66]) CHROMACE, *Tract.* 52, 2 f. et 5. Sur ce problème des Théophanies, voir B. STUDER, *Ea specie uideri quam uoluntas elegerit, non natura formauerit* in « Vetera Christianorum » 6, 1969, pp. 91-143; 7, 1970, pp. 125-154.

([67]) CHROMACE, *Tract.* 14, 1: « ... ut ueritatem in se assumptae carnis ostenderet »; 42, 1: « ad probandam in se suscepti corporis ueritatem... ».

([68]) CHROMACE, *Tract.* 14, 1: « ieiunans etiam *pro nobis* esurit in deserto... tamen *causa nostrae salutis...*, S. 16, 1, l. 9: « Suscepit quidem *pro nobis* somnum mortis... », l. 46: « quia *pro salute humani generis* Christus mortem suscepit... ». Voir de même *Tract.* 32, 5; 40, 4; 42, 1...

([69]) CHROMACE, *S.* 27, 2, l. 48-67; le *Sermon* 11, 1, l. 13 sq. est plus explicite, mais en demeure à une opposition générale *chair-divinité:* « ... Sed quod fleuit Dominus Lazarum pietatis est; quod uero eum a

ariennes, qu'il aurait pu découvrir dans le *De fide* d'Ambroise, lui semblent inconnues ([70]), de même que la majeure partie de son oeuvre semble étrangère à la problématique qui apparaît en Occident après la découverte de l'Apollinarisme.

On sait que l'une des tâches du concile d'Aquilée fut d'écrire à Théodose pour lui demander la réunion d'un nouveau concile ([71]). Nous ne possédons pas la réponse impériale. A en juger cependant par la nouvelle lettre, assez embarrassée, d'Ambroise, nous pouvons savoir que Théodose faisait connaître à l'Occident le nom d'Apollinaire ([72]). Les années qui suivent voient se développer la querelle autour de l'âme du Christ. Ambroise se renseigna très rapidement et ne tarda pas à prononcer le sermon qui devait devenir la première partie du *De incarnationis dominicae sacramento*. Il reviendra plusieurs fois sur ce danger, entre autres dans deux *lettres* à Sabinus ([73]), mais il n'est pas certain que sa prédication *ordinaire* ait fait à l'âme du Christ la place qu'elle méritait: en 387, Alypius, l'ami de saint Augustin, se demandait si l'enseignement de l'Église catholique admettait l'existence d'une âme humaine dans le Christ ([74]). On assiste à quelque chose d'analogue à Aquilée.

---

mortis suscitauit uirtutis est. In lacrimis Domini sacramentum adsumptae *carnis* ostenditur; in suscitatione uero Lazari, *diuinitatis* eius potentia declaratur ». Cf. AMBROISE, *De fide*, II, 9, 77; III, 2, 7 qui sera plus précis par la suite.

([70]) *Ibidem*, § 3, 1. 81 sq. - Cf. AMBROISE, *De fide*, V. 17, 214 sq.; V, 18, 221 sq.

([71]) Ap. AMBROISE, *Ep.* 12, 4.

([72]) AMBROISE, *Ep.* 14, 4 (*PL* 16 (1845), c. 954 B-C): « Non solum enim de his de quibus Clementia tua dignata est scribere sed etiam de illis qui dogma nescio quod Apollinaris asseritur in Ecclesiam conantur inducere nos pleraque mouerunt ... ».

([73]) AMBROISE, *Ep.* 46, 6 sq. (*PL.* 16 (1845), c. 1147 C sq.); *Ep.* 48, 5 (c. 1153 A-B).

([74]) AUGUSTIN, *Confessiones*, 7, 19, 25: « Alypius autem deum carne indutum ita putabat credi a catholicis ut praeter deum et carnem non esset in Christo anima, mentemque hominis non existimabat in eo

V

Lorsqu'il est interrogé sur sa foi, Rufin, dans son *Apologie à Anastase* (§ 3 - Éd. M. Simonetti, p. 26, l. 2 sq.), dans son *Expositio Symboli* (§ 11 et 37 - *Ibid.*, p. 148, l. 10 sq.; p. 173, l. 45-49), professe l'existence de cette âme du Christ en attaquant ceux qui disent que le Christ n'a pris qu'un corps humain, mais non une âme rationnelle. Dans son *Histoire Ecclésiastique*, écrite à l'instigation de Chromace, rappelons-le, Rufin dénonce longuement l'hérésie d'Apollinaire (II, 20). Nous sommes en 402-403. Or, le *sermon* 16 sur la descente aux enfers est de la même époque, puisque Chromace y évoque à la fin le danger barbare ([75]). L'Apollinarisme reste, semble-t-il, un danger abstrait — que Chromace se contentera d'écarter une fois pour toutes — mais dont il n'a pas senti exactement la portée.

L'apollinarisme: un danger lointain

Il est, en effet, deux textes des *Tractatus* qui évoquent l'existence de l'âme du Christ. Le premier dépend peut-être d'Ambroise. Si celui-ci, en effet, n'est pas le seul à s'être appuyé sur les paroles où le Christ parle de son « âme » ([76]) — « J'ai le pouvoir de donner mon âme et le pouvoir de la reprendre » (*Jean*, 10, 18); « Mon âme est triste jusqu'à la mort » (*Mat.* 26, 38) — il avait été le premier à faire remarquer en Occident que le corps, par lui-même, ne pèche pas et que le Fils de Dieu a donc pris ce qui en nous était le plus menacé par le péché, l'âme ([77]). Chromace déclare de son côté que « l'homme entier, ayant encouru la sentence de mort en son corps et en

---

praedicari (...). Sed postea haereticorum Apollinaristarum hunc errorem esse cognoscens catholicae fidei conlaetatus et contemperatus est ».

([75]) CHROMACE, *S.* 16, 4; 1. 80 sq. - A moins qu'il ne faille penser aux menaces de 378, ce sermon étant alors prononcé par Chromace prêtre (V. *infra*, p. 231). Mais les thèmes de cette conclusion sont bien ceux des années 400-402.

([76]) AMBROISE, *De incarnationis Domin. sacramento*, 7, 63 sq.

([77]) *Ibidem*, 7, 68.

son âme, il était nécessaire que le Seigneur les prenne l'un et l'autre pour les sauver l'un et l'autre » ([78]).

Le second texte est encore plus révélateur, dans la mesure même où Chromace ne me semble pas avoir ici de modèle pour le point précis qui va nous retenir ([79]). A propos du sacrifice de purification du lépreux, le *Tractatus* 38 évoque le chapitre 14 du *Lévitique* où il est prescrit de prendre deux oiseaux, d'en immoler un et de lâcher l'autre (*Lévitique,* 14, 4 sq.). Chromace reconnaît dans l'immolation du premier oiseau la mort du Christ dans son corps, dans le second le fait que « son âme *ou* sa divinité » est demeurée vivante ([80]), l'envol de cet oiseau désignant la résurrection du Christ ([81]). Ce qui est remarquable dans ce texte, c'est qu'à deux reprises Chromace traite de façon *équivalente* l'âme et la divinité, n'arrivant pas à changer son schéma dichotomiste Verbe-Chair.

([78]) CHROMACE, *Tract.* 7, 1: «... Nam quia iamdudum propter peccatum homo totus sententiam mortis incurrerat et in corpore et in anima, necessario Dominus utrumque suscepit ut utrumque saluaret ». Dans les lignes précédentes, Chromace s'en est pris aux *quidam* qui, *stulta praedicatione,* ont eu l'audace de prétendre que le Fils unique de Dieu n'avait pris qu'un corps. C'est Apollinaire qui est ici visé, mais Chromace se contente de parler de l'*âme* sans distinguer le *sensus* de l'*anima* comme le faisaient Rufin (*Hist. Eccles.,* 2, 20; PL 21, c. 527 A-B) ou Damase (PL 13, c. 351 B-C; 352-353; *Ep. ad Paulinum,* c. 356 B sq.).

([79]) L'*homélie* 8, 10 sur le *Lévitique* d'Origène (Éd. W. A. Baehrens, GCS 29, pp. 409-411) propose une interprétation d'ensemble tout à fait différente. Les seuls points de contact concernent des points attendus: le bois de cèdre et la croix, le sang et le sang de la croix, l'eau vive et le baptême, mais ces détails communs sont insérés dans les présentations d'ensemble différentes. On ne peut donc, à mon sens, dire que Chromace a lu la traduction de ces homélies par Rufin et, par là-même, nous sommes privés d'un repère chronologique.

([80]) CHROMACE, *Tract.* 38, 4: « Sed non sine causa de duobus pullis unus occisus refertur quia corpus solummodo passionem mortis suscepit, uerum *anima uel uerbum Deus* immortali natura permansit. Sed quia pullus uiuus in sanguine pulli occisi intinctus est, id ostendebatur quia passio corporis esset etiam *animae uel diuinitati* Christi deputanda ».

([81]) *Ibidem* (suite).

V

Le véritable danger: Photin...

A dire vrai, cependant, on ne peut dire tout uniment que Chromace présente consciemment une christologie de type Verbe-Chair. Même si ces couples *divinité-chair* (*divinitas et caro*), *Verbe-chair*, sont nombreux chez lui ([82]), il ne faut pas en conclure qu'il prenne parti contre une présentation qu'il connaîtrait par ailleurs: nous avons cité plus haut un passage du *Sermon* 19 où Chromace parlait, *dans la même phrase,* du Christ *Dieu et homme* et du Christ *Verbe et chair* ([83]). En réalité, il ne fait que reprendre des notions scripturaires, sans s'interroger sur leur contenu, sans essayer d'analyser ce qu'elles impliquent en dehors de la divinité et de l'humanité du Christ, prises en leur sens le plus général. C'est que, pour lui, le danger se trouve beaucoup plus dans la négation de la divinité que dans celle de l'humanité du Christ et, d'autre part, que l'ennemi dont il faut se garder le plus est plus radicalement Photin qu'Arius. Chromace ne semble pas avoir vu en l'Arianisme autre chose que la négation de Photin. Cela explique, comme nous l'avons souligné plus haut, la méprise de Valérien en 381 ([85]). Il ne semble pas que Chromace ait lu le *De fide* d'Ambroise, par exemple. On peut en trouver un indice dans la manière dont Chromace présente l'Ascension du Christ dans son sermon 8,

---

([82]) *Diuinitas-caro: S.* 8, 2, l. 48; 11, 1, l. 16; 16, 1, l. 21, 22, 26; 19, 5, l. 114 sq.; *Tr.* 43, 3; *Diuinitas-Incarnatio: S.* 1, 1. 95 sq., 106 sq., 115 sq.

([83]) CHROMACE, *S.* 19, 5, l. 11 sq.: « ...quia Deus et homo erat, Verbum et Caro, Filius Dei et filius hominis. Vt homo ergo crucifixus est, sed ut Deus in ipso crucis mysterio triumphauit. Passio carnis est, diuinitatis triumphus uictoriae ». De même, *Tract.* 1, 4: « ...natiuitas Verbi et carnis, id est Dei et hominis... ». Sur *Deus et homo,* v. *Tract.* 48, 1 m; *Filius David-Filius Dei, ibid.*

([84]) Il s'en faut d'ailleurs qu'Ambroise n'emploie plus le couple *diuinitas-caro* après 381. Voir, par ex., *In Lucam,* 2, 42; *De Spir. Sancto I Prol.,* 2.

([85]) Voir *supra,* p. 188.

d'une manière qu'il faudrait avoir le temps de comparer au développement qu'Ambroise consacre à cette même Ascension, dans son *De fide* ([86]). Chromace fait bien remarquer que les nuées sont là, comme bientôt les anges (l. 90 sq.), pour honorer leur créateur et non pas pour l'aider (*S.* 8, 1; l. 9-13); il tire argument de l'unité du trône sur lequel siègent le Père et le Fils pour proclamer l'égalité de leur *maiestas,* de leur *honor* ([87]), mais il ne s'en prend aucunement aux Ariens, comme le fait Ambroise à propos de la même montée au ciel ([88]). Arius ne se trouve nommé qu'une seule fois dans les *Sermons* qui nous sont parvenus et il est remarquable qu'il le soit après Photin et, pour un point *technique* ([89]), si l'on peut dire, plutôt que pour la conséquence de son affirmation ([90]). Ce qui est sûr, c'est que le début de l'*Évangile de Jean,* dont Chromace dit ailleurs qu'il est un merveilleux instrument contre les hérétiques ([91]), est employé explicitement contre Photin et non pas contre Arius ([92]). Le fait est confirmé par le commentaire d'un autre passage de saint Jean, l'onction à Béthanie, où Chromace s'inté-

---

([86]) AMBROISE, *De fide,* III, 13, 104 sq.; IV, 1, 5 sq.; V, 8, 104.
([87]) CHROMACE, *S.* 8, 4, l. 113-116: « Sedet ad dexteram Patris. Vnus ergo thronus maiestatis Patris et Filii est, quia nulla diuersitas honoris inter Patrem et Filium est, nulla discretio dignitatis, sed sola pietas caritatis ».
([88]) AMBROISE, *De fide,* III, 13, 104 sq.; V, 8, 104 où Ambroise donne toute une liste d'hérétiques. Arius est justement attaqué au sujet de la manière dont il comprend le « ad dexteram Patris ».
([89]) Voir *infra,* p. 205.
([90]) CHROMACE, *S.* 21, 3, l. 65-68: « Amaricauit (Iohannem) Arrius qui non credidit de Patre Filium processisse, cum Verbum Patris non alia ratione nisi proprie de paterno corde processisset credatur ».
([91]) CHROMACE, *S.* 22, 5, l. 63 sq.; *Prologus in Matthaeum,* 5 f.
([92]) CHROMACE, *S.* 21, 3, l. 62: « Amaricauit Iohannem Fotinus qui Christum Deum credere noluit quem ille Deum euidenter ostendit dicendo: « *In principio erat Verbum et Verbum erat apud Deum et Deus erat Verbum* ». Le *Tract.* 2, 1 ad f. est beaucoup plus riche dans sa présentation de la double génération et de l'Incarnation comme révélation et oeuvre de salut.

V

resse à la fois aux piels (l'humanité), et à la tête (la divinité) du Christ ([93]). Pas la moindre allusion n'est faite aux Ariens dans ce sermon qui, ailleurs, présente un certain nombre de ressemblances avec l'*In Lucam* d'Ambroise ([94]). Les *Tractatus* confirment cette attention prioritaire à l'hérésie de Photin. Il suffit de se reporter aux commentaires de la naissance du Christ et de l'adoration des mages. Dans l'un, après avoir énuméré une série d'oppositions entre la faiblesse apparente du Christ et sa puissance divine, Chromace demande à l'impiété de se taire: « Obmutescat itaque *omnis impietas* quae Filium Dei Deum esse aut negat aut nescit cum Deum esse qui ex virgine natus est et prophetico et evangelico testimonio declaratur! » (*Tract.* 2, 6). Dans le second, il s'en prend nommément à Photin qui assigne comme début à l'existence du Christ le moment où il est né de la vierge ([95]).

([93]) CHROMACE, *S.* 11, 4, 1. 110-113: « ...Vnde *aliquanti heretici* qui Christum hominem solummodo confitentur, denegata eius diuinitate, *ut Fotinus,* pedes quidem tenent sed caput non habent quia caput fidei amiserunt... ».

([94]) Chromace commente l'*Évangile de Jean,* 12, 3 sq. d'après le début de son sermon, mais il le complète par l'*Évangile de Matthieu* 26, 13 qui est cité, comme une lecture qui vient d'être faite, aux lignes 28 sq., avant de revenir à *Jean* 12, 3 cité l. 61. Or, Matthieu parle d'une onction de la *tête,* tandis que Jean (12, 3) et Luc (7, 38) parlent d'une onction des *pieds.* Chromace tire de cette différence un parti analogue à celui d'Ambroise (*In Lucam,* 6, 14). Chromace reconnaît dans la femme l'image de l'Église (§ 3, l. 52 sq.), dans le parfum fait de divers aromates (§ 3, l. 64 sq.) la richesse multiple de la foi (*In Lucam,* 6, 21). Le parfum répandu (§ 3, l. 71 sq.) n'est autre que le Christ selon le mot de Salomon cité également par Ambroise, *In Lucam,* 6, 35. Dom Lemarié a noté par ailleurs un développement analogue sur les vertus du parfum que l'on répand. Sans forcément penser à un *Diatessaron* quelconque, on rapprochera la façon de compléter Jean par Matthieu du *Commentaire sur Matthieu* de Fortunatien qui est présenté par Jérôme comme un travail *in Euangelia* (*De uiris,* 97 - V. n. 180).

([95]) CHROMACE, *Tract.* 4, 3: « *Et egressus eius ab initio dierum*: ut non exinde *secundum Fotinum* habere Dominus initium putaretur ex quo natus est ex uirgine est... ». Voir de même le *Tract.* 50, 3.

...plutôt qu'Arius

Les Ariens au contraire ne semblent pour lui ne commettre qu'une erreur de *logique*. Comme je l'ai dit plus haut, il les attaque sur un point « technique » en quelque sorte ([96]) et, ce faisant, il se contente de reprendre lui-même un raisonnement avancé par Tertullien ([97]) et développé après lui par Hilaire de Poitiers ([98]), à savoir que la notion de Père implique celle de Fils, les deux termes étant relatifs. Mais si on compare le *Tractatus* 13 sur le baptême du Christ qui contient le développement le plus long de Chromace sur la véritable paternité du Père et la véritable filiation du Fils ([99]) avec le commentaire correspondant d'Ambroise dans son *In Lucam,* on s'apercevra que l'évêque d'Aquilée est resté très en deçà des longues pages sinueuses de l'*In Lucam* ([100]), a fortiori des développements plus techniques du *De fide*.

De tels exemples sont expressifs. La suite des *Tractatus* confirmerait leurs indications et cela d'autant plus que, venant le dernier, Chromace *pouvait* être invité par l'*In Matthaeum* d'Hilaire et l'*In Lucam* d'Ambroise à insister, davantage encore que ses modèles, sur les discussions doctrinales. En réalité, il ne l'a pas fait, parce que l'Arianisme ne lui est pas apparu fondamentalement différent du Photinianisme, dont il n'a retenu que les affirmations christologiques. De façon très pratique, il

---

([96]) Les Ariens, en refusant au Fils une véritable filiation divine, ne peuvent que refuser également au Père sa véritable paternité, alors qu'ils prétendent la sauvegarder. C'est cette attitude illogique que Chromace attaque: *Tract.* 50, 3 (après avoir repoussé « Ébion » et Photin): « ...aut uere eum ac proprie de Patre cum denegant (haeretici), ut Arrius, cum paterni nominis ueritas sine uera et legitima Filii natiuitate esse non possit... ».
([97]) TERTULLIEN, *Aduersus Praxean*, 10, 1 sq.
([98]) HILAIRE de Poitiers, *De Trinitate*, 7, 31 (*PL.* 10, c. 226 B-C); 8, 40 (c. 267 A-B).
([99]) CHROMACE, *Tract.* 13, 2 (Hoste, 2, 2, 2).
([100]) AMBROISE, *In Lucam*, II, 94-95.

V

ne s'est pas attaché au mystère même de la Trinité. Il n'a retenu de ces discussions que ce qui concernait l'homme lui-même et son salut, ce qui fait qu'il a dû tenir compte en revanche de l'Apollinarisme. Nous aurons à nous demander tout à l'heure s'il n'y a pas d'autres raisons, plus personnelles, que ces raisons pastorales ou pratiques pour expliquer le peu d'attention de Chromace au *De fide* ou même au *De incarnationis dominicae sacramento* d'Ambroise ([101]). Quoi qu'il en soit pour le moment, ce sont bien ces raisons pastorales qui expliquent que Chromace ait, au contraire, fait le plus grand usage du *De Spiritu Sancto* d'Ambroise.

B - *La divinité du Saint-Esprit*

Comme on le sait, les Ariens, après avoir nié la divinité du Fils, étaient logiquement conduits à refuser la divinité de l'Esprit. Les discussions contre les Macédoniens ne sont qu'un corollaire de celles qui opposèrent orthodoxes et Ariens et, de nouveau, l'Occident ne découvrit l'ensemble de ces implications qu'avec un certain retard. Si un concile romain condamna bien l'erreur macédonienne en 378 ([102]), la réfutation des thèses ariennes et macédoniennes ne fut entreprise que par Ambroise en 381. On peut dire, à condition de ne pas prendre les choses de façon trop matérielle, que l'évêque de Milan est arrivé à Aquilée en septembre 381 avec son *De Spiritu Sancto*. Celui-ci a en effet été écrit avant le mois de mai 381, comme Faller l'a encore confirmé récemment ([103]). Chromace l'a lu, à coup sûr: Dom Lemarié l'a montré pour le *Sermon 3* sur la vision de Pierre à Césarée ([104]), pour le *Sermon 15* sur le lavement des

---

([101]) Voir la Conclusion, pp. 231-232.
([102]) Voir le *Tomus Damasi* (Éd. C.H. Turner, EOMIA, I, 2, Oxonii, 1913, pp. 284 sq.).
([103]) O. Faller, éd. du *De Spiritu Sancto*, CSEL 79, pp. 15-17.
([104]) J. LEMARIÉ, *op. laud.*, p. 157, n. 2; p. 158, n. 1 f.

pieds (¹⁰⁵). J'aurai à revenir sur ces sermons au sujet du baptême (¹⁰⁶) et j'ai déjà indiqué ailleurs que l'utilisation du *De Spiritu Sancto* était plus large encore qu'il n'avait été dit (¹⁰⁷). Mais, à regarder rapidement les choses, on pourrait être tenté de penser qu'il ne s'est agi pour Chromace que d'une lecture superficielle, qui ne s'est attachée qu'à des détails exégétiques. En réalité, il n'en est rien. C'est à Ambroise que Chromace doit son insistance sur le rôle de l'Esprit et ses affirmations les plus nettes sur sa divinité, comme le montre bien l'exemple du *Sermon* 18.

Chromace s'adresse à des *Competentes* et leur parle du baptême en leur expliquant l'entretien de Jésus avec Nicodème. Il insiste donc tout naturellement sur les deux naissances, charnelle et spirituelle, du chrétien. Des thèmes fréquemment évoqués dans les textes sur le baptême se mêlent au commentaire du texte évangélique qui énonce l'obligation de renaître « de l'eau et de l'esprit » pour entrer dans le royaume des cieux (*Jean* 3, 5). Et Chromace reprend le texte du Christ, que je cite tout d'abord comme son éditeur, en le faisant suivre de la première phrase de commentaire:

> « Et addidit (Christus): Quod natum est ex carne, caro est — quia ex carne natum est — quod autem natum est de Spiritu, spiritus est. Et quomodo ausi sunt haeretici Deum Spiritum sanctum denegare cum uideant manifeste a Filio Dei Deum sanctum Spiritum declarari? »

Si l'on compare le texte de *Jean* 3, 6 de Chromace avec celui de la *Vulgate*, l'éditeur a eu tout à fait raison de ne pas

---

(¹⁰⁵) *Ibidem*, p. 251, n. 1.
(¹⁰⁶) V. *infra*, p. 211.
(¹⁰⁷) Voir mon C.R. in *Latomus* 30, 1971, p. 406. On peut ajouter d'autres détails: comparer *De Spir. Sancto I Prol.*, 15 et *S*. 15, 1, l. 17-18; *Ibidem*, 2 (Éd. O. Faller, p. 16, l. 20 sq.) et *S*. 15, 2, l. 54 sq.; *Ibidem*, 5 et *S*. 15, 2, l. 65-66.

V

considérer la phrase *quia ex carne natum est* comme scripturaire; mais si on rapproche la citation *présente* de Chromace du texte fourni par Ambroise dans son *De Spiritu sancto,* on verra que non seulement l'incise ne peut être considérée comme un commentaire de Chromace, mais qu'elle demande — comme d'ailleurs la suite logique des idées — que l'on complète la deuxième partie de la citation. Voici le texte donné par Ambroise, qui insiste sur le fait que les hérétiques ont fait disparaître la fin qui les gênait (*De Spir. sancto,* 3, 10, 59):

> « Quod natum est de carne caro est *quia de carne natum est,* et quod natum est de Spiritu, spiritus est *quia deus spiritus est* » (*De Spir. sancto,* 3, 10, 63 - *De Spir. sancto,* 2, 7, 63).

Je ne m'intéresse pas ici à l'existence de cette version ailleurs que chez Ambroise (TERTULLIEN, *De carne,* 18, 5); je note simplement que Chromace, dans ce même *Sermon* 18, cite deux fois le texte de *Jean* 3, 6 sans les deux ajouts (l. 42-43; l. 47-49). J'y reviendrai tout à l'heure à propos du baptême ([108]). Un tel fait laisse entendre que tel est bien le texte qu'il connaît pour sa part et qu'il a emprunté sa troisième citation au texte d'Ambroise dont il a adopté le raisonnement. Le deuxième ajout fournissait en effet une preuve scripturaire de choix: *scripto nitor,* disait Ambroise, *non argumento* (*De Spir. Sancto,* 3, 10, 64 f.). Il pouvait dès lors invectiver les hérétiques qui, non seulement refusaient la divinité de l'Esprit, mais poussaient l'impiété jusqu'à se transformer en faussaires (*De Spir. Sancto,* 3, 10, 59-62) en amputant le texte du Christ lui-même: *Haec dominica sententia!* faisait remarquer Ambroise (*De Spir. Sancto,* 3, 10, 64 f.). C'est ce que développe le *commentaire* de Chromace cité plus haut; mais, comme on l'a vu, Chromace ne cite pas l'ajout *quia Deus Spiritus est* pourtant indispensable au déroulement de sa pensée.

([108]) Voir, *infra,* pp. 219 sq.

Faut-il dire qu'il l'a intentionnellement omis? Ce serait possible si la pensée se séparait d'Ambroise comme nous le lui verrons faire plusieurs fois, mais il semble plus vraisemblable d'accuser ici les auteurs de lectionnaires qui, ne reconnaissant pas le texte consacré, l'ont omis comme ils ont tronqué ce sermon dont nous ne possédons pas la fin ([108] bis).

Le texte se poursuit pourtant suffisamment pour permettre de retrouver un autre développement d'Ambroise dans ce même *De Spiritu Sancto*. Ambroise se rapporte plusieurs fois au texte de *Genèse* 1, 26 sur la création de l'homme « à l'image et à la ressemblance » de Dieu pour affirmer la divinité de l'Esprit ([109]). C'est qu'il s'appuie *en même temps* sur les textes de Paul qui parlent de notre *signation* par l'Esprit, de l'*empreinte* reçue de l'Esprit. C'est à cette *empreinte* qu'il faut penser pour donner au texte de Chromace toute sa force lorsqu'il rapproche la *figuratio* acquise par l'homme au baptême, de la *figuratio* reçue de la Trinité, lors de la création ([110]): « Sicut prima figuratio nostra per Trinitatem, ita secunda figuratio per Trinitatem... Saluamur ergo nunc per Trinitatem quia nonnisi per Trinitatem facti ab initio fueramus » (*S.* 18, 1. 90-96) ([111]). L'ensemble du texte affirme bien, comme Dom Lemarié l'a remarqué, l'unité

([108bis]) Après nouvel examen de la tradition manuscrite, Dom Lemarié m'apprend que le texte « ambrosien » est attesté par certains homiliaires. Il est d'autre part favorable à une coupure que je lui avais suggérée de ce sermon en deux, selon le texte de *Jean* utilisé. Le second sermon (fragment) commencerait à la ligne 76 (*S.* 18 A).

([109]) AMBROISE, *De Spiritu Sancto*, I, 6, 79-80; II, 7, 66: « Sancti igitur Spiritus opus est regeneratio ista praestantior (V. *Eph.* 4, 23-24) et noui huius hominis qui creatur *ad imaginem Dei* auctor est Spiritus »; II, 9, 100...

([110]) Comparer le début du développement d'Ambroise: « Supra ostendimus quia secundum carnem creator est noster Spiritus sanctus in homine exteriore. Nunc ostendamus quia creator est noster etiam secundum gratiae sacramentum, et sicut creat Pater, ita creat et Filius, ita creat et Spiritus Sanctus... » (*De Spiritu Sancto*, II, 6, 61). Il citera peu après *Jean* 3, 6-8, selon le texte indiqué plus haut (*Ibidem*, II, 7, 63).

([111]) Un second emploi de *figuratio* en *S.* 35, 2, 1. 24 renvoie éga-

V

d'opération *ad extra*, telle qu'Ambroise l'avait mainte et mainte fois défendue dans ce *De Spiritu sancto* ([112]). Nous ne nous étonnerons donc pas de voir Chromace revenir plusieurs fois sur la présence de la Trinité au baptême ([113]) avec une force que nous n'avons pas rencontrée lorsqu'il s'agissait de défendre la véritable humanité du Christ.

De cette enquête rapide, que retenir en effet? Que l'oeuvre d'Ambroise est à coup sûr présente derrière une bonne partie de la production littéraire de Chromace. Mais il me semble que, du point de vue proprement doctrinal, il lui est beaucoup plus redevable pour la théologie du Saint-Esprit que pour la Christologie. A cela il est, semble-t-il, une double raison: Chromace disposait d'un héritage occidental en ce qui concerne la Christologie, tandis que la mise en question de la divinité du Saint-Esprit avait surgi soudain, requérant une réponse immédiate, à cause même de son enjeu: toute la théologie du *baptême* était mise en discussion! On comprend qu'un pasteur se soit soucié des conséquences de cette hérésie nouvelle et qu'il se soit attaché à cette vérité, qu'il n'est de salut sans la Trinité *entière*. Au contraire, Tertullien, Novatien, l'Hilaire de l'*In Matthaeum* pouvaient, autant qu'Ambroise, aider le prédicateur à mettre en relief l'humanité et la divinité du Christ, sans qu'il fût utile d'entrer dans les difficultés présentées par les Ariens sur les faiblesses du Christ ou dans le problème de l'âme du Christ. Chromace n'a donc retenu que ce qui se trouvait directement utilisable à des fins pastorales, quitte, comme nous l'avons vu dans le *Tractatus* 7, à se démarquer une bonne fois de l'Apollinarisme. Nous n'avons certainement pas à faire à un spéculatif; mais nous n'avons pas à faire non plus à un imitateur servile. Sa présentation du baptême va nous donner l'occasion de le vérifier.

---

lement à la création *à l'image de Dieu* de *Gen.* 1, 26. Voir de même GAUDENCE de Brescia, *Tract.*, 13, 16.

([112]) *Op. laud.*, II, p. 14, n. 3.
([113]) CHROMACE, *S.* 2, 8, l. 71; 3, 4, l. 22-24.

III - LE BAPTÊME A MILAN ET A AQUILÉE ([114])

A - *Le lavement des pieds*

La place du rite...

Parmi les *cérémonies* du baptême, il en est une qu'Aquilée et Milan ont en commun, mais qu'ils ne placent pas au même moment. Je veux parler du lavement des pieds. Dom Lemarié nous en reparlera peut-être demain. Il n'a pas été en effet sans relever le caractère tout à fait singulier de ce rite d'Aquilée ([115]): alors qu'à Milan ce lavement des pieds vient en complément, en un certain sens, du baptême, le *Sermon* 15 de Chromace est on ne peut plus explicite pour affirmer que ce lavement des pieds est une invitation au baptême: « Lavat nunc Dominus pedes seruorum *quos ad gratiam baptismi salutaris inuitat* (*S.* 15, 6 - l. 140-141). Il n'y aurait qu'à constater la différence de rite entre les deux villes, tout aussi acceptable que celle qu'Ambroise revendique entre sa cité et Rome dans son *De sacramentis* (AMBROISE, *De sacramentis*, 3, 5), si l'ensemble de ce *Sermon* 15 n'était constellé d'emprunts à saint Ambroise ([116]). Je voudrais me contenter d'un point qui montre que Chromace a su, non seulement percevoir une allusion d'Ambroise, mais adapter son enseignement... fût-ce au prix de quelques petites entorses.

...et sa justification

Outre la leçon d'humilité que Chromace relèvera après lui, Ambroise légitime ce lavement des pieds par un effet propre-

---

([114]) Il ne peut être question de traiter de l'ensemble de la doctrine ni des rites, en l'une comme en l'autre ville. Je me contenterai ici de quelques remarques sur des points de contact et sur des différences remarquables.
([115]) *Op. laud.*, I, pp. 98-99.
([116]) Voir, *supra*, n. 105 et 107.

V

ment baptismal. On se souvient de la manière dont saint Pierre, après s'être récrié devant le geste du Christ, lui dit, devant la menace d'être exclu du Royaume: « Alors Seigneur, non seulement les pieds, mais aussi les mains et la tête » (*Jean* 13, 9). Et le Christ de lui répondre, dans le plus grand nombre de manuscrits grecs de l'*Évangile de Jean:* « Celui qui a pris un bain n'a plus besoin de se laver, sauf les pieds » (*Jean* 13, 10). Ambroise tire parti de ce texte en l'appliquant au descendant du premier homme mordu au talon par le serpent et souillé par son venin. Dans le *De sacramentis* (3, 7), il déclare entre autres: « La partie de l'homme qui a été attaquée par le serpent a besoin d'une protection sanctifiante plus grande (*maius subsidium sanctificationis*), pour que le serpent ne puisse plus l'attaquer ensuite ». Dans le *De mysteriis,* il va plus loin: il distingue le bain du baptême qui remet les fautes personnelles et le lavement des pieds qui remet la *souillure contractée par Adam* et transmise à ses descendants par voie d'héritage (*De mysteriis,* 32). La même doctrine est reprise dans l'*Explanatio psalmi* 48, 8-9, en des termes qui auraient pu arrêter saint Augustin: je n'en garderai ici que la mention du *talon* d'Adam ([117]). C'est le seul mot qui apparaisse dans le *De Spiritu sancto;* mais, comme on va le voir, l'allusion est des plus claires: « Dilue animi mei *calcaneum,* demande Ambroise au Christ, ut possim abolere maledictum, ne *morsum serpentis* interiore pede sentiam... » ([118]). J'ajouterai simplement que dans cette morsure au talon, Ambroise voit une propension à la chute et c'est à cause d'elle qu'il recourt au lavement des pieds, pour les prémunir

---

([117]) AMBROISE, *Explan. Psalmi* 48, 8-9 (Éd. M. Petschenig, *CSEL* 64, pp. 365-366): « Iniquitas calcanei mei circumdabit me (...). Alia est iniquitas nostra, alia calcanei nostri, in quo Adam dente serpentis uulneratus et obnoxiam hereditatem successionis humanae suo uulneri dereliquit, ut omnes illo uulnere claudicemus. Vnde Dominus discipulis pedes lauit ut lauaret uenena serpentis et Petrus reprehenditur quod excusabat ne sibi Dominus pedes lauaret... ».
([118]) AMBROISE, *De Spiritu sancto* I, *Prologus,* 16.

davantage contre la chute. Or, que dit Chromace? Il revient deux fois sur ce lavement des pieds dans notre *Sermon* 15. Je commencerai par le second texte qui est le plus proche de la pensée d'Ambroise, mais on verra que le premier n'est pas non plus sans rappeler un autre passage d'Ambroise.

En conclusion de son exposé, le prédicateur déclare: « Lauit ergo Dominus pedes discipulorum suorum *ne in nobis aliqua peccati uestigia de Adae sordibus remanerent* » ([119]). Il s'agit bien ici de faire disparaître les *dernières traces de la souillure* du péché d'Adam... ce qui s'accorde mal avec la place du rite, à moins qu'on ne disjoigne les deux moments et les deux purifications comme le suggère l'*Explanatio Psalmi* 48, à ceci près que la purification du péché d'Adam précèderait *ici* la purification des péchés personnels... Mais Chromace ne nous fournit pour sa part aucun renseignement sur ce point.

Il semble même se détacher tout d'abord de la pensée d'Ambroise — et c'est la première allusion annoncée plus haut — lorsqu'il explique la réponse de Pierre: « Pas seulement les pieds, mais aussi les mains et la tête! » (*Jean* 13, 9). Chromace va s'intéresser à chacune de ces parties du corps:

> « *Pedes* obtulit ut gressus uitae, qui polluti fuerant in Adam sorde peccati, baptismo lauarentur. *Manus* obtulit ut, quia Adam manus suas polluerat quas illicite extenderat ad arborem, manus nostrae sacro Christi baptismo mundarentur. *Caput* obtulit ad lauandum ne sensus animae eius, qui in capite est, in peccantis Adae sordibus remaneret » ([120]).

On constate que chaque partie du corps est référée au péché d'Adam, sans qu'il soit fait aucune mention des péchés personnels de Pierre. Nous sommes donc loin de l'enseignement d'Ambroise.

---

[119] Chromace, *S.* 15, 6, l. 138-139.
[120] *Ibidem*, 5, l. 126-133.

V

Les sens spirituels

J'ajouterai que la suite immédiate du texte — où Chromace utilise à tort le texte évangélique sans tenir compte de sa chronologie propre — appuie la manière de faire particulière à Aquilée.

« Par là, dit Chromace, Pierre *s'offrait* tout entier au baptême. *Il désirait* être lavé tout entier, pour avoir un *coeur pur* en ayant les mains lavées, pour suivre le *chemin de la vérité,* avec une démarche pure » ([121]).

On le voit, le lavement des pieds précède le baptême. Mais j'ai également souligné à la lecture la façon dont Chromace découvrait derrière chaque partie du corps un « sens spirituel ». Or, cette doctrine des « sens spirituels », on peut dire que c'est à Ambroise ([122]) que Chromace la doit, plus vraisemblablement qu'aux traductions mêmes d'Origène. Il ne serait cependant pas très difficile de montrer que Chromace utilise plusieurs fois cette doctrine des sens spirituels en la mariant à des développements qui lui viennent de Cyprien ([123]). C'est là un nouvel exemple — mais ce n'est pas le dernier — de l'indépendance d'esprit ou du sens pastoral de notre évêque qui tient à présenter à son peuple un enseignement auquel il est habitué ([124]).

([121]) *Ibidem,* 5, l. 133-137.

([122]) « Dilue gressus mentis meae ne iterum peccem » disait Ambroise (*De Spiritu sancto I, Prol.,* 16).

([123]) Au moins en ce qui concerne la « marche dans les voies du Seigneur » en développant les expressions scripturaires. Voir par ex. *Ep.* 13, 2, 2. Les *opera iustitiae* sont également une expression chère à Cyprien (Voir à ce sujet, Dom Lemarié, *op. laud.* I, p. 181, n. 1).

([124]) Dans le *Tract.* 53, 1, Chromace présente une interprétation tout à fait différente de l'épisode de Pierre: « Quid prodest manus lauare et pollutam conscientiam gerere. Vnde discipuli Domini quia loti erant corde et mundam atque impollutam conscientiam praeferebant, non magnam sollicitudinem manibus lauandis habebant quas cum toto corpore semel in baptismo lauauerant, dicente Domino ad Petrum: *Qui semel lotus*

V

AMBROISE DE MILAN ET CHROMACE D'AQUILÉE

Je ne voudrais pas cependant quitter ce lavement des pieds et sa valeur prébaptismale sans poser une question aux archéologues. Lorsqu'il défend sa façon de faire par rapport à celle de Rome, dans son *De sacramentis*, Ambroise déclare que l'Eglise de Rome ne procède pas à ce lavement des pieds parce qu'il y a trop de monde (*De sacram.* 3, 5). Etait-ce une question de temps ou de *place?* Et, dans le second cas, la construction des baptistères, à Rome, à Milan, à Aquilée, ne permet-elle pas d'expliquer — et inversement! — la différence des rites? Je ne sais pas si la chose peut être vérifiée en ce qui concerne les baptistères anciens d'Aquilée étant donné que, placé avant le baptême, le rite pouvait ne pas avoir lieu dans le baptistère lui-même ,mais dans un de ses accès. Je vous soumets donc cette suggestion et je me rangerai à votre opinion ([124 bis]). En revanche, il me semble que l'enseignement de Chromace sur le baptême, comparé à celui d'Ambroise, permet de mieux percevoir la différence entre les baptistères des deux villes et même de saisir comment la région d'Aquilée a pu adopter peu à peu le baptistère ambrosien de type octogonal en même temps qu'elle accueillait une partie au moins de son enseignement.

est non habet necessitatem iterum lauandi sed est mundus totus, sicuti et uos estis ». On note ici l'influence de Tertullien (*De orat.*, 13).

([124 bis]) A Aquilée, au cours de la *Settimana*, j'ai appris à la fois que la question avait déjà retenu l'attention des archéologues et qu'elle n'était pas encore entièrement résolue. S. TAVANO, (*In margine all'omelia XV di Cromazio d'Aquileia* in « Studi Goriziani » 36, 1964, pp. 3-18 et surtout pp. 12 sq.) a en particulier proposé de reconnaître une vasque de lavement des pieds dans une dalle qui se trouve dans la *Chiesa dei Pagani*. Mais la deuxième moitié de cette dalle a été retrouvée: il s'agit peut-être d'un autel. S. TAVANO, *Rilievi massenziani inediti*, in « Aquileia Nostra » 42 (1971), coll. 118-120, fig. 11-12.

V

B - *Les présentations du baptême*

Prédominance « occidentale »

Lorsqu'on regarde l'ensemble des présentations du baptême dans les *Sermons* et dans les *Tractatus* de Chromace, on ne peut pas manquer d'être frappé par la *prédominance* des présentations que je me contenterai pour l'instant d'appeler « occidentales ». Je m'empresse toutefois de dire qu'il faut se garder de faire d'Ambroise un représentant exclusif d'une théologie « orientale ». Celle-ci est d'ailleurs assez complexe pour recouvrir également des aspects que nous pourrions ranger parmi l'héritage « occidental » D'autre part, Ambroise est capable de puiser à une double tradition, voire de fournir du même épisode biblique une double interprétation, « occidentale » et « orientale » ([125]). Il ne faut donc pas durcir les données. Mais, ces précautions prises ([126]), il n'en reste pas moins que l'enseignement de Chromace sur le baptême est souvent proche de celui de Tertullien et Cyprien et qu'il n'intègrera jamais complètement certains des aspects les plus neufs de la théologie baptismale d'Ambroise ou de sa justification de certains rites.

Le nom du baptême

Je ne suis pas le premier à remarquer que le vocabulaire même que Chromace emploie pour désigner le baptême est tout

---

([125]) Que l'on compare les deux interprétations de la 1ª *Ioh.* 5, 8 en *De Spiritu sancto*, I, 6, 76 où l'eau est un tombeau, dans la ligne de Basile de Césarée, et *De Spiritu sancto*, III, 10, 68 où l'eau est un bain. La fusion des deux présentations est faite en *De mysteriis*, 4, 20-21. Un exemple analogue se trouve dans la *Lettre* 69, 6-7 de Jérôme qui, à des longs développements empruntés au *De baptismo* de Tertullien, ajoute une interprétation de *Rom.* 6.

([126]) J'en ajouterai une dernière, qui montrera bien la limite de ma tentative: nous ne possédons pas de chronologie des *Sermons* ni des *Tractatus* de Chromace, de sorte qu'il ne faut pas transformer en évolution chronologique ce qui va être présenté ici dans une progression logique.

à fait remarquable dans cette Italie du Nord. Il utilise surtout le terme de *tingere* qui est le mot employé par Tertullien et Cyprien. Dom Lemarié se demande si Aquilée ne devrait pas ce vocabulaire à Fortunatien qui, nous dit Jérôme, était un Africain ([127]). Il n'y a pas de raison positive de refuser la chose, mais il faut noter — et ici Fortunatien n'a pu que renforcer un courant, il ne l'a pas créé — que Chromace a un contact *personnel* très profond avec l'oeuvre de Tertullien et de Cyprien, en ce qui concerne, entre autres, le baptême.

Images et réalité

Ce mot de *tingere* suggère une image que Chromace a exploitée de diverses manières, celle de la *teinture*. Le baptême nous donne la couleur — et la valeur — de la pourpre ([128]); bien plus souvent, le baptême nous teint en blanc ([129]). L'eau baptismale est un lait dans lequel les baptisés sont plongés pour devenir blancs comme les yeux de la colombe lavée dans le lait (*S.* 14, 2; 1. 25 sq.). Le baptême rend l'homme plus blanc que neige (*S.* 34, 2; 1. 19-20 ([130]). Il est certain que ce symbo-

---

([127]) J. LEMARIÉ, *Homélies inédites de saint Chromace d'Aquilée* (2ᵉ série) in *R. Bén.* 73, 1963, p. 197, n. 1.
([128]) CHROMACE, *S.* 19, 2, 1. 44-47: « ...ita et caro nostra natura quidem uilis est, sed commutatione gratiae pretiosa efficitur cum in cocco spiritali ueluti purpura trifarie tingatur mysterio Trinitatis ». La comparaison se trouve chez Ambroise, mais dans une perspective différente: le bain de pourpre est répété pour pénétrer davantage la toison, pour détruire plus intimement le mal (*Apologia prophetae David,* I, 8, 45). Dans un autre sens encore, voir GRÉGOIRE d'Elvire, *Tract.* 12, 33.
([129]) Quitte à faire remarquer qu'il s'agit de la blancheur de la foi, non de celle de la laine (*S.* 10, 4, 1. 80: « non nitore lanae sed fidei candore »).
([130]) Cf. AMBROISE, *De interpellatione Iob et David,* IV (II), 9, 35 (Éd. K. Schenkl, *CSEL* 32, 2, p. 395, 1. 11); *De sacramentis,* IV, 2, 5; *De mysteriis,* 7, 34 à partir toujours du *Ps.* 50, 9: « super niuem dealbabor ».

V

lisme du blanc trouvait son expression matérielle dans les vêtements blancs portés par les néophytes après le baptême: ainsi s'explique que Chromace associe si souvent au baptême la tunique nuptiale de la parabole (*S.* 10, 4, 1. 79-90; *S.* 14, 4, 1. 95-100; *S.* 29, 3, 1. 47-48). Pour lui le baptême est avant tout un bain. Un bain qui *purifie* de toutes les impuretés ([131]). Il est aussi un bain salutaire, qui *guérit,* mais il est remarquable que dans l'exploitation de l'épisode de la piscine de Bézatha, Chromace suive de très près Tertullien ([132]), et non pas Ambroise ([133]).

Vie nouvelle ou nouvelle façon de vivre?

Nous possédons un sermon de Chromace sur l'épisode de Nicodème qui est adressé aux *Competentes*: Nous en avons examiné tout à l'heure la fin en montrant que Chromace y reprenait la doctrine d'Ambroise sur l'Esprit-Saint ([134]). On attend des développements sur la « nouvelle naissance », sur la « vie nouvelle » qui est un thème baptismal cher à Ambroise et que celui-ci n'oublie pas dans la lettre qu'il dédie à Chromace (*Ep.* 50, 10). Mais il n'est pas moins cher à Cyprien et c'est plutôt,

---

([131]) CHROMACE, *S.* 34, 2, 1. 19: « lauacrum baptismi »; *Tr.* 12, 2, 1: « Baptismum Christi *ablutio* est peccatorum nostrorum et renouatio est uitae salutaris »; *Tr.* 18, 2 f. (Hoste IV, 2, 5): « ...ad abluenda peccata »; *Tr.* 16, 3 f.: « ...ut in aqua baptismi renascamur et *mundati* euangelico flumine permaneamus in uitam ». Bien entendu, ce thème est également fréquent chez Ambroise.

([132]) CHROMACE, *S.* 14, 1 et TERTULLIEN, *De baptismo*, 5, 5-6, les dépendances étant plus nombreuses que ne l'a relevé Dom Lemarié, *op. laud.,* I, p. 239, n. 3.

([133]) AMBROISE, *De Spiritu sancto*, I, 7, 88-89; *De sacramentis*, II, 5-7; *De mysteriis*, 4, 22-24. La comparaison est d'autant plus instructive qu'Ambroise dépend lui-même de Tertullien pour l'opposition entre le salut d'un seul homme par an autrefois et le salut des foules désormais.

([134]) V., *supra*, p. 207-208.

à nouveau, de Cyprien que me semble venir l'inspiration du prédicateur. De fait, Chromace revient plusieurs fois en d'autres sermons sur la nécessité de renaître ([135]), sur la naissance du fidèle du sein de l'Eglise ([136]), mais je remarque que dans le *Sermon sur Nicodème,* Chromace n'est pas sans reprendre, de façon presque inconsciente, l'image de la purification: il est en train d'expliquer qu'il a deux naissances, l'une charnelle, l'autre spirituelle, et il insiste sur le fait que la seconde ne se voit pas.

« On voit bien, dit-il, celui qui est baptisé se plonger *(intingui)* dans la fontaine, on le voit remonter de l'eau. Mais ce qui se passe dans ce bain, on ne le voit pas; seule l'assemblée des fidèles comprend spirituellement qu'un pécheur descend dans la fontaine et qu'il en remonte *pur (mundus)* de tout péché ».

Dans son exhortation aux *Competentes,* Chromace reviendra sur cette notion d'innocence et de pureté, avec des termes qui rappellent l'image de la robe nuptiale à conserver blanche, mais qui évoquent *également* un texte de saint Paul auquel je m'attacherai plus loin: il faut déposer la vieille erreur et la malice du péché (*S.* 18, 3, l. 73-74; *Ibidem,* l. 77-78; *S.* 17, 3. l. 69), il faut garder entière et intacte la grâce de la nouvelle naissance « integram et illibatam »; *Ibidem,* l. 78-79). La *nouveauté* de la vie est davantage morale que métaphysique.

([135]) CHROMACE, *S.* 31, 4, l. 138-9: « Deo in uitam aeternam renascimur », *Tr.* 13, 3 (Hoste 2, 3, 1): « renati in baptismo »; *Tr.* 18, 1 (Hoste, 4, 1, 2): « Deo renati... in caelestem natiuitatem transierunt... », per caelestem natiuitatem in spiritalem sumus demutati naturam », *Tr.* 28, 1 (Hoste 14, 1, 5): « sacramentum caelestis natiuitatis »; « renati per aquam et Spiritum sanctum »; 32, 3: « per aquam baptismi Deo nati »; 35, 7: « per baptismum Deo nata ». Sur l'arrière-plan baptismal du *De dominica oratione* de Cyprien que Chromace connaît bien, voir M. RÉVEILLAUD, *Saint Cyprien, L'oraison dominicale,* Paris, 1964, pp. 45-48.

([136]) CHROMACE, *S.* 9, 6, l. 136; *S.* 17, 3, l. 77 sq.; *S.* 18, 3, l. 74-75; *Tr.* 55, 2 m.

V

Chromace s'attache davantage aux manifestations visibles de cette vie nouvelle, qu'à sa réalité intime. C'est là un trait pour ainsi dire constant de sa présentation du baptême.

Ce sermon sur Nicodème vaut également d'être remarqué pour la manière dont Chromace mêle les textes johanniques et les textes pauliniens. Le modèle s'en trouvait chez Cyprien qui, au sujet des Novatiens, privés de l'Esprit par leur schisme, faisait remarquer qu'ils ne pouvaient « revêtir le Christ » (*Gal.* 3, 27), devenir des « hommes nouveaux » (*Éph.* 4, 24; *Col.* 3, 10), « être purifiés de leurs péchés », « renaître spirituellement » (*Jean* 3, 5-6), s'ils ne possédaient l'Esprit qui est dans la seule véritable Église ([137]). Dans le fond, la fin du *Sermon* 18 où Chromace dénonce l'*erreur* des Ariens en utilisant l'argumentation d'Ambroise ne fait qu'appliquer au domaine théologique l'argument que Cyprien opposait aux Novatiens: « il n'y a pas de baptême sans Esprit ([138]) ». Des conséquences du schisme nous sommes passés à celles de l'hérésie.

L'influence d'Ambroise et son gauchissement

Cette insistance sur la purification du baptême se remarque même dans des sermons qui dépendent d'Ambroise et dans lesquels le prédicateur aurait pu être amené par son modèle à développer tel aspect plutôt que tel autre. Nous constatons au contraire que le texte d'Ambroise n'a fait plus d'une fois que *renforcer* les tendances naturelles de Chromace, qu'il n'a pas réussi à l'entraîner à sa suite dans des développements véritablement nouveaux.

Il nous est parvenu plusieurs sermons de Chromace sur les *Actes des Apôtres* (S. 1, 2, 3, 29, 30, 31). Le fait que plusieurs comportent des allusions au baptême (S. 29, 3, l. 47-48; 31, 4; l. 136 sq.) s'explique peut-être par le fait que le livre

---

[137] CYPRIEN, *Ep.* 74, 5.
[138] *Ibidem*: « ... nec baptisma est ubi spiritus non est, quia baptisma esse sine Spiritu non potest ».

des *Actes des Apôtres* a pu, à Aquilées comme en nombre d'endroits, être lu durant la semaine pascale. Cependant, pour l'un de ces sermons, qui porte sur la *vision de Pierre à Césarée,* l'influence d'Ambroise est immédiate et a été relevée par Dom Lemarié ([139]). Pierre est effrayé devant les animaux impurs qui lui sont proposés et la nappe qui les contient doit lui être montrée trois fois, en même temps qu'une voix lui dit: « N'appelle pas *impur* ce que Dieu a *purifié* ». On devine que Chromace s'étend sur la purification du baptême (*S.* 3, 8, l. 158 sq., 162-163, 165), mais, comme Ambroise (*De Spiritu sancto,* II, 10, 105), il découvre dans le geste de la nappe trois descendue le mystère de la Trinité nécessaire à la purification du baptême (l. 160 sq.). Il ne fait pas de doute qu'il y a là, comme chez Ambroise, une allusion à la triple interrogation du baptême et, par le fait même, à la triple immersion sur laquelle je reviendrai tout à l'heure ([140]).

Dom Lemarié a également relevé que Chromace reprenait à Ambroise l'assimilation des hommes aux animaux de la nappe ([141]). Je penserais volontiers que Chromace doit aussi au *De Spiritu sancto* (III, 8, 45-47) l'importance donnée au « glaive » de l'Esprit-Saint qui fait périr en nous les instincts sauvages (l. 150 s.); mais, si Chromace s'est étendu sur cette comparaison des hommes avec les animaux, c'est, me semble-t-il, parce qu'il connaissait bien le traité de Novatien, *De cibis iudaicis,* qui développe cette équivalence ([142]). Nous sommes là sans doute devant un nouvel exemple de cette tradition complexe qui est souvent celle de l'évêque d'Aquilée et qui fait qu'il puise à des traditions différentes, de même qu'il commente les uns par les autres des textes scripturaires différents. Ainsi se

---

([139]) *Op. laud.,* I, p. 158, n. 1 ad f.
([140]) V., *infra,* p. 227 sq.
([141]) *Op. laud.,* I, p. 157, n. 2.
([142]) Novatien, *De cibis iudaicis,* 3 (PL 3, c. 957 B sq.). Chromace connaît ce traité: *Tr.* 53, 3-7.

V

complète peu à peu une typologie du baptême qui cependant ne parvient pas — ou ne se résout pas — à s'identifier pleinement à celle d'Ambroise.

Le baptême du Christ

Les développements de Chromace sur le baptême du Christ sont, de ce point de vue, très intéressants. Nous possédons sur cet épisode un *Sermon,* malheureusement incomplet, et un *Tractatus* qui lui est fortement apparenté. Le Sermon nous est cependant très utile puisqu'il atteste qu'au temps de Chromace, Aquilée fêtait déjà l'*Épiphanie* le 6 janvier et que cette fête consistait, comme à Milan, en la commémoration du baptême du Christ, « une grande, une très grande fête » déclare le prédicateur (*S.* 34, 1; l. 4-5). Chromace y revient sur la nécessité de l'action de la Trinité tout entière en des termes qui rappellent ceux qu'il employait à la suite d'Ambroise dans les sermons que nous avons examinés tout à l'heure. A la suite d'Ambroise également, il souligne que le Christ n'avait pas besoin d'être baptisé, mais que ce baptême était destiné à purifier les eaux et à leur donner la vertu de purifier désormais (*S.* 34, 3, l. 31-36; *Tr.* 12, 1, 4). L'idée deviendra banale en Occident. A l'époque de Chromace, on la trouve de façon fugitive chez Hilaire [143], mais surtout chez Ambroise [144] et chez Grégoire d'Elvire. C'est à Ambroise que Chromace la doit ici plus vraisemblablement, car les *Tractatus* sur le baptême du Christ présentent plusieurs ressemblances avec l'*Explanatio in Lucam* de l'évêque de Milan [145].

---

[143] HILAIRE de Poitiers, *In Matthaeum*, 2, 5 (*PL* 9, c. 927 A-B): « ... non ille necessitatem habuit abluendi sed per illum in aquis ablutionis nostrae erat sanctificanda purgatio ».

[144] AMBROISE, *In Lucam*, 2, 83: « Baptizatus ergo est Dominus non mundari uolens, sed mundare aquas ut ablutae per carnem Christi quae peccatum non cognouit, baptismatis ius haberent ».

[145] Comparer CHROMACE, *Tract* 12, 1 (Hoste I, 1, 3): « Non ergo sui causa baptizari Dominus uoluit sed causa nostri, ut impleret

V

Baptême du chrétien et mort du Christ

Sermon et *Tractatus* sur le baptême du Christ renvoient également à l'épisode de Nicodème, ce qui nous ramène à une présentation connue. Il est remarquable que le *Tractatus*, qui est seul à nous fournir un texte complet, cite ensuite le texte de *Gal.* 3, 27 dont nous avons vu l'utilisation chez Cyprien en même temps que divers textes pauliniens et johanniques ([146]). Mais voici qu'apparaît dans ce même *Tractatus* un second texte paulinien, celui de *Romains* 6, 4: « Vous avez été ensevelis avec le Christ par le baptême dans la mort, afin que, de même que le Christ est ressuscité des morts, vous aussi vous marchiez dans une vie nouvelle » ([147]). Texte classique, me dira-t-on. Texte *devenu* classique pour nous, mais qui ne l'était pas encore en Occident au milieu du IVe siècle. Ni Tertullien, ni Cyprien ne l'utilisent dans un contexte baptismal et on peut dire qu'il en est de même en Orient jusqu'à Origène, pour la plupart des textes orthodoxes ([148]). Tertullien nous transmet l'interprétation purement intellectuelle que les Valentiniens donnaient de ce

---

omnem iustitiam. Iustum est enim ut quod quis docet alterum facere prior incipiat. Quia igitur magister Dominus humani generis uenerat, exemplo suo docere uoluit quid esset faciendum... » et AMBROISE, *In Lucam*, 2, 90: « Quae est iustitia nisi ut quod alterum facere uelis prior ipse incipias et tuo alios horteris exemplo... ».

([146]) V. *supra*, p. 218-219.

([147]) CHROMACE, *Tract.* 12, 2, 1-2): « Baptismum ergo Christi ablutio est peccatorum nostrorum et renouatio est uitae salutaris. Audi hoc ipsum apostolum demonstrantem cum dicit: "Quotquot in Christo baptizati estis, Christum induistis" (*Gal.* 3, 27). Et addidit: "Consepulti ergo illi estis per baptismum in mortem ut quemadmodum Christus surrexit a mortuis sic et uos in nouitate uitae ambuletis" (*Rom.* 6, 4). Per baptismum itaque peccato morimur sed Christo conuiuimus; uitae pristinae sepelimur sed nouae uitae resurgimus; uetusti hominis errore exuimur sed noui hominis indumenta suscepimus... (Hoste, I, 1, 1-2).

([148]) A. BENOIT, *Le baptême au second siècle. La théologie des Pères*, Strasbourg, 1953, pp. 227 sq.

223

V

texte (¹⁴⁹) et j'essaierai de montrer tout à l'heure que l'interprétation morale est, en gros, celle de plusieurs textes de Chromace. Cela n'a, en soi, rien d'étonnant, puisque ce texte de *Romains* 6 demeure discuté jusqu'à nos jours. Origène, quant à lui, a défendu l'interprétation mystique de ce texte, voyant dans la mort du baptisé, non pas une simple imitation du Christ, mais une participation à cette mort. A l'époque de Chromace, cette interprétation commence à se propager en Occident (¹⁵⁰), grâce, surtout, à saint Ambroise qui la doit, outre la lecture même d'Origène, à saint Basile. Chromace ne va pas aussi loin que saint Ambroise, même si celui-ci ne se prive pas, bien entendu, de souligner les conséquences *morales* de cette « mort » et de cette « résurrection ». L'évêque d'Aquilée insistera donc sur le changement de vie, sur le dépouillement du vieil homme et le revêtement du Christ, ce qui correspond au texte de l'*Épître aux Galates* cité il y a un instant. Ainsi dans le présent *Tractatus* sur le baptême du Christ; ainsi dans le *Tractatus* 41, 7 sur les morts qui doivent ensevelir leurs morts » (*Mat.* 8, 22). Ce *Tractatus* est particulièrement intéressant parce que Chromace y dépend une nouvelle fois d'Ambroise, tout en filtrant sa pensée. L'évêque de Milan présente en effet dans l'interprétation

---

(¹⁴⁹) TERTULLIEN, *De carnis resurrectione*, 19, 2 et 47, 10-12. Sur ces textes, voir mon travail sur *Le Livre de Jonas dans la littérature chrétienne grecque et latine*, Paris, 1973, I, p. 37 et n. 114.

(¹⁵⁰) On la trouve chez GAUDENCE de Brescia, *Tract.* 3, 7. Chez Hilaire (*In Matthaeum*, 29, 2; *PL* 9, c. 1064 D) on trouve le thème de la *mort* et de la nouvelle *naissance*, d'une manière analogue à la présentation de Chromace, mais qui n'exploite pas véritablement *Rom.* 6. Pacien de Barcelone, *Sermo de baptismo*, 6 (*PL* 13, c. 1093 B-C) relie *Jean* 3, 5-6 et *Rom.* 6, 4 b, sans s'intéresser à *Rom.* 6, 3-4 a: « Lauacro peccata purgantur, chrismate sanctus Spiritus superfunditur (...) atque ita totus homo renascitur et innouatur in Christo, ut sicut resurrexit Christus a mortuis sic et nos in nouitate uitae ambulemus (*Rom.* 6, 4 b), id est ut depositis uitae ueteris erroribus, idolorum seruitute, crudelitate, fornicatione, luxuria caeterisque uitiis carnis et sanguinis, nouos per Spiritum mores sequamur in Christo, fidem, pudicitiam, innocentiam, castitatem... ».

de *Luc* 9, 59-62, son enseignement sur les *trois* morts qu'il doit, comme on le sait, à Origène ([151]). Chromace se contente de parler de *deux* morts et, comme Ambroise, il cite *Romains* 6, 4 en opposant les pécheurs qui sont morts pour Dieu et les fidèles qui, vivant pour Dieu par leurs oeuvres bonnes, sont morts et ensevelis pour le siècle ([152]).

Ce passage est d'autant plus intéressant qu'il est suivi d'un développement où Chromace, s'en prenant à une opinion qu'il semble bien avoir connue par l'Ambrosiaster ([153]), trouve l'occasion de souligner que le baptême ne vise pas seulement la vie de l'âme, mais qu'il est un gage de la résurrection des corps ([154]). C'est là cependant une affirmation isolée chez lui, dont on peut se demander si elle est parfaitement intégrée à sa doctrine du baptême. A moins que nous ne manquions de chance! Car un dernier sermon, sur la Passion du Christ, qui nous offre un nouvel emploi du texte de *Romains* 6, 4, s'interrompt brusquement après la citation scripturaire! Il s'agit du *Sermon* 20 qui

---

([151]) H-Ch. PUECH et P. HADOT, *L'entretien d'Origène avec Héraclide et le Commentaire de saint Ambroise sur saint Luc* in VChr. 13, 1959, pp. 204-234 et en particulier p. 205 sq. On verra en particulier dans ces pages l'influence exercée sur Ambroise par la mystique paulinienne, telle que l'a comprise Origène. Voir en particulier, outre l'*In Lucam*, 7, 35-40, le *De bono mortis*, 2, 3; le *De paradiso*, 9, 45.

([152]) CHROMACE, *Tr.* 41, 7: «... Vnde manifeste mortuos qui mortuos suos sepeliunt, omnes impios et peccatores significatos agnoscimus qui per infidelitatem mentis secundum interiorem hominem Deo mortui, mortuos suos id est corpora mortalia in perpetuam mortem per uitia et peccata sepeliunt, sicuti enim sancti atque omnes credentes, per opera uitae ac iustitiae Deo uiuentes, huic saeculo et mortui sunt et sepulti secundum quod Apostolus manifestat dicendo: "Consepulti ergo illi sumus per baptismum in mortem" (*Rom.* 6, 4). Ita quoque omnes impii et peccatores per desideria carnis, per opera iniquitatis huic saeculo uiuentes, Deo mortui sunt et sepulti ».

([153]) AMBROSIASTER, *In I*^{am} *Epist. ad Corinthios* 15, 29 (PL 17, c. 265-266). Il s'agit de l'épisode du baptême pour les morts.

([154]) A cette occasion, Chromace cite le *Symbole* d'Aquilée: « Huius carnis resurrectionem in uitam aeternam » (*Tr.* 41, 8, ad f.).

V

donne le sens de l'ensevelissement dans le champ du potier. Or, comme l'a très bien vu le P. Lemarié ([155]), l'interprétation baptismale de ce texte vient d'Ambroise ([156]). Mais Ambroise ne s'était pas arrêté au fait que ce champ du potier était destiné à la sépulture des *étrangers*. Mieux, il voyait dans ces *étrangers* les non-Juifs, tandis que Chromace va s'appuyer sur le texte de saint Pierre sur les « étrangers de passage » pour souligner que la vie du chrétien est celle d'un pèlerin sur cette terre. Tant et si bien que le texte des *Romains* reçoit à nouveau une interprétation simplement « morale »:

> « Si nous sommes étrangers aux vices du monde, aux désirs de la chair, nous sommes ensevelis dans le champ du potier (...). Nous mourons à l'iniquité, nous ressuscitons pour la justice; nous mourons aux vices afin de ressusciter aux vertus. L'Apôtre Paul nous le déclare également de façon manifeste quand il dit: "Vous avez été ensevelis avec lui par le baptême dans la mort, afin que, de même que le Christ est ressuscité pour la vie, nous aussi nous marchions dans une vie nouvelle" » (*S.* 20, l. 19-27).

Comme on le voit, c'est la vie *morale* qui est ici décrite: mort aux vices, vie vertueuse, marche dans une vie nouvelle. Nous retrouvons des expressions déjà rencontrées (*sepelimur uitiis*: *Tr.* 41, 7). Malheureusement, le Sermon s'interrompt là et nous ne pouvons que spéculer sur la suite, si elle a existé... Dans ce qui nous est parvenu de ce sermon comme

---

([155]) *Op. laud.*, II, p. 37, 1.

([156]) Peut-être avons-nous ici un exemple d'une double exploitation d'Ambroise et d'Hilaire, car celui-ci déclare au sujet du même passage: « ... His qui in pretio Christi sanguinis sepeliuntur quo uniuersa sunt empta. In hoc igitur agro Christo commortui et consepulti (Cf. *Rom.* 6, 3) huius peregrinationis nostrae aeternam requiem sortiemur » (*In Matthaeum*, 32, 6; *PL* 9, c. 1072).

dans le *Tractatus* sur le baptême du Christ, Chromace ne s'intéresse qu'à la dernière partie du texte de saint Paul: « marcher dans une vie nouvelle ». Ambroise ne néglige certes pas cet aspect, mais il s'intéresse également au symbolisme du rite de l'immersion tel quel Paul le présente dans ce texte de l'*Épître aux Romains*. C'est une présentation que Chromace n'a pas adoptée, plus préoccupé qu'il était peut-être par la nécessité d'affirmer l'action de la Trinité dans le baptême.

La triple immersion

Dans le sermon sur la vision de Pierre à Césarée, nous avons vu que Chromace suivait Ambroise et découvrait dans la triple descente de la nappe une allusion à la présence de la Trinité au baptême ([157]). « De même, dit-il, nous sommes plongés trois fois — *trifarie tingatur* —, comme l'étoffe de pourpre, dans l'écarlate spirituelle qu'est le mystère de la Trinité » (*S.* 19, 2; l. 46-47). L'explication de la *triple* interrogation et de la triple immersion du baptême par la Trinité est classique et on la trouve en Occident comme en Orient; mais on devine chez Ambroise une autre explication qu'on ne rencontre jamais avant lui en Occident et qui ne s'y imposera jamais véritablement, bien qu'elle ait reçu au Ve siècle l'appui du pape saint Léon. C'est celle qui voit dans la *triple* immersion l'imitation du séjour du Christ au tombeau durant trois jours. Un passage du *De Spiritu sancto* imité, comme Faller l'a vu, du *De Spiritu sancto* de Basile de Césarée ([158]), se contente de dire que l'eau est un tombeau ([159]). Or, dans le texte de Basile, on trouve justement

---

([157]) CHROMACE, *S.* 3, 8, l. 160 sq. et AMBROISE, *De Spiritu sancto*, II, 10, 105: « ... Tertia repetita figura mysterii operationem Trinitatis expressit. Et ideo in mysteriis interrogatio trina defertur et confirmatio trina celebratur, nec potest quis nisi trina confessione purgari ».

([158]) BASILE de Césarée, *De Spiritu Sancto*, 15, 34 (*PG* 32, c. 128-129, - Éd. B. Pruche, *SC* 17, pp. 168-170) - FALLER, *op. cit.*, p. 47 *ad loc.*

([159]) AMBROISE, *De Spiritu sancto*, I, 6, 76: « Sunt tamen plerique

V

l'assimilation de la triple immersion du baptisé à l'ensevelissement du Christ durant *trois* jours ([160]). Basile revient plusieurs fois sur ce point et il a été suivi par les autres Cappadociens ([161]). Ambroise pourtant ne va pas aussi loin. Lorsqu'il explique les rites de l'immersion dans son *De sacramentis*, l'évêque de Milan insiste bien sur la *sépulture*, mais il est plus sensible à la répétition du rite — avec son action de plus en plus profonde — qu'au compte des jours. Voici le début du texte:

> « On t'a demandé: crois-tu en Dieu le Père tout-puissant? Tu as répondu, « Je crois » et tu as été plongé dans l'eau, *c'est-à-dire enseveli* (« et mersisti, *hoc est sepultus es* »). On t'a demandé: Crois-tu en Notre Seigneur Jésus-Christ et en sa croix? Tu as répondu: « Je crois » et tu as été plongé dans l'eau et par là *tu as été enseveli avec le Christ*. Car celui qui est enseveli avec le Christ, ressuscite avec le Christ. On t'a demandé une troisième fois: "Crois-tu aussi en l'Esprit-Saint?" Tu as répondu: "Je crois" et tu as été plongé dans l'eau

---

qui eo quod in aqua baptizamur et spiritu, non putent aquae et spiritus distare munera et ideo non putant distare naturam quia in illo aquarum *sepelimur* elemento ut renouati per Spiritum *resurgamus*. In aqua enim imago mortis, in Spiritu pignus est uitae ut per aquam moriatur corpus peccati quae, *quasi quodam tumulo*, corpus includit et per uirtutem Spiritus renouemur a morte peccati ».

([160]) BASILE, *De Spiritu sancto*, 15 (*PG* 32, c. 132 A = Pruche, pp. 170-171): « En trois immersions et trois invocations, le grand mystère du baptême s'accomplit pour que le *type* de la mort soit représenté et que la communication de la science de Dieu illumine l'âme des baptisés ». Or, un peu plus haut, Basile a montré que Jonas était la figure du Christ descendant aux Enfers dont le baptême est une imitation: *De Spiritu*, 14 (c. 124 C-D = p. 165); 15 (c. 129 A-C = p. 169-171). Il y revient de façon explicite, mais beaucoup plus rapide dans son *Ep.* 236, 5. On peut imaginer sans peine qu'Ambroise n'ait, du *De Spiritu Sancto*, retenu que les points saillants et adaptés à sa propre démonstration.

([161]) Voir sur ce point mon travail sur *Le Livre de Jonas dans la littérature chrétienne grecque et latine*, Paris, 1973, I, pp. 252-253.

une troisième fois, *afin que ta triple confession détruise les nombreuses fautes de ta vie passée* » (*De Sacram.*, II, 7, 20).

On le voit, Ambroise se trouve en retrait par rapport à Basile, sans reproduire cependant, dans ce texte-ci, la doctrine courante qui se contente de lier la Triple immersion à la Trinité et de dire que l'invocation de la Trinité est nécessaire, sans pour autant expliquer le détail du rite ([162]). Ambroise cependant doit à Basile l'idée sur laquelle il revient souvent — à commencer par ce passage du *De Sacramentis*: « *Fons quasi sepultura est* » (*De sacram.*, II, 6, 19) — que l'eau remplace la terre du tombeau, qu'elle est un élément proche de la terre et permet de pousser aussi loin que possible l'imitation de la sépulture —. Or, cette assimilation ne se rencontre jamais dans les textes de Chromace, pourtant si nombreux, sur le baptême. Pour lui, les eaux sont vivantes ([163]), sont fécondes ([164]), elles ne sont pas un tombeau. Il me semble qu'il y a là un choix de sa part et que ce choix trouve et fournit une explication au niveau de l'archéologie.

L'un des textes où Ambroise a exprimé sa symbolique baptismale n'est autre que l'inscription du baptistère de Sainte-Thècle. Je ne suis pas le premier à remarquer que le plan octogonal est à mettre en rapport avec la symbolique du chiffre huit qui exprime la résurrection pour saint Ambroise comme pour Origène ou Basile ([165]). Je ne suis pas non plus le premier

---

([162]) *Ibidem*, pp. 37-38.

([163]) C'est dans ce sens qu'il développe la comparaison entre le baptisé et le poisson: *Tract.* 16, 3; 33, 7; 53, 5.

([164]) Voir, *supra*, n. 136 les textes sur la fontaine baptismale comme sein maternel.

([165]) O. PERLER, *L'inscription du baptistère de Sainte-Thècle à Milan et le De sacramentis de saint Ambroise* in *RAC* 27, 1952, pp. 145-166 et en particullier, p. 151.

V

à remarquer que le baptistère y reçoit le nom de *tumulus* ([166]), appellation que le *De Spiritu sancto* applique à l'eau dans un passage imité de Basile de Césarée ([167]). On peut sans doute éclairer le refus de Chromace par des raisons d'architecture religieuse: les baptistères anciens d'Aquilée sont hexagonaux, et non pas octogonaux. Ainsi s'explique peut-être que l'évêque d'Aquilée, même s'il a partiellement repris, comme nous l'avons vu tout à l'heure, l'exégèse de la *sépulture* dans le champ du potier ([168]), même s'il a adopté, en l'adaptant ([169]), l'exégèse de *Romains* 6, 4, n'ait pas cru devoir suivre Ambroise jusqu'au bout. Les eaux sont pour lui purificatrices, vivifiantes, guérisseuses ([170]), elles ne sont pas l'élément de la mort. Cependant, comme il avait fait une partie du chemin, il n'est pas impossible que lui-même, et *a fortiori* ses successeurs, soient allés jusqu'au bout de cette évolution, ce qui expliquerait, mieux qu'une simple imitation architecturale, que l'adoption par Aquilée et sa région de la symbolique baptismale répandue depuis Milan ait entraîné un changement dans la construction des baptistères: au Ve siècle, certains de ces baptistères deviennent *octogonaux!* N'est-il pas remarquable que le *Tractatus* 38, qui concerne la *purification* du lépreux et qui développe plusieurs thèmes baptismaux ([171]), se termine par une allusion au retour au camp, le « huitième jour », des lépreux purifiés, pour « montrer que,

---

([166]) *Ibidem*, p. 152.
([167]) Voir le texte cité n. 159.
([168]) Voir *supra*, p. 225-227.
([169]) Ou en lui laissant sa seule dimension *morale*.
([170]) CHROMACE, *Tract.* 16, 3: «... Vis scire quae ista aqua sit quae sanet, quae curet, quae uiuificet? Audi Dominum in Euangelio dicentem: *Qui biberit de aqua quam ego do ei non sitiet in aeternum sed fiet in eo fons aquae salientis in uitam aeternam* » Voir, p. 218, le sermon 14 sur la piscine de Bezatha.
([171]) En particulier celui de l'illumination par l'Esprit-Saint, dont je n'ai pas parlé dans les pages précédentes.

grâce à la résurrection du Seigneur *qui appartient au huitième jour,* nous devions, *purs de tout péché,* être réintroduits dans le camp du ciel par Notre Seigneur et Sauveur » ([172])?

CONCLUSION

Voilà quelques aperçus, sur une oeuvre qui reste encore à découvrir. J'ai indiqué chemin faisant combien cette enquête demeurait partielle, même dans les quelques domaines où je ne suis aventuré. Il y en aurait bien d'autres à explorer, et cependant ils ne nous donneraient encore qu'une idée très inexacte des rapports qui ont dû exister entre les deux cités, des questions doctrinales qui ont été débattues et dont nous n'avons plus de trace écrite.

Je terminerai en évoquant d'autres limites de nos connaissances et de notre documentation, avant de tenter d'expliquer l'attitude de Chromace devant l'oeuvre et la personne d'Ambroise. L'utilisation par Chromace d'un développement de l'*Explanatio in Lucam* d'Ambroise sur le champ du potier faisant usage du texte de *Romains* 6 nous place dans la vie d'Ambroise après 390. La chose semble aller de soi puisque Chromace ne devient évêque qu'en 388. On pourrait pourtant se demander si Chromace, prêtre depuis 370 au moins — puisqu'il a baptisé Rufin —, n'a pas prêché avant son épiscopat ([173]). Devrait-on placer toute l'oeuvre oratoire ou écrite de l'évêque dans les

---

([172]) Chromace, *Tract.* 38, 4 f.: « Vnde non immerito huiusmodi homo (= leprosus sanatus) octauo die in castra redire praeceptum est, ut ostenderetur quia per dominicam resurrectionem quae octaui diei est, emundatione facta peccati, essemus castris caelestibus repraesentandi a Domino ac Saluatore nostro ».

([173]) La fidélité à la *dispositio* et à l'*ordo* d'Alexandrie, dont parle la lettre *Quamlibet* du Concile d'Aquilée (*Ap.* Ambroise, *Ep.* 12, 6; *PL.* 16, c. 949 A-B), allait-elle jusqu'à confier une prédication aux prêtres, comme il était habituel dans la cité d'Arius?

V

dix premières années de son épiscopat que l'on serait encore obligé de constater que, dix à vingt ans après 381, Chromace continue à présenter une doctrine baptismale, une christologie fortement marquée par la théologie *occidentale*. Une hérésie lointaine comme celle d'Apollinaire ne semble pas avoir ému l'évêque d'Aquilée qui se contente de lutter contre Arius et Photin ([174]), ne touchant à la théologie du Saint-Esprit que dans la mesure où elle engage la valeur du baptême ([175]). Lui qui a entendu les objections de Palladius à Aquilée même, en 381, ne s'attaque jamais aux textes controversés ([176]). Il se contente d'utiliser les textes qui affirment clairement la divinité du Christ ou de l'Esprit ([177]). L'influence d'Ambroise ne l'a donc pas entraîné à la spéculation. Au théologien s'oppose le pasteur ou, tout au moins, à l'*oeuvre* d'un théologien s'oppose l'*oeuvre* d'un pasteur, ou ce qu'il nous en reste.

Il est en effet surprenant que ce prêtre qui, dans les années 370, dirigeait le « chorus clericorum » d'Aquilée, ne nous ait pas laissé de prédication proprement ascétique. Qu'est-ce que

[174] Voir p. 200 sq.
[175] Voir p. 206 sq.
[176] Dans le *Sermon* 8, par exemple, il utilise *Prov.* 8, 27-30 et *Ps.* 109, 1 sans la moindre allusion aux discussions que soulevaient ces textes.
[177] Voici, à propos de *Mat.* 9 sq., un exemple de la manière de procéder de Chromace : « Dicunt (Iudaei): Quis potest dimittere peccata nisi solus Deus? Et idcirco Dominus ut manifestaret se paralytico dimisisse peccata, etiam reddita corporis sanitate signum diuinae uirtutis ostendit ut uel hoc signo impii scribae conuicti et paralytico crederent dimissa peccata et Christum Dominum ac Deum esse cognoscerent quem negabant. Et scribae quidem licet Dei Filium ignorarent, tamen qui potest peccata dimittere Deum esse non nesciunt. Vnde aduertere debemus in qua impietate *haereticus* teneatur qui Filium Dei peccata quidem dimittere confitetur, Deum tamen ausus est denegare cum Deum eum esse qui peccata dimittit etiam ipsi qui denegant fateantur » (*Tract.* 44, 2): des Juifs, Chromace passe aux hérétiques. Cf. *Tract.* 52, 2, sur la marche sur les eaux, etc.

le *Sermon sur les Béatitudes* (¹⁷⁸) devant le *De Officiis* d'Ambroise ou ses divers traités sur la Virginité? Si l'on se contente pourtant des sermons de Chromace qui nous ont été si merveilleusement restitués, on y découvrira quelques traces d'Ambroise — ou de spiritualité orientale —, mais on trouvera surtout des développements qui rappellent Cyprien et Novatien, sans compter toute une prédication sur les fêtes des saints dont nous ne trouvons pas l'équivalent chez Ambroise. Au fond, si l'on ne peut assurer que l'influence d'Ambroise se soit exercée sur les seuls débuts de l'épiscopat de Chromace, on peut dire qu'elle a surtout été fonctionnelle: la lutte contre l'hérésie.

Pour le reste, Chromace était peut-être déjà trop âgé au moment où il a accédé à l'épiscopat pour changer de culture. Nous savons qu'il a baptisé Rufin en 370 et d'autre part Jérôme semble bien le considérer comme un *aîné*. Même s'il n'avait que l'âge de Jérôme (¹⁷⁹), il serait encore intéressant de comparer son oeuvre aux premiers écrits de Jérôme. En effet, avant son départ pour l'Orient comme dans les premières années de son séjour à Chalcis ou à Constantinople, Jérôme est imprégné, comme Chromace, des écrits de Tertullien et de Cyprien. Les *Commentaires* de Fortunatien, à un moment où il ne connaît pas encore Origène, lui paraissent la « perle de l'Évangile » (*Ep.* 10, 3). Il trouvera mieux par la suite et ne ménagera pas alors ses jugements à l'égard de Fortunatien (¹⁸⁰). La grande infériorité de Chromace réside dans le fait qu'il ne savait pas le grec et qu'il n'a pas eu, comme Rufin et Jérôme, l'occasion

---

(¹⁷⁸) CHROMACE, *S.* 41, qui est le seul sermon à être adressé à des *fratres* et qui est d'un ton plus élevé que les sermons au peuple. Voir Dom Lemarié, *op. cit.,* II, p. 233, n. 2.

(¹⁷⁹) A fortiori si on vieillit Jérôme, comme on vient de tenter de le faire.

(¹⁸⁰) JÉRÔME, *Préface* à la Traduction des *Homélies sur Luc* d'Origène (*SC.* 87, p. 94): « et sensibus hebes et uerbis »; *De uiris illustribus,* 97 (*PL.* 23, c. 697 B-C): « In Euangelia, titulis ordinatis, breui sermone et rustico, scripsit commentarios... ». Les deux jugements visent le style, mais le premier comprend la pensée (*et sensibus*) dans le même blâme.

V

de parfaire ses connaissances, en quittant Aquilée. Les traductions de ses deux amis lui sont parvenues trop tard pour qu'il puisse les assimiler véritablement. C'est donc, avant tout, un homme âgé déjà et un Occidental qui parle en cet évêque d'un port ouvert vers l'Orient autant que sur l'Afrique.

Dès les années 380, Ambroise a pu lui servir d'interprète et de filtre dans la découverte de la théologie orientale, mais en cet évêque qu'il a pu rencontrer plusieurs fois — en 376, en 381, en 388, en 394 au moins — qui l'a honoré d'une lettre (*Ep.* 50), c'est, semble-t-il, davantage le pasteur et l'homme d'action qu'il a imité, plutôt que le théologien ou le mystique. Dans son *Tractatus* 41, 2, au sujet des renards que sont les hérétiques, Chromace déclare que lorsque, dans leurs discussions avec un *catholicus uir* ou un *potens doctor,* ces hérétiques se sentent pris, ils essaient de s'enfuir en utilisant les faux-fuyants de leurs objections impies ([181]). Affirmation des plus suggestives! Car ces « objections impies » ne se rencontrent nullement, je l'ai dit, dans l'oeuvre de Chromace; de sorte qu'en évoquant ce *potens doctor,* Chromace me semble beaucoup plus penser à Ambroise qu'à lui-même.

Corrigenda

p. 175, l. 5, lire: ... époque et il est même hasardeux de tirer de ces documents trop ...

p. 183, l. 7, après: ... que Sabinius, ... ajouter: ([32])

p. 205, n. 96, lire: « ...aut uere eum Deum ac proprie de Patre natum impie denegant (haeretici), ut Arrius, ...

p. 221, l. 11, après: trois, ajouter: fois

p. 232, n. 177, pour: ... *Mat.* 9 sq., ... lire: ... *Mat.* 9, 1–8, ...

([181]) CHROMACE, *Tract.* 41, 2: « Idem ipsi (haeretici) si ab aliquo catholico uiro *uel potente doctore* capi se posse cognouerint, diuersos impiae assertationis suae praeparatos exitus habent quibus ad praesens conentur effugere ».

VI

Ambroise, de son élection à sa consécration

Puisque 1974 est le XVIe centenaire de l'élection d'Ambroise à la chaire de Milan, il n'est pas inopportun de rouvrir le dossier de cette élection et d'essayer d'apporter quelques lumières à la connaissance d'événements si lourds de conséquences pour l'Italie du Nord qu'ils ont mérité plusieurs récits... quelque peu différents. Les discordances, mieux encore les renchérissements successifs [1], ont souvent nui aux textes qui les contiennent [2], comme si on saisissait sur le fait le passage du récit à la légende, au fur et à mesure que l'on s'éloigne des faits. Je me limiterai ici aux textes de Rufin d'Aquilée et de Paulin de Milan.

Le premier, qui n'a pas toujours bonne presse mais dont la sûreté documentaire s'accroît au fur et à mesure même qu'il se rapproche des faits et des personnes qu'il a connues [3], nous a laissé un récit

---

[1] De la *Chronique* très nue de Jérôme (« Post Auxenti seram mortem Mediolanii Ambrosio episcopo constituto omnis ad fidem rectam Italia conuertitur » – *Ad ann. 374*; éd. Helm, GCS 47, 247), aux récits de Rufin et à la biographie de Paulin.

[2] J.R. Palanque (*Saint Ambroise et l'Empire romain*, Paris 1933, pp. 407-434) a insisté sur la valeur de Rufin d'Aquilée et de Paulin de Milan, mais sans apercevoir, telle que M. Pellegrino l'a démontrée (*Paolino di Milano, Vita di S. Ambrogio*, Roma 1961, pp. 16-18), la dépendance du second par rapport au premier. En revanche, il conteste à juste titre le crédit de Socrate, Sozomène et Théodoret qui a trop pesé dans l'imagerie ambrosienne.

[3] Palanque (*Saint Ambroise*..., p. 408) a déjà insisté sur les liens de Rufin avec Chromace d'Aquilée. Je rappellerai que Rufin est lui-même venu à Milan en 400 et qu'il a été en rapport avec Gaudence de Brescia près duquel se trouvait Benivolus, l'un des héros de 386 (*Tractatus, Praef. ad Beniuolum*; éd. A. Glück, CSEL 68, 3 sq.). Tout ce contexte explique que Rufin ait vertement tancé Jérôme pour ses attaques contre Ambroise.

dont on se plaît à louer la sobriété [4], par rapport à la *Vie* de Paulin dont on a souligné à l'envi le caractère « hagiographique » [5]. La scène de l'élection d'Ambroise et la série surtout des stratagèmes par lesquels Ambroise a commencé par chercher à échapper à cette élection ont depuis longtemps été rangées dans le répertoire obligé des manifestations de « refus préalable » [6]. Une telle solution paraît de prime abord d'autant plus sage que la liste de ces refus semble calquée sur une longue tradition profane toujours en usage à la fin du IV siècle [7] et que certains des échappatoi-

---

[4] Palanque, *Saint Ambroise*..., p. 408: « récit sec et succinct... style terne mais sobre et plein »; R. Gryson, *Le prêtre selon saint Ambroise*, Louvain 1968, p. 221: « son extrême sobriété, qui confine à la sécheresse, le rend éminemment digne de foi ». Vrais par rapport à Socrate, etc, nous verrons les limites de ces jugements en ce qui concerne Paulin.

[5] Gryson, *Le prêtre*..., p. 221: « beaucoup (de détails) ont déjà une saveur nettement légendaire »; M. Meslin (voir *infra*, n. 18).

[6] Selon l'expression d'E.-Ch. Babut, *Saint Martin de Tours*, Paris 1912, p. 198 et n. 3; dans le même sens, A. Paredi, *S. Ambrogio e la sua età*, Milano 1960², p. 164; Ganshof in *Le Chiese nei Regimi dell'Europa occidentale e i loro rapporti con Roma sino all'800*, Spoleto 1960, t. 2, pp. 589-490, cité par Y. Congar, *Ordinations « inuitus, coactus » de l'Eglise antique au canon 214*, RSPhTh, 5 (1966), 187, n. 96: « le récit émaillé d'anecdotes dont l'une est d'ailleurs un peu scabreuse, révèle un auteur prenant plaisir aux jeux et aux artifices de la rhétorique... »; Gryson, *Le prêtre*..., pp. 223-224 et *c.r.* de P. Courcelle, *Recherches sur saint Ambroise*, RHE, 6 (1974), 491-492; J. Fontaine, *Vita Martini, Commentaire*, SC 134, p. 639, n. 1. Ont réagi contre ce scepticisme exagéré: Palanque, *Saint Ambroise*..., p. 28, n. 2; P. Courcelle, *Recherches sur saint Ambroise*, Paris 1973, p. 10; voir n. suivante.

[7] Les dossiers les plus impressionnants ont été rassemblés et interprétés par J. Béranger, *Le refus du pouvoir*, « Museum helveticum », 5 (1948), 178-196 et *Recherches sur l'aspect idéologique du Principat*, Bâle 1953, pp. 137-160 auquel j'emprunterai quelques textes (v. nn. 127, 147). Pour l'époque d'Ambroise, j'attire l'attention sur le passage de l'*Oratio* I, 10 de Symmaque concernant l'élection de Valentinien I: « Vellem nunc tecum ciuica expostulare pietate cur in medium inuitus existi, cur diu obluctatus, cur sero mollitus es. An et hoc maiestati tuae debebatur ut semper inuictus in accipiendo tantum imperium uincereris... » (éd. O. Seeck, MGH, AA 6, 1: p. 320, 1. 37 sq.); Congar, *Ordinations*..., pp. 186 sq. a déjà souligné les limites de ces assimilations. P.H. Lafontaine (*Les conditions positives de l'accession aux ordres dans la première législation ecclésiastique (300-492)*, Ottawa 1963) qui rassemble et commente pourtant un beau dossier de violences (pp. 77-87) n'y joint pas le cas d'Ambroise

res d'Ambroise semblent ou sont, assure-t-on, **dénuées de vraisemblance** [8]. Sans nier aucunement ce long et pesant héritage littéraire, je dirai que cette attitude négative, raisonnable, « rationnelle », est, en définitive, une attitude *facile* [9]. D'autre part, privilégier un subterfuge plutôt qu'un autre [10] ne permet pas de rendre compte de la cohérence de l'action d'Ambroise, ni de rendre justice à son propre témoignage concernant la vigueur et la longueur de sa résistance [11]. Au contraire, à regarder les textes tels

---

dont il n'envisage, et très rapidement (pp. 246-247), que la qualité de néophyte élevé à l'épiscopat (sur cette qualité, voir *infra*, n. 22). Je ne vois pas, sinon dans le flottement des chronologies concernant la date de l'élection d'Ambroise, d'où cet auteur peut écrire (p. 151) qu'Ambroise a été baptisé en 373 et consacré en 374. Il renvoie p. 150, n. 67, aux pages 355-357 où rien ne concerne Ambroise et il ne semble pas très bien connaître l'oeuvre d'Ambroise qui aurait dû lui fournir, à commencer par le cas même d'Ambroise, beaucoup plus ample moisson.

[8] Voir les réflexions de Gryson (*c.r.* cité, p. 492) au sujet de la fuite d'Ambroise, ou de la « philosophie » (*ibidem*, « affabulation »).

[9] Que dire de l'attitude de H. von Campenhausen, *Ambrosius von Mailand als Kirchenpolitiker*, Berlin-Leipzig 1929, pp. 27-28) qui ne dit mot des subterfuges et pour lequel l'élection d'Ambroise est un coup calculé, sa venue à l'Église n'ayant rien d'impromptu et la présentation de l'unanimité sur le nom d'Ambroise étant une présentation légendaire. Une telle attitude transforme en certitude ce qui est hypothétique (traduction de Josèphe avant 374), refuse tout crédit aux textes et s'appuie sur une interprétation erronée d'un texte de Jérôme. Lorsque celui-ci dit à Damase: « Iungatur cum beatitudine tua Vrsinus, *cum Ambrosio societur Auxentius* » (*Ep.* 15, 4) il ne veut absolument pas dire qu'Ambroise ait eu une activité religieuse avant la mort d'Auxence! Voir n. 60 un autre texte de Jérôme qui évoque Évagre, mais non Ambroise.

[10] Courcelle (*Recherches* ... [1973], pp. 11 sq.) ne s'intéresse qu'au second motif (voir, *infra*, pp. 263 sq.). Gryson (*Le prêtre*..., p. 224 et *c.r.* cité, p. 492) ne veut reconnaître que le dernier ... Sans doute parce qu'il comporte un nom propre, celui du clarissime Leontius. Le contraire serait bien osé. Mais ce Leontius n'a-t-il pas pu être connu de Paulin et l'informer sur les circonstances, lui aussi?

[11] Dans un ordre à peu près chronologique, qui n'est pas sans importance: *De officiis* I, 1, 2 (PL 16 [1845], 24 A): «... cum iam effugere non possimus officium docendi quod *nobis refugientibus* imposuit sacerdotii necessitudo »; 4 (24-25): « Ego enim *raptus de tribunalibus* atque administrationis infulis ad sacerdotium, docere uos coepi quod ipse non didici » (cf. *De uirginibus* II, 1, 2 et 3; 6, 39 – Affirmations à rapprocher du reproche de Sirice [PL 13, 1166 A-B] s'écriant: « Qui non didicit iam docere compelletur »,

qu'ils sont écrits et dans l'ensemble de leur déroulement, il devient possible de séparer parfois l'habit littéraire de la substance des faits, même s'il faut reconnaître que nous manquent bien des informations. L'attitude d'Ambroise gagne, de plus, à être replacée dans son contexte et à être rapprochée d'autres conduites avec lesquelles on voudrait la confondre. La vie de l'Italie du Nord apparaît mieux également dans un tel examen, de sorte que c'est, me semble-t-il, dépasser le cadre de quelques semaines sans conséquences profondes que de s'intéresser à ces événements et à leur récit [12].

1. *L'élection du consulaire*

Les deux récits de l'élection sont parents et, comme M. Pellegrino l'a montré, Paulin y dépend de Rufin [13]. Cette constatation pose quelques problèmes qui ne me semblent pas avoir été envisagés. Que Paulin se réfère à Rufin pour des événements qu'il n'a pas lui-même vécus n'est pas, en soi, mauvais signe: nous som-

---

Commentaire chez Lafontaine, *Les conditions*..., pp. 311 sq. qui ne fait pas l'application à Ambroise); *De paenitentia* II, 8, 72-73: « Dicetur enim: ' Ecce ille non in Ecclesiae nutritus sinu, non edomatus a puero, sed *raptus de tribunalibus*, abductus uanitatibus saeculi huius (...) in sacerdotio manet non uirtute sua, sed Christi gratia (...)' Serua Domine munus tuum, custodi donum quod contulisti *etiam refugienti*. Ego enim sciebam quod non eram dignus uocari episcopus quoniam dederam me saeculo huic » (Sur cette dernière phrase, voir n. 55); *Ep.* 63, 65 (PL 16 [1845], 1206-1207): « *Quam resistebam* ne ordinarer! Postremo, cum *cogerer, saltem ordinatio protelaretur*! Sed non ualuit praescriptio (les indications de Paul, les canons de Nicée, Sardique), praeualuit impressio. Tamen ordinationem meam Occidentales episcopi iudicio, Orientales etiam exemplo probarunt. Et tamen neophytus prohibetur ordinari (cf. 1 *Tim.* 3, 6), ne extollatur superbia. Si dilatio ordinationi defuit, uis cogentis est ... ». Sur l'allusion à 1 *Tim.* 3, 6, v. n. 22; sur la *dilatio*, v. n. 53.

[12] Je m'intéresserai plus d'une fois à des détails, sans vouloir tomber dans la μικρολογία, car ces « détails » me paraissent significatifs. Je laisserai également de côté bien des questions et n'entends pas donner ici un commentaire exhaustif des récits de Rufin et de Paulin.

[13] Voir *supra*, n. 2. Je ne reprendrai pas *ici* tous les points de contact qu'a relevés à juste titre Pellegrino (pp. 16-17), mais je n'en fais pas abstraction. Ma perspective est légèrement différente et concerne l'organisation du récit.

mes simplement renvoyés à l'étape précédente – et nous avons montré que Rufin était bien renseigné sur les affaires milanaises [14] –. En se référant à ce prédécesseur, Paulin lui rend hommage, même si, selon la meilleure tradition de l'*imitatio*, il récrit son texte, en fonction même de sa propre perspective, qui est celle d'un biographe et non celle d'un historien [15]. Il importe dès lors de distinguer ce qui est inflexion littéraire et ce qui est inflexion historique ou ayant, en définitive, une incidence historique. Dans ce dernier cas, on se demandera éventuellement si Paulin a été négligent, a sacrifié à un cliché, à une loi du genre littéraire choisi, ou a puisé dans une tradition milanaise qu'il était assez bien placé pour connaître – à l'encontre de Socrate, Sozomène ou Théodoret.

Voici tout d'abord les deux récits, dans les étapes – numérotées – de leur déroulement:

	Rufin, *Historia ecclesiastica* I, 11 (PL 21, 524-5):	Paulin, *Vita Ambrosii* 6 (éd. M. Pellegrino, pp. 56-58):
1	Interea,	Per idem tempus,
2	defuncto apud Mediolanium Auxentio haereticorum episcopo,	mortuo Auxentio Arrianae perfidiae episcopo
3		qui, Dionysio beatae memoriae confessore ad exilium destinato, incubabat ecclesiam,
4	utriusque partis populi diuersis studiis ferebantur.	
5	Dissensio grauis et periculosa seditio urbi propriae maturum parabat exitium si pars utraque cum diuersum uellet nequaquam quod proposuerat obtineret.	cum populus ad seditionem surgeret in petendo episcopo

---

[14] Voir *supra*, n. 3.
[15] Par ex., la précision de Paulin sur Denys n'a pas son correspondant chez Rufin pour la bonne raison que ce dernier a parlé plus haut (I, 21 sq.) du Concile de Milan.

VI

6	Ambrosius tunc consularis eiusdem prouinciae fasces gerebat. Is, cum perniciem ciuitati uideret inpendere, pro loco atque officio suo confestim ecclesiam seditionem populi mitigaturus ingreditur.	essetque illi cura sedandae seditionis ne populus ciuitatis in periculum sui uerteretur, perrexit ad ecclesiam.
7	Cumque inibi multa secundum leges et publicam disciplinam pro quiete et tranquillitate perorasset,	Ibique cum adloqueretur plebem,
8	pugnantis inter se et dissidentis populi subito clamor et uox una consurgit Ambrosium episcopum postulantes.	subito uox fertur infantis in populo sonuisse Ambrosium episcopum. Ad cuius uocis sonum totius populi ora conuersa sunt adclamantis Ambrosium episcopum.
9		Ita, qui antea turbulentissime dissidebant, quia et Ariani sibi et Catholici sibi episcopum cupiebant, superatis alterutris,
10	Baptizari hunc protinus clamant - erat enim catechumenus - et sibi episcopum dari, nec aliter unum populum fore atque unam fidem, nisi Ambrosius sibi daretur sacerdos.	repente in hunc unum, mirabili et incredibili concordia, consenserunt.
11	Obluctante illo et plurimum resistente,	§ 7-9
12	ad imperatorem relatum populi desiderium...	§ 8

Compte non tenu de ce qui concerne la résistance d'Ambroise et du rapport à Valentinien qui nous retiendront plus loin [16], on constate que les éléments communs sont extrêmement semblables, les différences matérielles provenant *principalement* de la nature

---

[16] Voir *infra*, pp. 257 sq. C'est néanmoins dans cette partie que Paulin se distingue le plus de Rufin.

même du récit [17]. D'autre part, Paulin, qui est plus d'une fois *plus sobre* que Rufin [18], ramasse en une seule phrase une notation plusieurs fois reprise, et importante, de Rufin [19]. L'ajout essentiel de Paulin dans cette première partie du récit consiste dans la mention de l'intervention d'un enfant à laquelle nous reviendrons plus loin [20]; mais il a omis deux données du récit de Rufin: celui-ci insiste sur l'aspect purement politique de l'intervention d'Ambroise [21], ce qui fait de celui-ci un représentant sourcilleux des lois civiles et de la politique de Valentinien. D'autre part, Rufin permet d'imaginer que la première excuse derrière laquelle Ambroise s'est réfugié a été celle de sa condition de non-baptisé. D'où les cris de la foule qui, aussitôt, demande qu'Ambroise soit baptisé [22]. Mais tous deux s'accordent pour ne donner aucun rôle au clergé comme aux évêques, ce qui mérite d'autant plus réflexion que les deux historiens sont tous deux des clercs.

---

[17] Voir n. 4. Inversement, Rufin doit préciser (élément 6, début) les fonctions civiles d'Ambroise dont il n'a pas encore parlé.

[18] Comparer les éléments 6 ou 5, début. A ce sujet, M. Meslin (*Les Ariens d'Occident*, Paris 1968, p. 44, n. 72) ne voit dans ce « récit hagiographique » qu'une influence « évidente » de la *Vita Martini* 9, pour la description de la *seditio*, mais il n'a pas vu que Rufin parlait déjà, et avec emphase, de *dissensio grauis et periculosa seditio*. Que Paulin connaisse la *Vita Martini*, il le dit lui-même dans sa Préface, mais il ne convient pas d'exagérer cette influence plutôt qu'une autre. Quant à ces *seditiones* on en voit d'analogues dans l'*Or.* 18, 33 de Grégoire de Nazianze, par exemple, et on en devine d'autres à travers la législation papale qui tente de limiter l'action du peuple (voir *infra*, n. 159). Ces textes législatifs n'ont rien ni d'hagiographique ni de romancé, que je sache...

[19] Paulin (9) = Rufin (4: « utriusque partis... ferebantur »), (5: « si pars utraque... obtineret »), (8: « pugnantis inter se... populi »).

[20] Voir *infra*, p. 253. Il y a cependant plus qu'une nuance entre l'« Auxentius haereticorum episcopus » de Rufin et l'« Auxentius Arrianae perfidiae episcopus » de Paulin.

[21] Rufin (7): « multa secundum leges et publicam disciplinam... ».

[22] Le témoignage de Rufin (ici-même) et celui de Paulin (§ 7, 6 sq.: « Isti uero catechumenum scientes... ») s'accordent sur ce point. Cependant, P. Nautin (*Les premières relations d'Ambroise avec l'empereur Gratien: Le De fide (livres I et II)*, in *Ambroise de Milan, XVIᵉ centenaire de son élection épiscopale* (Études Augustiniennes), Paris 1974, p. 229 et n. 4) se demande si, plutôt que catéchumène, Ambroise n'était pas néophyte, d'après ce qu'il dit lui-même de l'interdiction d'ordonner un néophyte

Une élection épiscopale suppose en effet l'accord de trois instances, pour le moins: les clercs de l'évêque défunt, le peuple de la cité, les évêques des environs. De ces derniers, nous ne savons à peu près rien dans le cas de Milan. En près de vingt ans d'épiscopat, tout étroitement surveillé qu'il ait été par Hilaire de Poitiers et Eusèbe de Verceil tout d'abord [23], Valérien d'Aquilée et quelques autres ensuite [24], Auxence avait pu placer quelques-unes de ses créatures sur des chaires épiscopales des environs. Lesquelles ? nous l'ignorons [25], mais nous pouvons le déduire également de l'affirmation de Paulin disant qu'Ambroise avait tenu à être

---

(*Ep.* 63,65) – Mais il faut relire en entier ce texte (voir *supra*, n. 11 f.) qui se réfère à 1 *Tim* 3, 6 (μὴ νεόφυτον, ἵνα μὴ τυφωθείς...) et a un caractère plus général que le cas d'Ambroise, *même s'il n'exclut pas ce cas*. On ne peut malheureusement pas utiliser la *Dissertatio* de Maximin dont le texte est à cet endroit corrompu (§ 120 - f. 343 v. – Voir le texte de Kauffmann, *infra*, n. 125). Le texte dirimant, à moins bien entendu qu'on n'y voie un cercle vicieux, me semble se trouver chez Paulin lui-même, dans l'affirmation qu'Ambroise ne voulut être baptisé que par un évêque catholique (§ 9 – voir *infra*, p. 256 et n. 51). D'ailleurs, un biographe n'aurait-il pas pris soin de mentionner ce baptême, s'il avait eu lieu déjà, à Rome, Sirmium ou *a fortiori* Milan ? Pour les délais entre le baptême et l'ordination, voir la n. 53d.

[23] Voir mes *Vrais et faux problèmes concernant le retour d'exil d'Hilaire Poitiers et son action en Italie en 360-363*, « Athenaeum », 48 (1970), 251-275 et en particulier 267 sq.

[24] Voir mes *Relations doctrinales entre Milan et Aquilée dans la seconde moitié du IVᵉ siècle*, « Antichità Altoadriatiche », 4 (1973), 180 sq.

[25] A la mort d'Eusèbe de Verceil (371), Limenius lui succède, sans que nous sachions ni son origine, ni ses consécrateurs. En 381, il siège à Aquilée aux côtés d'Ambroise et, selon le Calendrier de Verceil cité par A. Paredi (*S. Ambrogio...*, p. 185), il aurait consacré Ambroise... Si le fait est réel, le silence de l'*Ep.* 63 concernant Limenius devient dès lors, comme l'auteur le remarque, « encore plus intéressant ». Pour Zénon de Vérone, j'ai montré qu'il vivait encore en 377. Ambroise l'estimait (*L'originalité du De uirginibus dans le mouvement ascétique occidental: Ambroise, Cyprien, Athanase*, in *Ambroise de Milan, XVIᵉ centenaire de son élection épiscopale*, [Études Augustiniennes], Paris 1974, pp. 61-64). Nous ne savons rien des opinions du prédécesseur de Philastre à Brescia, ni des évêques de Pavie, Lodi, Plaisance, etc. Valérien d'Aquilée s'est sans doute déplacé après l'action qu'il avait menée contre Auxence. Des évêques gaulois, nous pouvons être sûrs de leurs sentiments nicéens, mais nous ignorons si certains étaient venus à Milan. Voir *infra*, n. 124.

baptisé par un évêque *catholique* [26]. Il en existait donc d'autres qui ne l'étaient pas, créatures d'Auxence ou éventuellement évêques riminiens qui ne seraient pas venus à résipiscence dans les années 360-365.

A fortiori, Auxence avait-il été maître de se créer des clercs qui fussent attachés à sa foi, et à sa personne. Nous n'en connaissons pas le nombre, mais nous pouvons deviner qu'ils ne disposaient pas d'une majorité écrasante, puisqu'ils n'arrivèrent pas à imposer leur candidat – à moins qu'ils ne se soient heurtés à un épiscopat catholique ou à une fraction du peuple plus puissants ... De l'Église de Milan, nous connaissons un seul clerc catholique, Sabinus, qui était *diacre* dans les années 370 [27]. L'était-il encore en 374? On ne sait [28], mais Ambroise ne tardera pas à en faire l'évêque de Plaisance [29]. Il est un autre clerc nicéen que l'on voit à Milan sous l'épiscopat d'Auxence et qui s'y trouve peut-être à nouveau au moment de la mort de l'Homéen qu'il avait combattu: Philastre de Brescia, dont Gaudence son successeur nous dit qu'il a été le « gardien du troupeau du Seigneur », avant l'élection d'Ambroise [30]. Mais tout cela reste imprécis [31] et per-

---

[26] Paulin, *Vita Ambrosii* 9: «... postulauit non se nisi a catholico episcopo debere baptizari ». Sur ce texte, voir *infra*, p. 256 et n. 51.

[27] Il porte la lettre *Confidimus* (PL 13, 347,9) à Basile de Césarée, entre autres, et rapporte à Valérien la lettre 91 de Basile ainsi que les lettres 90 et 92 aux évêques d'Occident et aux évêques d'Italie et de Gaule.

[28] G.F. Rossi, *San Savino Diacono Milanese poi Vescovo di Piacenza e Dottore proposto Vescovo di Milano nel 374*, « Divus Thomas », 59 (1956), 125-142. Hypothèse indémontrable.

[29] Sabinus siège comme évêque à Aquilée en 381. Ambroise le traite comme un *frater* (*Ep*. 48, 7) et lui soumet nombre de ses oeuvres avant publication, reconnaissance de sa compétence et de son autorité.

[30] Gaudence de Brescia, *Tract*. 21, 6-8 (éd. A. Glück, CSEL 68, 186): «... Sancto enim spiritu plenus, non solum contra Gentiles atque Iudaeos, uerum etiam contra hereses omnes et maxime contra furentem eo tempore Arrianam perfidiam tanto fidei uigore pugnauit ut etiam uerberibus subderetur et in corpore suo stigmata Domini nostri Iesu Christi portaret. Nam et in Mediolanensi urbe idoneus olim custos dominici gregis fuit Arriano repugnans Auxentio priusquam eligeretur Ambrosius. Romae etiam non exiguo tempore moratus multos et publica et priuata disputatione lucratus in fide est. Sed neque per uicos et castella diuersarum praeteriens regionum praedicare uerbum Dei umquam destitit fidelis Christi discipulus. Post illos itaque circuitus animarum plurium salutares Brixia

met seulement de dire qu'Auxence n'avait pas réussi à se gagner l'*ensemble* du peuple milanais durant ses dix-neuf années de présence. La mémoire de Denis n'était pas oubliée [32].

C'est donc à ce peuple milanais, et à ses factions, que les deux historiens donnent le premier rôle et Ambroise lui-même rappelant son élection parlera du seul *peuple* [33]. Il y a mieux que ce témoignage. En 386, c'est à ce peuple qu'il en appelle, lorsque Auxence II demande la création d'un jury spécial [34]. De fait, ce peuple milanais qui, en 355, avait si violemment manifesté contre le déroulement du Concile rassemblé par Constance [35], qui, en

---

eum rudis quondam sed cupida doctrinae promeruit . . . » Philastre semble avoir subi le même traitement que Martin (*Vita Martini* 6, 4 - Meslin, *Les Ariens* . . . , p. 43). A-t-il dû quitter Milan et n'y plus revenir ou sa vie de *vagus* lui a-t-elle permis des déplacements dans toute l'Italie avant que Brescia ne le fixe? Ce texte ne permet pas de le dire. Mais peut-on penser, s'il a dirigé ne fût-ce qu'un moment le peuple catholique de Milan, qu'il n'ait pas regagné cette ville dès l'annonce de la mort d'Auxence? Augustin l'a vu à Milan en 386 (*Ep.* 122, 2), ce qui atteste, ici encore, les bonnes relations d'Ambroise avec ce champion de la foi milanaise.

[31] Il est très peu vraisemblable que Simplicien, qui est à Rome auprès de Marius Victorinus en 355, soit alors venu prendre place dans le clergé d'Auxence! Comment Ambroise a-t-il pu recourir à lui pour son instruction baptismale? Nous l'ignorons. Vieilles relations familiales?

[32] Le seul témoignage que nous ayons sur Milan sous Auxence provient d'Ambroise lui-même, mais ne concerne que les premières années de l'épiscopat d'Auxence. Denis, écrit-il, est mort en exil: « ne, regressus, confusa institutis seu usu infidelium studia plebis aut cleri inueniret . . . » (*Ep.* 63, 70). Ce texte est singulièrement important dans son laconisme, car il mentionne à la fois la *plebs* et le *clerus* et montre que la *confusio* est venue à la fois des *instituta* des Ariens et de l'*usus*: au simple contact des Homéens, une partie du clergé et du peuple a été contaminée.

[33] Ambroise, *Exp. in Lucam* 8, 73: « *Honora patrem et matrem*: vos enim mihi estis parentes, qui sacerdotium detulistis . . . ». Mais, dans ce texte, Ambroise s'adresse au peuple et non aux clercs ou aux évêques . . . On ne peut donc pas trop presser ce texte. Sur l'autre partie de ce § 73, voir *infra*, pp. 282-283 n. 154.

[34] Ambroise, *Ep.* 21, 6-7.

[35] Hilaire de Poitiers, *Ad Constantium liber primus* 8 (PL 10, 562-563); Sulpice Sévère, *Chron.* II, 39, 3-7. Sur ce concile de Milan, voir ma note *Sur l'arianisme des Ariens d'Occident*, « Mél. Sc. Religieuse », 26 (1969), 149-152 et surtout Klaus Martin Girardet, *Constance II, Athanase et l'édit d'Arles (353)*, in *Politique et Théologie chez Athanase d'Alexandrie*, éd. Ch. Kannengiesser, Paris 1974, pp. 64 sq.

386, poussera son évêque autant, pour le moins, qu'il sera conduit par lui [36], était bien capable de mener grand tapage et de ne pas s'en laisser conter, surtout en un moment où l'homéisme était en perte d'influence en Italie. Un double rapprochement avec les événements de 386 peut d'ailleurs éclairer quelques aspects des circonstances de l'élection d'Ambroise. Non tant d'ailleurs la présence dans la basilique du Préfet du Prétoire qui vient faire oeuvre de paix... mais se fait mal recevoir par le peuple [37], que le rôle des enfants!

Rien, qui, à vrai dire, sente davantage le cliché – hagiographique ou autre – que ce cri d'un enfant-prophète! [38]. R. Gryson remarquait cependant qu'il « n'est pas impossible qu'un gamin plus espiègle et plus hardi que les autres ait voulu de la sorte ' chahuter ' le gouverneur, sans se douter de la réaction qu'il provoquerait »[39]. Ces enfants espiègles, nous les trouvons, de fait, en 386, au milieu de la dramatique Semaine sainte. Au témoignage d'Ambroise, ils s'amusent à déchirer les banderoles qui revendiquaient pour l'empereur la propriété des basiliques [40] –. La « tradition »

---

[36] Toutes les initiatives sont loin d'être prises par Ambroise durant la Semaine sainte 386 comme lors des événements de juin. L'évêque a parfois même bien du mal à calmer ses « troupes ». Il est trop facile de ne voir dans ces lettres à Marcelline qu'un *pro domo*.

[37] Ambroise, *Ep.* 20, 3: « Etiam praefectus eo uenit. *Coepit suadere* uel ut basilica Portiana cederemus. *Populus reclamauit*... ». Sur l'opinion de von Campenhausen, v. n. 9.

[38] Voir les dossiers réunis par P. Courcelle (*Les Confessions de saint Augustin dans la tradition littéraire. Antécédents et postérité*, Paris 1963, pp. 146 sq. au sujet du *Tolle, Lege* de Milan; H. Günter, *Psychologie de la légende*, trad. fr. Paris 1954, p. 99), qui cite le cas d'Ambroise *en tête* d'une série d'élections effectuées de la même manière.

[39] Gryson, *Le prêtre*..., p. 222, n. 8. Un *omen* de ce genre dans l'histoire du charbonnier Alexandre chez Grégoire de Nysse, *Vita S. Gregorii* (PG 46, 933 D - 937 D et en particulier 936 B-C).

[40] Ambroise, *Ep.* 20, 24: «... scissae tamen ab *illudentibus* pueris cortinae regiae ». On peut, bien entendu, presser la différence entre les *pueri* de ce texte et l'*infans* de Paulin..., mais le texte même que Günter (*Psychologie*..., p. 99) rapproche de cet épisode, indépendamment de son interprétation propre, montre que ces *infantes baptizati* (*Vita Amb.* 48, 3) sont des *pueri*. Sur l'affaiblissement d'*infans*, voir Ambroise, *Exp. in Lucam* 8, 61. Des enfants figurent parmi les émeutiers et les condamnés d'Antioche en 387 (Libanios, *Or.* 19,37; II, p. 402, l. 10 sq.; Jean Chrysostome, *De statuis hom.* 3,6; PG 49 56 C-D).

dont Paulin se fait l'écho [41] n'est peut-être donc pas si dépourvue de vraisemblance historique qu'on le dit d'ordinaire. Mais l'essentiel – une fois la surprise, illuminatrice, passée – est demeuré le fait des adultes. On s'est demandé quels pouvaient être les désirs ou les espoirs des deux partis en présence en s'accordant sur le nom d'Ambroise, qui n'était pas encore baptisé. A lire le récit de Rufin, on ne peut pas ne pas être surpris devant l'affirmation que le choix d'Ambroise pouvait seul créer « un unique peuple et une *unique foi* » [42]. A quel « syncrétisme » ne devait pas conduire un tel compromis ? Faut-il situer le problème au niveau du clergé [43] plutôt qu'à celui de la doctrine ? Ambroise a, de fait, gardé avec lui l'ensemble du clergé d'Auxence [44]. Dira-t-on

---

[41] *Fertur* dit ici Paulin. Serait-ce un demi-aveu ? Pas forcément, si on le rapproche du *fertur* du § 9. On peut alors y voir un scrupule d'historien qui ne veut que refléter l'information qu'il n'a pu lui-même contrôler. Paulin aime l'anecdote et celle-ci a bien sa place dans une biographie.

[42] « nec aliter unum populum fore atque unam fidem ... » (p. 248, § 10).

[43] Les Ariens « espéraient bien l'annexer à leur tendance », écrit M. Meslin (*Les Ariens...*, p. 45). On peut en dire autant des Catholiques. « Cette désignation était pour eux un moindre mal, s'ils redoutaient par-dessus tout celle d'un membre du clergé nicéen. Ils n'y gagnèrent rien, en définitive, mais ils pouvaient se faire illusion sur le caractère de leur consulaire et le croire, sur la foi de son attitude antérieure, décidé à laisser vivre librement toutes les confessions religieuses », écrit J.R. Palanque (*Saint Ambroise...*, p. 31). A. Paredi (*S. Ambrogio...*, p. 159) suppose une opposition entre le clergé, auxentien, et l'épiscopat, catholique. P. Nautin (*Les premières relations...*, p. 230) : « Peut-être voyait-on en lui un homme indépendant des deux partis qui divisaient le clergé et plus capable que personne de restaurer l'unité de l'église ». Pour von Campenhausen (*Ambrosius...*, p. 28 m.), tout est légende dans la présentation de l'union soudaine des deux parties de la communauté ...

[44] Ambroise, dans son *De officiis* I, 72, parle de deux clercs dont l'un était à Milan au moment où il devint évêque. L'un des deux passa aux Ariens en 386, mais le texte ne permet pas de savoir duquel il s'agit. Sévère d'Antioche cite une lettre de Théophile d'Alexandrie à Flavien d'Antioche engageant ce dernier à intégrer dans son clergé les clercs d'Évagre qui vient de mourir. Théophile en appelle à l'exemple d'Ambroise qui a conservé les prêtres d'Auxence (*The VIth Book of the selected Letters of Severus, Patriarch of Antioch*, éd. E.W. Brooks, London 1904, II, 2, pp. 303-304, v ; 6). Ce témoignage me paraît d'autant plus important qu'il doit émaner, en définitive, d'Ambroise lui-même. En effet, Ambroise, lors du Concile de Capoue en 392, et dans les années qui suivent, est en correspondance avec Théophile et le charge de régler l'affaire d'Antioche. Dans les échanges

que le peuple, indépendamment de toute question de foi, avait intérêt à avoir pour évêque un grand personnage de l'aristocratie romaine et, qui plus est, riche ? [45]. La question mérite considération, parce qu'Ambroise lui-même mettra toute son attention à choisir des candidats à l'épiscopat qui se signalent davantage par leur foi et leurs mérites que par leurs richesses [46]. Sa lettre 63 au peuple de Verceil insiste trop sur ce point pour qu'il n'ait fait que devenir sensible à la fin du IVe siècle [47]. Mais le don que fit Ambroise de tous ses biens à l'église de Milan semble bien avoir plutôt traduit une volonté personnelle que répondu à un voeu de son peuple. Celui-ci ne pouvait ignorer l'existence de Satyrus et de Marcelline, qui limitait la liberté que pouvait avoir Ambroise de disposer de ses biens et qui restreignait leur ampleur même [48].

Plus que les richesses de cet aristocrate, le peuple, à quelque parti qu'il appartînt, pouvait, dans cette situation sans issue, être sensible aux qualités humaines de leur gouverneur – s'il est vrai qu'il s'était montré jusqu'ici d'une très grande douceur [49] et d'une remarquable sobriété de vie [50] – mais surtout à sa considé-

---

de lettres qui ont suivi, il me paraît très vraisemblable qu'Ambroise ait rappelé sa propre conduite. Le fait que la lettre de Théophile soit postérieure à la mort d'Évagre et même à celle de Sirice ne réduit pas nécessairement cette vraisemblance. En tout cas, le témoignage de Théophile nous rapproche beaucoup des faits eux-mêmes et donne d'autant plus de poids au texte de Sévère d'Antioche. Les modalités de leur intégration nous échappent mais on peut augurer de la douceur patiente d'Ambroise à la lecture de la *Lettre 2*, 29, même si celle-ci ne concerne pas explicitement des *clercs*.

[45] Sur le point de savoir si, en acceptant le siège de Milan, Ambroise progressait ou non en considération sociale, voir les avis opposés de von Campenhausen, *Ambrosius*..., p. 27 et Dudden, pp. 66-67. Je crois avec A. Paredi, *S. Ambrogio*..., pp. 183-184; Gryson, *Le prêtre*..., p. 222, que Dudden a ici raison.

[46] Paulin, *Vita Ambrosii* 40-41.

[47] Ambroise, *Ep.* 63, 86-95.

[48] Paulin, *Vita Ambrosii* 38, 11 sq. Sur les biens de l'Église de Milan, voir Paredi, *S. Ambrogio*..., pp. 167 sq. Ce don semble confirmé par l'attitude d'Ambroise en 386: *Sermo contra Auxentium* 5: « id quod mei iuris esset », à comparer à *Ep.* 20, 8.

[49] Voir, *infra*, p. 260, l'emploi de la torture *contra consuetudinem suam*.

[50] L'invitation de *publicae mulieres* semble auprès du public trancher avec les habitudes du jeune consulaire. Maximin lui reprochera cependant sa jeunesse dévoyée, voir *infra*, n. 125.

ration: l'évêque ayant de plus en plus à défendre ses ouailles contre les exactions diverses de l'administration – ces exemples abondent. La protection serait d'autant plus efficace qu'elle émanerait d'un homme allié aux grandes familles de Rome et d'un ancien *consularis*. A ces mobiles a dû s'ajouter, pour la partie de la population qui avait connu Denis ou avait été entretenue dans son souvenir, la volonté de briser avec le Cappadocien Auxence et ses créatures.

Mais si l'initiative a été le fait d'un peuple aux sentiments mêlés, on comprend qu'Ambroise n'ait pas tout d'abord pris les choses au sérieux, qu'il ait cherché à éprouver la durée et la profondeur de cet engouement – comme à connaître la réaction de l'empereur devant ce détournement de fonctionnaire. Inversement, le fait qu'*aucun* des stratagèmes utilisés par Ambroise ne concerne les évêques ni les clercs montre bien que l'essentiel de la partie s'est joué entre le peuple lui-même et le *consularis*. Ce n'est que lorsqu'Ambroise sera assuré sur les sentiments de ce peuple et ceux de l'empereur qu'il dévoilera ses exigences et ses préférences : être baptisé par un évêque *catholique* [51].

---

[51] D'une manière analogue, Satyrus tiendra à se faire baptiser par un évêque catholique plutôt que par un Lucifērien : qu'il s'agisse d'un Luciférien, d'un Arien ou d'un Riminien, la doctrine « officielle » de l'époque était que tout baptême fût valide, mais on voyait à Rome et en Italie un certain nombre de gens ne pas admettre ce point (voir mon *Saint Jérôme devant le baptême des hérétiques*, REAug., 14 [1968], 145-180, à propos de l'*Altercatio Luciferiani et Orthodoxi*). Ambroise, de son côté, s'emportera en 386 contre la prétention d'Auxence II de re-baptiser les catholiques. En 374, refuser de recevoir le baptême d'un Arien était se prononcer ouvertement en faveur des Nicéens, surtout si l'on songe à la formule trinitaire. Ambroise fit-il rapidement davantage et s'empressa-t-il de faire revenir les restes de Denis ? On trouvera chez A. Paredi (*S. Ambrogio* ..., pp. 186-187) à la suite du travail d'A. Cavallin, les doutes d'un bon connaisseur de l'oeuvre d'Ambroise, qui sont devenus plus affirmés encore après un examen des arguments « archéologiques » milanais et en particulier du culte de S. Denis à Milan (*L'esilio in Oriente del Vescovo milanese Dionisio e il problematico ritorno del suo corpo a Milano*, in *Atti del Convegno « La Lombardia e l'Oriente »*, Istituto Lombardo, Accademia di Scienze e Lettere, Milano 1963, pp. 229-244). Pour ma part, je ne considère pas la question comme résolue et ne veux pas en faire état ici, bien que j'insiste sur la liaison 355-374-386 (v. encore, *infra*, p. 283).

2. *Les subterfuges d'un élu*

Ces subterfuges frappent d'abord par leur nombre. Paulin était-il si naïf qu'il ait cru bon de tant rajouter au *topos* ordinaire ? Loin d'émerveiller, n'était-ce pas au contraire une façon d'éveiller les soupçons ? A-t-il cru calmer ceux-ci par l'originalité de ces – ou ses – trouvailles ? On peut relever d'autres « maladresses » ; mais on peut aussi se demander si le biographe n'a pas tout simplement été inférieur à la réalité qu'il commentait et dans laquelle il essayait – après coup – de découvrir l'avenir. Dans le texte de Paulin, tel qu'on le trouvera plus loin, il est facile de faire apparaître un certain nombre d'éléments de ce commentaire [52], qu'il faut soigneusement distinguer du récit lui-même, quitte à se demander ce qui est le plus important ou le plus déterminant dans l'esprit du Biographe. Toutefois, avant même de relire ce texte et d'examiner un à un les subterfuges d'Ambroise, je voudrais attirer l'attention sur le fait que si les indices *chronologiques* sont malheureusement déficients [53], Paulin a multiplié

---

[52] Dans le passage de la *Vita* cité ci-après, pp. 259-260, j'ai transcrit en italiques ce qui est manifestement commentaire. Le texte est celui de M. Pellegrino, mais je modifie plus d'une fois la ponctuation. Question mineure et discutable, mais qui engage parfois l'interprétation du texte : voir *infra*, pp. 265-266, et nn. 79, 82.

[53] Seule mention avant l'acception finale, le *aliquamdiu* du § 9. D'où l'imprécision sur la longueur du délai entre l'élection et l'ordination dont la date est maintenant assurée : 7 déc. 374. Cette résistance va de quelques jours (Nautin, *Les premières relations* . . . , p. 230,) à plusieurs mois (Courcelle, *Recherches* . . . , 1973, p. 15 : « au cours de l'année précédant son sacre . . . »). Un mois me paraît suffisant. Il est une deuxième indication de temps, très précise celle-ci, et qui soulève d'autant plus de problèmes que Paulin l'accompagne, pour une information corollaire, d'un *fertur* en offrant un texte différent, peut-on dire, de Rufin. Tandis, en effet, que ce dernier déclare d'Ambroise : « Moxque Dei gratiam consecutus et initiatus sacris et sacerdos effectus est », Paulin écrit : « Baptizatus itaque fertur omnia ecclesiastica officia implesse atque octauo die episcopus ordinatus est summa gratia et laetitia cunctorum ». Or, les *sacra* dont parle Rufin ne sont vraisemblablement pas les *ecclesiastica officia*. Dès lors, le *fertur* de Paulin est-il une tradition milanaise ? une réponse à des critiques – possibles, ou effectives (voir le texte de Maximin cité n. 125) – adressées à l'ordination d'Ambroise, accusé d'avoir brûlé les étapes canoniques ? Dans ce cas, évoquer les *8 jours* était bien maladroit, puisque le Concile de Sardique insiste sur la longueur du délai nécessaire : *Concile de Sardique, Authenticum latinum*, c. 8 (éd. C. H. Turner, EOMIA 1, 2, 3,

les indications de *lieux*: de l'église aux bureaux du *Consularis*, puis à sa *domus* où se situent deux épisodes, et peut-être davantage [54], la *uilla* du clarissime Leontius, sans compter les allées et venues dans la cité et ses abords. Il a aussi noté, parcimonieusement – mais nous ne sommes pas devant une autobiographie! [55] –, les sentiments d'Ambroise: il n'est *turbatus* qu'à la suite du premier épisode [56], puis ne cherche plus à braver le peuple [57], mais il n'acceptera de « reconnaître » enfin la volonté de Dieu [58]

Oxonii 1930, pp. 472-474; p. 514): « Ossius episcopus dixit: Et hoc necessarium arbitror ut diligentissime tractetis: si forte aut diues, aut scolasticus de foro, *aut ex administratore* episcopus postulatus fuerit, non prius ordinetur nisi ante et lectoris munere et officio diaconii et ministerio presbyterii fuerit perfunctus, ut per singulos gradus (si dignus fuerit) ascendat ad culmen episcopatus. Potest enim per has promotiones, *quae habebunt utique prolixum tempus*, probari qua fide sit, qua modestia, qua grauitate et uerecundia et, si dignus fuerit probatus, diuino sacerdotio inlustretur. Nec conueniens est nec rationis disciplina patitur ut temere aut leuiter ordinetur aut episcopus aut praesbyter, aut diaconus, – maxime qui sit neofitus, cum beatissimus apostolus magister gentium ne hoc fieret denuntiasse et prohibuisse uideatur, quia longi temporis examinatio merita eius probabit – Vniuersi dixerunt placere sibi haec ». – C'est à cette législation que pense Ambroise lorsqu'il évoque les délais qu'il n'a pas obtenus (*Ep.* 63, 65 – Texte cité *supra*, n. 11 f.). Un respect *formel* n'est donc pas impossible à concevoir de la part des évêques qui ont « imposé » cette ordination et les *omnia officia* ne seraient autres, pour Ambroise, que le lectorat, le diaconat et peut-être le presbytérat. Je n'ai pas réussi à voir H. Hess, *The Canons of the Council of Sardica*, cité par Pellegrino, p. 63, n. 5. En revanche, je ne suis pas dans sa réponse négative Balth. Fischer, *Hat Ambrosius von Mailand in der Woche zwischen seiner Taufe und seine Bischofskonsecration andere Weihen empfangen?*, in *Kyriakon* (*Festschrift. J. Quasten*), Münster in W. 1970, II, pp. 527-531.

[54] Le *Consularis* redevient homme privé, veut devenir philosophe, puis invite les *publicae mulieres*. Est-ce dans sa maison qu'Ambroise a été gardé (§ 8)? Sur cette *custodia*, voir *infra*, n. 137.

[55] Le contraire, de la part de Paulin, serait plus troublant. Le seul texte autobiographique d'Ambroise sur ce point n'est autre que le passage du *De poenitentia* cité plus haut, n. 11 m., où l'évêque déclare qu'il s'estimait indigne de l'épiscopat *puisqu'*il s'était voué au siècle: variation ou réflexion vécue sur le « Nul ne peut servir deux maîtres »...

[56] « Tunc ille, turbatus, reuertens domum... » (§ 7, 9).

[57] « Ad hoc tantum ut, uisis his, populi intentio reuocaretur » (§ 7, 15); « At ille, cum uideret nihil intentionem suam posse proficere » (§ 8, 1).

[58] *Ib.*, 9, 6 sq.

que lorsque l'unanimité complète se sera faite sur son nom. Encore la volonté de l'individu se redresse-t-elle dans une ultime exigence [59] – *postulauit*...–, avant que ce beau – trop beau? – récit ne se termine, par de belles cadences, dans la liesse générale. Il vaut en tout cas la peine de le relire et de voir ensuite s'il ne contient de vrai ou d'utile que le dernier fait: la consécration d'Ambroise...!

Paulin de Milan, *Vita Ambrosii* 7-9:

(§ 7) Quo ille cognito, egressus ecclesiam tribunal sibi parari fecit: *quippe, mox futurus episcopus altiora conscendit.* Tunc, contra consuetudinem suam, tormenta personis iussit adhiberi. Quod cum faceret, populus nihilominus acclamabat: Peccatum tuum super nos. *Sed non similiter is populus tunc clamauit sicut populus Iudaeorum. Illi enim uocibus suis sanguinem Domini effuderunt dicentes: Sanguis huius super nos; isti uero, catechumenum scientes, fideli uoce remissionem illi peccatorum omnium per baptismatis gratiam promittebant.*
Tunc ille, turbatus, reuertens domum, philosophiam profiteri uoluit, *futurus sed uerus philosophus Christi qui contemptis saecularibus pompis piscatorum secuturus esset uestigia, qui Christo populos congregarunt non fucis uerborum sed simplici sermone et, uerae fidei ratione, missi sine pera, sine uirga, etiam ipsos philosophos conuerterunt.*
Quod ubi ne faceret reuocatus est, publicas mulieres publice ad se ingredi fecit, ad hoc tantum ut, uisis his, populi intentio reuocaretur. At uero populus magis magisque clamabat: *Peccatum tuum super nos.*

(§ 8) At ille, cum uideret nihil intentionem suam posse proficere, fugam parauit. Egressus noctis medio ciuitatem, cum Ticinum se pergere putaret, mane ad portam ciuitatis Mediolanensis quae Romana dicitur inuenitur. *Deus enim qui ecclesiae suae catholicae murum parabat aduersus inimicos suos et turrem erigebat Dauid contra faciem Damasci – hoc est contra perfidiam haereticorum – fugam illius inpediuit.*

---

[59] *Ib.*, 9, 7 sq. Sur cette exigence, voir *supra*, p. 256 et n. 51.

VI

Qui inuentus cum custodiretur a populo, missa relatio est ad clementissimum imperatorem tunc Valentinianum, qui summo gaudio accepit quod iudices a se directi ad sacerdotium peterentur. Laetabatur etiam Probus praefectus quod uerbum eius impleretur in Ambrosio. Dixerat enim proficiscenti, cum mandata ab eodem darentur ut moris est: Vade, age non ut iudex sed ut episcopus.

(§ 9) Pendente itaque relatione, iterum fugam parauit atque in possessione cuiusdam Leontii clarissimi uiri aliquandiu delituit. Sed ubi relationi responsum est, ab eodem Leontio proditur. Praeceptum enim erat uicario ut insisteret rebus perficiendis. Qui iniuncta sibi cum uellet implere, proposito edicto conuenit omnes ut, si uellent sibi consulere rebusque suis, proderent uirum.
Proditus itaque et adductus Mediolanium, cum intellegeret circa se Dei uoluntatem nec se diutius posse resistere, postulauit non se nisi a catholico episcopo debere baptizari: sollicite enim cauebat perfidiam Arianorum.
Baptizatus itaque fertur omnia ecclesiastica officia implesse atque octauo die episcopus ordinatus est, summa gratia et laetitia cunctorum ».

a) La torture

Le premier échappatoire appartient aux attributions du consulaire. Avec son escorte, celui-ci rentre dans ses bureaux et, sans quitter ses fonctions, il rend la justice en utilisant la torture, « contrairement à son habitude », déclare Paulin. Il n'y a pas de raison de refuser ce témoignage et celui-ci suffit pour qu'on ne puisse reconnaître Ambroise dans le consulaire haut en couleurs et acharné dans sa cruauté que Jérôme nous a peint dans sa tournée à Verceil [60]. Nous savons par Ambroise lui-même que

---

[60] Jérôme, *Ep.* 1, 3-6. Cette lettre est trop romancée pour qu'on puisse en extraire autre chose que des *obiter dicta* secondaires. Elle comporte cependant une affirmation qui a été discutée et dont on aimerait connaître le sens précis. D'Évagre d'Antioche et de son action, Jérôme dit en effet:
« Quis enim ualeat digno canere praeconio Auxentium Mediolani incuban-

les *Iudices* – tels donc qu'Ambroise avant son élection – qui avaient prononcé une exécution capitale, étaient tenus éloignés de la communion par certains hérétiques [61]. Sans doute précise-t-il que la tradition authentique de l'Église n'est pas celle-là, mais il félicite les juges qui s'abstiennent d'eux-mêmes des sacrements en pareilles circonstances [62]. Qu'en était-il pour l'accès aux ordres ? Une décrétale de Sirice ou plus vraisemblablement de Damase [63] est sur ce point tout à fait explicite et, sans évoquer Ambroise, Babut la situe peu après le Concile de Valence de 374 dont nous aurons à reparler plus loin [64]. Or cette Décrétale aux évêques de Gaule exclut précisément de l'accès aux ordres ceux qui ont exercé une fonction politique parce qu'ils ont versé le sang, rendu des jugements injustes, « *utilisé la torture pour la nécessité des affaires* », se sont occupés des festivités publiques (*uoluptates*), qui gardent des liens avec le paganisme, ou y ont assisté [65].

---

tem huius (Euagrii) excubiis sepultum paene ante quam mortuum, Romanum episcopum (= Damasum) iam paene factionis laqueis inretitum et uicisse aduersarios et non nocuisse superatis ? » (*Ep.* 1, 15: éd. J. Labourt, CUF 1, 9). A rapprocher du texte de l'*Ep.* 15, cité n. 9 f.

[61] Ambroise, *Ep.* 25, 2.

[62] *Ib.*, 25, 3. Ambroise semble avoir songé au problème pour lui-même quand il ajoute: « Scio plerosque gentilium gloriari solitos quod incruentam de administratione prouinciali securim reuexerunt. *Si hoc gentiles quid Christiani facere debent ?* ».

[63] E.-Ch. Babut, *La plus ancienne décrétale*, Paris 1904.

[64] Voir *infra*, p. 273.

[65] Damase (= Sirice, *Ep.* 10), *Ad Gallos episcopos*, 5, 13 (PL 13, 1190-1191): « Eos praeterea qui saecularem adepti potestatem ius saeculi exercuerunt, inmunes a peccato esse non posse manifestum est. Dum enim et gladius exeritur aut iudicium confertur iniustum aut tormenta exercentur pro necessitate causarum aut parandis exhibent uoluptatibus curam aut praeparatis intersunt in his se quibus renuntiauerunt denuo sociantes disciplinam obseruationis traditam mutauerunt. Multum sibi praestant si non ad episcopatum adfectent, sed propter haec omnia agentes poenitentiam, certo tempore impleto, mereantur altaribus sociari. Nicaenum concilium (...) ... deinde, post baptismi gratiam, post indulgentiam peccatorum, cum quis saeculi militia fuerit gloriatus uel illum qui purpura et fascibus fuerit delectatus, ad sacerdotium aliqua inruptione minime admitti iusserunt. Meritis enim et obseruationibus legis ad istiusmodi dignitatis culmen accedunt, non Simonis pecunia uel gratia quis poterit peruenire aut fauore populari. Non enim, quid populus uelit, sed quid euangelica disciplina, perquiritur. Plebs tunc habet testimonium quoties ad digni

Damase n'a pas inventé de toutes pièces cette législation. Il se rapporte d'ailleurs au Concile de Nicée et, même si cette Décrétale est postérieure à 374 et n'a rien à voir avec le cas particulier d'Ambroise, il n'est pas hasardeux d'avancer que cette façon de voir sinon de faire était déjà répandue au moment où Ambroise s'y réfère pour échapper à l'épiscopat. Qu'on ne dise pas trop vite que l'anecdote est une invention de Paulin, car celui-ci avait-il intérêt à souligner les irrégularités de l'élection d'Ambroise? Je dirais plutôt que l'épisode, immédiatement compréhensible à des gens du IV siècle est devenu moins lisible, pour nous, du fait même de Paulin qui compare Ambroise à Jésus. Cependant, «l'habillage» scripturaire de la scène lui était d'autant plus facilement suggéré que les éléments communs du parallèle ne manquaient pas: la foule juive devant le tribunal de Pilate avait des points de ressemblance avec la foule milanaise devant le tribunal d'Ambroise. Mais Paulin, avec les sentiments profonds d'hostilité à l'égard du peuple juif qu'il doit peut-être à Ambroise, souligne la différence entre ces deux scènes de foule dont l'Évangile lui fournissait un prototype *littéraire*. Sans doute n'est-ce qu'au niveau de l'oeuvre écrite que ce souvenir a surgi. De même, et malgré la tendance à l'époque très générale à la lecture symbolique de tous les actes comme de tous les textes, faut-il sans doute rapporter à Paulin la « découverte » du symbole du « tribunal » sur lequel monte Ambroise. Mais je ferai remarquer que Paulin est ici en définitive très *discret*: il s'en tient à la position élevée de la *cathedra* de l'évêque dans l'église [66], sans nullement

---

alicuius meritum, reprehendens auram fauoris, impertit ». Le texte critique d'E.-Ch. Babut (*La plus ancienne décrétale*, pp. 81-82), outre quelques différences orthographiques, ne présente que quelques minimes modifications dont voici la plus importante: « in his quibus renuntiauerunt ⟨se⟩ denuo sociantes » (p. 81). Quel que soit le texte, il y a ici une allusion au *baptême* et on peut donc dire, comme va le faire observer le peuple de Milan, que la loi ne s'applique pas à un catéchumène. Assurément. Mais le préjugé ne pouvait que valoir contre un catéchumène, de même qu'on reprochera à d'anciens soldats – non baptisés pourtant à l'époque – leur accès aux ordres – Sur la fin du texte, voir *infra*, p. 283 et n. 159.

[66] Paulin nous montre plusieurs fois Ambroise sur ce *tribunal*: § 11, 4: « constitutus in tribunali »; § 18, 14: « ascendens pro tribunali »; § 23, 7-8: « descendente de exhedra » (cf. *Ep.* 41, 27); § 48, 4: « sedentem in tribunali ».

évoquer son rôle judiciaire, alors que nous connaissons un certain nombre d'affaires qui ont été portées devant l'*audientia episcopalis* d'Ambroise, sans compter les jugements et condamnations religieux qu'il eut à prononcer à Milan.

b) La philosophie

L'échappatoire suivant a déjà fait couler beaucoup d'encre. On peut cependant dire qu'avec l'étude de M. P. Courcelle, la question essentielle est résolue: la philosophie dont il s'agit ici ne peut être la « philosophie » chrétienne [67]. Mais, tant pour rejoindre l'attitude historique d'Ambroise que pour bien comprendre le texte de Paulin, il reste un certain nombre de points à élucider comme d'interprétations à discuter.

Notons tout d'abord que le refuge de la philosophie, quelle qu'elle soit, n'est pas une découverte d'Ambroise. Pline le Jeune nous montre déjà un de ses contemporains alléguer sa condition de philosophe pour échapper à une charge [68]. Les motifs financiers sont ici primordiaux et je ne cite ce cas que pour montrer que l'opinion publique était habituée à ce « statut », en quelque sorte, spécial des philosophes. Beaucoup plus près de notre cas et de notre temps, M. Pellegrino a avancé l'exemple d'Eusèbe d'Émèse qui, selon Socrate et Sozomène, pour échapper à une ordination épiscopale à Antioche, s'enfuit à Alexandrie *et* y étudie la philosophie [69]. Malgré la discrétion des historiens, qui ne font que résumer une biographie d'Eusèbe, on peut penser que les deux indications sont étroitement liées [70]. Alexandrie étant l'une des capitales de la philosophie à l'époque, on peut considérer qu'Eusèbe a

---

[67] P. Courcelle, *Ambroise de Milan « professeur de philosophie »*, RHR, 181 (1972), 147-155, repris dans *Recherches sur saint Ambroise*, 1973, pp. 9-16, d'après lesquelles je cite. On trouvera dans cet ouvrage (p. 11) la recension des opinions de Lenain de Tillemont, Mgr Baunard, A. de Broglie, R. Thamin, J.-R. Palanque, F.H. Dudden, J. Mesot, M. Pellegrino. - Aval, au moins général, donné à la solution de M. P. Courcelle par G. Madec, *Saint Ambroise et la Philosophie*, Paris 1974, p. 24, n. 8; Gryson, c.r. in RHE, 69 (1974), 491.

[68] Pline le Jeune, *Ep.* x, 58, 1. Beaucoup plus près, voir *C. Theod.* 13,3,7 de 369.

[69] Pellegrino, *Paolino di Milano* ..., p. 59, n. 4.

[70] Contrairement à Madec, *Saint Ambroise* ..., p. 24, n. 5.

gagné de préférence Alexandrie *pour* y fréquenter les philosophes [71]. Une telle démarche ne suppose pas une apostasie quelconque. Car, si nous connaissons les discussions d'Antoine avec les philosophes d'Alexandrie [72] et si l'oeuvre de Didyme n'est pas tendre pour ses concitoyens [73], nous voyons le futur Grégoire le Thaumaturge déjà chrétien se livrer à Alexandrie à l'étude de la philosophie païenne [74], à l'exemple de Moïse [75], mais fuir, une fois dans le Pont, toute ordination épiscopale, « comme une charge et une gêne pour la philosophie » [76]. C'est Grégoire de Nysse qui parle et l'opposition qu'il établit entre les méthodes de la philosophie profane et celles de la sagesse chrétienne rejoint celle qui apparaît dans le texte de Paulin [77].

---

[71] L'Athènes de Basile de Césarée, Grégoire de Nazianze, Julien l'Empereur, et Alexandrie sont les deux capitales de la philosophie comme Béryte est celle du droit et, si l'on peut en croire l'avis-partial- de Synésius (*Ep.* 125), seule Alexandrie enseigne véritablement la philosophie. Pour simplement échapper à une ordination, Eusèbe n'avait pas besoin de s'éloigner si loin d'Antioche.

[72] Athanase, *Vie d'Antoine* 73-80.

[73] Mais il connaît aussi leurs oeuvres! Voir le portrait que donne de lui Rufin (*H.E.* II, 7: 516 C.D).

[74] Grégoire de Nysse, *De uita beati Gregorii* (PG 46, 901 D): Philosophie et médecine.

[75] Sur cet exemple pour Basile, voir *In Sanctum Basilium* (PG 46, 789 B-D; 808 D - 809 B).

[76] Grégoire de Nysse, *De uita beati Gregorii* (909 B): ἐδεδοίκει μή τι γένηται αὐτῷ πρὸς φιλοσοφίας ἐμπόδιον οἷόν τι φορτίον ἡ τῆς ἱερωσύνης φροντὶς ἐπαχθεῖσα τῷ βίῳ.

[77] Grégoire de Nysse montre l'évolution de Grégoire le Thaumaturge qui, constatant les divisions des philosophes et leur unique souci de l'emporter les uns sur les autres par leurs argumentations (901 B sq.), καταλαμβάνει δὲ τὸν ἑστῶτα λόγον τῆς πίστεως, τὸν οὐδεμιᾷ λογικῇ τινι περιεργίᾳ καὶ τεχνικαῖς πλοκαῖς κρατυνόμενον, ἀλλὰ δι' ἁπλότητος ῥημάτων ὁμοτίμως πᾶσι καταγγελλόμενον· ὃς ἐν αὐτῷ τῷ ὑπὲρ τὴν πίστιν εἶναι, τὸ πιστὸν ἔχει. Εἰ γὰρ τοιοῦτον ἦν τὸ λεγόμενον ὡς τῇ τῶν ἀνθρωπίνων λογισμῶν δυνάμει καταλαμβάνεσθαι, οὐδὲν ἂν τῆς Ἑλληνικῆς σοφίας διήνεγκε (...). Ἐπεὶ δὲ ἀνεπίβατός ἐστι λογισμοῖς ἀνθρωπίνοις τῆς ὑπερκειμένης φύσεως ἡ κατάληψις, τούτου χάριν ἡ πίστις ἀντὶ τῶν λογισμῶν γίνεται, τοῖς ὑπὲρ λόγον τε καὶ κατάληψιν ἑαυτὴν ἐπεκτείνουσα. La fin est particulièrement importante et nous aurons l'occasion d'y revenir plus loin. Voir dans le même sens, *In S. Basilium* (789 C sq.) ou cette même *Vita* (909 D).

Celui-ci présente en effet une série d'antithèses qui n'ont pas toutes été bien vues ni correctement appréciées. La première et la plus générale n'est pas explicitement formulée, mais il n'est pas difficile de reconnaître le couple *oratores* (ou *philosophi*) et *piscatores* dans la phrase de Paulin: «... futurus sed uerus philosophus Christi qui, contemptis saecularibus *pompis*, *piscatorum* secuturus esset uestigia...» Le thème est trop connu pour que je m'y arrête ici [78].

Il en est de même du second qui porte sur une partie de la *méthode* des *oratores* et des *piscatores* et qui ne demande seulement qu'à voir ses limites précisées: «(piscatores) qui Christo populos congregarunt non *fucis* verborum sed *simplici* sermone » [79]. Mais il convient de voir que la suite concerne un autre aspect – complémentaire – de la méthode: *uerae fidei ratio*. L'expression, en elle-même, est un paradoxe, car elle *réunit* ce qui d'ordinaire est opposé: la *ratio* d'une part, la *fides* d'autre part [80] – qui est

---

[78] Depuis l'étude de H. Hagendahl, *Piscatorie et non Aristotelice, Zu einen Schlagwort bei den Kirchenvätern*, in *Septentrionalia et Orientalia, Studia Bernhardo Karlgren dedicata*, Stockholm 1959, pp. 184-193, la liste a été allongée: voir mon *Saint Cyprien et le roi de Ninive dans l'In Ionam de Jérôme: la conversion des lettrés à la fin du IVe siècle*, in *Epektasis, Mélanges J. Daniélou*, Paris 1972, p. 562, n. 100, et surtout Madec, *Saint Ambroise...*, pp. 214-224 et pour le présent texte, p. 24, n. 7 – Les *saeculares pompae*, ne sont pas les « pompes du siècle » (Palanque, *Saint Ambroise...*, p. 29, n. 8; Madec, *Saint Ambroise...*, p. 23; Pellegrino, p. 61) mais l'*apparat des rhéteurs* (cf. Cicéron, *Tusc.* 4, 48: « rhetorum pompa »), voir Ambroise, *Expos. in Lucam* 7, 218: « Sunt qui (...) accipiant (...) siliquas (*Luc.* 15, 16) pro exili uirtute inanium hominum sermonumque iactantia qui nihil prodesse possunt, inani quadam philosophiae seductione et quodam sonorum facundiae plausu *pompam* magis quam utilitatem aliquam demonstrantes ». Voir, de même, *De Abraham* 2, 8, 54, contre Platon: « famam magis et *pompam* quam ueritatem secutus...».

[79] Il ne faut pas réunir comme le fait Pellegrino: « sed simplici sermone et uerae fidei ratione ». Sur sa traduction et ses ajouts, voir *infra*, n. 82. Dans le même sens que moi, Madec, *Saint Ambroise...*, p. 23. Inutile de m'attarder ici à l'opposition *fuci* / *simplex sermo*. Voir, par ex., *Expos. in Lucam* 2, 53 citée n. 90.

[80] D'Abraham, Ambroise écrit: « Ideo reputatum est illi ad iustitiam (*Rom.* 4, 3) quia *rationem* non quaesiuit sed promptissima *fide* credidit. Bonum est ut *rationem* praeueniat *fides* ne tamquam ab homine ita a Domino Deo nostro *rationem* uideamur exigere » (*De Abraham* I, 3, 21). On en rapprochera, en 378, le *De excessu fratris* II, 89: après avoir justifié la résurrection du corps par la nécessité de lui faire partager gloire ou

souvent reprochée aux chrétiens [81]. Paulin entend donc que le *piscator* chrétien recourt à la « démonstration de la (vraie) foi » [82], ce qui tend à la rapprocher du philosophe et qui explique que « les philosophes eux-mêmes » (*etiam ipsos* philosophos) aient pu être convertis, en quelque sorte par leurs propres méthodes . . . Jusqu'à un certain point cependant. Car Paulin attire l'attention sur un détail qui manifeste une *supériorité* des *piscatores* : « missi *sine pera, sine uirga* ». M. P. Courcelle a fait faire un progrès dans l'intelligence de ce texte en relevant que le bâton et la besace étaient les attributs des Cyniques [83]. Mais je ne pense pas qu'il faille se

---

châtiment de l'âme: « Plena ni fallor et iusta *ratio*. Sed ego *rationem* a Christo non exigo. Si *ratione* conuincor *fidem* abnuo: ' Credidit Abraham Deo ' (*Rom*. 4, 3). Et nos credamus ut, qui sumus generis etiam *fidei* simus heredes ». En 379, dans le *De fide*, I *Praef*. 4; 6, 43; 11, 68 (*testimonia - argumenta*), 12, 78: « *Credere* tibi iussum est, non *discutere* permissum. Scriptum est enim: ' Credidit Abraham Deo ' (*Rom*. 4, 3). Nec solum in Filii generatione sermo deficit, sed etiam in operibus Dei. Scriptum est enim: Omnia opera eius in fide (*Ps*. 32, 4). Opera ergo in fide, generatio sine fide? Et *discutimus* quae non uidemus, qui iubemur *credere* magis *quam discutere* quae uidemus ? »; 13, 84: « Aufer hinc *argumenta* ubi *fides* quaeritur. In ipsis gymnasiis suis iam dialectica tacet. Non quaero quid loquantur philosophi, requiro quid faciant: soli in suis gymnasiis remanserunt. Vide quam *fides* praeponderet *argumentis* . . . ». Sur le centre de ce dernier texte, voir *infra*, n. 95.

[81] J.C.M. Van Winden, *Le Christianisme et la Philosophie: le commencement du dialogue entre la foi et la raison*, in *Kyriakon* (*Festschrift J. Quasten*), Münster (i. Westf.) 1970, I, pp. 205-213. Cet article concerne principalement la réponse d'Origène aux critiques de Celse et montre chez Origène un début de *ratio fidei* que l'on trouvera chez Augustin plutôt que chez Ambroise . . . Ce dernier reprochera à Origène d'avoir été trop indulgent pour la philosophie (*De Abraham* II, 8, 54 - Voir sur ce texte Madec, *Saint Ambroise* . . . , pp. 58-59).

[82] Et non pas comme Pellegrino: « pescatori, i quali raccolsero intorno a Cristo i popoli non con gli artifici delle parole ma con semplicità di eloquio *e con* la dottrina della vera fede, e, mandati senza bisaccia e senza bastone, convertirono anche i filosofi » (p. 61). Ma traduction est celle de Madec, *Saint Ambroise* . . . , p. 23, qui ne la commente malheureusement pas. *Ratio fidei* n'est pas ici le simple λόγος πίστεως. Chez Ambroise, voir *Ep*. 17,5; 57,3.

[83] Courcelle, *Recherches*, pp. 11-12: « Observons d'abord, d'après le contexte de Paulin, qu'il s'agit pour lui de mettre en valeur, par contraste, le rôle missionnaire tenu plus tard par Ambroise évêque, à l'imitation des Apôtres qui, selon le précepte du Christ, doivent se mettre en chemin sans besace ni bâton, donc plus démunis que ne furent les philosophes

laisser guider ici par le seul texte du *Discours de mission* [84], ni par le sens originel de l'accoutrement des Cyniques. M. P. Courcelle insiste en effet sur la *pauvreté* matérielle des Cyniques, qui doit être surpassée par celle des disciples du Christ [85]. Là ne me semble pas être la volonté de Paulin. Pour percevoir celle-ci, il faut se souvenir que le bâton et la besace sont si bien devenus les attributs des Cyniques et des philosophes en général qu'ils confèrent à ceux-ci une *autorité* dont on se moque parfois [86], à cause des excès même qu'entraînait leur usage abusif [87]. D'où les recommandations des authentiques philosophes à leurs disciples [88]: le manteau, pas plus que la besace ou le bâton, ne fait pas le philosophe, tandis que Tertullien, si fier de son pallium, déclare [89]:

---

les plus démunis: les Cyniques ». Je cite d'autant plus volontiers ce passage qu'il m'avait échappé au moment où j'ai rédigé mon c.r. de cet ouvrage en « Latomus », 33 (1975), 241, ce qui m'y a fait dire une partie de ce qu'il contient en réalité. Je ne vois cependant rien qui mette en valeur le « rôle missionnaire » d'Ambroise et qui l'oppose aux Cyniques, missionnaires eux aussi...

[84] M. P. Courcelle (p. 11, n. 6) a tout à fait raison d'opposer la double mention du « missi sine pera, sine uirga » à l'ensemble de *Mat.* 10, 10 qui contient des recommandations *beaucoup plus nombreuses* et dans lequel besace et bâton ne sont d'ailleurs pas juxtaposés.

[85] Texte cité *supra*, n. 83.

[86] Dans les textes même d'Apulée qu'invoque M.P. Courcelle (*Recherches*..., p. 12, n. 1), lorsque les gens d'Oea se moquent du philosophe, de son bâton et de sa besace (*Apologie* 22), c'est son hypocrisie qu'ils accusent et il ne faut pas se laisser prendre aux beaux développements du rhéteur. Apulée donne le vrai sens de leur démarche là même où il s'efforce de faire apparaître une contradiction: « At non contraria accusastis? Peram et baculum ob *auctoritatem*, carmina et speculum ob hilaritatem » (*ib.*, 25, 2 où il faut conserver l'*auctoritatem* des manuscrits!). Voir, dans le même sens, *Flor.* 22, 4: « Ipse (Crates) et claua insignis » – comme Hercule.

[87] Le Cosmos de Martial, avec son bâton et sa besace, est un faux Cynique: « esse putas Cynicum *deceptus imagine ficta* » (*Epig.* IV, 53, 7) et il en est de même de Peregrinos dans la scène décrite par Lucien (*Peregr.* 15). Jérôme, en commentant *Matthieu* 10, 10, dira que le Christ, en évoquant cette besace et ce bâton que les Apôtres ne doivent pas prendre, a condamné les Bactropérites...

[88] Voir, par ex., Épictète, *Entretiens* IV, 8, 12 sq.; 34; Julien, *Contre Héracleios* 18 (223 c-d).

[89] Tertullien, *De pallio* 6, 1. On lui opposera le « Barbam et pallium uideo, philosophum nondum uideo » des *Nuits attiques* 9,2,4.

« sic auditur philosophus dum uidetur »... ! Sans se soucier donc des critiques qui, des Cyniques, sont en train de passer aux moines, Paulin vise ici *l'appareil prestigieux* des philosophes qui renforçait leur enseignement et il laisse entendre que les prédicateurs du Christ n'ont pas eu à user de pareils artifices, pas plus qu'ils n'ont eu à recourir à la dialectique ni au fard des mots [90]. Telle n'est pas la direction dans laquelle voulait marcher Ambroise. Mais est-il possible de savoir à quelle « philosophie » il entendait s'adonner ? En analysant l'expression « profiteri philosophiam » qu'emploie Paulin et en urgeant le mot *philosophia*, par opposition à la *sapientia* des prédécesseurs de Pythagore, M. P. Courcelle croit découvrir chez Ambroise une préférence pour le néoplatonisme : « Il résulte de cette petite recherche critique, conclut-il, qu'au cours de l'année précédant son sacre épiscopal Ambroise, pour éviter d'être élu évêque, s'afficha philosophe de la lignée de Pythagore, Platon et Plotin, autrement dit néoplatonicien. Il espérait par là rebuter la masse de ses partisans chrétiens, se rendre suspect à leurs yeux... » [91]. Cette affirmation a été accueillie avec réserve par plusieurs critiques qualifiés [92]. Pour ma part, il me semble qu'Ambroise ne pouvait guère choisir que le néo-platonisme de l'époque ; mais les attendus de M. P. Courcelle ne me semblent pas convaincants, pas plus que le caractère anti-chrétien de la démarche ne me semble aller de soi. En effet, pour que l'expression *profiteri philosophiam* ait dans ce texte un sens prégnant, il faudrait qu'Ambroise – ou Paulin – se soit intéressé

---

[90] Voir, par ex., chez Ambroise, *Exp. in Lucam* 2, 42, au sujet de *praesepe / praesepium*; 2, 53, au sujet de l'humble condition des bergers: « Non mediocre fidei tibi hoc uideatur exemplum, non uilis persona pastorum. Certo quo uilior ad prudentiam eo pretiosior ad fidem. Non gymnasia choris referta sapientium sed plebem simplicem requisivit, quae *falerare* audita et *fucare* nesciret ». Deux mots du répertoire de Cicéron, dont l'*Orator* est cité dans le premier texte. On peut ajouter à cette liste – qu'on peut allonger à souhait – ce texte d'un ancien philosophe chez lequel les éloges des Apôtres sont nombreux: « qui praedicant piscatores sunt, nullius momenti, illitterati, egeni, unam tunicam habentes, nudi pedibus, *nequidem* uirgam portantes ». Eusèbe d'Émèse, *Hom.* 10, 19 (Coll. de Troyes) (éd. E.M. Buytaert, Louvain 1953, p. 251, 1. 22 sq.).

[91] Courcelle, *Recherches*..., p. 15. Sur le lapsus de la fin du même paragraphe, voir mon *c.r.* in « Latomus », 1975, p. 241.

[92] Madec, *Saint Ambroise*..., p. 24, n. 8 *ad finem*; Gryson, *c.r.*, p. 491 m.

davantage à l'origine même de la « philo-sophie »[93], alors qu'il ne fait nulle différence, que je sache, entre la *philosophia* et la *sapientia* (*saecularis*)[94]. Lorsqu'il parle des *professores philosophiae*, c'est sans donner à ce mot le moindre sens particulier[95]. Quant à Paulin, si le mot *philosophia* ne reparaît plus dans sa biographie après ce chapitre, les emplois qu'il fait de *profiteri*[96] ne permettent pas de découvrir en Ambroise un « professeur » de philosophie. Celui-ci entend simplement s'adonner à la philosophie et lui consacrer une bonne partie de sa vie, pour le moins. Les modèles auxquels Ambroise pouvait songer, lui aristocrate romain, ne sont très vraisemblablement pas à chercher du côté du cynisme, ni même du stoïcisme strict, mais bien du côté du platonisme et de ses avatars. Un nom surgit ici, parce qu'il a vécu à Milan en ces décades, et qui est non tant celui de Calcidius[97] que celui de Manlius Theodorus. Ce grand aristocrate a franchi les étapes d'un brillant cursus avant de tout abandonner pour se consacrer à la philosophie et tous les témoignages en font un disciple de Platon, le seul digne d'attirer un personnage de cette race[98]. Mais si je cite ce nom, c'est aussi parce

---

[93] Deux seules allusions à ce thème de l'invention du mot *philosophia* chez Ambroise: Madec, *Saint Ambroise* . . . , pp. 106-107, et la conclusion: « Ambroise ne manifeste en fin de compte, aucun intérêt pour les origines de la philosophie comme telle » (p. 109).

[94] Les deux mots sont également employés en des contextes analogues. Voir le très riche répertoire de textes de l'ouvrage de G. Madec.

[95] Ambroise, *Exp. in Lucam* 6, 50: « 'Viderunt, inquit (*Luc.* 8, 34), hoc *magistri* gregum et fugerunt'. Neque enim aliquam uel *philosophiae professores uel* principes synagogae pereuntibus populis possunt ferre medicinam ». Il s'agit de l'épisode du troupeau de porcs dont les maîtres (*magistri*) s'enfuient. Les *professores philosophiae* sont bien ici les professeurs de philosophie, ceux dont Ambroise évoque ailleurs les *gymnasia* (*De uirginibus* II, 5, 34; *Expos. in Lucam* 2, 53 - cité supra n. 90), mais pour dire aussi que ceux-ci sont maintenant vides (*De fide* I, 13, 84 - Texte cité *supra*, n. 80 f.).

[96] Paulin emploie ce mot, de la soeur d'Ambroise, Marcelline « quae uirginitatem iam fuerat *professa* » (§ 4, 2); d'Ambroise lui-même à Sirmium « *professusque* in auditorio praefecturae praetorii » (§ 5, 2); il parle de la *professio* de la vierge arienne de Sirmium (§ 11, 9).

[97] A la fois philosophe *et* chrétien, notons-le!

[98] « *Illa patricia quaedam* eorum (philosophorum) *prosapia* Platonis » déclare de son côté Ambroise (*Ep.* 34, 1).

que ce philosophe – qui a des visiteurs sinon même des élèves, compose des ouvrages philosophiques – est le frère d'une religieuse – comme Ambroise – et que sa profession de philosophie ne l'empêche nullement d'être chrétien, ainsi qu'en témoigne Augustin [99]. En voulant donc se consacrer à la « philosophie », Ambroise n'entendait pas forcément rejoindre les rangs des ennemis déclarés du christianisme. S'il devait décevoir – plutôt que *rebuter* [100] – ses partisans, c'était par son refus de sacrifier sa vie intellectuelle personnelle plus qu'à vrai dire des convictions philosophiques en *contradiction* avec l'enseignement de la foi. L'exemple de Synésius de Cyrène, qu'invoque pour finir [101] M. P. Courcelle, est un cas *extrême* [102], mais qui va tout à fait dans le sens de mon propos: Synésius ne veut pas admettre certains « dogmes » [103] chrétiens qui choquent son platonisme. Il les proclamera au peuple, qui est incapable de philosopher, mais n'y verra, pour sa part, que des *mythoi*, en demeurant fidèle au platonisme [104]. Denis

---

[99] Augustin (*Retract.* I, 2, 2) atteste qu'en 386 il était chrétien, au moment même où il se consacrait à l'*otium* philosophique et avait le jeune rhéteur milanais (et ses amis?) pour interlocuteur et auditeur.

[100] Voir l'opinion de M. P. Courcelle transcrite plus haut, p. 268.

[101] Courcelle, *Recherches*..., p. 16. Mais le texte d'Ambroise est mal coupé: il faut lire: « reuertens domum, philosophiam profiteri uoluit ». D'autre part, on ne peut comparer *domum* à οἴκοι dans la *Lettre* 105 de Synésius. Il faudrait *domi*.

[102] Ch. Lacombrade (*Synésius de Cyrène hellène et chrétien*, Paris 1951) a montré que Synésius était déjà chrétien à l'époque de cette lettre ouverte (pp. 217-218) et surtout que les « exigences » de Synésius n'ont pas été reçues par Théophile (pp. 224 sq.). Sur le premier point, voir l'article d'H.-I. Marrou: *La « conversion » de Synésios*, REG, 65 (1952), 477-480.

[103] J'emploie ce mot au sens originel, que Synésius utilise aussi bien que pour les opinions ou vérités philosophiques (*Ep.* 105: PG 66, c. 1485 B sq.). Marrou a attiré l'attention sur le fait que l'origine de l'âme, la fin du monde, la résurrection de la chair, étaient encore des « questions libres » ou « disputées » – et quelquefois âprement! – à l'époque: *La « conversion »*..., pp. 481-482; *Synesius of Cyrene and Alexandrian Neoplatonism*, in *The Conflict between Paganism and Christianity in the Fourth Century*, Essays ed. by A. Momigliano, Oxford 1963, pp. 146-148.

[104] Synésius, *Ep.* 105 (PG 66, 1488 A-B): « Si ces vérités-là (philosophiques) me sont concédées aussi par les lois de notre sacerdoce, je puis à la rigueur être fait prêtre. Dans le privé (τὰ μὲν οἴκοι), je serai philosophe (φιλοσοφῶν), dans le public (τὰ δ'ἔξω), philo-mythe (φιλομυθῶν). Me refusant à endoctriner, je n'altérerai pour autant la doctrine; je laisserai dans l'état

Petau n'a certes pas tout à fait tort de rapprocher cette attitude de celle que Cicéron reproche à l'épicurien Torquatus [105] et Jérôme n'aurait pas manqué de dénoncer ce « mensonge » [106]. Mais je ne pense pas, mis à part l'opposition οἴκοι / ἔξω ou *sententia domestica / sententia forensis*, que ce soit cette attitude qui doive être invoquée pour comprendre l'opposition entre foi et philosophie telle que l'entendent les Anciens [107]. C'est bien plutôt au Cotta du *De natura deorum* qu'il faut songer: en tant que pontife et que citoyen romain, il admet en matière de religion tout ce que lui ont transmis les *Maiores* et qui se fonde sur l'*auctoritas*; mais, en tant que philosophe, il exige *ratio, argumenta*, qu'il se plaint de ne pas trouver en définitive chez les Stoïciens [108].

---

les idées reçues » (trad. Ch. Lacombrade, p. 222, légèrement retouchée). H.-I. Marrou, qui, en REG, 65 (1952) p. 483, souligne les « préjugés aristocratiques du lettré et son mépris pour les humbles » pour lesquels « mythe » et « mensonge » seraient bons, a, sans nier le second terme – qu'emploie Synésius –, insisté à juste titre dans son second article, à la suite de K. Treu (*Synesios von Kyrene, ein Kommentar zu seinem Dio* (TU 71), Berlin 1958, p. 54), sur la valeur positive du μῦθος platonicien.

[105] PG 66, 1487-8, n. 50: Cicéron, *De finibus* II, 24.

[106] C'est précisément le reproche que Jérôme fait aux Origénistes au sujet de la résurrection de la chair. Voir, par ex., *Contra Iohannem* 37 (PL 23, 379 C), après que Jérôme ait rapporté divers propos d'Origène contre les *philosarcas*, et les *simplices* qui croient en une restauration des corps de chair: « Vides nos intelligere subtilitates uestras et arcana quae *in cubiculis* et inter Perfectos loquimini et quae Populus *foris* stans nec meretur audire proferre in medium ». Cette affirmation de Jérôme s'appuie sur la distinction origénienne entre l'enseignement de Jésus aux foules en plein air et aux Apôtres à la maison. Le μῦθος devient parabole! Synésius est sans doute, en 410, au courant de la querelle origéniste qui, depuis près de vingt ans, déchire la Palestine et l'Égypte. Mais on comprend que Théophile, devenu violent anti-origéniste, n'ait pas accepté ces distinctions.

[107] Synésius insiste sur le fait que les vérités philosophiques sont entrées dans son esprit « par voie de *démonstration scientifique* » (δι' ἐπιστήμης εἰς ἀπόδειξιν 1485 B). Voir le texte de Grégoire de Nysse énonçant les réflexions de Grégoire le Thaumaturge en n. 77; Athanase, *Vie d'Antoine* 77-78.

[108] Cicéron, *De natura deorum* III, 2, 5: « Ego uero eas (opiniones quas a maioribus accepimus de dis immortalibus) defendam semper semperque defendi, nec me ex ea opinione quam a maioribus accepi de cultu deorum immortalium ullius umquam oratio aut docti aut indocti mouebit »; § 6:

Mutatis mutandis, Ambroise, évêque, connaît cette opposition [109], et il ne me semble pas impossible qu'elle soit sous-jacente à l'attitude du jeune consulaire désireux d'échapper à l'élection épiscopale. Mais, devenu évêque, et à la lecture de saint Paul, Ambroise sera sensible à la prétention des philosophes en même temps qu'à leur suffisance devant une vérité qui s'offre à chacun, pleine et entière [110]. C'est ce jugement totalement négatif qui apparaît dans le texte de Paulin, secrétaire et disciple d'Ambroise évêque. Mais il est paradoxal – et la chose n'a pas été remarquée que je sache – que Paulin donne à Ambroise évêque le titre de *uerus philosophus Christi*, alors qu'il n'existe qu'un seul emploi [111] chez Ambroise de *philosophia* au sens chrétien [112]!

c) Les prostituées

On aimerait savoir qui fit revenir Ambroise sur son début de décision – *uoluit* –. Paulin se contente de signaler le fait – *Quod ubi ne faceret reuocatus est* –, sans donner davantage de précisions. Faut-il deviner ici l'action d'un conseiller? ou Ambroise est-il toujours aux prises avec la foule dont Paulin va décrire une nouvelle intervention? On peut avancer ici des arguments opposés, comme on peut prétendre qu'il s'agit d'une invention pure du

---

« Habes quid Cotta pontifex sentiat. Fac nunc ego intellegam tu (Balbus) quid sentias. A te enim, *philosopho*, *rationem* accipere debeo religionis; *maioribus* autem nostris, etiam nulla ratione reddita, *credere* »; 4, 9: « ... Sed quia non confidebas tam esse id perspicuum quam tu uelis, propterea multis *argumentis* deos esse *docere* uoluisti. Mihi enim unum sat erat ita nobis *maiores* nostros *tradidisse*. Sed tu *auctoritates* contemnis, *ratione* pugnas ... »; etc.

[109] Aux textes cités n. 80, ajouter le début de l'*Hexameron*, particulièrement I, 6, 22 et 24 et leur commentaire par Madec, *Saint Ambroise* ..., pp. 77, 190-191. Ces textes sont d'autant plus intéressants qu'Ambroise y suit et amplifie Basile de Césarée.

[110] D'où le rôle éminent de Moïse, porte-parole de Dieu. Pour Paul, voir Madec, *Saint Ambroise* ..., pp. 200 sq.

[111] Cet unique emploi se trouve dans le *De virginitate* 8, 48: Madec, *Saint Ambroise* ..., pp. 41-42: « à marquer d'une pierre blanche ».

[112] Faut-il voir dans cette affirmation de Paulin une discrète allusion à l'oeuvre d'Ambroise auprès d'hommes comme saint Augustin? L'appel à la *ratio fidei* est plus proche d'Origène ... et d'Augustin que d'Ambroise.

VI

biographe: « anecdote scabreuse » disait Ganshof [113]. Ce qui est sûr, c'est que nous revenons à la scène du jugement devant Pilate avec les cris que pousse la foule, de plus en plus excitée, comme à Jérusalem [114]: « Que ton péché retombe sur nous ». Paulin n'a pas pris garde que ce *péché* pouvait, comme dans le premier épisode, lui être remis par le baptême...
A moins qu'il n'ait au contraire perçu la « différence » entre les deux sortes de fautes pour un futur évêque ! Car, faire venir chez soi des femmes de moeurs légères n'était pas simplement une façon de se faire passer pour « débauché » [115] ou de « laisser accroire qu'il n'était pas apte à la vie continente d'évêque »[116]. Il existait déjà toute une législation, en Occident [117] comme en Orient [118], qui éloignait des ordres l'homme dont la conduite avait laissé quelque chose à reprendre dans le domaine sexuel [119]. Le fait était si connu que certains se chargèrent eux-mêmes de cette faute pour échapper à une ordination dont ils ne voulaient pas. Tout le monde n'était pas dupe; mais, en 374 précisément, le Concile de Valence eut à prendre une décision négative concernant un dénommé Acceptus de Fréjus [120]. Celui-ci s'était accusé de « faute grave » [121] pour échapper à son élection comme évêque. Le té-

---

[113] Voir *supra*, n. 6.
[114] *Matthieu* 27, 24 (*Vulg.*): « magis clamabat ».
[115] Palanque, *Saint Ambroise*..., p. 28.
[116] Courcelle, *Recherches*, p. 9.
[117] *Concile d'Elvire*, c. 30 (éd. J. Vivès, T. Marin, G. Martinez, *Concilios Visigoticos e Hispano-Romanos*, Barcelona-Madrid 1963, p. 7): « Subdiaconos eos ordinari non debere qui in adulescentia sua moechati, eo quod postmodum per subreptionem ad altiorem gradum promoueantur; uel si qui sunt in praeteritum ordinati, amoueantur ».
[118] *Concile de Néo-Césarée* (314), c. 9: Les autres péchés sont remis par l'ordination, mais pas celui-là: τὰ γὰρ λοιπὰ ἁμαρτήματα ἔφασαν οἱ πολλοὶ καὶ τὴν χειροθεσίαν ἀφιέναι. Ch. Hefele - H. Leclercq, *Histoire des Conciles*, I, p. 331; Lafontaine, *Les conditions positives*..., pp. 162 sq.. Sur la décrétale de Damase, voir *infra*, n. 124.
[119] D'où les fréquentes accusations contre les évêques dont on voulait se débarrasser. Voir pour Athanase, Rufin, I, 18; Sozomène, 2, 25, 9 sq., épisode d'autant plus intéressant que la victime n'est pas la même dans les différents récits.
[120] *Concilium Valentinum* (374), c. 4 (éd. Ch. Munier, CC 148, 40).
[121] « mortali crimine ». Il n'est pas *spécifié* qu'il s'agisse de *porneia* (ou de

moignage de l'évêque Concordius et celui des habitants de Fréjus étaient en faveur du candidat [122]. Néanmoins, par crainte du scandale, le Concile repousse tout candidat qui recourt à ce stratagème [123]. Y avait-il des évêques d'Italie du Nord à ce concile de Valence? Nous ne le savons pas [124]. Ambroise n'a jamais fait état de cette « irrégularité » dans son ordination [125]. Est-ce une raison pour en contester l'existence ou pour la ranger dans le catalogue des accessoires obligés?

---

quelque chose du même genre) mais celle-ci entre justement dans les trois ou quatre *mortalia crimina*.

[122] Voir la *Lettre du Concile au clergé et au peuple de l'Église de Fréjus* (*ib.*, p. 44).

[123] *Ibidem:* « ... Et licet non ignoraremus multos uerecundia et nonnullos suscipiendi sacerdotii metu trepidos (quae utique signa sunt sanctitatis) falsa in se reiciendi honoris causa dixisse, tamen ... ».

[124] L'Vrbanus de la liste conciliaire serait-il Vrbanus de Parme ??? Limenius de Verceil n'est en tout cas pas présent. Si c'est à ces évêques que répond Damase, on remarquera le passage suivant de sa Décrétale: « uel qui maior fuerit baptizatus et si manserit pudicus et si unius uxoris uir, potest clericus fieri si nullus aliis criminum funiculis alligetur » = Sirice, *Ep.* 10, 3, 8 (*Ad Gallos episcopos* = Babut, *op. cit.*, pp. 77-78 dont je donne ici le texte plutôt que celui de PL 13, 1187 A-B). Sur ce passage, voir Lafontaine, *Les conditions positives* ..., pp. 163-164. On peut, ici encore, mettre en avant qu'il s'agit de fautes commises *après* le baptême, mais on ne voit pas pourquoi Paulin aurait inventé ce scandale si Ambroise était néophyte. Si au contraire il était catéchumène, comme Paulin l'affirme et comme je suis porté à le croire, le stratagème d'Ambroise n'est pas voué à l'échec, car le scandale pouvait exister de la même façon de la part d'un catéchumène, même si les conséquences canoniques n'étaient pas spécifiées de la même façon. (Comme je l'ai dit plus haut, rien ne permet de penser que Damase vise Ambroise).

[125] Sur l'*inspectio morum* du candidat, voir Lafontaine, *Les conditions positives* ..., pp. 104 sq. – Maximin s'en prend à deux reprises à Ambroise au sujet de son élection et en opposant Ambroise à Palladius et Secundianus: 1. « Tu sine cunctabunda deliberatione intra unam horam iudicandos putares (à Aquilée en 381) quorum longaeuus idemque (...) inreprehensibilis episcopatus lasciuos sordidosque tuos excideret annos. Nam unus (Palladius) eorum post undecim annos presbyterii, triginta quinque annorum tunc cognoscebatur episcopus (...) Alter (Secundianus) ab adulescentia clericus adque per singulos gradus ad episcopatum ... » (*Dissertatio*, 115-117: PLS 1, 721). 2. « Sed facile tibi fuit de sacerdotio diuino temere, ut tibi uidebatur, iudicare cuius tam obliqua ac tam facilis ⟨ordinatio episcopalis hoc modo confecta est ut neque baptismum neque

d) La fuite de Milan

Le stratagème suivant en est à peine un: la fuite et à deux reprises. On pourrait même se demander pourquoi Ambroise n'y a pas songé plus tôt si, en dépit de la progression du récit [126], on ne se trouvait aussitôt confronté avec un des « clichés » - mais aussi des événements - les plus habituels lors d'une élection, qu'il s'agisse de celle d'un empereur [127], d'un évêque ou d'un prêtre [128].

---

ecl) esiastica disciplina neque praeeuntis uel fidei uel uitae tuae meritum ab ordinatoribus tuis cogitaretur, sed amicali gratia suffragio tantum humano passim crearis indigne » (*Dissertatio*, 120: PLS 1, 721-722: J'ai placé entre crochets brisés les restitutions de Kauffmann, le haut du f⁰ 343 v étant très mutilé). Textes des plus intéressants en ce qui concerne et Ambroise et la *disciplina* de l'« Église » homéenne. Pour comprendre l'attaque contre Ambroise et le rappel de 374, il faut remarquer que l'expression *uitae tuae meritum* du deuxième texte est tout d'abord la contestation des compliments adressés par Gratien à Ambroise: « Nam quod Ambrosius et uitae merito et Dei dignatione conspicuus episcopus Mediolanensium ciuitatis... » (*Gesta Concilii Aquileiensis*, 4: PL 16, 917A- B). Maximin s'efforce de montrer la fausseté de l'affirmation sur chacun des points et il continuera en persiflant sur ce « tuo tam obtime merito ». Les évêques n'ont donc pas fait leur travail et Ambroise ne doit son élection qu'à un « suffragio humano » - Mais ces textes sont également très intéressants par la manière dont ils montrent les Homéens attachés aux mêmes règles concernant l'accession à l'épiscopat. Secundianus n'est devenu évêque qu'après avoir parcouru « singulos gradus » - à l'inverse d'Ambroise et selon le c. 8 du Concile de Sardique: « ut per singulos gradus ascendat ad culmen episcopatus » - (Texte complet *supra*, n. 53)! De même n'a-t-on pas fait l'examen de sa foi et de sa vie, alors que le Concile de Sardique demande des délais pour qu'on puisse « probari qua fide sit, qua modestia... » (Texte *supra*, n. 53 ad finem) - Sur le contenu de la restitution de Kauffmann, voir n. 22.

[126] Paulin souligne qu'Ambroise constate la vanité de sa résistance « active »: « At ille cum uideret nihil intentionem suam posse proficere... ».

[127] Voir, pour Constantin, le *Panégyrique* 7, 8, 4-5 (éd. Galletier, II p. 60): « Diceris etiam, imperator inuicte, ardorem illum te deposcentis exercitus *fugere conatus, equum calcaribus incitasse*. Quod quidem, ut uerum audias, adulescentiae errore faciebas. Quis enim te Cyllarus aut Arion posset eripere quem sequebatur imperium...? ».

[128] Aux exemples connus de Cyprien de Carthage, Grégoire de Nazianze, Pierre l'Ibère, ajouter ceux que cite A. Guillaumont (Évagre, *Traité pratique* 13: Sch. 171 [p. 531 note]) de l'Abba Isaac (PG 65, 224 B-C), d'Évagre lui-même devant Théophile (Socrate, *H.E.* IV, 23: PG 67, 521 A).

VI

De plus, cette quatrième tentative – le premier essai de fuite – apparaît au premier abord d'autant moins défendable que Paulin la commente plus longuement de son propre cru... ou à peu près. C'est par ce commentaire qu'il faut commencer, après avoir relu attentivement le récit du biographe: « Voyant que ses efforts ne pouvaient aboutir à rien, Ambroise se prépara à fuir. Étant sorti de la ville au milieu de la nuit, alors qu'il pensait marcher vers Pavie, le matin on le retrouva auprès de la porte de Milan qu'on appelle la Porte de Rome. C'est Dieu en effet – lui qui préparait un mur pour son église catholique contre ses ennemis et qui élevait la tour de David contre Damas, c'est-à-dire contre l'erreur des hérétiques – qui empêcha cette fuite. Une fois retrouvé, pendant que le peuple le surveillait, on envoya un rapport au très clément empereur d'alors, Valentinien. Celui-ci accueillit avec très grande joie que les gouverneurs qu'il envoyait étaient réclamés pour devenir évêques. Le préfet Probus était également tout joyeux qu'Ambroise accomplît la parole qu'il avait prononcée. Au moment de son départ en effet, lorsqu'il lui donnait ses ordres, comme c'est l'habitude, il lui avait dit: va et agis, non en gouverneur, mais en évêque »(*Vita Ambrosii* 8). « L'interprétation » de Paulin est du même type que les précédentes, à ceci près que les propos ne sont plus mis dans la bouche du peuple. Elle découvre un symbole dans l'événement et la clé, ou mieux, le matériel, dans l'Écriture: Ambroise, qui essaie de fuir les « murs » de la ville de Milan, les tours qui défendent ses « portes », se trouve ramené malgré lui dans la cité, pour en être le protecteur *spirituel*. Qu'on ne se méprenne pas sur les derniers mots, que j'emploie volontairement pour attirer l'attention sur le texte de Paulin. Alors que celui-ci écrit en 412 [129], à un moment où Milan n'est pas encore tombé aux mains des Barbares malgré les assauts de 402, alors qu'il fait confesser à Stilicon lui-même, peu après la mort d'Ambroise, que l'Empire est bien menacé après la perte d'un tel protecteur [130], Paulin déclare ici qu'Ambroise de-

---

[129] Pellegrino présente la date de 422 comme la plus probable (*Paolino di Milano*..., p. 6) mais j'ai montré qu'Augustin en 415 utilise déjà la *Vita Ambrosii*: *L'éloge de Théodose dans la Cité de Dieu* (v, 26, 1): *sa place, son sens et ses sources*, « Recherches Augustiniennes », 4 (1966), 178-179.

[130] Paulin, *Vita Ambrosii* 45: « Comes Stilico dixisse fertur quod tanto uiro recedente de corpore interitus inmineretur Italiae... ».

vait être un « rempart » non pas contre les Barbares, mais contre les hérétiques: *hoc est contra perfidiam haereticorum*. Or, si l'image est plusieurs fois employée par Ambroise lui-même [131], Pellegrino n'a pas tort de voir en ce texte une réminiscence du passage où Rufin fait le récit des événements de 386, le sommet de la lutte d'Ambroise contre les *Ariens* [132].

Restent les faits eux-mêmes. On en a suspecté la vraisemblance [133] et l'authenticité: Ambroise quitte [134] la ville de nuit dans une direction et se retrouve le matin à un endroit situé dans une autre direction! L'invraisemblance paraîtra déjà moindre si on se souvient que la route qui quitte Milan vers Pavie est dans la direction du Sud, tandis que celle qui mène à Rome quitte Milan par le Sud-Est. Quant à l'explication de l'errance d'Ambroise, si on peut la trouver dans son trouble intérieur, elle peut avoir également une cause très naturelle qu'un Milanais moderne ne contestera pas, même si elle peut faire sourire: le brouillard, si fréquent et si opaque dans les derniers mois de l'année! Imaginons quelque peu la ville et ses abords au IV siècle, l'absence d'éclairage et le désir pour celui qui quitte son domicile de ne pas se faire voir. Il n'est pas nécessaire de corser ce « roman » pour que le récit de Paulin apparaisse en contrepartie d'une très grande sobriété. Il n'était pas plus nécessaire au biographe de signaler l'existence du brouillard à Milan qu'il le serait pour un Français parlant de Lyon, par exemple!

Quant à savoir où exactement se rendait Ambroise, on peut

---

[131] Pellegrino (*Paolino di Milano*..., p. 61, n. 2) renvoie, en faisant remarquer les erreurs de Paulin, à l'*Expos. in Ps.* 118, 4, 5 et 5, 34-35 pour la « tour de David » « contre Damas ». On peut y joindre le texte de la *Lettre* 15, 5 au Clergé et au peuple de Thessalonique au sujet d'Acholius leur défunt évêque, qui fut « *murus fidei*, gratiae et sanctitatis, quem toties ingruentibus Gothorum cateruis nequaquam tamen potuerunt barbarica penetrare tela » (PL 16, 956 C-D).

[132] Pellegrino, *Paolino di Milano*..., p. 18: Rufin, *Histor. eccles.* I, 15: « Quo bello ecclesiae murum et turrem ualidissimam pulsabat (Iustina) Ambrosium... ».

[133] Voir *supra*, n. 8.

[134] Le récit de Paulin dit bien qu'Ambroise est *sorti* de la ville et a donc franchi une porte. C'est après avoir quitté la ville qu'Ambroise se met dans un chemin de traverse et se retrouve sur la route de Rome, plus ou moins loin (*ad !*) de la *Porta romana*.

aussi bien penser, avec M. P. Courcelle, au monastère *extra muros* [135], à un départ vers l'une des cités du ressort du *consularis* [136], que vers le domaine du clarissime Leontius où il parviendra à venir se cacher dans une seconde tentative de fuite [137], cette fois couronnée de succès [138]. Ce qui est certain, c'est qu'il faut rapprocher ces *deux* tentatives de fuite de l'attitude d'Ambroise aussi bien lors du retour de Théodose à Milan, en 390, que lors du séjour d'Eugène à Milan en 394. En ces deux circonstances – si différentes soient-elles, et entre elles et de la situation de 374 –, Ambroise cherche – en gros – à ne pas avoir à prendre officiellement parti. En 374, il cherche à ne pas s'engager tant qu'il n'a pas toutes les garanties et autorisations nécessaires. Le refuge que trouve Ambroise dans la propriété de Leontius est, de ce point de vue, très significatif. Ce clarissime ne peut, pas plus qu'Ambroise, s'opposer au pouvoir impérial. Bien au contraire pourra-t-il témoigner de la bonne foi d'Ambroise qui, par cette attitude d'expectative, s'est contenté de se tenir « aux ordres » de l'Empereur. Quant à sa propre conduite, on en devine aisément le sens dans l'empressement avec lequel il « livre » Ambroise, aussitôt connue la réponse de Valentinien [139]. Toute

---

[135] Courcelle, *Recherches*..., p. 12: « si ce monastère existait déjà ». Y a-t-il un rapport entre ce monastère connu d'Augustin en 386 et l'ermitage dont fut chassé Martin en 357-359 ?

[136] Le *Consularis* semble cependant partir seul et, en tout cas, sans son appareil habituel.

[137] Pour la *custodia* du candidat, on peut comparer non seulement le cas de Martin (*Vita* 9, 2, pour laquelle le rapprochement est fait par J. Fontaine, SCh 134, p. 646, n. 1), mais aussi les exemples de l'abba Isaac qu'on s'apprête à ligoter (PG 65, 224 B-C), du prêtre qui s'imaginait emmené ligoté chez Évagre (*Traité pratique* 13; SCh, pp. 530-531 et note). Guillaumont, qui cite et commente ces cas, rappelle que le rite « consistant à enchaîner le patriarche nouvellement désigné (...) s'est maintenu pendant de longs siècles » (*ibidem*). Qu'il ne s'agisse plus alors que d'un rite n'engage pas les premiers siècles. A Carthage le peuple assiège toutes les issues de la maison de Cyprien qui est prêt à imiter saint Paul et à quitter les lieux en se faisant descendre par une fenêtre... (*Vita Cypriani* 5: CSEL 3, 3, pp. XLV-XCVI).

[138] Paulin, *Vita Ambrosii* 9. Nous ne savons pas où était située la *possessio* de ce Leontius.

[139] *Ibidem*: « ... Ab eodem Leontio *proditur*. Praeceptum enim erat uicario ut insisteret rebus perficiendis. Qui, iniuncta sibi cum uellet implere,

l'administration a dû être mise en branle, à l'aller et au retour : il y a toute chance que les *relationes*, à l'Empereur, à Trèves ou dans ses parages [140], comme au Préfet en prétoire, Probus, en résidence à Sirmium, ont respecté les règles administratives et ont été le fait du *Vicarius*, qui reçoit la réponse de l'Empereur [141]. Ambroise n'a pas dû intervenir lui-même en tant que *consularis* [142], sinon pour en référer à son supérieur immédiat.

L'objet de cette *relatio* à Valentinien se comprend sans peine. Il ne s'agit de rien moins qu'une simple information par courtoisie... Les motifs en étaient à la fois politiques et religieux. Ambroise était non seulement *consulaire*, mais appartenait à cette aristocratie sénatoriale qui se savait très surveillée, particulièrement en ces *dernières* années de Valentinien [143]. On ne pouvait avoir commencé à gravir les échelons d'un *cursus* et s'arrêter sans au moins en rendre compte, à un moment où l'on voit les diverses classes de la société se rigidifier dans une espèce de solidification d'autant plus crispée que l'Empire est près de se dissoudre.

D'autre part, l'élection de l'évêque d'une des capitales possibles de l'Empire n'était pas sans incidence politique en un temps où religion et cité restent étroitement liées. Même si Valentinien a renoncé à marcher aussi bien sur les traces de Julien que sur

---

proposito edicto conuenit omnes ut, si uellent sibi consulere rebusque suis, *proderent* uirum ». Le texte abonde en clichés... ou en réalités juridiques.

[140] Le 7 septembre, Valentinien est encore à Mayence : Seeck, *Regesten*, p. 244.

[141] Socrate (*Hist. eccles.* IV, 30) attribue la *relatio* aux évêques présents pour l'élection. Quoi qu'il en soit, les services administratifs officiels ont dû rédiger les textes et c'est leur style qui apparaît dans l'édit du *uicarius*, présenté et pour le moins récrit par Paulin.

[142] Sans doute a-t-il averti son protecteur Probus dont Paulin nous donne une réponse analogue à celle de Valentinien et très proche de l'éloge qu'Ambroise fera de son frère Satyrus (*De excessu Satyri* I, 58) : « *parentem* magis fuisse proprium quam *iudicem* loquebantur (prouinciales) ». La recommandation de Probus était piquante s'il était celui qu'ont peint Ammien Marcellin et Jérôme.

[143] Sur un épisode milanais beaucoup plus proche du début du règne de Valentinien et qui a des attaches précises avec Milan, voir H.I. Marrou, *Ammien Marcellin et les « Innocents » de Milan*, RSR, 40 (1951-52 : *Mélanges Lebreton* II), 179-190.

VI

celles de Constance, il y avait à Milan un « cas » à régler, pour lequel l'avis de l'Empereur n'était pas négligeable: depuis son arrivée en Occident, Valentinien avait maintenu Auxence sur son siège, malgré les attaques répétées dont celui-ci avait été l'objet. Cette « protection » pouvait d'autant plus être espérée encore par le parti arien que Valentinien était depuis peu marié à une homéenne affichée. La consultation de l'Empereur, même s'il est impossible de fixer sa qualité juridique, n'était certainement pas de pure forme, à ce niveau non plus, et nous verrons plus loin qu'on peut la rapprocher d'un autre cas au moins.

Nous ne possédons pas, en effet, le rescrit de Valentinien. Nous ne sommes cependant pas sans information sur son contenu. Notre informateur le plus proche et le plus sûr sur ce point n'est autre qu'Ambroise lui-même. En 386, lorsqu'Auxence II a obtenu de Valentinien II une joute avec Ambroise, celui-ci en appelle au peuple – seul juge véritable, qui a déjà donné son avis –, *et à la réponse de Valentinien I* qui a déclaré en 374 que la paix ne pourrait exister que si l'évêque était élu [144]. Le rappel d'Ambroise ne semble pas exagérer les termes de la réponse si on le rapproche de ce que dit Rufin de ce même rescrit. Selon l'historien d'Aquilée, Valentinien aurait trouvé dans l'unanimité faite sur le nom d'Ambroise un gage de la volonté divine [145]. On s'est plu à trouver dans cette attitude de l'Empereur un trait de « sa superstition naturelle » [146]. On pourrait tout aussi bien y voir un écho

---

[144] Ambroise, *Ep.* 21, 7 (PL 16, 1004 B): « Omitto quia iam ipse populus iudicauit. Taceo quia eum quem habet de patre Tuae Clementiae postulauit. Taceo quia pater Pietatis tuae quietem futuram spopondit si electus susciperet sacerdotium ... ».

[145] Rufin, *Hist. eccles.* II, 11 (PL 21, 522 A): « Obluctante illo (Ambrosio) et plurimum resistente, ad Imperatorem relatum populi desiderium omni maturitate iubetur impleri: ' Dei enim, ait, esse quod discordantem populi fidem et animos dissidentes conuersio subita in unum consensum et in unam sententiam reuocaret ' ».

[146] Voir l'analyse de Palanque, *Saint Ambroise* ... , pp. 31-32. De même, Paredi (*S. Ambrogio* ... , pp. 165-166). Valentinien a dû considérer les forces en présence. Si, en 364, Auxence était soutenu à Milan et en Italie du Nord par une fraction importante du peuple et du clergé (voir le texte d'Ambroise cité n. 32), cette emprise a dû diminuer par la suite, au fur et à mesure que l'Occident se détachait de la foi de Rimini. Après 378, l'homéisme ne sera plus guère à Milan qu'un produit d'importation, apporté par la Cour de Justine repliée d'Illyricum. C'est donc moins la

des traditions les plus authentiquement romaines [147], comme les plus habituelles au catholicisme africain [148]. Ce que je voudrais simplement faire remarquer, c'est que Valentinien II, en 385, lors de l'élection de Sirice, n'a pas une attitude très éloignée. La situation n'était pas à Rome à la mort de Damase beaucoup plus limpide que celle de Milan à la mort d'Auxence et, si le Préfet de la ville [149] n'a pas eu à intervenir lors de l'élection même de Sirice [150] comme il avait dû le faire tout au long de l'épiscopat de Damase, le compétiteur de Damase, Ursinus, était encore en vie et la situation demeurait tendue. On pouvait d'ailleurs se demander quelle serait l'attitude de la Cour de Milan au moment où Justine entourait étroitement son fils, si ne se profilaient déjà les premières mesures de sa politique en faveur des Homéens. Or, dans sa *gratulatoria*, Valentinien II se réjouit de l'union qui s'est faite à Rome pour élire Sirice et rejeter, entre autres, Ursinus et il se félicite que cette heureuse élection ait lieu « de son

---

« neutralité » qu'un sain réalisme qui a dicté à Valentinien sa conduite. Il avait maintenu Auxence en place par respect du fait établi; il respectait maintenant le changement de situation, avec la même « neutralité ».

[147] Aussi bien Valère Maxime (*Dicta et facta*..., *Praefatio*) pour Tibère, que Tacite pour Galba (*Historiae* I, 15, 2) insistent sur le *consensus* des hommes et des dieux dans la dévolution de l'Empire. Voir Béranger, *Le refus du pouvoir*.

[148] Cyprien, parlant de l'élection de Corneille, déclare de façon analogue: « Factus est Cornelius episcopus de Dei et Christi eius iudicio, de clericorum paene omnium testimonio, de plebis quae tunc adfuit suffragio, de sacerdotum antiquorum et bonorum uirorum collegio » (*Ep.* 55, 8, 4). Cyprien insiste – sans cacher les réserves – sur l'accord de toutes les parties, divine et humaines, dans le choix de Corneille. Pontius souligne le même accord du peuple en l'attribuant à Dieu pour l'élection de Cyprien lui-même: « Cum in dilectione eius et honore *totus populus, inspirante Domino*, prosiliret, humiliter secessit... »: *Vita Cypriani* 5 (CSEL 3, 3, p. XCV). Ambroise partage la même conception lorsqu'il écrit à propos d'Eusèbe de Verceil: « Merito uir tantus euasit quem *omnis* elegit *ecclesia*; merito creditum quod *diuino* esset electus *iudicio* quem *omnes* postulauissent » (*Ep.* 63, 2).

[149] Pinien (un chrétien) ou, plus vraisemblablement, Symmaque (un païen), en ce mois de janvier 385: A. Chastagnol, *Les Fastes de la Préfecture de Rome au Bas-Empire*, Paris 1962, p. 225.

[150] Sirice est élu le 12 janvier 385. La *gratulatoria* de Valentinien II est du 24 février 385 et elle est adressée au nouveau Préfet Pinien.

temps », c'est-à-dire, sous son gouvernement [151]. Cette dernière affirmation, si on tient compte du vocabulaire et des discussions de l'époque, implique la reconnaissance de l'action protectrice de la divinité. Nous sommes bien devant les mêmes conceptions que celles qui sous-tendent l'attitude de Valentinien. On pourrait même dire que la joie dont parle ce rescrit de Valentinien II garantit celle dont nous parle Paulin de Milan [152], au sujet de Valentinien I.

Histoire ? ou histoire ? Les deux sans doute, mais toujours à la fois : je pense, assurément, avoir « expliqué » davantage certaines parties au moins du *texte* de Paulin en particulier; mais j'espère avoir rejoint également plus d'une fois l'histoire vécue, sinon telle exactement qu'elle a été vécue. Paulin a eu à sa disposition l'oeuvre d'Ambroise. Il a surtout vécu plusieurs années et au contact d'Ambroise et à celui de Simplicien. Ce dernier était alors âgé et, jouissant de l'estime filiale d'Ambroise, devait d'autant plus volontiers évoquer pour les oreilles curieuses des jeunes clercs les premiers temps de leur évêque. Quant à celui-ci, quand on sait le souvenir vivant qu'il a conservé au long de sa vie de cette élection soudaine [153], quand on le voit en fêter lui-même l'anniversaire [154] ou rappeler à l'un de ses fils sa propre

---

[151] *Coll. Avellana*, 4 (éd. O. Guenther, CSEL 35, 1, pp. 47-48) : « Populum Vrbis aeternae gaudere concordia et optimum eligere sacerdotem, et populi Romani esse cernimus instituti, et nostris gratulamur id euenire temporibus. Proinde, quoniam religiosum Siricium antistitem sanctitatis sic praeesse sacerdotio uoluerunt ut Vrsinum improbum acclamationibus uiolarent, nostro cum gaudio memoratus episcopus esse permaneat ... ». On remarquera le *permaneat* final !

[152] Paulin, *Vita Ambrosii* 8 : « qui summo gaudio accepit quod iudices a se directi ad sacerdotium peterentur » - *Petere*, qui apparaît déjà en § 6, est un terme technique qui exprime l'action et les droits de la *plebs* lors du choix d'un évêque. Voir F.L. Ganshof, *Note sur l'élection des évêques dans l'Empire romain au IVe siècle et pendant la première moitié du IVe siècle*, « Revue internationale des Droits de l'Antiquité », t. IV, 1950 (*Mél. De Visscher*), pp. 471 et 494 et J. Fontaine, Commentaire à *Vita S. Martini* 9, 1 : SCh 134, p. 643, n. 1, qui rapproche les cas de Martin et d'Ambroise.

[153] Gryson, *Le prêtre ...*, p. 221 début : « ... Ambroise est resté profondément marqué par son élection inattendue ... ».

[154] Voir *supra*, n. 33. C'est le seul exemple, mais cet anniversaire ne revenait pas tous les ans un dimanche. On notera cette réflexion d'Ambroise :

ordination [155], on peut être sûr que, dans le milieu des clercs de Milan, les événements de 374 avaient bien des fois l'occasion d'être évoqués. Mais, plus que ces occasions officielles régulières, ce qui a donné à l'élection d'Ambroise sa valeur et sa notoriété, c'est ce qu'elle a représenté à Milan et en dehors de Milan, sur le moment et par la suite. Jérôme, dans sa *Chronique* et dans ses premières Lettres, l'atteste pour le milieu d'Aquilée et même pour l'Occident avant 380 [156]. Mais, à cette date, Ambroise est loin d'avoir encore la partie gagnée. S'il a pu profiter de la mort de Valentinien pour conquérir de haute lutte le siège de Sirmium, il est, en 379-380, l'homme que cherchent à abattre les Homéens d'Illyricum [157]. Ce n'est qu'en 386 qu'Ambroise sera tout près de suivre le chemin de Denis – et il s'y était préparé. La capitulation de Valentinien II – qui n'était pas Constance II – a marqué le déclin pour un siècle de l'homéisme en Occident et elle a confirmé Ambroise dans son élection et son héritage [158]. Le peuple, qui était sans doute lui aussi prêt à revivre 355, a joué alors le rôle qu'on est moins surpris, me semble-t-il, de lui voir assumer en 374. Comment s'étonner qu'on en ait gardé vivant le souvenir... envers et contre toutes les irrégularités canoniques ? [159]

« ' Honora patrem et matrem ' (*Luc.* 18, 20): Pulchre mihi hodie legitur legis exordium, quando mei natalis est sacerdotii. *Quotannis enim quasi de integro uidetur incipere sacerdotium quando temporum renouatur aetate*» (*Exp. in Lucam* 8, 73 d.). Une telle réflexion suppose une attention très délicate à ces anniversaires.

[155] Ambroise, *Ep.* 4, 2.

[156] Voir *supra*, pp. 243, n. 1; 245, n. 9; 260-261 n. 60.

[157] Nautin, *Les premières relations* ..., pp. 229-244.

[158] *Sermo contra Auxentium* 18: « Absit a me ut tradam Christi haereditatem ! Si ille (Naboth) ' patrum haereditatem ' (*1 Reg.* 21, 3) non tradidit, ego tradam Christi haereditatem ? Sed et hoc addidi: ' Absit ut tradam haereditatem *patrum* ' (cf. *1 Reg.* 21, 3), hoc est haereditatem Dionysii qui in exilio in causa fidei defunctus est, haereditatem Eustorgii confessoris, haereditatem Myroclis atque omnium retro fidelium episcoporum...». Voir les allusions de l' *Exp. in Lucam* 9, 25 et surtout 33.

[159] Sur la volonté de limiter les prérogatives des fidèles, voir Lafontaine, *Le conditions positives* ..., pp. 255 sq.: textes de Célestin (*Ep.* 5, 2-3: PL 50, 436 B - 437 B); Zosime (*Ep.* 9, 1, 3: PL 20, 671 B-C). Y ajouter le texte de Damase cité n. 65.

VII

LES RAPPORTS DE LA GAULE ET DE LA CISALPINE DANS L'HISTOIRE RELIGIEUSE DU IVe SIÈCLE

Je devrais parler d'*histoire ecclésiastique* ou d'*histoire de l'Église* — car il ne sera pas ici question du paganisme —. Mais l'expression évoque immédiatement Rufin. Or, si on parcourt l'*Histoire de l'Église* que Rufin compose à Aquilée au début du Ve siècle, on s'aperçoit qu'il sait peu de chose de la Gaule, ne nomme en tout cas qu'Hilaire de Poitiers et ne s'intéresse à lui lui que pour son action ... en Italie. Nous verrons tout à l'heure combien ce témoignage est précieux ([1]). Mais nous ne pouvons pas prendre cette oeuvre pour juger de l'intérêt que les lecteurs d'Aquilée portaient à une Gaule qui n'allait pas tarder à se faire plus lointaine. Au moment où Rufin traduit Eusèbe de Césarée et bon nombre d'oeuvres grecques, Chromace, en commentant Matthieu, compulse lui l'*In Matthaeum d'Hilaire*, comme je le dirai tout à l'heure.

Qu'en était-il du menu peuple? Il ne se fût pas étonné de rencontrer à Trèves et à Aquilée ou Milan des bâtiments analogues. Il eût peut-être même entendu sans trop de peine l'évêque de l'une quelconque des cités de Gaule ou d'Italie... et dans sa langue vernaculaire! Tant l'unité de l'Empire, autant que l'unité de la foi — pourtant déchirée à l'une ou l'autre époque —, rendait alors inutile le miracle de la Pentecôte et du don des

---

([1]) Voir infra, p. 266, n. 29, pour Rufin, *Hist. ecclesiast.*, 1, 30-31. J'ai montré qu'en I, 20, Rufin bloquait dans une même présentation du Concile de Milan de 355, des événements qui se déroulent en outre à Arles en 353 et à Béziers en 356: *Julien d'Éclane et Rufin d'Aquilée. Du Concile de Rimini à la répression pélagienne...* in *R.E. Aug.* 24, 1978, pp. 262-263.

VII

langues. Mais le peuple gallo-romain aurait trouvé un motif supplémentaire de se sentir uni aux chrétiens d'Italie du Nord. C'est que certaines de ses cités lui avaient fait cadeau des reliques de leurs saints autochtones. Quoi de plus grand depuis les Apôtres?

Diffusion des reliques, diffusion d'oeuvres écrites, relations... et discussions entre les chefs d'église, à l'occasion de conciles réunis le plus souvent par le pouvoir impérial, voilà les trois chapitres sous lesquels je voudrais rassembler rapidement un certain nombre de faits qui s'échelonnent du début à la fin du IVe siècle et dont j'ai déjà eu l'occasion, pour certains, de parler ici même depuis une dizaine d'années. Je ne laisserai pas de côté des rapports moins officiels, même s'ils sont moins attestés, dans la mesure où ils nous montrent des hommes qui n'écrivent pas seulement des lettres ou portent celles des autres — en même temps que leurs *codices* —, mais se transplantent d'une région à l'autre. Le cas que je citerai tout à l'heure n'est connu que de façon très accidentelle. Il n'est certainement pas unique. C'est avec ces petits faits « accidentels » que nous avons à reconstruire l'histoire de ces rapports entre les deux régions. Ils sont suffisamment nombreux et ils s'ajoutent à tant d'autres données politiques, économiques, que nous pouvons leur faire confiance, même s'ils méritent bien plus de développement que je ne leur en donnerai ici.

I - Les rapports officiels entre les Églises de Gaule et d'Italie du Nord: les Conciles occidentaux

L'histoire des relations entre les deux églises de part et d'autre des Alpes commence pour nous avec le début du IVe siècle et le début de « l'Empire chrétien ». Elle s'insère dans le cadre beaucoup plus vaste des rapports, à la fois, entre les différentes Églises d'Occident — et pas seulement la Gaule et la Cisalpine —, et entre l'Église et l'État, ce qui élargit les problèmes ou restreint parfois la place qu'y occupent les épiscopats de nos deux régions. Il faut tenir compte de ces limites et de ces contingences. Il n'en reste pas moins que les affaires

VII

ecclésiastiques, auxquelles, de gré ou de force, les divers évêques — et par là, pour une part au moins, leurs églises —, ont été liés ou impliqués, ont créé des liens, des courants, qui ont parfois troublé, mais aussi enrichi les diverses communautés. Elles ont également l'avantage de nous fournir des repères sûrs, une sorte de chaîne, plus ou moins lâche, sur laquelle nous pouvons tisser un tableau, au moins partiel, de la vie des deux régions... en même temps que nous suivons les armées.

Le Concile d'Arles de 314.

Le premier cas qui se présente à nous est celui du Concile d'Arles du 1 août 314. Maître de l'Occident, Constantin essaie de régler les affaires religieuses pendantes et en particulier celle qui n'a pas encore pris son nom de « Donatisme ». Je n'ai pas à m'arrêter ici au contexte. J'ai déjà eu l'occasion de noter que cette affaire nourrira les relations entre la Cisalpine et l'Afrique au long du IVe siècle (²). Je voudrais ici me contenter des trois remarques suivantes: d'abord, le fait que ce concile de 314 nous fournit l'ancrage inamovible de l'épiscopat de Théodore et par là, de façon moins précise, des constructions d'Aquilée. A quelles discussions ne se livrerait-on pas si nous n'avions cette date de 314 qui atteste la présence en Arles de Théodore et son diacre Agathon, en même temps que celle de Méroclès et de Severus de Milan? De Vérone ou Brescia, personne, tandis que les Pouilles, la Campanie, la Sicile sont représentées. Mais surtout, et c'est ma deuxième remarque, la Gaule *entière* est présente en Arles en 314, seul concile où l'on puisse, dans nos textes, voir les évêques des différentes provinces gauloises se rassembler: non seulement la Provence et la Vallée du Rhône ou l'Aquitaine, mais, en plus de Trèves, la Gaule du Nord-Est, et, plus encore, celle de l'Ouest avec Rouen... et même la (Grande) Bretagne (³).

(²) *L'influence des écrivains africains du IIIe siècle sur les écrivains chrétiens de l'Italie du Nord dans la seconde moitié du IVe siècle*, in Aquileia e l'Africa, « A.A.Ad » V, 1974, pp. 194 sq.

(³) Sur les *Actes* et la liste des signataires, voir l'édition de Ch.

VII

Or, dans les décennies qui vont suivre, nous ne verrons le plus souvent que *l'une* ou *l'autre* de ces régions en contact avec l'Italie du Nord. La place que tenait l'épiscopat gaulois dans la requête des Donatistes explique certes cette présence nombreuse. Je ne veux y voir ici que l'occasion d'une rencontre massive entre deux épiscopats. Elle ne se répétera plus à nos yeux avec la même étendue. Les réunions suivantes, en effet, nous apparaîtront plus circonscrites géographiquement. Mais il est vrai que nous n'avons que trop rarement les listes des présents. Ma dernière remarque concerne une phrase de résumé qui a pour auteur, me semble-t-il, l'excerpteur qui nous a gardé la Synodale envoyée à Silvestre. Après avoir transcrit les premiers canons et ajouté un *et cetera*, il note, au sujet de l'Empereur: « *Tunc taedians* iussit omnes ad suas sedes redire » (⁴). De fait, le pouvoir politique n'aura jamais à se féliciter de l'attitude des évêques palatins. Le dernier concile auquel nous assisterons tout à l'heure sera totalement dégagé de l'emprise du pouvoir politique. L'alliance de l'épiscopat de Cisalpine et celui de la Gaule sera en tout cas plus d'une fois déterminant dans cette lutte avec le pouvoir.

Le Concile d'Arles de 353.

Cette alliance a certainement été favorisée par le passage d'Athanase en Italie du Nord et en Gaule. L'évêque d'Alexandrie résida en exil à Trèves en 335-337. Il est à nouveau en Italie entre 339 et 345 et nous connaissons au moins un de ses séjours à Aquilée (⁵), en plus de ses passages par Milan. Il est également en relations avec Crispinus de Padoue, Lucillus de Vérone (⁶). Bref, celui qui, aux yeux des Occidentaux, incarne

---

Munier in *C.C.L.* CXLIII, pp. 7-22, reprise, traduite et annotée par J. Gaudemet, *Les Conciles gaulois du IVᵉ siècle,* Collection *Sources Chrétiennes,* n° 241, pp. 46-62.

(⁴) Munier, p. 6, l. 64 - Gaudemet, pp. 44-45 (qui me semble donner une traduction inexacte).

(⁵) ATHANASE, *Apologie à Constance,* 3 (*PG* 25, c. 597 D) et 15 (c. 613 B-C).

(⁶) *Ibidem,* 3 (600 B-C).

262

Nicée a eu le temps de se faire connaître des deux épiscopats. Il n'est donc pas étonnant qu'au Concile d'Arles de 353, celui qui s'oppose le plus à la politique de Constance soit l'évêque de Trèves, premier séjour d'Athanase en exil, Paulin. Il est exilé. Mais il faut dire qu'il est alors le seul. Les légats de Libère capitulent. Nous ne savons pas ce que firent les autres évêques italiens. Par la lettre *Sciebam* de Libère nous apprenons que le pape demanda à Fortunatien de se rendre auprès de l'empereur pour obtenir la convocation d'un concile général ([7]). L'évêque d'Aquilée se rendit-il en Arles? Suivit-il l'empereur vers le Rhin ([8])? Avait-il participé déjà à ce concile qui, au lieu d'Arles, aurait dû se réunir à Aquilée ([9])? Nous ne le savons pas.

Le Concile de Milan de 355.

Le nouveau concile se réunit à Milan, dans l'Église cathédrale tout d'abord, au palais impérial ensuite ([10]). D'après Socrate ([11]) et Sozomène ([12]), assistaient au Concile trois cents évê-

---

([7]) Libère, *Ep. Sciebam,* 2 (V. Buhlart, *C.C.L.* 9, p. 123, 1. 25-33).

([8]) Rien de tel, bien entendu, chez Ammien qui raconte la marche pleine d'aléas de Constance vers le Rhin en ce printemps 354. L'empereur rentre ensuite à Milan (*Res Gestae,* XVI, 10).

([9]) Voir *Les relations doctrinales entre Milan et Aquilée durant la seconde moitié du IVe siècle: Chromace d'Aquilée et Ambroise de Milan* in *Aquileia e Milano, A.A.A.d.* IV, 1973, pp. 178-179.

([10]) Les textes essentiels sont chez Hilaire, *Ad Constantium liber primus,* 8 (*PL* 10, c. 562-564) et Sulpice Sévère, *Chronique,* II, 39, 3-7 (*CSEL* 1, p. 92). Voir Y.M. Duval, *Sur l'arianisme des Ariens d'Occident* in *Mélanges de Science religieuse,* 26, 1969, pp. 149-151; Kl. Martin Girardet, *Constance II, Athanase et l'édit d'Arles* in *Politique et théologie chez Athanase d'Alexandrie* (éd Ch. Kannengiesser), Paris, 1974, pp. 63-91; H. Crouzel, *Un résistant toulousain à la politique proarienne de l'empereur Constance II, l'évêque Rhodanius* in *B.L.E.* 77, 1976, pp. 173-190.

([11]) Socrate, *Hist. eccles.,* II, 36 (*PG* 67, c. 300 C-D).

([12]) Sozomène, *Hist. eccles.,* IV, 9 (*PG* 67, c. 1128-1129). Sozomène ne fait ici que suivre Socrate.

ques occidentaux. Nous ne possédons qu'une liste de 30 noms ([13]), parmi lesquels une dizaine seulement sont identifiables. Aucun évêque connu d'Italie du Nord. De Gaule, deux noms méritent de nous retenir. Celui de Rhodanius de Toulouse, qui ne tardera pas à être exilé ([14]) et celui de Saturninus d'Arles, qu'Hilaire va nous présenter comme le porte-étendard de l'arianisme en Gaule.

Ce concile de Milan, avec son envoi en exil de Denys de Milan, d'Eusèbe de Verceil, de Lucifer de Cagliari, va provoquer l'entrée en lice d'Hilaire en Gaule ([15]). Dans les dix années qui vont suivre, il sera le lien entre la Cisalpine et la Gaule nicéenne. Par l'intermédiaire de Martin d'abord qui, de Poitiers, passe par Milan ([16]), pour se rendre auprès de ses parents à Sabaria ([17]). Mais il est bien vite expulsé et regagne l'Italie où il s'installe tout d'abord aux portes de Milan, en apprenant qu'Hilaire a été exilé lui aussi ([18]). Auxence le chasse à son tour, tant et si bien que l'ancien militaire se fixe pour quelque temps sur l'îlot de Gallinaria ([19]).

Le Concile de Rimini de 359.

Nous ne savons pas à quel moment précis se place cette installation à Gallinaria. L'année 359, en tout cas, voit les évêques de l'Occident tout entier affluer en Italie du Nord pour le célèbre et lamentable concile de Rimini qui siège du printemps

---

([13]) Cette liste de signatures à la lettre adressée à Eusèbe de Verceil a été éditée par Baronius. Elle est reprise par MANSI, *A.C.O.* III, p. 238, n. 1. Voir à ce sujet A. WILMART, *La lettre de Potamius à saint Athanase*, in *R. Bén.* 30, 1913, p. 265, n. 2; H. CROUZEL, *art. cit.*, p. 179.
([14]) Après le synode de Béziers: H. CROUZEL, *art. cit.*, p. 180 sq.
([15]) HILAIRE, *Contra Constantium*, 2. J. DOIGNON, *Hilaire avant l'exil*, Paris, 1973, pp. 444 sq., même si je ne partage pas son interprétation de la *professio fidei* (voir mon c.r. in *Latomus*, 22, 1973, pp. 893-894).
([16]) SULPICE SÉVÈRE, *Vita Martini*, 6, 1 (Éd. J. Fontaine, *S.C.*, 133, p. 264).
([17]) *Ibidem*, 5, 3 et 6, 3 (pp. 262 et 264).
([18]) *Ibidem*, 6, 4 (pp. 264-266).
([19]) *Ibidem*, 6, 5 (p. 266).

à l'hiver. Sulpice Sévère déclare que les évêques gallo-romains furent les seuls à refuser l'octroi du *cursus publicus* ([20]). Il fait de Phébade d'Agen et de Servais de Tongres l'âme de la résistance aux injonctions de Constance et aux manoeuvres d'Ursace et Valens ([21]). Tout le monde finit cependant par acquiescer à une formule qui, dans la bouche des Homéens, devint vite hétérodoxe et restera le cri de ralliement des Ariens d'Occident durant au moins le siècle à venir ([22]). L'histoire des années 360-390 tout d'abord est toute occupée par la reconquête de la Gaule, de l'Italie et de l'Illyricum sur l'homéisme.

L'action d'Hilaire en Gaule et en Italie.

J'ai déjà eu l'occasion de montrer la place qu'avait occupée Hilaire dans cette reconquête ([23]). Il agit, dès Constantinople, à la fin 359, mais aussi au cours de son retour vers la Gaule, à Rome, de façon certaine ([24]), en Italie du Nord peut-être auparavant. Il a assurément pris dès alors la mesure du rôle d'Auxence de Milan, puisque celui-ci est explicitement condamné à Paris en 360 ([25]). Cette condamnation ne suffira pas. Hilaire viendra à Milan même en 364 ([26]). Mais j'ai montré que les textes nous

---

([20]) SULPICE SÉVÈRE, *Chron.*, II, 41, 2-4 (Éd. C. Halm, CSEL 1, p. 94).

([21]) Sur les problèmes posés par ce Concile, voir *La « manoeuvre frauduleuse » de Rimini. A la recherche du Liber aduersus Vrsacium et Valentem d'Hilaire*, in *Hilaire et son temps* (Colloque de Poitiers, 1968), Paris, 1969, pp. 51-173.

([22]) Sur la fidélité des Ariens d'Occident à « Rimini », voir *Julien d'Éclane et Rufin d'Aquilée* (...), in *R.E.Aug.*, 24, 1978, pp. 268-271.

([23]) *Vrais et faux problèmes concernant le retour d'exil d'Hilaire de Poitiers et son action en Italie en 360-363*, in *Athenaeum*, 48, 1970, pp. 251-275, et particulièrement pp. 261 sq.

([24]) Son passage y est attesté par la *Vita Martini*, 6, 7. La question est de savoir si, de Constantinople, il y était arrivé par mer ou par terre.

([25]) Lettre *Omni quidem* du Concile de Paris (*PL* 10, c. 712 B-C: fr. XI, 4 = Feder, *CSEL* 65, p. 45, l. 15 sq.: A 1, 4).

([26]) Nous connaissons ce séjour par le *Contra Auxentium*.

invitaient à ne pas nous contenter de ce voyage de 364 et du ou des passages de 360 ([27]). Hilaire et Eusèbe de Verceil ont oeuvré ensemble pour provoquer, en Italie même, la condamnation de Rimini et faciliter le retour au nicéisme le plus pur de tous ceux qui s'étaient laissé imposer une formule de foi pour le moins ambiguë. Cette action directe a été accompagnée d'une oeuvre écrite, dont nous n'avons malheureusement que des fragments épars et les témoignages de Jérôme ([28]) et Rufin ([29]) à la fin du siècle: le *Liber aduersus Vrsacium et Valentem* ([30]).

La lutte contre Auxence de Milan.

Hilaire fut gêné, semble-t-il, par les milieux Lucifériens qui lui reprochèrent sa douceur. Cela se passait-il en Gaule ([31])? À part la Sardaigne ([32]), nous ne connaissons pas de groupe Luciférien dans le nord de l'Italie, alors qu'ils paraissent nombreux dans la moitié méridionale, à en juger par le *Liber precum* ([33]).

([27]) *Vrais et faux problèmes*, pp. 267-275.
([28]) JÉRÔME, *De uiris illustribus*, 100 (*PL* 23, c. 699-701).
([29]) RUFIN, *Hist. eccles.*, 1, 30-31; *De adulteratione librorum Origenis*, 11.
([30]) *Ibidem*, pp. 269-273; La « *manoeuvre frauduleuse* », p. 72 sq. J. Doignon vient de me donner son accord sur ce point dans *Tradition classique et tradition chrétienne dans l'historiographie d'Hilaire de Poitiers au carrefour des IV-V^{es} siècles*, in *Histoire et Historiographie (Mélanges L. Foucher)* (Éd. R. Chevallier), Paris, 1980, pp. 220-222.
([31]) Un prêtre de Trèves, Bonose, est célébré par le *Libellus precum* 21, 77 (Éd. O. Günther, *C.C.L.* 69, p. 378). Les Lucifériens se laissent entrevoir dans l'anecdote racontée par Rufin dans le *De adulteratione librorum Origenis*, 11. Mais nous savons également qu'Hilaire a eu à répondre à des critiques de Lucifer et du diacre romain Hilaire contre son *De Synodis*. Voir le jugement de Marcellinus et Faustinus sur Hilaire dans le *Liber precum*, 7, 24 (Éd. O. Günther, *C.C.L.* 69, p. 366); 14, 53 (pp. 372-373).
([32]) Le schisme y existe encore vers 370-375 (AMBROISE, *De excessu Satyri*, 1, 37), si c'est dans l'île qu'aborde Satyrus. Mais on peut songer également à la Campanie.
([33]) *Liber precum*, 7, 24 et 16, 62 sq., 69 (pp. 266 et 374-375) à Naples; 21, 77 sq. (pp. 378-380) à Rome et Ostie.

L'action d'Hilaire, si elle semble avoir été couronnée de succès en Gaule, ne suffit pas à débarrasser l'Italie des Homéens qui y avaient été installés depuis 355. Auxence, en particulier, demeurait sur le siège de Milan et il n'était pas inactif, si l'on en juge par les plaintes dont fait état la lettre *Confidimus* de l'évêque de Rome. Or, ce qui est important pour notre sujet, c'est que cette plainte émane à la fois des évêques de Gaule et de Vénétie ([34]). Ces deux groupes d'évêques sont également réunis dans l'adresse de la lettre 92 de Basile de Césarée. Malheureusement, dans la dizaine de noms en tête de la lettre *Confidimus*, si celui de Valerianus évoque Aquilée, aucun n'est identifiable comme étant un Gallo-romain. Eusèbe de Verceil lui-même n'est pas nommé, ce qui laisse entendre qu'il était déjà mort († 369-370) ou trop âgé pour se déplacer ([35]). Hilaire, quant à lui, était mort dès 367 ou 368, sans avoir vu ses efforts contre Auxence couronnés de succès.

Le Concile d'Aquilée de 381.

En réalité, Auxence mourra sur son siège. L'élection d'Ambroise a rassemblé deux clans d'évêques, ce qui laisse entendre qu'Auxence n'était pas demeuré comme une île dans cette Italie annonaire ([36]). Ce fut en vérité cette élection d'Ambroise qui fit disparaître les différents bastions de l'homéisme, en Cisalpine tout d'abord, dans l'Illyricum également. Je n'ai pas à rappeler ici en détail ce que fut la préparation ni la tenue du concile d'Aquilée ([37]). Je me contenterai de noter qu'à ce conciliabule, comme le dira, non sans raison, Palladius, assistaient néanmoins trois évêques de la vallée du Rhône et deux évêques au moins

---

([34]) DAMASE, *Ep. Confidimus* (PL 13, c. 348 B) - Voir *Les relations doctrinales*, pp. 180-181.

([35]) D'après sa *Vie*, 5 (A.S. Avril, II, p. 751 - 20 avril), Marcellinus a été sacré évêque d'Embrun par Eusèbe de Verceil. Voir L. DUCHESNE, *Fastes*, I, p. 280.

([36]) Voir *Ambroise de son élection à sa consécration*, in *Ambrosius Episcopus* (Milano, 2-7.XII. 1974), t. II, p. 250 sq.

([37]) Voir *Les relations doctrinales*, pp. 184-188.

des Alpes ([38]). Ils venaient à peu près d'aussi loin que Palladius! Quant aux absents, représentés en fait par Constantius d'Orange et Justus de Lyon, qui se présentent en légats, ils furent tenus au courant des décisions: l'une des synodales est adressée spécifiquement aux évêques de Viennoise et de Narbonnaise I et II (*Ep.* 9).

L'affaire Priscillien et le schisme félicien.

C'est là la dernière intervention de l'épiscopat gaulois contre l'arianisme du IVe siècle, alors que celui-ci devait demeurer menaçant à Milan même plusieurs années encore. Mais ce n'est pas le dernier témoignage de l'action commune des deux épiscopats. Le courant s'inverse cependant; car, dans la vingtaine d'années qui va suivre, c'est l'épiscopat gaulois qui aura besoin de l'intervention d'Ambroise en particulier. Encore celui-ci ne fut-il entraîné dans cette affaire Priscillien qu'à son corps défendant et par le biais des événements politiques.

Au moment où Priscillien et son groupe connaissaient leurs premiers ennuis en Espagne, Ambroise reste prudent. Il refuse de recevoir Instantius et Priscillien à leur retour de Rome ([39]). Il retrouvera à Trèves une situation qui a beaucoup évolué, à la fois sur le plan religieux et sur le plan politique. Il est d'ailleurs difficile de faire un partage précis, dans le jugement d'Ambroise porté sur l'attitude de Maxime et les évêques qui l'utilisent, entre les sentiments de l'évêque et ceux du protecteur de Valentinien II. De toute cette affaire, embrouillée s'il en est, à commencer par sa chronologie exacte, je ne veux retenir ici que les quelques points qui intéressent notre présent propos. Je note

---

([38]) Justus de Lyon, Constanti(n)us d'Orange, Proculus de Marseille d'une part, Théodore d'Octodurum, Dominus de Grenoble de l'autre (*PL* 16, c. 939). Sur Amandus « Niciensis », voir *Aquilée sur la route des Invasions,* in *Aquileia e l'arco Alpino Orientale,* « A.A.Ad », IX, 1976, p. 258 et n. 108.

([39]) SULPICE SÉVÈRE, *Chronic.* II, 48, 4 (Éd. Halm, *CSEL* 1, p. 101).

VII

tout d'abord que, dans ses deux ambassades à Trèves, Ambroise retrouve sa ville natale. D'autre part, l'évêque de Milan noue avec certains évêques des liens d'autant plus resserrés que deux groupes se forment qui vont se déchirer dans les années suivantes. La disparition de Maxime affaiblira sans doute ceux qui s'étaient appuyés sur lui, mais on comprend qu'ils aient eu du mal à accepter l'arbitrage de quelqu'un qui avait, dès la condamnation de Priscillien, refusé de communiquer avec eux.

Nous connaissons pourtant, de façon parfois presque « accidentelle », l'existence de plusieurs conciles consacrés à la résorption de ce schisme. En 390, un concile d'évêques gaulois et italiens était réuni à Milan lorsqu'arrive l'annonce du massacre de Thessalonique ([40]). Le *De obitu Valentiniani*, 25, nous apprend qu'au printemps 392, Ambroise pouvait assister à un synode gaulois convoqué pour mettre fin au schisme. Celui-ci n'était pas encore disparu lorsqu' « à la demande des évêques des provinces de Gaules », un autre synode se réunit à Turin, aux lendemains de la mort d'Ambroise ([41]), en septembre 398 très vraisemblablement. Aucune liste de signataires n'accompagne malheureusement la synodale. La nature des questions traitées nous ramène vers le sud de la Gaule. Nous sommes à la veille de l'éclipse de Milan et, dans les affaires religieuses, de l'Italie du Nord, qui ne retrouvera plus le rôle qu'elle avait joué avec Ambroise durant le dernier quart du IVe siècle. Nous sommes également à la veille de temps difficiles pour la Gaule du Nord-Est, et pour nous obscurs. Il n'est cependant pas interdit de penser que les relations et les voyages individuels ont continué et ont remplacé ces assemblées qui scandent le IVe siècle et dont seules les dernières semblent avoir su se dégager de la tutelle du pouvoir politique.

([40]) AMBROISE, *Ep.* 51, 6 (*PL* 16, c. 1161 B-C).
([41]) *Synode de Turin*, Début et c. 6 (Éd. Munier, *CCL* CXLIII, p. 55 et 58 = Gaudemet, *S. Chr.* 241, p. 137 et p. 142). Sur les discussions concernant la date, v. J. GAUDEMET, pp. 133-134.

VII

Les relations entre particuliers.

A vrai dire, beaucoup de voyageurs gaulois ont dû fréquenter Milan pour venir tout d'abord à la cour. On y passe également lorsqu'on se rend à Rome ([42]) ou lorsqu'on en vient, comme le montre l'un des fragments retrouvés de Rutilius Namatianus en 417, à un moment où la Cour est à Ravenne. L'Italie du Nord se trouve également sur la voie des pélerinages vers la Palestine. L'*Itinéraire du Pélerin de Bordeaux* le montre déjà à l'époque de Constantin. J'ai montré que l'on pouvait retrouver cet itinéraire italien chez certains visiteurs de Jérôme ([43]).

Les correspondances attestent également ces échanges. Il nous est parvenu quelques billets d'Ambroise à Justus de Lyon ([44]), à Delphinus de Bordeaux et Phébade d'Agen ([45]), qui ne sont que de maigres témoignages d'une activité épistolaire beaucoup plus fournie. Nous savons que Paulin de Nole, à Bordeaux encore à l'époque, était en relations avec Ambroise ([46]). Nous trouverons dans un instant d'autres indices de ces relations. Mais je voudrais terminer cette revue rapide des individus par une question dont la réponse attestera la fluidité des rapports entre les deux régions: Qui était Venerius, le second successeur d'Ambroise sur le siège de Milan? Un clerc de Bordeaux, nous apprend une lettre de Paulin de Bordeaux, lui-même établi en Campanie ([47])!

([42]) D'Espagne, Prudence passe à Imola (*Peristephanon,* IX) pour aller à Rome.
([43]) *Aquilée et la Palestine entre 370 et 420,* in *Aquileia e l'Oriente, A.A.Ad.,* XII, 1977, pp. 284-285.
([44]) AMBROISE, *Ep.,* 7 et 8 (*PL* 16, c. 904-915).
([45]) AMBROISE, *Ep.* 87.
([46]) AMBROISE, *Ep.* 58 - PAULIN, *Ep.* 3, 4 (*CSEL* 29, p. 16). Augustin, d'après cette lettre de Paulin, a entendu parler de Paulin à Milan durant son séjour en cette ville (384-387), donc avant la « conversion » de l'Aquitain (p. 16, l. 14-15). Voir également la note suivante. Sur l'ensemble des rapports, v. S. COSTANZA, *I rapporti tra Ambrogio et Paulino di Nola,* in *Ambrosius episcopus,* II, pp. 220-232.
([47]) PAULIN, *Ep.* 20, 3 (Éd. Hartel, *CSEL* 29, p. 145, l. 11-13):

VII

II - LES RELIQUES ITALIENNES EN GAULE

Gervais et Protais.

L'étroitesse de ces relations explique que se soient répandues à travers toute la Gaule la renommée et les reliques de Gervais et Protais, les premiers martyrs « découverts » par Ambroise. Nous trouvons leurs noms, dans l'Église qui leur est dédiée à Vienne, sur l'épitaphe de Foedula, baptisée par Martin à Vienne, et associés à Martin comme *proceres* ([48]). Leurs reliques sont dans la Rouen de Victrice avant la fin de ce siècle ([49]). Elles avaient été apportées à Tours par Martin lui-même ([50]), tant et si bien qu'on a pu se demander si Ambroise, Victrice et Martin ne s'étaient pas rencontrés à Vienne, en 386 ([51]). Est-ce dans ce

---

« Mediolanensis quoque episcopus nouus, *filius uester hucusque,* nunc frater, Venerius, iam scripserat nobis post ordinationem suam ». La lettre est adressée à Delphinus de Bordeaux et ne doit pas platement signifier que Venerius n'était jusqu'ici que prêtre ou diacre (cf. PAULIN de Milan, *Vita Ambrosii,* 46, en 397), mais qu'il avait appartenu au clergé de Bordeaux. Nous voyons de même un clerc africain dans le clergé de Milan (*Vita Ambrosii,* 54). Quant à Paulin, il déclare qu'Ambroise aurait voulu le compter parmi ses clercs, même absent: « suo me clero uoluit (Ambrosius) uindicare ut, etsi diuersis locis degam, ipsius presbyter censear » (*Ep.* 3, 4 - p. 17, l. 6-7). La présence de Venerius à Milan n'a donc rien de très étonnant, malgré les conciles.

([48]) J. DOIGNON, *« Procer »,* titre donné à saint Martin dans une inscription gallo-romaine de Vienne, in *Martin et son temps* (*Studia Anselmiana,* 48, 1961, pp. 150-168).

([49]) VICTRICE de Rouen, *De laude sanctorum,* 6 (*PL* 20, c. 448).

([50]) GRÉGOIRE de Tours, *Historia Francorum,* 10, 31, 5 (Éd. B. Krusch et W. Levison, *M.G.H. S.R.M.,* p. 259, l. 2-5), à propos d'Eustochius de Tours et de l'église qu'il bâtit à l'extérieur des murs, « in qua reliquias sanctorum Geruasi et Protasi martyris condidit *quae a sancto Martino de Italia sunt delatae,* sicut sanctus Paulinus in epistola sua meminit ». Sur cette lettre de Paulin de Nole, v. P. COURCELLE, *Fragments historiques de Paulin de Nole conservés par Grégoire de Tours,* in *Histoire littéraire des grandes invasions germaniques,* 3ᵉ éd., Paris, 1964, pp. 286 sq. Sur le sort de l'église, v. GRÉGOIRE, *Ibidem,* X, 31, 12 (p. 532).

([51]) Paulin atteste avoir rencontré Victrice à Vienne en même temps que Martin (*Ep.* 18, 9 - Éd. Hartel, *CSEL* 29, p. 136, l. 11-13). D'où la

même contexte qu'il faut expliquer la présence d'une chapelle dédiée à Gervais et Protais près du confluent de deux petits cours d'eau, en Saône-et-Loire, dans une région que Martin a dû traverser ([52])? La Marquise du Maillé a établi une carte des églises dédiées aux deux martyrs milanais dans la vallée de la basse Garonne: sept églises de part et d'autre du fleuve sur quelques kilomètres ([53]). La densité est parlante. Elle n'est pas un fait unique. Les Italiens ne savent peut-être pas qu'on a retrouvé des milliers de sarcophages mérovingiens autour de la chapelle consacrée à Gervais et Protais, à Civaux, au Sud-Est de Poitiers. La renommée des deux martyrs a donc duré. On peut en trouver une autre attestation dès la fin du IVe siècle chez le prêtre Eutrope, qu'il écrive en Aquitaine ou en Espagne ([54]).

Proculus et Agricola de Bologne.

Revenons vers le Nord, avec un deuxième groupe de reliques italiennes. Celles-ci ne sont cependant pas arrivées seules à Rouen, comme j'ai déjà eu l'occasion de le dire ici-même ([55]). Ce second (?) apport a pour nous l'avantage de montrer que Milan n'est pas seule concernée. Certes, Ambroise est nommé une nouvelle fois, mais aussi trois évêques, vraisemblablement,

---

conjecture de Jullian. Voir P. Courcelle, *Op cit.*, p. 289-290; J. FONTAINE, *Commentaire à la Vita Martini,* 15, 1 et 19, 3, *SChr.,* 134, p. 796, n. 2 et pp. 883-884.

([52]) J.G. BULLIOT et F. THIOLLIER, *La mission et le culte de saint Martin d'après les légendes et les monuments populaires dans le pays éduen,* Autun, 1892, p. 298: Au Bas de Marey (en Saône-et-Loire), la Chapelle de Gamey, qui a remplacé un oratoire aux génies du confluent de deux petites rivières.

([53]) Marquise C. de MAILLÉ, *Recherches sur les origines chrétiennes de Bordeaux,* Paris, 1960, p. 34 et p. 35, n. 9: Sept églises dédiées à Gervais, une à Nazaire.

([54]) EUTROPE (Ps. - JÉRÔME), *Ep.* 6, 18 (*PL* 30, c. 100-101). P. COURCELLE, *Un nouveau traité d'Eutrope prêtre aquitain vers l'an 400,* in *Histoire littéraire,* p. 131 sq.

([55]) *Aquilée et la Palestine,* pp. 312-315.

dont nous ignorons le siège ([56]). Plusieurs villes ont accepté de se séparer d'une partie de leurs reliques: Milan avec Nazaire, Plaisance avec Antoninus, Bologne avec Proculus et Agricola.

Dans le sens inverse, aucun témoignage, que je sache. Les Tourangeaux n'ont pas été aussi généreux avec Martin. Mais l'Italie, comme la Pannonie, ont récupéré d'une autre façon la *uirtus* du saint évêque. Ai-je besoin de rappeler qu'il avait été élevé à Pavie? Vous avez d'autre part suivi Fortunat sur la route de Tours. Vous savez qu'il y est resté, ou presque! J'y reviendrai tout à l'heure.

III - La diffusion des oeuvres gallo-romaines en Italie

Un phénomène inverse s'est produit avec les oeuvres écrites ([57])... à l'exception peut-être de Fortunatien d'Aquilée, un Africain... et seul évêque italien à avoir écrit quelque chose avant les dernières décades du IVe siècle. Ce silence des Italiens est frappant, à côté de l'abondance gauloise! La connaissance du *Commentaire sur le Cantique* de Rheticius d'Autun est attestée par Jérôme pour Concordia ([58]) comme pour Rome ([59]). Cette littérature gallo-romaine est la seule qui équilibre l'influence africaine ([60]), avant que ne s'affirme, de façon massive, l'apport oriental.

([56]) *Ibidem*, p. 313. Victrice, *De laude sanctorum*, 2 (*PL* 20, c. 441 B-D). Theodulus et Eustachius sont identifiables avec deux signataires de la Synodale *Recognouimus* envoyée en 393 à Sirice.

([57]) Et je ne cherche pas à lui adjoindre ici Lactance malgré son séjour à Trèves. La lecture des *Institutions,* est bien attestée en Cisalpine...

([58]) Jérôme, *Ep.* 5, 2 (Labourt, *CUF* 1, p. 18, l. 12-16).

([59]) Jérôme, *Ep.* 37, 1 et 4 (Labourt, *CUF* 2, p. 65 et p. 67), jugement beaucoup moins élogieux, maintenant que Jérôme connaît le *Commentaire* d'Origène!

([60]) Voir *L'influence des écrivains africains...*, p. 199 sq.

VII

L'Hilaire d'après l'exil.

A vrai dire, chronologiquement, l'oeuvre d'Hilaire qui est la première attestée en Italie, outre le *Liber aduersus Ursacium et Valentem* dont il a été question plus haut ([61]), appartient à sa période d'après l'exil et a d'abord servi, à divers titres, de médiation entre l'Orient et l'Occident. Nous savons que Jérôme a copié à Trèves pour Rufin non seulement le *De Synodis* de l'évêque de Poitiers, mais aussi ses *Tractatus super Psalmos* ([62]) dont il dira qu'ils empruntent beaucoup à Origène ([63]). Or, n'est-il pas remarquable que certains de ces *Tractatus* sont déjà lus par Zénon de Vérone dans la décennie qui suit leur parution ([64])? Ambroise les connaît vraisemblablement aussi, même s'il a pu remonter à leur source, Origène ([65]). Dois-je rappeler d'autre part qu'Hilaire a précédé Ambroise — et a pu lui économiser plus d'une erreur — dans la composition d'Hymnes liturgiques? Ce qui est certain, c'est que la grande oeuvre théologique d'Hilaire, les douze livres de son *De Trinitate*, a eu moins de lecteurs que ses oeuvres exégétiques. En dehors d'Ambroise dans son *De fide*, on ne trouve guère de traces de la lecture de ce long ouvrage en Italie du Nord. La difficulté de la langue et du sujet explique-t-elle ce « silence »? L'oeuvre s'est-elle trouvée vite dépassée par les problèmes nouveaux? La réponse n'est pas aisée.

L'In Matthaeum d'Hilaire.

En revanche, une oeuvre d'Hilaire a été beaucoup lue en

([61]) Voir, p. 266, n. 29-30.

([62]) JÉRÔME, *Ep.* 5, 2 (Labourt, *CUF* 1, p. 18, l. 21-25).

([63]) Voir, par ex., JÉRÔME, *Ep.* 61, 2 (Labourt, *CUF* 3, p. 111, l. 24 sq.).

([64]) Voir les *Tractatus* I, 7 (Löfstedt II, 9), I, 8 (II, 9) et II, 17 (I, 34) qui s'inspirent très nettement des *Tractatus super Psalmos* 130, 127 et 129 d'Hilaire. Sur le dernier, v. *Les sources grecques de l'exégèse de Jonas chez Zénon de Vérone*, in *V.Chr.* 20, 1966, pp. 98 sq.

([65]) Ce qu'oublie un peu A. Gariglio (*Il commento al salmo 118 in S. Ambrogio e S. Ilario*, in *Atti Accad. Torino, Scienze Morale*, XC, 1955-1956, pp. 356-370).

VII

Italie du Nord et elle appartient à l'époque antérieure à l'exil: son *In Matthaeum*, qui est l'oeuvre à la fois la plus scolaire et la plus occidentale que je connaisse en matière exégétique — ce qui ne veut pas dire la plus claire ni la plus facile ([66]). Ambroise l'a à coup sûr sous les yeux lorsqu'il commente Luc. Mais c'est surtout Chromace qui en a fait son livre de chevet, comme on le voit dans sa prédication comme dans ses *Tractatus* ([67]). Maintenant que nous possédons deux éditions critiques, le travail est encore plus facile. Il suffit de lire Chromace page à page, après avoir lu les passages correspondants d'Hilaire. Que constate-t-on? De nombreux endroits où l'évêque d'Aquilée suit l'évêque de Poitiers. Mais aussi des endroits où il le critique, clairement (— par un *alii* à la manière de l'époque) ou indirectement. Parfois encore, le texte d'Hilaire lui sert, semble-t-il, de point de départ vers quelque chose de tout nouveau. On a toujours intérêt, de toute façon, à lire les deux textes. Ne serait-ce que pour constater qu'Hilaire a laissé bien des passages sans commentaire. Chromace peut alors se livrer à un travail plus personnel, ou puiser ailleurs. Les problèmes ont également évolué, de sorte que ce commentaire des années 395-405 permet d'apprécier le chemin parcouru depuis les années 350-355. Ce n'est pas un mince éloge à lui décerner que de pouvoir comparer Chromace à Hilaire. Il est d'autant plus dommage de ne pouvoir le comparer à l'ancien évêque d'Aquilée même, Fortunatien.

Les oeuvres italiennes en Gaule.

Une dernière oeuvre mériterait d'être évoquée à cause de l'impact qu'elle a eue à travers tout l'Occident, et non pas la seule Italie du Nord: la *Vita Martini* de Sulpice Sévère. Je ne donnerai qu'un témoignage de son importance. Celui de la *Vita*

([66]) Une bonne partie de l'*Hilaire avant l'exil* de J. Doignon est consacrée à l'*In Matthaeum*. Voir aussi son édition récente in *S.Chr.* 254 et 258, Paris, 1978 et 1979.

([67]) Je me contente de renvoyer à la table dressée par J. Lemarié et R. Etaix (*C.C.L.*, IX A, pp. 534-535) qui, à elle seule, est déjà parlante.

Ambrosii de Paulin de Milan. Car, c'est en quelque sorte pour faire pièce à cette *Vie de Martin*, qu'il cite dans sa *Préface*, que Paulin a voulu donner un autre exemple d'évêque-moine. Il aurait pu d'ailleurs rappeler que Martin était passé à Milan — au temps d'Auxence! —. De toute façon, cette *aemulatio*, bien dans le goût antique, a eu un très heureux effet.

Il faudra attendre longtemps pour qu'il en soit fait ainsi avec l'oeuvre de Chromace ou d'Ambroise. Le P. Lemarié nous a dit de quelle manière très accidentelle les *Tractatus* de Chromace étaient venus dans les mains de Césaire d'Arles, en Italie... et non en Gaule. A l'époque carolingienne même, l'identité de Chromace est assez floue pour que nous ne sachions pas de façon très claire ce que représente son appellation d'*episcopus romanus*. Mais on ne tarde pas à exploiter son oeuvre. Ambroise n'a pas, quant à lui, attendu la présence franque dans la plaine du Pô ou la Vénétie pour être connu en Gaule. Cassien l'utilise en Gaule dès les années 430. Mais je terminerai cette revue rapide par un autre fait où je voudrais voir un double symbole: l'un des plus anciens manuscrits d'Ambroise en France se trouve à Boulogne-sur-Mer, chez les Morins, les *ultimi homines*: le n. 32 de la *Bibliothèque Municipale,* écrit au VIe siècle. Comment et quand ce recueil d'oeuvres ambrosiennes est-il arrivé en Gaule? Même si ce n'est pas vrai ([68]), je me plais à retrouver dans ces terres des Morins la trace ou le souvenir des relations entre Ambroise et Victrice, leur apôtre. Et s'il est probable que ce manuscrit est arrivé là plus tard, venant d'Italie, j'y vois non plus un symbole, mais un indice d'un autre fait que je voudrais souligner en terminant.

* * *

J'ai tracé ici à très grands traits le *cadre* religieux dans lequel se sont inscrits et *écrits* les rapports des deux Églises, des deux communautés au IVe siècle. Il ne faut pas être dupe

---

([68]) E.A. Lowe (*Codices Latini Antiquiores*, VI, Oxford, 1953, n° 735) le dit « written probably in Italy ».

VII

de ce cadre. Par lui-même, il n'est pas grand chose. Inversement, ses implications politiques permettent d'expliquer des parentés formelles ou matérielles entre Trèves et Aquilée ou Milan, dont je n'ai pas voulu parler après ce qui a été dit hier. Mais est-ce le plus important? En posant cette question, je veux surtout en poser une autre: les rapports entre l'Italie et la Gaule ont-ils pâti de l'ébranlement du cadre politique par les Invasions? La réponse ne me paraît pas si simple, ni surtout uniforme ou instantanée. On peut dire, me semble-t-il, que les rapports avec la vallée du Rhin et la Gaule du Nord-Est vont diminuant... et pourtant nous voyons Fortunat emprunter des itinéraires bien connus, au milieu du VIe siècle. En revanche, les rapports avec la vallée du Rhône, l'Aquitaine, ne se détériorent pas vraiment avant le VIe siècle. C'est que la Gaule se barbarise de plus en plus, avant que ce ne soit le tour de l'Italie. Il n'y a plus que les individus pour voyager, à leurs risques et périls. Mais ils le font.

J'ai semblé dire du mal de l'immixtion du pouvoir politique dans les affaires religieuses. On ne peut certes se réjouir de cette ingérence, même si le phénomène est facilement explicable à l'époque. Il est évident cependant — mais digne aussi d'être rappelé — que l'absence de frontières et l'unité de l'Empire a facilité de façon considérable tous les contacts. Dans les siècles suivants, le morcellement de l'Empire en Occident, les rivalités politiques freineront les échanges. Il ne restera plus à l'intérieur de l'Occident que l'unité d'une langue — mais aussi d'un commun héritage —, pour cimenter les diverses nations de la future Europe multilingue. La coupure avec l'Orient *grec* n'en sera que plus large.

Corrigenda
p. 277, l. 22, lire: ... rappelé — que l'absence de frontières et l'unité de l'Empire ont ...

VIII

La présentation arienne du concile d'Aquilée de 381

A propos des « Scolies ariennes sur le concile d'Aquilée » par R. Gryson *

L'année 1981 sera celle du XVIe centenaire du concile de Constantinople, mais aussi de son homologue pour l'Occident, le concile d'Aquilée, tenu le 3 septembre 381. Moins célèbre, celui-ci est pourtant beaucoup mieux connu que le concile oriental, car nous en possédons au moins partiellement les *Actes* officiels. Le manuscrit qui en contient le texte le plus ancien (de la première moitié du ve s.) nous a même conservé, dans les *marges* de *deux* passages, des notes et des textes qui donnent sur ce concile le point de vue arien. De fait, l'œuvre essentielle de cette réunion fut de condamner *deux* évêques et *un* prêtre homéens de l'Illyricum : Palladius de Ratiaria (en Bulgarie actuelle), Secundianus de Singidinum (Belgrade), le prêtre Attale de Poetovio (Ptuj, sur la Drave). Ceux-ci se retrouvèrent seuls devant des « juges », alors qu'ils étaient venus pour participer à une discussion d'ensemble qui regrouperait Occidentaux *et* Orientaux. En cours de route, le concile avait été amené, par des circonstances que nous connaissons mal, à restreindre sa participation, au grand dam des homéens, comme le proclament ces protestations des condamnés.

Écrits ou transcrits, en minuscule souvent rapide, dans les marges (supérieure, latérale et inférieure), ces textes ont de plus souffert de la main des *relieurs*, qui ont rogné, à peu près à chaque folio, une ligne supérieure et une ligne inférieure, en plus de quelques lettres sur la marge extérieure ; des *lecteurs* également du siècle dernier, qui ont badigeonné ces marges à la teinture de galle et même, à certains endroits, à l'acide chlorhydrique, qui a laissé de larges taches bleues, opaques. L'état lamentable du texte, les difficultés de lecture, la nature, l'origine, l'âge des textes ont, depuis près d'un siècle et demi que ce manuscrit a été « redécouvert », alimenté les discussions. Depuis les toutes dernières années du xixe s. cependant, on vit, sans toujours distinguer les étapes, sur la transcription, l'édition et l'interprétation que F. Kauffmann a données de ce dossier. A une époque toute récen-

---

(*) *Scolies ariennes sur le concile d'Aquilée.* Introduction, texte latin et notes par R. Gryson (*Sources chrétiennes*, 267). Paris, Éd. du Cerf, 1980. In-8, 386 p.

te, les risques de confusion ont été accrus par le *Supplementum* de la *Patrologie latine* (*P.L.S.*, t. I, col. 693-728). Celui-ci n'a imprimé que l'*édition* — avec les conjectures audacieuses de Kauffmann, destinées à combler les trous de son manuscrit — et il n'a pas même indiqué la séparation entre les deux parties des « scolies » (*P.L.S.*, t. I, col. 711 : § 81), alors qu'il y a entre elles près de 25 folios sans annotation aucune.

Le travail de Roger Gryson, professeur à Louvain-la-Neuve, auquel est consacrée cette note, accomplit un très grand pas en avant en revenant au texte même, selon une nouvelle approche. Celle-ci utilise les progrès des techniques (lecture à l'ultra-violet et à l'infrarouge) et des méthodes (étude paléographique des diverses écritures, étude statistique du vocabulaire, qui permet de déceler les particularités de langue et de style, par suite, de mieux répartir les textes entre les *divers* auteurs). En même temps donc que ce volume, ont été publiés deux autres ouvrages, d'un accès malheureusement moins facile, qui en sont à la fois la base et le complément : une étude paléographique, en collaboration avec L. Gilissen ; une concordance qui englobe également, on verra pourquoi plus loin, le *Débat* de Maximin l'Arien avec Augustin, vers 427-428. Les résultats acquis de manière plus objective par ces méthodes conduisent à une datation plus précise du travail de transcription et de commentaire, à une répartition plus sûre des textes revenant à chaque scribe ou à chaque auteur. Mieux compris de la sorte, les textes invitent à une nouvelle présentation du déroulement réel des faits et débarrassent l'histoire de reconstructions postérieures erronées. L'auteur a donc joint à ses chapitres d'introduction sur l'étude et le déchiffrage du texte matériel (I), sur le contenu et la nature des textes transcrits (II), un long chapitre sur l'arianisme illyrien au ive s. (III : p. 101-172) et un exposé de la théologie des ariens, qui apparaissent dans les différents textes : Palladius, Vlfila, Auxentius, Maximin (IV).

C'est sur ce travail considérable que je voudrais proposer les quelques pages suivantes. Elles ne peuvent malheureusement tout dire. Elles voudraient simplement synthétiser et regrouper pour le lecteur des résultats acquis par R. Gryson et que la progression rigoureuse de la démonstration l'a quelquefois amené à répartir en des chapitres différents ou à ne proposer qu'au terme d'une longue démarche. Elles voudraient également apporter quelques compléments ou corrections à une présentation des faits qui ne tient peut-être pas assez compte du contexte doctrinal de ce concile ... occidental.

*
*

Sur le travail de lecture et de transcription, comme sur bien d'autres points, je ne puis que dire mon admiration pour la patience et l'ingéniosité dépensées, pour la rigueur également de l'impression. J'aurais pourtant préféré que fût respectée la *présentation* même de chaque folio, telle que Kauffmann l'avait fait pour sa *transcription*.

Ainsi le lecteur pourrait-il mieux « voir » et comprendre l'origine des diverses lacunes. La vérification de plusieurs passages et la comparaison entre la transcription de Kauffmann et la présente m'ont montré la supériorité de celle-ci. Mais il est des endroits où le lecteur de 1980 ou celui qui ne dispose que de ses yeux reste perplexe : en quelques (rares) bas de folio, le support est actuellement disparu, avec une syllabe ou un mot plus ou moins faciles à restaurer, v.g. f⁰ 304, l. 41 : *epistula declarat* n'existe plus ; il est quelques endroits jugés irrémédiablement perdus où l'on peut encore apercevoir l'une ou l'autre lettre, mais sans pouvoir aller actuellement beaucoup plus loin. En revanche, le f⁰ 309ᵛ, l. 38, si capital (v. p. 78), est illisible à la lumière naturelle. Force est de faire confiance à l'infra-rouge ! L'examen et l'étude des écritures ou de la disposition étant de la première importance, j'ajoute les constatations suivantes : pour le f⁰ 303ᵛ, l. 6, l'apparat signale bien un remords (?) concernant *que*, mais omet la présence d'un P que l'on retrouve au f⁰ 308, l. 35-36, à la hauteur de la glose (?) *sequitur rursus* signalée dans l'apparat, mais non interprétée. Or, nous sommes, de part et d'autre, devant des développements *nouveaux*. Au f⁰ 337, l. 49, la ligne n'est pas *tout à fait* complète. La ligne 50 peut donc être considérée comme un *a linea*. Ce qui n'est pas sans importance. En revanche, au f⁰ 349, l. 4, malgré la présentation de l'édition (p. 324), il n'y a pas d'interruption, mais un changement d'*écriture*, (au cours même de la ligne 4). Une note aurait pu attirer l'attention sur ce point. Car, si on ajoute que l'écriture de la fin de ce dernier folio 349 est la même que celle, par exemple, des fᵒˢ 299, 301, 309, 310 (il suffit de mettre *côte à côte* les deux marges pour s'en apercevoir) la constatation ruine l'opinion de ceux qui ont prétendu que cette note finale, qui contient des lois civiles dans un texte qui est celui du *Code Théodosien* de 438, était un ajout *postérieur*. Il faut renverser le raisonnement. On en tirera, avec R. G. (p. 98-100), la conclusion que la première partie ne peut pas avoir été écrite avant 440.

R. Gryson ajoute une autre constatation — capitale — tirée de l'étude de la langue : Non seulement cette note finale n'est pas postérieure à la première partie, mais elle présente, dans sa partie propre (très courte !), la même *langue*, les mêmes tics stylistiques, que les commentaires de la première partie (p. 99). Ces commentaires initiaux étant explicitement attribués à un évêque, Maximin, R. G. a eu l'heureuse idée de comparer la *langue* des commentaires de ce Maximin à la langue de l'arien Maximin avec lequel Augustin a discuté à Hippone vers 427-429 et dont nous avons conservé les propos : comparaison positive (p. 70-75). La même comparaison s'avère, en revanche, négative avec le second bloc des « scolies » (fᵒˢ 336-349), et en particulier le long texte sur la réunion d'Aquilée. Celui-ci n'est donc pas de Maximin comme Kauffmann l'a affirmé. La preuve la plus sûre de l'identité de son auteur me semble se trouver dans le fait que Maximin, l'auteur des commentaires du premier bloc, l'attribue *lui-même* à Palladius (p. 92) et renvoie à ce texte comme à quelque chose qui figure plus loin (p. 93). Cela montre que le texte en question figurait déjà dans les marges des f⁰ˢ 336-349 *avant* que Maximin ne compose ou ne dicte ses propres commentaires et que Maximin le sait de Palladius. Le fait est d'ailleurs confirmé par l'étude de l'écriture de ces folios, d'un type plus posé et un peu plus ancien.

J'ai anticipé, par cette répartition des textes, sur l'objet du chapitre II consacré au *Contenu des Scolies*. J'en viens donc à la nature de ces textes, en prolongeant ou restreignant les conclusions de R. Gryson — sans les modifier profondément je crois. Je me permettrai pourtant d'opérer, dans cette présentation, un *renversement complet* des textes, qui aura l'avantage de tenir compte de leur chronologie et de permettre de ne pas donner à ces deux « lectures » des événements d'Aquilée — et des années suivantes — la même importance : l'une est d'un contemporain et d'un acteur — c'est par elle qu'il faut commencer — même si matériellement elle vient en second dans les marges du manuscrit ; l'autre est de soixante ans postérieure aux événements.

*
* *

Distinction est donc faite, de façon maintenant certaine, de *deux* auteurs : Maximin et Palladius. A ce dernier, revient le texte transcrit en marge du corpus Aquiléen (Synodales *Agimus gratiam* et *Benedictus*, puis début des *Gesta*) (f⁰ˢ 336-349, l. 4), à l'exception de l'ajout final (f⁰ 349, l. 4-43), d'une écriture différente, on l'a dit, qui est l'œuvre de Maximin. Le texte de Palladius serait composé lui-même de deux parties : a) deux fragments d'une réfutation du *De fide*, I, d'Ambroise, dont sont cités deux passages suivis de leur examen par l'évêque de Ratiaria (f⁰ˢ 336-337, l. 49) ; b) un (ample) fragment d'une défense *des* condamnés d'Aquilée (f⁰ˢ 337, l. 50-349, l. 4).

On a beaucoup discuté sur l'auteur de cette deuxième partie. L'attribution à Palladius, parlant de lui-même à la troisième personne, condamné parmi les condamnés, me paraît maintenant assurée. Je ne m'engagerais pas autant pour distinguer *deux* œuvres. Malgré le genre littéraire différent, malgré le léger *a linea* que j'ai signalé plus haut, malgré l'existence connue par ailleurs de critiques contre le *De fide*, I-II (et précisément contre l'usage de la littérature profane, malmené dans l'un des fragments), il ne s'ensuit pas nécessairement que Palladius n'ait pas repris ces mêmes critiques *après* Aquilée. L'Apologie renvoie d'ailleurs au *De fide* (f⁰ 341ᵛ, l. 38 : § 111) d'Ambroise, sans compter l'initiale (f⁰ 337, l. 50 sq. : § 88) et la fin de ce long fragment (f⁰ 348ᵛ, l. 36 sq. : § 140).

La question est de toute façon mineure. Ce qui est important, c'est le témoignage (discutable) de Palladius sur des faits tout *récents*, puisque Damase († fin 384) est toujours vivant — et peut-être dès la fin 381, — car Palladius ne sait rien du concile tenu en 382 à Rome, l'endroit où il veut précisément comparaître —. En tout cas, avant même la publication des *Actes du concile* (que cette Apologie ne connaît pas), l'évêque homéen donne *son* interprétation et *son* récit de la réunion. Il nous apprend un certain nombre de détails et de faits des plus importants que nous ignorerions sans lui, ne serait-ce qu'à cause de la disparition de la fin des *Actes* d'Aquilée. Mais il serait bien imprudent d'accepter pour argent comptant cette plaidoirie d'avocat. Nous y reviendrons quelque peu tout à l'heure. Disons pour le moment que ce réquisitoire ne se borne pas à condamner ce qui vient de s'accomplir, mais qu'il est tourné vers l'avenir. Il se termine en effet par un défi, lancé à Ambroise, d'avoir à le rencontrer publiquement. Ce sont les derniers propos de Palladius que nous connaissions. Sont-ce les derniers *renseignements* que nous ayons sur lui ? A priori, rien n'est moins sûr. Nous devons entendre maintenant Maximin et examiner son témoignage avant de revenir à Palladius lui-même.

Ce témoignage figure en deux endroits distincts : dans la première série de marges (f⁰ˢ 298-311ᵛ), mais aussi dans l'apostille au texte de Palladius (f⁰ 349, l. 4-43). Il serait bien intéressant de savoir quel est, des deux, le texte chronologiquement le plus ancien. Malheureusement, la main qui a transcrit les dernières lignes est aussi celle qui a commencé *et*, semble-t-il, terminé le long texte attribuable à Maximin. On ne peut donc avoir de renseignements de ce côté. Je ne suis pas absolument sûr qu'on en obtienne de *certains* d'une allusion faite dans cette annotation finale à Auxentius, dont un écrit est largement cité dans la première partie. Je la laisserai cependant pour la fin. Introduction ou conclusion, cette apostille « véhicule la même interprétation, tout à fait particulière (p. 99) du récit d'Auxentius » que nous trouvons dans la fin de la première partie.

Vu de haut, ce premier ensemble (f⁰ˢ 298-311ᵛ) est, comme il est dit (p. 54-66), constitué par le « commentaire » que donne Maximin de *deux* « documents », les *Gesta* d'Aquilée d'une part, une *Lettre* d'Auxentius de Durostorum (Silistria, en Bulgarie actuelle), concernant la doctrine, la vie et la mort de l'évêque goth homéen Vlfila, et se terminant par une *Profession de foi* du même Vlfila. Ces *documents* commentés n'ont pas *pour nous* la même importance : les *Gesta* sont les *Gesta* officiels, comme Maximin le dit, et dans un texte très proche de celui que nous connaissons. La *Lettre* est au contraire inconnue par ailleurs et son contenu est d'une extrême richesse, historique et théologique. Elle contient l'essentiel de ce que nous savons sur Vlfila. Elle a été, de ce fait, l'objet d'un nombre considérable d'études sur la christianisation des Goths, etc. Notons pourtant qu'à l'inverse du premier « document », cette lettre ne semble pas viser explicitement Aquilée. La *méthode* suivie par Maximin pour commenter ces *documents* n'est pas la même pour les deux documents : alors qu'il transcrit des sections, plus ou moins longues, des *Gesta* avant de les commenter, la *Lettre* d'Auxentius, après avoir été introduite, est citée d'un seul tenant avant que n'en soient extraites deux propositions (appartenant à la même phrase), qui sont ensuite commentées et exploitées. Cela dit, il ne convient pas de séparer les deux « parties » du travail de Maximin — j'y reviendrai plus en détail plus loin —. Nous en possédons heureusement la charnière (f⁰ 304, l. 40-41), alors que le texte est détruit au tout début de la première partie (f⁰ 298), à la fin de la citation de la *Lettre* d'Auxentius et début du commentaire de Maximin (f⁰ 308, l. 34-36), à la fin du même commentaire (f⁰ 311ᵛ). Peut-on, quand nous manquent « introduction » et « conclusion » — si elles ont existé —, se faire une idée des intentions de Maximin ? L'entreprise est d'autant plus difficile que ces intentions ont évolué, semble-t-il, puisque sont *annoncés*, comme pièces d'un dossier qui *sera* complété (§ 40), des documents qui, en définitive, n'ont pas été transcrits. C'est cette promesse non tenue qui a induit en erreur les modernes et fait croire que nous ne possédions pas l'ensemble du texte de Maximin : n'aurait été transcrit que le début, et la place nécessaire à l'ensemble serait constituée par les marges restées inemployées entre le f⁰ 311ᵛ et le f⁰ 336. En réalité, ce n'est pas le scribe — qui n'aurait pas recopié un texte qu'il avait (aurait eu !) sous les yeux — qu'il faut incriminer, mais bel et bien Maximin lui-même, qui n'a pas fait ce qu'il avait annoncé. De même qu'il a varié dans sa *méthode* de commentaire, il a varié dans l'*étendue* de son propos, ce qui ne veut pas dire que ce propos ait varié.

Une analyse plus fine montre bien le caractère sinueux et le rythme différent de la démarche. Elle ne doit pas perdre de vue le *but* de cette démarche. Indépendamment donc de l'intention qui les a rassemblés et sur laquelle nous nous interrogerons ensuite, les éléments de la première partie, dans les marges du *De fide* I d'Ambroise, sont les suivants : après un début très détérioré (sur 6 *longues* lignes et 8 *courtes*), qui concerne déjà Aquilée et ses *Actes* (§ 1), ces *Actes* sont transcrits, intervention par intervention (ou groupe d'interventions successives), et commentés par Maximin (§ 2-24) ; puis, celui-ci transcrit les répliques sans les commenter (§ 25-34), avant de renvoyer (§ 35) aux *Gesta* eux-mêmes, qui se trouvent, dit-il, dans la suite du Codex. Selon lui, ces *Actes* attestent l'hétérodoxie des Nicéens d'Aquilée, l'orthodoxie surtout de Palladius et d'Arius lui-même (§ 35-39), qui étaient en accord avec la foi des évêques orientaux (§ 40). Ce sont ces Orientaux que sont allés trouver les évêques (injustement) condamnés à Aquilée, en compagnie d'Vlfila (§ 41). Suit donc une longue citation d'une lettre d'Auxentius, le disciple d'Vlfila (§ 42-63), qui exalte la foi de son maître (§ 42-54), raconte sa vie (§ 55-60), sa mort à Constantinople lors de la réunion d'un concile qui a tourné court (§ 61-62), et transmet le testament spirituel de l'évêque goth (§ 63). Maximin commente ensuite deux propositions d'une phrase d'Auxentius (§ 65-73) et revient sur un propos de Palladius à Aquilée (§ 74-80) et le déroulement de la réunion d'Aquilée.

Cette première tranche de marges surchargées s'interrompt donc au premier tiers du f⁰ 311ᵛ, par des lignes malheureusement endommagées, ce qui nous prive de la « conclusion » de Maximin, s'il y en avait une... Ce que je voudrais fortement souligner cependant, c'est que ce premier ensemble, *apparemment composite*, forme *un tout* et qu'il y a un lien chronologique et *logique* entre ses deux « parties ».

VIII

LE CONCILE D'AQUILÉE VU PAR LES HOMÉENS

Non seulement il n'y a pas d'interruption dans le texte au f⁰ 304 (l. 40) (même si nous manquent presqu'aussitôt deux lignes précieuses), mais le dernier folio contient le nom de Palladius (f⁰ 311ᵛ, l. 4), peut-être celui de Secundianus (l. 4) dans les tout derniers développements. D'autre part, malgré la place *matérielle* considérable (f⁰ˢ 304ᵛ-308) donnée à la transcription des documents concernant Vlfila, la seule chose qui intéresse Maximin dans la longue *Lettre* d'Auxentius de Durostorum — importante pour nous pour d'autres raisons —, c'est que celle-ci lui semble montrer que l'évêque Goth s'est rendu à Constantinople *en compagnie des condamnés d'Aquilée* et qu'il y voit le témoignage de leur recherche opiniâtre d'un concile général, en *Orient* (§ 41 et § 64 qui encadrent le document), maintenant que ce concile général avait été écarté à Aquilée par les entreprises d'Ambroise. Or, si l'examen et le commentaire des *Gesta* d'Aquilée sont destinés, dans l'esprit de Maximin, à démontrer la première partie de cette *thèse*, avec le refus d'Ambroise de faire tenir ce concile comme prévu, ou de discuter de sa tenue prochaine, le *commentaire* de la *Lettre* d'Auxentius — et de l'attestation qu'elle contient d'un voyage en Orient cette fois — ne tend pas à un but différent, puisque, selon Maximin, c'est l'action d'Ambroise, à nouveau, qui aurait fait également ajourner ce concile *oriental*.

Cette « démonstration » figure dans le centre (§ 71-73, et il faut traduire le *de* de f⁰ 309ᵛ, l. 31) même du commentaire de la *Lettre*. Ce dernier porte tout entier sur *une* phrase d'Auxentius (§ 65 = § 61) ; mais celle-ci fournit à Maximin *trois* remarques dont les deux extrêmes se recoupent et, en partie, se rejoignent (§ 66-70 et § 74-80). A vrai dire, la dernière est plus générale. D'Orient, elle nous ramène à Aquilée, ou, si l'on veut, elle oppose le jugement d'Auxentius concernant les Nicéens(§ 65) à celui de Palladius ; ou si l'on veut encore, oppose le temps où un authentique chrétien, homéen, pouvait espérer la conversion d'un nicéen — ainsi de Palladius à Aquilée en 381 —, à celui, actuel, où les Nicéens ont démontré qu'ils n'avaient rien de chrétien et ne méritent donc plus d'être *appelés* chrétiens, ce qu'ils ne sont absolument pas — attitude et jugement d'Auxentius après 383 et de Maximin après lui (voir la note p. 255, mais erreur p. 253, § 66. Traduire : « Par suite, à s'en tenir au débat, ils auraient dû... ») —. Mais je dirais que cette justification de Palladius par Maximin au moment où il écrit (*post* 440) est déjà celle que l'on trouve implicite *et* explicite dans la deuxième partie attribuable au Palladius de 381-383, *après* Aquilée. Celui-ci conteste longuement (§ 113-120) la validité du jugement prononcé contre lui, puisque ses « juges » ne partagent pas sa foi, ne sont même pas de *vrais* évêques, etc. Dans la même ligne, mais en poussant la conclusion jusqu'à l'extrême inverse, Maximin dira que si les Homéens acceptaient — aujourd'hui — de reconnaître la validité des sacrements administrés — aujourd'hui — par les Nicéens, ils reconnaîtraient par le fait leurs prêtres et leurs évêques *et* valideraient ainsi la condamnation portée — jadis — contre les vrais et seuls chrétiens que sont les Homéens (§ 76-78).

Mais Maximin fait également appel à des témoignages *oraux*, obtenus à Constantinople même, auprès d'Homéens dont il ne précise pas l'identité. La meilleure lecture des dernières lignes du § 71 (qui devrait entraîner une modification de la numérotation des paragraphes!) constitue l'un des apports essentiels de cette édition (voir p. 78). Mais cet apport matériel considérable se double d'une interprétation qui n'est pas moins importante : par l'analyse du vocabulaire utilisé, R. G. distingue à juste titre ces témoignages oraux — dont les auteurs sont inconnus, dont la compétence n'est pas précisée — *saepius audiuimus* — du témoignage (écrit) des « Pères », qui doit se borner à la seule *Lettre* d'Auxentius ... dont Maximin tire, en définitive, l'essentiel de son information. C'est en tout cas l'idée que l'on retirera de l'apostille finale où le *ut sanctus Auxentius exposuit* (f° 349, l. 7-8) rappelle le *ab ipsis patribus nobis est expositum* du f° 309ᵛ, l. 38 (§ 71). On ne peut certes assurer que Maximin ait connu cette *Lettre* à Constantinople ou (et) qu'il y ait reçu l'interprétation qu'il en donne de la bouche de ses coréligionnaires homéens. Peut-être n'y a-t-il appris que l'annulation par Théodose de la réunion qu'il avait lui-même provoquée, en juin 383. Tout le reste est échafaudage de sa part : selon lui, ce serait une nouvelle fois à l'instigation d'Ambroise que le concile envisagé par Théodose aurait été dissous : seraient arrivées (en juin 383) les synodales du concile d'Aquilée (septembre 381) ! Elles auraient fait revenir Théodose sur sa décision et auraient conduit l'empereur d'Orient à édicter une et même deux lois contre les réunions hérétiques. Or, les lois que Maximin transcrit sont respectivement de 388 et 386, respectivement cinq et près de trois ans plus tard ! Cette indifférence aux dates et aux réalités concrètes révèle, à l'évidence, le piètre sens historique de Maximin. Elle dénote, soixante ans après, d'une grande ignorance de l'histoire ; car, en 386, cet Ambroise qu'on nous peint si influent, est près de partir en exil, chassé par l'impératrice homéenne Justine ! Si nous ne voyons pas resurgir Palladius à ce moment, c'est vraisemblablement que l'octogénaire de 381 était mort depuis. Rien ne permet de dire en tout cas, en dehors de la pure « reconstruction » de Maximin, qu'il ait accompagné, avec Secundianus, l'évêque Goth qui se rendit à Constantinople en 383 et y mourut. En ce qui concerne Aquilée, on aboutit à la conclusion que son commentaire *historique* des *Gesta* ne repose sur aucun document que nous ne connaissions par ailleurs (à savoir, essentiellement, le texte de Palladius lui-même).

On ne dira pas exactement la même chose du commentaire *doctrinal*, car l'évêque des années 430-440, outre les remarques de Palladius qu'il reprend ou prolonge, peut exercer sa propre culture théologique. Celle-ci est supérieure à ses connaissances historiques, et elle ne se borne pas aux problèmes discutés à Aquilée, ne serait-ce, par exemple, que par l'attention qui est portée à l'Esprit Saint (§ 36). On notera toutefois que Maximin ne connaît certaines pièces doctrinales nicéennes que par l'intermédiaire de Palladius (§ 36 et l'allusion au *Libellus perfidiae*) et qu'il ne semble pas même avoir essayé de lire les deux livres du *De fide* qu'il trouvait dans le manuscrit même qu'il détenait, notre P. 8907. Quant à prétendre (§ 37, f° 303ᵛ, l. 34) que les *Actes* d'Aquilée sont falsifiés, si on comprend bien que l'état déjà endommagé du texte (§ 24 et p. 225, n. 1) ait pu le faire douter de la bonne foi des tachygraphes ou qu'il n'ait pu mettre en cause le mémoire de Palladius, c'est aller contre l'impression qui se dégage du récit même de Palladius — antérieur, on l'a dit, à la publication de ces *Actes*.

*
 * *

Avec Palladius, nous revenons en 381, avec un récit de la journée du 3 septembre 381 parallèle à celui des *Gesta* officiels ; nous revenons même aux années antérieures pour lesquelles il nous apporte un témoignage très précieux, qui nous permet de nous interroger sur l'enchaînement des faits. En effet, après avoir narré les événements d'Aquilée, Palladius en vient à évoquer l'absence de Damase, avec lequel l'assemblée réunie autour d'Ambroise avait quelques différends, tout en partageant sa foi erronée. C'est alors qu'est mentionnée une réunion tenue à Sirmium. Celle-ci a émis une formule de foi qui est un véritable blasphème, selon Palladius, et qui ne fait que poursuivre une ligne déjà définie par Damase (§ 122-138). On s'est beaucoup interrogé sur la date et même sur la réalité d'une telle réunion à Sirmium. La question a été embrouillée par l'existence dans l'*Histoire ecclésiastique* de Théodoret, au milieu du vᵉ s., de trois documents censés émaner d'un concile illyrien tenu sous Valentinien Iᵉʳ et qui aurait condamné des Ariens. La solution *chronologique* à laquelle parvient R. G. me semble tout à fait vraisemblable, même si je n'en admets pas tous les attendus.

En ce qui concerne la date, tout invite à placer cette réunion de Sirmium plus près de la fin que du début ou du milieu de la décennie 370-380. En effet, on ne voit pas que la *blasfemia* évoquée par Palladius (§ 128) puisse se référer à la lettre *Confidimus* de Damase qui n'est qu'un rappel de Nicée et qui remontait aux années 368-370. M. Meslin, en précisant une indication de J. Zeiller, a proposé d'y voir une allusion au 23ᵉ (en fait, le 21ᵉ) anathème du *Tome* de Damase. On peut, de fait, penser que des évêques aient repris, sinon le texte, au moins la substance de ce *Tome* et qu'ils ont ainsi « confirmé » la doctrine de Damase. Comme on admet dorénavant que le *Tome* est l'œuvre du synode romain auquel assistait Pierre d'Alexandrie — qui regagne son siège épiscopal au début 378 —, rien n'empêche que les évêques réunis à Sirmium, pour une raison ou une autre, aient connu ce texte dès 378. L'année ne peut être que celle-là, pour la raison qu'une telle réunion, vu la situation politique et religieuse, n'est guère concevable en 379 ou même 380. Tout en affirmant l'existence d'une réunion, je ne crois pas, contrairement à R. G. (p. 116-120), que l'on puisse attribuer à cette réunion, ni à aucun synode illyrien de ce moment *aucun* des textes — ni le symbole, ni le rescrit, ni la synodale — transmis par Théodoret. Chacun de ces « documents » contient trop d'invraisemblances, en dehors même des retouches que nécessiterait l'origine du rescrit, daté de Valentinien I**er**.

Du point de vue doctrinal, si Palladius avait lu attentivement le *Tome* et sans doute le texte qui s'en inspirait, il aurait vu que l'erreur contre laquelle il s'insurge est justement écartée et condamnée dans les derniers développements du synode romain (éd. Turner, p. 292). Les rédacteurs de cette (nouvelle) formule de Sirmium avaient-ils été moins prudents que ceux de Rome ? La chose est peu probable, car Ambroise lui-même connaît l'accusation de trithéisme, bien avant qu'elle lui soit formulée par Palladius après Aquilée. Dans son *De fide*, V, 3, 40-42, il la retourne aux Ariens, en faisant remarquer qu'ils s'en servent pour tromper les simples : ceux-ci, à n'en pas douter, ne peuvent qu'être effarouchés par une affirmation qui les fait retomber dans le polythéisme. C'est précisément ce que proclame Palladius, scandalisé, pour refuser le jugement des « pseudo-évêques » nicéens... On le voit, chacun campe sur ses positions, durant de longues années.

Les « accusations » de Palladius sont tellement dirigées contre Ambroise qu'on est en droit de se demander si celui-ci n'est pas visé à la fois comme l'organisateur actuel du concile d'Aquilée *et* l'organisateur antérieur du synode de Sirmium. R. G. franchit le pas et il est vrai que bien des raisons portent à le franchir ; mais il convient de prendre en compte tous les éléments du problème et de tirer les conséquences qui en découlent. Nous savons par Paulin de Milan qu'Ambroise, dans les années qui ont suivi son élection, s'est rendu à Sirmium pour assurer la nomination d'un Nicéen, Anemius, sur le trône épiscopal devenu vacant (*Vita*, 11). Comme il eut à s'opposer aux efforts de Justine, la veuve de Valentinien († 22 nov. 375), on a eu tendance à placer ce voyage dès 376. Un concile à Sirmium en 378 supposerait qu'Ambroise a entrepris deux fois cette longue route en trois ans au plus. R. G. (p. 107, n. 3) est tout disposé à suivre la suggestion — toute simple — de R. Lorenz qui ramène les deux événements et les deux voyages à *un seul*, en 378. Rien, de fait, ne s'y oppose dans la *Vita Ambrosii*. Il faut toutefois tenir compte dans le calendrier de cette année de la mort de Satyrus, au début, semble-t-il, de 378. Mais surtout, il faut renoncer à l'image d'un Ambroise qui, un an après son élection, étend ses « ambitions » au-delà d'une Italie du Nord qui serait trop petite pour lui (p. 106-107). Tout d'abord, il est exagéré de penser que l'Italie du Nord ne présentait plus un seul foyer d'arianisme à la mort d'Auxence en 374. L'élection d'Ambroise ne s'est pas faite sans résistance et celle-ci est saluée par la *Chronique* de Jérôme, en 381-382, comme l'événement qui a déclenché la déroute de l'homéisme en Italie du Nord. Son recul avait certes commencé depuis plus de dix ans, mais tous les foyers n'étaient pas complètement éteints. Nous pouvons sans doute deviner la présence de l'un de ces foyers à Parme. Le concile d'Aquilée se plaindra en 381 du fait que Julianus Valens est en train de les ranimer à travers l'Italie du Nord (*Ep.* 10,10). Il ne s'agissait vraisemblablement pas seulement de réfugiés d'Illyricum que nous trouvons à Forum Cornelii en ces années d'après la Lettre 2, 27-28 d'Ambroise. Quant à l'action en Illyricum, elle est dans la ligne pure et simple de l'action antérieure de l'*épiscopat de l'Italie du Nord*. Hilaire nous a gardé la *Lettre* que cet épiscopat envoie, vers 363, à ses collègues d'Illyricum, pour les inviter à rallier la foi nicéenne, en condamnant le concile de Rimini ainsi que Valens, Ursace et leurs consorts. L'initiative est donc antérieure à Ambroise. Il faudrait donc plutôt dire qu'il s'y est rallié, qu'il l'a faite sienne, et s'abstenir de voir en lui un champion isolé, même s'il a pu prendre peu à peu la tête du mouvement. Certes, Paulin ne nous parle que de la présence d'*Ambroise* à Sirmium, dans la *Vie* de son héros. Mais l'évêque de Milan n'était certainement pas seul dans la capitale illyrienne, même pour introniser Anemius ; *a fortiori* pour tenir un concile, aussi réduit fût-il.

Il n'y avait vraisemblablement pas plus de monde à Sirmium en 378 qu'à Aquilée en 381. Que s'est-il passé entre ces deux dates et comment en est-on arrivé à cette réunion du 3 septembre 381 ? Bien des choses nous échappent. D'autre part, nous avons beaucoup de mal à situer quelques faits connus, mais non datés, dans une situation politique et religieuse très compliquée, aux lendemains de la bataille d'Andrinople et de la mort de Valens (9 août 378), de la nomination de Théodose (19 janv. 379), de sa lente reconquête de la Thrace, de ses allées et venues, jusqu'à son entrée à Constantinople le 24 novembre 380. Il ne fait pas de doute cependant que le concile d'Aquilée et celui de Constantinople sont liés, d'une manière ou d'une autre, et qu'ils se situent tous deux dans ce contexte politico-religieux de la mort de Valens, de l'avènement de Théodose — voire même de celui de Gratien (375-383), car celui-ci avait à confirmer ou à modifier les consignes de « non-ingérence » dans les affaires religieuses qui avaient été celles de son père Valentinien Ier.

Les reconstructions modernes de ces années ne manquent pas. Elles supposent toutes que le concile (général) qui devait se réunir à Aquilée avait été demandé *par les Homéens eux-mêmes*, quitte à proposer pour le déroulement des faits des calendriers très divers et très longs. R. G. montre qu'il n'y a pas de texte qui établisse l'*initiative* des Homéens et que le seul passage que l'on pourrait essayer d'interpréter de la sorte n'a pas ce sens (p. 129). Dès lors, rien n'empêche de raccourcir ce calendrier et de placer la décision de réunir ce concile *général* la dernière fois où Gratien et Théodose se sont rencontrés, en août-septembre 380, à Sirmium, lieu — et, vraisemblablement, date approximative — de l'entrevue de Gratien et de Palladius de Ratiaria attestée par les discussions d'Aquilée (p. 129 et *Gesta*, 10). L'initiative de réunir un concile général est donc plus naturellement venue des deux empereurs, qui cherchaient à réunifier et leurs domaines et l'Empire, sous l'autorité de l'Auguste le plus ancien, c'est-à-dire Gratien, l'empereur d'Occident. Mais il faut aller, je crois, plus loin que ne le fait R. G. (p. 130, qui *contredit* la p. 122 qui suit *Ambigua*) ; en tout cas, en tirer les conséquences qu'il ne tire pas, et qui importent beaucoup à la compréhension du concile d'Aquilée :

si celui-ci n'a réuni que des évêques occidentaux, c'est parce que *Théodose* a décidé, *après* septembre 380 — et avant mai 381 —, de réunir un concile *oriental*.

Qu'allait donc devenir le concile prévu à Aquilée ? L'action d'Ambroise auprès de Gratien l'a, d'une part, maintenu, d'autre part, réduit à un concile *local*, et non pas même à un concile occidental qui fût le pendant du concile de Constantinople. Si telle est, comme je crois pouvoir en établir au moins la vraisemblance, la série d'avatars qu'a connus le concile d'Aquilée, Palladius — et Maximin après lui — « simplifient » par trop les choses en disant que la venue des *Orientaux* a été empêchée par Ambroise. On aurait pu annuler purement et simplement le concile prévu à Aquilée, à partir du moment où il ne correspondait plus à son objet premier de concile général. Si une réunion a été maintenue en Occident, c'est qu'elle y conservait un objet. C'est celui-ci qui doit être établi, à partir du déroulement même des discussions.

**

Nous connaissons celles-ci par un double compte-rendu de la séance officielle qui est substantiellement concordant, en ce qui concerne l'interrogatoire de Palladius : les *Actes* et le récit de Palladius. La partie des *Actes* — nicéens — qui concernait Secundianus ne nous est pas parvenue et Palladius ne nous fournit pas sur ce point des renseignements bien nombreux, même si certains sont de tout premier ordre. Mais le récit de Palladius est unique — outre un certain nombre de détails matériels — pour les discussions antérieures à la séance officielle (§ 90-96). Or, si on regarde cette partie du récit, on s'aperçoit que la discussion y roule déjà sur la *Lettre d'Arius à Alexandre*, ou plutôt sur *une* phrase de celle-ci, celle qui dit que le Fils est une « créature parfaite, tout à fait à part des autres créatures ». Ceux qui se sont intéressés à cette *Lettre d'Arius*, connue à la fois en latin et en grec, ont souligné l'utilisation qui en fut faite au concile d'Aquilée. Ils en ont tiré la conclusion que cette *Lettre* était très répandue (*v.g.* R. GRYSON, p. 139, n. 2). Je ne suis pas si sûr que cela soit vrai ou vérifiable. Mais je crois qu'entre Hilaire de Poitiers et Phébade d'Agen, dans les années 358-365, et le concile d'Aquilée, en 381, tout le monde oublie un témoignage d'Ambroise en 378. Dans son *De fide*, III, 16, 130-132, l'évêque de Milan y met en rapport cette *Lettre* d'Arius et la proposition de Valens de Mursa qui, à Rimini, en 359, a ou aurait trompé les évêques occidentaux. Lorsqu'on sait la place qu'a tenue dans la décennie suivante l'abrogation de ce concile de Rimini, l'attachement au contraire que lui ont toujours manifesté les Homéens — de 386, où l'entourage de Justine fait édicter une loi qui fait référence à Rimini, à 428, où Maximin renvoie toujours Augustin aux décisions de ce concile —, on ne peut être étonné qu'Ambroise et son entourage aient été soucieux de faire condamner par d'anciens membres de l'entourage d'Ursace et Valens la propositionpiège et, à coup sûr, la pierre de touche de l'orthodoxie, pour les Nicéens, en ce qui concerne l'entière divinité du Christ.

A défaut de prendre en compte cet élément capital, on se condamne à ne pas comprendre le déroulement de la séance d'Aquilée (1), à la transformer en un simple « procès » où les « accusés » sont jugés et condamnés « sur une doctrine qui n'est pas la leur », etc. Sans tomber — ni dans un sens, ni dans un autre — dans le pur procès d'intention, on ne peut cependant se contenter d'entériner l'innocente apologie de Palladius, qui se garde bien de dire tout ce qu'il sait et se tient souvent sur une réserve prudente. Lui-même déclare que les Nicéens avaient mis au point durant les jours précédant le 3 septembre la réfutation de la *Lettre* d'Arius (§ 90, f⁰ 337ᵛ, 1. 28 sq.). De fait, les attendus et les dossiers scripturaires des Nicéens que contiennent les *Actes* n'ont pas été rassemblés pour la circonstance. Ils appartiennent au fonds de l'argumentation nicéenne et on les retrouve, entre autres, dans le *De fide* d'Ambroise (1). Mais il faudrait examiner avec plus de soin la différence — de ton, de richesse, de précision, de virulence — entre, d'une part, les réponses de Palladius lors de la séance du 3 septembre et celles qu'il développe dans son « Apologie », soit à propos de la même séance (§ 90-110), soit à propos du « blasphème de Sirmium » (§ 130-138), d'autre part, les prises de position d'Auxentius au nom d'Vlfila ou, quarante à cinquante ans plus tard, de Maximin.

Je rappelle que l'un des apports de cette édition nouvelle est de montrer que la présentation par Maximin d'un voyage à Constantinople de Palladius et Secundianus en compagnie d'Vlfila en 383 est une pure reconstruction de sa part. J'ajouterai que Maximin, plutôt que d'envoyer les évêques illyriens à Constantinople, aurait pu évoquer le concile de *Rome* de 382, lieu où précisément Palladius aurait voulu comparaître (§ 139). Dès 382, s'était également tenu à Constantinople un concile qui avait revendiqué le titre d'« œcuménique », au sens matériel du mot. Cela montre, à mon sens, que Maximin ignore — vers 440 — que de tels conciles se sont réunis en 382, aux lendemains même d'Aquilée. S'il invoque le témoignage d'Vlfila, c'est à la fois pour des motifs historiques — faux, on l'a vu — et doctrinaux. Je ne m'arrête pas davantage ici sur la biographie d'Vlfila. Je voudrais en revanche faire une remarque au sujet de son enseignement (§ 63) et de ce qu'en a retenu son disciple Auxence de Durostorum (§ 42-54). Lorsqu'on compare les affirmations et les textes de Palladius et celles d'Vlfila et d'Auxentius, on n'a pas de peine à voir que toutes reposent sur les mêmes *principes* ; mais on relève également que les propos d'Vlfila et de son disciple sont beaucoup plus nets dans leur souci de ne laisser aucune zone d'ombre, beaucoup plus tranchés dans leurs affirmations *subordinatiennes*. S'agit-il d'une tactique chez Palladius ou d'un raidissement chez les deux Illyriens ? Il est difficile de ré-

---

(1) J'ai développé ce point lors du Colloque qui s'est tenu en mai 1981 à Aquilée même.

pondre. On ne peut assurer que Palladius ait connu Eunome, mais il faut rappeler que lorsque la tête pensante de l'anoméisme fut exilée en Maurétanie, après la victoire des Homéens à Constantinople, en 367-68, il n'alla pas plus loin que Mursa où Valens l'accueillit, avant de plaider sa cause auprès de l'empereur Valens et de le faire rentrer quelque temps au moins en grâce (PHILOSTORGE, ix, 7-8). La parenté de l'enseignement d'Auxentius avec les thèses d'Eunome (reconnu par R. G., p. 175, p. 180) est indéniable, même si on ne peut assurer si elle s'explique par une influence directe d'Eunome ou de ses écrits. On part, certes, de l'Écriture, et celle-ci reste sous-jacente à plus d'une affirmation, mais on ne développe, avec une rigueur toute logique, que les propositions qui vont dans le même sens, sans chercher à tenir compte de *toutes* les affirmations de cette Écriture. Dire que les Nicéens ne sont pas à l'aise sur le plan scripturaire (p. 178, n. 2), n'est pas exact si on dépasse le cas du *mot* « homousios », dont on conteste ou affirme (à tort) le caractère scripturaire. Il n'est peut-être d'ailleurs pas gratuit de noter que le mot n'est pas même évoqué à Aquilée ! Ce qu'il faut dire, c'est que les Nicéens ont *leurs* dossiers, plus ou moins solides, comme les Homéens ont les *leurs*, eux aussi discutables. La solution pouvait venir de leur confrontation et de leur prise en compte *intégrale*, et non pas d'une occultation ou d'un retour à une époque où les problèmes ne se posaient pas. On est frappé — et R. G. le note (p. 191) — par le silence des Homéens sur les questions à proprement parler christologiques. La christologie se trouve chez eux fondue, semble-t-il, dans la « théologie »... Nous assistons à un refus, plus ou moins conscient, du progrès de l'investigation théologique, et cela au moment même où un Eunome se livre à un inventaire et à une expression philosophiques de la foi. Mais, en faisant tout découler de la notion de non-engendré, les homéens, comme Eunome, ne parviennent pas à se détacher totalement du matériel, ni à concevoir qu'une antériorité logique ne suppose pas nécessairement une antériorité chronologique. En définitive cependant, c'est le fait même de l'Incarnation qui est méconnu et le rapport de Dieu à sa création.

Je n'ai certes pas à m'ériger en juge de Palladius, ni de Maximin ou Auxentius. Je peux regretter — sans m'étonner — que les discussions aient pris ce cours. Je peux comprendre qu'on ne soit pas insensible à certaines tendances de la théologie homéenne (p. 11), mais je demande si ces tendances « positives » même ne sont pas, en fin de compte, mieux intégrées et sauvegardées par la théologie orthodoxe, si donc les Nicéens n'ont pas été plus confusément perspicaces que leurs adversaires attachés à la lettre de certains textes et de certaines formulations antérieures — ce qui ne veut pas dire qu'ils aient résolu ou évacué ou fini de sonder le mystère —.

S'il faut parler de réhabilitation, on songera aux *personnes*, beaucoup plus qu'aux doctrines. Il ne fait guère de doute en effet que l'octogénaire, à qui l'on offrit un siège, tandis qu'on interrogea debout (§ 117) son collège quinquagénaire, méritait respect pour ses quarante-six ans de sacerdoce, ses trente-cinq années d'épiscopat (§ 116). On aimerait cependant savoir dans quel contexte politico-religieux ce prêtre était devenu évêque dans les années 345. Dans les plaintes du vieillard à l'égard de ce « blanc-bec » de quarante ans qu'est alors Ambroise, beaucoup relève d'ailleurs du « conflit de générations ». La même suspicion avait été jetée sur Valens et Ursace, ces « jeunes gens », dans les années 340, et ils avaient sans doute montré plus d'ambitions qu'Ambroise, dont la « carrière » ecclésiastique en 374 ne fut pas, en termes humains, une promotion par rapport à la fonction publique qu'il exerçait et aux espoirs qu'elle lui permettait. Sans doute me séparerais-je de R. G. en réhabilitant Ambroise tout autant que Palladius ou Secundianus. Aucun n'est aussi « noir » que ses adversaires — anciens ou modernes — l'ont dit.

*
* *

Quoi qu'il en soit cependant de ce jugement — qui ne doit évoquer ni Salomon, ni Pilate —, il faut redire pour finir, combien cette édition, considérablement améliorée par rapport à celle de Kauffmann, permet une meilleure approche des événements d'Aquilée et de leur interprétation par les Ariens, combien la reconstruction, entre autres, des années qui ont précédé et suivi 381 s'avère plus solide — même si j'ai cru pouvoir proposer une autre lecture du déroulement même de la séance du 3 septembre et peut-être même de son ultime préparation. Voilà une excellente façon de célébrer un XVIe centenaire en connaissance de cause !

IX

LE SENS DES DÉBATS D'AQUILÉE POUR LES NICÉENS: NICÉE - RIMINI - AQUILÉE

En ce mois de mai 1981, nous sommes réunis pour commémorer le concile d'Aquilée du 3 septembre 381. Le mois présent conviendrait mieux à l'évocation du concile de Constantinople qui s'ouvrit en mai 381 et qui deviendra le IIème concile «Oecuménique», même si, matériellement, il ne comptait guère de représentants de l'*ensemble* de la Catholica. Aquilée a failli devenir, matériellement, comme Nicée, comme Constantinople, Ephèse ou Chalcédoine, le siège d'un concile universel et oecuménique en un autre sens ([1]). Ce n'est pas mon propos présent de montrer comment et pourquoi il ne l'est pas matériellement devenu.

Si j'évoque ici le concile Oecuménique de Constantinople, c'est à cause de son Symbole, et ce, pour deux raisons essentielles. Le «Concile des 150 pères» a voulu rédiger un Symbole qui prolongerait celui de Nicée, dans l'affirmation de la divinité du Saint-Esprit ([2]); mais, hormis ce point, la doctrine, sinon le texte même du Symbole de Nicée, est, avec quelques déplacements d'accent ([3]),

---

([1]) Il ne faut pas oublier que l'épithète «Oecuménique» est d'ordre juridique et concerne la canonicité, non l'histoire, ni le nombre ou la répartition des évêques présents ou représentés. Dans le cas présent, on se rappellera que le Concile de Constantinople de 381 n'a reçu ce titre d'oecuménique, en Occident, qu'au VIème siècle au plus tôt, et pour la seule partie dogmatique, Rome ne pouvant admettre le troisième canon. Aux lendemains de Chalcédoine, saint Léon proteste contre ce canon et les prétentions de l'évêque de Constantinople (*Ep.* 104, 2-3; 105, 2; 106, 2-4; *PL* 54, c. 993 - 1007).

([2]) Sur ce Symbole et l'histoire de son texte, voir maintenant G.L. DOSSETTI, *Il simbolo di Nicea e di Costantinopoli*, Roma 1967, pp. 171 sq.

([3]) Sur l'allusion anti-marcellienne et les éléments «cappadociens» du Symbole, voir M. SIMONETTI, *La crisi ariana nel IV secolo*, Roma 1975, pp. 539, 540-542. Je n'ai pas à me demander ici si ces accents étaient encore perçus, en Occident et en Orient, après Chalcédoine. On trouvera dans le même ouvrage

IX

substantiellement reprise. C'est elle qui deviendra «oecuménique». Les *Actes* d'Aquilée ne nous ont conservé aucun Symbole et ils ne nous montrent aucunement les évêques sur le point d'innover, de préciser ou de prolonger. Ces *Gesta* sont incomplets, il est vrai; mais, lorsque Palladius, après Aquilée, s'en prend à la doctrine de ses adversaires, il ne se réfère aucunement ni au Symbole de Nicée, ni à un quelconque document qui aurait été élaboré à Aquilée même. L'oeuvre *constructive* du Concile d'Aquilée est donc nulle.

Certes, la référence à Nicée est explicite: on reproche au prêtre Attale d'avoir renié sa signature du Symbole de Nicée ([4]); Ambroise évoque sans le dire un anathématisme de ce Symbole ([5]), plusieurs enfin des sentences, lors de la condamnation de Palladius, rappellent la condamnation d'Arius à Nicée ([6]). Mais on ne semble pas vouloir aller plus loin. Pourtant, en cette année 381, le *De Spiritu sancto* d'Ambroise est écrit. C'est Palladius qui, dans la dernière partie de son invective, évoque la manière dont ses adversaires associent l'Esprit-Saint au Père et au Fils dans l'oeuvre de la création ([7]). Cette affirmation était contenue, selon ce qui nous est dit, dans une «Profession de foi» émise à Sirmium quelque temps auparavant ([8]). Palladius et Secundianus font sans doute allusion à cette «Profession de foi» lors de la séance même du 3 septembre ([9]). D'après les thèses qui lui sont attribuées et d'après le contexte polémique

---

(pp. 542-548) une bonne présentation des discussions doctrinales d'Aquilée, mais *l'impostazione* historique et doctrinale me semble à compléter et corriger.

([4]) *Gesta,* 45 c *(PL 16, c. 930 B-C* = R. *Gryson, Scolies ariennes sur le Concile d'Aquilée,* coll. Sources chrétiennes, n° 267, Paris 1980, p. 364). J'affecte d'une minuscule chacune des répliques ou des phrases du récit pour permettre leur repérage facile.

([5]) *Gesta,* 47 b (c.930-1 = p. 366): «... fuit quando non fuit». Affirmation d'Arius sanctionnée dans les anathématismes du Symbole de Nicée.

([6]) Constantius d'Orange (§ 55 b), *Félix et Numidius,* les délégués des africains (§ 58 b), la synodale *Benedictus (Ep.* 10,3 - *PL* 16, c. 941 A-B).

([7]) *Oratio Palladii,* 134 ad. f. *(Ed.* R. Gryson, p. 316). Je donne ici un titre différent (et contestable) aux deux parties, différentes (?), des fragments attribuables à Palladius *(I Oratio; II Apologia),* tout en maintenant la numération continue consacrée.

([8]) PALLADIUS, *Oratio,* 128.

([9]) *Gesta,* 50 b et 74 b. Voir R. *Gryson, Op. laud.,* p. 115, n. 5.

IX

dans lequel Palladius est amené à les évoquer, il est vraisemblable que ce texte de Sirmium, que nous ne possédons malheureusement pas, faisait écho, d'une manière ou d'une autre, à un document romain qui a des chances d'être ce qu'on appelle le «Tome de Damase» et que l'on date actuellement, pour des raisons indépendantes du «témoignage» de Palladius, de 377 ou du début 378 ([10]). Peu importe, ici, la date précise. Je n'évoque pour l'instant ce «Tome» que pour faire remarquer qu'il commence par la reprise du Symbole de Nicée, mais qu'il y *ajoute* une double série d'anathèmes, en s'appuyant sur le fait que «certains» ont l'audace de dire que l'Esprit-Saint a été fait par le Fils ([11]). Les condamnations ne se limitent pas, et de loin, à la pneumatologie. Nous aurons l'occasion d'y revenir quelque peu ([12]).

Il peut donc paraître étrange que les Pères d'Aquilée n'aient pas fait ce qu'avaient fait ceux de Rome autour de Damase, ce qu'ils avaient fait eux-mêmes peut-être, ou certains d'entre eux, à Sirmium. Il serait trop simple d'invoquer leur gêne ou leur incompétence: Ambroise, au moins, avait déjà rédigé son *De fide* et, s'il est plus facile d'écrire à tête reposée que de répondre à des objections qui fusent en désordre, Ambroise n'était pas non plus incapable d'abandonner son fil directeur pour se lancer «à découvert» sur le terrain de l'adversaire ([13]). Pourquoi n'aurait-il donc pas pu faire approuver un texte doctrinal positif, de la même façon qu'il a fait condamner un certain nombre des propos de Palladius ou d'Arius?

C'est le moment d'avancer une deuxième remarque préliminaire qui va nous mener au coeur de ce débat. Pour interroger Palladius sur sa foi, le concile d'Aquilée ne s'en est pas pris aux écrits

---

([10]) Sur ce *Tome* et sa date, voir à la suite d'E. Schwartz, L. G. DOSSETTI, *op. cit.*, pp. 102-103; Ch. PIETRI, *Roma Christiana*, pp. 833 sq.; R. GRYSON, *Op. laud.*, pp. 118-119. Pour le texte, voir C - H. TURNER, *Ecclesiae Occidentalis Monumenta Iuris Antiquissima, (EOMIA)*, I, 1, Oxford 1913, pp. 283-294.
([11]) TURNER, p. 284 sq.
([12]) Voir *infra*, p. 93.
([13]) *Gesta*, 33-34, au cours de l'altercation avec Palladius. Les *Gesta* sont incomplets et ne nous donnent que le début de «l'interrogatoire» de Secundianus. Encore moins savons-nous si ces *Gesta* se terminaient par une déclaration positive ou par les anathématismes. La synodale *Benedictus*, dont la première partie (§ 1-8) résume les débats, ne nous dit rien à ce sujet.

IX

même de Palladius; il a exhumé, pourrait-on dire, un vieux texte d'Arius. Le procédé peut apparaître non seulement injuste, mais choquant, et ce d'autant plus que Palladius, semble-t-il, venait de composer une «réfutation» des deux premiers livres du *De fide* d'Ambroise ([14]). Si les deux fragments que nous possédons appartenaient bien à cette oeuvre ([15]), ils nous livrent peut-être une première raison pour qu'on n'en ait pas entrepris la réfutation ni l'examen: leur prolixité, et le fait que l'oeuvre devait être difficile à «saisir», dans une discussion orale surtout. Au contraire, un texte court, synthétique, permettait de centrer la discussion. Dans ces conditions, on aurait pu cependant prendre comme texte de référence un symbole, celui de Nicée ou celui de Niké-Rimini...Nous constatons que l'on a pris, sans commun accord bien sûr, la *Lettre* d'Arius à son évêque Alexandre d'Alexandrie. Pourquoi? Parce que, pourrait-on dire, cette lettre, dégagée de détails biographiques, est un véritable manifeste doctrinal, qui entend situer la vraie doctrine par rapport à une série d'erreurs. Très élaborée, en même temps que de dimensions relativement réduites, elle pouvait, peut-il sembler, se prêter à un examen serré ([16]).

Pourtant, si les Pères d'Aquilée avaient examiné l'*ensemble* de cette lettre ([17]), ils y auraient passé plus d'une demi-journée, et a fortiori plus des deux heures environ auxquelles se réduit la séance

---

([14]) Cette attaque est connue d'Ambroise et lui fait rédiger les livres III-V du *De fide*, comme il est rappelé dans le début du livre III (Ed. O. Faller, *CSEL* 78, pp. 108-108).

([15]) PALLADIUS, *Oratio*, 81-87 (Ed. R. Gryson, pp. 264-274).

([16]) La Synodale *Benedictus* (*Ep* 10,4) avance une explication: on a donné aux Homéens, qui se plaignent d'être appelés à tort «Ariens», l'occasion de se disculper tout à fait en condamnant Arius, ou de le défendre à l'aide de l'Ecriture. (Voir de même les *Gesta*, 12 a). Cette explication, quelle que soit sa valeur, ne dit pas encore pourquoi on a choisi cette *Lettre* d'Arius. A nous de le découvrir.

([17]) On en trouvera le texte grec chez H.-G. OPITZ, *Athanasius Werke*, III, 1, Berlin-Leipzig, 1934, pp. 12-13: Athanase, *De synodis*, 16 (PG 26, c. 708 D - 712 A) ou chez Épiphane, *Panarion*, 69, 7-8 (Ed. Holl, *CGS* 37, pp. 157-159). Texte grec chez G. *Bardy, Recherches sur saint Lucien d'Antioche et son école*, Paris, 1936, pp. 235-237; Texte grec et traduction française chez É. BOULARAND, *L'hérésie d'Arius et la «foi» de Nicée*, I, Paris, 1972, pp. 49-51. Texte latin d'Hilaire ou chez Hilaire, *De Trinitate*, IV, 12-13 (*PL* 10, c. 104-106).

officielle. Lorsqu'on met bout à bout, en effet, les propositions lues et discutées à Aquilée, on constate non seulement, comme le fera remarquer Maximin, qu'il manque la première ([18]), mais que l'ensemble ne couvre que quelques lignes de cette longue lettre; d'autre part, que lorsque Palladius a réussi à s'écarter de la discussion de la *Lettre* ([19]) et qu'Ambroise l'y ramène bientôt, celui-ci ne revient pas à l'endroit où l'on avait abandonné la lecture, mais saute plusieurs lignes pour en venir immédiatement au coeur du débat: le Christ est-il, comme Arius l'écrit, une «créature parfaite» ([20])?

En réalité, le débat n'avancera pas, parce que Palladius refuse désormais de répondre ([21]). Mais Ambroise en viendra lui-même bientôt à évoquer une affirmation de Palladius qui nous laisserait sans doute perplexes si nous ne possédions que les *Gesta:* «Il y a une heure, dit-il, lorsqu'on lisait qu'Arius a dit que le Christ est une créature, tu l'as nié» ([22]). Nous sommes renvoyés à un fait qui n'est pas contenu dans les *Gesta* eux-mêmes, mais dont l'existence et la portée sont précisées par Palladius lui-même dans son récit des événements du 3 septembre. Ce récit, malgré ses lacunes actuelles, nous permet de voir que cette affirmation de la «création» du Fils était le point central de la discussion et de la *Lettre* et nous aurons à nous en demander les raisons à la fois doctrinales et historiques.

I

Dans le début de son récit, Palladius raconte qu'au matin du 3 septembre, lorsqu'il a accepté, avec Secundianus, de rencontrer les évêques nicéens, on leur a immédiatement présenté «une certaine lettre» «au nom d'Arius» ([23]). «Lettre inconnue», ajoutera-t-il ([24]),

---

([18]) *Commentaire de Maximin,* 37-38 (Ed. R. Gryson, P. 232-234). Sur cette «omission», voir *infra,* p. 81.
([19]) *Gesta,* 32 d - 41 b.
([20]) *Gesta,* 41 c.
([21]) *Gesta,* 41 d - 43 c.
([22]) *Gesta,* 43 d.
([23]) PALLADIUS, *Apologie,* 90-91 (f. 337, l. 23-33).
([24]) *Ibidem,* 90 (f. 337, l. 45-46).

IX

ce qui n'est sans doute qu'une habilité de sa part ([25]). Dès cette réunion informelle, c'est donc de cette *Lettre* qu'il est question; mais, malgré l'état lacunaire, il ne semble pas que l'on en ait discuté le début ([26]). Le récit de Palladius en vient en effet très rapidement à la question de la «création» du Fils de Dieu ([27]) et à la réponse qu'il fit à Ambroise sur ce point. Cette réponse confirme, mais surtout éclaire, l'affirmation d'Ambroise dans les *Gesta*. Palladius, qui entend s'en tenir à l'Ecriture, reconnaît de fait que celle-ci ne parle nulle part de manière aussi directe *(abrupte)* du Fils de Dieu comme d'une «créature». Et il ajoute: «Au contraire, l'apôtre le présente comme le Créateur du monde en disant: *Ils ont honoré et servi la créature plutôt que le créateur»* ([28]). Dans ce récit, il ne donne aucun com-

---

([25]) Contrairement à ce qu'écrit R. Gryson (*Op. laud.*, p. 277, n. 2), il est peu probable qu'un Homéen, même s'il n'y souscrivait pas, n'ait pas *connu* ce texte, qui circule en latin en Occident *avant* 360, comme l'atteste Phébade d'Agen, *Contra Arianos*, 8 *(PL* 20, c 18 D), 15 (c 24 A) qui s'en prend manifestement à cette lettre (Voir G. BARDY, *L'Occident et les documents de la controverse arienne, in Rev. SR* 20, 1940, pp 29-30). Sur Hilaire de Poitiers (v. *infra*, n. 43). Ne pas «connaître» ou ne pas «suivre» Arius fait partie de la tactique des Eusébiens dès 341, au IIème Concile d'Antioche (ATHANASE, *De Synodis*, 22 - *PG* 26, c. 720 D: Nous ne suivons pas Arius. Comment des évêques suivraient-ils un prêtre...?). Cela restera une des meilleures échappatoires des Homéens. Ainsi Auxence de Milan en 364 (ap. HILAIRE, *C. Auxentium, 14*). Maximin y revient à deux reprises *(Commentaire,* 14 (f.300 l. 5-6) et 40) après Palladius *(Gesta,* 14 b; 25 i) et Secundianus *(Gesta,* 66 b) - le dossier ne se prétendant pas complet. Ma suspicion n'est pas simple «procès d'intention» et la suite montrera, je pense, que Palladius ne pouvait pas ignorer, vu son âge et son passé, pourquoi Ambroise faisait appel à cette *Lettre* précisément. Cela laisse entier toutefois le problème de la fidélité - ou non - aux générations précédentes, comme celui de la «nouveauté» de la doctrine. L'argument n'a d'ailleurs en soi rien d'unique. D'après Rufin d'Aquilée, les Homéens reprochaient aux Nicéens de croire à «Homousios» et non au Christ; les Pélagiens se défendront d'être «pélagiens» ou «célestiens»; etc. (V. mon art. *Julien d'Eclane et Rufin d'Aquilée...., in* «REAug.» 24, 1978, pp. 263-268). Le procédé connaîtra un certain succès à l'époque de la Réforme encore...
([26]) Il est question de cette Lettre dans l'*Apologie,* 92 (f. 338, l. 31 sq.)
([27]) PALLADIUS, *Apologie,* 93 (f.338, l. 49-50) souligne la hâte d'Ambroise «statim ueloci percontatione», avant d'insister sur les précautions qu'il faut prendre pour un tel sujet.
([28]) PALLADIUS, *Apologie,* 94 (f. 338, l. 1-4) (Ed. R. Gryson, p. 280): «...scriptura divina (...) usquam Filium Dei tam abrupte creaturam dixisse inueniatur, sed

mentaire doctrinal de son affirmation. Il souligne au contraire le caractère privé de sa réponse, tout occupé qu'il se montre du caractère informel de la discussion. Celle-ci, selon lui, ne préjuge en rien du débat véritable, qui aura lieu lorsque sera réuni le Concile général auquel il aspire ([29]). Mais Ambroise, nous est-il dit, demande immédiatement une signature condamnant Arius «à l'occasion (de ce mot) de créature *(sub occasionem creaturae)*» ([30]). Autrement dit, pour Ambroise et les Nicéens, l'erreur d'Arius tient tout entière dans cette affirmation de la création du Fils. Palladius, au contraire, ne veut pas que ce point, contestable, il le reconnaît, suffise à faire rejeter l'ensemble de la doctrine d'Arius ou, pis, à faire croire que lui et son collègue Secundianus ont purement et simplement rallié, par la condamnation de ce *seul* point, l'ensemble de la foi nicéenne, qu'ils considèrent toujours comme erronée ([31]). La conclusion de toute cette discussion, telle qu'elle est fournie par Palladius, montre bien que c'est le terme de *créature* qui est pour les Nicéens au centre du débat, alors qu'il n'est pour Palladius qu'une mauvaise querelle ou une diversion: «C'est pourquoi, dit-il, avec réflexion et sans obstination, mais avec la modération qui pourrait apaiser des esprits furieux, il t'a été répondu qu'ils avaient fait ce qui était en leur pouvoir pour vous satisfaire en supprimant ce méchant soupçon au sujet de (ce mot de) créature, mais qu'il ne leur était pas possible de donner leur signature» ([32]), étant donné le petit nombre des présents

contra Apostolus creatorem mundi cum rettulerit dicens: *qui coluerunt et seruierunt creaturae potius quam creatori...*» Le début est mutilé mais la pensée ne fait pas grande difficulté. Sur l'utilisation de ce texte de l'*Epître aux Romains* comme clé de l'exégèse de *Prov.* 8, 22, V. Ambroise, *De fide*, I, 16, 103-105 (Ed. Faller, CSEL 78, pp. 44-45).
([29]) *Ibidem* (suite).
([30]) *Ibidem*, 95 (p. 280) «Sed tu (...) audito hoc statim (...) damnabilem in Arium sub occasionem creaturae suscriptionem ab his quos arianos uocabas poposcisti...»
([31]) *Ibidem* (suite).
([32]) *Ibidem*, 96 (p. 282): «Ideoque consulte et non cum contentione, sed cum ea modestia quae furentes animos posset lenire, responsum est tibi quod in potestate sua erat factum esse ut in amputationem malae de creatura suspicionis satisfieret uobis, subscriptionem uero sibi non licere, eo quod et uos duodecim uel tredecim uix essetis...»

IX

de l'un ou l'autre parti. C'est devant ce refus de Palladius que, selon notre récit, Ambroise décida de brusquer les choses et de passer à une action officielle([33]).

A partir d'ici, nous disposons à la fois des *Gesta* et du récit de Palladius. Nous nous occuperons plus loin de certains éléments de la première partie. Venons-en tout de suite au commentaire que Palladius donne de la manière dont, comme je l'ai dit plus haut, Ambroise, entraîné par son adversaire loin de la *Lettre* d'Arius, revient bientôt à ce texte, et précisément à la question de la «créature» ([34]). Selon Palladius, c'est parce qu'il a été réfuté sur les autres points, qu'Ambroise, faute d'autre grief, revient à cet «unique refuge» ([35]). Le récit de Palladius s'écarte ensuite des *Actes* en ceci qu'Ambroise aurait à nouveau demandé à ce moment une signature et que Secundianus serait intervenu. Il est possible que la mémoire de Palladius le trahisse et qu'il transporte à cet endroit un échange de l'interrogatoire de Secundianus dont nous n'avons malheureusement que le début.

S'il en est ainsi, et bien que l'interrogatoire de Secundianus, dans la partie que nous possédons, ne se fasse pas à partir du texte même de la *Lettre* d'Arius, on aurait une nouvelle preuve de l'importance qu'a eue ce problème de la «création» tout au long de cette matinée. Quoi qu'il en soit, l'intervention de Secundianus est des plus intéressantes, à plus d'un point de vue: «Pourquoi insistes-tu tant pour cette signature? demanda-t-il à Ambroise. Est-ce qu'il te déplaît qu'il soit écrit: «Le Seigneur m'a *créé*, au commencement de Ses voies en vue de Son oeuvre?» Veux-tu que l'on condamne ce tex-

---

[33] En vérité, dans son *Apologie*, 97, Palladius ne fait aucune allusion à la lecture du rescrit *Ambigua* qui officialise les débats. On peut se demander la raison d'un tel «silence» lorsqu'on le compare aux réclamations émises dans les *Gesta* (§ 6-8, 10-12). A lire «naïvement» le récit de Palladius, on pourrait croire que le caractère «officiel» provient du seul fait que les secrétaires entrent en action (§ 97). Palladius insinue d'ailleurs qu'ils étaient déjà en action (f. 339, l. 8 sq.) en cachette, ce que ne confirment pas les *Gesta*. Ceux-ci évoquent au contraire de longues discussions «citra acta» (§ 2). L'*Apologie* dit-elle «toute la vérité et rien que la vérité»?

[34] *Gesta*, 41 c.

[35] *Apologie*, 109 (§ Ed. R. Gryson, p. 294).

te sous prétexte qu'il contient l'idée de créature?» ([36]). Je ne m'intéresse pas ici à la réponse prêtée ensuite à Ambroise, qui connaissait l'objection tirée de cette parole de la Sagesse en *Proverbes*, 8, 22 et qui, dans son *De fide*, lui avait opposé, à deux reprises, la réponse nicéenne ([37]). Je ne m'arrête pas non plus à la contradiction, au moins partielle, avec laquelle Palladius, après avoir reconnu plus haut que le titre de «créature» n'était pas à strictement parler attribué au Fils par l'Ecriture ([38]), souscrit ici à la contre-attaque de son collègue ([39]). Je pose seulement à nouveau la question de Secundianus à Ambroise: «Pourquoi insistes-tu tant pour cette signature?»

La réponse ne figure ni dans les *Gesta*, ni dans le récit de Palladius. Il est bien peu probable que les Homéens l'aient ignorée ([40]). Il est étonnant, à première vue, que les Nicéens ne l'aient pas explicitement proclamée à Aquilée. Sans doute était-elle trop claire pour eux: on ne parlait que de cela depuis vingt ans en Occident!

Je dois me contenter ici d'un très bref rappel, en revenant tout d'abord au texte même de la *Lettre* d'Arius. A entendre le récit de Palladius, le Fils y est qualifié de «créature». Lorsqu'Ambroise cite le texte même de cette *Lettre* au cours des *Gesta*, il déclare qu'Arius a qualifié le Fils de «créature parfaite» ([41]). En réalité, Arius avait écrit que le Fils est «créature parfaite de Dieu, *mais pas comme une des créatures*» ([42]). L'adjonction est importante dans l'esprit d'Arius et de ceux qui, de près ou de loin, le suivront, en utilisant cette affirmation pour distinguer le Fils des simples créatures. Mais le pre-

---

([36]) *Ibidem*, 109-110 (f. 340, l. 39-43): «... in Arium sub appellationem creaturae subdolam et captiosam postulans subscriptionem ut tibi constanter ab Secundiano diceretur: «Quid tantum insistis subscriptioni? Numquid illud displicet tibi quod scriptum est: 'Dominus creauit me initium uiarum suarum in opera sua' et uis illud sub specie creaturae damnari?»
([37]) AMBROISE, *De fide*, I, 15, 96-98; III, 11, 82 sq.
([38]) Voir *supra*, p. 74, n. 28.
([39]) PALLADIUS, *Apologie*, 110-111. Le texte est malheureusement lacunaire. On peut toutefois deviner que la discussion roule sur le couple *creare/generare*. Voir *infra*, p. 81-82.
([40]) Voir *Infra*, p. 79-80, n. 57 et 58.
([41]) *Gesta*, 41 c.
([42]) «... κτίσμα τοῦ Θεοῦ τέλειον, ἀλλ' οὐχ ὡς ἓν τῶν γεγεννημένων.» = «...creaturam Dei perfectam, sed non sicuti ceterae facturae».

IX

mier qui ait cité cette *Lettre* d'Arius en latin, Hilaire de Poitiers dans son *De Trinitate*, mettait en garde son lecteur contre l'insuffisance et l'hypocrisie d'une telle formule. Celle-ci, en définitive, plaçait le Fils sur un plan inférieur au Père ([43]). La deuxième partie, par sa restriction, semblait détruire la première; elle ne faisait que l'atténuer, sans en évacuer le caractère hérétique pour un Nicéen: le Fils n'était pas vraiment Dieu, l'égal du Père; il était créé, *de quelque façon que ce soit*. Bien que dénoncée par Hilaire, par Phébade d'Agen ([44]), la formule, avancée par Valens de Mursa lors de la deuxième partie du Concile de Rimini, à la fin 359, avait suffi à contenter une assemblée déprimée ou réussi à la tromper ([45]). Les évêques avaient accepté cette précision que, semble-t-il, Valens, une fois à Constantinople, n'avait pas tardé à expliciter dans un sens moins restrictif, au grand dam d'Hilaire de Poitiers présent dans la capitale ([46]). Le monde, nous dit Jérôme, s'était étonné d'être devenu subitement arien ([47])! L'action d'Hilaire ([48]), et d'Eusèbe de Verceil ([49]), puis celle de l'épiscopat de l'Italie du Nord ([50]), celle de Libère ([51]), puis

---

([43]) Hilaire, *De Trinitate*, IV, 11 *(PL* 10, c 103-104), VI, 4 (c 159-160), 7 (c. 161).
([44]) PHÉBADE d'Agen, *De fide contra arianos*, 15*(PL* 20, c. 23-24).
([45]) SULPICE SÉVÈRE, *Chronicon*, II, 44, 3-8 (Ed. Halm, *CSEL* I, pp. 97-98) et JÉRÔME, *Altercatio Luciferiani et Orthodoxi*, 18 (PL 23 (1845), c. 171-172). Sur cette question embrouillée, voir mon article *La «manoeuvre frauduleuse» de Rimini. A la recherche du Liber aduersus Vrsacium et Valentem d'Hilaire de Poitiers* in *Hilaire et son temps* (Actes du Colloque de Poitiers, 1968), Paris, 1969, pp. 72 sq.
([46]) HIILAIRE, *Collectanea Parisina*, Series B VIII, 2, 1-2 (Ed. A. Feder, *CSEL* 65, pp. 175-176) = *Fragmenta historica*, X, 2-3 *(PL* 10, c. 706-709). Voir mon article *La «manoeuvre frauduleuse*, pp. 85-87, 96 sq.
([47]) JÉRÔME, *Altercatio*, 19 (c. 172 B-C).
([48]) Rufin atteste qu'Hilaire avait écrit un ouvrage spécial à ce sujet *(De adulteratione librorum Origenis*, 11 - Ed. M. Simonetti, *CC* 20, p. 14).
([49]) Sur l'action concertée d'Hilaire et d'Eusèbe, dès avant 364, voir mon article: *Vrais et faux problèmes concernant le retour d'exil d'Hilaire et son action en Italie en 360-363* in *Athenaeum*, 48, 1970, pp. 267-275.
([50]) *Divini muneris gratia*, in *Collect. Antiariana*, Ser. B. IV, 2 (p. 158) = *Frag. hist.* XII, 3 *(PL* 10, c. 716-717).
([51]) *Ep Imperitiae culpam*, ap. Hilaire, *Collect. Antiar. Parisina*, Ser. B IV, 1,1 (CSEL 65, pp. 156-157) = *Fragm. Hist.* XII, 1-2- *(PL* 10, c 715-716).

de Damase (⁵²) ont toutes été centrées, dans la décennie qui a suivi, sur la dénonciation de cette tromperie subtile... et peut-être un peu trop commode. Ambroise lui-même rappelle, dans le *Livre I* de son *De fide*, que Rimini a commencé par réaffirmer Nicée et que les conciles qui eurent lieu après la signature malencontreuse de la fin du concile sont revenus à une profession de foi orthodoxe (⁵³). Mais le livre III évoque explicitement le stratagème de Valens qui a trompé l'innocence des évêques, *avant de rapprocher l'énoncé de Valens de celui d'Arius lui-même* dans cette *Lettre* à Alexandre (⁵⁴). Et d'ajouter: «Tu vois donc que vous vous êtes servi des paroles héritées de votre père Arius. Il suffit de dire que le Fils n'est pas une créature. Pourquoi était-il nécessaire d'ajouter: «Mais pas comme les autres créatures?» (⁵⁵).

Ambroise savait donc ce qu'il faisait en prenant pour texte de discussion cette *Lettre* d'Arius. Le nom de Valens de Mursa n'est pas prononcé dans le *De fide;* bien qu'il soit, historiquement, l'auteur de cette «manoeuvre frauduleuse»; (⁵⁶) mais comment l'évêque de Milan n'aurait-il pas également pensé à Palladius qui, de par les dates qu'il nous fournit lui-même (⁵⁷), avait sans doute dû assister,

---

(⁵²) DAMASE, Ep. *Confidimus* (PL 13, c. 347-349).
(⁵³) AMBROISE, *De fide*, I, 18, 122. Un peu plus loin (I, 18, 130) il évoque le «creatura non sicut ceterae creaturae» d'Arius, en dénonçant sa volonté de tromper les simples.
(⁵⁴) AMBROISE, *De fide, III, 16, 130* (Ed. Faller, *CSEL*, 78, pp. 153-154).
(⁵⁵)*Ibidem*, 132 (pp. 154-155): «Satis fuerat dicere: «Qui dicit creaturam Christum, anathema sit». Cur bonae confessioni, Arriane, uenena permiscis ut totum corpus contamines? Addendo enim «secundum ceteras creaturas», non creaturam Christum negas, sed creaturam dicis esse dissimilem. Creaturam enim dicis, etsi praestantiorem ceteris adseras creaturis. *Denique Arrius*, huius impietatis magister, *dei filium creaturam dixit esse 'perfectam, sed non sicut ceteras creaturas'. Vides igitur hereditario patris uestri uos usos esse sermone.* Sat est creaturam negare. Quid opus fuit addere: 'Sed non sicut ceteras creaturas'?» Ce témoignage concernant la *Lettre à Alexandre* est malheureusement ignoré de ceux qui ont étudié l'histoire de cette lettre.
(⁵⁶) Il vise tout Arien: «Arriane» *(De fide*, III, 16, 132 - p. 154 l. 21.). Valens donc autrefois, ceux prolongent son oeuvre aujourd'hui; car le *De fide* n'est pas un livre d'histoire ancienne.
(⁵⁷) En 381, Palladius est prêtre depuis 46 ans, évêque depuis 35 ans: *Apologie*, 116 (Ed. R. Gryson, p. 300 - Voir également p. 81). Vu la «foule» des évêques

IX

lui aussi, à ce concile de Rimini. Quant à Secundianus, il était le successeur d'Ursace à Singidunum, et son prêtre dès 366 au moins ([58]). Il ne pouvait pas ne pas être au courant, lui non plus, de tout ce qui touchait à Rimini et à ses séquelles.

Cette grosse subtilité avait eu au moins pour effet de rendre l'ensemble des évêques attentif à des affirmations apparemment anodines de leurs interlocuteurs et de les rendre plus exigeants. Tout au long des *Gesta* d'Aquilée revient cette mise en garde contre la tromperie des Homéens. On demande à Palladius une *sententia aperta* (§ 12a), *sine calliditate* (§ 12c), de parler *simpliciter* (§ 25b). On dénonce la *fraus* de certaines de ses affirmations (§ 20e), ses *insidiae* (§ 24) ou son astuce (§ 25a). Ces mises en garde sont principalement le fait d'Ambroise. Elles ne concernent pas ici la question de la «créature» à proprement parler, mais elles en sont toujours assez proches; car, l'unique question qui occupe les Nicéens, c'est d'affirmer l'*égalité* du Père et du Fils, ce qui ne veut pas dire leur confusion, ni leur division. Les Homéens, en revanche, entendent établir une *hiérarchie* ontologique entre le Père et le Fils, de sorte que les épithètes, lorsqu'elles peuvent être communes, ne s'appliquent pas de la même façon au Père et au Fils. A l'un, elles s'appliquent de façon absolue, à l'autre de manière relative seulement. De ce point de

---

présents à Rimini, d'après nos sources, il n'est pas du tout invraisemblable, même s'il n'est pas prouvé, que Palladius ait alors fait parti du groupe des partisans d'Ursace et Valens. Vu son âge et ces coordonnées, c'est lui qu'il faut reconnaître dans «l'évêque Palladius» qui a eu des démêlés avec les clercs de Germinius de Sirmium en 366 *(Ep. Cum de spe et salute, 2, - ap. Collect. Antiar. Ser. B. V, 2 (p. 160, l. 11-12) = Fragm. Hist.* XIV, 2 (c. 719 A) et qui est l'un des destinataires de la réponse de Germinius *(Vitalis u. c. militantis - Ibidem,* p. 160, l. 22 = c. 719 B). Or cette lettre de Germinius fait précisément allusion au problème de la créature (§ 2 - pp. 162-163 = c. 720 C-D). Comment Palladius ne serait-il pas au courant? A ce moment, c'est Germinius, et non les seuls Nicéens, qui met en doute la bonne foi des Homéens. Puisque, depuis vingt ans, la question était, à tort ou à raison, au centre des discussions, des suspicions, Palladius ne pouvait ignorer qu'il aurait à y répondre. Les «apaisements» qu'il entend donner,«avec calme», dit-il, ne pouvaient suffire.

([58]) La lettre *Cum de spe et salute* de Valens et Ursace citée à la n. précédente est portée à Germinius par le *«prêtre Secundianus,* le lecteur Pullentius et l'exorciste Candidianus» (p. 160, l. 15 = c. 719 A-B). Il a dû succéder à Ursace sur le siège de Singidunum.

vue non plus, le choix de la *Lettre* d'Arius à Alexandre n'était pas sans habileté, puisque celle-ci commence par une série de «limitations» qui restreignent au «seul inengendré» des attributs que les Nicéens accordaient au Fils autant qu'au Père.

II

On ne discuta pas en réalité sur ce «seul inengendré». Maximin dira plus tard qu'Ambroise avait tu volontairement ce début de la *Lettre* d'Arius [59] - en réalité, ici, sa citation de mémoire par Palladius, qui mêle plusieurs confessions de foi [60] -. Palladius, quant à lui, n'a pas, semble-t-il, perçu pareille malignité chez son adversaire. Au contraire, lui qui reproche aux Nicéens de sombrer dans le Sabellianisme [61], remarque plusieurs fois, et avec un certain étonnement, qu'Ambroise a reconnu que le Fils était *engendré* [62]. Mais c'est précisément cette notion de génération qui n'était pas comprise de la même façon ou qui n'entraînait pas les mêmes conséquences. Pour les Homéens, la génération du Fils par le Père impliquait l'antériorité de celui-ci et sa supériorité. Même si elle se situait avant les temps, elle révélait une priorité du Père sur le Fils, une dignité supérieure du principe. En définitive, ils n'établissaient pas de distinction radicale entre *engendrer* et *créer*. Ambroise le fait remarquer, sans y insister, ou sans croire que les Ariens fassent cette confusion [63]. En réalité, au niveau des mots au moins, l'égalité des deux notions est affirmée plusieurs fois dans nos textes, par Palladius lui-même, semble-t-il [64], mais surtout par Auxence de Durostorum et par Maximin. Parlant du «Père du Christ», Ulfila

---

[59] MAXIMIN, *Commentaire*, 37 (Ed. R. Gryson, p. 232).
[60] PALLADIUS, *Apologie*, 98 (*Ibid.*, p. 284).
[61] *Ibidem*, 99 (p. 284). De même Maximin (*Commentaire*, 36).
[62] PALLADIUS, *Oratio*, 82 (p. 264): «consempiternum ingenito eidemque coaeternum non dicimus (Filium) Patri, quem utique, *sicuti etiam tu saepe professus es*, a Patre genitum ueritas probat»; *Apologie*, 111 (f.341 v, l. 38 sq.). Au cours de la rencontre d'Aquilée, Ambroise rappelle que les Nicéens reconnaissent - cela va de soi - la génération du Fils: «Et nos dicimus...» (*Gesta*, 27 c.).
[63] AMBROISE, *De fide*, I, 16, 100 (Ed. Faller, p. 44)
[64] PALLADIUS, *Apologie*, 111 (f. 341 v, l. 18-41). Le début est malheureusement très abimé.

IX

proclamait, selon Auxence, qu'il a, «sans passion, lui qui est impassible, sans corruption, lui qui est incorruptible, sans mouvement, lui qui est immobile, *créé et engendré, fait et établi* le dieu unique-engendré» ([65]). A son peuple, Ulfila enseignait, nous est-il dit, «qu'il y a une différence entre la dignité du Père et celle du Fils, du Dieu inengendré et du dieu unique-engendré, que le Père est bien le créateur du créateur, mais que le Fils est le créateur de toute la création» ([66]). La hiérarchie est on ne peut plus nette et Ulfila ne craint aucunement, d'après Auxence, d'appliquer cet attribut de créé au Fils. Maximin, dans son Commentaire des *Gesta* d'Aquilée, ne prend pas plus de précaution lorsqu'il entend réfuter la première question extraite de la *Lettre* d'Arius.

Balayant, en effet, la mise en cause par Palladius de la validité du «conciliabule», Ambroise, sans donner ni faire donner lecture de la *Lettre* qu'il avait évoquée en commençant, demande à l'évêque homéen: «Arius a-t-il eu raison de dire que le Père seul est éternel et son affirmation est-elle conforme ou non aux Écritures?» ([67]). Palladius ne veut pas répondre. Sabinus de Plaisance insiste et lui pose la question sous une autre forme: «Le Christ, dis-tu qu'il a été créé, ou dis-tu qu'il est éternel, le Fils de Dieu?» ([68]). Palladius ne répondra pas davantage et l'on passera bientôt au point suivant ([69]). Mais Maximin commente la question de Sabinus, en attirant l'attention sur ce qu'il appelle sa fourberie: «On voit apparaître, dit-il, la fourberie de l'interrogateur qui veut que le Fils soit dit *éternel* pour qu'il soit dit être *incréé*...» ([70]). La suite du développement tire parti de l'équivalence que Sabinus a posée entre le Christ et le Fils, dans sa question même, et elle revient sur le fait que l'un et l'autre termes supposent un être supérieur et antérieur, celui qui *oint* le Christ et celui qui est *père* du Fils. J'attire simplement l'attention ici sur le fait que Maximin établit une équivalence entre *éternel* et *incréé*, c'est-à-dire, ici, inengendré.

---

[65] Ap. MAXIMIN, *Commentaire*, 43.
[66] *Ibidem*, 46.
[67] *Gesta*, 9.
[68] *Gesta*, 10 a.
[69] *Gesta*, 17 sq. Dans l'intervalle se place une nouvelle altercation sur la convocation du concile.
[70] MAXIMIN, *Commentaire*, 17.

IX

La question suivante part de l'affirmation par Arius du Père «*seul* Dieu véritable»: le Fils n'est-il donc pas Dieu véritable? Palladius aurait pu répondre, comme Auxence de Milan, que le Fils est dieu ([71]). Mais Hilaire dénonçait déjà la supercherie et Ambroise sait, lui aussi, que les Homéens accordent au Fils le titre de dieu ([72]), mais pas de la même façon qu'au Père... Palladius déplace tout d'abord un peu la question en disant: «Puisque l'apôtre dit que le Christ est «dieu au-dessus de toutes choses» *(Rom. 9, 5)*, quelqu'un peut-il nier qu'il soit le fils véritable de Dieu?» ([73]). L'interrogatoire va donc porter sur l'adjectif «véritable» et sur sa place. Car Palladius veut bien reconnaître que le Fils est «le *vrai* Fils de Dieu», «*vraiment* Fils de Dieu», que «le Fils *véritable* de Dieu est Seigneur», toutes formules qu'il trouve dans l'Écriture; mais il ne consent pas à répéter après Ambroise, et dans l'ordre même où celui-ci le lui indique, que «le Fils de Dieu est *dieu véritable*», ou que «le Fils de Dieu est *Seigneur véritable*». Il ne s'agit pas de simples subtilités ni d'acrobaties verbales ou auditives qu'augmenterait l'absence d'article en latin. Nous sommes toujours devant l'affirmation par les Nicéens de l'égalité des personnes, par les Homéens de leur inégalité et de leur séparation. Lors de son interrogatoire, Palladius cherche, semble-t-il, à faire diversion en disant que le Fils est «puissance de Dieu» ([74]), mais dans son *Apologie*, il étaie davantage son argumentation et reproche à ses adversaires d'inclure le Fils dans le Père et de l'identifier au Père ([75]). Quant à Maximin, il accuse les Nicéens de trithéisme autant que de Sabellianisme, en voyant bien, au moins, que les Nicéens réclament «pour le Fils des attributs semblables», égaux, à ceux du Père ([76]). Certes. A l'exclusion toutefois de la paternité, qui ne conférait au Père qu'une priorité logique, non ontologique.

Les discussions ne s'engageront pas sur ce plan philosophique ou logique. On remarquera, en effet, que ni les Nicéens - pour le

---

([71]) HILAIRE, *C. Auxentium*, 13.
([72]) AMBROISE, *De fide*, III, 16, 133.
([73]) *Gesta*, 17 f.
([74]) *Gesta*, 21b.
([75]) Palladius, *Apologie*, 100 (f. 339 v, l 36-40): «...ut tua qua ipsum Filium conplice Patrem solum uerum adseris Deum retunderetur blasfemia...»
([76]) MAXIMIN, *Commentaire*, 35-36 (Ed. Gryson, pp. 230-232).

IX

défendre -, ni les Homéens, qui l'avaient fait condamner à la deuxième session du Concile de Rimini, - pour le contester - n'employèrent le mot de *substance* ou d'*ousie*. Pas davantage le mot de *personne*. Au contraire, on en arriva à des questions moins abstraites avec le point suivant de la *Lettre* d'Arius: le Père est-il le «seul à posséder l'immortalité?» ([77]) De la théologie trinitaire, on passait, en partie au moins, à la christologie. Le Fils est-il immortel? Le Christ est-il immortel? «Le Fils de Dieu possède-t-il l'immortalité ou ne la possède-t-il pas selon la divinité?» demande Ambroise ([78]). Ou encore: «Le Fils de Dieu possède-t-il l'immortalité selon sa génération divine, ou ne la possède-t-il pas?» ([79]). Palladius retourne tout d'abord la question, en demandant si le titre de Christ est un nom «humain» ou «divin», s'il concerne la chair ou la divinité ([80]). Pour lui, la chose est claire: Christ est un titre du Fils. Or, du Christ, saint Paul dit, comme son *Apologie* le rappellera, qu'il «est mort pour nos péchés» ([81]). Maximin à son tour insistera sur le fait que l'«onction» concerne le Fils ([82]) - et non la chair, comme le disent désormais les Nicéens. Palladius précise ensuite que «selon la génération divine, le Fils est incorruptible, mais que, par la chair, il est mort» ([83]), ce qui est réunir deux problèmes: le Fils est *désormais* incorruptible, mais il a eu un commencement et, d'autre part, en s'unissant à la chair, il a subi la mort. C'est sur ce second point qu'Ambroise et les Nicéens profitent des derniers progrès de la christologie, en faisant valoir que, dans la mort du Christ, nous assistons à la séparation de l'âme humaine du Christ et de son corps, et non pas à la mort de la divinité, ni à son atteinte. Palladius expliquera au contraire dans son *Apologie* que «le dieu et l'homme, le Fils de Dieu aussi bien que le Fils d'homme ont souffert, que le Seigneur de gloire a été crucifié selon l'un et l'autre *états* (?) en même

---

[77] *Gesta*, 22a.
[78] *Gesta*, 22b.
[79] *Gesta, 24a*.
[80] *Gesta*, 23 b.
[81] PALLADIUS, *Apologie*, 107 (Ed. Gryson, p. 292).
[82] MAXIMIN, *Commentaire*, 17 (Ibid., pp. 216-220) et la note de R. Gryson, p. 219, n.4.
[83] *Gesta*, 24 b.

IX

temps *(utroque statu socio)* ([84]), ce qui n'est possible, justement, que si la divinité du Fils n'est pas de même nature que celle du Père.

Les altercations sur la «sagesse» ou la «bonté» respective ou égale du Père et du Fils, telles qu'elles sont rapportées dans les *Gesta,* ([85]), ne nous font pas progresser beaucoup, ce qui ne veut pas dire, tant s'en faut, qu'elles ne révèlent pas, elles aussi, les préoccupations ou les systèmes noétiques des deux partis ([86]): le Fils qui est la Sagesse n'est-il pas sage? Le Fils, Sagesse, est-il sage au même titre que le Père? De même, ne fait-il que participer à la bonté du Père - «Seul Dieu est bon!» - ou est-il, lui aussi, égal au Père en bonté? Le Christ est assurément bon, mais est-il Dieu bon? ([87]) Avec la «puissance», au contraire, il semblerait tout d'abord à un auditeur non initié que les deux points de vue puissent se rejoindre. Car, demande Palladius, «comment ne dirait-on pas que le Fils est puissant, puisqu'il est le créateur de l'univers ([88])?» D'où l'expression de la satisfaction d'Ambroise: «Donc Arius a mal parlé. Sur ce point, au moins, tu condamnes Arius!» ([89]). Palladius cherche à recourir une nouvelle fois à un moyen de défense cher aux Homéens: Arius? «Comment saurais-je qui c'est? Moi, je te réponds pour moi» ([90]). Les Nicéens découvrent donc bien vite que la «puissance» reconnue au Christ n'est que d'ordre relatif, que Palladius

---

([84]) PALLADIUS, *Apologie,* 107 (f. 340 v, l. 38-40). Palladius *(Gesta,* 25 g) accepte de voir dans la mort du Christ la *separatio spiritus,* parce qu'il ne peut ignorer les textes des Evangiles, mais pour lui le «Fils de Dieu» est affecté dans la mort de la chair. Il faut cependant reconnaître qu'Ambroise, lu à la lumière de Chalcédoine, est bien proche d'un diphysisme exagéré...

([85]) *Gesta,* 27 (pour la sagesse), 28-30 (pour la bonté).

([86]) Pour le premier point, dans son *Apologie,* 104, Palladius développe la passe, signe, peut-être, qu'il a senti la faiblesse de sa position logique. Dans les *Gesta,* 28 a, Eusèbe de Bologne, *contrairement à l'habitude,* veut immédiatement obtenir *sur ce point* de la sagesse du Fils une réponse de Secundianus. Ne serait-ce pas à cause de l'importance des problèmes sous-jacents? Sur le rapprochement de *Prov.* 8,22 et de I *Cor.* 1, 24 et leur éclairage réciproque dans les deux systèmes, voir, par exemple, Faustinus, *De Trinitate,* 2 *(CC* 20, p. 297) et 45 sq. (p. 346 sq.).

([87]) Sur cette bonté du Fils, voir AMBROISE, *De fide,* II, 1, 15-32.

([88]) *Gesta,* 31 c.

([89]) *Gesta,* 31 d.

([90]) *Gesta* 31 c - Voir *supra,* n. 25.

IX

n'entend pas reconnaître que le Fils de Dieu est Dieu ou Seigneur puissant au même titre que le Père. Palladius ne place au contraire qu'une différence de degré - et non pas de nature, entre la puissance du Fils et celle des hommes. La remarque, faite par Eusèbe de Bologne dès les premières questions ([91]), est reprise ici par Ambroise ([92]), avant de l'être à nouveau à propos du point suivant ([93]).

Mais c'est alors que se produit une contre-offensive de Palladius: il n'attend pas qu'on lui pose de question pour affirmer que le Christ est «juge» - mais par délégation -; il lance à l'adresse des Nicéens le texte scripturaire le plus fort ou le plus embarrassant qu'aient possédé les Homéens pour affirmer l'infériorité du Fils. Le Christ n'a-t-il pas dit: «Le Père est plus grand que moi *(Joh.* 14, 28)»? Comment ne pas entendre un tel texte? Palladius ne cite pas alors explicitement le texte lui-même et Ambroise refuse tout d'abord de s'engager dans cette discussion qui dérange l'ordre des propositions d'Arius ([94]). On finit quand même par entrer dans cette voie et Palladius provoque un incident en citant *Joh.* 14, 28 selon un texte que ne connaît pas Ambroise: *«Celui qui m'a envoyé est plus grand que moi»* ([95]). Une telle «falsification» ne peut pas améliorer le climat de la discussion. J'ai rappelé ici même, il y a quelques années, que Chromace citait à la suite d'Ambroise ([96]), un autre passage de Jean pour lequel les «Ariens» présentaient un texte différent, au grand scandale de l'évêque de Milan ([97]). Celui-ci avait dénoncé cette «manoeuvre» dans son *De spiritu sancto,* avant, donc, notre con-

---

([91]) *Gesta,* 19 c. Voir aussi *Gesta,* 29 a.
([92]) *Gesta,* 32 a.
([93]) *Gesta,* 33 b.
([94]) *Gesta,* 33 d et sq.
([95]) *Gesta,* 36 d.
([96]) *Les relations doctrinales entre Milan et Aquilée, durant la seconde moitié du IV̊ siècle. Chromace d'Aquilée et Ambroise de Milan in AAAdIV,* 1973 pp. 207-209.
([97]) AMBROISE, *De spiritu sancto,* 3, 10, 59 (Ed O. Faller, *CSEL,* 79, p. 174). Ambroise, quand il arrive à Aquilée, ne semble pas connaître ce texte «interpolé» de Jean 14, 28. La synodale *Benedictus,* 6-7 *(PL* 16, c. 942 B-C) évoquera cette «falsification». Le *De fide* V, 16, 193 en évoque une autre, qui n'est pas plus réelle. On ne peut s'en étonner outre mesure. Jérôme y trouvera la justification de son entreprise de révision des Évangiles.

cile de septembre 381. Mais, ce faisant, il imputait aux «Ariens» une modification qui leur est bien antérieure, puisqu'on trouve ce verset cité sous cette forme en Occident ([98]) comme en Orient ([99]), sans intention maligne. Cependant, la formule de Sirmium de 357, de tendance anoméenne, utilisait cette version à ses fins, et elle faisait suivre cette citation presque immédiatement d'une mention de la *soumission* du Fils, avec une allusion à la *Première épître aux Corinthiens* où le Fils, quand il aura remporté la victoire sur la mort, se soumettra à celui qui lui a tout soumis (1 *Cor. 15, 27-28*) ([100]). On voit bien apparaître ici le raisonnement homéen: Le Fils est inférieur puisqu'il est *envoyé*, puisqu'il *se soumet*. Or, c'est exactement le dossier qu'utilise Palladius à Aquilée, avançant tour à tour *Joh.* 14, 28 dans le texte indiqué plus haut, puis bientôt *I Cor.* 15, 28, auquel il ajoute *Joh.* 15, 10. L'enchaînement lui paraît probant, à lui seul: «Le Père a engendré le Fils, le Père a envoyé le Fils» ([101]), ce qui entraîne: «Le Fils est soumis au Père, le Fils garde les commandements du Père» ([102]).

([98]) Novatien, dans son *De Trinitate*, cite une fois (26, 9) Joh. 14,28 avec le *Qui mittit me*. Une seconde citation (28, 20) l'omet.
([99]) Dans nos textes, la formulation est présente d'un bout à l'autre de l'oeuvre d'Origène (Du *De principiis, 4, 4, 8,)* d'après la rencontre de l'*Ep* 123, 13 de Jérôme et de l'Epître à Mennas (Ed. Simonetti-Crouzel, *SC* 269, pp. 263-265), au *Contre Celse*, 8, 14 et 15) avec la nette affirmation de la supériorité du Père. Sur l'évolution de l'interprétation de l'ensemble de ce verset, voir M. Simonetti, *Giovanni 14, 28 nella controversia ariana* in *Kyriakon* (Mel. J. Quasten) I, Münster, 1970, pp. 151-161; R. Gryson, *Les citations scripturaires des oeuvres attribuées à l'évêque arien Maximinus*, in R Ben. 88, 1978, p. 52,n. 1.
([100]) *Apud* HILAIRE, *De synodis*, 11 *(PL* 10, c.489 A): «Nulli potest dubium esse Patrem honore, dignitate, charitate, maiestate et ipso nomine patris maiorem esse Filio, ipso testante: *'Qui me misit* maior me est'. Et hoc catholicum esse nemo ignorat duas personas esse Patris et Filii, maiorem Patrem, Filium subiectum cum omnibus his quae ipsi Pater subiecit (cf. *I Cor.* 15, 28)...»
([101]) *Gesta*, 39 a.
([102]) *Gesta*, 39 d. On notera que Palladius ne reprend pas le dossier dans son *Apologie* (§ 108) mais revient, à l'aide de *Joh.* 11, 42 et 10, 36, sur l'envoi du Fils et sur le fait que cette mission *(officium)* atteste la supériorité *(praestantia)* du Père, dans un enchaînement *(coniunctio)* indiscutable.

III

A part la «falsification», qu'il s'empresse de dénoncer, Ambroise connaît ces textes, ainsi que leur interprétation. On ne s'étonnera donc pas de retrouver sous forme plus brève dans les *Gesta* d'Aquilée les réponses et éclaircissements qu'il apportait dans le *De fide* des dernières années ([103]). Le «Père est plus grand que le Fils»? Mais pourquoi les Juifs persécutaient-ils le Christ, sinon parce «qu'il appelait Dieu son Père, *se faisant l'égal de Dieu*» (Joh. 5, 15)? Eusèbe de Bologne qui avance ce texte ([104]) est aussitôt relayé par Ambroise qui invoque le texte de l'*Epître aux Philippiens* où le Fils, égal de Dieu, a pris la condition du serviteur ([105]). Dans sa «condition de serviteur», c'est-à-dire, assure Ambroise, «selon la chair», le Fils est inférieur au Père, mais non «selon la divinité». ([106]). «Selon la divinité», il est égal du Père. Et d'ajouter à l'adresse de Palladius: «Pourquoi t'étonnes-tu qu'il soit inférieur selon la chair, alors qu'il a dit qu'il était «serviteur», alors qu'il a dit qu'il était «une pierre», alors qu'il a dit qu'il était «un ver», alors qu'il a dit qu'il était «inférieur aux anges?» ([107]). Le livre II du *De fide* attribuait déjà le *Pater maior me est*, prononcé au moment où le Christ va souffrir sa Passion à la *natura hominis*, à la *persona hominis* ([108]) et il ajoutait dans un mouvement qui annonce la question posée à Palladius: «Tu t'étonnes si, comme homme - *ex persona hominis* -, il déclare le Père plus grand, lui qui, comme homme, s'est dit un ver et non un homme?»

([103]) J'utiliserai principalement de *De fide* d'Ambroise pour illustrer les *Gesta* d'Aquilée. Il est clair cependant que ce *De fide* n'est pas l'unique source de connaissance à laquelle puissent puiser les Nicéens d'Aquilée et, d'autre part, que ce *De fide* n'est pas, et de loin, original. Je ferai donc appel éventuellement à d'autres textes, à titre de confirmation, mais sans souci de retracer ici l'histoire des divers textes dans le dossier trinitaire.
([104]) *Gesta*, 35 b.
([105]) *Ibid.*, 35 c.
([106]) *Ibid.* 35 c, 36 c. A quoi Palladius oppose (36 d): «Est-ce la *chair* qui a été envoyée par Dieu ou le Fils de Dieu?», en faisant appel à *Jean* 14, 28 avec l'ajout qui va déclencher l'altercation. La question de Palladius ne reçoit donc pas alors de réponse.
([107]) *Gesta*, 37 a.
([108]) AMBROISE, *De fide*, II, 8, 59-60.

IX

(^{109}). Un peu plus loin, il fait allusion à *Philippiens* 2, 6-7 et cite le *Psaume* 8, 6 appliqué au Christ «inférieur aux anges», à la suite de Paul dans l'*Epître aux Hébreux* (^{110}). L'allusion à l'affirmation du Christ se disant «pierre» reparaît à la fin du *Livre* V, juste avant la péroraison finale (^{111}), et, cette fois encore, elle est mise en relation avec *Philippiens* 2, 6-7, *Jean* 14, 28 et le *Psaume* 8, 6. De même, Eusèbe de Bologne n'innove-t-il en rien lorsqu'il rappelle l'accusation des Juifs contre Jésus de se faire l'égal de Dieu. (^{112}). Ambroise faisait de ce texte un commentaire grammatical qui débouchait, une fois encore sur *Philippiens* 2, 6-7, véritable clef de voûte de la christologie et de la théologie trinitaire nicéennes (^{113}).

Des textes moins topiques, comme celui d'*Hébreux* 6, 13-14 que Sabinus de Plaisance, semble-t-il, brandit soudain: «Quand il fit sa promesse à Abraham, Dieu, comme il n'avait personne d'autre plus grand par qui jurer, jura par lui-même» (^{114}), pourraient être contestés par Palladius - puisqu'il est question de *Dieu* - mais Sabinus et a fortiori Ambroise savent que raisonnement, Ecriture et grammaire imposent d'entendre ce «Dieu» du Christ et du Fils (^{115}). Donc, le Fils n'a personne de plus grand que Lui. Il est l'égal du Père!

D'autres textes avancés par Ambroise demandent l'éclairage du *De fide* pour être tout simplement compris. De fait, lorsque Pal-

---

(^{109}) *Ibidem*, 61.
(^{110}) *Ibidem*, 62-63 - Cf. FAUSTINUS, *De Trinitate*, 35, (Ed. M. Simonetti, *CC*. 69, p. 336).
(^{111}) *De fide*, V, 18, 225-227.
(^{112}) *Gesta*, 35 b.
(^{113}) AMBROISE, *De fide*, II, 8, 67-70. En «grammairien», Ambroise souligne que c'est l'évangéliste qui parle et non pas les Juifs (§ 68). La part de la «grammaire» et du «commentaire de textes» antique ne peut être minorée dans toute cette controverse. On en trouvait le vocabulaire et les catégories dans les lignes précédentes. Mais les conceptions s'opposent parfois. Faustinus reproche aux Ariens d'atténuer les textes «quasi grammatici» (*De Trinitate*, 13 - *CC* 69, p. 307, l. 17).
(^{114}) *Gesta*, 38 a. Le désordre est tel dans l'Assemblée à ce moment que l'on ne peut savoir, dans les *Gesta*, qui exactement fait appel à ce texte d'*Hébreux* 6, 13.
(^{115}) AMBROISE, *De fide*, II, 8, 71-73, avec même renvoi, de confirmation (discutable pour nous), à *Joh.* 8, 56.

IX

ladius, dans l'enchaînemnt que j'ai cité plus haut, met en avant la «soumission» du Fils, ([116]), l'évêque de Milan lui rétorque: «Il est soumis selon l'ordre de la chair», avant d'ajouter ([117]): «D'ailleurs, tu te souviens bien d'avoir lu toi-même: «Personne ne vient à moi, sinon celui que le Père attire» (Joh. 6, 44). Que signifie une semblable remarque et que vient-elle faire dans cette altercation? Tout d'abord, elle ne renvoie pas à des propos antérieurs de Palladius, mais à une lecture de l'*Evangile de Jean* que Palladius a pu faire *comme tout un chacun*. Mais pour quelles raisons ce texte est-il invoqué? C'est le *De fide* II qui nous fournit la réponse. Ambroise y oppose ce «Personne ne peut venir à moi *si mon Père ne l'attire*» au témoignage d'infériorité que les Ariens tirent, entre autres, de la session à la droite du Père. Le texte de Jean montre, selon lui, que le Père se met au service du Fils - puisqu'il attire au Fils - comme le Fils se soumet au Père, lorsqu'à la fin du monde il remettra toutes choses au Père ([118]). Cette soumission *réciproque* démontre donc leur égalité. C'est dans le même sens qu'il faut interpréter la parole de Paul aux Corinthiens (*I Cor.* 1, 9) qu'Ambroise cite presqu'aussitôt: «Il est fidèle Dieu *par qui vous avez été appelés* à la communion de son Fils» ([119]). Le livre IV du *De fide* utilise cette affirmation pour montrer qu'il ne faut entendre de façon trop absolue les déclarations dans lesquelles le Fils est présenté comme un intermédiaire: «Au Fils *par qui* tout a été fait» on peut opposer «Le Père *par qui* les hommes sont appelés à la communion du Fils» ([120]). Compris ensemble au contraire, de tels textes établissent *l'égalité* de puissance du Père et du Fils, toute affirmation d'une infériorité du Fils étant à entendre de l'Incarnation, et non de la vie trinitaire. Dans les *Gesta*, Ambroise conclut cette discussion sur la mission, la soumission, l'infériorité du Fils en disant: «Pour ma part, je dis que le Père est plus grand selon la chair assumée qu'a prise le Fils de Dieu, non selon sa divinité» ([121]).

([116]) *Gesta*, 39 d.
([117]) *Gesta*, 39 e.
([118]) AMBROISE, *De fide*, II, 12, 104.
([119]) *Gesta*, 40 b.
([120]) AMBROISE, *De fide*, IV, 11, 149. On trouvera une même utilisation de I Cor. 1, 9 dans le Commentaire de Pélage (Souter, p. 130 - *PLS* I, c. 1183) qui ne suit pas ici l'Ambrosiaster.
([121]) *Gesta*, 40 b.

C'est là, de fait, le Credo nicéen. Mais il ne satisfait pas Palladius pour lequel la *chair* ne peut dire: «Dieu est plus grand que moi» ([122]). Nous revenons ainsi à la christologie. Pour constater que celle des Homéens est imprécise, dans sa fidélité au seul vocabulaire scripturaire, et qu'elle est grevée par un schéma *logos/sarx* qui, en définitive, affecte la divinité. «Est-ce la chair qui parlait, demande Palladius, ou bien la divinité, *parce que là elle était chair?*» ([123]). Il ne suffit pas de corriger et de dire que «le Fils de Dieu a *pris* la chair» ou «a *pris* une chair humaine» ([124]). Ambroise répond tout d'abord que «la chair ne parle pas sans l'âme» ([125]), ce qui introduit toute la personnalité humaine du Christ; mais surtout il revient à *Philippiens* 2, 8 et à *Hébreux* 2, 9 qui lui semblent s'enchaîner pour montrer que la divinité n'a pu «goûter la mort» ([126]). Le *De fide* défendait déjà cette position, à l'aide des mêmes textes ([127]).

Ambroise ne prend pas le temps de fulminer l'anathème ni d'attendre une nouvelle question de Palladius. Il s'empresse de revenir à la *Lettre* d'Arius, abandonnée à son grand regret depuis quelques minutes, et il en vient immédiatement à la «créature parfaite» ([128]), comme je l'ai dit plus haut. La discussion, en réalité, n'avancera plus sur le plan doctrinal, même si après une série de batailles de procédure, d'incidents divers où les conversations et les affaires s'entremêlent, on lit le point suivant - en fait, précédent - de la *Lettre* d'Arius: «né, non pas en apparence, mais en vérité... » ([129]). On ne le discute pas! Le ton monte au contraire bien vite, Palladius accusant bientôt Ambroise d'impiété ([130]).

Survient alors un incident qui mérite qu'on s'y arrête quelques instants, dans la mesure où il me semble révéler le niveau auquel se

---

([122]) *Gesta*, 40 c.
([123]) *Ibidem*: «Caro loquebatur aut divinitas quia ibi erat caro?»
([124]) *Ibidem*, 40 h: «Carnem suscepit» (Filius Dei); 40 j: «Carnem humanam suscepit».
([125]) *Ibidem*, 40 d: «Caro sine anima non loquitur».
([126]) *Gesta*, 41 a.
([127]) AMBROISE, *De fide*, II, 8, 65, citant *Héb.* 2, 9.
([128]) *Gesta*, 41 c.
([129]) *Gesta*, 46.
([130]) *Gesta*, 47.

IX

place la discussion pour la majorité des participants. On pourra mieux juger ainsi les simplifications et même les confusions auxquelles nous assistons. Palladius, en effet, s'enfermant dans son mutisme, le président de l'assemblée, l'évêque Valérien d'Aquilée, prend - pour la première fois - la parole et déclare: «Ne forcez pas trop Palladius à répondre. Il est incapable de confesser simplement votre vérité. Il a en effet la conscience confondue par un double blasphème; car il a été ordonné par des Photiniens et il a été condamné avec eux. Et maintenant il va être condamné de manière plus complète» ([131]). Palladius sort immédiatement de son silence et demande des preuves... que Valérien n'apporte pas. ([132]) Ce qui pose plus d'une question.

Les Homéens, en effet, ne condamnaient pas moins Photin que les Nicéens, Mais les deux partis ne mettaient pas un accent identique sur les points condamnés. En Photin, les arianisants voyaient surtout le disciple de Marcel d'Ancyre et les positions sabelliennes ([133]); les Nicéens avaient également découvert ce sabellianisme, mais ils étaient d'autre part sensibles au fait que, dans la présentation de Photin, le «Fils» naît de Marie, *au moment de l'Incarnation,* et qu'il n'est donc pas une personne distincte et subsistante au sein même de la Trinité ([134]). Ce faisant, Photin niait la divinité du Christ et, dès lors, aboutissait, *par de tout autres voies,* au même résultat qu'Arius! C'est ce que Sabinus de Plaisance laisse entendre lorsqu'il vient au secours de Valérien en disant de Palladius: «Il ne pourrait pas nier que le Christ soit Dieu véritable s'il ne suivait ses maîtres» ([135]). On le voit, ce qui intéresse Sabinus, ce n'est pas l'histoire des rapports - éventuels - de Palladius avec l'entourage, plus ou moins proche, de Photin - ce dont nous ne savons rien -, mais bien le *résultat* auquel on parvient de part et d'autre: la négation de la divinité du Christ. De fait, bien plus que ses positions propre-

---

([131]) *Gesta,* 49 d.
([132]) *Ibidem,* 49 e.
([133]) Le texte de la condamnation de Photin à Sirmium en 351 chez Hilaire, *De synodis,* 38, suivi de son commentaire (§ 39-61).
([134]) Voir, par exemple, Hilaire, *De synodis,* 61 (PL 10, c. 522 a 2-3), qui reprend l'affirmation essentielle reprochée à Photin.
([135]) *Gesta,* 49 f,

ment trinitaires, ce sont les conséquences concernant la divinité du Christ qui valent et vaudront à Photin de prendre rang dans le galerie des hérétiques condamnés par les orthodoxes ([136]). N'oublions pas que l'empereur Julien avait envoyé ses félicitations à Photin, en même temps qu'il attaquait Diodore de Tarses pour avoir affirmé précisément la divinité du Christ ([137]). Ce n'était pas un patronage sans importance ni sans signification générale, aux yeux des Nicéens.

Mais on était là loin de Photin lui-même. A vrai dire, on aurait pu entendre Palladius accuser de la même façon ses adversaires d'être des Photiniens, mais pour d'autres raisons. Dans la suite immédiate de l'interrogatoire, il renvoie, en effet, à la «Profession de foi» des Nicéens qu'il se propose de discuter, lors du concile général qu'il demande ([138]). Nous n'avons pas cette «Profession de foi». L'*Apologie* que Palladius a composée après la condamnation d'Aquilée invite cependant à penser, je l'ai dit, que cette «Profession de foi» émanait d'une réunion tenue à Sirmium peu auparavant et qu'elle se trouvait en conformité avec une autre «Profession de foi» rédigée à Rome par Damase ([139]). Palladius accuse ses adversaires d'avoir dit croire «en trois dieux tout puissants, trois éternels, trois égaux... etc.» ([140]) Il entreprend une longue réfutation de ce «blasphème», qui nous précise en quel sens il l'entend ([141]). On pourrait en effet dire qu'une telle croyance en «trois dieux» revient au polythéisme. Palladius parle d'ailleurs tout d'abord d'idolâtrie ([142]). En fait, c'est le sabellianisme qui est visé, comme Maximin le confirme

---

([136]) Voir, par exemple ZÉNON de Vérone, *Tr*, II, 8, 1 (= II, 7) (Ed. Löfstedt, *CC* 20, p. 176, l. 3-9); NICETA de Remesiana, *De ratione fidei*, 2 (Ed. Burn, pp. 11-12, avant d'en venir à Arius); CHROMACE d'Aquilée, *Tr.* 50, 3 (Ed. J. Lemarié - R. Etaix, *CC* IX bis, p. 448, l. 113-119 - Sur le raisonnement de Chromace, voir *Les relations doctrinales*, p. 205. en corrigeant le texte cité); PÉLAGE, *In Rom.*, 1, 3; 8, 3; 9, 5; *In 1 Cor.* 9, 21.
([137]) JULIEN l'Empereur, *Ep.* 90 (79) (Ed. J Bidez, p. 174).
([138]) *Gesta*, 50 b.
([139]) PALLADIUS, *Apologie*, 128. Sur ce «blasphème de Sirmium» et les problèmes de son contexte et de sa date, voir maintenant R. Gryson, *Op. laud.*, p. 115sq.
([140]) PALLADIUS, *Apologie*, 129.
([141]) *Ibidem*, 130-138.
([142]) *Ibidem*, 128 f. (f.345 v, l. 15-18).

IX

lorsqu'il évoque cette même «Profession de foi» qu'il ne connaît qu'à travers Palladius ([143]). On n'a d'ailleurs pas de peine à reconnaître l'accusation de trithéisme proférée habituellement à l'encontre des tenants du consubstantiel. Mais, précisément, le grief est si courant que les Nicéens s'en prémunissent de façon ordinaire ([144]). S'il est bien vrai que Palladius a pu trouver dans le «Tome» de Damase la mention «de trois *personnes,* égales, éternelles, contenant toutes choses, visibles et invisibles, toutes-puissantes, etc.» ([145]), il aurait pu, s'il avait continué sa lecture quelques lignes, entendre ces mêmes Nicéens affirmer à Rome en conclusion que ces personnes ne formaient pas *des* dieux, mais *un* dieu, en rejetant toute erreur contraire qui rejoindrait celle des hérétiques, des Juifs ou des Païens ([146]). En réalité, Palladius, plus que par une lecture attentive, est emporté par l'idée qu'il se fait de ses adversaires. Il ne les a assurément pas entendu parler de «trois *dieux»,* il ne peut pas non plus avoir lu dans leur *Profession de foi* la mention de «trois qui se confondent», ni même de «trois que rien ne différencie». Il récite là bien plutôt le catalogue des erreurs *imputées* aux Nicéens.

De part et d'autre, on le voit, on ne cherche pas à comprendre l'adversre. On ne respecte pas toujours ses propos, on ne fait guère d'effort pour entrer dans sa problématique et voir ce qu'elle comporte de positif ou comment elle continue celle des générations précédentes. Le climat de la discussion est, de plus, corrompu par la suspicion réciproque que des décennies n'ont fait qu'accroître toujours davantage. Certes, il nous est possible, en voyant les choses de plus haut et de plus loin que les contemporains, d'apercevoir les limites et les lignes de force des deux théologies. Nous profitons en outre du siècle de discussions qui, du domaine trinitaire, vont gagner la christologie. Je ne me cache pas la faiblesse de certaines des interprétations scripturaires avancées par les Nicéens, à Aquilée ou ailleurs. Je ne crois pas cependant qu'il y ait à réhabiliter, de

---

([143]) MAXIMIN, *Commentaire,* 36 et l'allusion à la *Sabellii perfidia.*
([144]) Il arrive même que l'accusation soit retournée: AMBROISE, *De fide,* V, 3, 40-42.
([145]) Tome de Damase, *Canon* 21 (Ed. Turner, p. 291).
([146]) *Ibidem,* c. 24 (pp. 292-293) - Cf. l'énumération des écueils à éviter chez AMBROISE, *De fide,* 1, 1-6.

IX

quelque façon que ce soit, les positions homéennes. Celles-ci se veulent scripturaires. Assurément, pour une part. Mais elles sont aussi sous-tendues par un système qui «rationalise» beaucoup trop la Trinité pour être «crédible». Je ne demande certes pas le «mystère» pour le «mystère». Je trouve cependant beaucoup trop claire et beaucoup trop «grecque», en regard des Evangiles, cette hiérarchie à l'intérieur de la Trinité, cette série d'intermédiaires entre le Dieu ineffable et la matière, et l'homme. Les Evangiles nous mettent au contact d'une réalité beaucoup moins simple. Il était fatal que cette réalité ne soit pas perçue immédiatement dans sa complexité; il était normal que l'on privilégie certains axes ou certaines présentations, à des fins pastorales diverses et que, de fait, on aboutisse à des traditions ecclésiastiques différentes.

Mais il eût été plus sage de prendre conscience des écueils de Charybde, de Scylla... et de quelques autres, sans refuser tout progrès ou tout correctif, mais sans non plus prétendre qu'on restait ou qu'on devait rester parfaitement fidèle aux énoncés des générations précédentes. Puisque nous sommes à Aquilée, je voudrais illustrer ce propos par une double ou triple série de faits. Homme d'une génération où les dossiers patristiques prennent de plus en plus d'importance, Maximin s'efforcera de montrer en Cyprien un prédécesseur des Homéens ([147]). Rufin, dans les dernières années du IVème siècle, doit défendre sa mémoire ([148]). Il s'étonne de trouver chez Clément de Rome, un pape, des propositions dignes d'Eunome ([149]). Il impute ces propos - et bien d'autres - aux falsifications

---

([147]) MAXIMIN, *Commentaire*, 13-14, avec en particulier l'affirmation suivante (f. 300 v, l. 3-12): «Nam cum dicit sanctus Cyprianus: Oblatrantem te et aduersus Deum qui unus et uerus est...., nonne hoc comprobauit Arrium docuisse? (...) Ecce ante quantos annos, ante plurimas generationes Cyprianus beatissimus martyr, unum et solum adseruit uerum deum...». Les citations annoncées par Maximin en § 40 sont destinées à prouver de la même manière le caractère traditionnel de l'enseignement d'Arius. On insiste également sur l'héritage de la foi orthodoxe chez les Nicéens. Voir, par exemple, PHÉBADE, *De fide*, 15*(Pl* 20, c. 23 D): «Nos quae audiuimus a patribus nostris constanter praedicamus; et uos ergo doctrinam patrum uestrorum deserere nolite...»Le thème est devenu banal entre 360 et 400.
([148]) RUFIN, *De adulteratione librorum Origenis*, 12 (Ed. M. Simonetti, *CC* 20, p. 15).
([149]) *Ibidem*, 3 (p. 9).

IX

des hérétiques, qui ont opéré de la même façon, assure-t-il, dans les oeuvres d'Origène. On connaît les exclamations de Jérôme contre cette théorie, mais d'un Jérôme qui avait commencé par corriger ou compléter Origène, avant d'en faire le «Père d'Arius». Ces diverses tentatives sont révélatrices.

La théorie de *l'adulteratio* cependant n'aurait pas pu être présentée par Rufin s'il n'avait pu s'appuyer sur des précédents bien connus de ses lecteurs, en dehors même des cas qu'il leur soumettait. Nous avons entendu Ambroise brandir ce grief de falsification de l'Ecriture à l'adresse des Homéens et l'on ne peut pas comprendre le déroulement même des débats d'Aquilée si l'on n'a pas en tête ce qui s'est passé ou est censé s'être passé à Rimini. Le malheur est, pour la suite de l'histoire, que la régularité du concile d'Aquilée ait pu être mise en cause par les Homéens et que ceux-ci aient pu déplorer l'intervention du pouvoir politique, de la même façon que l'appui de Constance avait été déterminant dans la victoire ou la défaite de Rimini. Les choses, en ce qui concerne Aquilée, sont peut-être moins simples qu'on le présente d'ordinaire, mais il n'en reste pas moins significatif que l'héritier des Homéens en Occident et l'un de leurs meilleurs théologiens, Maximin, ait cru devoir, soixante ans après les faits, comme cela vient de nous être magnifiquement confirmé ([150]), exhaler ses critiques contre la mauvaise foi d'Ambroise.

C'est affirmer indirectement par là-même l'importance qu'a prise, dans le siècle du moins qui a suivi, ce Concile dont je vous disais en commençant qu'il n'avait émis aucun *Credo*, qu'il n'avait contribué à aucun progrès, mais qu'il était tourné vers le passé - Rimini - et reflétait, de façon très élémentaire, les thèses et les dossiers des Nicéens, essentiellement la pleine affirmation de la divinité du Christ. Il serait cependant faux de croire qu'Ambroise et son entourage aient pensé être au bout de leurs peines avec la condamnation de Palladius et Secundianus et que cela explique leurs manières expéditives. L'une des lettres post-conciliaires évoque l'agitation des Homéens à Milan même ([151]). On connaît l'existence de foyers

---

([150]) Cela me paraît, en dehors de l'édition même des divers textes, l'un des apports importants du travail de R. Gryson que d'avoir établi de façon sûre que l'intervention de Maximin est *postérieure* à 440 (*Introduction*, pp. 77-79; 97-100).

([151]) *Benedictus Deus* (*Ep* 10, 10 - *PL* 16, c. 943 B - C) qui, de plus, évoque les or-

arianisants en plusieurs endroits d'Italie du Nord ([152]), en ces années 380. Tous ne s'expliquent sans doute pas par le reflux de populations de l'Illyricum comme à Forum Cornelii ([153]). En 386, en tout cas, Ambroise a bien failli se trouver dans la situation de Palladius, ou plutôt, devant un «tribunal» analogue à celui que réclamait Palladius. Est-il nécessaire de rappeler que la fameuse loi de janvier 386, contre laquelle s'emporte l'évêque de Milan, se réfère au Concile de Rimini et à sa confirmation à Constantinople([154])? Dans sa lettre que l'on lira au Consistoire de Valentinien II, Ambroise donne les raisons pour lesquelles il ne veut pas se soumettre à un jury dans lequel entreraient, à côté du nouvel Auxence, des Juifs et des païens. J'en retiens ceci, qui me semble résumer le point de vue des évêques réunis alors à Milan, comme celui de ceux que nous avons entrevus à Aquilée: «Qu'est-ce qui peut leur plaire plus, demande Ambroise au sujet de ces païens et ces Juifs, que la négation de la divinité du Christ? Ils s'accordent bien, à n'en pas douter, avec un Arius qui appelle le Christ une *créature*, ce que les païens et les Juifs reconnaissent sans peine. C'est ce qui fut écrit dans le Concile de Rimini et c'est à juste titre que je déteste ce concile, car je m'attache à la foi de Nicée» ([155]). Rimini, Nicée. Il n'est pas difficile d'ajouter Aquilée, et de voir à quoi se résumaient son enjeu et son oeuvre pour les Nicéens. Le *déroulement* de ce Concile de septembre 381 ne peut en tout cas se comprendre que par rapport aux événements de la deuxième session du Concile de Rimini à la fin 359. Ce qu'on ne semble pas avoir suffisamment remarqué.

---

dinations que Julianus de Poetovio est en train de faire à travers les villes d'Italie du Nord.
([152]) Outre les allusions aux villes d'Italie du Nord de la note précédente, nous connaissons à Parme un Urbanus qui est déposé par les Nicéens et qui a tout l'air d'être homéen d'après le *Commentaire du Symbole de Nicée* qui l'interpelle (Ed. Turner, *EOMIA*, 1, 2, 1, p.346: XVII, l.5 - *Ibidem*, (pp. 353-354). Mais Palladius, qui nomme Urbain de Parme, ne nous donne aucun renseignement à son sujet (*Apologie*, 125).
([153]) AMBROISE, *Ep.* 2, 27-28 *(PL* 16, c. 886-887).
([154]) *Codex Theodosii*, XVI, 1, 4. Voir de même *Sermo contra Auxentium*, 25 *(PL* 16, c.1014 D).
([155]) AMBROISE, *Ep.* 21, 13-14 *(PL* 16, C. 1005 C-D). Dès la Préface du *De fide* il avait dit sa fidélité à Nicée (§ 5 - Ed. Feder, *CSEL* 78, p. 6).

IX

Corrigenda
p. 79, n. 56, lire: ... donc autrefois; ceux qui prolongent son oeuvre aujourd'hui; car le *De fide* n'est pas ...

p. 94, l. 20, pour: l'adversre, lire: ... l'adversaire

X

AQUILÉE ET SIRMIUM DURANT LA CRISE ARIENNE (325-400)

Aquilée est à environ 700 km de Milan, à 900 km de Rome, mais à 800 km de Sirmium! De tels chiffres, très approximatifs, peuvent à eux seuls avoir une signification; mais celle-ci peut se trouver modifiée par le fait que, si on ne passe pas par Aquilée pour aller de Rome à Milan, Aquilée est un point de passage obligé, tant entre Rome et Sirmium qu'entre Sirmium et Milan. On peut ajouter qu'Aquilée et Sirmium sont, quand on arrive par mer pour la première, quand on vient de l'Est pour la seconde, deux «embranchements» importants pour qui veut monter vers le Nord et le Danube, que toutes deux sont des ports fluviaux, ont tenu ou tiennent un rôle dans l'administration de l'Empire ([1]); enfin et surtout, que toutes deux sont situées sur la même artère vitale qui, sous l'Empire, rejoint, par terre, l'Est à l'Ouest, de Trajan à Marc-Aurèle et de Dioclétien à Théodose, au moins. Élémentaires, ces considérations sont néanmoins indispensables, ne serait-ce que parce que les relations humaines ne peuvent faire fi des circuits les plus ordinaires ou, sur le plan religieux, parce que la propagation du Christianisme a utilisé les routes des soldats et des marchands et que les rapports entre cités à l'intérieur d'un même Empire ont facilité la diffusion des idées.

Peut-être y avait-il relativement plus de relations ordinaires entre Aquilée et Sirmium qu'il n'y en a de nos jours entre Venise ou Trieste et Belgrade ... La présence des Alpes Juliennes ne gênait guère les relations entre deux villes qui appartenaient au même en-

---

([1]) Pour Sirmium, je me contente de renvoyer aux publications des fouilles franco-yougoslaves depuis 1971, Bonne et raisonnable synthèse chez mon ami Noël DUVAL, *Sirmium, «ville impériale» ou «capitale»* in *Corsi di Cultura sull'arte ravennate e bizantina*, 26, 1979, pp. 53-90. Je n'entre pas ici dans le difficile problème du siège de la Préfecture du Prétoire. Entre 360 et 378, il ne fait pas de doute qu'elle se trouve bel et bien à Sirmium.

X

semble politique. Pourtant, ces frontières ont existé à certains moments du demi-siècle que nous allons parcourir et elles ont eu alors des effets analogues à ceux de nos frontières modernes. Ce sont même ces ruptures et ces fermetures qui, par leur caractère exceptionnel, permettent plus d'une fois de saisir une vie qui a l'air de se dérouler, par ailleurs, dans le plus grand calme. Mais cet arrière-plan politique ne serait qu'un cadre si l'Empire n'avait eu un fondement religieux dont nous entendrons plusieurs rappels en des moments où les évêques ont besoin de la coopération du pouvoir politique [2].

Or, l'ensemble du IVe siècle est traversé par une crise théologique dont les soubresauts ne vont cesser de se répéter et de se répercuter jusqu'à la fin du siècle, au moins. Rien, apparemment, ne prédisposait Sirmium et Aquilée à tenir une place particulière dans l'histoire d'une hérésie née sur les bords du Nil. Ce n'est pas non plus leur seule importance politique qui explique le rôle que vont y tenir leurs évêques. De simples «accidents» sont aussi intervenus, qu'il faudra essayer de circonscrire (I). Mais nous verrons également que les institutions et les réalités géographiques reprennent parfois le pas sur les hommes, lorsque les empereurs décident d'imposer une foi unique: l'histoire des deux cités et de leurs relations est alors celle d'un flux (II) et d'un reflux (III-IV), qui semble total à Aquilée en 381.

Ceux-ci ne nous ont pas été décrits pour eux-mêmes par les historiens anciens et les documents concernant les deux seules cités sont à peu près inexistants. Il nous faut donc relire l'ensemble des textes en nous plaçant au «point de vue» d'Aquilée ou (et) de Sirmium [3].

---

[2] Voir *infra*, p. 372 et n. 220. On peut les multiplier.

[3] L'ouvrage le plus proche de notre «point de vue» reste toujours celui de J. ZEILLER, *Les origines chrétiennes dans les Provinces danubiennes de l'Empire romain*, Paris, 1918. Peu de sources nouvelles, à part Chromace (voir *infra*, p. 333), ont en effet été découvertes depuis lors. Mais on peut améliorer certaines vues et, d'autre part, les questions chronologiques ont reçu des solutions meilleures depuis Zeiller. L'histoire politique est censée être connue. Pour l'histoire religieuse, voir J. R. PALANQUE, G. BARDY, P. de LABRIOLLE, *De la paix constantinienne à la mort de Théodose* (Histoire de l'Eglise ... sous la direction de A. Fliche et V. Martin, t. 3), Paris, 1939; M. MESLIN, *Les Ariens d'Occident*, Paris, 1968; M. SIMONETTI, *La crisi ariana nel IV secolo*, Roma, 1975; Ch. PIETRI, *Roma Christiana*, t. I, Paris, 1976. Les articles principaux seront donnés le moment venu pour les points

X

AQUILÉE ET SIRMIUM DURANT LA CRISE ARIENNE (325-400)

La tâche n'est pas facile. Elle produit cependant, je crois, quelques résultats, même si elle doit être réduite ici à l'essentiel. Elle trouve un symbole dans l'oeuvre de Chromace retrouvée, à la fois discrète et cependant significative pour notre propos.

* * *

I - ENTRE L'EXIL D'ARIUS ET L'EXIL DE PHOTIN DE SIRMIUM, LES SÉJOURS D'ATHANASE À AQUILÉE (325-351)

De fait, on aurait pu croire que cette remarquable découverte de l'oeuvre de Chromace apporterait une somme considérable de renseignements sur la vie religieuse de la région tout entière. Force est bien de remarquer que les données d'histoire événementielle y sont très rares. J'en dirai tout à l'heure une raison ([4]). Le nom de Sirmium est pourtant prononcé une fois, au sujet de Photin ([5]) et l'évêque d'Aquilée nous y confirme une chose que nous pouvions deviner, à savoir que l'hérétique a bel et bien «été ordonné par des évêques catholiques», car il n'avait pas encore dévoilé sa vraie personnalité ([6]). Photin apparaît plusieurs fois chez Chromace, dans des passages qui l'opposent à Arius et, une fois, en compagnie de Sabellius. Ces brèves mentions figurent dans deux *Sermons* ([7]) et en deux ou trois *Tracta-*

---

particuliers. J'ai moi-même été amené à toucher à divers aspects de la question présente: *La «manoeuvre frauduleuse» de Rimini. A la recherche du Liber aduersus Vrsacium et Valentem d'Hilaire* in *Hilaire et son temps*. Colloque de Poitiers, 1968; Paris, 1969, pp. 51-103; *Vrais et faux problèmes concernant le retour d'exil d'Hilaire et son action en Italie du Nord entre 360 et 363* in *Athenaeum* 48, 1970, pp. 251-275; *Les relations doctrinales entre Milan et Aquilée durant la seconde moitié du IVe siècle. Chromace d'Aquilée et Ambroise de Milan* in *A.A.Ad.* IV, 1973, pp. 171-234; *La présentation arienne du Concile d'Aquilée de 381* in *R.H.E.* 76, 1981, pp. 317-331; *Le sens des débats d'Aquilée pour les Nicéens: Nicée, Rimini, Aquilée* in *A.A.Ad.* XXI, 1982, pp. 69-97, in *Atti del Colloquio internazionale sul Concilio di Aquileia del 381*. J'indiquerai quelques autres études particulières en cours de route.

([4]) Voir p. 377 (Conclusion).

([5]) CHROMACE, *Tr.* 35, 3 (Ed. R. Étaix - J. Lemarié, *CCL* IX A, p. 369, l. 48-49).

([6]) *Ibidem* (l. 46-47): «in tantum uestitu ouis fefellit ut a catholicis uiris etiam episcopus ordinaretur ...».

([7]) *S.* 11, 4 (*Ibid.*, p. 50, l. 100): Photin seul; *S.* 21, 3 (*Ibid.*, p. 98, l. 56-62): Photin/Arius, opposés à l'apôtre Jean. Sur ces textes, du point de vue théologique, voir *Les relations doctrinales*, pp. 202-204.

X

tus (⁸), c'est-à-dire dans la prédication la plus courante à Aquilée, comme dans une oeuvre plus élaborée. Le *peuple* d'Aquilée connaissait donc Photin de Sirmium comme il connaissait Arius. Il avait même pu être témoin, comme nous le rappellerons, d'un certain nombre d'incidents – et pas seulement lors du Concile d'Aquilée de 381 –. Mais, à n'entendre que ce que nous dit Chromace au sujet d'Arius, on pourrait croire que le danger était lointain, ne concernait que l'Orient (⁹). Or, tout avait commencé, à Alexandrie sans doute – avec laquelle Aquilée était en rapports –, mais aussi dans la région de Sirmium, peu après 325 et le Concile de Nicée.

Nos sources sont malheureusement très pauvres. C'est par une brève allusion de l'*Histoire* de Philostorge, l'historien arien, que nous apprenons qu'Arius, plutôt que de se ranger à l'avis des Pères de Nicée, avait choisi l'exil et qu'avec deux évêques, Théonas de Marmarique et Secundus de Ptolemaïs (deux cités de Lybie Supérieure), il avait dû gagner «l'Illyricum» (¹⁰). Terme bien général, un peu analogue à celui de «Sibérie» au XVIIIe ou au XIXe siècle, et qui ne donne pas de la région une image flatteuse, bien que plusieurs empereurs, y compris celui qui régnait, fussent issus de la «région». Territoire excentrique, car on éloignait les indésirables, en empêchant, pensait-on, la contagion. C'est justement cette aire de contagion qui permet de circonscrire, *grosso modo*, l'endroit où Arius et ses amis durent passer, ces derniers, deux ou trois ans, le premier près de dix. En effet, lorsque Arius sera rappelé et que se tiendra à Tyr, en 335, le concile de la revanche, on trouvera dans l'Assemblée et dans les rangs des partisans d'Arius, deux jeunes évêques dont nous aurons à reparler bien des fois: Valens, de Mursa (Essek) – non loin du confluent de la Drave et du Danube –, et Ursace, de Singidunum

---

[8] *Tr.* 35, 3; 50, 3. Dans le *Tr.* 4; 3 (p. 213, l. 90-96), il n'est question que de Photin au sujet de la naissance du Christ.

[9] Dans la suite du *Tractatus* 35, 3 cité plus haut, Chromace fait la déclaration suivante sur laquelle j'ai déjà eu l'occasion de m'arrêter: «In uestitu ouis uenit Arrius (...) tanquam lupus rapax *per multas ecclesias Orientis* gregem Christi uastauit. Cuius discipuli *hodieque* oues Dei fallere ac decipere connatur per aliquantas ecclesias; sed iamdudum, magistro perfidiae prodito, discipuli latere non possunt» (p. 369, l. 50-57). On dirait que l'Occident n'a pas été concerné; mais d'autre part, le danger dure encore (*hodie*) au moment où Chromace écrit, vers 400 ...

[10] PHILOSTORGE, *Historia ecclesiastica*, 1, 9c (Ed. J. Bidez, GCS 21, pp. 10-11).

(Belgrade) – au confluent de la Save et du Danube ([11]). Il n'est pas dit que ces jeunes évêques étaient natifs de ces deux cités, mais rien ne nous permet de penser qu'ils aient été étrangers à la Pannonie.

Il est très vraisemblable qu'Ursace et Valens durent à leur sympathie pour Arius leur présence à Tyr où le nombre des Occidentaux était, semble-t-il, plus réduit encore qu'à Nicée. C'est dans cette région qu'ils ont dû faire la connaissance d'Arius ou de ses compagnons. Nous ne pouvons malheureusement pas savoir ce qui les séduisit dans l'enseignement d'Arius: nos renseignements sur la formation théologique des évêques de la région se réduisent aux quelques écrits, déjà anciens, de Victorin de Poetovio. L'évolution future d'Ursace et Valens vers un subordinatianisme de plus en plus radical ne préjuge pas de leur formation première. Peut-être virent-ils dans la présentation, par Arius, de la procession trinitaire le moyen de lutter contre l'hérésie patripassienne dont Rufin dira qu'elle a nécessité à Aquilée – et peut-être dans la région? – l'insertion d'un membre de phrase supplémentaire dans le Credo baptismal ([12]). Ils firent partie de la commission d'enquête dépêchée en Maréote et qui réussit tant bien que mal à ramener un dossier accablant pour Athanase. On sait ce qu'il en advint.

Après cette décennie d'exil pour Arius, en commence une autre qui va nous faire assister à deux exils d'Athanase et à une réaction contre le Concile de Nicée qui gagne peu à peu l'Occident. Venu plaider sa cause auprès de Constantin à Constantinople, Athanase quitte la nouvelle capitale ... pour l'exil à Trèves, à la fin 335 ou au début 336. Le long de sa route – terrestre –, il noue ou renoue des connaissances avec des évêques qui lui resteront fidèles. Ainsi, de Protogène de Sardique, ainsi particulièrement de Domnus de Sirmium qu'il avait rencontré à Nicée, seul représentant, avec Protogène, de l'Illyricum tout entier. L'évêque de Sirmium s'engagea ou s'était engagé suffisamment en faveur de Nicée pour subir le contrecoup de la réaction du Concile de Tyr et de la proximité d'Ursace et Valens: Athanase nous dira qu'il a eu à souffrir pour sa fidélité

([11]) Selon Athanase (*Ep. ad episcopos Aegypti et Lybiae*, 7 - PG 25, c. 553 A-B), ils auraient été «catéchisés» par Arius lui-même. Déchus de leur presbytérat, ils auraient été ensuite nommés évêques à cause de leur (?) impiété ...

([12]) RUFIN, *Expl. Symboli*, 5 (Ed. Simonetti, CCL 20, p. 140, l. 30-38).

X

à Nicée, voire même qu'il dut quitter Sirmium ([13]), ce dont nous n'avons aucune attestation par ailleurs. Athanase cite ailleurs toute une série d'évêques que l'on peut pour une part situer le long des routes entre Constantinople et Sirmium: Théodule de Trajanopolis ([14]), Eutrope d'Andrinople ([15]). Ces évêques et quelques autres auraient payé leur fidélité à la vraie foi ou à Athanase. Sur l'Occident lointain, rien de tel encore. Mais Athanase commence à s'y forger ces amitiés qui se manifesteront quelques années plus tard. D'Aquilée même il n'est pourtant pas question à ce moment, et nous ne connaissons même pas de façon certaine le nom de l'évêque qui y siégeait en 335 ou en 337.

Cette année est celle de la mort de Constantin (22.V.337), mais aussi de l'un des premiers retournements de situation auxquels décès et usurpations vont nous faire assister durant quarante ans. Dès le mois de juin, le fils aîné de Constantin, Constantin II, qui résidait à Trèves, invite Athanase à rentrer à Alexandrie. L'exilé reprend en sens inverse la route de terre qui lui permet de rencontrer les trois fils de Constantin à Viminiacum, en septembre 337, semble-t-il. Deux bons mois plus tard, il est à Alexandrie. Pas pour très longtemps.

De fait, le retour d'Athanase n'avait pas désarmé ses adversaires orientaux. La manière dont il avait procédé à diverses ordinations sur le chemin de son retour n'avait pu que les indisposer ([16]). Ils réagirent. Sur le plan canonique, en invoquant le fait qu'Athanase avait été régulièrement déchu par un concile – en conséquence de quoi ils lui donnèrent bientôt un successeur en la personne de Grégoire le Cappadocien. Sur le plan politique, en faisant circuler un certain nombre d'accusations et en obtenant que Grégoire soit protégé par

---

([13]) ATHANASE, *Historia Arianorum*, 5 (*PG* 25, c. 700 B-C), au milieu de tout un groupe: Domnion de Sirmium. Sur sa mort avant Sardique, v. *infra*, p. 338.

([14]) ATHANASE, *Historia Arianorum*, 19; *Apol. c. Arianos*, 45.

([15]) ATHANASE, *Historia Arianorum*, 5; *Apol. de fuga*, 3.

([16]) Nos renseignements viennent des doléances des Orientaux à Sardique (*Apud* HILAIRE, *Collectanea Antiariana Parisina* Series A IV, 8 = *Fragmenta historica*, 3, 8 (Ed. Feder, *CSEL* 65, pp. 54-55 = *PL* 10, c. 664 C-D - Pour plus de commodité, je citerai à l'avenir les deux éditions de ce dossier si important, même si le texte de la *PL* est plus d'une fois incorrect). Si l'évêque de Sirmium avait été chassé de sa cité, y serait-il rentré à l'occasion de ce retour d'Athanase? Nous n'en savons *rien*.

X

AQUILÉE ET SIRMIUM DURANT LA CRISE ARIENNE (325-400)

le préfet d'Egypte Philagrius. Devant la force, Athanase crut meilleur de partir. Au printemps 339, il gagna Rome, en demandant justice à Jules, qui avait déjà été sollicité par les deux parties l'année précédente.

L'intervention de Constantin II et de Constant était d'autant plus difficile à obtenir à ce moment que les deux frères étaient brouillés: le benjamin avait remis en question le partage qui lui attribuait bien l'Afrique, l'Italie et l'Illyricum, mais sous la tutelle de son aîné. C'est aux portes d'Aquilée que la situation se dénoue, tragiquement: Constantin II périt sur les bords de l'Alsa, en mars-avril 340. Constant arrive bientôt à Aquilée et s'empare de toute la partie occidentale. C'est lui qui débloquera la situation, trois ans plus tard. Mais, dans l'intervalle, elle s'était encore compliquée.

Les partisans d'Arius ne s'en étaient pas pris au seul Athanase en Orient. Ils avaient déposé un autre défenseur de Nicée, Marcel d'Ancyre. Malheureusement, la pensée théologique de ce dernier était moins défendable que celle de l'évêque d'Alexandrie. Le sort des deux hommes est cependant lié jusqu'en 345 environ, et la cause de Marcel, relayé bientôt par son disciple Photin, comme nous le verrons ([17]), va embrouiller pour longtemps celle d'Athanase avec laquelle elle commence par se confondre. Ainsi en fut-il à Rome en 339 et 340 où Athanase et Marcel se trouvent tous deux. Ainsi en sera-t-il à Sardique en 343, lorsque les pressions de Constant auront réussi à décider la réunion d'un Concile à la frontière des deux *Partes imperii*.

Entre 340 et 343 cependant, Athanase a effectué plusieurs voyages vers la Cour de Milan ou de Trèves. Il comptera un jour Maximin de Trèves dans ses amis. Celui-ci l'avait accueilli dès 335. Son accueil lors du second exil ne dut pas être moindre, car l'évêque de Trèves sera condamné, bien qu'absent, par les Orientaux de Sardique. Euphratas de Cologne ira pour lui jusqu'à Antioche. Mais ce sont surtout les Italiens du Nord qu'il a dû avoir l'occasion de côtoyer, puisqu'on retrouve à Sardique un certain nombre des évêques qu'il mentionne par ailleurs: *Protais* de Milan, Ursacius – ou Ursicinus – de Brescia, *Lucillus* de Vérone, Severus de Ravenne et *Fortunatien* d'Aquilée ([18]).

([17]) Voir *infra*, p. 339.

([18]) Mais on notera que Crispinus de Padoue, qu'Athanase a également rencontré (*Apol. à Constance*, 3 - p. 91), n'est pas présent à Sardique.

X

Celui-ci devait être alors un évêque tout neuf. Nous verrons dans un instant que son élection ne s'était pas faite sans heurts ni échauffourées, d'après les informations même qui furent données à Sardique ([19]). Quant à l'Illyricum, il fut, pour sa partie occidentale, étrangement absent d'un concile qui se tenait dans sa région ([20]). Avec celui de Siscia, seul l'évêque de Sirmium est là: Eutherius, successeur de Domnus, qui est dit «a Pannoniis», comme s'il voulait faire oublier que Valens et Ursace, pannoniens eux aussi, siègent avec les Orientaux.

Ceux-ci, en effet, n'ont pas voulu siéger avec des Occidentaux qui accueillaient, comme s'ils ne restaient pas toujours frappés par leur sentence de déposition, un Athanase, un Marcel, ainsi qu'Asclepias de Gaza. Ces évêques orientaux sont rejoints par les deux Pannoniens, qui sont les seuls Occidentaux du groupe. Prélude de ce qui se passera à Rimini en 359, les deux épiscopats siègent donc à part et rédigent de part et d'autre décisions, mises en garde et «circulaires d'information» ... On notera que le long «Décret» des Orientaux est adressé, entre autres, au «clergé de Rimini», à l'évêque de Salone en Dalmatie ([21]), ce qui laisse deviner en ces endroits des sympathies que nous ignorons. Le dernier signataire – serait-il le rédacteur de ce document en latin? – n'est autre que Valens de Mursa ([22]).

Les Occidentaux rédigent également canons et missives, en essayant même de prévoir l'avenir et de parer à des difficultés qui viendraient à surgir entre les diverses «juridictions», comme il vient de s'en produire entre l'Orient et l'Occident. Mais la grande question, la seule qu'ait retenue Hilaire dans son dossier, est bien entendu celle d'Athanase et Marcel, qui se trouvent une nouvelle fois blanchis. Les allusions au rôle de Valens, pour nous si précieuses, comme

---

[19] Voir *infra*, p. 340.

[20] A en juger au moins d'après la liste des signataires transmise par Hilaire (*Apud.* HILAIRE, *Collectanea Antiariana Parisina,* Series B II, 4 = *Fragmenta historica* II, 15; Ed. Feder, *CSEL* 65, pp. 132-139 = *PL* 10, c. 642-643). Mais la lettre du Concile à l'Église d'Alexandrie compte parmi les provinces représentées *les Pannonies, les Mésies,* les Dacies, *le Norique,* Siscia (*sic*), la Dardanie ... (ap. ATHANASE, *Apol. contra Arianos,* 37 - *PG* 25, c. 312 A-B). Pour Siscia, il y a eu interversion, sans doute de la ville et de la province (Sauia). Voir HILAIRE, *loc. cit.,* p. 138, n° 52.

[21] *Apud* HILAIRE, *Collectanea Antiariana Parisina,* Series A IV = *Fragmenta historica,* III (Ed. Feder, *CSEL* 65, p. 48, l. 12-15 = *PL* 10, c. 658-659).

[22] *Ibidem* (p. 78, n° 73 = c. 678 B-C).

nous le verrons dans un instant, ne sont pour les Pères de Sardique que des circonstances aggravantes à un passé déjà chargé, remontant au Concile de Tyr, comme nous l'avons vu. Dans la liste transmise par Hilaire, Fortunatien signe le 37ᵉ, peu avant Eutherius (40ᵉ). La lettre à l'évêque de Rome qui nous fournit le point de vue des Occidentaux relate les événements sans laisser entendre qu'on ait pu faire autre chose que fulminer l'anathème. Or, la situation va se modifier dans les mois suivants. Et ce, doublement.

Peu après le concile, à une date que l'on ne peut préciser davantage, l'évêque de Sirmium meurt, laissant son siège vacant. D'autre part, lorsque l'ambassade dépêchée par les Occidentaux avec l'appui de Constant, et chargée d'obtenir de Constance un nouveau concile commun, parvient enfin à décider l'envoi d'une délégation orientale à l'empereur Constant, le petit groupe des Orientaux est porteur d'une longue formule de foi, qu'on appelle l'*Ecthèse macrostiche*. Or, celle-ci signale pour la première fois la personne de Photin, le dit l'associé à Marcel d'Ancyre, son maître ([23]). Cette dernière affirmation est à prendre au sens strict: d'autres textes font de Photin, non seulement un Galate, mais un diacre de Marcel ([24]). Sa nomination à Sirmium se place donc entre 343 et 345; elle est le fait, assurément, d'Occidentaux qui, non seulement ont réhabilité Marcel, mais lui font, semble-t-il, l'hommage d'adopter l'un des siens. Cela dit, nous ignorons tout des circonstances exactes qui permirent à Photin d'occuper le siège de Sirmium. L'élection dut pourtant être assez régulière, puisque jamais, parmi les griefs d'accusation qui seront bientôt formulés contre le nouvel évêque, on ne trouvera la moindre allusion aux conditions dans lesquelles son élection ou sa nomination s'était déroulée. Il ne semble pas non plus que l'avis du peuple de Sirmium ait été négligé, car – nous aurons l'occasion d'en reparler – Photin trouvera toujours parmi ce peuple de fidèles protecteurs. A moins qu'il ne se les ait gagnés dans les tout premiers temps de son épiscopat. Tous les textes, sans doute non impartiaux, qui évoquent Photin, lui attribuent, en

---

([23]) *Ecthèse macrostique*, 6, *ap.* ATHANASE, *De Synodis*, 26, VI (*PG* 26, c. 732) ou SOCRATE, *Hist. eccles.*, II, 19 (*PG* 67, c. 228 C. 229), avec la différence que chez Athanase, par un jeu de mot courant, Photin devient Scotin. Mais rien ne signale encore qu'il soit à Sirmium.

([24]) *Ap.* HILAIRE, *Collectanea*, B II 5, 4 = *Fr.* II, 19 (*CSEL* 65, p. 142, l. 12-13 = *PL* 10, c. 645 B).

X

effet, une grande facilité de parole et une grande assurance ... comme il convient à un hérétique ([25]).

Quoi qu'il en soit, l'élection d'un évêque d'origine si lointaine ne doit pas trop étonner si on pense à ce qui a failli se passer à peu près au même moment à Aquilée et à ce qui s'était passé avec Fortunatien. Celui-ci n'était-il pas originaire d'Afrique, aux dires de Jérôme ([26])? Nous ne savons pas ce qui l'avait amené à Aquilée, ni s'il y résidait depuis quelque temps au moins.

Au contraire, les évêques occidentaux réunis à Sardique font savoir au pape Jules que Valens, déjà évêque de Mursa, a essayé de s'emparer de l'Eglise – plus importante! – d'Aquilée et que, pour ce faire, il y a provoqué une émeute où un évêque a en définitive succombé ([27]). Nous avons là l'anticipation – avortée – de ce qui se passera plus de trente ans plus tard à Sirmium avec l'élection d'Anemius ([28]). Le dessein de Valens est clair à l'époque: outre la satisfaction de son ambition personnelle, il cherche à occuper le siège d'Aquilée pour pouvoir étendre à la Vénétie et à la plaine du Pô le champ d'extension d'un «arianisme» qui ne manque pas d'adeptes au-delà des Alpes Juliennes et dans la vallée du Danube. Ce sera chose faite lorsque l'homéisme «tiendra» à la fois Sirmium et Milan, après 355, aux deux extrémités du «boulevard» dont j'ai parlé plus haut. Dans cette perspective, on peut comprendre la «prudence» dont Fortunatien fera preuve à ce moment: il valait mieux, et pas seulement pour sa propre tranquillité, faire montre de «souplesse» que d'entraîner une déposition par son intransigeance et de permettre ainsi, par l'installation d'un homéen, l'épanouissement de tendances homéennes qui avaient dû poindre dès ces années 340 à Aquilée comme à Rimini ou Salone. On ne voie pas, en effet, que Valens ait pu susciter une émeute sans trouver au moins quelques sympathies dans le peuple et le clergé.

---

[25] Sozomène (*Hist. eccles.*, IV, 6, 1 - Ed. J. Bidez - G.C. Hansen, *GCS* 50, p. 143, l. 15-16) le dit «naturellement éloquent et persuasif», d'après Épiphane (*Panarion*, 71, 1, 4 et 6 - Ed. K. Holl, *GCS* 37, p. 250, l. 3 sq., l. 16 sq.) qui donne un témoignage de son assurance.

[26] JÉRÔME, *De uiris illustribus*, 97: «natione Afer...».

[27] *Epistula concilii Sardicensis ad Iulium* in *Collect.* B II 2, 4 = Fr., II, 12 (*CSEL* 65, p. 129, l. 10-15 = *PL* 10, c. 641 B).

[28] Voir *infra*, pp. 370-371. On peut imaginer le même scénario à Poetovio, d'après la synodale *Benedictus* du Concile d'Aquilée (*ap.* AMBROISE, *Ep.* 10, 10).

D'autre part, Jérôme fera encore l'éloge du prêtre Chromace, dans les années 370, pour avoir fait disparaître le poison arien encore virulent à Aquilée même ([29]).

Nous n'en sommes pas encore là. Revenons aux années 345-350. Notre connaissance des événements qui s'y déroulent est à la fois médiocre et embrouillée. Nous avons à y suivre le périple d'Athanase tout d'abord. Après le Concile de Sardique, celui-ci séjourne un moment auprès de Gaudentius de Naissus ([30]), sur la route qui le ramène ... à Aquilée. C'est là, en effet, qu'il fête Pâques en 345 (7 avril), et il y avait déjà participé à une grande fête dans une basilique qui n'était pas encore terminée ([31]); c'est là qu'il apprend la mort de Grégoire de Cappadoce († 26.6.345), son remplacant sur le trône épiscopal d'Alexandrie ([32]); c'est là que le rejoint la lettre de Constance qui lui permet de rentrer à Alexandrie ([33]). Après un voyage rapide à Trèves – pour y rencontrer à nouveau l'Empereur Constant et s'assurer son soutien ([34]) –, il se met en route vers Rome ([35]), d'où il gagnera, au printemps suivant sans doute, non pas Alexandrie directement, mais Antioche, où il a une entrevue avec Constance ([36]), avant de rejoindre par voie de terre sa ville épiscopale. Il y entre, triomphalement, le 21 octobre, d'après l'*Histoire acéphale* (ch. 2). Voilà pour les dates et, une partie au moins des déplacements en Occident. Ceux-ci nous intéressent dans la mesure où Athanase a, durant l'année 345, soit croisé d'autres voyageurs qui nous préoccupent, soit participé peut-être à une réunion au moins, où il a été question de Photin de Sirmium.

([29]) JÉRÔME, *Ep.* 7, 6. Il convient donc de ne pas faire d'Aquilée un simple «balcon», d'où l'on aurait contemplé des événements lointains ou étrangers, avec un *Suaue mari magno* ...

([30]) D'après le *Chronicon Epistolarum Festalium, ad annum* 344 (*PG* 26, c. 1354-1355).

([31]) ATHANASE, *Apol. à Constance*, 15 (*SC* 56, p. 104).

([32]) *Ibidem*, 4 (p. 93).

([33]) *Apologie contre les Ariens*, 51 (*PG* 25, c. 344 B).

([34]) Le voyage à Trèves (non signalé dans l'*Apol. c. Ar.* 51) est attesté par l'*Apologie à Constance* (*SC* 56, p. 93).

([35]) *Ap. contre les Ariens*, 51-53 (*PG* 25, c. 344B-348).

([36]) *Ap. à Constance*, 5 (*SC* 56, p. 93 = *PG* 25, c. 6018 C). *Ap. c. les Ariens*, 54-56 (*PG* 25, c. 348-352).

X

Les années 345-350 voient en effet se tenir plusieurs réunions occidentales où Photin se trouve mis sur la sellette. Malheureusement, les dates, les circonstances et même les lieux ne sont pas assurés avec la même précision. La réunion la plus nette semble celle de 345 à Milan. Elle a au moins pour participants les membres de l'ambassade orientale que nous avons vu quitter Antioche avec l'*Ecthèse macrostiche* vers l'automne 344. Celle-ci, on l'a vu, est le premier document qui, pour nous, fasse mention de Photin et rapproche son nom de celui de Marcel d'Ancyre. Est-ce ce rapprochement qui a éclairé Athanase? Celui-ci se trouvait-il à Milan? Nous ne le savons pas; mais on peut conjecturer que la manière dont il va se désolidariser de Marcel avant de regagner l'Orient doit quelque chose à ce concile de Milan de 345. En tout cas, les évêques Occidentaux se prononcent sur le cas de Photin, qui est condamné. Fortunatien faisait-il partie de ce «tribunal»? Aucun document ne nous l'affirme; mais la part qu'il va prendre à la suite des événements ne nous interdit pas de le penser.

Un second concile se réunit en effet à Milan deux ans plus tard[37]. Valens et Ursace y présentent un *libellus* où ils reconnaissent, en présence de légats romains, que leurs allégations contre Athanase étaient calomnieuses. Cette soumission ne suffit pas; Hilaire nous a conservé une lettre des deux Illyriens, qui aurait été écrite à Rome même, où ils étaient venus demander la communion de Jules, au milieu de son presbyterium [38]. Le document et le lieu de sa rédaction sont confirmés par Athanase qui en reçut une copie par l'intermédiaire de Paulin de Trèves [39]. Athanase fait également état de la lettre suivante [40]. Mais c'est Hilaire qui nous en donne le contexte exact et celui-ci est des plus importants: lorsqu'ils regagnent leur région, nos deux évêques s'arrêtent assez longtemps à Aquilée pour écrire une autre lettre à l'adresse d'Athanase [41]. L'occasion s'en trouvait

---

[37] *Collectanea*, A, V, 1, 2 = *Fr.* VIII, 2 (*CSEL* 65, pp. 80-81 = *PL* 10, c. 700 A).

[38] *Collectanea*, B, II, 6 = *Fr.* II, 20 (*CSEL* 65, pp. 143-144 = *PL* 10, c. 647-648).

[39] ATHANASE, *Apol. contre les Ariens*, 58 (*PG* 25, c. 353 A-B).

[40] *Ibidem* (c. 356 A-B).

[41] *Collectanea*, B.II, 8 = *Fr.* II, 20 (*CSEL* 65, p. 145 = *PL* 10, c. 649).

être le départ du prêtre Moïse vers Alexandrie (⁴²). On peut penser que Fortunatien n'était pas non plus étranger à ce geste.

Hilaire introduit cette lettre d'Aquilée après avoir dit que, deux ans auparavant, Photin avait été condamné par «les Romains»: «post biennium (...) quam heresis Fotini *a Romanis damnata est*» (⁴³). Or, après avoir transcrit la (deuxième) lettre de Valens et Ursace, il poursuit: «Mais, durant ce temps» ou «Sur ces entrefaites (*Verum, inter haec*), on se réunit à Sirmium. Photin est convaincu d'être hérétique, lui qui depuis longtemps (*olim*) avait été accusé d'erreur et retranché depuis un moment de la communion. Mais, même alors, il ne put être écarté, à cause de l'action du peuple» de Sirmium (⁴⁴). Le texte du manuscrit de l'Arsenal porte peut-être, comme le suspecte Feder (⁴⁵), juste après ces mots, une lacune malencontreuse, puisque le récit d'Hilaire revient brusquement à la conduite d'Athanase à l'égard de Marcel d'Ancyre et à sa séparation d'avec lui, *avant même que Photin ne fût mis en cause* (⁴⁶). Il ne me paraît toutefois pas impossible de comprendre le texte d'Hilaire tel qu'il se présente dans le manuscrit, si on n'oublie pas que l'évêque de Poitiers s'intéresse d'abord et avant tout à Athanase. Mais, si je comprends bien ce texte, je ne vois pas de raison de supposer la tenue d'un concile *oriental* à Sirmium comme on le dit ordinairement (⁴⁷). Ce sont des Occidentaux, me semble-t-il, qui sont allés convaincre Photin d'erreur à Sirmium même. Car, jusqu'ici, en se gardant ou en refusant de comparaître, Photin échappait aux mesures canoniques: on ne peut condamner un absent. Hilaire ne nous fournit aucun nom des membres de la «délégation» qui discuta avec Photin. Étant donné les circonstances, les distances et le rôle qu'il venait de jouer vis à vis de Valens et Ursace dans leur réconciliation avec Athanase, il n'est pas invrai-

---

(⁴²) On ignore l'identité de ce Moïse. Est-il prêtre d'Aquilée, comme le pense Ch. Pietri (*Op. laud.*, p. 235)? En tout cas, Ursace et Valens disent attendre une réponse.

(⁴³) *Collectanea*, B.II, 7 = Fr. II, 20, CSEL 65, p. 145, l. 1-2 = PL 10, c. 648 B).

(⁴⁴) *Ibidem*, B.II, 9, 1 = Fr.II,21 (CSEL 64, p. 146, l. 5-8 = PL 10, c. 650). Résumé chez SULPICE, *Hist. Sacra*, II, 37, 4 (éd. Halm, CSEL 1, p. 90, l. 22 sq.).

(⁴⁵) FEDER, *ad loc.* (p. 146, *Appar.*).

(⁴⁶) *Ibidem* (p. 146, l. 13 sq. = c. 650 A-B).

(⁴⁷) ZEILLER, *Op. laud.*, p. 264.

X

semblable d'y faire entrer Fortunatien. Peut-être tirera-t-il de cet épisode une partie de la renommée d'un «protecteur» de l'Illyricum que nous verrons attestée par une lettre de Basile de Césarée ([48]). Quoi qu'il en soit de cette suggestion – qui n'est qu'une hypothèse –, ce qui est sûr, c'est que cette tentative contre Photin fut vaine, parce que, nous dit Hilaire, le peuple défendit son évêque ... On pourrait ajouter qu'il manquait à ces juges les moyens de faire appliquer leur sentence qui seront ceux des Orientaux quelques années plus tard: le pouvoir impérial et l'exil. Mais ces Occidentaux indiquèrent peut-être la voie. En effet, Hilaire rapporte que le Concile – de Sirmium, semble-t-il, et non celui de Milan comme on le dit d'ordinaire –, informa l'épiscopat oriental de la condamnation de Photin ([49]). Hilaire précise que, depuis Sardique, il n'avait été question – en Occident – de Marcel. Or, dans leur réponse à la lettre des Occidentaux qui annonçait le mesure prise contre Photin, les Orientaux firent remarquer que Photin n'était que l'élève de Marcel, façon insidieuse de réveiller les accusations contre Athanase ([50]) ... rentré à Alexandrie.

Si rien ne fut en définitive arrangé, rien non plus ne fut tout à fait rompu. Et on continua de vivre; jusqu'à ce que la situation politique nouvelle vienne bouleverser ce *statu quo* fragile. L'armée de Constance qui, au début de 351, remonte la vallée du Danube pour refouler et affronter l'usurpateur Magnence, doit être suivie par un groupe d'évêques orientaux que Valens et Ursace ne tardent pas à rejoindre. Constance est à Sirmium dès la mi-mars 351 ([51]); mais ce n'est qu'en septembre qu'il fera livrer la bataille meurtrière de Mursa, après avoir vainement tenté de forcer le défilé d'Atrans ([52]). D'après Sulpice Sévère, l'évêque de Mursa, bien renseigné, avait prédit la victoire à son protecteur, au moment où elle était déjà remportée ([53]). L'empereur passe l'hiver à Sirmium, tandis que, depuis Aquilée, Magnence renforce la passage des Alpes Juliennes.

[48] BASILE, *Ep.* 92 - Voir *infra*, p. 366 et n. 186.
[49] *Collectanea*, B.II, 9, 2 = *Fr.* II, 22 (p. 146, l. 19 sq. - c. 651 A-B).
[50] *Ibidem* (suite).
[51] D'après les *Consularia Constantinopolitana, ad. ann.* 351, 3 (éd. Th. Mommsen, *MGH, AA*, IX, 1, p. 238), date de l'élévation de Gallus comme César.
[52] Sur ces opérations, v. J. ŠAŠEL, *The Struggle between Magnentius and Constantius I for Italy and Illyricum* in *Živa Antiqua*, 21, 1971, pp. 205-216.
[53] SULPICE SÉVÈRE, *Historia sacra*, II, 38, 5-7 (*CSEL* 1, pp. 91-92).

C'est durant cette fin de l'année 351 que Photin est déposé par le concile qui s'est réuni à Sirmium même et dont nous connaissons le déroulement grâce à Epiphane et aux historiens orientaux. L'affaire fut de fait toute orientale. Elle mérite cependant que nous nous y arrêtions quelques instants, car elle s'y déroule selon un scénario que Palladius réclamera en vain pour lui-même lors du Concile d'Aquilée en 381. Épiphane, qui se trompe sur la date, a eu en main l'un des trois recueils d'Actes au moins de cette conférence contradictoire qui se termina en jugement [54]. Photin avait demandé des juges à l'Empereur. Celui-ci octroya également une série de notaires et de greffiers qui prirent note de la discussion publique de Photin et de Basile ... d'Ancyre [55]. Nous retrouverons plusieurs fois ce Basile à Sirmium dans la décennie qui s'ouvre. Il est remarquable qu'il fût d'Ancyre, comme Photin. Cela lui permettait de bien connaître son adversaire. Je n'ai pas à m'arrêter ici à ce qu'on appelle la Première formule de Sirmium [56] ni à la manière dont elle sera reçue en Occident à ce moment. C'est elle qu'un autre exilé devra signer un jour, l'évêque même de Rome [57]. Or, nous verrons que Fortunatien ne sera pas étranger à cette «soumission» [58]. D'ici là, la situation aura beaucoup changé ...en Occident.

II - AQUILÉE ENTRE MILAN ET SIRMIUM:
UN ÎLOT NICÉEN DANS LE DÉFERLEMENT HOMÉEN (351-360)

Au printemps de 352, la situation en Italie évolue tout d'abord sur le plan religieux. Jules meurt en effet le 12 avril et le siège de Pierre ne retrouve un titulaire qu'un mois plus tard (17 mai), en la personne de Libère. Magnence tient toujours Aquilée et les Alpes Juliennes. Mais un second danger vient pour lui de la mer. Pris en tenailles, l'usurpateur quitte Aquilée en septembre 352 et reflue vers

---

[54] ÉPIPHANE, *Panarion*, 71, 1, 4-5 (Ed. K. Holl, *GCS* 37, p. 250, l. 10-15).
[55] *Ibidem*, 71, 1, 8 (p. 250, l. 22 sq.).
[56] Voir HILAIRE, *De Synodis*, 38 (*PL* 10, c. 509-512).
[57] D'après les signatures mentionnées (*Apud* HILAIRE, *Collectanea*, B VII 9 = Fr. VI, 7 - *CSEL* 65, p. 170, l. 3-8 = *PL* 10, c. 692 A-B), la formule signée par Libère est celle de 351.
[58] Voir *infra*, p. 348.

X

Milan et Turin, non sans avoir contenu la poussée de Constance à Pavie. Finalement, il repasse les Alpes Grées avant l'hiver, cependant que Constance s'installe à Milan.

Les affaires religieuses suivent de près – de trop près – les développements politiques. Nous ne savons pas comment Fortunatien a accueilli Constance à Aquilée à l'automne 352. Les contacts ne semblent pas avoir été mauvais, puisque Libère se servira plusieurs fois de Fortunatien comme intermédiaire auprès de l'Empereur. Dans l'immédiat, le nouvel évêque de Rome, entouré, à l'occasion peut-être de son anniversaire, de nombreux évêques d'Italie, ne tarda pas à écrire à Constance, pour lui demander de tenir à Aquilée le Concile qu'il projetait pour apurer le contentieux et que certains évêques orientaux réclamaient de leur côté à l'évêque de Rome [59]. Outre des facilités de voyage, le choix d'Aquilée, j'ai déjà eu l'occasion de le faire remarquer [60], permettait d'éloigner les évêques du Prétoire. Il eût donné la présidence à Fortunatien, en qui Libère semble avoir déjà mis sa confiance.

En réalité, le Concile se tint à Arles, sous la présidence de Saturnin, qui va être le champion de l'homéisme en Gaule durant les dix années à venir. On ne sait rien de précis des autres évêques qui assistèrent à cette réunion, à part Paulin de Trèves – qui, vieil ami d'Athanase, s'y trouva condamné à l'exil –, et les légats de Libère, qui capitulèrent devant les exigences de Constance. Fortunatien fit-il le voyage d'Arles qu'avait fait son prédécesseur Theodorus quarante ans plus tôt? J'ai déjà eu l'occasion de rappeler ici-même [61] que Fortunatien avait été chargé par Libère de se rendre auprès de l'Empereur pour obtenir la convocation d'un nouveau Concile [62], sans que l'on sache, ni où se fit cette rencontre, ni, au cas où elle aurait encore eu lieu à Arles, si Fortunatien y venait pour la première ou la seconde fois.

---

[59] LIBÈRE, *Studens paci* in *Collect.*, B III, 1 = Fr. IV, 1 (*CSEL* 65, p. 155, l. 7 sq. = *PL* 10, c. 679).

[60] *Les relations doctrinales*, pp. 178-179.

[61] *Les rapports de la Gaule et de la Cisalpine dans l'histoire religieuse du IVe siècle*, in AAAd 19, 1981, p. 263.

[62] LIBÈRE, *Ep. Sciebam*, 2 (éd. V. Buhlart, *CCL* 9, p. 123, l. 25-33).

X

AQUILÉE ET SIRMIUM DURANT LA CRISE ARIENNE (325-400)

Le nouveau Concile demandé se réunit à Milan en 355. Fortunatien s'y trouvait, mais plus encore Germinius de Sirmium dont c'est la première manifestation au sein du groupe homéen. Il est en effet l'un des deux évêques envoyés en délégation à Eusèbe de Verceil pour le décider à venir assister au Concile ([63]) et il figure en bonne place parmi ceux qui signèrent la condamnation d'Athanase ([64]). On notera que la Synodique adressée à Eusèbe de Verceil chargeait les deux délégués de rappeler ce que «le monde presque entier avait établi sur les hérétiques Photin et Marcel, ainsi que sur le sacrilège Athanase» ([65]). Pressé par le Concile et l'Empereur ([66]) d'une part, par Lucifer et par Libère ([67]) d'autre part, Eusèbe finit par venir à Milan. Il savait devoir y trouver également Fortunatien, en la bonne garde duquel l'évêque de Rome croyait placée la foi orthodoxe ([68]). En réalité, Denys de Milan, Eusèbe de Verceil et Lucifer de Cagliari partiront seuls pour l'exil, pour n'avoir pas voulu entériner l'édit de Constance contre Athanase. La conduite de Fortunatien, quant à elle, fut assez louvoyante ou molle pour qu'il ait pu se tenir à l'abri d'une sentence ([69]). Le plus clair est qu'il sauva son siège d'Aquilée, cependant que la communauté de Milan se voyait imposer un nouvel oriental, en la personne du Cappadocien Auxence, dont nous aurons à reparler.

Felix culpa, si l'on peut dire, et comme je l'ai déjà laissé entendre. Car, avec ces exils et ces remplacements d'évêques, toutes les grandes cités d'Occident étaient en train de passer à l'homéisme et par là même susceptibles d'étendre son emprise sur les régions alentour: Trèves était sans évêque, Arles avait Saturninus, Milan Auxence, Sirmium Germinius. Seule Aquilée resta aux mains de Fortunatien; ce qui s'avèrera très important ... dix ans plus tard. Pour l'instant,

---

[63] *Ep. Non ignorat* du Concile à Eusèbe (*CCL* 9, p. 119, l. 6).

[64] Voir la liste des 30 signataires des Archives de Verceil reproduite par Mansi (*ACO* 3, c. 237-238): Germinius figure au 15ᵉ rang.

[65] *Ep. Non ignorat* (*CCL* 9, p. 119, l. 13-15).

[66] *Ep. Metiri* (*CCL* 9, pp. 120-121).

[67] *Ep. Calcato capite* et *Me frater* (*CCL* 9, pp. 120 et 121-122)

[68] LIBÈRE, *Ep. Sciebam*, 2 (*CCL* 9, p. 123).

[69] Athanase, indulgent, dit qu'il a subi violence (*Apol. à Constance*, 27 - *SC* 56, p. 119).

X

Fortunatien dut faire preuve d'une souplesse – ou d'une lâcheté – extrême. Il aggrava même sa faute en conseillant à Libère de céder aux circonstances, alors que l'évêque de Rome avait songé au martyre et avait eu, aussi bien devant l'empereur que devant ses représentants, une attitude ferme et noble. Or, selon Jérôme – qui avait de bonnes raisons d'être bien renseigné – lorsque, sur le chemin de l'exil, Libère passa par Aquilée. Fortunatien fut le premier à l'engager à se soumettre [70]. C'est sans doute la raison qui explique que, de Bérée, Libère chargera bientôt l'évêque d'Aquilée de faire parvenir à Constance cet acte de soumission [71]: il pouvait lui rappeler qu'il ne faisait qu'appliquer son conseil. L'annonce de cette capitulation et du rôle dévolu à Fortunatien figure dans une lettre de Libère à Ursace, Valens et Germinius [72]. Elle ne nous dit, ni où Fortunatien devait se rendre pour rencontrer l'Empereur, ni même si les trois évêques faisaient à ce moment partie de sa suite en constituant cette espèce de «Concile permanent» dont on note l'existence auprès de Constance.

Nous sommes en tout cas en 357. Après son bref triomphe à Rome en avril-mai, Constance a dû gagner précipitamment le Danube supérieur. Il n'arrive à Sirmium qu'en octobre [73]. C'est là que les choses vont prendre un tournant décisif. En effet, dans la ville de Germinius, se réunit une nouvelle assemblée d'évêques – occidentaux surtout, semble-t-il [74] –. Sous la direction du «trio danubien» ou «illyrien», comme on appelle en France Ursace, Valens et Germinius, cette assemblée entreprit de préciser la foi dans un sens notablement anoméen. En Gaule, Phébade ne tarda pas à crier au scandale [75]; Hilaire lui répond du fond de son exil [76], tandis qu'Eudoxe d'Antioche applaudit l'oeuvre des trois évêques ... qui ont ramené l'Occi-

---

[70] JÉRÔME, *De uiris illustribus*, 97: «... Liberium (...) primus sollicitauit ac fregit et ad subscriptionem haereseos compulit».

[71] LIBÈRE, *Ep. Pro deifico timore* in *Collectanea*, B VII 8, 1 = *Fr* VI, 5 (*CSEL* 65, p. 168, l. 13-16 = *PL* 10, c. 690 A).

[72] LIBÈRE, *Ep. Quia scio uos* in *Collectanea* B VII, 10, 2 = *Fr.* VI, 9 (*CSEL* 65, p. 171 = *PL* 10, c. 694 A).

[73] D'après le *Code Théodosien*, VIII, 5, 10 du 27.X.357. Voir également AMMIEN, *Res Gestae*, 16, 10, 21.

[74] On y trouve Potamius de Lisbonne, Epictète de Centumcellae.

[75] PHÉBADE d'Agen, *De fide*, 1-5 (*PL* 20, c. 13-16).

[76] HILAIRE, *De synodis*, 2 (*PL* 10, c. 481 sq.).

dent à la vraie foi ([77]). Il est vrai que le «trio» s'était vanté d'avoir conquis, de haute lutte, l'accord du vieil Ossius de Cordoue ([78]). Mais le patronage d'Eudoxe fut fatal à la Profession de foi de 357. La tendance orientale plus modérée réagit et réunit à son tour une douzaine d'évêques à Ancyre dans les premiers mois de 358, en réponse à ce qui se passait tant à Antioche qu'en Illyrie ([79]).

La synodale et les textes qui l'explicitaient furent portés à l'empereur à Sirmium, par quatre hommes qui avaient chance de se faire entendre de Constance, mais aussi de Germinius: Eustathe de Sébaste et Eleusius de Cyzique, des personnages importants, mais aussi le prêtre Léonce, qui n'était autre qu'un ancien chambellan de Constance, et Basile d'Ancyre, celui-là même qui, devant Constance, avait réfuté Photin en 351 et permis l'installation de Germinius. Ce dernier lui devait, à coup sûr, déférence; ce qui explique d'autant mieux sa volte-face, si Constance était conquis. Basile, qui était le rédacteur d'une part au moins des documents, profita de la présence à Sirmium d'un certain nombre d'évêques pour donner plus de poids à ses propositions ([80]). On rassembla en un tout la synodale du Concile de Sirmium de 351, qui avait déposé Photin, et celle du Concile des Encénies d'Antioche en 341, selon la remarque qui avait été faite dès la réunion d'Ancyre ([81]). Or, parmi les évêques présents à Sirmium, il y avait, outre le «trio» et la délégation homoiousienne, quatre évêques africains, dont Sozomène donne les noms, mais aussi Libère, bientôt ...

De Bérée, où Démophile l'avait convaincu de signer la formule de 351, Constance l'avait fait venir à Sirmium ([82]), mais n'avait pas encore consenti à le laisser rentrer à Rome, malgré les supplications des Romains et des Romaines ([83]). L'évêque de Rome se résolut

---

([77]) D'après SOZOMÈNE, Hist. eccles., IV, 12, 7 (CGS 50, p. 155).

([78]) ÉPIPHANE, Panarion, 73, 2; SOZOMÈNE, Hist. eccl., IV, 13.

([79]) Ibidem, IV, 12, 6.

([80]) ÉPIPHANE, Panarion, 73, 12-21 (Ed. K. Holl, GCS 37, pp. 284-294).

([81]) Ibidem 73, 2, 2-3 (p. 269), cf. SOZOMÈNE, Hist. eccles., IV, 15, 2 (p. 158).

([82]) SOZOMÈNE (Hist. eccl., IV, 15, 1 - p. 158, l. 1-4) fait intervenir des évêques d'Occident ...

([83]) THÉODORET, Hist. eccles., II, 17 (CGS 44, pp. 136-137)

X

à signer le nouveau document, qu'Hilaire et Athanase reconnaîtront comme acceptable, même s'il ne contenait pas le mot *homousios* ([84]), mais que Jérôme qualifiera plusieurs fois d'hérésie ([85]). Libère put regagner Rome, par Aquilée, sans doute ... On aimerait connaître cette nouvelle rencontre avec Fortunatien! Jérôme ne nous a parlé que de l'arrivée «victorieuse» de Libère à Rome ([86]).

Ce climat de victoire explique peut-être l'assurance dont firent preuve tout d'abord les Occidentaux rassemblés à Rimini à l'été 359 pour un nouveau Concile. Sûr de sa victoire lui aussi, Basile d'Ancyre avait, dès 358, demandé à Constance de réunir un vrai Concile pour entériner la nouvelle profession de foi opposée au «blasphème» de 357. Mais la ville de Nicomédie, qui devait en être le siège – non loin des terres les plus homoiousiennes –, disparut dans le tremblement de terre du 24 août 358. D'autre part, le «trio illyrien», un moment décontenancé et dépossédé de son influence sur l'empereur, reprit de l'ascendant. Pour déconsidérer Basile qui avait trop profité de son succès, il appuya l'intervention d'adversaires chevronnés de tout ce qui se rapprochait de la foi nicéenne, Narcisse, de Neronias de Cilicie, et le gardien de Lucifer de Cagliari, Patrophile de Scythopolis de Palestine. Ceux-ci vinrent à Singidunum intercéder auprès de l'empereur en faveur des victimes récentes faites par Basile dans les rangs anoméens ([87]). Mais ils ne s'en tinrent pas là; de sorte que lorsque Basile vint à nouveau à Sirmium pour arrêter une bonne fois le lieu et la date du Concile primitivement prévu à Nicomédie, il se trouva devant tout un groupe d'évêques bien plus proches de l'anoméisme que de l'homoiousianisme. Ceux-ci imposèrent habilement de scinder le concile en deux: une partie se tiendrait en Orient à Séleucie, l'autre à Rimini pour l'Occident. On entreprit «d'accélérer» le travail des deux assemblées en leur préparant une espèce de document de travail: le fameux *Credo* daté du 22 mai 359.

Athanase s'est moqué de cette formule de foi qui prend des

([84]) HILAIRE, *De synodis*, 81 (*PL* 10, c. 534); ATHANASE, *De synodis*, 30 (*PG* 26, c. 800).

([85]) Voir la CHRONIQUE *ad ann.* 349 (*infra*, n. 86 et *supra* n. 70).

([86]) JÉRÔME, *Chronicon, ad ann.* 349 (éd. Helm, *GCS* 47, p. 237): «... in haeretica prauitate subscribens, Romam quasi uictor intrauerat».

([87]) PHILOSTORGE, *Hist. eccles.*, IV, 10 (éd. J. Bidez, *CGS* 21, p. 63).

allures de décision administrative dûment datée ([88]). Mais c'est Germinius qui, dans une lettre que nous a conservée Hilaire, rapporte les circonstances précises dans lesquelles le document fut rédigé par Marc d'Aréthuse ([89]). Le texte que nous ont conservé Athanase ([90]) et Socrate ([91]), sans être aussi net que le «blasphème» de 357, accuse néanmoins des tendances plus homéennes que la synthèse et les propres élaborations de Basile d'Ancyre en 358. Aussi ne sera-t-on pas étonné que lorsqu'à Rimini, Ursace et Valens, Germinius – mais aussi Auxence de Milan, Démophile de Bérée et Gaius, évêque d'une ville non citée d'Illyricum –, voulurent faire adopter leur formule, ils furent accueillis avec des cris hostiles ([92]). Dès lors, le concile occidental se scinda en deux groupes. Les partisans des Illyriens étaient au nombre de 80 d'après Sulpice Sévère ([93]), les Nicéens plusieurs centaines. Les deux groupes siégeant à part, le 21 juillet, Ursace, Valens, Germinius et Gaius furent excommuniés, après qu'on eut réaffirmé haut et clair le *Credo* de Nicée ([94]). Chaque assemblée envoya une délégation porter à Constance le fruit de ses travaux. Fortunatien, ni aucun évêque connu d'Italie du Nord, ne figurait dans le groupe nicéen ([95]). Au contraire, Germinius part pour Andrinople, d'après l'adresse de la lettre des délégués de Séleucie ([96]).

On connaît la suite. Déçus de ne pas être reçus par l'Empereur

---

[88] ATHANASE, *De Synodis*, 3 (*PG* 26, c. 684-685). Socrate (*Hist. eccl.*, II, 37 - *PG* 67, c. 308-312) a fait siens ces sarcasmes.
[89] *Collectanea*, B VI 3 = *Fr.* XV, 3 (*CSEL* 65, p. 163 = *PL* 10, c. 721-722). Voir *infra*, p. 359, pour les circonstances de cette lettre. L'anecdote sur l'attitude de Valens, que narre le texte rapporté par Épiphane (*Panarion*, 73, 22, 5-8), confirme la présence de Germinius et sa version des faits, tout en montrant les dons de Valens pour la dissimulation ...
[90] ATHANASE, *De synodis*, 8 (*PG* 26, c. 612-3).
[91] SOCRATE, *Hist. eccles.*, II, 37 (*PG* 67, c. 305A-308A).
[92] *Ibidem* (c. 308A-B).
[93] SULPICE SÉVÈRE, *Hist. sacra*, II, 41, 5 (*CSEL* 1, p. 95, l. 4 sq.).
[94] *Collectanea*, A IX, 1, 3 = *Fr.* VII, 3 (*CSEL* 65, p. 95 sq. = *PL* 10, c. 697 A-B).
[95] Celui-ci est connu, partiellement au moins, par l'adresse de la lettre des Homéens au groupe de Niké de Thrace (*Collectanea* A V 3, 1 = *Fr.* VIII, 5 (*CSEL* 64, p. 86 = *PL* 10, c. 702).
[96] *Collectanea*, B VIII 1 = *Fr.* X (*CSEL* 65, p. 174, l. 5-6 = *PL* 10, c. 705 B: On fera attention au fait que le nom de Germinius a été omis – à tort – par Coustant et le Fèvre, d'où par Migne).

X

en colère, les délégués nicéens perdent de leur ardeur et, à Niké, le 10 octobre 359, ils signent avec la délégation adverse un protocole qui lève la condamnation des quatre Illyriens et entérine une formule de foi. Or, selon les accents et interprétations qu'on lui donnait, celle-ci pouvait apparaître plus ou moins en retrait sur celle du 22 mai. Tout le monde reprit la route de Rimini où les autres membres du Concile étaient demeurés claustrés. Habilement présentée, la formule de Niké finit par être adoptée par l'ensemble du Concile ramené à l'unité. Une nouvelle délégation répartit pour Constantinople où elle allait siéger avec un certain nombre des évêques arrivés de Séleucie[97]. Si l'on peut se fier à la liste des condamnés du Concile de Paris deux ans plus tard environ [98], Germinius ne faisait pas partie de cette nouvelle ambassade. Hilaire de Poitiers se trouvait également à Constantinople. Il fera grief à Ursace et Valens d'avoir donné de la formule de Niké-Rimini l'interprétation la plus homéenne ... et la plus favorable à l'anoméisme. Nous verrons que Germinius refusera bientôt une telle inflexion [99].

Dans l'immédiat, le Concile de Constantinople sonnait la victoire de l'homéisme, dans la manière même dont ses décisions furent appliquées. «Le monde fut tout étonné d'être soudain devenu arien» écrira Jérôme, peut-être à la suite d'Hilaire [100]. Mais, au moment même de ce succès, deux événements majeurs se produisent, qui vont remettre en cause toute l'oeuvre des Illyriens et de Constance. En Gaule, tout d'abord, éclate l'usurpation de Julien, qui desserre l'étreinte de Constance sur l'Occident, en attendant que le décès de Constance (3.XI.361) ne permette au nouvel empereur de rappeler tous les exilés (début 362) ... à commencer par Photin de Sirmium. Julien avait fait de Sirmium l'une des étapes essentielles

---

[97] Sur cette version ou cette présentation des faits, voir La «manoeuvre frauduleuse» de Rimini, pp. 51-103.

[98] Collectanea, A I 4 = Fr. XI, 4 (CSEL 65, p. 45, l. 15-16 = PL 10, c. 712 B-C).

[99] Voir infra, pp. 358-359.

[100] JÉRÔME, Altercatio Luciferiani et Orthodoxi, 19 (PL 23 (1845), c. 172 C-D). Jérôme déclare utiliser les Actes du Concile de Rimini, mais toute sa présentation correspond à celle d'Hilaire, comme je l'ai montré. Sur le sens véritable de la phrase de Jérôme, voir La manoeuvre frauduleuse, p. 92: il y a eu dol, d'où la surprise et l'étonnement.

de sa marche vers Constantinople. On sait comment, à la tête de l'un de ses trois corps de troupe, il gagne le Danube par la Forêt-Noire, le descend si vite que Florentius, surpris, n'eut qu'à quitter précipitamment la ville de Sirmium. Celle-ci ouvrit ses portes et les troupes présentes se rallièrent ([101]). Elles devaient se rebeller bientôt lorsque Julien les envoya en Gaule: arrivées à Aquilée, elles s'enfermèrent dans la ville qu'elles tinrent jusqu'à la fin de l'année 361 et au delà de la mort de Constance ([102]). Nous ne savons pas où Photin avait été exilé en 351. Ce qui est sûr, c'est qu'il put entrer en contact avec Julien, car celui-ci fera bientôt son éloge ([103]). Nous pourrions de toute façon supposer que, comme tous les évêques exilés, Photin est rentré en sa ville où sa présence n'a pu que susciter des troubles. C'est ce qui explique que Valentinien I ait dû l'exiler à nouveau après 364, peut-être lors de son passage à Sirmium ([104]), dans sa marche vers l'Italie. Jérôme fait également état d'écrits que Photin aurait adressés à ce même Valentinien ([105]), pour plaider son bon droit sans doute. Il est vrai que la manière dont furent traités, d'un côté Photin, de l'autre Auxence de Milan, pouvait prêter à discussion. Mais Denys était mort, tandis que Germinius était bien vivant.

Il est un second fait que je crois avoir été déterminant dans l'abandon de l'homéisme – plus ou moins accentué – par l'Illyricum et l'Italie du Nord: le retour d'Hilaire, bien avant qu'il puisse jouir des dispositions édictées par Julien. Dès le début 360, en effet, l'évêque de Poitiers reprit la route de l'Occident. Je crois avoir donné quelques raisons de penser que ce voyage se fit par terre et passa par Sirmium – et Aquilée – avant de faire un détour par Rome ([106]). La dénonciation de la «manoeuvre frauduleuse de Rimini» va tenir une grande place dans les années suivantes. Elle commença dès ce

---

[101] AMMIEN MARCELLIN, *Res Gestae*, 21, 9-10.

[102] AMMIEN, *Res Gestae*, 21, 11, 2-12, 20. Deux curiales seront exécutés. La ville est restée fidèle à Constance, tandis que Sirmium fait fête à Julien! On aimerait en savoir davantage ...

[103] JULIEN, *Ep.* 90 (79) (éd. J. Bidez, CUF, p. 174).

[104] Valentinien est à Sirmium en juillet 364, à Aquilée en septembre. Il n'arrivera pas à Milan avant la mi-octobre où il séjournera près d'un an.

[105] JÉRÔME, *De uiris illustribus*, 107: «... a Valentiniano principe pulsus ecclesia, plura scripsit uolumina, in quibus ... ad Valentinianum libri».

[106] *Vrais et faux problèmes* in *Athenaeum* 48, 1970, pp. 263 sq.

X

moment. Elle sera entérinée par le concile de Paris ([107]). Elle sera reprise par Libère et par les évêques d'Italie du Nord, à l'égard d'Auxence comme à l'égard des évêques de l'Illyricum. C'est elle encore que nous verrons reprise au concile d'Aquilée de 381 ([108]).

III - AQUILÉE ENTRE LA RECONQUÊTE DE L'ITALIE DU NORD ET CELLE DE L'ILLYRICUM (363-378)

Divers documents jalonnent ce quart de siècle. Ceux qui concernent l'Illyricum ne nous parlent pas tout d'abord explicitement d'Aquilée. Mais il n'y a aucune raison de penser à un retrait de Fortunatien en ces premières années. Il a dû profiter, lui aussi, de l'esprèce d'excuse générale dont Hilaire a protégé l'ensemble des évêques qui ne s'obstinaient pas dans l'homéisme subrepticement consacré à Rimini. Rufin d'Aquilée et Sulpice Sévère parlent de l'action d'Hilaire en Italie du Nord, en Gaule, dès *avant* ([109]) le retour d'exil d'Eusèbe de Verceil. Celui-ci ne put avoir lieu au plus tôt avant la fin 362 et il doit sans doute se situer en 363. Lui aussi passa par Sirmium, comme nous le verrons tout à l'heure ([110]).

Au «concile des Confesseurs», tenu à Alexandrie à la mi-362, l'indulgence avait été recommandée à l'égard des faillis de Rimini et de Constantinople. C'est sur cette décision que s'appuie Libère dans sa lettre aux évêques d'Italie (du Nord), où il s'oppose, sans trop le souligner, à un parti des intransigeants qui a pour symbole, sinon pour champion, Lucifer de Cagliari ([111]). Une seconde lettre conservée par Hilaire émane des évêques nicéens d'Italie du Nord. Elle n'est malheureusement pas datée et elle ne permet pas de dire avec précision en quelles circonstances elle a été composée. Ces évêques d'Italie du Nord y déclarent se réjouir du début de retour à la vraie foi amorcé dans l'Illyricum ([112]). Ils précisent qu'ils réaffirment le *Sym-*

---

[107] *Ep. Omni quidem* in *Collectanea* A.I = *Fr.* XI (*CSEL* 65, p. 43-46 = *PL* 10, c. 710-713).
[108] Voir *Le sens des débats d'Aquilée*, in *AAAd* XXI, 1982, pp. 77-79.
[109] Voir *Vrais et faux problèmes*, pp. 268 sq.
[110] Voir *infra*, p. 357 et n. 134.
[111] LIBÈRE, *Ep. Imperitiae* in *Collectanea* B IV, 1, 1-2 = *Fr.* XII, 1-2 (*CSEL* 65, pp. 156-157 = *PL* 10, c. 714-716).
[112] *Ep. Diuini muneris* in *Collectanea* B IV, 2, 1 = *Fr.* XII, 3 (p. 158, l. 9 sq. = c. 716).

bole de Nicée, élaboré «contre Arius et Sabellius - dont Photin partage la condamnation en tant que son héritier», et cassent, avec l'accord de toutes les provinces, les décisions de Rimini, entachées d'irrégularité ([113]). A qui veut partager la communion de l'Italie du Nord, il est donc demandé un accord – sans ambigüité – sur ces deux points. On ajoute qu'on agit en liaison avec des évêques de «plusieurs des provinces» d'Illyrie et on rappelle que la condamnation «de Valens et Ursace *et leurs autres consorts*» ne date pas d'aujourd'hui ([114]). Ces dernières phrases sont intéressantes, malgré leur imprécision, en partie volontaire. On aimerait en effet savoir si les évêques d'Italie du Nord avaient été joints de manière plus ou moins officielle par certains au moins de leurs collègues de l'Illyricum. Mais, d'autre part, à ne nommer que Valens et Ursace et à ne lancer contre les autres qu'une formule vague, on laissait la porte ouverte à toutes les réconciliations et à toutes les évolutions.

Germinius ne fait donc pas partie des irréductibles supposés. Son évolution avait peut-être déjà commencé; car Hilaire a conservé, venue à lui on ne sait comment, une profession de foi de Germinius lui-même qui, sans rejoindre encore le *Credo* de Nicée, lui est cependant moins hostile que la formule de Rimini-Niké, dans la mesure où il est affirmé que «le Fils est entièrement (*per omnia*) semblable au Père» ([115]). Malheureusement, ce texte n'est pas daté et nous ne savons pas en quelles circonstances il fut rédigé. Répondait-il à une requête des évêques d'Illyricum qui s'étaient ralliés à la condamnation de Rimini? Est-il le document qui aurait mis en émoi le groupe d'évêques illyriens restés farouchement attachés au symbole de Rimini dans son interprétation la plus radicale que nous rencontrerons bientôt ([116])? En ce cas, il serait à placer entre deux derniers groupes de documents qui concernent Germinius.

Le premier est le compte-rendu, par un Nicéen ou retouché par

---

([113]) *Ibidem* (p. 158, l. 11-22 = c. 716-717).

([114]) *Ibidem* (p. 158, l. 24 - p. 159, l. 2 = c. 717 A-B).

([115]) GERMINIUS, *Ep. Ego Germinius* in *Collectanea* A III = Fr. XIII (p. 47, l. 21-24 = c. 717-718).

([116]) Malheureusement, l'intitulé n'est pas très sûr et peut se prêter à plusieurs interprétations: «Incipit epistula Germini episcopi aduersus Arianos qui iam subscripserant in concilio Ariminensis scientes (*editores* - Sciens A(rsenal)) quod male fecerunt».

X

un Nicéen, de la discussion publique qui eut lieu à Sirmium, entre le laïc nicéen Heraclianus et l'évêque Germinius entouré de son clergé, des anciens du peuple, et d'une partie au moins du peuple de la cité ([117]). Cette discussion a lieu le 13 janvier 366. Elle nous apprend beaucoup de choses. Tout d'abord, elle signale incidemment le passage par Sirmium d'Eusèbe et vraisemblablement aussi d'Hilaire ([118]), comme je l'ai dit plus haut. Ils sont accusés d'avoir monté la tête à Heraclianus dont on nous dit qu'il avait été naguère un adversaire des partisans du «tenebrosus Photinus» ([119]). Celui-ci avait donc laissé des partisans. De fait, nous en trouverons encore à Sirmium en 381 et même au delà de 400 ([120]). Heraclianus n'est pas lui-même tout à fait isolé devant l'assemblée hostile. On donne le nom d'un Firmianus, qui reste inébranlable «avec tous les frères» ([121]), tandis que le début évoque également un Aurelianus ([122]). Ce petit groupe de Nicéens, auquel appartient vraisemblablement le rédacteur ou l'éditeur de l'*Altercatio*, sera important le jour où se présentera un évêque tenant de l'*homousios* ([123]). Mais, inversement, la résistance que nous constaterons en 378 a déjà ses bases en 366: Germinius demande au peuple et, en son sein, à tout «seruus uel ancilla Dei», de rejeter nos *Omousiani*, car ils sont déjà morts ([124]). Paulin de Milan contera l'anecdote d'une vierge arienne qui essaiera de s'opposer à Ambroise ([125]). Quant à Germinius, son attitude évolue au cours de l'interrogatoire: après l'avoir pris de haut avec quelqu'un qui n'est même pas clerc, il se montre tantôt paternel, lorsqu'il rappelle à Heraclianus qu'il l'a baptisé ([126]), tantôt menaçant, lorsqu'il lui promet l'exil ([127]); puis, quand une partie

---

([117]) *Altercatio Heracliani laici cum Germinio episcopo Sirmiensi* (*PLS* I, c. 345-350). Sur l'interprétation du texte, qui n'est pas un simple compte-rendu, voir en dernier lieu M. SIMONETTI, *Osservazioni sull'Altercatio Heracliani cum Germinio* in *VC* 21, 1967, pp. 39-58, qui insiste sur l'«hagiographie» d'Heraclianus, la caricature de ses adversaires, et attire l'attention sur les invraisemblances. Il est certain qu'on ne peut trop urger un tel texte, pourtant si précieux.
([118]) *Altercatio*, c. 345 et 346.
([119]) *Ibidem*, c. 346 C-D.
([120]) Voir *infra*, p. 357 et p. 378.
([121]) *Altercatio*, c. 350 C-D.
([122]) *Altercatio*, c. 345.
([123]) C'est à dire dix ans plus tard, lors de l'ordination d'Anemius.
([124]) *Altercatio*, c. 350 B-C.
([125]) PAULIN de Milan, *Vita Ambrosii*, 11.
([126]) *Altercatio*, c. 346.
([127]) *Altercatio*, c. 350 C-D.

de son entourage l'invite à remettre le groupe des *omousiani* au Consulaire pour qu'il les mette à mort – puisqu'ils ont provoqué une sédition dans la ville en divisant le peuple ([128]) –, Germinius écarte une telle solution, en faisant valoir que des laïcs sont bien plus excusables que des évêques – entendons les Nicéens – de s'être laissé entraîner à l'erreur ([129]). Après qu'il se soit incliné pour recevoir la «bénédiction» de l'évêque, le groupe sera donc laissé en liberté, alors que le début nous montrait Heraclianus sortant, avec deux compagnons, de la prison ([130]), où on les avait placés à titre préventif, comme des agitateurs. La législation de Valentinien est en place. Elle a joué contre Hilaire à Milan en 364; c'est encore pour la faire appliquer, et maintenir le calme, que le Consulaire Ambroise se rendra un jour de 374 dans la cathédrale de Milan ...

En ce début janvier 366, Germinius, d'après le «compte-rendu» même de la discussion, reste ferme sur ses positions doctrinales: pour lui, l'*homousios* est inacceptable ([131]) et «le Fils n'est pas tel que le Père» ([132]); l'Esprit n'est pas plus semblable en tout au Fils que celui-ci n'est semblable en tout au Père ([133]); l'Esprit est créé par le Fils et ne peut être dieu, toutes propositions qu'Heraclianus refuse à bon droit. Mais, d'autre part, Germinius déclare qu'il a exposé sa foi à Eusèbe de Verceil, lorsque celui-ci est passé et qu'il en a été satisfait ([134]). La réalité est peut-être plus complexe et moins tranchée. Ceux qui ont diffusé l'*Altercatio* et ont donc continué à entretenir la «sédition» dans la communauté, ont eu intérêt à durcir la position de Germinius. Il ne semble pas, en effet, que nous ayons un compte rendu intégral, ni impartial, de cette journée du 13 janvier 366. Le beau rôle est donné à Heraclianus, qui connaît, non seulement la Bible, mais la théologie de Tertullien ([135]), l'oeuvre des «300 et plus» évêques de Nicée ([136]) et l'interprétation théologique de quelques dos-

---

([128]) *Altercatio*, c. 350 C-D.
([129]) *Altercatio*, c. 350 D-E.
([130]) *Altercatio*, c. 345 B.
([131]) *Altercatio*, c. 345 B-C.
([132]) *Altercatio*, c. 346-347 A-B.
([133]) *Altercatio*, c. 349 A sq.
([134]) *Altercatio*, c. 346 D-E.
([135]) *Altercatio*, c. 350 A-B, qui utilise TERTULLIEN, *Apologeticum*, 21, 12-13 - Voir pour ce passage, M. SIMONETTI, *Art. cit.*, p. 43 et n. 15.
([136]) *Altercatio*, c. 345 B-C.

X

siers scripturaires délicats, sans être pour autant un Photinien ([137]). Germinius et son clergé sont au contraire vite réduits au silence, même lorsqu'ils avancent des textes délicats ([138]). On se demande cependant pourquoi Germinius n'en évoque pas d'autres ([139]), s'il est toujours l'adepte d'un homéisme tranché, et plus encore s'il reste à ce moment le signataire du «blasphème de Sirmium» de 357. Il mettra bien plus de textes en oeuvre dans la lettre qu'il écrira à huit de ses confrères ([140]), en cette même année 366, ou en 367.

Nous avons en tout cas une lettre datée du 18 décembre 366 et qui est adressée à Germinius par Valens (de Mursa), Ursace (de Singidunum), Gaius et Paul ([141]). Elle suppose diverses étapes antérieures qui, toutes, concernent la fidélité de l'évêque de Sirmium au *Credo* de Rimini-Niké: Valens et Paul sont tout d'abord intervenus auprès de Germinius, qui n'a pas voulu répondre sur (à?) ce que l'on raconte de lui ([142]). En revanche, il a envoyé une lettre où il les assurait de son affection ([143]). Les porteurs de *cette* lettre de Germinius semblent avoir été le diacre Iouianus et le sous-diacre Martyrius. Le premier doit sans doute s'identifier avec le «diacre Iouinianus» qui frappe Héraclien au début de l'*Altercatio* ([144]). Si ces deux clercs sont bien de Sirmium, comme il me semble ([145]), on comprend que Valens et Paul aient essayé d'obtenir d'eux, oralement, ce que Germinius avait refusé de mettre par écrit. Émus par les renseigne-

---

([137]) Il nous est dit (c. 346 D-E) qu'il a lutté naguère contre les Photiniens. Voir *supra*, p. 356 et n. 119.

([138]) Le prêtre Théodose avance le problème de l'ignorance du Christ (c. 347 C-D), Agrippinus celui de la soumission du Fils au Père (c. 347 D-348), Germinius revient sur la divinité de l'Esprit (c. 349).

([139]) Que l'on compare les réponses d'Auxence à Milan dans sa *Profession de foi* de 364.

([140]) GERMINIUS, *Ep. Vitalis uiri clarissimi* in *Collectanea*, B VI = Fr. XV (CSEL 65, pp. 160-163 = PL 10, c. 719 sq.). Voir *infra*, p. 359.

([141]) *Ep. Cum de spe et salute* in *Collectanea*, B V 1 = Fr. XIV, 1 (CSEL 65, p. 159-160 = PL 10, c. 718).

([142]) *Ibidem*, p. 159, l. 11-13 = c. 718 A-B.

([143]) *Ibidem*, p. 159, l. 13-15 = c. 718 B.

([144]) Iouianus et Martyrius sont nommés au cours de la lettre de Germinius (p. 160, l. 6 = c. 718 C). Un diacre Iouinianus obéit aux ordres de Germinius dans l'*Altercatio*, c. 345 C-D, en frappant Heraclianus avec le lecteur Marinus.

([145]) M. MESLIN (*Op. cit.*, p. 297) en fait deux clercs de *Mursa*.

ments selon lesquels Germinius soutiendrait la «ressemblance en tout» du Fils au Père, Valens, Paul, mais aussi Gaius et Ursace, se sont réunis à Singidunum ([146]), la cité d'Ursace, d'où ils envoyent cette lettre «officielle» par l'intermédiaire du prêtre Secundianus (de Singidunum), du lecteur Pullentius et de l'exorciste Candidianus ([147]). La fin de la mise en demeure fait état d'un incident qui semble bien antérieur à la première intervention de Valens et Paul: ceux-ci avaient demandé à Germinius de prendre des mesures contre certains de ses clercs qui avaient manqué de respect – et peut-être davantage – envers Palladius et Gaius ([148]). Nous ne connaissons pas le fond de cette affaire. Nous pouvons cependant imaginer que certains clercs de Sirmium, sentant l'évolution de leur évêque, aient montré moins d'empressement à l'égard d'évêques qui ne semblaient plus aussi proches de Germinius. Mais, si telle était à peu près la situation, on est conduit à se demander si le Palladius qui est ici évoqué est bien le même que celui que mentionne la lettre que Germinius fait porter par le diacre Carinius, et que celui que nous retrouverons à Aquilée en 381 ([149]).

L'identité de Gaius ne fait en effet pas de doute, même si nous ne connaissons pas son siège. Nous l'avons vu apparaître à Rimini. Désormais, il fait partie du groupe d'Illyriens le plus attaché à Ursace et Valens. A ce titre, il est présent à Singidunum et c'est sans doute à sa requête que l'on a évoqué cet incident. Mais, dans la lettre que Carinius porte à huit évêques, Palladius est traité, comme les sept autres, avec affection. Germinius y expose les raisons doctrinales et historiques qu'il a de s'en tenir à la formule *similis per omnia* ([150]). Il retourne le grief de variation qui lui est fait, en reprochant à Valens d'avoir abandonné les précisions du *Credo daté* ([151]). La question qui

---

([146]) *Ep. Cum de spe et salute* (p. 159, l. 15-29; p. 160, l. 8-10 = c. 718-719).
([147]) *Ibidem*, p. 160, l. 15-16 = c. 719 A-B.
([148]) *Ibidem*, p. 160, l. 11-14 = c. 719 A.
([149]) GERMINUS, *Ep. Vitalis* in *Collectanea* B VI = *Fr.* XV (p. 160-164 = c. 719 B). Palladius est le second du groupe, et le seul pour qui les essais d'identification aient quelque chance de ne pas être vains, malgré les efforts, entre autres, de J. Zeiller (*Op. Laud.*, pp. 305 sq.), abandonnés à juste titre par M. Meslin (*Op. cit.*, p. 63). Il est également *possible* que *Nichas* soit Niceta(s) de Remesiana, mais on ne peut guère aller au-delà.
([150]) *Ibidem*, pp. 161-162 = c. 719.
([151]) *Ibidem*, 53 sq. (p. 163 = c. 721).

se pose est donc de savoir si cette lettre est antérieure ou postérieure à la mise en demeure du groupe de Singidunum. Il est clair, en tout cas, que nous n'avons pas tous le éléments du dossier. Par exemple, nous ignorons si ces huit évêques ont répondu à Germinius comme il le leur demandait ([152]). Ces huit évêques, au moment où l'évêque de Sirmium leur écrit, semblent davantage appartenir au groupe des riminiens indécis ([153]) que des riminiens revenus à résipiscence à la suite de la lettre des évêques d'Italie du Nord que nous avons mentionnée plus haut ([154]). Il est remarquable que les deux seuls noms que nous rencontrerons dans les années 380 soient présents, l'un dans cette lettre des «indécis» – Palladius, si c'est bien lui –, l'autre, dans la lettre des homéens convaincus – Secundianus –. Pour expliquer leur détermination de 381, il faut peut-être rappeler que l'un, à coup sûr, mais peut-être également l'autre ont, en 367-368, été en contact avec Eunome, dont Philostorge nous dit qu'il s'arrêta auprès de Valens, à Mursa ([155]). Faut-il invoquer l'influence d'un autre exilé ou d'autres voyageurs, pour expliquer l'évolution d'autres évêques, y compris Germinius? En tout cas, le même Philostorge rapporte qu'en 360 Basile d'Ancyre avait été exilé par le Concile de Constantinople «en Illyricum» ([156]). Par Sozomène, nous apprenons que, parmi les griefs retenus contre lui, figurait le fait d'avoir, à Sirmium, excité le clergé contre Germinius, lors de son séjour de 358 probablement, mais aussi d'avoir calomnié Ursace et Valens auprès d'évêques africains ([157]). Cependant, comme tous les autres, il a dû être rappelé par Julien en 362 et nous le trouvons de fait parmi les signataires d'une Profession de foi adressée à Jovien en 363 ([158]). Mais, au Concile de Tyane, en 366, c'est un Athanase qui

---

([152]) *Ibidem*, 4 (p. 164, l. 6 sq. = c. 723-4).

([153]) Germinius préjuge leur accord (§ 1 - p. 161, l. 3: «quod et in uobis ipsis ab initio esse confido»), considère Valens et autres comme séparés (§ 1 ad f. - p. 162, l. 26-27: «qui ... retrorsum abeuntes semet ipsos a nobis auerterunt») de la communion orthodoxe.

([154]) Voir *supra*, p. 354, d'après la lettre *Diuini muneris* des évêques d'Italie du Nord.

([155]) PHILOSTORGE, *Hist. eccles.*, IX, 8 (GCS 21, p. 119, l. 8 sq.).

([156]) *Ibidem*, V, 1 (p. 66, l. 7).

([157]) SOZOMÈNE, *Hist. eccles.*, IV, 24, 6 (GCS, 50, p. 179).

([158]) *Ibidem*, VI, 4, 3 (GCS 50, p. 240).

siège en tant qu'évêque d'Ancyre ([159]), ce qui laisse entendre que Basile est mort. Or, ce Concile de Tyane est réuni *au retour* d'une ambassade homoiousienne à Rome, en 365-366. Celle-ci serait-elle passée par Sirmium?

Cette ambassade était dépêchée à Valentinien I, ainsi qu'à Libère et aux évêques d'Occident ([160]). Elle ne put atteindre, dit-on, l'empereur qui était parti en Gaule au moment où elle se présenta ... on ne sait où ([161]). Les trois délégués rencontrent alors Libère ([162]). La question qui se pose une nouvelle fois est donc celle de l'itinéraire de cette ambassade. Nous connaissons celui du retour: les évêques s'arrêtent en Sicile ([163]). Mais rien ne dit que l'aller se soit effectué de la même façon. En faveur d'un itinéraire terrestre − et donc, éventuellement par Sirmium, si l'ambassade visait en définitive Milan ([164]) −, pourrait parler le fait que les délégués reviennent avec des lettres de communion des évêques d'Italie, d'Afrique, de Gaule et de Sicile, outre celle de Libère ([165]). Les délégués n'ont-ils rencontré tous ces évêques qu'à Rome, où ils auraient pu se trouver réunis autour de Libère pour un Concile ([166]), ou les lettres de communion

---

([159]) *Ibidem*, VI, 12, 2 (p. 251, l. 16).

([160]) *Ibidem*, VI, 10, 4 (p. 249, l. 21-22).

([161]) *Ibidem*, VI, 10, 5 (p. 250, l. 1). Sur tout ceci, récit parallèle de Socrate (*Hist. eccles.* IV, 12 - PG 67, c. 484-489).

([162]) *Ibidem*, VI, 11, 4 (p. 251, l. 11-12).

([163]) *Ibidem*, VI, 11, 4 - 12, 1 (p. 251).

([164]) On peut conjecturer que l'ambassade a suivi l'itinéraire même de Valentinien, pour le rejoindre là où il serait, s'il n'était pas encore arrivé à Milan. Valentinien quitte l'Italie en fin de l'été 365.

([165]) *Ibidem*, VI, 12, 3 (p. 251, l. 22-23).

([166]) Voir la lettre de Libère chez Socrate (*Hist. eccles.*, IV, 12 - PG 67, c. 489 sq.). Valois a déjà émis des doutes (PG 67, c. 490, n. 43) sur l'appellation «Liberios episcopos italias kai oi kata dysin episcopoi» de l'adresse de la lettre aux Orientaux, en rappelant la formule des délégués (c. 486-488 A1) et celle de Libère lui-même (c. 492 A 7-8), qui énonce trois destinataires ou signataires: Libère, les évêques d'Italie et les évêques d'Occident. En attendant une édition critique de Socrate, je crois qu'il faut distinguer ces trois «groupes». La *Lettre* de Libère ne laisse pas paraître qu'elle a été rédigée lors d'un Concile et en son nom comme le propose M. Simonetti (*Op. laud.*, p. 397, n. 49). Il est en tout cas surprenant de comparer la formule générale de Libère aux 65 noms d'évêques orientaux qui sont énumérés. Quant au contenu, et pour autant qu'il intéresse à la fois l'ancien évêque de Sirmium et les rapports de Rome et de l'Orient (v. *infra*, p. 365), on notera que si les délégués condamnent, entre autres, Marcel et Photin (SOCRATE, c. 488 A-B), ces noms disparaissent de la liste dans la lettre de Libère (SOCRATE, c. 493 C-D) ...

X

ont-elles été recueillies au long du voyage, comme nous le voyons faire pour la Sicile ([167])? En ce cas, les «Italiens» sont peut-être, comme souvent, les Italiens du Nord. L'Illyricum reste absent, avec l'Espagne, dans cet épiscopat d'Occident. Ce silence est-il significatif? Il est certain qu'en ces années 363-366/7 les données sont un peu partout fluentes et indécises encore, et pas seulement pour des raisons politiques. Mais, on va le voir, elles vont dans les années 370-375, recevoir plusieurs nouvelles impulsions.

Au moment où Germinius recevait l'ultimatum du petit groupe de Singidunum, à la fin décembre 366, Libère était mort depuis 3 mois. On sait combien de temps et d'opiniâtreté il fallut à Damase pour s'imposer sur le siège de Pierre avant que d'imposer son autorité sur l'Italie au moins. C'est à peu près à ce moment que doit se produire une même vacance à Aquilée, où Valérien remplace Fortunatien ([168]). Durant ce temps, Auxence s'accroche à Milan et Germinius dure à Sirmium. Hilaire, qui meurt en 367 ou 368, n'est plus là pour recueillir les documents importants. Nos informations, fragmentaires, proviennent d'Alexandrie, de Cappadoce et de Rome, et non de Sirmium ou d'Aquilée. Peut-être est-ce cependant le moment où l'on voit le mieux comment la reconquête de l'Illyricum passe par l'Italie du Nord et par Aquilée.

C'est tout d'abord Athanase qui rappelle, dans sa *Lettre à Epictète* de Corinthe, que, dans divers Conciles en Gaule, en Espagne et à Rome, Auxence de Milan, Ursace, Valens et Gaius de Pannonie avaient été condamnés ([169]); il se réjouit quelque temps plus tard, dans sa *Lettre aux Africains*, que les évêques de Dalmatie, de Dardanie, entre autres, sont revenus à la vraie foi ([170]). Mais il est encore des résistances, et Athanase, avec le concile de 10 évêques d'Égypte et des Libyes, s'étonne qu'Auxence soit toujours sur le siège de Milan, alors qu'Ursace, Valens et leurs comparses ont été (à nouveau) con-

---

([167]) Voir *supra*, n. 163.

([168]) Nous n'avons plus la moindre information concernant Fortunatien après 360. La présence de Valérien à Rome, au second rang après Damase, est le seul élément sûr. Encore faudrait-il pouvoir le dater de façon certaine. Les listes épiscopales lui assignent 15 ans d'épiscopat, ce qui est trop peu (voir *Niceta d'Aquilée* ... p. 174).

([169]) ATHANASE, *Ep. ad Epictetum*, 1 (*PG* 26, c. 1052).

([170]) ATHANASE, *Ep. ad Afros*, 1 (*PG* 26, c. 1029).

damnés ([171]). Nous sommes en 371 au plus tard, et Athanase déclare avoir écrit à Damase ([172]).

Ce n'est pourtant pas à la requête d'Athanase, mais bel et bien à celle des évêques de Gaule et de Vénétie, que Damase expédie une espèce de lettre encyclique à tous les évêques qu'il peut atteindre, la lettre *Confidimus* ([173]), entre 369 et 371. C'est la reprise de la condamnation de Rimini et du retour à Nicée. Il y est dit, au rapport des évêques de Gaule et de Vénétie, que certains évêques restent troublés, sous l'influence d'hommes comme Auxence, et que c'est la raison pour laquelle Auxence a été condamné – en Italie du Nord sans doute –. Cette Lettre *Confidimus* a pour second signataire Valérien d'Aquilée, qui fait ainsi son entrée dans l'histoire. Les adresses que nous en avons varient selon les collections où nous les trouvons. Théodoret, qui n'a pas cru utile de nous fournir le nom des 90 participants de ce Concile au delà des deux premiers Damase ... et

([171]) *Ibidem*, 10 (c. 1045).

([172]) Nous n'avons plus cette lettre, mais nous pouvons imaginer qu'Athanase évoquait la manière dont Libère avait, vers 364, suivi les indications du Concile d'Alexandrie (V. *supra*, p. 354).

([173]) Le meilleur texte latin a été édité, sur le manuscrit de Vérone, par M. Richard (*La Lettre Confidimus quidem du pape Damase* in *Mélanges H. Grégoire*, III = *Annales de l'Institut de Philologie et d'Histoire Orientales* 11, 1951, pp. 323-340, et particulièrement pp. 326-327), après Ed. Schwartz, *Über die Sammlung des Cod. Veronensis LX* in *ZNTW* 35, 1936, pp. 1-23 et particulièrement pp. 19-20; Texte grec chez THÉODORET, *Hist. Eccles.*, II, 22, 3 (Ed. Parmentier-Scheidweiler, GCS, p. 147-150 et SOZOMÈNE, *Hist. eccl.*, VI, 23, 7 (Ed. Bidez-Hansen, GCS 50, pp. 266-268). Le texte latin semble bien être original – même si certaines des difficultés encore soulevées par F. Scheidweiler (*Besitzen wir das Lateinische Original des römischen Synodalschreiben vom Jahre 371?* in *Mel. I. Levy; AIPHOS* 13, 1955, pp. 572-586) demeurent –, mais il est en mauvais état et requiert l'aide des deux traductions grecques - Ce qui ne veut pas dire que le texte de *PL* 13, c. 347-349 soit totalement inutilisable. M. Richard (*Saint Basile*, p. 179 et n. 3) a attiré l'attention sur la formule *ex rescripto imperiali* du texte *latin*, qui laisserait entendre que Valentinien était intervenu pour demander cette réunion d'évêques (Voir *Les relations*, p. 181, n. 27). Il est de fait que la plupart des *Conciles* ne se tiennent qu'avec la permission impériale qui leur donnera force de loi (ainsi à Aquilée encore en 381). Faut-il rapprocher ce Rescrit de celui qu'invoquera Ambroise devant Valentinien II en 386, comme émanant de son père et laissant aux évêques le soin de juger les évêques (*Ep.* 21, 2 Maur: *PL* 16, c. 1003 B = *CSEL* 82, 3, p. 75)? On notera, d'une part, la ressemblance avec le Rescrit *Ambigua* de 381, d'autre part, que *Confidimus* fait allusion à l'«utilité» d'une foi unique à travers le monde romain: «par est uniuersos magistros legis *per orbem Romanum* paria de lege sentire ...». Allusion discrète de théologie politique (V. p. 372 et n. 220).

X

Valérien ([174]), a conservé l'intitulé de la lettre envoyée aux Illyriens ([175]). La «collection latine du diacre Théodose» ne contient que dix noms et transmet un intitulé qui concerne les évêques d'Orient ([176]). Le nom du diacre Sabinus, diacre de Milan, en fin du document en latin ([177]), fournit sans doute la solution de l'énigme, sans nous donner pour autant la réponse – attendue – des Illyriens ([178]).

Nous avons entendu les remontrances d'Athanase au sujet d'Auxence. Il était normal que les 90 évêques occidentaux montrent à Alexandrie que l'on ne restait pas inactif contre l'évêque de Milan. Sabinus, qui appartenait au clergé resté fidèle à la mémoire et à la foi de Denys, fut dépêché à Athanase ([179]). Or, au moment même où la lettre *Confidimus* pouvait faire valoir à tous les Occidentaux, et en particulier aux Illyriens, que la foi de Nicée était reconnue à la fois par «les Orientaux qui se reconnaissent catholiques» – trace de l'ambassade du Concile le Lampsaque et de celle de 365, plus qu'allusion aux évêques amis fidèles d'Athanase! – et par les Occidentaux ([180]),

---

[174] THÉODORET, *Hist. eccles.*, II, 22, 2 (*GCS* 19, p. 146, l. 21-23).

[175] *Ibid.* (p. 147, l. 1-3): «... τοῖς ἐν τῷ Ἰλλυρικῷ καθεστῶσιν ἐπισκόποις ...». Adresse analogue chez Sozomène.

[176] M. RICHARD, *La Lettre*, p. 326, l. 6-7: «episcopis catholicis per Orientem constitutis». Il s'agit donc de copies et traductions du même texte. Rien n'interdit de penser qu'il y eut d'autres copies, adressées à d'autres épiscopats. Voir dans le même sens M. RICHARD, *Saint Basile et la mission du diacre Sabinus* in *Mélanges Paul Peeters*, I = *AB* 67, 1949, pp. 178-202, et particulièrement p. 182, n. 2.

[177] La «Collection de Theodosius» ajoute au texte de la lettre la formule suivante: «Ego Sabinus diaconus Mediolanensis legatus de authentico dedi». Je ne peux m'arrêter ici aux problèmes que pose cette mention et les circonstances qui la justifient. Il suffit ici de savoir que ce Sabinus deviendra évêque de Plaisance et participera au Concile d'Aquilée. Sur son témoignage concernant les affaires d'Illyricum, v. p. 376 et n. 234.

[178] On notera en effet que la Lettre *Confidimus* (comme la lettre de l'épiscopat de l'Italie du Nord, vers 363) demandait aux destinataires de signifier leur accord par lettre: «Reciprocis sanctitatis uestrae litteris adprobatae». Nous n'avons aucune trace de réponse. Ce qui ne veut pas dire, vu l'état de notre documentation, qu'il n'y en ait pas eu.

[179] Le choix de Sabinus n'est pas un «emploi» qu'on lui trouve pour qu'il n'ait par à retourner à Milan (MESLIN, p. 43, n. 68). Il est l'un des plus qualifiés et des plus intéressés pour tout ce qui concerne Milan et la condamnation d'Auxence. Il est bon de faire connaître celle-ci le plus largement possible, en Orient également.

[180] *Ep. Confidimus* (éd. M. Richard, p. 327, l. 46-47): «nobiscum *Orientales* qui se Catholicos recognoscunt Occidentalesque ...».

X

AQUILÉE ET SIRMIUM DURANT LA CRISE ARIENNE (325-400)

un mouvement s'amorçait parmi un autre groupe d'Orientaux que nous allons retrouver en lien avec Aquilée et l'Illyricum. Athanase, qui avait reçu uns envoyé de Basile de Césarée chargé de lui demander son appui pour rentrer en rapport avec Rome ([181]), invita Sabinus à se rendre en Cappadoce ... ou le laissa y poursuivre le voyage qu'il envisageait s'il avait l'accord d'Athanase.

Basile déclare en effet avoir reçu ce message «avec joie» et avoir accepté les propositions dogmatiques et disciplinaires que Sabinus apportait ([182]). Mais, dans une lettre à Mélèce, il déclare avoir écrit à ce sujet par l'intermédiaire de Sabinus «aux *Illyriens* et aux évêques d'Italie et de Gaule, ainsi qu'à certains de *ceux qui lui avaient écrit spécialement*» ([183]). Il demande à Mélèce d'écrire une seconde réponse qu'il ferait signer par le plus de monde possible et qui serait portée par un envoyé *particulier* ([184]). La correspondance de Basile contient de fait une lettre aux «très saints frères les évêques d'Occident» (*Ep.* 90), une autre à «Valérien, évêque des Illyriens» (*Ep.* 91), et une lettre de 32 évêques – Mélèce en tête – adressée aux «évêques d'Italie et de Gaule» (*Ep.* 92). Il ne fait pas de doute que ce dossier correspond, en partie au moins, à ce qu'annonçait Basile à Mélèce, même si *toutes* les lettres ont été portées par Sabinus, qu'elles nomment et qu'elles chargent de donner plus amples renseignements. A analyser le contenu des lettres, il y manque cependant l'une ou l'autre pièce: si la lettre 90 s'adresse bien à un groupe et, en faisant allusion au contenu de *Confidimus*, peut répondre aux évêques d'Italie et de Gaule, on ne trouve pas, malheureusement, de lettre «aux Illy-

---

([181]) A peu près tout le monde s'accorde aujourd'hui pour faire se rencontrer à Alexandrie, Sabinus le porteur de *Confidimus* et Dorothée le diacre de Mélèce envoyé par Basile de Césarée. Mais les opinions divergent sur la suite et même sur la mission de Sabinus. Etat de la question en 1949 chez M. RICHARD, *Saint Basile* ... Depuis, voir M. SIMONETTI, *op. cit.*, pp. 419 sq.; Ch. PIETRI, *op. cit.*, p. 797 sq. Je ne peux m'étendre ici sur l'ensemble de la question. Je m'attache seulement à montrer que Rome n'est pas la seule concernée et qu'elle n'agit pas seule; qu'inversement Basile et son groupe donnent à l'Italie du Nord et à l'Illyricum une place qui ne se confond pas simplement avec celle de l'Occident ou de Rome.

([182]) BASILE, *Ep.* 90 (*CUF* 1, p. 194-196).

([183]) BASILE, *Ep.* 89, 1 (*Ibid.*, p. 193, l. 16-18).

([184]) *Ibidem* (l. 18-20).

X

riens» (185). En revanche, Fortunatien semble bien être l'un de ceux à qui Basile déclare avoir répondu individuellement. Fortunatien, d'après la réponse même de Basile, a bel et bien écrit à Basile, au moins un billet affectueux (186). Lui parlait-il de son action, pour que Basile adresse sa lettre à l'«évêque des *Illyriens*»? (187). La géographie des Orientaux est parfois imprécise; toutefois, avec Sabinus à ses côtés, il lui était quand même difficile de prendre le Pirée pour Athènes. Si elle reste fidèle peut-être à de vieilles divisions géographiques (188), cette mention des «Illyriens» évoque au moins les préoccupations de Fortunatien. Mais, pour Basile, l'évêque d'Aquilée est surtout un allié à conquérir pour la restauration de l'Orient déchiré.

Si le dossier est complet et si Sabinus devait repasser par Rome, il est surprenant et significatif que Basile n'ait pas écrit à Damase, alors qu'il avait rédigé une lettre à son intention quelques années

---

(185) Sans tenir compte de la structure de la phrase (*Ep.* 89, 1 - p. 193, l. 16-18), M. Richard pense (p. 190) que «Basile énumère ici, dans l'ordre est-ouest, les trois parties principales du monde occidental: Illyricum, Italie, Gaule, pour indiquer la diffusion qu'il entendait assurer à son encyclique». On pourrait, sans considérer le texte grec de Basile, se demander pourquoi Basile ne pense pas également à l'Afrique et à l'Espagne!), puisqu'il sait que Silvain (cf. *Ep.* 67; 204, 7; 226, 3; 263, 3) est revenu d'Occident avec des lettres de communion multiples (cf. SOCRATE, *H. E.*, IV, 12 - *supra*, p. 361). Mais le texte grec énumère trois groupes: les Illyriens, les évêques de Gaule et d'Italie, les particuliers, *sous des libellés différents*. L'envoi *a pari* n'est donc pas indubitable.

(186) La réponse de Basile (*Ep.* 91) ne laisse aucunement transparaître que Fortunatien ait écrit, comme le dit M. Richard (*Basile*, p. 193, n. 1), «sans doute une lettre de félicitations pour l'élection» de Basile. Les propos de Basile visent la même situation que celle qu'il reconnaît à travers la *Lettre Confidimus*.

(187) Basile fait écho à la liberté dont jouissent les Occidentaux, à la concorde dont ils bénéficient. Il demande l'intervention de l'Occident comme un juste retour des choses.

(188) C'est la principale conclusion à retenir, me semble-t-il, de l'étude de M. Tadin (*La Lettre 91 de saint Basile a-t-elle été adressée à l'évêque d'Aquilée Valérien?* in *Rech. SR* 37, 1950, pp. 456-458). Il invoque en effet quelques textes de Strabon (p. 461, n. 24: V, 1, 9; VII, 5, 3) qui lie Aquilée aux peuples Illyriens. Pour le reste, l'étude confond trop les documents anciens et les études, souvent extrapolées, du XIXe siècle. On notera que Julien l'Empereur, dans sa volonté archaïsante, donne d'Aquilée un tableau plus précis (*Or.* 3, 17 - Voir *Aquilée sur la route des Invasions*, in *AAAd* IX, 1976, pp. 247 sq.). La géographie de Basile n'est pas toujours d'une bien grande précision et il ne cherche pas toujours à corriger les données anciennes. Voir, par ex., *In Hexameron h.* 3, 6 sur les divers fleuves du monde connu ... et leur situation bien imprécise.

plus tôt ([189]). La lettre générale elle-même (*Ep.* 92, 1) est adressée aux «évêques d'Italie et de Gaule», sans que Damase soit nommé: on répond à la lettre *Confidimus*, qui émane d'un groupe d'évêques réunis en Concile, par une lettre qui rassemble de même un certain nombre de signatures. Il est vrai que Libère, en 365, n'avait pas, dans sa réponse aux Homoiousiens, donné à son propre siège un relief particulier ([190]).

Le résultat de cette double correspondance nous est connu. Il fait intervenir un nouveau personnage qui n'est pas étranger à Aquilée: Évagre d'Antioche. Nous savons qu'il était intervenu auprès de Valentinien I en faveur de Damase ([191]). A son retour à Antioche, l'évêque de Rome lui confie, pour le groupe de Basile, un dossier qui contient d'une part au moins la lettre 92 mentionnée plus haut et qui est retournée sans avoir été acceptée, d'autre part, une (nouvelle) profession de foi explicite ([192]), à faire signer et à faire rapporter par une ambassade orientale ([193]). Les choses traînèrent en longueur, et furent finalement abandonnées, faute de messagers, assure Basile ([194]).

En fait, des événements nouveaux n'avaient pas manqué de surgir et de modifier une fois encore profondément la situation orientale, en attendant que l'Italie du Nord ne se trouve elle-même transformée. Au début de mai 373, Athanase était mort à Alexandrie, bientôt occupée par Lucius et les Ariens, malgré la présence de Pierre.

([189]) BASILE, *Ep.* 70 (sans adresse - mais tout le monde est d'accord pour reconnaître Damase; beaucoup moins pour savoir si la lettre est effectivement arrivée à Rome). L'intention sera réaffirmée dans l'*Ep.* 239, 2.

([190]) Voir *supra*, p. 361 et la n. 166.

([191]) Cette intervention est affirmée par Jérôme (*Ep.* 1, 15) en des termes qui exercent la sagacité des commentateurs, d'autant plus qu'il y est question d'Auxence de Milan. Malheureusement, cette lettre est difficilement datable de façon précise.

([192]) On discute sur ce point: profession de foi contenue dans *Confidimus* (RICHARD, *Basile*, p. 199; PIETRI, p. 805), nouvelle profession de foi (BARDY, p. 269; SCHEIDWEILER, *Besitzen wir* ..., p. 586; AMAND, p. 128; SIMONETTI, p. 422-423 et n. 71).

([193]) D'après BASILE, *Ep.* 138, 2 et 140, 2; RICHARD, pp. 197-200; AMAND, p. 127-128.

([194]) BASILE, *Ep.* 156, 3, écrite durant l'hiver 373-374.

X

Celui-ci dut se réfugier à Rome ([195]). En Cappadoce, Valens s'en prend bientôt à Eusèbe de Samosate, qui est envoyé en exil en Thrace en 374 ([196]). Basile se tourne vers l'Occident. Or, au lieu d'écrire directement à Rome, il adresse sa lettre aux «évêques de Gaule et d'Italie», en leur demandant, entre autres, d'intervenir auprès de l'empereur (d'Occident) et de lui faire connaître la situation religieuse de l'Orient ([197]). Nous savons mal quel itinéraire prit à l'aller le prêtre Dorothée ([198]). Nous avons des raisons de penser qu'il vint à Rome, où il put peindre la situation des églises orientales et d'où il emporta une lettre ([199]), qu'il fit d'abord connaître à Eusèbe de Samosate exilé quelque part «en Thrace» ([200]).

Si Basile pouvait se plaindre aux évêques de Gaule et d'Italie de ne pas avoir reçu de leurs nouvelles, il eut sans doute, dès le début de 375, le plaisir de voir arriver une lettre et des clercs du nouvel évêque de Milan: celui-ci essayait de recouvrer les restes de Denys, l'évêque exilé sous Constance ([201]). En tout cas, avec l'élection d'Am-

---

[195] Pour le départ de Pierre et ses circonstances, voir Socrate (*Hist. eccles.*, 4, 21-22) et Sozomène (*Hist. eccles.*, 6, 19). La lettre de Pierre à laquelle Socrate fait allusion est chez Théodoret (*Hist. eccles.*, IV, 22). Rappelons que c'est le moment où Rufin d'Aquilée, arrivé à Alexandrie, s'y trouve quelque temps emprisonné lui aussi.

[196] Voir BASILE, *Ep.* 166-167 (= Grégoire de Nazianze) et 168.

[197] BASILE, *Ep.* 243.

[198] L'aller peut se faire par mer (Voir *Ep.* 68 et 69, 1 fin), par la *Via Egnatia* de Constantinople à Dyrrachium, ou par les Vallées du Danube et de la Save. La route du retour, qui suppose que Dorothée est allé voir Eusèbe «en Thrace», invite plutôt à choisir une route terrestre. Mais l'on ne sait où exactement Eusèbe se trouvait relégué ... Peut-être pouvait-on accéder à lui depuis Thessalonique ou depuis Constantinople? Le choix de l'itinéraire dépend de diverses circonstances. Vers 370-371 (*Ep.* 68 et 69, 1) Basile conseille la voie maritime pour éviter les interceptions; mais en 375, il se désole que les routes terrestres par la Thrace et l'Illyricum soient coupées par les Barbares (*Ep.* 215). Il faut tenir compte également de la saison.

[199] Il est probable que l'allusion de la fin du fragment *Ea gratia* (PL 13, c. 350-352 = ed. Ed. SCHWARTZ, ZNTW 35, 1936, pp. 20-21) à la situation que Dorothée n'a pas manqué de décrire avec chaleur (... *nec explicare omnia uiuaciter praetermisit*) est un écho du tableau pathétique de la lettre 243 (et en particulier du § 2).

[200] BASILE, *Ep.* 239, 2.

[201] BASILE, *Ep.* 197. L'authenticité de cette lettre a été combattue, sans raisons *suffisantes*, me semble-t-il.

X

broise (fin 374) et la mort bientôt de Valentinien (nov. 375), la situation évolue en Occident. On serait tenté d'imputer à la suggestion de Basile la manière dont, à lire les textes que nous avons, un groupe d'évêques, non pas d'Italie ou de Gaule, mais bien «d'Illyricum», intervient auprès de l'empereur, et use de son autorité pour intervenir en Orient. Malheureusement, ce «concile» illyrien et les documents qui le concernent restent trop énigmatiques pour qu'on fonde trop sur lui ([202]).

On est au contraire sur un terrain un peu plus solide avec les événements de 378. Ceux-ci sont, pour une part, liés toujours à la partie qui se joue entre l'Orient et l'Occident, et en particulier Rome; mais Sirmium s'y trouve cette fois directement concerné, puisque nous avons toutes raisons de penser que ces événements se déroulent peu après le décès de Germinius, qui, depuis dix ans, ne faisait plus parler de lui ... dans les textes que nous avons. Nous savons qu'à la fin 377 ou au début 378, à un moment où Pierre d'Alexandrie n'a pas encore quitté Rome ([203]), s'est tenue autour de Damase une assemblée importante qui prend solennellement parti, non seulement sur les divisions et discussions antiochiennes, mais également sur le contenu et la formulation de la foi. On s'accorde en effet aujourd'hui à attribuer à ce concile le fameux *Tomus Damasi* qui, au *Credo* de Nicée, ajoute vingt-quatre anathématismes trinitaires et christologiques ([204]). Une telle formulation était essentiellement destinée à l'O-

---

([202]) Il me semble qu'il faut distinguer, d'une part, la question de l'origine, de la datation des *différents* documents transmis par Théodoret (*Hist. eccles.*, IV, 8-9) concernant un concile qui se serait tenu après l'élection d'Ambroise et avant la mort de Valentinien, d'autre part, la question de la réunion de Sirmium évoquée par Palladius. Après Duchesne, ont refusé l'existence du concile mentionné par Théodoret: G. BARDY (*Sur un synode de l'Illyricum* (375) in *BALAC* 2, 1912, pp. 259-272); M. MESLIN (*Op. cit.*, p. 86): Ch. PIETRI (*Op. cit.*, pp. 784-785). Le placent, en 375: H. von CAMPENHAUSEN (*Ambrosius von Mailand als Kirchenpolitiker*, Berlin, 1929, pp. 93 sq.); en 378: J. ZEILLER (*Op. cit.*, pp. 310-327); R. GRYSON (*Scolies Ariennes sur le Concile d'Aquilée* in *Sources Chrétiennes*, n° 267, Paris, 1980, pp. 107-121); en 377-378: M. SIMONETTI (*Op. laud.*, pp. 439 sq.).

([203]) Cette réunion avec Pierre est attestée par Damase dans la lettre au peuple de Béryte rapportée par Théodoret (*Hist. eccles.*, V, 10, 5 - GCS 19, p. 297, l. 2-4 - Cf. SOZOMÈNE, *Hist. eccles*, VI, 25-6 - GCS 50, p. 271, l. 5-7). Or, Pierre a quitté Rome au printemps 378 au plus tard.

([204]) *Tomus Damasi*; éd. C. H. Turner, *EOMIA*, I, 2, 1, Oxford, 1913, pp. 283-294.

rient. On ignore le nombre et l'origine des participants, en dehors de Damase et Pierre. Mais cette *Profession de foi* semble bien avoir été utilisée immédiatement en Occident, et plus précisément à Sirmium.

En effet, dans sa contestation du concile d'Aquilée de 381, Palladius de Ratiaria s'en prend à ce qu'il appelle le «blasphème de Sirmium», en accusant les Nicéens d'avoir présenté une profession de foi qui soutenait le trithéisme, à la suite de Damase ([205]). Même déformées, on a peu de peine à reconnaître certaines formules du *Tome* de Damase ([206]). Mais quelle est cette réunion de Sirmium à laquelle Palladius fait allusion en attaquant Ambroise et son entourage? Depuis Zeiller, on a tendance à l'identifier avec la réunion qu'évoque Théodoret ([207]), mais dont nous ignorons, entre autres, si elle s'est tenue à Sirmium même. Pour ma part, j'ai beaucoup de mal à attribuer les documents transmis par Théodoret à *cette* réunion de 378. En revanche, il me semble très judicieux de faire coïncider la réunion au cours de laquelle est promulgué ce «blasphème» et la venue d'Ambroise à Sirmium, lors de la consécration d'Anemius ([208]).

Cette venue est attestée par la *Vita Ambrosii* de Paulin de Milan: Quelques années après son ordination, le nouvel évêque de Milan s'est rendu à Sirmium pour y ordonner un évêque orthodoxe. Il y rencontre l'hostilité de la foule, montée contre lui par l'impératrice Justine, et en particulier d'une vierge qui s'en prend directement à lui. On voulait le chasser hors de l'église. L'anecdote nous est narrée pour l'attitude même d'Ambroise en la circonstance, pour la manière dont la vierge paiera de sa vie le châtiment de son audace, et pour le réta-

---

([205]) PALLADIUS, *Ap. Scolies Ariennes*, 128 sq. (éd. R. Gryson, *SC* 267, pp. 310 sq.).

([206]) Comparer le § 129 et l'anathématisme 21 du *Tome* (p. 291). De la même veine sont les assertions repoussées aux §§ 131-138, même si on n'en trouve pas la substance ou le point de départ dans le *Tome*. Cette réunion de Sirmium avait donc également innové.

([207]) V. *supra*, n. 202.

([208]) La suggestion, faite en passant par R. LORENZ (*Die Kirche in ihrer Geschichte*; t. 1 C1, *Das Vierte bis sechste Jahrhundert* (Westen), Göttingen (1970), pp. 32-33) a été développée par R. Gryson (*Op. Laud.*, pp. 107 sq.). Je ne fais que la reprendre, mais en dissociant cette venue à Sirmium du Concile de Théodoret (v. *supra*, n. 202).

blissement de la paix qui s'en suit, devant ce jugement de Dieu obtenu par l'évêque ([209]). La présence de Justine à Sirmium a toujours fait placer ce fait après la mort de Valentinien. Mais Zeiller ([210]) l'a avancé jusqu'en 376 – date à laquelle on s'est ensuite rallié ([211]) –, tout en attribuant à l'initiative – postérieure – du nouvel évêque de Sirmium, Anemius, la tenue de la réunion dont émaneraient les documents transmis par Théodoret et qui aurait eu lieu en 378 ([212]). Malgré quelques avantages ([213]), cette façon de voir n'est pas vraiment satisfaisante. En particulier, on ne trouve pas la moindre trace, dans ces documents, du point que conteste Palladius ([214]). Il me semble plus sage de ne pas fondre ces diverses indications et de penser qu'à l'occasion de l'ordination d'Anemius, on a rappelé, à l'adresse d'un Illyricum où demeurent des Ariens – ne seraient-ce que ceux qui veulent chasser Ambroise de l'église de Sirmium –, la foi de Nicée ([215]), de l'Orient, et de Rome. Cela ne suppose pas que cette réunion se soit tenue à quelques semaines des événements qui vont ébranler tout l'Empire au mois d'août de cette année 378, mais il ne fait pas de doute que ceux-ci donneront rétrospectivement à cette réunion une importance qu'elle ne pouvait avoir en elle-même.

[209] PAULIN de Milan, *Vita Ambrosii*, 11. Dans la mesure où ces chapitres obéissent à une chronologie et non seulement à une thématique, ce voyage à Sirmium se situe après un séjour à Rome qui a lui-même lieu (§§ 9-10) quelques années après son ordination épiscopale: *post annos aliquot ordinationis*.

[210] *Op. laud.*, pp. 309 sq.

[211] *V.g.* J. R. PALANQUE, *Saint Ambroise et l'Empire romain*, Paris, 1933, pp. 48-49 et 496; SIMONETTI, *Op. laud.*, pp. 438-439. Moi-même me suis rangé à cette date jusqu'en 1980 ...

[212] J. ZEILLER, *Op. laud.*, pp. 310-327. Sur cette «exégèse» embrouillée, v. R. GRYSON, *Op. laud.*, pp. 116 sq.; J. R. PALANQUE, pp. 49 sq.; pp. 496-497.

[213] Elle expliquerait en particulier le silence de Basile – qui attendait tant de l'Occident – sur cette intervention dans les affaires d'Orient: ZEILLER, p. 324; SIMONETTI, p. 440, n. 16.

[214] *Scolies ariennes*, §§ 129 sq. (v. *supra*, n. 205).

[215] Le *Tome* commence par la reprise du Symbole de Nicée.

X

IV - LE CONCILE D'AQUILÉE:
«A THRACORUM CLAUSTRIS USQUE AD OCEANUM
MANET INTEMERATA FIDELIUM ATQUE UNA COMMUNIO» [216]

Avant de venir affronter l'invasion gothique, Valens avait levé un certain nombre des mesures qu'il avait prises contre les «Nicéens» et contre les moines en Orient. Socrate et Sozomène font état d'autre part d'un édit de Gratien rappelant les exilés et laissant à tous le libre exercice de leur foi, à l'exception des Eunomiens, des *Photiniens* et des Manichéens [217]. Même si Photin vient de mourir, selon Jérôme [218], notons cette exclusion des Photiniens de cet édit de tolérance de Gratien. Elle montre que cet édit est valable pour l'Occident autant que pour l'Orient et laisse entendre déjà que ces Photiniens sont encore dangereux. De fait, nous les verrons à nouveau agir en 381 [219], et bien au delà. Cependant, une telle «tolérance» générale ne pouvait durer dans un Empire dont le fondement continuait à être la *Pax Dei*, sinon la *Pax deorum* [220]. Il convenait de restaurer l'unité de la foi autant que de restaurer l'Empire, et les années qui vont suivre seront tout ordonnées à cette double et unique fin.

Cela ne se fit pas sans tâtonnements et contretemps. Ceux-ci s'expliquent tout d'abord par la situation militaire. Celle-ci était loin d'être simple aux lendemains de la mort de Valens et à un moment où les hordes barbares remontèrent la vallée du Danube, puis celle de la Drave et de la Save, jusqu'au pied des Alpes Juliennes. C'est à

---

[216] Lettre *Quamlibet* du Concile d'Aquilée (*Ap.* AMBROISE, *Ep.* 12, 3 (*CSEL* 82, 3, p. 188, l. 30-32 - cf. *PL* 16, c. 948 A) selon la très heureuse correction du texte pour *Thracorum*. Il s'agit du Pas de Sucques. Les Lettres du Concile s'efforcent de confiner l'arianisme dans un canton de Dacie ripuaire ...

[217] SOCRATE, *Hist. eccl.*, V, 2 (*PG* 67, c. 568 B); SOZOMÈNE, *Hist. Eccles.*, VII, 1, 3 (*GCS* 50, p. 302).

[218] JÉRÔME, *Chronique, ad ann.* 376 (*GCS* 47, p. 248): «Fotinus *in Galatia* moritur ...».

[219] Le 10 janvier 381, à Constantinople, Théodose condamne entre autres la *Fotinianae labis contaminatio* (*Cod. Theod.* 16, 5, 6). A la fin de la même année, le Concile d'Aquilée demande aux empereurs d'empêcher les réunions des Photiniens à Sirmium (*Ep. Benedictus = Ap.* AMBROISE, *Ep.* 10, 12).

[220] «Unius et summi Dei nomen ubique celebretur» déclare Théodose en janvier 381 (*Cod. Theod.* 16, 5, 21). La synodale aux empereurs du Concile d'Aquilée commence par rappeler le même principe: *Benedictus* (*Ap.* AMBROISE, *Ep.* 10), l. et 3, et de même dans ses derniers mots (§ 12). Voir ce qui a été dit de l'allusion de *Confidimus, supra*, n. 173 *ad finem*.

cette époque, au plus tard, que la Cour occidentale dut quitter Sirmium pour Milan, suivie par les populations qui émigrent dans la plaine du Pô. Mais, si le déferlement barbare est contenu et bientôt refoulé à la limite de l'Occident, puis dans le delta du Danube, l'autorité que le nouvel empereur d'Orient acquiert peu à peu sur la partie d'empire qui lui a été confiée par Gratien à Sirmium le 19 janvier 379, l'évolution et les rebondissements militaires en 379 et 380, l'urgence que prennent certains problèmes religieux dans la capitale orientale même où Théodose entre, en néophyte nicéen, le 24 novembre 380, les divisions de l'épiscopat oriental, toutes ces circonstances font que les premières mesures arrêtées par Gratien s'avèrent inadaptées, inapplicables, voire inopportunes, même si des «promesses» ont pu être faites ([221]). C'est, en gros, de cette façon que je crois pouvoir expliquer la manière dont Palladius de Ratiaria et Secundianus de Singidunum, trois ou quatre mois après que se soit tenu à Constantinople le concile des Orientaux, se retrouvèrent bien seuls à Aquilée au début septembre 381, alors qu'ils croyaient voir arriver de toutes les régions de l'Empire, mais en particulier d'Orient, les homéens qui leur permettraient de résister à l'emprise de plus en plus forte des Nicéens sur leur Illyricum ([222]).

Je n'ai pas à retracer ici le déroulement des débats de la réunion d'Aquilée, ni à éclairer leur problématique ([223]). Des débats eux-mêmes, je ne reprendrai ici que quelques points qui concernent Sirmium et l'Illyricum. Il se trouve en effet que Valérien et Anemius font deux déclarations tout à fait remarquables. Le nouvel évêque de Sirmium défend haut et clair le prestige de son siège. Le légat africain vient, à la demande d'Ambroise, de rappeler que l'ensemble des

---

([221]) L'entrevue de Gratien et de Palladius, attestée par ce dernier à Aquilée en 381, ne fait pas de doute, mais la nature et l'étendue des engagements de l'Empereur (*Gesta*, § 10) sont bien difficiles à préciser d'après les seuls propos de Palladius. Il est toutefois un point certain, c'est que les homéens ne sont pas «demandeurs». Palladius n'est certainement pas désireux de gagner Aquilée, d'après les propos qu'il déclare lui-même avoir tenus à Gratien (§ 10). Les Nicéens vont même jusqu'à lui demander s'il a été forcé: «Imperator cum praesens esset Sirmio, tu illum interpellasti an ipse te *compulit*?» (§ 10).

([222]) J'ai déjà présenté les grandes lignes de cette vision des faits dans *La présentation arienne du Concile d'Aquilée de 381* in *RHE* 76, 1981, pp. 327-328. Je compte en donner ailleurs une présentation détaillée.

([223]) Voir *Le sens des débats d'Aquilée*, (*AAAd* XXI), pp. 69-97.

X

évêques d'Afrique a condamné la doctrine arienne. Anemius enchaîne: «La capitale de l'Illyricum n'est autre que la cité de Sirmium. Moi donc je suis l'évêque de cette cité. Celui qui ne confesse pas que le Fils de Dieu est éternel et coéternel au Père, puisqu'il existe depuis toujours, je le déclare anathème; et je le dis également à ceux qui ne confessent pas la même chose» ([224]). Il me semble que, de cette déclaration inattendue et maladroite, on peut induire plusieurs choses: tout d'abord, qu' Anemius dépasse le cas du seul Palladius, que l'on est en train d'interroger à l'aide de la *Lettre* d'Arius, pour étendre la condamnation à ses éventuels – et peut-être réels – comparses d'Illyricum; d'autre part, qu'à l'instar des légats d'Afrique qu'Ambroise vient d'inviter à donner l'avis de leur(s) province(s), Anemius se sent ou se dit le représentant de *toute* sa région, dans la mesure au moins où sa cité est (devenue), par la Préfecture du Prétoire, la capitale de la région ([225]). On s'étonne, en effet, du petit nombre des évêques venus d'au delà des Alpes Juliennes: Maximus d'Emona et Constantius de Siscia sont là, et sans doute Amantius de Iouia ([226]); mais il faudrait faire des Illyriens de tous les évêques présents dont le siège n'est pas indiqué pour que cette région, directement concernée, soit honorablement représentée. En réalité, il faudrait également faire une part pour les évêques d'Istrie et de Dalmatie, dont Felix de Iader est ici le seul représentant connu, avec Leontius de Salone dont je

---

([224]) *Gesta*, 16. On lira les *Gesta* et les Lettres subséquentes dans l'édition de M. Zelzer, *CSEL* 82, 3, pp. 315-368), les *Gesta* dans l'édition des *Scolies ariennes* de R. Gryson (pp. 330-382).

([225]) Les nombreux séjours de Gratien durant les dernières années ont dû également grandir l'importance de la cité. Sur une revendication implicite de «droits» sur l'Illyricum, à un moment où monte l'étoile de Thessalonique, voir J. ZEILLER, *Sur l'ancien évêché de Sirmium* in OCP 13, 1947, p. 673. De fait, la synodale du Concile de Constantinople de 382 place Anemius après Acholius, qui suit lui-même Valérien, quatrième de la liste (ap. THÉODORET, *Hist. eccles.*, V, 9 (*GCS* 19, p. 289, l. 6-7) (Je rappelle que cette synodale fait allusion au Concile d'Aquilée et à la lettre envoyée ensuite à Théodose: V, 9, 9 - p. 291, l. 9-12).

([226]) Si tous les manuscrits contenant les *Gesta* dérivent bien du *Parisinus* 8907, je ne voie pas qu'il y ait à exclure la leçon qu'il donne, *Iouiensium* (§ 64), tout à fait possible, au profit de *corrections* qui s'échelonnent jusqu'au XXe siècle. *Loteuensium* est proposé par M. Zelzer (Voir pp. CLXII-CLXIII). C'est parce que je croyais que le *Parisinus* ne fournissait qu'*un* rameau de la tradition manuscrite que j'ai plaidé naguère pour la «leçon» Nicensis (*Aquilée sur la route des Invasions*, pp. 258-259, et n. 108).

parlerai dans un instant ([227]). Plutôt donc que de faire revendiquer par Anemius sa prépondérance sur ce petit groupe d'évêques anonymes et muets, il me semble plus juste d'en faire le représentant d'une région où la foi nicéenne demeure peu ferme encore. La synodale *Agimus* nous dira que deux évêques seulement ont eu l'audace (*ausi sunt*) de se présenter à Aquilée ([228]): les autres ne sont pas venus. On peut cependant combler quelques vides: Anemius, d'après la lettre *Benedictus*, a dû se plaindre des agissements des Photiniens à Sirmium ([229]). On peut estimer de même que la mention de l'église de Poetovio ne vient pas seulement du fait que Julianus Valens, qui avait été placé sur le siège de la ville par les homéens, étend maintenant ses méfaits en Italie du Nord, jusqu'à Milan même ([230]). On notera tout d'abord que les homéens sont accusés d'avoir profité de la mort de Marc — un nicéen, à coup sûr — pour y installer l'un des leurs, de la même façon qu'Anemius a été placé sur le siège de Sirmium à la mort de Germinius. Mais, puisque le peuple de Poetovio a chassé l'intrus ([231]), il y a fort à penser que la cité a maintenant un évêque orthodoxe, et sans doute celui-ci est-il présent à Aquilée. Une autre remarque suggestive est faite à propos du prêtre Attale. Si nous ne connaissons pas sa cité, nous apprenons qu'il a signé le *Credo* de Nicée avec son évêque Agrippinus ([232]), ce qui ne l'empêche pas de se trouver en septembre 381 parmi les suspects. Plus même, il reconnaît lui-même ([233]) avoir déjà été condamné *aliquotiens* (§ 44). Palladius ne dit pas autre chose pour lui-même: il a déjà été condamné *frequenter* (§ 46), *saepius* (§ 46); il le sera *denuo* (§ 55; 58). De fait, Sabinus de Plaisance, celui que nous avons suivi dans son voyage en Orient, témoigne

---

([227]) Voir *infra*, p. 376.

([228]) *Ap.* AMBROISE, *Ep.* 9, 2.

([229]) *Ap.* AMBROISE, *Ep.* 10, 12.

([230]) *Ibidem*, §§ 9-10.

([231]) *Ibidem*, § 9.

([232]) *Gesta*, § 44. Notons qu'il y a un Agrippinus *prêtre* à Sirmium en 366 (*Altercatio*, c. 347 D). Mais le nom n'est pas rare.

([233]) Je ne crois pas que ces condamnations multiples soient simplement celles qui sont portées à diverses reprises au long de ces *Gesta*.

X

bientôt qu'Attale a signé le *Credo* de Nicée ([234]). Ces diverses affirmations, que l'on aimerait plus circonstanciées, ne se rapportent pas à la seule séance d'Aquilée. Elles nous laissent au contraire entrevoir, à côté même des mesures que nous avons suivies depuis 363-364, toute une activité synodale dont les textes n'ont pas gardé trace.

C'est dans ce contexte qu'il faut comprendre la généralisation hâtive à laquelle se livre l'évêque d'Aquilée à l'égard de Palladius: «... il a été ordonné avec les Photiniens et il a été condamné avec eux, et maintenant il sera plus pleinement condamné» (§ 49). J'ai déjà eu l'occasion d'expliquer cette collusion doctrinale des Photiniens et des Ariens dans l'esprit de Valérien ([235]). Même si le président de l'Assemblée ne répond pas à la mise en demeure de Palladius, il ne me paraît pas impossible, dans les fluctuations et les indécisions de l'époque, que l'évêque de Ratiaria ait connu parmi ses consécrateurs des sympathisants de Photin. Nous n'en savons malheureusement rien. Je ne retiens donc ici que la mention de la ou d'une condamnation des Photiniens affirmée par Valérien. On peut certes remonter jusqu'au concile de Milan de 345 ou 347 dont nous sommes partis, mais il est plus vraisemblable que Valérien fasse allusion à l'une ou l'autre des réunions qui, depuis une vingtaine d'années, essaient de se garder, chaque fois qu'il faut énoncer la foi, des Sabelliens et Photiniens, autant que des Ariens. L'une de ces assemblées nous est justement partiellement et indirectement connue par Palladius: N'évoque-t-il pas la manière dont Léontius de Salone a été une *nouvelle fois* condamné, à Aquilée, malgré un appel à Damase qui l'avait relaxé ([236]). La manière très allusive dont cette affaire est racontée laisse entendre qu'Ambroise et les siens avaient agi en premier ressort au nom de Damase – *ex eius mandato* –, ce qui ne laisse par d'étonner et s'accorde mal

---

([234]) *Gesta*, § 45: «Testes sumus nos Attalum suscripsisse in Concilio Nicaeno ...». Zeiller (p. 336) interprétait déjà cette déclaration de Sabinus en ce sens ..., mais après s'être demandé si Attale n'aurait par participé au Concile de Nicée (325!), comme représentant de son évêque! Cette signature n'a pu avoir lieu que depuis 363, à l'occasion de l'une ou l'autre des mises en demeure que nous avons vues.

([235]) *Les relations doctrinales*, pp. 188-189; *Le sens des débats*, pp. 91-93.

([236]) PALLADIUS, ap. *Scolies ariennes*, §§ 125-126 (éd. R. Gryson, pp. 308-310). Quels étaient les méfaits de Leontius? La liste épiscopale de Salone est loin d'être clairement établie. Voir J. ZEILLER, *Les origines chrétiennes dans la province romaine de Dalmatie*, Paris, 1906, pp. 100-104.

avec le maintien de la sentence, si les Italiens du Nord – et sans doute quelques Dalmates et Illyriens au moins – n'avaient aucune autorité véritable en la région. De toute façon, et c'est ce qui importe ici, cette première condamnation suppose, elle aussi, une réunion d'évêques, dont nous n'avons *aucune* autre trace et qui ne peut être celle du «blasphème de Sirmium» dont Palladius parle ensuite de façon distincte ([237]).

* * *

Sans chercher à multiplier ces réunions, parfois très modestes sans doute, il faut bien se persuader que nous ne connaissons pas grand-chose de la vie de nos régions, pourtant voisines. Même si l'Illyricum ou l'Italie du Nord n'ont jamais été l'Afrique avec ses assemblées conciliaires régulières ([238]), il faut reconnaître que la réalité, aussi peu glorieuse qu'elle ait pu être parfois, ne peut pas se réduire à la connaissance que nous en donnent les textes à nous parvenus. Il est symptomatique que les *Actes*, mutilés, du Concile d'Aquilée soient les seuls *Actes* de Concile que nous ayons en Occident et, inversement, que l'oeuvre de Chromace, redevenue si ample pour nous, ne contienne par elle-même rien qui permette de nous représenter les relations d'Aquilée avec ses voisins. C'est que ces textes n'ont obtenu de traverser les siècles que parce qu'ils avaient une valeur générale, et non pas locale ou anecdotique ([239]).

De plus, Aquilée qui, durant quatre décennies, avait dû son prestige tant au passage et aux amitiés d'Athanase qu'à l'occupation de Milan par un évêque homéen, subit le contrecoup de l'élection d'Ambroise: non seulement le nouvel évêque de Milan est à Sirmium pour l'élection d'Anemius, mais il dirige l'interrogatoire de Palladius et Secundianus lors de la séance d'Aquilée du 3 septembre

---

([237]) *Ibidem*, §§ 128 sq. (pp. 310 sq.).

([238]) On connaît ou devine un certain nombre de réunions à Milan ou autour de Milan sous Ambroise, mais le seul document «synodal» concerne Jovinien en 393. Peut-être la réponse au sujet de Bonose est-elle écrite à la même occasion. Les auteurs – non Ambroise seul – y font remarquer que leur Synode n'est pas *integra* (*PL* 16, c. 1173 = *CSEL* 82, 3, p. 8, 1. 9-11).

([239]) L'oeuvre *écrite* de Chromace n'en reste pas moins un témoignage capital de la culture d'un évêque de la fin du IVe siècle et de son travail d'évangélisation. Elle fournit d'autre part un puissant éclairage de son oeuvre éditilaire.

X

381. S'il est à Rome ([240]), au même titre que Valérien et Anemius, lors du concile de 382, c'est à lui qu'en appelle Bonose vers 392 ([241]), en attendant que Rome ne prenne les affaires en mains. Entre la mort d'Ambroise (397) et celle de Chromace (c. 408?), il se passe dix années capitales où nous ne suivons qu'evec peine l'activité de l'évêque d'Aquilée. Nous le voyons bien en relations avec Constantinople et Rome au sujet de Jean Chrysostome, mais non avec Sirmium et l'outre Alpes Juliennes d'où viennent danger et réfugiés.

Ce qui ne veut pas dire qu'il n'arrive pas quelques échos, de la vie religieuse même, jusqu'à la première ville d'Italie: pour expliquer le *Symbole*, Rufin d'Aquilée avance l'exemple fâcheux — et totalement inconnu de nous par ailleurs — d'écrits de Photin sur le sujet ([242]). J'ai déjà eu l'occasion de rappeler qu'il utilisait par ailleurs le *De Symbolo* de Niceta de Remesiana ([243]), qui s'en prend lui aussi à Photin et Arius ([244]). Souvenons-nous du *hodieque* de Chromace ([245])!

Les Photiniens sont encore l'objet de l'étonnement et des foudres du pape Innocent I, où qu'il faille situer l'évêché de Laurentius auquel le Pape écrit ([246]). Mais lorsque, de Ravenne où il se trouve en 409 pour «les besoins très pressants du peuple romain», ce même Innocent écrit à l'actuel évêque de Naissus, il déclare qu'il

---

([240]) Voir la Synodale de Constantinople 382 envoyée à «Damase, Ambroise, Britto (de Trèves), Valérien, Acholius, Anemius, Basile ...» (*ap*. THÉODORET, *Hist. eccles.*, V, 9, 1 - *GCS* 19, p. 289, l. 6-7).

([241]) *De Bonoso episcopo* ap. *Ambroise, Ep.* 56a, 2, 2 (*PL* 16, c. 1173 B = *CSEL* 82, 3, p. 8, l. 16 sq.).

([242]) RUFIN, *Expl. Symboli*, 1 (*CCL* 20, p. 133, l. 17-20).

([243]) Voir *Niceta d'Aquilée, Histoire, légende et conjectures anciennes* in *AAAd* 17, 1980, p. 176, n. 72.

([244]) NICETA de Remesiana, *De ratione fidei*, 2 (Ed. Burn, pp. 11-12), Burn (pp. LXVII-LXVIII) a noté la parenté du *De ratione* 4 avec le 13ᵉ anathématisme du Concile de 351 contre Photin.

([245]) Voir *supra*, p. 334, n. 9.

([246]) INNOCENT I, *Ep.* 41 (*PL* 20, c. 607) «Laurentio episcopo *Seniensi*». On a essayé de corriger de diverses manières ...; mais, à cause sans doute des invasions, les Photiniens se disséminent en Occident. On en trouve bientôt en Gaule d'après le IIᵉ Concile d'Arles en 442 (éd. C. Munier, *CCL* 148, p. 117, c. 16-17), en Espagne (GENNADE, *De uiris* 14 - *PL* 59, c. 1068), où ils sont confondus avec les disciples de Bonose.

X

a été accosté dans la nouvelle capitale par deux anciens clercs de Bonose l'hérétique ([247]). Ceux-ci nous révèlent en passant le nom du successeur d'Anemius, Cornelius – qui ne serait pas autrement connu, jusqu'ici – et mentionnent un Niceta qui doit être l'évêque de Remesiana, grand pélerin de Rome et de Nole ([248]). Malgré les événements, qui ne perturbent pas moins la vallée de la Save que la plaine du Pô et la route de Rome, il semble bien que ces deux clercs soient arrivés à Ravenne, en passant, une fois de plus, par Aquilée. Aquilée sans Chromace déjà. Aquilée point de passage quasi obligé. Aquilée large carrefour, où il y reste à lire sur le terrain et dans la terre ce que les textes ne nous disent pas. Car – et c'est plus qu'une simple coïncidence – les deux villes, détruites à peu près en même temps par les Huns ([249]), ont la particularité d'offrir aujourd'hui des champs de fouilles d'autant plus amples que les prérogatives de ces villes sont passées à d'autres cités ...

([247]) INNOCENT I, *Ep.* 16 (*PL* 20, c. 519-520 A).

([248]) *Ibidem* (c. 520 B-521).

([249]) Sur la destruction de Sirmium par les Huns en 442 et sur la conduite de l'évêque (inconnu), voir PRISCOS, *Fr.* 8 (Ed. Müller, *FHG* 4, p. 84, col. B). Sur la prise d'Aquilée, voir *Aquilée sur la route des Invasions* in *AAAd* 9, 1976, pp. 291-296. Pour la date du 18 juillet 452, voir *Niceta d'Aquilée,* p. 176 bis et pp. 192-193.

XI

Ambroise et l'arianisme occidental

Est-ce l'approche du XVIe centenaire de la mort d'Ambroise qui en est la cause ? Avant même qu'on annonce la parution en plusieurs pays d'Europe de biographies nouvelles d'Ambroise, plusieurs études importantes sont venues, de façon indépendante, faire le point sur plusieurs aspects de sa carrière, de son action ou de sa pensée : Christoph Marskschies, (*Ambrosius von Mailand und die Trinitätstheologie*, Tübingen 1995), qui étudie la formation de la pensée trinitaire d'Ambroise jusqu'en 380 ; Daniel H. Williams *(Ambrose of Milan and the End of the Nicene-Arian Conflicts*, Oxford 1995), qui reprend l'histoire de l'arianisme en Occident à partir de 350 et en suit l'évolution jusqu'à son éviction par Ambroise... et l'invasion de l'Italie du Nord par l'usurpateur Maxime en 387-388 ; Neil B. McLynn (*Ambrose of Milan, Church and Court in a Christian Capital*, Berkeley 1994), qui, comme l'indique le sous-titre, étudie les rapports de l'évêque et de la Cour de Milan (mais aussi de Trèves et de Constantinople) sous Valentinien I, Gratien, Valentinien II et Théodose, et touche par le fait même aux problèmes politico-religieux ou simplement religieux qui surgissent au long de l'épiscopat d'Ambroise.

Ces différentes « mises au point » sont *a priori* les bienvenues. En effet, il n'y a pas eu, sur la période 350-397 ou 374-397, de synthèse nouvelle depuis longtemps. Celle-ci, d'autre part, semble possible depuis la parution des éditions critiques aussi bien des traités théologiques *(De fide* I-II, III-V ; *De Spiritu sancto, De incarnationis dominicae sacramento)* et de la correspondance d'Ambroise dans le *Corpus de Vienne*, que des *Scolies Ariennes* sur le Concile d'Aquilée ou des divers textes ariens republiés (et complétés) par R. Gryson. Elle semble aussi nécessaire maintenant que nous pouvons, grâce à ces textes mieux établis, mieux éclairés, reprendre la question de l'arianisme latin que M. Meslin à rouverte en 1967 de manière brillante, mais aussi discutable - et aussitôt discutée.

J'ai déjà eu l'occasion de présenter quelques remarques sur la première moitié environ de l'ouvrage de McLynn (*Rech.SR* 84, 1996, pp. 450-453). Je voudrais, *de manière rapide encore*, suivre la présentation des trois ouvrages cités ci-dessus, en m'arrêtant sur quelques-uns des points les plus discutés de l'épiscopat d'Ambroise ainsi que de sa reconquête de l'Italie du Nord et de l'Illyricum sur l'homéisme défini à Rimini[1].

---

[1] Je prendrai aussi en compte plusieurs articles de Williams et McLynn écrits autour de leur ouvrage principal.

2
    Avant toute « prise de position », je voudrais attirer l'attention du lecteur - surtout s'il aborde l'histoire de cette époque -, sur quelques préalables qui soulignent les difficultés rencontrées par les historiens et qui expliquent sinon justifient la variété de leurs opinions ou de leurs reconstructions. Convergences et divergences s'expliquent en partie par l'état de notre documentation, en partie par l'autorité qu'ont acquise, pas toujours à bon droit, certaines présentations plus ou moins anciennes. Pour écrire l'histoire religieuse comme l'histoire politique du dernier quart du IVe siècle, nous ne pouvons plus, à partir de la mort de Valentinien (375), un an à peine après l'élection d'Ambroise, et en tout cas, à partir de la mort de Valens à Andrinople en 378, suivre le film continu des allées et venues des empereurs que fournissait jusque là le récit d'Ammien Marcellin. Le résumé de l'*Histoire nouvelle* de Zosime n'est pas, pour la suite, à la hauteur de l'historien d'Antioche. Pour la décennie 378-388, si dramatique sur le plan militaire et politique, si mouvementée sur le plan religieux, nous n'avons le plus souvent, pour fixer le cadre de l'activité des princes, que les dates et les lieux d'émission des lois que le Code Théodosien nous a conservées de façon peu régulière. Il devient malaisé, voire impossible parfois, de suivre les déplacements de Gratien et de Théodose, leurs rencontres éventuelles, mais aussi d'insérer dans ce cadre un peu flottant telle rencontre - attestée - d'Ambroise avec Gratien, la rédaction de tel ouvrage faisant allusion à telle ou telle situation ou affaire elle-même difficile à fixer dans le temps ou l'espace. De là, par exemple[2], la variété des opinions sur la date de l'arrivée de Valentinien II et de sa mère à Milan ou sur celle de la venue d'Auxence II. Mais ces « dates », proposées de façon assez hypothétique, servent souvent de base à des constructions qui ne peuvent qu'être elles-même hypothétiques, malgré les efforts pour rapprocher ou distinguer certaines indications, pour déplacer dans le temps ou dans l'espace telle ou telle rencontre, telle ou telle initiative à l'intérieur d'une situation d'ensemble elle-même largement mouvante et jamais longtemps stable. Comme les historiens ou biographes anciens, qui écrivent à une certaine distance des événements, sont souvent moins soucieux de suivre le détail des péripéties que de présenter, *a posteriori*, un jugement d'ensemble sur leur héros ou sur la résolution d'un conflit, les historiens modernes en sont réduits depuis trois siècles à rapprocher et combiner les différentes sources d'information en construisant des récits où la part de l'incertain est considérable. Il est bon de s'en souvenir.

    Un autre point doit être souligné. Le siècle écoulé a vu surgir d'autres sources d'information. Souvent violemment hostiles à Ambroise,

---

[2] On pourrait faire un tableau des opinions émises sur les divers points en litige. Je me contente d'en donner un aperçu pour l'arrivée d'Auxence à Milan. En 381 : Meslin, p. 47. En 383-4 : Palanque, p. 142-143; Meslin, p. 48 : après 383 ; mais p. 48 : ignorance. Fin 384 : Palanque, p. 144 ; Paredi, p. 338 ;Williams, p. 202 sq ; McLynn, p. 183-4. Fin 385 : Rauschen, Dudden-Homes...

elles ont droit au même examen critique que les écrits d'Ambroise ou de Paulin de Milan dont la partialité est, elle aussi, naturelle. Or, longtemps insoupçonnable parce que vénéré, Ambroise est, depuis un siècle, la cible de toute sorte d'attaques. Celles-ci se sont renouvelées et multipliées durant les dernières décennies. On a mis en doute sa présentation des faits, mis en cause la brutalité de ses méthodes (381), accusé sa démagogie voire ses mystifications et ses supercheries (386), en dépassant les limites, me semble-t-il, d'une saine méthode historique. Car, s'il est tout à fait judicieux de ne pas se contenter du point de vue de l'un des acteurs pour avoir une vision objective des causes et du déroulement d'un conflit, il est tendancieux de lui imputer un mensonge systématique, comme si les écrits de l'intéressé n'avaient pas commencé par être des actes publics, destinés aux contemporains et donc susceptibles d'être contestés ou poursuivis - indépendamment de la loyauté, sinon de l'objectivité, qu'on peut attendre d'un homme d'église habitué à prêcher le respect de la vérité. Sans prendre ce que dit ou écrit Ambroise pour la vérité intégrale, sans lui donner raison en toutes choses, il me semble possible au moins de comprendre la cohérence de son épiscopat et de saluer en lui autre chose qu'un arriviste, un démagogue, un bravache ou un lâche.

Il ne peut être question de reprendre l'ensemble de la biographie d'Ambroise, ni de fournir une présentation du contexte politico-religieux dans lequel s'est déroulée son action contre les Homéens. Je voudrais m'en tenir ici à quelques points principaux qui permettent de mieux comprendre cette action dans son développement et dans ses principes directeurs. Je suis bien conscient de laisser de côté bien des questions. Il n'en est pas cependant que j'ai consciemment omise parce qu'elle me gênait. On verra d'ailleurs que je laisse l'une ou l'autre affaire en suspens.

*
*   *

1 - *Les défenseurs de Nicée en Italie du Nord de 355 à 370.*

L'Italie du Nord avait eu, entre 353 et 355, deux défenseurs courageux de la foi de Nicée : Eusèbe de Verceil et Denys de Milan. Il est certes paradoxal qu'Ambroise nous parle si peu d'eux. Mais il n'est jamais trop tard : c'est l'année précédant sa mort qu'il nous a laissé le témoignage le plus important sur la manière dont il jugeait la carrière et l'attitude d'Eusèbe. On peut penser qu'il n'avait pas attendu un quart de siècle pour se renseigner sur lui. On peut penser qu'il en allait de même au sujet de son prédécesseur nicéen.

Il convient en effet, pour comprendre l'action d'Ambroise, de se reporter à la façon dont les évêques de l'époque précédente s'étaient comportés devant le pouvoir impérial, mais aussi de voir comment Eusèbe au moins - puisque Denys était mort en exil - avait mené la mission, qui lui avait été confiée à Alexandrie en 362, de restaurer la foi de Nicée, sans

4
tomber dans l'intransigeance à laquelle il s'était trempé durant ses années d'exil. Essayons donc de revenir tout d'abord quelque peu sur Eusèbe de Verceil, en complétant sur quelques points l'analyse de Williams (pp. 49-68).

Je ne reprendrai pas ici le récit du Concile de Milan, qui demanderait une étude spéciale. Williams a eu en tout cas raison de souligner l'importance d'Eusèbe en 355 (pp. 52-58). Je ne suis pas sûr en revanche que la restitution des premiers livres du *De Trinitate*, réaffirmée après Bulhart, emporte l'adhésion et fournisse un document - important - utilisable pour les années 360-370 (pp. 96-102 ; 239-242). Je voudrais en revanche attirer ici l'attention sur l'une des trois lettres qui lui sont attribuées. Williams (p. 61) l'évoque de manière trop marginale pour la question qui est ici posée de « l'après Rimini ».

A une époque antérieure à la mort de Constance - puisqu'il souligne que les Ariens, désunis en réalité, dépendent de la protection du pouvoir -, Eusèbe, qui en est à son troisième lieu d'exil - en Thébaïde sans doute - félicite Grégoire d'Elvire de ne pas avoir donné sa communion à ceux qui se sont ralliés à Rimini au groupe de Valens, Ursace et les autres (*Ep. Litteras sinceritatis* - CC IX, p. 110). Il promet de lui maintenir sa propre communion s'il demeure dans la même foi, en persistant à n'avoir aucun lien « avec les hypocrites ». Cependant, il l'engage à continuer son action aussi bien auprès des *infideles* que de *transgressores* - entendons les Ariens et les faillis -, sans craindre le pouvoir impérial. Eusèbe attend les résultats de cette action et en particulier que Grégoire lui communique les noms des *mali* - les Ariens - qu'il a réussi à corriger, des *frères* qu'il a, soit trouvés debout - par opposition aux « faillis » de Rimini - , soit corrigés par son intervention.

Dans son lointain exil d'Egypte, Eusèbe ne semble pas connaître (encore) l'usurpation de Julien qui allait priver, en Occident même, les Homéens de leur protecteur. Celui-ci meurt le 3.11.361. Quelques mois plus tard, les exilés d'Egypte tiennent réunion à Alexandrie. On ne sait pour quelles raisons Lucifer de Cagliari ne prend pas part à ce « Concile » et préfère se rendre à Antioche. Il y ordonne évêque Paulin, prêtre d'Eustathe, sans tenir compte du retour de Mélèce, dont, il est vrai, le transfert à Antioche et la personne de ceux qu'il l'avaient favorisé pouvaient prêter à discussion. Lucifer avait laissé derrière lui deux prêtres pour le représenter à la réunion d'Alexandrie. Or celle-ci, loin de prêcher l'intransigeance, chargea Eusèbe, pour l'Occident, et Asterius de Petra, pour l'Orient, d'appliquer des mesures de clémence à tous ceux qui voudraient bien venir à résipiscence en reconnaissant leur erreur ou leur faiblesse. Au vu de cette lettre d'Eusèbe à Grégoire, il ne semble pas que ces mesures aient coûté à l'exilé : il était déjà prêt à accueillir ceux que Grégoire aurait « corrigés » ; mais il serait exagéré de penser qu'il ait été trop conciliant : son attitude à Milan en 355 dit tout le contraire. Sans doute vit-il l'intérêt qu'il y avait à restaurer la paix dans une église occidentale troublée.

Rufin et Socrate, je l'ai dit (III, 271-273), nous permettent sans doute de suivre l'itinéraire du retour d'Eusèbe en Occident. Celui-ci a dû passer par Sirmium, d'après le témoignage de l'*Altercatio Heracliani*. Mais nous ne le *voyons* pas collaborer *concrètement* avec Hilaire en Italie du Nord entre 363 et 364, ni s'opposer à Auxence de Milan dans les années qui suivent. Cependant, comme Hilaire, il a dû entrer en contact avec Libère de Rome, pour lui faire connaître les décisions prises à Alexandrie avec Athanase et la mission qui lui avait été confiée. Athanase peut de son côté avoir confirmé les mesures prises dans une lettre particulière ; mais nous n'en avons pas de trace analogue à celle que nous a laissée sa *Lettre aux Africains* ou ce que rapporte sa *Lettre à Rufinianus*. (Nous n'avons pas non plus de trace parmi les œuvres d'Athanase d'une lettre analogue d'Athanase à Basile de Césarée et dont celui-ci parle dans son *Ep.* 204). En tout état de cause, Libère connaît les décisions d'Alexandrie s'appuie sur elles, ainsi que sur celles qui ont été prises en Grèce - par l'intermédiaire d'Eusèbe ou d'Athanase -, dans sa lettre aux évêques d'Italie (du Nord) que nous a conservée Hilaire (*Coll. Antiariana Par.* B. IV, 1, 1 = XII, 1). De l'action personnelle d'Eusèbe nous ne savons plus rien. La *Chronique* de Jérôme nous dit qu'il meurt en 369. Par Evagre d'Antioche, qu'Eusèbe avait ramené avec lui, Jérôme est bien renseigné. Nous tenons de lui un autre renseignement, malheureusement un peu énigmatique : dans l'éloge qu'il fait d'Evagre à propos d'un fait divers survenu à Verceil, Jérôme nous dit que celui-ci est intervenu auprès de Valentinien pour mettre fin à une poursuite judiciaire injuste ; mais il a commencé par louer Evagre pour la manière dont il contribua - en agissant *de même* (?) auprès de l'empereur, sans doute - à « ensevelir Auxence avant même qu'il fût mort » et à délivrer Damase des « mailles d'une faction » (*Ep.* 1, 15). Auxence était donc sous surveillance. On peut penser qu'Evagre, ancien fonctionnaire, agissait en auxiliaire ou en héritier d'Eusèbe son maître, si l'activité que lui prête Jérôme est postérieure à la mort d'Eusèbe. En tout cas, Jérôme laisse entendre qu'Auxence n'avait plus la même facilité d'action que par le passé. Cela permet de mieux comprendre que les Ariens n'aient pas pu imposer facilement leur candidat à sa succession d'Auxence sur le siège de Milan. Quant à l'intervention - elle aussi énigmatique - en faveur de Damase, elle éclaire la présence du gouverneur de l'Emilie-Ligurie lors de cette même élection du successeur d'Auxence en 374. L'élection d'Ambroise et son contexte politico-religieux ont en effet été l'objet de « révisions » profondes, qui méritent à leur tour d'être contrôlées.

2 - L'élection d'Ambroise.

Ni Williams ni McLynn n'admettent le récit présenté, en 402-3, par Rufin d'Aquilée, en 412, par Paulin de Milan. Si Williams s'en prend surtout à la crédulité de Paulin et à l'image que celui-ci veut donner d'Ambroise tout au long de sa biographie (pp. 104-107), McLynn s'appuie surtout sur les accusations portées par Palladius contre la vie

6
privée d'Ambroise et la manière dont il est parvenu à l'épiscopat. Les données de la *Vita Ambrosii* sont certes, elles aussi utilisées, mais retournées en quelque sorte : elles révéleraient l'existence d'un plan d'attaque concerté de l'évêque de Rome et de la haute administration civile, composée de membres de l'aristocratie romaine, contre le bastion homéen que constituait l'Eglise de Milan dirigée par Auxence. L'entreprise la plus vigoureuse est menée par McLynn. C'est elle que j'examinerai de plus près.

A l'aide d'un montage ingénieux et progressif - où le lecteur informé ou attentif peut cependant remarquer le nombre de *probably*, *perhaps*, il s'agit de montrer que l'élection d'Ambroise a été préparée de longue main et qu'elle fait partie d'un plan de bataille dirigé contre Auxence de Milan depuis Rome (Damase) et Sirmium où Probus est Préfet au Prétoire à partir de 368. Devant l'échec du concile réuni autour de Damase en (ou vers) 371 et qui produit la lettre *Confidinus*, comme celui de la tentative (non datée !) de Filastre de Brescia, qui avait dû renoncer à son agitation, ou de Sabinus, qui doit s'éloigner de Milan, d'autres personnes interviendraient, qui appartiennent à la haute administration civile qui fait cause commune avec les Nicéens en les renseignant, et en agissant : « Il est tentant d'associer [la] nomination d'Ambroise avec le concile de Rome ou au moins avec la campagne pour saper Auxence qui avait inspiré ce concile. Toutes les lettres envoyées en Illyricum ne furent peut-être pas envoyées aux évêques... » (pp. 42-43). C'est Probus qui va intervenir et envoyer à Milan un gouverneur « préparé à négliger son devoir » (de neutralité), et c'est le sens que « l'on peut donner *(could be read)* » *(ibid.)* au mot de Probus lors du départ d'Ambroise, l'invitant à se conduire, non comme un gouverneur, mais comme un évêque, comme le rapporte - à un moment et dans un sens déterminés -, Paulin de Milan.

Chaque élément séparé de ce montage demanderait discussion et chaque liaison entre ces divers éléments n'est tout au plus qu'une hypothèse fragile. Je me tiens ici à ce qui, dans nos informations, concerne Ambroise lui-même. Passe encore que Probus ait pu être, non seulement prophète (comme le veut à son habitude, Paulin), mais devin en calculant qu'Auxence n'était pas éternel ; mais il n'était quand même très habile d'envoyer à Milan un éventuel candidat qui n'était pas baptisé et dont l'élection, vue du siège de Pierre, était d'avance entachée de toute sorte d'irrégularités. McLynn se contentera donc de mettre en cause la *neutralité* d'Ambroise.

Celui-ci, loin de sévir, comme il le devrait, contre les Nicéens, qui « font irruption » (p. 43) dans la basilique où se déroule l'élection, insiste pour que « les intrus puissent donner leur avis dans l'élection du nouvel évêque » (p. 43). Il est venu à l'église « pour aider ces gens à regagner leur voix dans l'Eglise, et peut-être pour les assister à réclamer un rôle plus important que celui que leur garantissait leur nombre ». Mais « il semble avoir surestimé leur discipline ou sous-estimé leur ressource. Leur réponse à la première manifestation d'un appui officiel qu'ils aient reçu depuis 355 fut d'acclamer leur gouverneur pour eux-mêmes, avec le cri : Ambroise évêque ! » (pp. 43-44).

Jolie construction ! Elle fait cependant d'Ambroise l'élu des seuls Nicéens, alors que nos sources parlent d'un *accord des deux camps* sur un candidat inattendu. Que deviennent dans une telle élection les Homéens, majoritaires, selon McLynn ? Et si les Nicéens pouvaient présumer la non neutralité d'Ambroise, comment leurs adversaires se sont-ils ralliés si facilement à son nom ? D'autre part, une telle présentation de l'élection ne fait jamais intervenir les évêques. Il est vrai que ni Rufin ni Paulin ne parlent d'eux. Mais une élection d'évêque, *a fortiori* d'un métropolitain, ne se déroule pas sans la présence d'évêques ! Dans le cas de Milan en 374, il y a fort à penser que se sont présentés aussi bien des Nicéens que des fidèles d'Auxence, mais aussi que ni l'un ni l'autre groupe n'était assez puissant pour s'imposer au peuple de Milan, et lui imposer son candidat. Nous sommes à une époque où le peuple dicte encore sa volonté, sans tenir grand compte ni des capacités de celui qu'il choisit, ni des règles canoniques de plus en plus proclamées, mais pas respectées pour autant. C'est donc un accord inattendu du peuple de Milan qui a proclamé Ambroise évêque, au mépris de canons qu'aucun des évêques présents ne semble avoir objectés.

Les vœux du peuple rencontrèrent d'autres obstacles. McLynn admet l'authenticité de la plupart des moyens mis en œuvre par Ambroise, selon Paulin, pour échapper à son élection et il reconnaît que le nouvel élu devait agir avec prudence à l'égard de l'empereur. Mais il s'efforce d'atténuer ce qui nous est dit de la réaction de Valentinien et, surtout, déclare que l'empereur a été mal informé... car il l'a été sous l'influence de Probus (pp. 48-50). Souvenons-nous cependant que celui-ci était à Sirmium, tandis que Valentinien était à Trèves. Il faudrait supposer que le vicaire de Milan , qui recevra de Valentinien l'ordre d'agir, ait demandé l'agrément ou l'appui de Probus à plus de 1000 km, avant de s'adresser à Trèves - ceci sans se soucier du peuple, dont on nous dit qu'il a retenu prisonnier Ambroise.

Dans son récit de l'élection d'Ambroise, Rufin insiste sur le risque d'émeute - et le danger de massacre - que faisait courir l'affrontement des deux partis opposés (*H.E.* II, 11). C'est pour éviter un désastre dans la cité que le consulaire Ambroise intervient, pour faire régner l'ordre et apaiser les esprits. On n'a guère fait attention au fait que, dans la page précédente, Rufin raconte le conflit sanglant survenu à Rome lors de l'élection de Damase. Malgré le simple *interea* qui relie les deux récits, il existe un intervalle de 8 ans entre les deux événements. Mais leur rapprochement n'est pas dû simplement au fait que Rufin s'intéresse, comme Eusèbe de Césarée ou Jérôme après lui, aux successions sur les principaux sièges épiscopaux. En rapprochant et opposant les deux événements - l'un qui se solde par un massacre, dont le pouvoir politique d'un (mauvais) Préfet rend responsable Damase et ses clercs, l'autre qui, grâce à un Consulaire prévoyant, aboutit à la pacification d'une cité, saluée et confirmée par l'empereur -, Rufin ne se livre pas à un simple parallèle littéraire, qu'il ne cherche d'ailleurs pas à forcer. Il laisse deviner ce qui a pu être la préoccupation du Consulaire en 374 : éviter un bain de sang analogue à celui de 366 à Rome. En bon administrateur, il a pris les devants, sans se douter qu'il allait être mêlé à cette élection comme acteur, et non en arbitre, chargé du maintien de l'ordre.

Il est regrettable que ni Rufin, qui le faisait pour Rome, ni Paulin ne nous donnent les noms des *candidats* en présence à Milan en 374. On ignore tout de celui ou ceux des « Ariens », que l'on peut supposer pris dans le clergé d'Auxence. On peut, pour les Nicéens, avancer peut-être les noms de Filastre ou Sabinus. Il me semble exclu, en revanche, qu'Ursinus, le compétiteur de Damase à Rome en 366, ait pu être candidat à Milan en 374. Mais il convient de se rappeler le mot de Jérôme sur l'action d'Evagre auprès de Valentinien en faveur de Damase (Ep. 1, 15) : celui-ci a dû être inquiété pour le massacre dont il était au moins indirectement responsable autant que son compétiteur. Cet Ursinus viendra bientôt (?) contester la présence d'Ambroise sur le siège de Milan. En 381, les évêques rassemblés à Aquilée demanderont au pouvoir impérial de sévir contre Ursinus, allié des « Ariens » contre Ambroise. Une telle alliance montre à quel compromis on peut arriver. Il me semble que l'élection même d'Ambroise relève d'un compromis analogue, sans qu'on ait à imputer à Ambroise lui-même l'élaboration de ce compromis. Il a assez dit combien cette élection l'avait surpris pour qu'on n'ajoute pas tout uniment foi aux propos de l'un de ses adversaires.

La mise en doute systématique des témoignages d'Ambroise et des historiens anciens ne se justifie pas chez McLynn par des raisons de méthodologie historique. Elle s'explique par l'acceptation pure et simple des accusations portées contre Ambroise par Palladius en 381 (p. 51-52). Le vieil évêque, qui vient d'être déposé après 36 ans d'épiscopat, a toutes les raisons de s'en prendre à celui qui l'a condamné. Aussi dresse-t-il un parallèle entre leurs deux carrières (*Scolies*, § 120). Il reproche en particulier à Ambroise son élévation soudaine, sans examen d'aucune sorte, grâce « au crédit de ses amis et *(semble-t-il)* à des suffrages humains ». Ce « verdict est fondamentalement correct » termine McLynn (p. 52), qui ne dit pas que cette présentation des faits a déjà été proposée il y a vingt ans par C. Corbellini, et abandonnée depuis.

Je m'étonne que l'on puisse entériner tout bonnement un tel « témoignage », sans le replacer dans son contexte, sans tenir compte de l'animosité de celui qui le profère, alors qu'on suspecte aussi bien ce qu'Ambroise a dit de sa promotion, y compris de son irrégularité canonique, que ce qu'ont rapporté Rufin et Paulin. Je laisse à Williams, qui ne serait pourtant pas loin d'accepter la même thèse, le soin de présenter l'une des objections les plus fortes à tout ce scénario : celui-ci ne donne guère de place « au peuple, dont le rôle fut prédominant, de l'avis des historiens anciens et de celui-même d'Ambroise » (p. 110).

On pourrait aussi avancer le témoignage de Basile de Césarée, qui n'était peut-être pas moins bien renseigné que Palladius. Dans la lettre où il répond à l'information qu'Ambroise a dû lui communiquer de son élection - et sans doute de ses circonstances-, Basile insiste sur le fait qu'un tel choix est l'œuvre de Dieu (*Ep.* 197, 1). Il ne laisse apparaître aucun soupçon à l'égard de l'entourage d'Ambroise et semble connaître l'orientation nicéenne de ses premiers actes.

3 - *La préparation au baptême et l'initiation à la foi nicéenne.*

Paulin est seul à mentionner qu'Ambroise réclama d'être baptisé par un évêque catholique (*V.A.* 9). Puisque le nom de l'évêque n'est pas mentionné, Williams (pp. 117-119) conteste le fait lui-même et, par une série d'hypothèses, en arrive à dire qu'Ambroise a été baptisé par un simple prêtre, celui-ci n'étant autre que Simplicianus. Prêtre de Milan au temps de Denys, ce dernier aurait accepté de servir sous Auxence et se serait trouvé à Milan en 374 pour baptiser Ambroise. On peut être séduit par cette solution simple - puisque puisée sur place et faisant intervenir un prêtre que nous connaissons quelque peu. A la réflexion, cette présentation se heurte à bien des difficultés.

Paulin a connu Simplicianus, qu'il a eu pour évêque après la mort d'Ambroise. Il a raconté la façon dont Ambroise l'avait quelque peu désigné comme son successeur possible (*V.A.* 46). Si Simplicianus avait baptisé Ambroise, il semblerait naturel que Paulin, qui écrit sur commande d'Augustin, n'ait pas manqué de le signaler, d'autant que Paulin connaît les *Confessions* de l'évêque d'Hippone. Celles-ci sont *notre* principale source d'information sur Simplicianus et ces pages ont été écrites au moment où Simplicianus était devenu évêque de Milan. Augustin y raconte sa visite chez Simplicianus, « père dans la réception de la grâce de l'évêque d'alors, Ambroise, et que celui-ci aimait vraiment comme un père » (*Conf.* 8, 2), ainsi que le récit qu'il lui fit de l'évolution de Marius Victorinus vers la foi chrétienne et de sa préparation au baptême. Je ne contesterai pas que l'expression *in accipienda gratia* vise le baptême, - Augustin évoque plus loin la « réddition du Symbole », exigée de ceux qui « *accessuri sunt ad gratiam tuam* » -, mais je n'ai pas de raison de penser que l'expression désigne le *rite* même du baptême. Simplicianus a dû être le « catéchiste » d'Ambroise et, hypothèse pour hypothèse, plutôt que d'en faire un prêtre de Milan (p. 119 - cf. McLynn, p. 54), parti (?) à Rome entre 356 et 360, j'en ferais plutôt un prêtre de Rome (ou d'ailleurs : Ambroise rappelle « ses voyages à travers le monde en vue d'acquérir la foi et la connaissance de Dieu » (*Ep.* 2 (65M),1). Sont-ils liés à la présence d'Auxence ? antérieurs ? ou étrangers ?) connu d'Ambroise à Rome dans les années où sa sœur Marcelline prenait le voile sous Libère, et qu'il a fait venir à Milan au moment où il n'a plus pu échapper à son élection.

Autant il est difficile de penser que le baptême du futur évêque ait été célébré précipitamment par un simple prêtre - ce qui est canoniquement possible, mais, psychologiquement et socialement, peu vraisemblable -, autant il est possible d'admettre que ce baptême ait été célébré par l'un des évêques appelés quelques jours plus tard à le consacrer. Après tout, Eusèbe de Verceil avait été lecteur à Rome ; Filastre de Brescia avait parcouru le monde, au dire de son successeur ; Fortunatien d'Aquilée était natif d'Afrique, et le successeur de Simplicianus, Venerius de Milan, était originaire de Bordeaux... On voit mal d'autre part un Simplicien, prêtre d'Auxence en 374, alors qu'il amena au baptême vers 355-360 un futur adversaire de l'homéisme en la personne de Marius Victorinus.

La présence de Simplicianus auprès d'Ambroise, plutôt que de suspecter inutilement le récit de Paulin, doit être l'occasion de se demander si ce « catéchiste » n'a pas conduit son « catéchumène » sur les voies suivies par l'un de ses brillants dirigés, en un mot, s'il ne lui a pas fait découvrir l'œuvre théologique de Marius Victorinus et un certain platonisme chrétien. La réponse de Markschies (pp. 79-83) est qu'aucune influence de Marius Victorinus n'est décelable dans l'œuvre subséquente de l'évêque de Milan. Je crois qu'il a raison.

Cela ne résout cependant pas la question de la formation d'Ambroise, de la façon dont il s'est initié aux problèmes théologiques qui ne pouvaient pas manquer de se poser à lui comme évêque. Car, si avisé qu'il ait pu être, il lui fallait beaucoup d'habileté pour naviguer entre les écueils en contentant tout le monde. Il faut dire cependant que la question a tendance à être « réglée » par Williams (pp. 128-130) et McLynn (pp. 53-57) par la négative, et de manière catégorique, en particulier dans le domaine trinitaire : Ambroise n'aurait abordé les problèmes trinitaires que contraint et forcé, lorsqu'il lui fut demandé d'écrire son *De fide*. Pour une telle affirmation, on avance l'absence de toute œuvre proprement « théologique » dans les premières années et l'existence, en revanche, d'œuvres morales, ascétiques, voire exégétiques. On va même plus loin en avançant qu'Ambroise a constamment évité de se lancer dans des ouvrages théologiques, moins par prudence ou par incompétence, que par désir de ne pas affirmer de manière trop nette une foi nicéenne en un milieu qui restait imprégné de l'enseignement d'Auxence. Je reviendrai plus loin sur la permanence ou la renaissance d'une communauté arienne, telle qu'elle est affirmée, soit autour de 378-381, soit en 385-386. Avant de reprendre le fil des événements aux lendemains du baptême, je voudrais m'arrêter à ce « silence » doctrinal que l'on prête à Ambroise, en soulignant *a contrario* ses prises de position ascétiques.

Ce déséquilibre est réel, mais il n'a peut-être pas le sens qu'on veut lui donner. A la différence d'un Hilaire, d'un Augustin ou d'un Jérôme, ou, s'il l'on se tourne vers l'Orient, d'un Athanase ou d'un Basile, Ambroise n'est pas un polémiste qui écrit « contre » les hérétiques, quels qu'ils soient. Il explique l'Ecriture, il exhorte les vierges, les veuves, les clercs, son peuple, et, *à cette occasion*, signale une erreur ou dénonce un hérétique. Ses œuvres écrites prolongent son action pastorale ordinaire ; l'exposé et la parénèse l'emportent sur la réfutation ou la discussion. Ses traités proprement *doctrinaux* sont des ouvrages de commande, qu'il s'agisse des deux premiers livres du *De fide* ou du *De Spiritu Sancto*, « commandés » par Gratien. Le *De incarnationis dominicae sacramento* était destiné à répondre au défi de deux chambellans de la Cour. Ces traités « polémiques » eux-mêmes contiennent relativement peu de véritable polémique. On peut, certes, rassembler les diverses accusations, insinuations, interpellations ; mais tout cela, rapporté aux habitudes de l'époque, tient relativement peu de place par rapport à la réfutation scripturaire. Celle-ci tend à expliquer et, lorsqu'il se trouve devant l'utilisation d'un texte par les adversaires, Ambroise s'efforce de lui donner un éclairage qui en limite la portée négative, en avertissant ses lecteurs comme il avertit ses auditeurs.

Car il est exagéré de dire qu'Ambroise évite dans ses premiers ouvrages de toucher aux questions trinitaires. Déjà Palanque avait noté diverses prises de position très nettes en faveur de Nicée. Corti a allongé la liste et il vaut la peine de remarquer que certaines affirmations de ces premiers traités sont parallèles aux développements du *De fide*. On peut donc dire que ce *De fide* n'était pas une innovation : Ambroise était déjà en possession de ses cadres de pensée - nicéenne - avant qu'on lui demande un exposé circonstancié de son *credo* trinitaire.

J'ajouterai ceci : on voudrait utiliser comme un aveu d'impuissance théologique ou de prudence diplomatique le choix qu'il aurait fait d'écrire pour les vierges. Je laisse ici de côté de m'interroger sur le jugement de valeur ainsi porté sur cet auditoire. Je m'en tiens au contenu et à son inspiration. A qui Ambroise a-t-il demandé sa garantie pour diriger les vierges de Milan et de l'Italie du Nord ? A Athanase principalement, dont il a largement utilisé une *Lettre aux vierges*. Or celle-ci contenait de longs développements contre les Ariens. Athanase mettait dans la bouche de son vieil évêque Alexandre un enseignement sur le Christ qu'Ambroise a transposé et mis dans la bouche de Libère. Ces divers choix sont-ils sans signification ? Ambroise pouvait aussi savoir qu'Athanase avait trouvé auprès des moines d'Egypte - et peut-être aussi d'une vierge - le refuge qui lui avait été nécessaire lorsqu'il avait été poursuivi. Moines et vierges formaient les « bataillons de choc » des évêques et c'est à eux qu'on s'en prenait tout d'abord. Ambroise le savait (v. *Ep. extra coll.* 6, (M 12), 1). Si nous n'avons pas de témoignage de ce genre pour Milan, nous savons qu'Ambroise devra affronter des vierges consacrées - « homéennes » à Sirmium quelques années après son élection.

En 374, Athanase était mort depuis plus d'un an. Ambroise s'est-il tourné vers d'autres Orientaux ? En posant cette question je veux en venir aux rapports de l'évêque de Milan avec Basile de Césarée, tels que les atteste l'*Ep.* 197 de Basile - et aux problèmes divers qu'elle pose. On s'est longtemps servi de cette lettre et de ce qu'elle dit dans sa deuxième partie de l'envoi des reliques de Denys pour souligner les sentiments d'Ambroise à l'égard de son éminent prédécesseur et de sa foi nicéenne.

XI

12

On a longtemps ignoré - et certains ignorent encore - que la deuxième partie ne figure que dans un seul manuscrit, alors que la première nous est transmise beaucoup plus largement. S'il devient difficile de mettre les deux parties sur le même plan, cela ne veut pas dire que la deuxième doive être qualifiée simplement d'inauthentique. Elle peut refléter un état postérieur sans cesser pour autant de concerner Milan et même d'être adressée à Ambroise[3]. Je ne regarderai pas, pour ma part, la deuxième partie de la lettre comme nulle et non avenue ; mais je ne m'en servirai pas non plus pour connaître l'état d'esprit d'Ambroise en 374-375. Ce texte existe et on n'a pas de raison qui fasse songer à un faux composé soit en Orient soit à Milan. Plutôt que d'éliminer ce texte, il me semble plus prudent de suspendre son jugement à son sujet, en attendant une explication à venir.

Je n'ignore pas que le « culte » de Denys semble relativement tardif à Milan[4], et l'on doit constater qu'Ambroise nous a peu parlé de son prédécesseur. Mais on doit noter aussi que ces témoignages ne surviennent que dans des circonstances inattendues et exceptionnelles. Ambroise n'a en effet évoqué que deux fois Denys dans l'œuvre que nous connaissons de lui. La première fois, en 386, dans son *Contra Auxentium*, où il refuse de livrer « l'héritage de ses pères », parmi lesquels Denys, « mort en exil pour la foi » (§ 18). La seconde mention date de 396, moins d'un an avant la mort d'Ambroise. Elle associe cette fois Denys à Eusèbe de Verceil, en se réfèrant de façon explicite et cependant inexacte au Concile de Milan de 355. Alors qu'Eusèbe de Verceil a dû être condamné *in absentia*, immédiatement après le Concile dont il s'était éloigné, et que Denys a vu les discussions se transporter de l'Eglise dans le Palais, ainsi que l'attestent Hilaire et Sulpice Sévère, Ambroise se représente Eusèbe et Denys, « encerclés d'hommes en armes, entourés par l'armée », « arrachés à l'église » (*Ep. extra coll.* 14 (63 M), 68), comme il a failli l'être lui-même en 386...

La suite n'est pas moins intéressante, pour plusieurs raisons. Ambroise déclare tout d'abord que les *deux* exilés n'ont pas « désiré être enterrés avec leurs pères » - *non desiderarunt patrium sepulchrum...* (§ 69) -, sans évoquer le retour d'Eusèbe ni faire la moindre allusion à ce qu'il aurait lui-même entrepris pour les restes de Denys durant son pontificat. Un peu plus loin, il ajoute : « saint Denys obtint par ses prières de quitter la vie durant son exil, de peur de trouver à son retour les sentiments de son peuple et de son clergé perturbés par les mesures et la compagnie des hérétiques - *ne, regressus, confusa institutis et usu infidelium studia plebis aut cleri inueniret* - et il mérita la grâce d'emporter avec lui la paix du Seigneur dans un sentiment de tranquillité (?). Ainsi

---

[3] Voir en dernier lieu R. Pouchet, *Basile le Grand et son univers d'amis d'après sa correspondance*, Rome 1992, pp. 515-525 et surtout p. 519-520.

[4] A. Paredi, L'*esilio in Oriente del vescovo Milanese Dionisio e il problematico ritorno del suo corpos a Milano* in *Atti del Convegno di Studi su la Lombardia e l'Oriente*, Milano 1963, pp. 229-244.

donc, si Eusèbe fut le premier à brandir l'étendard de la confession, Denys < fut le premier > à rendre son esprit dans les lieux de son exil avec un titre proche de celui des martyrs » (§ 70). L'affirmation dernière montre qu'Ambroise ne considère pas Denys comme un martyr. Cela permet de comprendre aussi la raison pour laquelle il pouvait affirmer en 386 que Milan n'avait pas de martyrs. Ce n'est pas non plus à l'époque auprès d'un tombeau de Denys qu'il a cherché du secours.

Mais le début est encore plus riche d'information : s'il était revenu, Denys aurait trouvé son église bouleversée par la présence et les initiatives des Ariens. Auxence n'avait pas été inactif entre 355 et 362. Ce qui lui a valu d'être condamné à la première session du Concile de Rimini en juillet 359 et par l'épiscopat gaulois au Concile de Paris en 360. Les tentatives d'Hilaire de Poitiers (et d'Eusèbe ?) tout d'abord, de Damase par la suite, n'avaient pas dû diminuer son ardeur, au sein au moins de la cité où l'autorité de Valentinien l'avait confirmé en 364 ou 365. J'ai rappelé que Jérôme attribuait à Evagre d'avoir par la suite limité son action et de l'avoir « enterré », en quelque sorte, avant qu'il ne fût mort (*Ep.* 1, 15). L'affirmation ne peut être de pure flagornerie ; mais elle ne doit pas laisser penser que Valentinien ait pris, au sujet d'Auxence, une mesure éclatante et importante qui tranchât avec sa politique religieuse générale. Peut-être Auxence dût-il restreindre son action à Milan même. Les dernières années de sa vie sont aussi celles où se renouvelle en Italie du Nord tout un personnel ecclésiastique : en 369, Eusèbe meurt à Verceil. Son successeur Limenius nous est dit, par un texte, hélas ! tardif, avoir baptisé Ambroise ; à Aquilée, Fortunatianus, dont on ne connaît pas la date de la mort, est remplacé par Valerianus qui, dès les années 370, agit de concert avec Damase. Jérôme met cependant à l'actif du prêtre Chromace d'avoir chassé de sa cité le poison arien. On se souviendra que le siège d'Aquilée avait été convoité par Ursace à la mort du prédécesseur de Fortunatien. Dans sa *Chronique*, Jérôme attribuera à l'élection d'Ambroise le retour de toute l'Italie du Nord à la foi droite, en reconnaissant que la mort d'Auxence fut tardive (a. 374). C'est au moins reconnaître qu'Auxence était resté maître de Milan, malgré les contestations d'Hilaire (363-364), de Sabinus ou de Filastre. Il ne fait pas de doute que les Nicéens convaincus étaient alors en minorité. Peut-être les autres avaient-ils accepté la présence d'Auxence à partir du moment - antérieur à 362 - où Denis était mort en exil. En 364, Hilaire les met en garde contre l'attrait des belles constructions... et peut-être d'une vie communautaire à laquelle il leur était difficile de continuer à s'abstraire une fois que l'espoir de revoir leur évêque avait disparu et que l'empereur, pourtant nicéen, leur paraissait donner son aval à l'enseignement d'Auxence. D'elle-même, la situation ne pouvait pas évoluer. Mai la reconquête de l'Italie du Nord par les Nicéens n'a pas pu ne pas exercer une certaine influence à Milan même et cette Italie du Nord n'était pas sans lien avec la Cappadoce, ne serait-ce que par l'intermédiaire de ce Sabinus qui fut envoyé à Alexandrie auprès d'Athanase et qui poursuivit sa route jusque chez Basile de Césarée.

14

Est-ce à l'instigation d'un Sabinus qu'Ambroise a fait part à Basile de son élévation à l'épiscopat ? En tout état de cause, une telle annonce n'a rien d'exceptionnel. La découverte de la réponse de Jérôme à une annonce du même genre de la part d'Aurelius de Carthage en 391-392 en fournit un exemple analogue. Nous ne pouvons malheureusement pas savoir de façon précise ce qu'Ambroise disait de la situation milanaise. Il faut considérer avec précaution les propos de Basile (*Ep.* 197), qui cherche certainement auprès du nouvel évêque de Milan un appui analogue à celui qu'il espérait trouver auprès de Valérien d'Aquilée quelques années auparavant. Il n'hésite aucunement à l'inviter à la lutte - ou à le conforter dans celle qu'il a déjà entreprise. Ambroise en tout cas suivra les traces de Basile. On connaît depuis longtemps son utilisation massive des homélies *Sur l'Exameron, Sur les Psaumes, Sur Naboth* - et j'en passe. Markschies(p. 86) a rappelé l'attention sur l'influence des *Lettres* 52 et 236 pour la formulation trinitaire du *De fide* et l'existence d'une traduction latine de ces lettres qui pourrait être d'origine milanaise. Mais, avec le *De fide*, nous sommes déjà parvenus en 379-380. Il faut revenir un peu en arrière pour examiner ce qui a été longtemps regardé comme l'une des toutes premières interventions d'Ambroise en dehors de Milan.

4 - *La venue d'Ambroise à Sirmium pour la consécration d'Anemius et le premier affrontement avec Justine.*

Selon Williams (p. 126), l'action de Justine contre Ambroise « est essentiellement une création littéraire de la *Vita Ambrosii* » de Paulin. L'épisode étant controuvé, il ne doit pas être pris en compte. Il s'oppose(rait) d'ailleurs à ce qu'on peut savoir par ailleurs des difficultés qu'Ambroise a rencontrées à Milan même dans les premières années de son épiscopat (pp. 135-138). Laissons pour l'instant la dernière affirmation, pour examiner ce que nous savons de l'hostilité de Justine à l'égard d'Ambroise. Les premiers qui nous en aient parlé ne sont ni Paulin en 412, ni Rufin d'Aquilée en 402-3, mais Augustin dans ses *Confessions*, vers 397-400, et Gaudence de Brescia, à la même époque environ. Or, tous deux étaient bien placés pour savoir à qui on attribuait à Milan en 385-386 les mesures prises par le pouvoir pour récupérer une basilique. Augustin, même s'il ne participait pas aux événements, les suivait par l'intermédiaire de sa mère. Gaudence, consacré par Ambroise comme successeur de Filastre de Brescia - qu'Augustin a vu à Milan en 386 -, a dédié un recueil de ses homélies à Benivolus, « héros » de la résistance à Justine, bien qu'Ambroise ne nous dise rien de lui.

Je n'anticiperais pas de près de dix ans en parlant de Milan en 385-386, alors qu'il est question d'abord de la venue d'Ambroise à Sirmium, si Williams ne tirait parti, pour refuser l'attestation de Paulin, de la liaison que le biographe établit entre l'épisode de Sirmium et celui ou ceux de Milan (p. 126). Il faut néanmoins examiner de près ce témoignage de Paulin et ne pas lui imputer ce qu'il ne dit pas. Il convient au contraire de regarder son récit, en dehors de tout ce qui ont pu en faire les commentateurs. Paulin est donc le seul à nous rapporter la venue d'Ambroise à Sirmium (*V.A.* 11) pour l'élection d'Anemius, successeur de Germinius, qui occupait, depuis 351, le siège important où il avait remplacé Photin. On a eu tendance à placer l'intervention d'Ambroise dès les lendemains de la mort de Valentinien (17.11.375), vu l'hostilité de sa veuve Justine présente à Sirmium. La date de 376 est ordinairement avancée par ceux qui s'attachent à cet épisode, en y voyant parfois un indice de zêle anti-arien. Certains en rapprochent deux autres « événements » dont la nature et la date ne sont pas davantage établis : la tenue, d'une part, d'un « concile » illyrien, dont l'existence est supposée à partir de trois documents présentés comme un ensemble par Théodoret ; la condamnation, d'autre part, par Palladius en 381 d'un « blasphème de Sirmium ». Il convient, en bonne méthode, de considérer *chaque* point *de manière indépendante*.

Or, contrairement à ce qui est dit d'ordinaire, cet épisode ne se place pas dans la *Vita Ambrosii* dès les lendemains de l'élection d'Ambroise. Certes, la chronologie de Paulin est des plus vagues pour les quinze premières années de ce pontificat qu'il n'a pas connues. Mais on peut quand même noter que le voyage à Sirmium est placé après un séjour à Rome qui a eu lieu lui-même « quelques années » après son ordination (*V.A.* 9). D'autre part, « une fois revenu de Sirmium » Ambroise eut à « subir les multiples embûches de la même Justine (*V.A.* 12). Assurément, le biographe « bloque » dès ce moment l'ensemble des mesures prises par la mère de l'empereur. Mais la première de ces embûches ne pourrait-elle pas se découvrir dans la manière dont, refugiée à Milan en 378-379 (?), elle a entrainé le « séquestre » par Gratien d'une basilique - ce dont je parlerai plus loin ?

Ce que je crois pouvoir au moins déduire de la « chronologie » de Paulin, c'est que celle-ci ne nous impose pas de placer cette venue d'Ambroise à Sirmium dès 376. Si on la rapproche au contraire de 378, on peut faire valoir en faveur de la préoccupation qu'avait Ambroise d'empêcher le renouvellement d'évêques homéens ce qui se passe à Imola au plus tard en 379, mais peut-être dès 377-378 - à l'exclusion de la période du Carême de ces années. Ambroise écrit en effet à un évêque proche d'Imola - peut-être celui de Claternum -, en lui recommandant de prendre soin de cette communauté, en la visitant souvent, « jusqu'à ce que lui soit ordonné un évêque » (*Ep.* 36 (2 M), 27). Par qui ? Par Ambroise sans doute, puisque celui-ci poursuit : « en ce début de Carême, je suis occupé et ne puis courir si loin ».

La suite immédiate fait mieux comprendre la préoccupation de l'évêque de Milan. « Tu as là-bas, dit-il, des Illyriens de la mauvaise doctrine des Ariens. Méfie-toi de leur mauvaise graine. Qu'ils ne s'approchent pas des fidèles (du lieu)... Qu'ils prennent conscience de ce qui leur est arrivé à cause de leur erreur. Qu'ils se tiennent tranquilles et suivent la vraie foi » (§ 28). Certes, il n'est pas question même d'un clergé arien qui accompagne ou encadre ces populations. Cependant

XI

16

Ambroise ne craint vraisemblablement pas seulement une « infection » ou une contagion du peuple. Cet apport de population peut influencer la communauté locale, mais intervenir aussi dans une élection ...! *A fortiori* s'il restait dans la plaine padane des évêques analogues à cet Urbanus de Parme qui fera encore parler de lui vers 382-3. On comprend qu'Ambroise, empêché de se déplacer par la préparation de Pâques, ait pu prendre quelques précautions avant de pourvoir lui-même ce siège épiscopal.

Imola n'est pas aussi loin que Sirmium, certes ! Mais l'importance de la métropole de l'Illyricum méritait un tel déplacement. Nul n'était mieux placé en dehors de Valérien d'Aquilée pour donner un successeur nicéen à celui qui avait été une figure marquante de l'homéisme en Occident. Pour cet enjeu de taille, Ambroise bénéficiait, de plus, de sa connaissance de la région et même de la cité. Toutes raisons qui rendent ce voyage des plus justifiés. Paulin n'invente donc pas ce voyage, même s'il en retient plus l'anecdote du décès de la vierge arienne que les conséquences de la nomination d'Anemius. D'autre part, Ambroise n'est pas venu seul à Sirmium. Il a dû, en vue de l'élection d'Anemius, faire converger sur la métropole un certain nombre d'évêques nicéens de l'Illyricum, si pas de l'Italie du Nord. Songeons au moins à Valérien d'Aquilée.

Que ces évêques aient tenu réunion à cette occasion, rien que de naturel. Avons-nous cependant des attestations d'une telle assemblée ? On en trouve parfois une dans les documents conservés par Théodoret qui place la tenue d'un concile à Sirmium *juste après l'élection d'Ambroise*, sans affirmer pour autant qu'Ambroise y ait pris part (*H. E.* IV, 7-9) . Ce « Concile » a fait couler beaucoup d'encre. J'ai eu l'occasion de dire que j'admettais l'existence d'un tel Concile, sans le confondre avec la venue d'Ambroise à Sirmium, ni non plus avec la réunion qui, au dire de Palladius, a émis, dans la même ville de Sirmium, un véritable « blasphème ». Je constate avec satisfaction que Markschies (pp. 112-124) dissocie lui aussi les trois documents et refuse de lier le Symbole transmis par Théodoret à la lettre des membres du Concile comme à celle des empereurs (en l'occurrence (le seul) Valentinien Ier). Mais je ne le suivrai pas quand il accepte (pp. 127-133) l'hypothèse reprise par McLynn selon laquelle le « blasphème de Sirmium » dénoncé à Aquilée par Palladius en 381 ne serait autre que le *De fide* d'Ambroise.

5 - *La rédaction du De fide I-II.*

Avant de justifier mon refus, il me faut m'arrêter quelque peu à ce traité pour lui-même. Ce *De fide* continue, en effet, à poser diverses questions sur sa date, les raisons de sa composition première - à la demande de Gratien -, son arrière - plan milanais ou (et) plus ample, son complément massif que constituent les trois livres ajoutés aux deux premiers avant même que soit satisfaite la demande faite par le jeune empereur, dans sa lettre *Cupio ualde*, d'un développement sur l'Esprit-Saint. Pour les deux premiers livres, il me semble que l'été 378 reste la date qui répond le mieux à l'envoi final : en bref, Gratien va combattre, avec l'assurance de remporter la victoire que lui promet la vraie foi, contre des ennemis qu'Ambroise identifie avec Gog et Magog ; la défaite d'Andrinople n'a pas encore eu lieu, mais les Goths, depuis 376, ont effectué bien des ravages dans la *Pars Orientis* dirigée par un empereur à la foi chancelante. Le contraste entre les deux chefs suppose qu'ils soient vivants *tous deux*. Les mois suivants allaient voir le désastre de l'armée de Valens et la disparition de l'empereur lui-même. Le *De fide* contient une prophétie erronée, il ne suppose pas survenue déjà une catastrophe aussi meurtrière.

Mais pourquoi a-t-il été écrit ? Son prologue, qui évoque le départ au combat, campe Gratien en disciple d'Ambroise à l'instar de la reine de Saba ou du roi de Tyr devant Salomon. Mais le « disciple » a imposé au maître un type de réponse (*disceptare* - Prol. 4) - ce qui suppose qu'une exigence a été formulée -, et le docteur annonce d'entrée qu'il répondra dans le cadre du *Credo* de Nicée - ce qui situe par le fait même le traité dans un climat polémique. (En 386, Ambroise dira plus explicitement qu'il se rallie à Nicée, et non à Rimini). Cette tension une fois perçue malgré l'assurance apparente des affirmations, il reste à se demander ce qui avait pu pousser Gratien à demander une telle « Profession de foi ». P. Nautin a fait valoir le danger extérieur des Goths homéens et le danger de collusion d'une population romaine teintée d'homéisme dans l'Illyricum envahi. Gratien serait également poussé par les évêques homéens de cet Illyricum, qui ont deviné le danger que leur faisait courir le nouvel évêque de Milan. Tout en demeurant très « prudent » sur les dates précises des différentes demandes et rencontres, je crois que cette façon de voir est dans le vrai. Elle n'exclut peut-être pas cependant des incidences proprement milanaises, *si* l'on peut avancer dès l'été 378 les menées de Julianus Valens et Ursinus évoquées au concile d'Aquilée en septembre 381 et l'arrivée de la cour de Sirmium avec la mise sous séquestre d'une basilique, qui semble avoir suivi de près. Ces divers faits sont attestés, mais leur datation relative et leurs enchaînements restent au delà de nos prises, tant et si bien que les reconstructions des historiens reposent sur des bases dont il faut bien avoir consciente la *fragilité*.

Williams (p. 141-144) critique la proposition de P. Nautin et veut lui substituer une explication purement locale. Je ne refuserais pas de tenir compte de la situation milanaise, quelle qu'elle fût. Mais je doute qu'au moment même de la rédaction du *De fide*, Ambroise ait beaucoup à craindre dans sa cité une opposition proprement homéenne. On n'osa certainement pas s'en prendre à lui du vivant de Valentinien Ier, qui avait donné son aval à son élection. Cela nous mène jusqu'au début pour le moins de 376. Au début de 377, Ambroise se plaint de critiques qui lui sont faites, mais elles ne concernent pas les questions trinitaires. Elles visent le trouble qu'il instaure dans les familles milanaises en prêchant haut et fort l'idéal de la virginité. Il est possible que les reproches faits à la manière dont l'évêque procéda à la fonte d'objets précieux pour racheter des prisonniers des Barbares datent de la même époque à peu près. Que ces reproches émanent de donateurs de l'époque d'Auxence, dont les noms disparaissent ainsi à la fonte (comme on suspecte Ambroise de l'avoir fait, intentionnellement ou non), le milieu social d'origine reste analogue. Les riches donateurs ont toute chance d'appartenir au même milieu social que les parents qui redoutent de ne plus pouvoir tresser leurs alliances matrimoniales. On peut donc imaginer une alliance des mécontents, qui interfère bientôt avec l'arrivée de réfugiés ou (et) de la cour « homéenne », mais la contestation arienne n'est pas alors à Milan même la question la plus urgente pour Ambroise. On peut d'ailleurs retourner en ce sens l'argument tiré du silence qu'Ambroise aurait gardé sur les questions trinitaires jusqu'en 378. On a vu que ce silence fut loin d'être total. Mais les diverses prises de position de l'évêque apparaissent suffisamment sereines pour qu'on n'y puisse déceler la moindre urgence pour lui-même à Milan.

La même conclusion me paraît pouvoir être tirée de l'analyse même de l'une ou l'autre page du *De fide*. Lorsqu'il répond à Gratien, Ambroise sait qu'il est attendu sur la question trinitaire et son exposé est résolument anti-arien. Mais quels sont les Ariens à qui il s'en prend ? Non pas Julianus Valens, et encore moins Ursinus, mais des Orientaux essentiellement (*De fide*, 1, 6, 45). Palladius se demandera un jour si l'Auxence qui est nommé est celui de Durostorum ou celui de Milan « qui est mort sans successeur » (*Scolies*, § 140). A la rigueur, on pourrait chercher à reconnaître quelques évêques d'Italie du Nord dans les « héritiers » de cet Auxence dont parle Ambroise ; mais les noms nous manquent en dehors de cet Urbanus de Parme dont nous savons si peu. Palladius est le seul évêque latinophone qui soit nommé par Ambroise. La chose ne doit pas étonner si l'on songe que cet évêque occupait le siège épiscopal de Ratiaria depuis près de 40 ans, comme il le rappellera lui-même peu après le Concile d'Aquilée qui le destitua.

6 - *Deux documents sur les rapports entre Ambroise et Gratien.*

Avant d'en venir à la tenue de ce Concile, il me faut m'arrêter un instant aux rapports entre Ambroise et Gratien, en soulignant les incertitudes aussi bien que les certitudes, et en demandant qu'on ne prenne pas les unes pour les autres. Ces rapports s'étalent sur cinq ans (378-383). Ils n'ont pas été uniformes et il faudrait pouvoir en dater les phases avec précision. Cela est, de nos jours, impossible pour les années 378-380, où nous ne pouvons même pas établir avec sûreté les itinéraires du prince entre Trèves, Milan et Sirmium. Aux dires d'Ambroise comme de Gratien, les deux hommes se sont rencontrés plusieurs fois. Nous sommes pourtant incapables d'en fixer avec précision les lieux et les dates. Plutôt donc que de reprendre ici les divers scénarios proposés par les uns et par les autres, je voudrais apporter au débat deux documents nouveaux dont l'un seul peut être daté avec une certaine sécurité.

Le premier est la lettre d'Ambroise à Gratien que Machielsen (*Sacris Erudiri* 12, 1961, p. 537-539) a découverte dans un manuscrit du Vatican où elle figure sous le titre de *De euangelio tractatus*. Ambroise répond à des questions *exégétiques* sur un ton qui, dans le début de la lettre, correspond à celui que nous trouvons dans le Prologue du *De fide* ou sa lettre *Scripsisti*. Ici encore, l'empereur a dû renouveler sa demande. Nous n'avons malheureusement pas la fin, ni peut-être même la totalité de la lettre. Son texte lui-même est endommagé. Je ne vois cependant pas de raison d'y voir un faux. Je ne pense pas non plus qu'il faille y voir avec Machielsen un « *Tractatus de euangelio* » et que celui-ci puisse être celui - ou analogue à celui - que Gratien demande dans sa lettre *Cupio valde*. Je veux simplement attirer l'attention sur l'abîme de perplexité devant lequel nous place une simple page nouvelle. Celle-ci appartient à une époque où les relations entre les deux hommes sont confiantes. Mais il serait bien téméraire d'avancer une date précise...

Le deuxième document ne concerne pas directement Ambroise. Dans son *De uiris illustribus*, où il s'est mesquinement gardé d'évoquer l'œuvre d'Ambroise (§ 124), et en particulier deux traités théologiques auxquels il a décoché quelques traits par ailleurs, Jérôme attribue au philosophe Maxime un « *De fide* remarquable » que celui-ci « a donné à Milan à l'empereur Gratien » (§ 127). Je ne m'attarde pas ici aux raisons qu'avait Jérôme de connaître et apprécier... ce compétiteur de Grégoire de Nazianze. Je rappelle seulement qu'Ambroise a pris fait et cause pour lui, et contre la manière dont il avait été expulsé de Constantinople (*Ep. extra coll.* 9 (M 13), 3-4). La présentation de ce *De fide* à Milan à l'empereur Gratien n'a pas pu se faire sans qu'Ambroise y participe. Mais cela ne pouvait se passer qu'après le Concile d'Aquilée. L'appui que l'on pouvait escompter de Gratien ne pouvait plus, sur ce point-là non plus, changer le cours des choses que lui avait donné Théodose depuis un an : l'empereur d'Orient réglait lui-même les problèmes religieux de sa *Pars*, sans se préoccuper de ce qui se passait en Occident, ni des conséquences qu'y entraînaient ses propres mesures. Palladius, à qui Gratien avait promis en 380 la tenue d'un concile général, fut la principale victime de cette autonomie jalousement conquise, et maintenue.

7 - La critique de Palladius au De fide ou au brigandage d'Aquilée ?

Palladius était-il intervenu par écrit dès la parution des premiers livres du *De fide* d'Ambroise ? On croit pouvoir fournir une réponse positive à cette question en se fondant sur diverses affirmations d'Ambroise, sur la seconde requête formulée par Gratien dans sa lettre

20

Cupio valde, sur les fragments de Palladius conservés dans les marges du *Parisinus* 8907, enfin sur le témoignage de Vigile de Thapse[5].

A la fin du *De fide* II, Ambroise craignait que son traité ne suffise pas à convaincre des esprits entêtés et que les Ariens ne se plaisent « à semer des questions » (II, 15, 129-135). Le début du livre III fait état de telles « questions », c'est-à-dire de « difficultés », que « certains » soulèvent, en même temps que de demandes supplémentaires de Gratien. Ce même début réfute le reproche qui est fait à Ambroise, faute, dit-il, d'autres arguments, d'avoir utilisé des poètes profanes. Si nous ne retrouvons pas de manière explicite ces demandes supplémentaires dans la lettre *Cupio* de Gratien, qui ouvre plutôt un nouveau champ de recherche en faisant porter l'exposé sur la divinité du Saint-Esprit, le deuxième groupe des *Scolies ariennes* du *Parisinus* 8907 reproduit deux fragments du *De fide*, dont l'un contient précisément le passage où Ambroise utilise les fables païennes, avant de s'en prendre au déroulement du Concile d'Aquilée.

La question qui se pose est de savoir si ce deuxième bloc de scolies est lui-même à diviser en deux ou s'il forme un seul tout, fût-il incomplet en tête et en queue. Bien qu'il n'y ait aucune coupure matérielle sensible entre les deux parties de ce second groupe de scolies, R. Gryson s'est rangé à l'avis de Fr. Kauffmann et a scindé ce second ensemble, en en faisant les restes de deux ouvrages du même Palladius. Les fragments du *De fide* d'Ambroise et leurs commentaires subséquents appartiendraient à la réfutation du *De fide*; la suite constituerait un fragment d'une « Apologie des condamnés d'Aquilée ». Les deux écrits seraient séparés par un certains laps de temps, le premier étant antérieur à la réunion de septembre 381 - et même à la rédaction des livres III-V du *De fide*, le second suivant le Concile - de quelques mois à deux ans ou trois ans (puisque Damase est censé être toujours vivant) - et contenant les renseignements sur la manière dont se sont effectuées les diverses rencontres du 3 septembre 381.

Lors de la parution de l'édition - et de l'interprétation - de ces *Scolies* par R. Gryson, j'ai émis des réserves sur ce découpage du second bloc des scolies en *deux* ouvrages distincts, en faisant valoir que Palladius avait pu reprendre de ses critiques antérieures *après* l'affaire d'Aquilée (VIII, p. 320). Ces remarques rapides ne semblent pas avoir été bien comprises par McLynn qui conteste, lui aussi, ce découpage, mais propose une autre solution en tirant des conclusions que je voudrais discuter plus loin (JThS 42, 1991, pp. 52-76).

Si, comme je l'ai dit (VIII, p. 320), la question de l'unité ou de la dualité de ces écrits de Palladius est mineure pour la compréhension

---

[5] Vigile (II, 50) évoque bien une attaque *(quaedam)* contre le *De fide*, mais il la croit postérieure à la mort d'Ambroise (*PL* 62, c. 230). De ce qu'il dit on ne peut pas conclure que l'ouvrage ne concernait que le *De fide* : il *pouvait* être postérieur au Concile d'Aquilée et s'en prendre encore au *De fide*.

du déroulement même du Concile, elle a une certaine importance pour comprendre l'attitude de Palladius aux lendemains de sa condamnation. Je voudrais donc plaider à nouveau la thèse de l'unité, en étudiant l'ensemble de ce deuxième bloc de scolies *comme un tout*.

Certes, celui-ci commence de façon abrupte par la copie d'un extrait du *De fide* (*Scolies*, 81) Celui-ci devait être introduit de façon plus ou moins longue dans l'ouvrage primitif, quel qu'il fût. La discussion porte sur l'affirmation de la *dissemblance* du Père et du Fils prêtée aux Ariens, mais aussi sur la méthode d'argumentation, à en juger par la fin, malheureusement très malmenée dans le manuscrit. Le second extrait (§ 83), suite immédiate du précédent, s'attache à nouveau à l'affirmation de la dissemblance et à la méthode d'exposition proposée par Ambroise et relevée par Palladius. Je proposerais de voir dans ce deuxième extrait et sa discussion, à la fois la « pointe » de la citation de la page entière du *De fide* et la raison de son utilisation - première - dans l'ouvrage de Palladius *postérieur au Concile*. Dans cette page du *De fide*, Ambroise, après avoir exposé les erreurs ariennes, oppose la *méthode dialectique* des Ariens au *témoignage des Ecritures*. Mais il s'arrête avant même d'entamer sa réfutation et, s'adressant à l'Empereur, lui demande, de façon rhétorique, contre quels Ariens il va se tourner. Et de citer les noms d'Eunome, Arius et Aèce d'abord, puis d'Eunome, Aèce, Palladius, Démophile, enfin « Auxence et ses héritiers » (I, 6, 44-45 = *Scolies*, § 83). Il illustrera cette multiplicité des sectes par un appel à la « fable » de l'hydre aux multiples têtes sans cesse renaissantes et à celle de la Scylla, ceinte de divers monstres, qui gardait le détroit de Sicile, avant de revenir au témoignage des Ecritures.

Il est vrai que dans le *De fide* III Ambroise s'est défendu contre des accusations d'avoir recours aux fables païennes. Il est vrai aussi que le « commentaire » par Palladius du deuxième extrait lance une accusation de ce genre (*Scolies*, 84). Mais est-ce bien la pointe de l'ensemble ? Palladius récuse d'abord les accusations portées par Ambroise contre les Homéens d'affirmer la dissemblance du Père et du Fils en faisant usage de la philosophie (*Scolies*, § 82). La seconde partie porte tout d'abord encore sur la méthode - le recours aux Ecritures - qui était évoqué en tête et en fin de cet extrait. Palladius fait ensuite allusion à l'attitude d'Ambroise à l'égard de Gratien : « Pourquoi, en outre, demandes-tu pardon à l'empereur (dans le *De fide*), alors que, pour que tu ne puisses pas être convaincu d'impiété, un ordre de sa part fait qu'aucun catholique enseignant la vérité ne peut être entendu contre toi par personne et en plus que tu lui es agréable à la suite d'une faute ? En effet, c'est en péchant contre la religion que tu t'es concilié la faveur <résultant> de l'erreur tant de l'empereur que du gouverneur *(iudex)*, et tu es depuis lors en sécurité à propos de ce crime grâce au pardon qu'assure le temps, (§ 84). « Le sens de cette phrase n'est pas absolument sûr, car nous ne savons pas à quoi Palladius fait allusion ici » déclare R. Gryson (*Scolies Ariennes*, p. 271, n. 2), dont je modifie un peu la traduction. Je me

XI

22

demande si ce sens ne devient pas plus clair si nous sommes à la fin 381 plutôt qu'en 379. Ce n'est pas aussitôt après la rédaction du *De fide* qu'Ambroise a gagné la faveur de l'Empereur et celle d'un *Iudex*, en les trompant, mais, selon Palladius, lorsqu'il a obtenu que le Concile, prévu d'abord pour être universel, fût réduit à une assemblée locale. Le *Juge* visé ici n'est autre que le préfet d'Italie Syagrius, pris à partie dans la suite du pamphlet de Palladius (§ 121).

Un autre point peut être éclairé si l'on se reporte à un autre passage du « commentaire » de ce deuxième extrait. A quoi fait allusion, en effet, cette interdiction de s'en prendre à Ambroise et que veut dire Palladius lorsqu'il affirme que « personne ne peut être entendu par quiconque contre » Ambroise (§ 84) ? A l'impossibilité *actuelle*, me semble-t-il, pour les arianisants d'être opposés à Ambroise dans un débat public et arbitré : « Cesse donc de dénigrer ceux auxquels tu promets de répondre et dont tu souhaites d'autre part ne pas être vu » (§ 86). Qui sont ces gens, si ce n'est tout d'abord ceux que citait Ambroise dans son *De fide* I, et que Palladius considère comme des participants tout indiqués d'un Concile universel - ... qui n'a pas eu lieu, par la faute, selon lui, d'Ambroise. Il le dira explicitement au commencement de ce qui est considéré comme le début (actuel au moins) de son *Apologie* des condamnés d'Aquilée : « Dis-moi, je te prie ! Certes, tu as dit que Palladius, Démophile et Auxentius étaient des ariens, parce qu'ils pensaient autrement que toi, et tu avais promis de leur répondre. Et tu savais qu'il te serait nécessaire, à toi et aux tiens, d'affronter ces hommes avec les gens de leur groupe pour débattre de la foi » (§ 88).

Ces propos sont considérés par R. Gryson comme le *début* du fragment de l'*Apologie* postérieure à Aquilée. Qui ne voit qu'ils sont en réalité la *suite* du commentaire du deuxième fragment du *De fide* et qu'ils n'ont pas à être séparés de la première partie de ce second groupe de scolies. « Palladius, Démophile et Auxentius » (§ 88) sont « les personnalités chrétiennes » (§ 86) qu'Ambroise « critique inconsidérément » - dans son *De fide* I -, mais qu'il « fuit lâchement pour ne pas les rencontrer » (§ 86), puisque, au lieu de les affronter dans un concile général, il s'est arrangé - selon Palladius - pour que ce Concile n'ait pas lieu (§ 88). Palladius racontera alors comment lui-même est venu à Aquilée avec Secundianus... mais affirmera que la discussion reposant sur les Ecritures n'a pas eu lieu, à l'instigation d'Ambroise. Lorsque, tout à la fin de ce second bloc de scolies, Palladius lancera à Ambroise le défi d'un débat public, il rappellera les noms des Homéens cités par Ambroise dans ce même passage du *De fide*, en disant que ces évêques - avec une précision pour Auxence - seront prêts à tout moment à affronter l'évêque de Milan (§ 140). Cette espèce d'inclusion montre, elle aussi, que ce second bloc forme un tout, qu'il n'y a pas de raisons de diviser en deux parties. Pour Palladius, Ambroise, qui se faisait fort - de loin, par écrit - de répondre aux critiques des Homéens, n'a pas tenu son engagement : le concile ou plutôt le « brigandage » d'Aquilée n'a été qu'une échappatoire, par laquelle l'évêque de Milan a indirectement fui une véritable confrontation.

Revenons au « commentaire » du second extrait au point où nous l'avons laissé. McLynn (*JTS* 42, 1991, p. 55-56) affirme que la suite ne pouvait concerner l'attitude d'Ambroise à Aquilée, puisque Ambroise y avait fait preuve de tout autre chose que de tiédeur. Je cite le texte : « Tu es riche pour promettre, mais pauvre pour t'acquitter ; plein d'audace dans ton recoin, plein de crainte en pleines places, bouillant dans tes cachettes, tiède en public ; brûlant au milieu des tiens, refroidi devant tes adversaires, plein d'assurance pour parler, sans assurance pour agir (? : *negotio*). Et c'est pourquoi tu t'attaches aux fables des poètes plutôt qu'à la foi des Apôtres... (§ 86) ». La fin et la suite font allusion aux légendes évoquées par Ambroise dans la page du *De fide* que Palladius commente (§ 87). Quant aux antithèses, n'ont-elles de sens que si elles concernent la rédaction du *De fide*, comme le voudrait McLynn (p. 56) ? Ne visent-elles pas tout autant l'attitude d'Ambroise qui, après s'être engagé - selon Palladius - à réfuter tous les ariens, a tout fait ensuite pour ne pas les rencontrer dans un concile général ? Il semble même que l'attitude d'Ambroise, qui, fût-ce au milieu des siens, refuse à Aquilée la discussion sur les *textes* scripturaires, est déjà fustigée dans ce « commentaire », qui ne peut donc être antérieur à la réunion d'Aquilée. Palladius dira plus loin - dans ce qui est, à coup sûr, écrit après septembre 381, mais qui me semble dans la droite ligne du « commentaire » du deuxième extrait : « Comment se fait-il que tu n'aies pas voulu qu'ait lieu une discussion appropriée sur la foi selon les Ecritures... » (§ 88), alors que Palladius, l'un des trois évêques ariens nommés par Ambroise, était venu à Aquilée pour un Concile général (Cf. § 109, 110) ? Au lieu des Ecritures, on ne lui a opposé qu'une « lettre inconnue d'Arius » !

Commence alors le récit des discussions qui ont précédé la séance officielle, puis l'ouverture publique et administrative du Concile par la lecture de la lettre de convocation de Gratien. Durant les discussions informelles, comme pendant la séance officielle, Palladius récuse violemment la manière dont Ambroise veut faire signer aux Homéens présents la condamnation de la *Lettre d'Arius à Alexandre*. Sans reprendre ici une question que j'ai déjà abordée il y a plus de quinze ans (Voir ici l'étude IX), mais dont l'importance ne me semble pas avoir été bien perçue par les historiens, je préciserai que le choix par Ambroise de ce texte d'Arius et la demande qui est faite par lui de condamner l'affirmation que le Fils est une créature, fût-ce hors pair, sont destinés à abolir radicalement les déclarations de Rimini. Le concile d'Aquilée n'est autre que la dernière réplique à la capitulation de Rimini.

8 - *Le blasphème de Sirmium.*

Palladius conteste l'usage de cette *Lettre* d'Arius, où il prétend ne pas se reconnaître. D'emblée cependant, il accuse ses adversaires d'être des Sabelliens. C'est à cette accusation qu'il reviendra après avoir rappelé

24

le déroulement de la discussion (§ 99-112) et protesté contre la manière dont lui-même et Secundianus ont été exclus du collège épiscopal par des gens aussi indignes qu'Ambroise (§ 113-120). Evoquant en effet les rapports entre Ambroise - ainsi que « sa bande » - avec Damase, qui n'a pas daigné siéger parmi ses pairs, Palladius critique la servilité des évêques de l'Italie du Nord à l'égard de l'évêque de Rome (§ 122-127). Il en trouve une preuve particulière dans la manière dont Ambroise et les siens ont entériné un « blasphème », de Damase, semble-t-il.

Le texte est malheureusement abimé (§ 128). L'un des rares mots intacts de cet endroit lacunaire (3 courtes lignes de marge) est celui de Demetrianus - celui-ci semble bien être l'adversaire de Cyprien que Maximin évoquera, à sa suite sans doute (§ 13) -, avant que Palladius continue de la manière suivante : « ... vous avez dû avoir un maître pour une telle impiété. Vous avez cru devoir confirmer à Sirmium un blasphème de ce type, qui infligerait aux Eglises de Dieu le malheur d'une idolâtrie sans précédent dans tous les siècles. En effet, comme la définition contenue dans votre livre le montre de manière claire *(sicut expositio libello inserta redarguit)*, vous avez cru devoir croire en trois dieux tout-puissants, trois éternels, trois égaux ... etc » (§ 128-129). Selon McLynn, le *maître* évoqué par Palladius n'est pas Damase, mais, si je comprends bien, Demetrianus (*JThS* 42, 1991, pp. 59-60). Dès lors, le « blasphème de Sirmium » n'aurait plus rien à voir avec Damase. Il devrait être étudié pour lui-même. Avant d'en venir à ce point, je voudrais, tout en regrettant qu'une lacune malencontreuse nous prive, une fois de plus, d'un élément de solution, faire observer deux choses. Tout d'abord, Palladius reproche aux évêques nicéens d'avoir « *confirmé* un blasphème ». Non pas de l'avoir inventé, formulé eux-mêmes. D'autre part, lorsqu'il aura énuméré les neuf points de ce « blasphème » (§ 130-138), Palladius reprendra : « Mais, nous ne voudrions pas donner l'impression, pour démolir votre profession (de foi), de tenir ces propos en ne nous appuyant que sur ces quelques témoignages scripturaires. A coup sûr, pour toi *comme pour Damase*, <votre> pays c'est l'Italie, <votre> mère, Rome, qui a mérité de voir les passions des Apôtres et de posséder leurs saintes reliques, mais aussi d'avoir des hommes qui soient pour tous les exemples de sagesse et de noblesse d'âme. Si vous avez quelque confiance en <votre> foi, exposons devant le Sénat de cette ville notre foi durant trente ou quarante jours d'affilée, en des traités écrits qui s'appuyent sur l'autorité de toutes les Ecritures... » (§ 139). Il me semble que la manière dont Ambroise et Damase demeurent liés dans leur foi commune en cette proposition finale faite par Palladius garantit leur « liaison » et leur responsabilité commune tout au long de l'exposé qui précéde. Celui-ci ne saurait représenter la foi du seul Ambroise - et de ses comparses - comme le voudrait McLynn.

Reprenant en effet une suggestion de Bessel au siècle dernier, McLynn voudrait voir dans l'*expositio libello inserta* qu'évoque Palladius, l'exposé de la foi nicéenne par lequel commence le livre I du *De fide* (*JTS*, p. 65 sq)). Tout en se demandant ce que signifie alors la mention de

Sirmium où a été « confirmée » une telle impiété, Markschies serait prêt à adopter cette interprétation (pp. 124-133). Celle-ci ne me paraît pas justifiée. Voici pourquoi. Qu'on voie dans le second bloc de scolies les reliques de *deux* œuvres de Palladius comme on le fait d'ordinaire, ou *un seul* comme je le crois, le *De fide* d'Ambroise est explicitement cité (§ 81 et 83), discuté (§ 82 et 84) et visé (§ 111), sans que Palladius, dans son « Apologie » comme dans sa « réfutation du *De fide* », le confonde avec le « blasphème ». Alors qu'il est en train d'exploiter, à la suite de Secundianus, le texte des *Proverbes* 8, 22 sur la Sagesse « créée » par Dieu en vue de ses œuvres, il renvoie Ambroise à son propre livre, en lui faisant découvrir la faiblesse de sa méthode et en annonçant une réfutation que l'on trouve de fait un peu plus loin (§ 130), comme R. Gryson l'a indiqué (p. 297, n. 1), et qui est appuyée sur l'Ecriture. Mais rien ne dit, au long de cette réfutation, que ce soit le texte même du *De fide* qui est visé. On y cherchera vainement les formules dénoncées par Palladius.

D'autre part, si Palladius avait *déjà* écrit une réfutation du *De fide* avant la tenue du Concile d'Aquilée, on comprendrait mal qu'il n'y fasse pas la moindre allusion durant la séance. Au contraire, aussi bien Palladius (§ 50) que Secundianus (§ 74) parlent d'apporter cette *expositio* pour la discuter. Ce à quoi Ambroise répond : « C'est aujourd'hui que tu aurais dû l'apporter. Pour le reste, tu essaies de te dérober. Tu exiges (exig*is*) de moi une profession de foi. J'exige aussi de toi une profession de foi. Est-il Dieu véritable le fils de Dieu ? » (*Gesta*, 74). Ambroise ne semble pas avoir songé un instant que ses adversaires visaient son *De fide*. Il était mieux placé que nous pour le savoir.

La question ultime d'Ambroise - les *Gesta* s'interrompent à cet endroit dans le *Parisinus* 8907 - nous ramène à l'objet central du débat : la divinité du Christ, qu'Ambroise estime à juste titre diminuée et même niée par Arius et les partisans de la foi de Rimini. Ceux-ci cherchent à tirer la discussion sur un autre terrain. Celui du sabellianisme. Les formules citées ou avancées par Palladius le montrent. Elles n'appartiennent à aucune définition connue. Ce n'est pas une raison suffisante pour les rejeter, ni les confondre avec l'une ou l'autre pièce qui nous serait parvenue. Il faut simplement regretter de ne pas pouvoir pousser plus loin la vérification, tout en remarquant que cette « expositio » n'est pas la seule qui nous manque.

9 - Les années 385-386 à Milan :

Le Concile d'Aquilée ne s'est pas contenté de condamner les rares Homéens qui s'étaient présentés à lui, ni d'informer les Eglises (*Aquil. Ep.* 1 (9 M)) et les Empereurs (*Aquil. Ep.* 2 (M. 10)) de ces condamnations. Il a essayé d'intervenir, et de demander l'intervention des empereurs, en Occident - contre Julianus Valens (*Aquil. Ep.* 2 (10 M), 9-10) et Ursinus à Milan (*Extra coll. Ep.* 5 (11 M), 2-3), les Photiniens à Sirmium (*Ibid.*, 11) - et en Orient - pour ce qui concerne les sièges épiscopaux d'Antioche (*Extra coll. Ep.* 5 (11 M)) et de Constantinople. La

XI

26

seconde instance, ainsi que la demande d'un concile universel furent vaines. Le Concile de Rome, auquel les Orientaux ne daignèrent pas assister en 382 , ne pouvait ajouter grand chose aux décisions d'Aquilée concernant l'Occident. Mais on ne sait même comment celles-ci furent appliquées et ce que devinrent les quelques foyers résiduels d'homéisme dans l'Italie du Nord (Parme ?), sur la côte dalmate (Salone), *a fortiori* à Milan, où Julianus Valens était encore signalé en 381.

Mais à Milan un élément nouveau est apparu, dès la fin 378 ou le début 379 peut-être, et qui va prendre de l'importance après la mort de Gratien durant l'été 383 : l'installation de Valentinien II et de sa mère Justine. Cette présence, avec le personnel de la cour, son influence locale et l'attirance qu'elle va exercer à l'extérieur, ont nécessairement compliqué l'action d'Ambroise. Reste cependant à en mesurer l'impact exact, ou plutôt les réactions successives. Car il faut prendre en compte l'évolution de la situation religieuse, même s'il est difficile de la suivre toujours dans le détail, en y incluant les offensives de l'aristocratie païenne, mais aussi les répercussions ou les appréhensions politiques consécutives à l'usurpation de Maxime en Bretagne, puis en Gaule. On sait qu'Ambroise a été prié d'assumer une première ambassade à Trèves dès avant l'hiver 383-4. Contrairement à ce qu'avancent - avec quelques autres - Williams (p. 284 sq) et McLynn (p. 217), je pense - avec quelques autres - que la seconde ambassade dont sera chargé Ambroise date de 384, et non de l'été 386. En tout cas, les premières tentatives de Justine dont nous ayons connaissance ne se placent pas avant la première moitié et vraisemblablement le premier trimestre 385. Avant d'en arriver à cette première crise des basiliques il faut s'arrêter sur trois questions qui sont, d'une manière ou d'une autre, liées à cette crise. 1) La demande d'une basilique en 385, puis 386, a-t-elle été précédée de la remise d'une basilique sous Gratien en 379-381 ? 2) Quelle était l'ampleur et la nature de la communauté homéenne de Milan en 385-386 ? 3) Qui était Auxence II et en quelle mesure l'arianisme combattu par Ambroise en 385-6 se rattache-t-il à Rimini ? En revanche, je laisserai ici de côté le fait de savoir si la crise s'est limitée à Milan[6].

a - La mise sous séquestre d'une basilique par Gratien.

A une date incertaine entre 378 et le début de 381, Gratien a mis une basilique de Milan « sous séquestre ». Nous ne connaissons le fait que par un seul texte où Ambroise célèbre la restitution *(reddidisti, redderes)* de la dite basilique (*De Spiritu sancto*, 1, 1, 19-21). En louant la spontanéité du geste du prince, l'évêque de Milan donne à entendre que la décision de « mise en séquestre » *(sequestratio, sequestrare)* avait été

---

[6] On voit facilement une exagération dans la vision dramatique du *Contre Auxence*, 16 d'églises privées de leurs évêques (Cf. *Ep.* 75 (21 M) 19). Je noterai cependant qu'une fois la tempête apaisée Ambroise continuera à dire qu'elle a touché toute l'Italie, du Nord s'entend (*In Lucam*, 9, 32).

prise sous une influence étrangère, qu'il n'est pas difficile de deviner. Il laisse entendre aussi qu'il a subi la mesure, mais n'est pas intervenu pour la lever.

Que signifie concrètement une telle « mise sous séquestre » ? Et comment Gratien en est-il arrivé-là ? Les Ariens ont-ils d'eux-mêmes occupé une basilique comme l'écrivent bon nombre d'historiens (Tillemont, Palanque, Homes-Dudden, Paredi, Meslin) ? Est-ce Justine qui en a fait la demande et Gratien la lui a-t-il accordée, comme l'entend Williams (p. 139-140). On n'en sait absolument rien. McLynn (p. 121) ajoute que Gratien a pu remettre aux Ariens une basilique construite par Auxence et qui pouvait par là devoir revenir à ceux qui se rattachaient à sa foi. Si l'on s'en tient au terme de « séquestre », la mesure avait un caractère suspensif, en attendant une décision ou un examen plus approfondi de la situation - religieuse, juridique, etc.

Ambroise déclare que Gratien a placé la basilique sous séquestre « pour mettre sa foi à l'épreuve » (*basilicam sequestrasti ut fidem probares* : § 21), ce qui est exactement le mobile avancé pour la rédaction du *De fide*, I-II (Prol. 1). Il ne s'ensuit pas, certes, que les deux mesures - demande d'une profession de foi, mise sous séquestre d'une basilique - soient contemporaines ; mais elles procèdent du même esprit. Je suis en tout cas d'accord avec Williams (pp. 154-155) pour penser que la levée du séquestre ne date que du tout début de 381, comme le laisse entendre l'allusion du *De Spiritu sancto*[7]. Celui-ci parle de la restitution comme d'un fait récent (*proxime*). Or le traité peut être daté des premiers mois de 381 d'après les allusions à la mort d'Athanaric à Constantinople (24.1.381) ou à la célébration de Pâques (28.3.) de la même année. Il est antérieur, de toute façon, au Concile d'Aquilée, où l'on se plaindra des activités de Julianus Valens à Milan (*Ep. extra coll.* 5 (11 M), 3). Or il est dit que celui-ci tenait réunion - à une époque qui doit se situer entre 378 et 381 - « dans les maisons des Ariens », non dans une basilique. D'autre part, si Justine, que l'on suppose avec quelque vraisemblance présente à Milan à partir de 379, (ou de l'hiver 380-1 pour McLynn, p. 122), avait à un moment quelconque disposé d'une basilique, en un temps où le pouvoir réel se trouvait dans les mains de Gratien, il aurait été tout naturel qu'elle en appelle à ce précédent en 385 et 386. Ambroise invoquera Valentinien I, jamais il n'évoquera Gratien, qui lui avait confisqué puis rendu une basilique ; jamais il ne laissera entendre que les Ariens aient, pour les besoins de leur communauté, occupé une basilique de quelque manière que ce soit.

b - *La Communauté arienne de Milan entre 375 et 386.*

Williams et McLynn reviennent à mainte reprise, en lui donnant une importance numérique considérable, sur la communauté arienne qu'auraient rassemblée successivement Julianus Valens et Auxence

---

[7] Voir aussi *Studia Patristica* 24, 1993 (Oxford 1991), pp. 208-215.

II. L'un des points irritants est bien de connaître ou d'estimer le *nombre* de ces chrétiens qui restaient fidèles à la mémoire ou (et) à la foi d'Auxence de cinq à dix ans après sa mort. Ambroise déclarera en 396 que Denys, s'il était rentré d'exil en 362, aurait trouvé des bouleversements dans son église, signe qu'Auxence avait alors gagné une partie de la population et s'était entouré d'un clergé fidèle. En 374, Ambroise a cru sage - et possible - de conserver ce clergé d'Auxence. C'était un moyen de le ramener à la foi nicéenne sans le brusquer trop ni le pousser à une sécession dangereuse. Il ne semble pas qu'il ait eu à connaître par la suite beaucoup de défections parmi ceux qu'il avait ainsi recueillis[8]. Cependant, si Ursinus ou Julianus Valens ont pu fomenter des troubles à Milan, il fallait qu'il y restât des gens qui n'avaient pas été gagnés par Ambroise. Celui-ci évoque en 381, je l'ai dit, des « réunions dans les maisons des Ariens », sans que l'on sache à quelle date exacte remonte « le temps » qu'il évoque. Est-il antérieur à l'arrivée de Justine à Milan, qui n'est elle-même pas antérieure à 376, mais pourrait n'avoir eu lieu qu'en 378, voire 379/380. Est-il au contraire beaucoup plus proche, puisque la venue de Julianus Valens à Milan semble postérieure à la prise de Poetovio par les Goths, en 377-378 vraisemblablement ?

L'arrivée de Justine et celle de contingents composés de Goths et commandés par des officiers de leur race ont certainement grossi le nombre des Homéens. Mais restait-il *beaucoup de Milanais de souche* pour former la communauté d'Auxence II en 385-386 ? Paulin de Milan, qui n'a pas connu ces semaines, parle bien d'une « multitudo Arianorum », mais il la situe « dans le Palais avec Justine », au moment de la découverte des corps de Gervais et Protais (*V.A.* 15) . Il cite quatre « opposants » ariens à Ambroise, mais le premier appartenait à la « multitudo » du Palais (*ex ipsa multitudine* : *V.A.* 16) et les deux derniers, dont le trépas date de « l'époque de Gratien », sont deux chambellans du Palais (*V.A.* 18). Williams et McLynn voudraient pourtant qu'il y ait eu à Milan en 385-386 une communauté importante d'Homéens. Auxence (de Durostorum - voir *infra*) serait venu la reprendre en main. Ce serait pour cette communauté restaurée que l'Empereur et la cour réclameraient l'usage d'une basilique. Je suis, bien entendu, incapable de chiffrer le nombre d'Homéens qui voulaient fêter Pâques à Milan en 385 ou 386 ; je doute cependant qu'ils appartinssent en majorité au peuple milanais. Ambroise déclare le contraire à deux reprises, dont une fois à l'empereur lui-même.

Tout en se réclamant, en effet, du choix du peuple de Milan, en 386 comme en 374, il renvoie Auxence aux étrangers dont celui-ci se réclame : « Quod si de *aliquorum peregrinorum* assentatione se iactat, ibi sit episcopus unde sunt hi qui eum episcopatus putant nomine esse donandum » (*Ep.* 75 (21 M), 7). La dernière partie met même en doute sa qualité d'évêque. Ambroise ajoute aussitôt : « Nam ego nec episcopum

---

[8] Le cas connu est celui dont parle Ambroise dans son *De Officiis* 1, 18, 72. (Je ne vois pas où j'ai pu écrire ce que Williams m'attribue p. 121 et n. 80...).

noui, nec unde sit scio - Cf. *C. Aux.*, 15 : qui se dicit episcopum »). L'empereur pouvait au moins savoir l'origine de cette « communauté homéenne ». Jamais elle n'est mise elle-même en avant pour l'obtention d'une basilique.

La seconde indication importante se trouve dans le récit des événements de la « Semaine Sainte » de 386 fait à Marcelline. Le mercredi saint, semble-t-il, « personne parmi les Ariens n'ose sortir (pour gagner une basilique) ; car il n'y avait personne qui appartint à la Cité *(nec quisquam de ciuibus erat)*, un petit nombre appartenait à la maison impériale, quelques-uns mêmes étaient des Goths » (*Ep.* 76 (20 M), 12). Et de mettre en cause aussitôt Justine, ce qui nous ramène aux indications de Paulin concernant les Ariens du Palais.

Nous connaissons cependant par Ambroise deux autres personnes appartenant en 386 à la communauté homéenne. L'un est le prêtre Castulo, qui faillit être lynché par la foule le dimanche 29 mars (*Ep.* 76 (20 M), 5). L'autre est l'inconnu, clerc ou laïc, qui « quitta l'Eglise » à l'époque de l'attaque arienne », après avoir subi, quelque temps auparavant, les remontrances de l'évêque à cause de l'allure de sa démarche (*De officiis*, 1, 18, 72). Il est difficile de préciser si ce transfuge était clerc ; mais s'il était celui qu'Ambroise avait refusé d'admettre dans son clergé, il aspirait du moins à devenir clerc et il a peut-être pu accéder à cet ordre chez les Ariens. Y eut-il beaucoup de conversions analogues ? On peut seulement dire qu'Ambroise ne protesterait pas devant la manière dont Auxence estime que l'on doit rebaptiser ceux qui ont été baptisés au nom de la Trinité (*C. Auxentium*, 37) s'il n'y avait eu, soit réellement de nouveaux baptêmes, soit une perspective de nouveaux baptêmes, avec la nécessité de disposer d'un baptistère attenant à une basilique. Les Ariens rebaptisant, Ambroise peut *aussi* ne lancer son accusation que porté par le texte biblique qu'il commente.

C'est là en tout cas la seule mention d'une éventuelle célébration de baptêmes dans la communauté d'Auxence. La revendication d'une basilique s'appuie toujours sur le droit de l'empereur et sur son désir de venir célébrer Pâques... alors qu'il n'était pas baptisé. Il me paraît donc difficile de donner à la communauté arienne aussi bien un dynamisme croissant qu'une extension qui s'élargisse. Elle comptait sans doute quelques Milanais ; elle comptait surtout des membres des services de la cour et des soldats goths. Il n'est pas question d'en nier l'existence. Je me permets seulement de mettre en doute son importance, ainsi que le rôle que Williams donne à Auxence II, ou plutôt, selon lui - et quelques autres - à Auxence de Durostorum, que Justine aurait « invité à venir à Milan pour redonner vie à la communauté homéenne du lieu », (pp. 208-209).

c - *Auxence II - Mercurinus ou (et) Auxence de Durostorum ?*

Autre manière de défendre l'unicité du personnage et de donner de la cohérence à l'action des Homéens, une partie de la reconstruction de l'affaire des Basiliques repose chez McLynn (p. 183-

184) sur l'idée qu'Auxence (de Durostorum) est venu contester l'épiscopat d'Ambroise et lui réclamer en 386 le débat que les Homéens n'avaient pu avoir à Aquilée en 381. Ambroise avait offert un tel débat dans son *De fide*, mais l'avait éludé en détournant de son objet, selon les Homéens, la réunion projetée à Aquilée. Auxence prendrait donc le relais de Palladius que l'on suppose mort entre temps.

Que le jury réclamé par Palladius en 381 (*Scolies*, 139) ressemble à celui que propose Auxence en 386 ne fait pas de doute. Inversement, de même qu'Ambroise trouvait inutile en 381 de convoquer tant d'évêques pour régler le cas de quelques individus isolés, il trouve bien lourd de réunir un concile en 386. Mais il ne refuse pas ce synode d'évêques (*Ep.* 75 (21 M), 16). Il existe donc des parentés entre les deux situations. Mais sont-elles exclusives et sont-elles même fondées ? La ressemblance de la procédure mise en place en 386 avec le jury proposé par Palladius à Aquilée ne s'impose pas de manière absolue : Milan avait vu, en 364, la constitution d'un tel jury, lorsqu'Auxence I et Hilaire de Poitiers avaient débattu devant le questeur du Palais et le maître des Offices de Valentinien Ier en présence de dix évêques (Hilaire, *C. Auxentium*, 7). D'autre part, est-il si certain que l' « Auxence » de 386 soit indubitablement « Auxence de Durostorum » qu'évoquait Palladius (*Scolies*, 140) ? Ambroise déclare que ce nom d'Auxence n'est qu'un prête-nom, destiné à tromper les Milanais qui ont connu un autre Auxence, et il nous donne le nom véritable de cet Auxence : Mercurinus (*C. Aux.* 22). Je ne vois pas comment on peut récuser une telle assertion publique ni essayer de la tourner (McLynn, p. 183, n. 92). Le peuple de Milan ne pouvait être berné aussi facilement et il pouvait disposer de moyens de connaître l'origine de cet étranger. Prouverait-on d'ailleurs que Mercurinus-Auxence venait bien de Durostorum que le rapprochement justifierait les accusations portées par Ambroise contre l'arianisme de son adversaire. Auxence de Durostorum nous est essentiellement connu par la transcription que Maximin a faite de sa biographie d'Ulfila et de la Profession de foi de l'évêque des Goths. Auxence y atteste lui-même sa fidélité à son maître. Or, il n'est guère de savant qui ait analysé la foi d'Ulfila sans noter son subordinatianisme prononcé, sans relever son hostilité à Nicée.

Williams voudrait que cette « Lettre sur la vie et la mort d'Ulfila » soit une espèce de tract destiné à l'Eglise de Milan à l'arrivée d'Auxence dans la ville en 384 - ce qui me semble, parmi toutes les hypothèses qui ont été proposées au sujet de cette lettre (Gryson, *Scolies*, p. 60-63), l'une des moins justifiées. En tout cas, Maximin, qui a sauvé ces textes et qui nous montre Auxence à Constantinople en 383, ne dit rien d'une venue de ce même Auxence de Durostorum à Milan en 384, alors qu'il n'a que de l'animosité pour l'évêque de Milan. Quelle occasion n'avait-il pas là de dénoncer à nouveau l'action d'Ambroise ?

Même s'il ne faut pas multiplier inutilement les homonymes, il ne me paraît donc pas ressortir des textes, ni des faits que nous connaissons, qu'Auxence II soit à identifier avec l'évêque de Durostorum, malgré toutes les raisons que celui-ci pouvait avoir de quitter une région où le pouvoir de Théodose imposait le *Credo* de Nicée. Mercurinus, où qu'il siégeât dans la province ou la région de « Scythie », avait exactement les mêmes raisons de se déplacer vers une région où le pouvoir de Valentinien II était favorable aux Homéens. Ambroise le connaissait assez pour l'accuser d'être l'auteur, le rédacteur même, de la loi du 23 janvier 386 (*Code Théod.* XVI, 1, 4) qui cherchera à fonder le droit des partisans de Rimini à réclamer la possession des lieux de culte en référence explicite à la foi définie à Rimini. Telle sera en effet l'assise juridique sur laquelle les partisans d'Auxence II chercheront à rétablir leur crédit et leur implantation en Occident. C'était tenter d'annihiler dix ans d'efforts de la part d'Ambroise. Celui-ci était d'autant plus préparé à résister que cette décennie écoulée avait été semée de difficultés.

10 - *Les crises de 385 et de 386.*

Si nous ne savons pas de manière un peu précise à quel moment ni comment Mercurinus-Auxence est arrivé à Milan, nous connaissons mieux le déroulement général du conflit qui opposa la Cour à l'évêque en titre de Milan. Ce qui ne veut pas dire que le détail des événements ou leur ordre même soit encore clairement établi. Cela fait en effet près d'un demi-millénaire que l'on discute de la chronologie de la crise. Sans revenir ici sur l'ensemble des discussions, on peut tenir pour établi pour tout le monde que ce conflit a surgi *deux* années consécutives, qui sont les années 385 et 386. Le témoignage même d'Ambroise oblige à étaler les événements sur deux ans. D'autre part, la loi conservée par le Code Théodosien (XVI, 1, 4), qui marque un tournant dans l'affrontement, date de façon indubitable du 23 janvier 386.

a) *La documentation ambrosienne :*

Mais là s'arrête l'accord des historiens depuis le début de ce siècle. Il est beaucoup plus difficile en effet d'établir comment se répartissent les documents contemporains qui émanent d'Ambroise lui-même : une ou deux *lettres* de l'évêque à sa sœur, un *discours* au peuple de Milan, une réponse écrite à une convocation de l'empereur. Ces textes sont, on le voit, de genres littéraires différents. Ils apparaissent dans des ordres différents dans la chronologie - et l'édition - des Mauristes, qui a longtemps servi de référence, et dans les manuscrits, où l'ordre peut être aussi bien thématique que chronologique, dépendre des destinataires tout autant que de la succession des événements, de l'arbitraire d'un copiste ou d'un éditeur ancien.

Tout le monde se fonde sur ces quatre pièces qui proviennent d'Ambroise lui-même et figurent dans le même Livre X de sa correspondance, mais dont l'ordre ne manque pas de surprendre, au moins sur un point. En effet, on constate que deux lettres d'Ambroise à sa sœur, et qui datent de la même époque - et plus précisément de 386, comme on

32

va le voir -, sont d'ordinaire séparées dans les manuscrits par l'insertion de l'*Oraison funèbre* de Théodose, qui date de 395. D'autre part, même une fois rapprochées, ces deux lettres permettent de constater qu'elles ne sont que les restes d'une correspondance entre l'évêque et sa sœur qui a dû être plus intense, au moins en cette année. La première de ces deux lettres déclare en effet en commençant : « Puisque, *dans presque toutes tes lettres*, tu t'enquiers avec inquiétude du <sort> de l'église, voici ce qui se passe... » (*Ep.* 76 (20 M), 1), et la deuxième dit à son tour : « Puisque *j'ai l'habitude* de ne rien omettre à ta sainteté de ce qui a lieu ici en ton absence... » (*Ep.* 77 (22 M), 1). En 388, Ambroise fera écho de la même façon à une lettre de sa sœur qui évoquait elle-même des nouvelles fâcheuses reçues de son frère (*Ep.* 1 *extra coll.* : 41 M, 1), mais on peut constater que cette troisième lettre n'a pas été placée dans le livre X et se demander la raison de ce « classement ».

On le voit, les documents sur lesquels on se fonde pour établir une chronologie, outre le fait qu'ils émanent tous d'Ambroise lui-même, sont d'un maniement délicat. Dans ce groupe de quatre, trois sont particulièrement difficiles à dater les uns par rapport aux autres, même si tout le monde y admet l'existence d'un « sous-groupe » : faut-il, en gros, placer chronologiquement la (première) *lettre à Marcelline* (*Ep.* 76 (20 M)), qui relate les faits de la « Semaine sainte » de 386, *avant* ou *après* la réponse d'Ambroise à l'empereur Valentinien (*Ep.* 75 (21 M)), à laquelle se rattache, d'une manière ou d'une autre, le *Discours contre Auxence* conservé dans ce même livre X (*Ep.* 75a - *Contra Auxentium*) ? Autre cas de figure, peut-on réduire l'ensemble de l'affrontement de 386 à *une* seule crise, et penser que celle-ci se soit concentrée durant la seule « Semaine sainte » décrite par la *Lettre à Marcelline*, à l'intérieur de laquelle Ambroise aurait tenu ce *Discours contre Auxence* et répondu par la négative à l'invitation de Valentinien à venir débattre de la foi avec Auxence devant le Consistoire ? En ce cas, le *Contre Auxence* et la réponse à Valentinien seraient en quelque sorte un épisode particulier des événements relatés à échelle beaucoup plus réduite dans la *Lettre à Marcelline*. Resterait alors à préciser quel jour de cette semaine le *Contre Auxence* a été prononcé, ce qui présente toute sorte de difficultés d'ordre topographique, liturgique, historique, etc, dont il est difficile de se tirer totalement.

b) *La convocation d'Ambroise au Consistoire en 385.*

Avant d'aborder les diverses reconstructions des événements de 386, il faut éliminer un « lapsus » de Williams concernant l'attitude d'Ambroise lors de sa convocation au Consistoire en 385, au moment où Valentinien réclamait pour la première fois une basilique. Le seul document qui nous renseigne provient d'Ambroise qui, en 386, évoque les événements de « l'année dernière ». superiore anno : (*Ep.* 75a (*Contra Auxentium),* 29). Selon Williams (p. 211), Ambroise fut intimidé par le cadre du Consistoire et il ne sut pas maintenir la constance d'un évêque -

avec renvoi au *Contre Auxence*... mais sans la négation qui dit tout le contraire : « *quasi uero*, superiore anno, quando ad Palatium sum petitus, cum praesentibus primatibus ante Consistorium tractaretur, cum imperator basilicam uellet eripere, *ego tunc* aulae contemplatione regalis infractus sim, constantiam *non* tenuerim sacerdotis, aut *im*minuto iure discesserim... » *(Ibid.)*. Je ne m'arrête pas davantage sur ce contresens. Je ne m'étends pas non plus davantage sur la suite des événements de cette année 385. Je souligne seulement deux points du texte ci-dessus : l'empereur voulait, dès ce moment, obtenir une basilique ; Ambroise n'a pas laissé entamer ce qu'il considérait comme son droit *(... aut imminuto iure)*. Tout le monde est d'accord pour estimer que la loi de janvier 386 était justement destinée à modifier le contexte juridique, et à permettre ainsi d'obtenir une basilique par des moyens légaux.

c) *La Lettre à Marcelline et la « loi » de janvier 386.*

Les allusions à cette loi sont nombreuses dans la réponse à Valentinien (*Ep.* 75 (21 M)), ainsi que dans le *Contre Auxence*. Ce fut l'un des apports importants de Haeringen en 1937 [9] que, de montrer que la *Lettre à Marcelline* (*Ep.* 76 (20 M), 17) contenait, elle aussi, une allusion subtile à cette loi. Une telle découverte confirmait l'opinion de Seeck, reprise depuis le début du siècle par la plupart des historiens (von Campenhausen, Palanque, Dudden, etc), selon laquelle la *Lettre à Marcelline* narrait les événements de la « Semaine Sainte » 386, soit du 27 mars (vendredi) au 2 avril (Jeudi Saint). Il ne fait donc plus de doute pour aucun spécialiste d'Ambroise que la *Lettre* à Marcelline ait bien été écrite en 386. Seuls les gens non avertis continuent à se tromper d'année ou à terminer l'affaire le Verdredi saint au lieu du Jeudi.

d) *L'ordre des événements en 386.*

Haeringen ne s'est pas contenté de cette confirmation. Après avoir suivi les événements survenus entre le 27 mars et le 2 avril et relatés par la *Lettre à Marcelline*, il a, sans fixer de date précise, proposé de placer « quelques jours ou au plus une semaine plus tard » (p. 233) - après la fête de Pâques donc -, la convocation d'Ambroise au Consistoire et la résistance du peuple de Milan qui poussa son évêque à refuser un débat avec Auxence II à l'intérieur des murs du Palais. La réponse à Valentinien (*Ep.* 75 (21 M)) aurait été élaborée à la suite du *Contra Auxentium* qui relaterait la façon dont l'évêque a consulté son peuple. Haeringen s'en tient à une chronologie relative, sans donner, pour ce deuxième temps, la moindre date chiffrée. Il refuse (p.239) en revanche de placer en 386, comme Palanque l'avait encore fait en 1933, la deuxième mission d'Ambroise auprès de Maxime, et ne dit rien de l'invention des corps de Protais et Gervais.

---

[9] *Mnemosyne* 5, 1937, pp. 152-158 ; 28-33 ; 229-240.

34
      La reconstitution de Haeringen n'a pas fait école sur ce point avant la dernière décennie. La recherche est restée dépendante des présentations de Palanque (1933) et Homes Dudden (1935), qui, elles-mêmes, reflétaient celle de Seeck, mais en refusant parfois certaines de ses conclusions ou en continuant à véhiculer des erreurs de détail. En 1948, par exemple, Ennslin (art. *Valentinianus* II, *RE* VII, A.2, 2215, 2217-2221) situe les divers événements entre février et avril 386, en maintenant le *Contre Auxence* au jour du « dimanche des Rameaux » (2219, l. 17-31) et en faisant se terminer le conflit le Vendredi saint (2220, l. 36 sq). En 1960, Paredi (pp. 341-349 ; p. 355) étale les documents et les faits relatés entre mars et avril 386 et pense que *le Contre Auxence* a été prononcé « probablement » (p. 345) le dimanche qui ouvre la Semaine Sainte. En 1967 en revanche, M. Meslin, de manière il est vrai plus implicite que démontrée de façon détaillée, réduit l'affrontement d'Ambroise et de la Cour au temps qui va du vendredi 27 mars au Jeudi Saint 2 avril (pp. 49-53 et en particulier p. 52, n. 124) en plaçant le *Contre Auxence* le mercredi saint « au paroxysme de l'émeute ». Je me suis moi-même, dans un compte-rendu de la thèse de M. Meslin (*Latomus* 28, 1965, p. 239) montré favorable à cette solution. En 1988, G. Nauroy a repris d'une manière très ample toutes les questions de chronologie et d'interprétation de ces événements (*Le fouet et le miel. Le combat d'Ambroise en 386 contre l'arianisme milanais, Rech. Augustiniennes* 23, 1988, pp. 3-86). Il revient à une présentation en *deux* phases, l'une, attestée par le *Contre Auxence* et la réponse à Valentinien, qui représente « la réaction d'Ambroise et du peuple milanais à la publication de la loi de janvier 386 » (p. 40), l'autre, connue par la *Lettre à Marcelline*, qui « relate de nouveaux rebondissements et un ultime effort du Palais pour remporter la décision » *(Ibid.)*. Les premiers événements « ont dû se dérouler dans la seconde moitié de février ou plutôt au début de mars ; les seconds (...) commencent (...) le 27 mars » (p. 41). En revanche, il rejette l'ordre inverse proposé par Haeringen, avec une seconde phase attestée par le *Contre Auxence* et la réponse négative à la convocation de Valentinien (p. 34 et n. 103), qui se déroulerait *après* Pâques.
      Or, a peu près au moment où G. Nauroy faisait ce bilan de la recherche antérieure et revenait pour l'essentiel, à la chronologie de Seeck et Palanque, A. Lenox-Conyngham[10], qui s'était déjà attaqué aux problèmes topographiques, et G. Gottlieb[11] reprenaient celle de Haeringen. Ce deuxième avançait l'hypothèse que le *Contre Auxence* et la réponse à Valentinien se référaient à une ou plusieurs lois *postérieures* à la loi de janvier 386 qui nous est seule accessible. En 1995 Williams a lui aussi repris la chronologie de Haeringen ; de plus, s'il s'écarte sans le dire - et à tort (voir *supra*) - de l'interprétation unanime des événements de 385 ; il propose en outre d'avancer la date de l'invention des corps de Protais et

---

[10] *Historia*, 31, 1982, pp. 352-353 et *Studia Patristica* 18, 1 (Oxford 1983), pp. 55-58.
[11] *Museum Helveticum* 42, 1985, pp. 37-55.

Gervais, d'ordinaire fixée au 17 juin à cause des indications des martyrologes, aux jours qui suivent Pâques 386. Il place également en 386 la deuxième ambassade d'Ambroise en reprenant la reconstruction de Palanque, sans tenir compte de la critique de Haeringen. McLynn (p. 186) revient lui aussi à la chronologie de Haeringen. Pour lui, la vie religieuse n'a pas été modifiée à Milan dans les deux mois qui ont suivi la promulgation de la loi du 23 janvier. Selon le calendrier de la *Lettre à Marcelline*, les troubles n'ont commencé qu'à la fin mars (p. 187) et ont duré jusqu'au Jeudi Saint où la Cour a refusé la confrontation brutale (pp. 188-196). La convocation au Consistoire pour un débat contradictoire serait à placer après la mi-mai 386 (p. 197, n. 138), date du retour à Milan de l'empereur qui en est absent depuis un mois. Le *Contre Auxence* serait prononcé à ce moment, après plusieurs jours de tension ; mais, outre les distorsions de la présentation de la situation par Ambroise, le « siège » qu'évoque le prédicateur serait une « invention » (p. 200). Les hymnes composés à ce moment « font partie, comme ses adversaires s'en rendirent compte, de la grande « tromperie » grâce à laquelle l'évêque soutint l'illusion d'un siège et d'une persécution » (p. 201). Le *Contre Auxence* et la réponse à la sommation de Valentinien démontrent pour lui la suprême habileté avec laquelle Ambroise s'applique à échapper aux reproches de révolte qui pouvaient lui être faits (pp. 201-208) : la Cour ne peut plus poursuivre un « rebelle ».

Outre la difficulté d'articuler les différentes pièces du puzzle dans la mesure même où elles sont de nature et d'échelle différentes, comme je l'ai rappelé plus haut, il est bien clair qu'au lendemain du Jeudi Saint, Ambroise confiait à sa sœur qu'il s'attendait au pire (*Ep*. 76 (20 M), 27-28). On peut donc penser avec lui que la Cour n'avait pas désarmé. Mais a-t-elle contrattaqué ? Si oui, comment et quand ? McLynn a mieux vu que Williams qu'une (éventuelle) nouvelle offensive de la Cour n'a pu avoir lieu que plusieurs semaines plus tard, puisque l'Empereur est absent de Milan des environs du 10 avril (sa présence est attestée à Aquilée le 20) au 30 au plus tôt. Mais faut-il placer après Pâques cette reprise et les événements relatés par le *Contre Auxence* ? Je ne le pense pas. Faute d'avoir ici la place pour justifier ma propre reconstruction, je voudrais au moins souligner l'invraisemblance dans laquelle on se trouverait si on admettait que la loi du 23 janvier 386 avait « dormi » durant deux mois sans être urgée avant le mois de mai - si on admet la reconstruction de McLynn qui place à cette époque le *Contra Auxentium* et la réponse à Valentinien. McLynn lui-même (p. 205, n. 157) rejette la solution de Gottlieb, qui voudrait que le *Contre Auxence* fasse allusion à une *autre* loi que celle du 23 janvier. Or, quel était le fondement juridique et religieux de cette loi, si ce n'est l'autorité du Concile de Rimini et celle de l'empereur Constance ? La réponse à Valentinien (*Ep*. 75 (21 M), 14) et le *Contra Auxentium*, 25 évoquent tous deux le Concile de Rimini. Lorsqu'Ambroise s'en prend à cette loi qu'Auxence est censé avoir « écrite de sa main » et par laquelle il « pense pouvoir imposer la foi »

36

(*C. Aux.* 24), il déclare : « Va-t-on observer la loi qui confirme le Concile de Rimini où le Christ a été dit une créature » ? (*C. Aux.*, 25). L'enjeu est de taille pour Ambroise ; mais il faut d'abord constater, ce qu'on ne fait guère d'ordinaire, l'actualité de la question posée.

Il est donc inutile de supposer l'existence d'une deuxième loi qui précise ou élargisse la première. En revanche, il faut rappeler que la *Lettre à Marcelline* fait à cette « loi » une allusion qui ne pouvait être comprise du public devant lequel elle était faite si cette loi n'était pas déjà invoquée pour obtenir une basilique (*Ep.* 76 (20 M), 18). Comment est-on sorti de l'affrontement ? Avant de passer à l'étape suivante - celle de la découverte des corps de Protais et Gervais - et qu'on place celle-ci dès les lendemains de Pâques avec Williams, ou qu'avec McLynn on la laisse en juin où elle est située d'ordinaire -, il faut convenir que les textes d'Ambroise ne nous fournissent pas de renseignements sur cette issue. On ne trouvera pas davantage d'information sur ce point chez Rufin ni chez Paulin. Le seul document utilisable avec quelque sécurité est la lettre de l'empereur Maxime à Valentinien. Celle-ci n'est pas datée, mais elle est postérieure à la loi de janvier 386 et connaît un certain nombre des mesures prises à Milan contre les catholiques (*Coll. Avellana*, 39, 3). Elle rappelle que l'Italie et l'Afrique, la Gaule, l'Aquitaine, toute l'Espagne, Rome même, partagent la même foi catholique (*Ibid.*, 4). Seul l'Illyricum avait une autre foi, et il lui en a coûté (*Ibid.*). Dans sa réponse à Valentinien, Ambroise (*Ep.* 75 (21 M), 14) évoque sur le même point les Gaules, les Espagnes ; et tout d'abord Théodose. Comment ne pas penser que la Cour se soit sentie isolée et rappelée à la réalité politique par la menace, facile à deviner sinon déjà sensible, d'une double intervention. Il n'est pas nécessaire de penser pour autant qu'Ambroise ait pris l'initiative de prévenir et Trèves et Constantinople et d'appeler au secours. Maxime se voyait offrir une bonne raison de sermonner son jeune collègue. Williams n'est pas d'un avis très éloigné (pp. 216-217). Mais, pour lui, l'affrontement ne se termine pas en avril, puisqu'après avoir repris avec quelque hésitation (p. 215) la chronologie de Haeringen et Lenox-Coningham, il place « peu après Pâques 386 » (p. 218) la découverte des corps de Protais et Gervais (pp. 219-223).

11 - *La découverte des corps de Protais et Gervais.*

Rien en réalité n'invite à tenir compte de la lettre apocryphe, postérieure d'un siècle au moins, par laquelle Ambroise est censé raconter la découverte des corps de Protais et Gervais, et qui fait débuter les avertissements célestes dans les jours du carême, sans la moindre mention d'ailleurs de ce qui se passe alors à Milan. (Ps. AMBROISE, *Ep.* 2, 2 - PL 17, c. 743 b-c). Le faussaire doit avoir simplement tenu compte de la date de l'Invention qui figure à la date du 19 juin dans le *Martyrologe hiéronymien*. Le P. Delelaye a montré que cette date était celle de la déposition et non celle de l'Invention. Ambroise a lui-même narré les étapes de la célébration et transmis les différentes allocutions qu'il prononça (*Ep.* 77 (22 M)). Augustin, dans son *Sermon* 286, 5, 4 rapporte qu'il était alors présent à Milan, qu'il a connu les faits merveilleux survenus alors. Ce sermon est tardif. Il connaît la *Vita Ambrosii* de Paulin, mais ne fait aucune allusion à une situation critique d'Ambroise à ce moment. Bien plus, dans la *Cité de Dieu*, 22, 8, 2, où il évoque la même guérison célèbre de Severus, il tire parti de l'importance de la ville, de la présence de l'empereur en la cité et de la foule qui accourut voir les corps découverts pour affirmer la notoriété de la guérison : la guérison, dit-il, « a pu parvenir à la connaissance d'un grand nombre, car la ville est considérable, *l'empereur y avait alors sa résidence* et le fait a eu pour témoin un peuple immense accouru auprès des corps de Protais et Gervais... ». Augustin ne songe aucunement à mettre la découverte en rapport avec le conflit d'Ambroise avec la Cour.

Il a été suggéré que la date du 19 juin pourrait, dans le *Martyrologe hiéronymien*, ne pas refléter la date de l'invention ni de la déposition, mais s'expliquerait par un transfert à une époque de l'année où le Sanctoral peut se déployer. On notera cependant que le Calendrier de Carthage donne la même date du 19 juin (DACL VIII c. 644). Nous n'avons d'ailleurs pas de trace d'un tel transfert de fête analogue à cette époque. Rien ne nous invite donc à penser que la découverte ait eu lieu en un autre moment que la mi-juin.

Je laisse de côté la date du 9 mai, donnée par le *Martyrologe hiéronymien* pour une « entrée » de reliques des Apôtres Jean, André et Thomas dans la *Basilique de la Porte Romaine*. Rien ne permet de dire en effet qu'il s'agisse du 9 mai *386*, ni de la *dédicace* elle-même de la dite Basilique Romaine. En tout cas, à la mi-juin, les travaux de construction de *la Basilique ambrosienne* en étaient à la fin, puisque, *après* la dédicace elle-même (*cum dedicassem* : *Ep.* 77 (22 M), 1), les fidèles demandent à leur évêque de la consacrer par un dépôt de reliques comme il l'avait fait pour la *Basilique Romaine* (*Ep.* 77 (22 M), 1). On peut penser que lorsqu'Ambroise déclare, dans le *Contre Auxence*, 15, qu'il sortait tous les jours « soit pour faire des visites, soit pour se rendre auprès des martyrs », il allait par la même occasion inspecter l'avancement des travaux de la future *Ambrosiana*, puisque celle-ci se trouvait non loin de la Basilique de Felix et Nabor. La dédicace avait d'abord été faite pour elle-même. Sans apparat extraordinaire, sans recherche particulière.

La résistance aux entreprises de Justine et Auxence ne semble pas la préoccupation majeure de l'évêque au moment où il consacre cette basilique, commencée sans doute depuis plusieurs années. La recherche de reliques n'est pas non plus son objectif et il est certainement exagéré de dire qu'Ambroise, qui avait plusieurs fois envisagé pour lui-même une mort violente, se préparait un lieu de culte (McLynn, p. 209 s). Un mausolée, peut-être ; un martyrion, non. Car il avait d'abord prévu d'être enterré à côté de son frère Satyrus. A s'en tenir à la (deuxième) *Lettre à Marcelline* (*Ep.* 77 (22 M)), la découverte même des corps de Protais et Gervais n'est pas en liaison directe et immédiate avec la crise arienne.

XI

38

C'est après coup, et peut-être à cause de l'attitude même des Ariens, qu'Ambroise va percevoir une relation entre la crise qui reste latente, mais qui s'est jusqu'ici déroulée sans que l'Eglise ait, en définitive, à en souffrir, et la protection que les martyrs ont exercée de manière invisible : « Nous avions des protecteurs et ne le savions pas », s'exclame-t-il (*Ep.* 77 (22 M), 10). Il parle ici de Protais et Gervais, en oubliant Nabor et Felix... auxquels il n'avait pas songé à demander de l'aide, comptant bien plutôt sur la prière de ses fidèles (*Ep.* 75a - *C. Auxentium*, 11) . Il est facile de suspecter une mise en scène délibérée. Je penserais plutôt que, par sa demande, le peuple, a donné une « idée » à Ambroise qui avait déjà accompli la dédicace. Dès lors, il n'était pas difficile de découvrir les corps dans un terrain où il s'en trouvait d'autres : Paulin de Milan déclare que Protais et Gervais étaient enterrés à proximité immédiate de Felix et Nabor (*V.A.* 14). On se trouvait sans doute dans un cimetière chrétien et si Felix et Nabor étaient des martyrs, pourquoi pas leurs voisins ?

Ce sont les Ariens qui, par leurs critiques, ont donné à cette découverte une importance inattendue et entraîné une adhésion du peuple milanais plus manifeste encore que durant les mois précédents. Il ne pouvait plus être question d'agir contre l'évêque. Mais il est probable également que la conjoncture politique ait poussé la Cour à modérer ses attaques. Il se passera un an avant que Valentinien quitte Milan, et se réfugie auprès de Théodose. Durant cette année, Augustin est revenu à la foi de son enfance, a passé l'été et l'automne à Cassiciacum, est rentré à Milan pour commencer son catéchuménat : la question arienne n'apparaît dans aucun de ses écrits de l'époque. Quant à la Semaine Sainte de 387 - décalée par rapport à celle de Rome -, elle ne semble plus avoir connu la moindre alarme analogue à celles de 386. Les échos à l'hiver ou la tempête de l'arianisme que l'on trouve dans les œuvres postérieures - *Hexameron*, *Expositio in Lucam*, etc. - attestent que la crise est terminée et que les Ariens ne sont plus un danger proche.

*   *
*

De fait, l'invasion de l'Italie par Maxime a relégué bien loin les revendications des Ariens. Ceux-ci disparaissent de la scène religieuse en même temps que Justine disparaît de la scène politique. L'installation de Théodose à Milan durant trois longues années ne pouvait pas leur être favorable. C'en est fini, semble-t-il, de leur influence dans la population romaine en Italie et en Occident. L'arianisme ne survivra d'abord, ne retrouvera ensuite de force, que par l'intermédiaire des chefs ou des princes barbares, au service de Rome ou émancipés de son pouvoir. L'évêque Maximin lui-même accompagnait en Afrique Sigisvult et ses Goths lorsqu'il eut avec Augustin le débat où il se réclama de Rimini *(S.* 140 et *Collatio cum Maximino)*. Mais, pour en rester à Milan, c'est à la Cour d'Honorius que Paulin signale la présence d'Ariens en 396. Il s'agit vraisemblablement d'officiers Goths, qui n'hésitent pas à extraire d'une église, malgré la résistance d'Ambroise et de ses clercs, un homme qui s'y était réfugié : *Multitudo militum, quae duces suos habebant de perfidia Arianorum, praeualuit aduersus paucos* (*V.A.* 34). Le premier royaume arien devait être celui des Wisigoths d'Aquitaine. Mais c'était une autre époque qui commençait.

Celle que je viens de parcourir en reprenant certains points de la présentation de la question arienne par Williams et McLynn principalement contient encore bien des zones d'ombre. Sans prétendre avoir la solution de nombreuses difficultés chronologiques, ni penser que l'on doive adopter le seul point de vue d'Ambroise, j'aimerais avoir montré qu'il est exagéré de ne voir en lui qu'un intrigant, un homme de pouvoir, un agitateur ou un manieur de foules. Ursace et Valens avaient tendu à être des évêques palatins. On ne peut en dire autant d'Ambroise. Comme il l'écrit à Valentinien, il ne cherche ni ne connaît les secrets du Palais (*Ep.* 75 (21 M), 20). Bien plus, le reproche qu'il fera aux évêques de Rimini, c'est d'avoir, « en cherchant les bonnes grâces de l'empereur, perdu la grâce de Dieu, et, en voulant plaire aux puissants, de s'être livrés à la malédiction éternelle » (*In Lucam*, 5, 71). Ses rapports avec Théodose ou avec Eugène ne nous montrent pas davantage en lui un homme de Cour.

NOTES COMPLÉMENTAIRES

A part quelques fautes d'impression corrigées, le texte des diverses études n'a pas été retouché (sauf pour l'étude IV : voir *infra*). Il contient cependant quelques erreurs matérielles et présente l'une ou l'autre fois des affirmations que je ne tiendrais plus aujourd'hui. J'attire l'attention sur les points suivants.

- Dans l'étude III, il faut (p. 256-260) conserver, dans l'*In Constantium*, 11, le *Postquam*, mais en valeur adverbiale : *Après quoi*. Le sens de la suite reste celui que j'ai indiqué : *il m'eût été permis*...

- Dans l'étude IV, commencée et reprise à diverses reprises durant l'année 1968 à la *Bibliothèque Nationale* (où il était quasi impossible de consulter à la fois les manuscrits et les éditions anciennes), j'ai oublié un de mes dossiers et j'ai attribué à N. Le Fèvre ce qui était de Coustant. J'ai rétabli les choses, mon attention ayant été attirée sur mes inconséquences par la note de H. Silvestre, *A propos d'une récente édition de la « Damnatio Arrii » de Rimini*, RHE 68, 1973, p. 102-104. Cette note conserve toute sa valeur pour ses propositions de lecture finales.

- Dans l'étude V, p. 185 : je ne parlerais plus comme cela de la législation de Gratien en 379.
- p. 188 : *Gesta*, 46 : il n'est pas question de secrétaires des *deux* partis.
- p. 199 : Je corrigerais ce que j'ai dit d'Apollinaire. Cf. G. Madec, *Ambroise, Athanase et l'Apollinarisme*, in *Politique et Théologie chez Athanase d'Alexandrie*, éd. Ch. Kannengiesser, Paris, 1974, pp. 365-376 et surtout pp. 372-373.
- p. 203 (et n. 92) : la suite du texte vise bien Arius (l. 68).

INDEX SCRIPTURAIRE

1 Ancien Testament

Genèse
  1, 26: V 209
Lévitique
  14, 4: V 201
Michée
  5, 2: V 204 n. 95
Psaumes
  8, 6: IX 89
  15, 10: V 197
  50, 9: V 217 n. 130
  109, 1: V 232 n. 176
Proverbes
  8, 22: IX 74 n. 28, 85 n. 86; XI 25
  8, 27–30: V 232 n. 176
Ecclésiaste
  10, 9: V 190 n. 45

2 Nouveau Testament

Matthieu
  8, 22: V 224
  10, 10: VI 266–7
  26, 13: V 204 n. 94
  27, 24: VI 273
Luc
  7, 38: V 204 n. 94
  9, 59–62: V 225
  15, 16: VI 265 n. 78
Jean
  1, 1: V 203 n. 91–2
  3, 5–6: V 207–8, 220
  3, 6–8: V 209 n. 110
  5, 15: IX 88
  6, 44: IX 90
  8, 56: IX 89 n. 115
  10, 36: IX 87 n. 102, 224 n. 150
  11, 42: IX 87 n. 102
  12, 3: V 204 n. 94
  13, 9–10: V 212, 213
  14, 28: IX 86–7, 88–9
  15, 10: IX 87
Actes des Apôtres: V 220–21
Epître aux Romains
  1, 25: IX 74 n. 28
  4, 3: VI 265 n. 80
  6, 3–4: V 216 n. 125, 223–6, 230
  9, 5: IX 83
1 Epître aux Corinthiens
  1, 9: IX 90
  1, 19–20: V 192 n. 54
  1, 24: IX 85 n. 86
  15, 10: IX 87
  15, 27–28: IX 87
Epître aux Galates
  3, 27: V 218–19, 220, 223 n. 147
Epître aux Ephésiens
  4, 23–24: V 209 n. 109
  4, 24: V 220
Epître aux Philippiens
  2, 6–7: IX 88–9
  2, 8: IX 91
Epître aux Colossiens
  3, 10: V 220
1 Epître à Timothée
  3, 6: VI 245 n. 11, 249 n. 22
Epître aux Hébreux
  2, 9: IX 91 n. 217
  6, 13–14: IX 89
1 Epître de Jean
  5, 8: V 216 n. 125

INDEX DES AUTEURS

1 Auteurs chrétiens et païens

Ambroise
  Apologia David
    1, 8, 45: V 217 n. 128
  De Abraham
    1, 3, 21: VI 265 n. 80
    2, 8, 54: VI 265 n. 78, 266 n. 81
  De excessu fratris Satyri
    1, 37: VII 266 n. 32
    1, 58: VI 279 n. 142
    2, 89: VI 265 n. 80
  De fide ad Gratianum: VIII 320, 322; XI 16–18, 20–21
    1 Praef. 1: XI 27
    1 Praef. 4: VI 266 n. 80; XI 17
    1 Praef. 5: IX 97 n.155
    1, 1, 1–6: IX 94 n. 146
    1, 1, 6: V 189 n. 41
    1, 6, 43: VI 265 n. 80
    1, 6, 44–45: XI 21
    1, 6, 45: XI 18
    1, 8, 57: V 189 n. 141
    1, 11, 68: VI 265 n. 80
    1, 13, 84–85: V 192 n. 54
    1, 13, 84: VI 265 n. 80, 269 n. 95
    1, 15, 96–98: IX 77 n. 37
    1, 16, 100–107: II 97 n. 235
    1, 16, 100: IX 81 n. 63
    1, 16, 103–105: IX 74 n. 28
    1, 18, 122: II 57 n. 34; III 268 n. 70; IX 79 n. 53
    1, 19, 130: IX 79 n. 53
    2, 1, 15–32: IX 85 n. 87
    2, 8, 59–60: IX 88 n. 108
    2, 8, 61: IX 88 n. 109
    2, 62–63: IX 88 n. 110
    2, 8, 65: IX 91 n. 127
    2, 8, 67–70: IX 89 n. 113
    2, 8, 71–73: IX 89 n. 115
    2, 12, 104: IX 90 n. 118
    2, 13, 117: V 189 n. 41
    2, 15, 129–135: XI 20
    3, 1, 1–3: XI 20, 21
    3, 2, 7: V 198 n. 69
    3, 8, 58: V 189 n. 41
    3, 11, 82: IX 77 n. 37
    3, 13, 104: V 203 n. 86, 88
    3, 15, 124: II 71 n. 104
    3, 16, 130–132: II 85 n. 166, 92 n. 199; IX 79 n. 55
    3, 16, 132: II 93 n. 200, 204; IX 79 n. 53, 56
    3, 16, 133: IX 83 n. 72
    4, 1, 5: V 203 n. 86
    4, 11, 149: IX 90 n. 120
    5, 3, 40–42: VIII 326; IX 94 n. 144
    5, 8, 104: V 203 n. 86, 88
    5, 8, 105: V 191
    5, 16, 193: IX 86 n. 97
    5, 17, 214: V 199 n. 70
    5, 18, 221: V 199 n. 70
    5, 18, 225–227: IX 89 n. 111
  De incarnationis sacramento
    7, 63: V 200 n. 76
    7, 68: V 200 n. 77
  De interpellatione Job et David
    4(2), 9, 35: V 217 n. 130
  De mysteriis
    4, 20–21: V 216 n. 215
    4, 22–24: V 218 n. 133
    6, 32: V 212
    7, 34: V 217 n. 130
  De officiis
    1, 1, 2: VI 245 n. 11
    1, 1, 4: VI 245 n. 11
    1, 18, 72: VI 254 n. 44; XI 28 n. 8
  De paenitentia
    2, 8, 72–73: V 245 n. 11
  De sacramentis
    2, 2, 5–7: V 218 n. 133
    2, 6, 19: V 229
    2, 7, 20: V 228–9
    3, 1, 5: V 211, 215
    3, 1, 7: V 212
    4, 2, 5: V 217 n. 130
  De Spiritu sancto
    1, Praef. 2: V 202 n. 84

INDEX DES AUTEURS

Ambroise (continued)
  1, Praef. 15: V 207 n. 107
  1, Praef. 16: V 212 n. 118, 214 n. 122
  1, 1, 19–21: XI 26
  1, 6, 76: V 216 n. 125, 227 n. 159
  1, 6, 70–80: V 209 n. 109
  1, 7, 88–89: V 218 n. 133
  2, 6, 61: V 209 n. 110
  2, 7, 63: V 208, 209 n. 110
  2, 7, 66: V 209 n. 109
  2, 9, 100: V 209 n. 109
  2, 10, 105: V 221, 227 n. 157
  3, 8, 45–47: V 221
  3, 10, 59–62: V 208; IX 86 n. 97
  3, 10, 63: V 208
  3, 10, 64: V 208
  3, 10, 68: V 216 n. 125
De virginibus
  2, 1, 2–3: VI 245 n. 11
  2, 5, 34: VI 269 n. 95
  2, 6, 39: VI 245 n. 11
De virginitate
  8, 48: VI 272 n. 111
Epistulae (Maur.)
  2, 27–28: VIII 327; IX 97 n. 153
  2, 29: VI, 254 n. 44
  4, 2: VI 283 n. 155
  7: VII 270
  8: VII 270
  9: VII 268; XI 25
  9, 1–8: IX 71 n. 13
  9, 2: X 375 n. 220
  9, 3–4: XI 19
  10: XI 25
  10, 1: X 372 n. 220
  10, 3: IX 70 n. 6; X 372 n. 220
  10, 4: IX 72 n. 16
  10, 6–7: IX 86 n. 97
  10, 9–10: V 186
  10, 10: VIII 326; IX 96 n. 151; X 340 n. 28, 375 n. 230–31
  10, 12: V 188; X 372 n. 219, 220, 375 n. 229
  11: XI 25
  11, 2–3: XI 25
  11, 3: XI 27
  12, 1: XI 11
  12, 3: X 372 n. 216
  12, 4: V 186, 199 n. 71
  12, 6: V 231 n. 173
  13, 2, 2: V 214 n. 123
  15, 5: VI 277 n. 131
  17, 5: VI 266 n. 82
  20: XI 32, 33
  20, 1: XI 32
  20, 3: VI 253 n. 37
  20, 5: XI 29
  20, 8: VI 255 n. 48
  20, 12: XI 29
  20, 17: XI 33
  20, 24: VI 253 n. 40
  20, 27–28: XI 35
  21: XI 32, 33
  21, 2: X 363 n. 173
  21, 6–7: VI 252 n. 34
  21, 7: VI 280 n. 114; XI 28
  21,13–14: IX 97 n. 155
  21, 14: XI 35, 36
  21, 15: II 58 n. 37; IV 21 n. 5
  21, 19: XI 26
  22: XI 37
  22, 1: XI 32, 37
  22, 10: XI 38
  25, 2: VI 261 n. 61
  25, 3: VI 261 n. 62
  34, 1: V 269 n. 98
  36, 27: XI 15
  36, 28: XI 15–16
  41, 1: XI 32
  46, 6: V 199 n. 73
  48, 5: V 199 n. 73
  50: V 234
  51, 6: VII 269 n. 40
  56, 2, 1: X 377 n. 328
  56, 2, 2: X 378 n. 241
  57, 3: VI 266 n. 82
  58: VII 270 n. 46
  63, 2: VI 281 n. 148
  63, 65: VI 245 n. 11, 257 n. 53
  63, 68: XI 12
  63, 69: XI 12–13
  63, 70: VI 252 n. 32; XI 13
  63, 86–95: VI 255 n. 47
  65, 1: XI 9
Ep. ad Gratianum: XI 19
Explanatio in Lucam
  2, 36–37: V 195
  2, 40: V 195
  2, 42: V 192 n. 54, 202 n. 84; VI 268 n. 90
  2, 43: V 195
  2, 50: V 195
  2, 53: V 192 n. 54; VI 265 n. 79, 268 n. 90, 269 n. 95
  2, 83: V 222 n. 144
  2, 90: V 222 n. 145
  2, 94–95: V 205 n. 100
  5, 44: V 192 n. 54
  5, 70: V 192 n. 54
  5, 71: II 57 n. 36; XI 39

Ambroise (continued)
  6, 14: V 204 n. 54
  6, 21: V 204 n. 94
  6, 35: V 204 n. 94
  6, 50: VI 269 n. 95
  7, 218: VI 265 n. 78
  8, 61: VI 253 n. 40
  8, 73: VI 252 n. 33, 282 n. 154
  9, 25: VI 283 n. 158
  9, 32: XI 26 n. 6
  10, 103: V 196
  10, 126: V 197
Explanatio in Psalmos
  48, 8–9: V 212 n. 17
  118, 4, 5: VI 277 n. 131
  118, 5, 34–35: VI 277 n. 131
In Exameron
  1, 6, 22: VI 272 n. 109
  1, 6, 24: VI 272 n. 109
Sermo contra Auxentium: XI 32, 33, 34, 35
  I: XI 38
  5: VI 255 n. 48
  15: XI 29, 37
  16: XI 26
  18: VI 283 n. 158; XI 12
  22: XI 30
  24: XI 35–36
  25: I 147 n. 12; II 56 n. 38; IX 97 n. 154; XI 35, 36
  29: XI 32–3
  37: XI 29
Ps. Ambrosius
  Epistulae
    2, 2: XI 36
Ambrosiaster
  Commentarius in epistulas Paulinas
    1 Cor 15, 29: V 225 n. 153
  Quaestiones Veteris et Novi Testamenti
    9: V 191 n. 47
Ammianus Marcellinus
  Res gestae
    14, 5, 1: III 257 n. 24
    14, 9, 3: I 149 n. 15
    15, 6, 4: III 257 n. 24
    16, 10, 21: X 348 n. 73
    20, 9, 1: III 263 n. 46
    20, 9, 4: III 265 n. 59
    20, 9, 4–8: III 265 n. 57
    20, 9, 6–8: III 264 n. 52
    20, 10, 1: III 264 n. 50
    21, 9, 4: III 264 n. 49
    21, 9–10: X 353 n. 101
    21, 11, 2–12, 20: X 353 n. 102
    30, 9, 5: III 274 n. 92

Anastase, pape
  Epistulae
    2: V 174 n. 6
    9: V 174 n. 7
Apulée
  Apologia de magia
    22: VI 267 n. 86
    25, 2: VI 267 n. 86
  Florides
    22, 4: VI 267 n. 86
Arius
  Epistula ad Alexandrum: II 77–8; IX 72–86, 91 n. 128–9; XI 23
Athanase d'Alexandrie
  Apologia ad Constantium
    3: I 149 n. 15, V 177 n. 16; VIII 262 n. 5–6; X 337 n. 18
    4: X 341 n. 32
    5: X 341 n. 36
    15: V 177 n. 17; X 341 n. 31
    27: V 179; X 347 n. 69
  Apologia contra Arianos
    37: X 338 n. 20
    45: X 336 n. 14
    51–53: X 341 n. 35
    51: X 341 n. 33–4
    54–56: X 341 n. 36
    58: X 342 n. 39–40
  Apologia de fuga sua
    3: X 336 n. 15
  De synodis
    1–13: II 70 n. 37
    3: IV 22 n. 4; X 351 n. 88
    6: IV 22 n. 6
    8: IV 19 n. 8; X 351 n. 90
    10: IV 21 n. 1
    13: IV 21 n. 2, 22 n. 7
    16: IX 72 n. 17
    22: IX 74 n. 25
    26: X 339 n. 23
    30: II 101 n. 252
    55: II 59 n. 47, 65 n. 73
  Epistula ad Afros
    1–4: IV 22 n. 4
    1: X 362 n. 170
    3: II 54 n. 16, 55 n. 21
    9: II 54 n. 16
    10: II 54 n. 16; X 363 n. 171
  Epistula ad Epictetum
    1: III 266 n. 64; X 362 n. 169
  Epistula ad episcopos Aegypti et Libyae
    7: X 335 n. 11
  Epistula ad Rufinianum: II 55 n. 21, 58 n. 42; III 266 n. 64, 273 n. 90
  Epistula ad uirgines: XI 11

INDEX DES AUTEURS

Athanase d'Alexandrie (continued)
Historia Arianorum
  5: X 336 n. 13, 15
  19: X 336 n. 14
  37: V 179 n. 20
  76: I 152 n. 25
Tomus ad Antiochenos
  3: IV 22 n. 2
  5: IV 22 n. 4, 5
  5–6: IV 22 n. 6
  7: IV 22 n. 3
  8–9: IV 22 n. 6
Vita Antonii
  73–80: VI 264 n. 72
  77–78: VI 271 n. 107
Chronicon epistularum Festalium
  a. 344: X 341 n. 30
Augustin
Collatio cum Maximino: VIII 318–20; XI 38
  1, 2: II 54 n. 15, 83 n. 162
  1, 4: II 83 n. 162
  1, 11–12: II 97 n. 234
  1, 13: II 96 n. 227
  2, 13: II 83 n. 161, 96 n. 227
  2, 13–14: II 96 n. 227
  2, 14: II 96 n. 230
Confessiones
  7, 19, 25: V 199 n. 74
  8, 2: XI 9
Contra Maximinum
  1, 1: II 97 n. 234
  1, 20: II 96 n. 229
Contra sermonem Arianorum
  2, 3: II 97 n. 233
  36, 34: II 97 n. 233
De agone christiano
  16, 18: II 58 n. 41, 97 n. 232
  30, 32: II 58 n. 42
De ciuitate Dei
  22, 8, 2: XI 37
De fide et symbolo
  4, 5: II 58 n. 41
Epistulae
  122, 2: VI 251 n. 30
  238, 4–5: II 71 n. 104
Retractationes
  1, 2, 2: VI 270 n. 99
Sermones
  140: XI 38
  286, 5, 4: XI 37
Aulu Gelle
Noctes atticae
  9, 2, 4: VI 267 n. 89
Auxence de Durostorum
Ep. de fide, vita et obitu Vlfilae: II 96 n. 230, 98 n. 236–7; VIII 321 n. 322; *voir aussi Scolia ariana*, 42–63

Basile de Césarée
De Spiritu sancto
  14: V 228 n. 160
  15: V 227 n. 158, 228 n. 160
Epistulae
  51, 2: II 58 n. 42
  52: XI 14
  67: X 366 n. 185
  68: X 368 n. 198
  69, 1: X 368 n. 198
  70: X 367 n. 189
  89, 1: V 183 n. 32; X 365 n. 183, 184, 368 n. 185
  90: X 365 n. 182
  91: V 183; X 366 n. 186, 188
  92: V 183; X 344 n. 48
  138, 2: III 270 n. 77; X 367 n. 193
  140, 2: X 367 n. 193
  156, 3: X 367 n. 194
  166: X 368 n. 196
  167: X 368 n. 196
  197: X 368 n. 201
  204: 5
  204, 6: III 273 n. 90
  204, 7: X 366 n. 185
  215: X 368 n. 198
  226, 3: X 366 n. 185
  236, 5: V 228 n. 160
  239, 2: X 367 n. 189, 368 n. 200
  243: X 368 n. 197
  256: XI 14
  263, 3: X 366 n. 185
Homiliae in Hexameron
  3: X 366 n. 188

Célestin, pape
Epistulae
  5, 2–3: VI 283 n. 159
Chromace d'Aquilée
Sermones
  1: V 202 n. 82
  2, 8: V 210 n. 113
  3: V 206
  3, 4: V 210 n. 213
  3, 8: V 221, 227 n. 157
  4: V 193 n. 56
  4, 4: V 197 n. 65
  6, 2: V 190
  6, 4–5: V 193 n. 57
  8, 2: V 202 n. 82
  8, 4: V 203 n. 87
  9, 6: V 219 n. 136

Chromace d'Aquilée (continued)
  10, 4: V 217 n. 129, 218
  11, 1: V 198 n. 69, 202 n. 82
  11, 4: V 204 n. 93, 94; X 333 n. 7
  12, 2–3: V 193 n. 56
  14, 1: V 218 n. 132
  14, 2: V 217
  14, 4: V 218
  15: V 206–7, 207 n. 107, 212
  15, 2: V 197 n. 6
  15, 5: V 213 n. 120, 214 n. 121
  15, 6: V 211, 213 n. 119
  16, 1: V 197 n. 65, 198 n. 68, 202 n. 82
  17, 3: V 219 n. 136
  18: V 208, 220
  18, 3: V 219 n. 136
  19: V 196–7
  19, 2: V 217 n. 218, 227
  19, 5: V 202 n. 82, 83
  20: V 225–6
  21, 3: I 146 n. 6, 147 n. 8, V 203 n. 90, 92, X 33 n. 7
  22, 5: V 203 n. 91
  26, 4: V 174 n. 10, 190 n. 46
  27, 2: V 198 n. 69
  28, 2: V 192 n. 54
  29, 3: V 218 n. 220
  31, 4: V 219 n. 135, 220
  32: V 195
  33, 3: V 190 n. 45
  33, 4: V 190 n. 45
  34: V 222
  34, 2: V 217, 218 n. 131
  35, 2: V 209 n. 111
  41: V 233 n. 178
  Tractatus in Matthaeum: VII 275
  Prologus
  4: V 172 n. 2
  5: V 203 n. 91
  Tr. 1, 4: V 202 n. 83
  Tr. 2, 1: V 203 n. 92
  Tr. 4, 3: V 204 n. 95
  Tr. 7, 1: V 200 n. 78
  Tr. 12, 1: V 222 n. 145
  Tr. 12, 2: V 218 n. 131, 223 n. 147
  Tr. 13, 2: V 193, 205 n. 100
  Tr. 13, 3: V 219 n. 135
  Tr. 14, 1: V 198 n. 67, 68
  Tr. 16, 1: V 192 n. 54
  Tr. 16, 3: V 218 n. 131, 229 n. 163, 230 n. 170
  Tr. 17, 7: V 192
  Tr. 18, 1: V 219 n. 135
  Tr. 18, 2: V 218 n. 131
  Tr. 19, 4: V 190 n. 43
  Tr. 22, 1: V 190 n. 44, 192 n. 52
  Tr. 23, 3: V 150
  Tr. 24, 1: V 190 n. 46
  Tr. 28, 1: V 219 n. 135
  Tr. 31, 1–2: V 190
  Tr. 31, 2: V 193 n. 57
  Tr. 32, 3: V 219 n. 135
  Tr. 32, 5: V 198 n. 68
  Tr. 33, 7: V 229 n. 163
  Tr. 35, 3: V 189, 192 n. 51; X 333 n. 5, 6
  Tr. 35, 4: V 194 n. 59
  Tr. 35, 7: V 219 n. 135
  Tr. 38, 4: V 230–31
  Tr. 40, 4: V 198 n. 68
  Tr. 41, 2: V 189, 234 n. 181; X 334 n. 8, 9
  Tr. 41, 7: V 224, 225 n. 152, 226
  Tr. 41, 8: V 174 n. 10, 225 n. 154
  Tr. 42, 1: V 198 n. 67, 68
  Tr. 43, 6: V 189
  Tr. 44, 2: V 232 n. 177
  Tr. 48, 1: V 202 n. 83
  Tr. 50, 2: V 190 n. 45
  Tr. 50, 3: V 191, 204 n. 95, 205 n. 96; IX 93 n. 136
  Tr. 51, 2: V 174 n. 10
  Tr. 52, 2: V 198 n. 66, 232 n. 177
  Tr. 53, 1: V 214 n. 124
  Tr. 53, 3: V 190
  Tr. 53, 4: V 190 n. 45
  Tr. 53, 5: V 229 n. 163
  Tr. 53, 8: V 190
  Tr. 55, 2: V 219 n. 136
  Tr. 56, 2: V 190
  Tr. 56, 4: V 190
  Tr. 59, 2: V 190 n. 44
Cicéron
  De natura deorum
    3, 2, 5–6: VI 271 n. 108
  Tusculanae
    4, 48: VI 265 n. 78
Cyprien
  Ad Quirinum
    3, 86: V 190 n. 45
  De unitate ecclesiae
    12: V 190 n. 45
  Epistulae
    55, 8, 4: VI 281 n. 148
    74, 5: V 220 n. 137, 138
Damase
  Decret. ad Gallos
    3, 8: VI 274 n. 124
    5, 13: VI 261 n. 65

Damase (continued)
  Epistulae
    1 (Confidimus): II 52 n. 4, 54 n. 16, 57
      n. 33; V 181 n. 26–27; VIII 267 n. 34;
      IX 79 n. 52; X 363 n. 174, 364, 365
    2 (Ea gratia): V 201 n. 78; X 369
    3 (Ad Paulinum): V 201 n. 78
    'Tomus Damasi': V 206 n. 102; VIII 325;
      IX 71, 94, 145–6; X 369 n. 204, 370
      n. 206

Épictète
  Sermones
    4, 8, 12: VI 267 n. 88
    4, 8, 34: VI 267 n. 88
Épiphane de Salamine
  Panarion
    69, 7–8: IX 72 n. 17
    69, 34: II 95 n. 222
    69, 34–39: II 95 n. 235
    71, 1, 4: X 340 n. 25
    71, 1, 4–5: X 345 n. 54
    71, 1, 6: X 340 n. 25
    71, 1, 8: X 345 n. 55
    73, 2: X 349 n. 98
    73, 2, 2–3: X 349 n. 81
    73, 12–21: X 349 n. 80
    73, 22: I 152 n. 28
    73, 22, 5–8: X 351 n. 89
Eusèbe d'Emèse
  Homiliae (Coll. de Troyes)
    10, 19: VI 268 n. 90
Eusèbe de Verceil
  Epistulae
    2, 7, 4: II 55 n. 20
  De Trinitate (?)
    2, 26: IV 22 n. 8
    2, 27: IV 22 n. 8
    5, 7: II 91 n. 196
Eutrope, presb.
  Ep. de uiro perfecto, (Ps. Hier., Ep. 6)
    18: VIII 272 n. 54
Évagre le Pontique
  Practicos
    13: VI 275 n. 128, 278 n. 137

Faustinus
  Libellus precum
    5, 14: IV 21 n. 4
    5, 14–16, 18: II 59 n. 44, 45, 47
    5, 15: II 66 n. 79
    6, 19: II 55 n. 20
    8, 23: V 179
    7, 24: II 79 n. 140; VII 266 n. 31, 33

    8, 30: II 59 n. 45
    14, 52: II 92 n. 198
    14, 53: VII 266 n. 31
    16, 62: VII 266 n. 33
    16, 69: VII 266 n. 33
    20, 74: II 92 n. 198
    20, 75: II 92 n. 198
    21, 77: VII 266 n. 31, 33
  De Trinitate
    2: IX 85 n. 86
    13: IX 89 n. 113
    29: II 97 n. 235
    35: IX 89 n. 110
Fortunatien d'Aquilée
  Commentarii in Euangelia
    V 172 n. 2, 204 n. 94, 233 n. 180

Gaudence de Brescia
  Tractatus
    Praef. ad Beniuolum: VI 243 n. 3
    Tr. 3, 7: V 224 n. 150
    Tr. 13, 16: V 209 n. 111
    Tr. 21, 6–8: VI 251 n. 30
Gélase de Cyzique
  Historia ecclesiastica
    2, 27, 7–9: IV 17
Gennade
  De uiris illustribus
    14: X 378 n. 246
Grégoire d'Elvire
  De fide
    1, 1: IV 15–16
    3, 36–37: II 91 n. 196
    3, 44: II 100 n. 251
  Tractatus Origenis
    12, 33: V 217 n. 128
Grégoire de Nazianze
  Orationes
    18, 33: VI 249 n. 18
    21, 23–24: III 262 n. 42
Grégoire de Nysse
  De uita beati Gregorii: VI 264 n. 74, 76, 77
  In s. Basilium: VI 264 n. 75, 77
Grégoire de Tours
  Historia Francorum
    10, 31, 5: VII 271 n. 50

Hilaire de Poitiers
  Ad Constantium liber primus
    4: I 151 n. 18; II 92 n. 198
    8: I 150, 152 n. 22; VI 252 n. 33; VII 263 n. 10
  Ad Constantium liber secundus
    6: II 100 n. 250

Hilaire de Poitiers (continued)
  Apologia ad Luciferum: II 79 n. 144, 80 n. 145, 102 n. 256
  Contra Auxentium
    2–3: II 55 n. 20
    5: II 94 n. 210
    6: II 87 n. 178
    7: II 52 n. 5, 82 n. 152; III 268 n. 69; V 181; XI 30
    8: II 54 n. 18; III 268 n. 68
    13: IX 83 n. 71
    14: IX 74 n. 25
    15: II 56, 31, 32, 77 n. 130, 83 n. 158; III 268 n. 67
  Collectanea Antiariana Parisina (Fragmenta historica)
    A I 1–4 = XI 1–4: II 100 n. 249; III 264 n. 51, 265 n. 56, 63; X 354 n. 107
    A I 1 = XI 1: II 61 n. 49
    A I 2 = XI 2: II 80 n. 145; III 267 n. 65
    A I 4 = XI 4: II 91 n. 184; VI 180; VII 265 n. 25; X 352 n. 98
    A III = XIII: II 94 n. 217–8; X 355 n. 115
    A IV = III: X 338 n. 21, 22
    A IV 1, 8 = III 8: X 336 n. 16
    A V 1 = VIII 1: II 65 n. 66; IV 19 n. 1
    A V 1–2 = VIII 2: II 71 n. 101, 102; V 176 n. 13, 177; X 342 n. 37
    A V 1–3 = VIII 3: II 65 n. 72; IV 24 n. 5
    A V 2 = VIII 4: IV 24 n. 6; IV 24 n. 4
    A V 2, 4 = VIII 4: II 54 n. 18, 66 n. 79
    A V 3, 1 = VIII 5: II 59 n. 47; X 351 n. 95
    A V 4 = VIII 7: II 101 n. 253
    A VI = IX: II 101 n. 253
    A VI 1 = IX 1: II 63–8, 65 n. 67; III 264 n. 55
    A VI 2 = IX 2: II 65 n. 68, 66 n. 75, 67 n. 82, 83
    A VI 3 = IX 3: II 65 n. 69, 70, 67 n. 82, 83
    A VII 1 = V 1: I 152 n. 24
    A VIII = VII 1–2: II 70 n. 97, 85 n. 168
    A VIII 2 = VII 2: II 59 n. 47
    A IX = VII 3–4: II 70 n. 97
    A IX 1 = VII 3: II 71 n. 103, 104; IV 18 n. 2, 21 n. 1, 23 n. 7
    A IX 3 = VII 4: IV 24 n. 4; V 180
    B I 5 = I 5: I 152 n. 23
    B II 2, 4 = II 12: V 177 n. 14; X 340 n. 27
    B II 2, 5 = II 14: V 179 n. 12
    B II 4 = II 15: X 338 n. 20
    B II 5, 3 = II 18: II 92 n. 198
    B II 5, 4 = II 19: X 339 n. 24
    B II 6 = II 20: II 90 n. 188; V 177; X 342 n. 38
    B II 7 = II 20: X 343 n. 43
    B II 8 = II 20: X 342 n. 41
    B II 9, 1 = II 21: X 343 n. 44, 46
    B II 9, 2 = II 22: X 344 n. 49, 50
    B II 10 = II 27: IV 14–15
    B II 11, 2 = II 29: II 89 n. 182
    B II 11, 3 = II 30: V 177
    B III 1 = IV 1: X 346 n. 59
    B III 2 = IV 2: II 70 n. 100; III 264 n. 54; V 170 n. 180
    B IV 1 = XII 1: II 55 n. 22, 23; III 268 n. 71; V 181 n. 25; XI 5
    B IV 1, 1–2 = XII 1–2: X 354 n. 111; IX 78 n. 50, 51
    B IV 2, 1 = XII 3: II 56 n. 25–7; III 268 n. 71; IV 19 n. 4; V 181; VIII 327; IX 78 n. 50; X 354 n. 112, 355 n. 113–14
    B V 1 = XIV 1: I 153 n. 29; II 67 n. 83, 95 n. 219–20; III 265 n. 63; X 358 n. 141–4, 359 n. 146–7
    B V 2 = XIV 2: IX 79 n. 57, 80 n. 58
    B VI = XV: X 358 n. 140, 359 n. 149, 150, 151, 360 n. 152
    B VI 1 = XV 1: II 95 n. 221
    B VI 1–2 = XV 1–2: I 153 n. 31; II 95 n. 22
    B VI 3 = XV 3: I 153 n. 30; II 95 n. 223; X 351 n. 89
    B VII 4 = VI 3: V 179 n. 19
    B VII 8, 1 = VI 5: V 180; X 348 n. 71
    B VII 9 = VI 7: II 102 n. 256; X 345 n. 57
    B VII 10, 2 = VI 9: V 179, 180; X 348 n. 72
    B VIII 1 = X 1: II 85 n. 169, 99 n. 241–2; X 351 n. 96
    B VIII 2, 12 = X 2–3: IX 78 n. 46
    B VIII 2, 1 = X 2: II 86 n. 170, 99 n. 240
    B VIII 2, 2 = X 3: II 86 n. 171–3, 87 n. 178, 99 n. 244
    B VIII 2, 3 = X 4: II 99 n. 245
  In Constantium
    2: III 252 n. 4, 257 n. 23, 259 n. 31; VII 264 n. 15
    4–5: III 257 n. 21
    8: II 54 n. 18
    9: III 254 n. 14, 257 n. 21
    10: III 257 n. 22
    11: II 52 n. 3, 102 n. 256; III 254 n. 13; XI 40
    13: II 85 n. 167
    14: III 252 n. 4

INDEX DES AUTEURS

Hilaire de Poitiers (continued)
  15: II 82 n. 149
  24: III 258 n. 26
  27: IV 19 n. 7
  In Matthaeum: VII 274–5
    2, 5: V 22 n. 143
    4, 13: V 190 n. 43
    4, 19: V 190 n. 44
    29, 2: V 224 n. 150
    32, 6: V 226 n. 156
  Liber adu.Vrsacium et Valentem: II *passim*;
    III 271–2
  De Synodis
    2: X 348 n. 76
    8: II 51 n. 1
    11: IX 87 n. 100
    24: II 79 n. 136
    30: II 79 n. 136
    38: II 79 n. 136; IV 22 n. 1; IX 92 n. 133
    39–61: IX 92 n. 133
    61: IX 92 n. 134
    72–74: II 80 n. 145
    78: I 151 n. 18
    81: X 350 n. 84
    83: II 71 n. 104
    84: IV 14–15
    86: IV 19 n. 6
  De Trinitate: VII 274
    4, 11: IX 78 n. 43
    4, 12–13: IX 72 n. 17
    6, 1: III 271 n. 83
    6, 4: IX 78 n. 43
    6, 7: IX 78 n. 43
    7, 31: V 205 n. 98
    8, 40: V 205 n. 98
    11, 1–4: II 97 n. 235
    11, 8: II 197 n. 235
    12, 42, 50: II 97 n. 235

Innocent I, pape
  Epistulae
    16: X 379 n. 247, 248
    41: V 191 n. 47; X 378 n. 246

Jean Chrysostome
  Homiliae de statuis
    3, 6: VI 253 n. 40
Jérôme
  Altercatio Orthodoxi et Luciferiani
    17: II 100 n. 250–51
    18: II 53 n. 10, 63 n. 56, 74, 112–15, 75
      n. 118, 119, 80 n. 144, 82 n. 152, 83
      n. 157; IX 78 n. 145
    19: II 60 n. 48, 66 n. 77, 82 n. 149, 92
      n. 198, 100 n. 248; III 253 n. 8, 265
      n. 63; IX 78 n. 47; X 352 n. 100
  Apologia c. Rufinum
    2, 19: III 269 n. 74
    2, 22: V 174 n. 8
  Chronicon
    a. 349: X 350 n. 85, 86
    a. 359: II 59 n. 47
    a. 360: III 253 n. 8, 265 n. 63
    a. 362: III 265 n. 63
    a. 369: XI 5
    a. 373: II 60 n. 48
    a. 374: V 184; VI 243 n. 1; XI 13
    a. 376: X 372 n. 218
  Contra Iohannem
    3: II 100 n. 25
    33: V 174 n. 10
    37: VI 271 n. 106
  De uiris illustribus
    97: V 179, 204 n. 94, 233 n. 180; X 340
      n. 26, 348 n. 70
    100: II 52 n. 9; III 253 n. 7; VII 266
      n. 28
    107: X 353 n. 105
    108: II 77 n. 127, 80 n. 143
    124: XI 19
    127: XI 19
  Epistulae
    1, 3–6: VI 260 n. 60
    1, 15: V 182 n. 30; VI 260 n. 60; X 367
      n. 191; XI 5, 8, 13
    5, 2: VII 273 n. 58, 274 n. 62
    7, 1: V 182
    7, 6: V 184; X 341 n. 29
    10, 3: V 233
    15, 4: VI 245 n. 9
    37, 1–4: VII 273 n. 59
    61, 2: VII 274 n. 63
    69, 2: IV 19 n. 8
    69, 6–7: V 216 n. 125
    95: V 174 n. 6
  In Ezechielem
    13, 44, 9–16: II 60 n. 48
    14, 48, 10–12: II 60 n. 48
  In Matthaeum
    1, 10, 10: VI 267 n. 87
Julien d'Éclane (?)
  Libellus fidei: V 173
Julien, empereur
  Contra Heracleium
    18: VI 267 n. 88
  Orationes
    1, 1: III 264 n. 49, 265 n. 60–61
    5, 12: III 264 n. 49, 53
  Epistulae
    90 (79): IX 92 n. 137

Léon Le Grand
　Epistulae
　　1–2: V 174 n. 5
　　104, 2–3: IX 69 n. 1
　　105, 2: IX 69 n. 1
　　106, 2–4: IX 69 n. 1
Libanios
　Orationes
　　19, 37: VI 253 n. 40
Libère, pape
　Epistulae
　　Studens paci: X 346 n. 59
　　Obsecro: I 152 n. 24
　　Pro deifico timore: X 348 n. 71
　　Me frater: X 347 n. 67
　　Sciebam: V 179; VII 263 n. 7; X 346 n. 62, 347 n. 88
　　Imperitiae culpam: II 52 n. 4, 55–6; III 273 n. 90; X 354 n. 111
　　Ad Orientales episcopos: II 56 n. 28–9; X 361 n. 166
Lucien
　Peregrinus
　　15: VI 267 n. 87
Lucifer de Cagliari
　De non conueniendo
　　9: I 151 n. 16
　De non parcendo
　　1–2: I 152 n. 19
　　2: II 83 n. 155
　　18: IV 14–16
　　26: II 83 n. 156, 91 n. 195; III 262 n. 42
　　27: II 83 n. 156
　　32: IV 19 n. 3
　De sancto Athanasio
　　1, 1: I 152 n. 23
　　1, 27: IV 19 n. 3
　Epistulae
　　1 (ad Eusebium): X 347 n. 67
　Moriendum
　　4: I 151 n. 16, 152 n. 20, 21; IV 19 n. 3
　　7: III 265 n. 61

Marius Victorinus
　De homoousio recipiendo
　　3: II 82 n. 154, 88–90, 94 n. 213
Martial
　Epigrammata
　　4, 53, 7: VI 267 n. 87
Maximin l'Arien: *voir Scolia ariana*

Nicéta de Remesiana
　De ratione fidei
　　2: IX 93 n. 136; X 378 n. 244
　　4: X 378 n. 244

Novatien
　De cibis iudaicis: V 190 n. 45
　　3: V 221 n. 142
　De Trinitate
　　26, 9: IX 87 n. 98
　　28, 20: IX 87 n. 98

Origène
　Contra Celsum
　　8, 14–15: IX 87 n. 89
　De principiis
　　4, 4, 8: IX 87 n. 89
　In Leuiticum
　　Hom. 8, 10: V 201 n. 79

Pacien de Barcelone
　Sermo de baptismo
　　6: V 224 n. 150
Palladius de Ratiaria: *voir Scolia ariana*
Panegyrici Latini
　7, 8, 4–5: VI 275 n. 127
Paulin de Milan
　Vita Ambrosii
　　4, 2: VI 269 n. 96
　　5, 2: VI 269 n. 96
　　6: VI 247–8
　　7: VI 249 n. 22, 258–61
　　8: VI 276, 282 n. 152
　　8–9: VI 259–60
　　9: VI 249 n. 22, 251 n. 26, 278 n. 138, 139; XI 9, 15
　　11: V 184; VI 269 n. 96; VIII 326; X 356 n. 125, 370–71; XI 14–6
　　12: XI 15
　　14: XI 38
　　15: XI 28
　　16: XI 28
　　18: XI 28
　　34: XI 39
　　38: VI 255 n. 48
　　40–41: VI 255 n. 46
　　45: VI 276 n. 130
　　46: VII 270 n. 47; XI 9
Paulin de Nole
　Epistulae
　　3, 4: VII 270 n. 46, 47
　　18, 9: VII 271 n. 51
　　20, 3: VII 270 n. 47
　　Frgt: VII 271 n. 50
Pélage
　In Epist. ad Romanos
　　1, 3: IX 93 n. 136
　　8, 3: IX 93 n. 136
　　9, 5: IX 93 n. 136
　In I Epist. ad Corinthios

Pélage (continued)
1, 9: IX 90 n. 120
9, 21: IX 93 n. 136
Phébade d'Agen
De fide contra Arianos
1–5: X 348 n. 75
1: II 78 n. 132
3: II 78 n. 132, 91 n. 192, 100 n. 251
5: II 83 n. 155, 91 n. 190; IV 22 n. 8
7: II 71 n. 104
8: II 71 n. 104, 78 n. 134; IX 74 n. 25
15: II 78 n. 133–4; IX 74 n. 25, 78 n. 44, 95 n. 147
19: II 89 n. 182, 91 n. 192
20: IV 22 n. 8
Philastre de Brescia
De haeresibus
140, 2–3: I 147 n. 7
159, 3: I 147 n. 3
Philostorge
Historia Ecclesiastica
1, 9c: X 334 n. 10
4, 10: X 350 n. 87
5, 1: X 360 n. 156
9, 7–8: VIII 330
9, 8: X 360 n. 155
Pline le Jeune
Epistulae
10, 58, 1: VI 263 n. 68
Pontius
Vita Cypriani
5: V 278 n. 137, 281 n. 148
Potamius de Lisbonne
Epist. de Substantia
2: II 91 n. 191
Priscos
Fragmenta historica
Fr. 8: X 379 n. 249

Rufin d'Aquilée
Apologia contra Hieronymum
1, 19: V 174 n. 9
De adulteratione librorum Origenis
11: II 52 n. 9; III 269 n. 73, 271 n. 84; VII 266 n. 29, 31; IX 78 n. 48
12: IX 95 n. 148, 149
Expositio Symboli
1: X 378 n. 242
5: X 335 n. 12
Historia Ecclesiastica
1, 11: VI 247–8
1, 15: VI 277 n. 132
1, 18: VI 273 n. 119
1, 20–21: II 59 n. 43
1, 20: VII 259 n. 1
1, 29: III 270 n. 79

1, 30: III 270 n. 77–8
1, 30–31: II 77 n. 130; VII 259 n. 1; VII 266 n. 29
1, 31: II 99 n. 239; III 271 n. 80–81, 272 n. 87
2, 7: VI 284 n. 73
2, 11: VI 280 n. 145; XI 7–8
2, 15–16: V 191 n. 49
2, 20: V 201 n. 78

Sévère d'Antioche
Epistulae: VI 254 n. 44
Sirice, pape
Epistulae
1, 1, 2: II 52 n. 4; III 275 n. 14
Socrate le Scholastique
Historia Ecclesiastica
2, 19: X 339 n. 23
2, 36: VII 263 n. 11
2, 37: X 351 n. 91, 92
2, 43: III 262 n. 42
3, 9: III 273 n. 89
3, 10: III 273 n. 89
4, 12: X 361 n. 161, 166
4, 21–22: X 368 n. 195
4, 23: VI 275 n. 127
4, 30: VI 279 n. 141
5, 2: X 372 n. 217
Sozomène
Historia Ecclesiastica
2, 25, 9: VI 273 n. 119
4, 6, 1: X 340 n. 25
4, 9: VII 263 n. 12
4, 12, 6: X 349 n. 79
4, 12, 7: X 349 n. 77
4, 15, 1: X 349 n. 81
4, 15, 2: X 349 n. 81
4, 24, 6: X 360 n. 157
4, 26: III 262 n. 42
6, 4, 3: X 360 n. 158
6, 7, 1–2: III 274 n. 92
6, 10, 4: X 361 n. 160
6, 10, 5: X 361 n. 161
6, 11, 4: X 361 n. 162
6, 11, 4–12, 1: X 361 n. 163
6, 12, 2: X 361 n. 159
6, 12, 3: X 361 n. 165
6, 19: X 368 n. 195
6, 23, 7: X 363 n. 173
6, 25, 6: X 369 n. 203
7, 1, 3: X 372 n. 217
Sulpice Sévère
Chronica
2, 35, 2: III 261 n. 39
2, 36, 3–5: III 261 n. 39
2, 37, 4: X 343 n. 44

Sulpice Sévère (continued)
2, 38, 5–7: X 344 n. 53
2, 39, 3–7: I 150–51; III 261 n. 39;
VI 252 n. 35; VII 263 n. 10
2, 40, 5: III 258 n. 26, 261 n. 39
2, 41, 2–4: II 77 n. 128; VII 265 n. 20
2, 41, 4: II 77 n. 126
2, 41, 5: II 64 n. 63, 73 n. 107; X 351 n. 93
2, 41, 7: II 66 n. 79
2, 42, 4: II 51 n. 2; III 251 n. 2
2, 43–44: II 53, 11, 62 n. 52
2, 43, 1–2: II 80 n. 145
2, 43, 3: II 66 n. 74
2, 43, 4: II 62 n. 53, 63 n. 58, 73 n. 107
2, 44: II 62 n. 53
2, 44, 1–2: II 73 n. 108, 76 n. 125, 80 n. 145
2, 44, 3: II 73 n. 109, 79 n. 139
2, 44, 3–8: II 73 n. 110; IX 78 n. 45
2, 44, 4: II 61 n. 50
2, 44, 6: II 76 n. 121
2, 44, 7: II 78 n. 135
2, 44, 7–8: II 85 n. 165
2, 44, 8: II 66 n. 76
2, 45, 3–4: III 253 n. 11
2, 45, 4: II 52 n. 3
2, 45, 5: II 52 n. 5; III 267 n. 65
2, 45, 5–7: II 77 n. 130
2, 46–51: II 77 n. 129
2, 48, 4: VII 268 n. 39
Vita Martini
5, 3: VII 264 n. 17
6, 3: VII 264 n. 17
6, 4: VI 251 n. 30; VII 264 n. 18
6, 5: VI 264 n. 19
6, 7: II 52 n. 3; III 253 n. 10, 261, 262 n. 44; VII 265 n. 24
9, 2: VI 278 n. 137
Symmaque
Orationes
1, 10: VI 244 n. 7
Synésios de Cyrène
Epistulae
105: VI 270 n. 101–104, 107
125: VI 264 n. 71

Tacite
Historiae
1, 15, 2: VI 281 n. 147
Tertullien
Apologeticum
21, 12–13: X 357 n. 135
Aduersus Praxean
10, 1: V 205 n. 97
De baptismo
5, 5–6: V 218 n. 132
De carne Christi
18, 5: V 208
De carnis resurrectione
19, 2: V 224 n. 149
35, 10–12: V 174 n. 10
47, 10–12: V 224 n. 149
De oratione
13: V 214 n. 124
De pallio
6, 1: VI 267 n. 89
Théodoret de Cyr
Historia Ecclesiastica
2, 13: V 178 n. 18, 179 n. 20
2, 16: I 152 n. 24, 25; II 99 n. 245, 101 n. 252
2, 17: X 349 n. 83
2, 22, 1–2: V 182 n. 29
2, 22, 2: X 364 n. 174, 175
2, 22, 3: X 363 n. 173
4, 7–9: XI 16
4, 8–9: X 369 n. 202
4, 22: X 368 n. 195
5, 9: X 374 n. 225, 378 n. 240
5, 10, 5: X 369 n. 203

Ursace et Valens
Liber (Vrsacii et Valentis): II 86 n. 172, 90–91

Valère Maxime
Dicta et facta memorabilia
Préface: VI 281 n. 147
Victrice de Rouen
De laude Sanctorum
2: VII 273 n. 56
6: VII 271 n. 49
Vigile de Thapse
Contra Arianos
2, 50: XI 20 n. 5

Zénon de Vérone
Tractatus
1 ,7: VII 274 n. 64
1, 8: VII 274 n. 64
2, 8, 1: IX 93 n. 136
2, 15: I 147 n. 10
2, 17: VII 274 n. 64
Zosime, pape
Epistulae
9, 1, 3: VI 283 n. 159
Zosime
Historia noua
4, 42, 3–7: V 191 n. 50

2 Auteurs anonymes

Altercatio Heracliani: II 94 n. 211–16; III 268
 n. 72, 273 n. 91; V 180 n. 24; X 356
 n. 117–19, 121–2, 124, 126, 127, 357
 n. 128–136, 358 n. 137–8, 144, 375
 n. 232

Codex Theodosianus
 8, 5, 10: X 348 n. 73
 13, 3, 7: VI 263 n. 78
 16, 1, 4: II 57 n. 35; IX 94 n. 154;
  XI 31
 16, 2, 15: II 70 n. 99
 16, 5, 5: V 185 n. 35
 16, 5, 6: X 372 n. 219
 16, 5, 21: X 372 n. 220
Collectio Avellana
 2: v. Faustinus
 4: VI 282 n. 151
 39, 3: XI 36
Commentarius Nicaeni Symboli
 17: IX 97 n. 152
Conciles (Canons)
 Elvire
  c. 30: VI 273 n. 117
 Néo-Césarée
  c. 9: VI 273 n. 118
 Sardique
  c. 8: VI 257 n. 53, 274 n. 125
 Symboles: *voir* Symboles de foi
 Valence
  c. 4: VI 261, 273 n. 120, 274
   n. 122–3
Consularia Constantinopolitana
 a. 351: X 344 n. 51

Damnatio Blasphemiae Arrii (359): II 68,
 75 n. 119; III 11–13; XI 40

Fragmenta Ariana Theologica e Cod. Bobiensi
 (*PL* 13 – *CC* 87)
 Fr. I (= 13): II 85 n. 167
 Fr. IV (= 17): II 96 n. 228
 Fr. XV (= 5): II 96 n. 228
 Fr. XVII (= 2): II 96 n. 228
 Fr. XVIII (=1): II 79 n. 142

Gesta Concilii Aquileiensis: V 184–8;
 IX 69–97
 2: IX 76 n. 33
 4: VI 274 n. 125
 6–8: IX 76 n. 33
 7–8: V 185 n. 37
 9: IX 82 n. 67

 10: V 187; VIII 327; IX 82, 83; X 373
  n. 221
 10–12: IX 76 n. 33
 14: IX 74 n. 25
 15: V 187 n. 39
 16: V 187; X 374 n. 224
 17: IX 82 n. 69, 83 n. 73
 19: IX 86 n. 91
 21: IX 83 n. 74
 22: IX 84 n. 77–8
 23: IX 84 n. 80
 24: IX 84 n. 79, 83
 25: IX 85 n. 84
 27: IX 85 n. 85
 28–30: IX 85 n. 85
 29: IX 86 n. 91
 31: IX 85 n. 88–90
 32: IX 86 n. 92
 32–41: IX 73 n. 19
 33: IX 86 n. 93–4
 33–34: IX 71 n. 13
 35: IX 88 n. 103–104, 89 n. 112
 36: IX 86 n. 95, 88 n. 106
 37: IX 88 n. 107
 38: IX 89 n. 114
 39: IX 87 n. 101–2, 90 n. 116–17
 40: IX 90 n. 119, 121, 91 n. 122–5
 41: IX 76 n. 34, 77 n. 41, 91 n. 126,
  128
 41–43: IX 73 n. 20–22
 44: X 374 n. 232
 45: V 189; IX 70 n. 4; X 376 n. 234
 46: V 188; IX 91 n. 129
 47: IX 70 n. 5, 91 n. 130
 49: V 188; IX 92 n. 131–2, 135
 50: IX 70 n. 9, 93 n. 138; XI 25
 55: IX 70 n. 6
 58: IX 70 n. 6
 61: IX 89 n. 109
 62–63: IX 89 n. 110
 64: X 374 n. 226
 66: IX 74 n. 25
 74: IX 70 n. 9; XI 25
 Epistulae Concilii: Ambroise, ep. 9, 10, 11,
  12, 13, 14

Historia Acephala
 2: X 341
 3: V 177 n. 16

Martyrologium Hieronymianum
 9. 5: XI 37
 19. 6: XI 37

Scolia Ariana
  in Concilium Aquileiense (Cod. Paris.
    8907), (cum numeris SCh. 267):
    VIII 217–331; IX 73–96
  [Maximin l'Arien]
    2–24: VIII 322
    13–14: IX 95 n. 147
    13: XI 24
    14: IX 74 n. 25
    17: IX 82 n. 70, 84 n. 82
    24: VIII 325
    25–34: VIII 322
    25: IX 85 n. 84
    27: IX 81 n. 62
    35–36: IX 83 n. 76
    35–39: VIII 322
    36: VIII 324; IX 94 n. 143
    37: VIII 325
    37–38: IX 73 n. 18
    40: VIII 322; IX 74 n. 25, 95 n. 147
    41: VIII 322, 323
  [Auxence de Durostorum]
    42–54: VIII 329
    42–63: II 96 n. 230, 98 n. 236–7;
      VIII 322
    43: IX 82 n. 65
    46: IX 82 n. 66
  [Maximin l'Arien]
    64: VIII 323
    65: VIII 323
    65–73: VIII 322
    66–70: VIII 323
    66: VIII 323
    71–73: VIII 323
    71: VIII 324
    74–80: VIII 322, 323
    76–78: VIII 323
  [Palladius]
    81–87: IX 72 n. 15
    81: XI 21, 25
    82: IX 81 n. 62; XI 21
    83: XI 21, 25
    84: XI 21, 22
    86: XI 22, 23
    87: XI 23
    88: XI 22, 23

    90: VIII 329
    90–91: IX 73 n. 23, 24
    90–96: VIII 328
    90–110: VIII 329
    92: IX 74 n. 26
    93: IX 74 n. 27
    94: IX 74 n. 28, 29
    95: IX 75 n. 30, 31
    96: V 186; IX 75 n. 32
    97: IX 76 n. 33
    98: IX 81 n. 60
    99–112: XI 24
    99: IX 81 n. 61
    100: IX 83 n. 75
    107: IX 84 n. 81, 85 n. 84
    108: IX 87 n. 102
    109: IX 76 n. 35; XI 23
    109–110: IX 77 n. 36
    110: XI 23
    110–111: IX 77 n. 39
    111: IX 81 n. 62, 64; XI 25
    113–120: VIII 323; XI 24
    115–117: VI 274 n. 125
    116: VIII 331; IX 79 n. 57
    117: VIII 330
    120: VI 274 n. 125; XI 8
    121: XI 22
    122–127: XI 24
    122–138: VIII 325
    124: V 189
    125–126: X 376 n. 236
    128: VIII 325; IX 70 n. 8, 93 n. 138, 142;
      X 370 n. 205, 371 n. 214, 377 n. 237;
      XI 24
    128–129: XI 24
    129: IX 93 n. 140; X 370 n. 206
    130–138: VIII 329; IX 93 n. 141; XI 24
    130: XI 25
    131–138: X 370 n. 206
    134: IX 70 n. 7
    139: VIII 329; XI 24, 30
    140: XI 18, 22, 30
Sermo Arianorvm
    2: II 96 n. 230
    31: II 98 n. 236
    34: II 96 n. 230

Symboles de foi

Nicée (325): II 71 n. 103
Niké Constantinople (360): I 153; II 100–10

Constantinople (381): IX 69–70

INDEX DES NOMS DE PERSONNES ET DE LIEUX

Acaciens: II 85
Aetius: II 85
Amantius de Jovia: VII 268 n. 38; X 374 n. 226
Ambroise de Milan
 à Aquilée en 381: V 186–8; VIII 328; IX 73–91
 à Milan en 386: VI 280–81, 283
 à Sirmium en 378: V 184–5; VIII 326, 327; XI 14–16
 Ambassades à Trèves: XI 26, 33
 Baptême: VI 256; XI 9
 Convocation au Consistoire en 385: XI 32–3
 Convocation au Consistoire en 386: XI 33–6
 Election: VI 246–56; XI 6–7
 et Gratien: VIII 328; XI 16–17, 20, 26–7
 et Rimini: II 57–8; VI 283
 et Valentinien I: VI 277–81
 Formation: XI 9–10, 11–12
 Hostilité à Milan: XI 17–18
Anemius de Sirmium: V 184–5; VIII 326; X 371, 373; XI 15–16
Aquilée: V 171, 178–9; VIII et IX *passim*: X 337–8, 340, 341, 342, 345, 346; XI 19–23; *voir aussi* Concile, Chromace etc
 Prise d'Aquilée: X 379 n. 249
Arius: II 77–8, 93; VIII 328–9; IX 72, 83, 85; X 334–6
Athanase d'Alexandrie: V 177; VII 262–3; X 335–41 n. 362
Auxence de Durostorum: I 147–8; VIII 321–3
Auxence (I) de Milan: II 56–7; III 268; VI 250–51, 254, 280–81; VII 265, 266–7; X 347, 362, 363; XI 5, 13, 18
Auxence (II) de Milan: VI 252, 256 n. 51; XI 2 n. 2, 18, 27–31

Basile d'Ancyre: II 91; III 262, 264 n. 54; X 349, 350, 360–61
Basile de Césarée: V 175; X 365–7, 368–9; XI 11–12, 14

Chromace d'Aquilée: V 171–2, 188–9; XI 13
Claudius, évêque du Picenum: II 74, 75, 79
Constant, empereur: V 177
Constance II, empereur: I 149–50; II 61, 64, 66–7; III 254, 256–8, 262
Cyprien de Carthage: V 233; IX 95; VI 278 n. 137

Damase: XI 5, 8–9, 24
Demetrianus: XI 24
Denis de Milan: I 150; VI 256; X 347; XI 12–3
Diodore de Tarse: IX 93
Domnius de Sirmium: X 335–6

Ébion: V 191
Epictète de Centumcellae: II 67, 70 n. 100; III 264–5
Eudoxe d'Antioche: II 85, 100; X 348–9
Eunome de Cyzique: I 147–8; VIII 330; X 350
Eusèbe de Césarée: I 148
Eusèbe de Verceil: I 149, 150–51; III 270–73; V 180–82; X 347, 354; XI 3–5, 12
Évagre d'Antioche: III 270 n. 77; V 182, 186, 189; VI 254 n. 44; X 367; XI 5, 8, 13

Fortunatien d'Aquilée: V 178–80, 217, 233–4; VII 262–3; X 337–8, 340, 346, 347–8, 366; XI 10

Gaius, évêque d'Illyricum: X 359
Gavidius, évêque de Gaule: II 77
Germinius de Sirmium: I 152–3; II 88; III 268; X 347, 351, 352, 355–60
Gratien, empereur: V 185; VIII 327–8; XI 16–17, 18–19, 20, 26–7
Grégoire d'Elvire: XI 4

Heraclianus de Sirmium: II 94; X 356–8
Hilaire de Poitiers
 à Constantinople: II 96–8; XI 40
 à Séleucie: II 51
 action en Italie du Nord: III 267–73; X 353–4; XI 13

INDEX DE NOMS DE PERSONNES ET DE LIEUX

Hilaire de Poitiers (continued)
    date de son retour d'exil: III 263-5; V 180;
        X 353
    et Constance: III 256-9
    et Ursace et Valens: II 96-8

Julianus Valens de Poetovio: V 185-6;
    VIII 326-7; IX 96, 151; X 375; XI 17,
    27-8
Julien, empereur: III 263, 364; X 352-3
Justine, impératrice: VI 281; VIII 326;
    X 370-71; XI 14-16, 26, 28-9, 37-8

Leontius clar.: VI 278
Léontius de Salone: X 376; XI 26
Libère, pape: II 70, 100, 102, 256; III 263;
    V 178-80; X 345, 346, 348, 349-50, 354,
    361
Limenius de Verceil: VI 250; XI 13
Lucifer de Cagliari: I 149; III 252

Marcel d'Ancyre: X 337, 338, 339, 343, 344
Marcion: V 190 n. 46
Marius Victorinus: XI 10
Maxime le Philosophe: V 186; XI 19
Maximin l'Arien: I 145, 147; II 83-4;
    VIII 319-20, 321-5, 329; IX 81, 82, 83;
    XI 30, 38
Mélèce d'Antioche: X 365
Muzonius de Byzacène: II 74

Néron: III 254, 260

Palladius de Ratiaria: I 148; V 185;
    VIII 325-6, 328-9; IX 73-6, 81, 83-7;
    X 359, 360; XI 18, 19-25
Parme: VIII 326; IX 97, 152; XI 16
Paulin d'Antioche: V 186
Paulin de Milan: VI 244, 257-82; XI 5-6, 9,
    14
Paulin de Trèves: III 256, 258
Phébade d'Agen: II 61, 62, 63, 64, 71, 75-6,
    77-8, 79, 80
Philastre de Brescia: VI 251
Photin de Sirmium: V 177, 178, 188-9,
    202-204; IX 92-3; X 333, 337, 339-43,
    344-5, 347, 353, 355, 372, 376, 378;
    XI 25

Poetovio: X 375
Potamius de Lisbonne: II 70, 100
Probus: XI 6, 7
Protais, Gervais: XI 36, 37, 38

Rimini: II *passim*; III *passim*; X 340; *voir
    aussi* Concile

Sabellius, Sabelliens: II 51, 2; V 194 n. 59;
    XI 23, 25
Sabinus, diacre de Milan: VI 251; *voir aussi* le
    suivant
Sabinus de Plaisance: V 183; IX 89, 92;
    X 364-6, 375-6; XI 14
Salone: X 338, 340; XI 26
Sardique: X 338-40
Saturninus d'Arles: II 91; III 265 n. 63;
    X 346
Satyrus: VI 255, 256 n. 51
Secundianus de Singidunum: IX 75-7
Servais de Tongres: II 62, 76-7
Simplicianus: VI 252 n. 31; XI 9-10
Sirmium: V 184-5; VI 283; VIII 326;
    X 331-79; *voir aussi* Synode,
    blasphème, formule, Photin, Germinius
    etc

Taurus, préfet: II 66, 73, 74; III 263-4
Théodose, empereur: VIII 327-8; X 372

Urbanus de Parme: VIII 326; IX 97 n. 152;
    XI 16, 26
Ursace de Singidunum: II 56; X 334-5, 342,
    348, 355, 362
Ursinus: XI 8, 17, 25, 28
Ulfila: VIII 321, 322; IX 81-2

Valens de Mursa: I 145, 152-3; II 61, 66, 67,
    68, 73, 74, 80; V 176-7; X 334-5, 340,
    342, 348, 355, 362
Valentinien I, empereur: II 56; V 181
    n. 27, 182; VI 278-81; X 361, 363
    n. 173
Valérien d'Aquilée: V 175 n. 11, 181-4,
    188-9; IX 92; X 363; XI 13, 14
Venerius de Milan: VII 270-71; XI 10

Zénon de Vérone: I 147; VI 250 n. 25